V&R

Sigrid Haselmann

Psychosoziale Arbeit in der Psychiatrie – systemisch oder subjektorientiert?

Ein Lehrbuch

Mit 6 Abbildungen und 20 Tabellen

Vandenhoeck & Ruprecht

Bibliografische Information der Deutschen Nationalbibliothek

Die Deutsche Nationalbibliothek verzeichnet diese Publikation in der
Deutschen Nationalbibliografie; detaillierte bibliografische Daten
sind im Internet über http://dnb.d-nb.de abrufbar.

ISBN 978-3-525-49138-6

Printed in Germany.
Satz: Satzspiegel, Nörten-Hardenberg
Druck und Bindung: ⊕ Hubert & Co., Göttingen

Gedruckt auf alterungsbeständigem Papier.

Inhalt

Vorwort

Ein Lehrbuch für Studierende und Berufspraktiker, das die psychosoziale Arbeit im Arbeitsfeld Psychiatrie unter Berücksichtigung zweier Perspektiven, der subjektorientierten und der systemischen, zum Thema macht – wozu soll ein solches Buch zum derzeitigen Zeitpunkt, wo das Wissen an den Hochschulen in schon fertigen Modulen eingepackt ist und in der Praxis die Arbeit nach Zeiteinheiten und Stückzahlen bemessen oder gemäß Kostenleistungsrechnungen budgetiert wird, gut sein?

Das Buch kommt zu einer Zeit heraus, in der aufgrund der nun schon länger währenden ökonomischen Krise die Ausgaben für den sozialen und Gesundheitssektor – verbunden mit zusätzlichen Reglementierungen der Arbeit – drastisch zurückgefahren werden (s. a. die Glosse in Tabelle 1). Den Psychiatriebereich trifft diese Krise des Wohlfahrtstaats insofern besonders, als die psychosoziale Arbeit mit »psychisch Kranken« oder »Psychotikern« nur von peripherem öffentlichem Interesse ist – im Unterschied zum Beispiel zur Kindererziehung und Vorschulpädagogik. Auch sind international groß angelegte Effizienzüberprüfungen im Sinne der PISA-Studien und damit öffentlich ausgetragene Qualitätsdebatten hier nicht üblich, so dass Kürzungen in diesem Sektor ohne nennenswerte öffentliche Proteste auch auf Kosten der Qualität durchgezogen werden können. Im Vordergrund stehen oft Einsparungen von Personal(kosten), was bedeutet, dass es an qualifiziert ausgebildeten psychosozialen Fachkräften verschiedentlich mangelt. Der damit verbundene Verzicht auf Qualität scheint – explizit oder implizit – mit der fragwürdigen Einschätzung assoziiert zu sein, dass die »Betreuung psychisch Kranker« und das »bisschen Gespräch« mit ihnen keiner besonderen psychosozialen Qualifikation und therapeutischen Kompetenz seitens der Helferinnen bedürfe und deshalb auch von »billigeren« Arbeitskräften übernommen werden könnte. Dass das genaue Gegenteil zutrifft, wird in diesem Buch deutlich werden!

Das Buch erscheint ferner in einer Zeit, in der eine Renaissance biologischen Denkens zu verzeichnen ist. Statt des alten medizinischen Krankheitsmodells, gegen das die Sozialpsychiatrie einst angekämpft hatte, beginnt ein neues neurobiologisch-medizinisches Krankheitsverständnis im Verein mit der Pharmaindustrie das Arbeitsfeld zu determinieren, wodurch psychologische, psychotherapeutische und psychosoziale Perspektiven und Hilfeformen wieder auf die hinteren Ränge verwiesen zu werden drohen. Der neue naturwissenschaftliche Trend dürfte allerdings stark relativiert werden durch die – inzwischen auch schon etablierte – kommunikative Kultur des Trialogs als einer Form des Austauschs zwischen Psychiatrieerfahrenen, Angehörigen von psychisch Kranken und Professionellen als gleichberechtigte Gesprächspartner. Denn das durch Psychoseseminare, den Empowerment-Ansatz und Selbsthilfeinitiativen gewachsene Selbstbewusstsein der Psychiatriebetroffenen und ihre Forderung nach aktiver Mitsprache am Behandlungsprocedere könnte – zumindest auf längere Sicht – dazu angetan sein, einem besserwisserischen (medizinischen) Expertentum Einhalt zu gebieten.

Glücklicherweise fällt das Erscheinungsdatum des Buches aber auch in eine Zeit, in der man in Deutschland begonnen hat, das skandinavische Modell der so genannten »bedürfnisangepassten Behandlung« zu rezipieren und ansatzweise zu adaptieren versucht. In Skandinavien (Finnland, Schweden) hatte man den Schwerpunkt von Anfang an auf Fragen der psychosozialen Arbeit und therapeutischen Krisenhilfe bei psychotischen Problemen gelegt. Es erfolgte eine (Um-)Organisation der psychiatrischen Hilfesysteme nach den Behandlungskriterien des »Need-adapted Treatment Approach«, die in Finnland mittlerweile fast flächendeckend umgesetzt ist. Dies ging mit der Qualifizierung aller Psychiatriemitarbeiter, auch der Ärzte, durch geeignete Psychotherapieausbildungen einher. Die Realisierung dieses Modells, welches systemische und subjektorientierte Arbeitsweisen integriert(!), führt nachweislich und im Endeffekt kostengünstig zu beeindruckenden Ergebnissen betreffend die Vermeidung von Hospitalisierung und die Verhinderung von Chronizität, und nicht zuletzt zu konkreten Behandlungserfolgen bei psychiatrischen Problemen bis hin zum völligen Verschwinden von psychotischen Symptomen.

Neben der Realisierung des Trialogs, der als eine »deutsche Erfindung« gilt, auf der Ebene der Versorgungsplanung sollte demnach – wie in Skandinavien vorgemacht – auch die Art und Weise, *wie* psychosoziale Arbeit im psychiatrischen Arbeitsfeld praktiziert wird, noch einmal in den Blick genommen werden: Nach welchen Ansätzen und Konzepten geht man vor? Welche therapeutischen Haltungen und Arbeitsweisen werden unter dem Gesichtspunkt von Hilfe, Beratung, Begleitung in der professionellen Arbeit umgesetzt? Und dabei hätte man grundsätzlich neben der subjektorientierten Sozialpsychiatrie auch die Konzepte und Herangehensweisen der systemischen Perspektive aufzugreifen.

Da sich Systeme – auch psychiatrische Hilfesysteme, die gegebenenfalls als »problemdeterminiert« eingeschätzt werden – unausweichlich ändern, dürfte auch in Zeiten, in denen alles etwas festgefahren zu sein scheint, ein Buch, das in der Form eines Lehrbuchs für die Aus- und Weiterbildung die Möglichkeiten psychosozialer Arbeit unter Berücksichtigung zweier für den Psychiatriebereich zentraler Perspektiven aufzeigt, durchaus von Nutzen sein.

Zwar scheint bei dem Thema »Qualitätskontrolle« in Deutschland der Schwerpunkt zuerst eher auf dem Aspekt der Kontrolle zu liegen als auf dem der Qualität, aber wie heißt es doch so schön: »Qualität setzt sich durch.«

Tabelle 1: Glosse – Bericht aus dem Alltag eines Sozialpsychiatrischen Dienstes in Berlin (zit. nach Eichenbrenner, Gagel u. Lehmkuhl, 2007)

Auch in der Berliner Verwaltung hat das »New Public Management« zugeschlagen [. . .] und der Kunde mit seinen Wünschen steht im Zentrum der Transparenz. Es gibt Mentoren-Runden, Controller und KLR-Beauftragte. Auch der SpD erbringt Produkte, die ihm seine »Kunden« natürlich aus der Hand reißen. Keinem Kunden gelüstet nach einer Zwangseinweisung oder danach, beim SpD gemeldet zu werden. Sei's drum! Welche Produkte erbringen wir tatsächlich? Zunächst wurde vor allem das Produkt »Psychosoziale Beratung« gestrichen. Aber was genau ist Beratung? Natürlich gibt es dazu Definitionen und Produktblätter. Später wurden die verschiedenen Beratungsleistungen in einer Fallpauschale [. . .] zusammengefasst. Der Median wird errechnet, in manchen Bezirken ist das Produkt zu teuer [. . .] Wessen Produkte zu teuer sind, der erhält weniger Geld. Mit weniger Geld kann er weniger Personal finanzieren. Mit weniger Personal kann er weniger Produkte erbringen: Also erhält er weniger Geld . . . Nein, es ist nicht originell! Die Vorgesetzten monieren und drängen nachdrücklich, doch ein paar (hundert?) Striche mehr zu machen. Wer kann schon die Anzahl der Beratungen kontrollieren? Alle stricheln mehr, schließlich wird in Berlin eine astronomische Anzahl an Beratungen erbracht. Revisionssichere Produkte müssen her, allerdings ist inzwischen der Personalbestand in einigen Bezirken schon gewaltig geschrumpft. Seit der Einführung der Fallpauschale ist es egal, ob man einmal oder 365-mal im Jahr mit einem Klienten zu tun hat. Zu jedem Strich gibt es einen Vermerk und eine Akte, revisionssicher! Es werden Gutachten und Krisen gezählt, denn beides scheint überprüfbar. Denkste! Was sind Krisen?	Was sind Krisen? Krisen sind Meldungen, die akute Hausbesuche oder Kriseninterventionen (auch am Telefon) auslösen [. . .] Wer zu wenig Krisen strichelt, erhält einen Rüffel vom Vorgesetzten. Wie gehabt. Es wird ein direkter Bezug hergestellt zwischen aktuellem Personalnotstand und Krisenstrichliste nach dem Motto: »Wenn Sie nicht mehr Krisen machen, dann können wir die nächste freiwerdende Stelle auch nicht mehr besetzen«. Keiner von uns kann kontrollieren, ob wir wirklich zu wenig Striche machen oder ein Opfer der Sparzwänge des ganzen Bezirksamts sind. (Dabei entfällt ca. die Hälfte unserer »Produktkosten« auf die sog. Regiekosten, d. h. werden gar nicht durch uns selbst veranlasst, sondern von oben oder über Dritte auf uns »heruntergebrochen«) [. . .] Hausbesuch, Beratung der Angehörigen usw. sind leider nicht drin, es sei denn wir erfahren etwas mehr über die fünf Kinder und drei Geschwister (acht Fallpauschalen, x Krisen). Ganz Berlin führt plötzlich Krisengespräche und beim Hausbesuch notiert die Sozialarbeiterin die Namen aller Nachbarn auf den Klingelschildern. Flexibel, kreativ und innovativ soll er sein, der Arbeitnehmer der Zukunft im SpD! Ein anderer Zynismus greift derzeit Raum: Die im Rahmen des neuen GDG vereinbarten Stellenkontingente werden unterlaufen [. . .] Natürlich sind auch »Außeneinstellungen« möglich, bislang aber nur befristet und nur nach Genehmigung durch die Finanzverwaltung. Und die lässt auf sich warten: Es wird ein »Einstellungskorridor« nach rein monetären Gesichtspunkten (Stellenabbau ist das Ziel) festgelegt, der zu Qualitätseinbußen in der Fachlichkeit und zum allmählichen Ausbluten der Gesundheitsämter allgemein und der SpDs im Speziellen führt.

Abkürzungen: GDG = Gesundheitsdienstreformgesetz, KLR = Kostenleistungsrechnung, SpD = Sozialpsychiatrischer Dienst

Einleitung

Einführung in die spezielle Thematik

Jenseits der zentralen Kontroverse innerhalb der Psychiatrie: Zwei Perspektiven für die psychosoziale Arbeit mit Psychoseerfahrenen

Im Arbeitsfeld Psychiatrie lassen sich recht unterschiedliche, zum Teil kontroverse bis widersprüchliche Positionen und Grundannahmen, Prinzipien und Grundhaltungen, Arbeitsansätze und Vorgehensweisen ausmachen, welche die psychiatrisch-psychosoziale Praxis determinieren und an denen sich die Arbeit mit Menschen, denen eine psychische Erkrankung attestiert wurde, mehr oder weniger explizit orientiert.

Im Zentrum steht immer noch – und heute wieder verstärkt – die Diskrepanz zwischen dem biologisch-somatischen Krankheits- und Behandlungsverständnis des klassischen oder eines inzwischen neu aufgelegten biomedizinischen Modells auf der einen Seite und den Denk- und Handlungsweisen der Sozialpsychiatrie und mithin auch der Gemeindepsychiatrie auf der anderen Seite. Während nach dem medizinischen Modell vor allem ein pharmakotherapeutischer Behandlungsansatz akzentuiert wurde, in psychosozialer Hinsicht in Verbindung mit einem sozialen Fürsorgemodell, konturiert sich die Sozialpsychiatrie, die sich einst dezidiert als Protest- und Gegenbewegung zur so genannten Anstaltspsychiatrie und dem medizinzentrierten Paradigma entwickelt hatte, auch heute noch oder heute wieder in Abgrenzung zur biologischen Psychiatrie und ihren Behandlungsformen. Von spezifischen philosophischen und anthropologischen Prämissen ausgehend, wurde und wird bis heute in der *Sozialen Psychiatrie* auf Konzeptionen von Gesundheit und Krankheit, Normalität und Abweichung rekurriert, die sich von einem vorwiegend naturwissenschaftlich ausgerichteten (medizinischen) Krankheitsmodell unterscheiden und folgerichtig auch grundsätzlich andere Umgangsformen mit den als psychisch krank bezeichneten Menschen nahe legen, welche es in der psychosozialen Praxis umzusetzen gälte.

In diesem Sinne wird neuerdings der »biologischen« Psychiatrie, die im Hinblick auf ihr Menschenverständnis als »reduktionistisch« eingeschätzt wird, eine »anthropologische« Psychiatrie entgegengestellt, die sich auf das besinnen möchte, um was es letztlich geht, nämlich auf den Menschen »als Mensch« statt nur als »Symptomträger und Transmittermangelerscheinung« (s. Bock, Dörner u. Naber, 2004, S. 9). Einbezogen wäre hierin die Perspektive der *subjektorientierten Sozialpsychiatrie*, welche die Begegnung zwischen den Professionellen und den Psychose- und/oder Psychiatrieerfahrenen ins Zentrum der psychosozialen Arbeit stellt (»von der Begleitung zur Begegnung«) und auf den Dialog zwischen grundsätzlich gleichwertigen Gesprächspartnerinnen[1] setzt (bzw. unter Einbeziehung der Angehörigen auf den Trialog) sowie auf ein Zusammenhandeln mit den Klienten statt auf eine Behandlung von Patientinnen durch so genannte Experten. Ebenso lässt sich das Menschenbild, an dem sich gemeindepsychiatrisches Handeln zu orientieren hat und das laut Krisor (2005) neben der »Subjektorientierung« auch eine »Interaktionsorientierung«, eine »Autonomie- und Bedürfnisorientierung«, eine »Kompetenz- und Ressourcenorientierung« sowie eine »Orientierung an Alltag und Lebenswelt« umgreift (s. Kap. 2), der so genannten anthropologischen Psychiatrie zuordnen, die sich von der biologischen Psychiatrie und ihrer Nosologie abgrenzt.

Seit der Psychiatriereform hatte es im Zuge von konzeptionellen Weiterentwicklungen durchaus (zumindest scheinbar) eine Annäherung zwischen den kontroversen Positionen des biomedizinischen Modells und des sozialpsychiatrischen Alternativmodells gegeben, indem in so genannten bio-psycho-sozialen Modellen einfach konzediert wurde, dass sowohl biologische als auch psychologische als auch soziale Faktoren für Krankheitsentstehung, -verlauf und -behandlung eine Rolle spielten und zu berücksichtigen seien. Aber der Graben zwischen den kontroversen Positionen, nicht nur im Hinblick auf das Krankheitsverständnis, sondern vor allem auch hinsichtlich der Art und Weise der Behandlung der psychisch erkrankten Menschen und/oder hinsichtlich des Umgangs mit den Psychoseerfahrenen, der Gestaltung der Beziehungen und des kommunikativen Milieus sowie der Berücksichtigung des interaktionellen Feldes und der sozialen Kontexte der Betroffenen, konnte doch nur notdürftig zugeschüttet werden. Die genuin psychosozial ausgerichtete (subjektorientierte) Sozialpsychiatrie, die mit ihren Arbeitsansätzen speziell den nichtmedizinischen Fachkräften (z. B. Psychologinnen, Sozialarbeitern, Sozialpädagoginnen) ein Arbeitsfeld in der Psychiatrie eröffnete, geriet dabei verschiedentlich ins Hintertreffen. Denn trotz der beachtlichen Bemühungen und durchaus auch Erfolge der Sozialpsychiatrie, sich mit ihren Konzepten und Arbeitshaltungen im Psychiatriefeld breit zu etablieren, blieb das biomedizinische Paradigma auch in den reformierten Versorgungsstrukturen, mitunter auch jenseits der stationären Psychiatrie, vielfach dominierend.

Da in den neuen Bundesländern Deutschlands erst nach 1989 eine Psychiatriereform nach westlichem Vorbild eingeläutet wurde, welche überdies vielfach von Psychiatriemitarbeiterinnen der ehemaligen DDR als vom Westen aufgedrückt, als »fremdimplementiert« erlebt wurde und daher auf Widerstand stieß, nimmt es kein Wunder, dass

---

1   Hinweis zur Schreibweise im Hinblick auf die Geschlechtsbezeichnung: Weibliche und männliche Formen werden im gesamten Buch – ohne Systematik – abwechselnd verwendet. Dies dürfte am ehesten der Tatsache des Vorkommens zweier Geschlechter entsprechen.

hier die ärztliche Vorherrschaft im Psychiatriebereich zunächst ungebrochen und auch das medizinische Denkmodell in Bezug auf psychische, insbesondere psychotische Störungen anfangs weitestgehend unhinterfragt blieb (s. Kap. 1). Aber auch in den alten Bundesländern sind diese Verhältnisse und Denkmodelle, wenn zwar seit den 1970er Jahren vielfach diskutiert und infrage gestellt, nicht überall grundlegend relativiert und nicht allerorten grundsätzlich aufgehoben oder abgelöst worden von alternativen Kooperationsformen und Konzeptionen. Im Zuge des vorherrschenden Zeitgeists zu vereinfachenden Erklärungen und dem damit zusammen hängenden Roll-Back ins Biologische scheint zudem die klassische medizinische Psychiatrie naturwissenschaftlich-biologischer Ausrichtung gerade wieder eine Renaissance zu erfahren.

So vermerkt Wollschläger (2001), dem an einem dezidierten Plädoyer für die Sozialpsychiatrie gelegen ist, dass man es nach circa dreißig Jahren Psychiatriereform eigentlich als überflüssig erachten müsste, das Wörtchen »sozial« zur genaueren Bezeichnung dessen, was Psychiatrie sein soll, noch zu verwenden. Als obsolet könnte man den Begriff Sozialpsychiatrie jedoch nur dann bezeichnen, wenn sich die Psychiatrie im Zuge ihrer Reform in eine Disziplin verwandelt hätte, in der statt des medizinischen Denkmodells ein aus Psychologie, Soziologie und Sozialarbeit gespeistes sozialwissenschaftliches Denkmodell dominierte und sich somit der Bezug auf »das Soziale« quasi von selbst verstünde. Dem ist aber, wie Wollschläger in seinem Vorwort konstatiert, nicht so. »Im Gegenteil hat alles in der Psychiatrie derzeit Konjunktur, was mit Bio-, Gehirn- und Genforschung zu tun hat«, schreibt er und es sei letztlich bis heute »bei der Exklusivität des medizinischen Definitionsmonopols« (S. 13) geblieben. Dem entgegentretend wäre – immer noch oder sogar wieder verstärkt – eine Theorie und Praxis von Sozialer Psychiatrie zu fordern, die zugleich mit ihrem eigenen »erweiterten Zugang zum Fach [...] eine Bedeutungsminderung der naturwissenschaftlich-medizinischen Perspektive« mit sich bringt, da nur durch »diese Bedeutungsminderung« die medizinische respektive biologische Psychiatrie in die Lage käme, »ihre alles beherrschende [...] fast alleinige Definitionsmacht [...] zu relativieren und sie schließlich aufzugeben« (Wollschläger, 2001, S. 13).

Nun liegt aber das Hauptaugenmerk in diesem Buch nicht auf der Auseinandersetzung mit dieser zentralen Kontroverse, sondern – mit Bezug auf das Arbeitsfeld der Sozialen Psychiatrie – auf verschiedenen Perspektiven, die als einschlägig für die psychosoziale Arbeit im Psychiatriebereich angesehen werden müssen. Im Wesentlichen wird neben der Perspektive der subjektorientierten Sozialpsychiatrie (mit ihren Modellen, Konzepten und Arbeitsweisen; s. Kap. 2) die systemische beziehungsweise systemtheoretisch begründete Perspektive mit ihren anders gearteten Denk- und Vorgehensweisen ausführlich betrachtet (s. Kap. 3). Es wird gezeigt, wie sich *systemische Therapie- und Beratungsansätze* für die und in der psychosozialen Arbeit – gerade auch im Psychiatriebereich und in der Arbeit mit Psychoseerfahrenen und ihren Familien – fruchtbar umsetzen lassen und sich als außerordentlich nützlich erweisen für das Anstoßen von selbstorganisierten Veränderungen in Klientensystemen und für die Vermeidung, Verhinderung, gegebenenfalls sogar das Aufbrechen von chronifizierenden Interaktionskreisläufen (mithin von Chronizität). Da das systemische Denken und Handeln quer zum Alltagsdenken und den im Alltag üblichen Unterstützungsformen liegt und auch quer zu einem anderweitig inspirierten psychotherapeutischen Denken und Handeln, muss der Einführung in die systemische (systemtheoretische) Perspektive breiter Raum gegeben werden. Es gilt, auch die Entwicklungslinie systemischer Therapie- und Beratungskonzepte nachzuvollziehen, die Leitideen systemischer Praxis sowie die Haltungen, Methoden und Frageformen systemischer Therapie und Beratung aufzuzeigen – bis hin zu den so genannten »narrativen Ansätzen«, die sich von der »systemischen Moderne« schon wieder abwenden (s. Kap. 3). Weit über die Therapie und Beratung im engeren Sinne und über entsprechend begrenzte (therapeutische) Settings hinausgehend, kommen systemische Ansätze heutzutage auch in der Sozialen Arbeit und in fast allen psychosozialen Arbeitsfeldern zur Geltung, so nicht zuletzt auch in der psychosozialen Arbeit im Arbeitsfeld Psychiatrie. Mithin wird auch von einer »systemischen Psychiatrie« gesprochen.

Anders als die Sozialpsychiatrie ist die »systemische Psychiatrie« nicht auf widersprüchliche Weise mit der biologischen Psychiatrie verzahnt und nicht mit dem Austragen entsprechender Kontroversen beschäftigt, sondern hat im Grunde gar nichts mit ihr zu tun.[2] Entsprechend werden auch keine Bemühungen angestellt, ein alternatives Krankheitsmodell zu entwerfen, sondern man kommt fast ganz ohne Krankheitsmodell aus. Ohne auf einen speziellen Krankheitsbegriff zu rekurrieren, orientiert man sich in der Arbeit nach dem systemischen Ansatz weder an der Heilung noch an der Überwindung oder Bewältigung einer Krankheit, sondern an den jeweiligen Anliegen der Hilfesuchenden – etwa der Psychoseerfahrenen und ihren Familienangehörigen. Man versucht nach einer entsprechenden Auftragsklärung »Verstörungen« einzuführen oder – durch das Streuen von neuen, alternativen Wirklichkeitssichten via Fragen – neue Unterschiedsbildungen im Hinblick auf die Probleme anzustoßen, mithin neue Information zu erzeugen und so Anregungen zu geben, die es den Betroffenen ermöglichen könnten, ihre leidvollen oder destruktiven Sicht- und Verhaltensweisen durch andere, nützlichere zu ersetzen (s. Kap. 3). Dabei wird davon ausgegangen, dass die entsprechenden Fähigkeiten in aller Regel bereits im Repertoire der Klientinnen vorliegen.

Der systemische Ansatz, mithin die Perspektive einer »systemischen Psychiatrie«, ist nicht in gleicher Weise wie die Sozialpsychiatrie mit den Auseinandersetzungen im Rahmen der beschriebenen Kontroverse belastet und kann somit freier und radikaler in der psychiatrisch-psychosozialen Arbeit zur Geltung gebracht werden. Dennoch

---

2 »Eine Begrifflichkeit, die sich nach organmedizinischen Auffassungen von Pathologie richtet und Diagnostik und Therapie gewissermaßen als Maßnahmen zur Wiederherstellung ungestörter Verhältnisse ansieht, verträgt sich mit systemischem Denken nicht« (Ludewig, 2002, S. 163). Stattdessen wird vorgeschlagen, den Blick auf die jeweiligen Kontexte zu richten, die das als »klinisch relevant« bezeichnete Phänomen hervorbringen bzw. an ihm beteiligt sind (vgl. S. 163).

wird man auf die Perspektive der subjektorientierten Sozialpsychiatrie, wie auch überhaupt auf einen subjektorientierten Ansatz als Gegenpol zu einem systemischen Ansatz, nicht verzichten können. Die Differenzierung dieser beiden Perspektiven mitsamt ihrer je spezifischen Denkweisen und Arbeitsansätze ist das zentrale Thema dieses Buches. Dabei erfahren beide Perspektiven eine im Prinzip gleichwertige Würdigung, werden sowohl einander gegenübergestellt als auch aufeinander bezogen. Die Modelle, Konzepte, Vorgehensweisen beider Perspektiven werden auch jeweils aus dem Blickwinkel der je anderen Perspektive reflektiert. Mithin werden sowohl die Fallstricke der einen Perspektive (z. B. sich wiederholende, ggf. chronifizierende Betreuungskreisläufe in der Sozialpsychiatrie) als auch die Lücken der anderen Perspektive (z. B. die Frage der subjektorientierten Verstehensbegleitung und der emotionalen Bezogenheit beim systemischen Ansatz) besprochen. Für die psychosoziale Praxis (nicht nur im Psychiatriebereich) wird somit ein Reflexions- und Orientierungsrahmen aufgemacht, welcher der praktischen Arbeit in helfenden Beziehungen grundsätzlich von Nutzen sein dürfte. Vor diesem Hintergrund wird es auch möglich zu entscheiden, ob und wann und wie jeweils besser nach einem systemisch-therapeutischen Ansatz oder lieber nach einem Ansatz der subjektorientierten Sozialpsychiatrie vorgegangen werden sollte (s. zusammenfassend Kap. 4).

Wenn zwar die *Grundhaltungen beider Perspektiven* in einigen Hinsichten vergleichbar sind (z. B. Ressourcenorientierung, Kontextualisierung, Zurücknahme von Expertenmacht), sind die einzelnen Denk- und Arbeitsprinzipien doch recht verschieden und führen zu unterschiedlichen Wirkungen. Beide praxisleitenden Perspektiven akzentuieren in der (psychosozialen oder therapeutischen oder beraterischen) Arbeit mit den Klientinnen je unterschiedliche Aspekte; sei es – subjektorientiert – zum Beispiel eine um »Verstehen« der subjektiven Bezüge und um den Nachvollzug der Entwicklung zentraler persönlicher Motive und deren eventuell gescheiterter Realisierung bemühte Begleitung; seien es – systemisch – zum Beispiel Umdeutungen (»reframes«) zwecks »Verstörung« (Perturbation) eingefahrener Muster als Anstoß zur Veränderung. »Beziehungsarbeit und Verstehensbegleitung versus Anstöße zur Lösungsfindung und Veränderung« so lautet eine Überschrift im Schlusskapitel dieses Buches (Punkt 4.2.1). Aber beide Ansätze könnten einander ergänzen oder – nebeneinander bestehend – je nach Bedarf und eingeschätzter Notwendigkeit hilfreich sein.

Polemisch und in provokanter Weise hatte einst Fritz B. Simon – als Systemiker – in einem Artikel von 1992 die sozialpsychiatrische »Theoriearmut« beziehungsweise die »schlechten« Theorien der Sozialpsychiatrie angeprangert (s. in Finzen u. Hoffman-Richter, 1995). Sie ließen, da abstrakt und allgemein, der »Beliebigkeit« des Handelns Tür und Tor offen; lieferten »keinerlei überprüfbare Hypothesen über die Entstehung und den Verlauf der Krankheit eines konkreten Patienten« und aus den »unspezifischen sozialpsychiatrischen Weisheiten« ließen sich lediglich »unspezifische Maßnahmen« ableiten, aber keine Kriterien sinnvollen und nicht-sinnvollen Handelns und keine Bewertungskriterien guter oder schlechter therapeutischer Praxis oder überhaupt irgendwelche Maßstäbe zur Bewertung der Qualität der eigenen Arbeit. Stattdessen beschränkten sich »die sozialpsychiatrisch-therapeutischen Techniken auf die Einhaltung moralisch begründbarer, ›normaler‹ zwischenmenschlicher Interaktions- und Umgangsformen« (1995, S. 130). Und da »der Reiz der sozialpsychiatrischen Theoriearmut« darin liege, »der Auseinandersetzung und der Beurteilung über ›richtig‹ und ›falsch‹ zu entgehen« (S. 131), fänden die Mitarbeiter hier »ein weites Feld, um sich und anderen ihre ›guten‹ Intentionen zu beweisen, ohne die Überprüfung der ›guten‹ Wirkungen des eigenen Handelns zu riskieren« (S. 130). Es gälte deshalb, eine »konsistente Theorie« zu suchen, an der man sein konkretes Alltagshandeln in der Sozialen Psychiatrie orientieren könne und hierbei sei »die Anwendung systemtheoretischer Konzepte« besonders gut geeignet, »der Sozialpsychiatrie zu einem handlungsleitenden und Selbstreflexion ermöglichenden Theorierahmen zu verhelfen« (S. 132).

Wenn zwar man konstatieren mag, dass Simon hiermit durchaus treffend einige »theorielose« moralische Attitüden (z. B. sich als »guter« Mensch bewähren zu wollen), wie sie verschiedentlich in der sozialpsychiatrischen Praxis vorzufinden sind, benannt hat, so bleibt doch gänzlich im Dunkeln, auf welche sozialpsychiatrische Theoriearmut er sich eigentlich bezieht. Es sei hier nur auf Luc Ciompi verwiesen, der aus sozialpsychiatrischer Sicht eine keineswegs »arme« und durchaus »konsistente« sozialpsychiatrische »Theorie« entworfen hat, die sowohl Entstehung und Verlauf psychischer Erkrankungen zu beschreiben versucht, als auch Kriterien für die sozialpsychiatrische Behandlung erstellt. Nun dürfte man Simon zugute halten, dass er vermutlich mit seinem provokativen Angriff auf »die« Sozialpsychiatrie – in seiner eigenen systemisch-therapeutischen Manier – versuchen wollte, ein als autonom und selbstreferenziell gedachtes System, nämlich das schon verschiedentlich etwas verkrustete und chronifizierende Organisationssystem Sozialpsychiatrie, zu verstören, um so womöglich Veränderungen zum Besseren hin anzustoßen. Aber ob das die gewünschten Wirkungen erbringt, bleibt fraglich. Eher scheint es, als würden hiermit Fronten aufgebaut, die beide Parteien noch weiter auseinandertreiben, statt dass sie sich aufeinander zu bewegen, um zu sehen, wie sie sich ergänzen könnten. Von Seiten eines Sozialpsychiaters hört man gegenüber der systemischen Perspektive dann nämlich Folgendes: »Ich kann den besserwisserischen Ton und die Beziehungslosigkeit bzw. -müdigkeit [...] nicht mehr ertragen. Ich möchte nicht mehr verschmitzt lächelnd über die manipulatorischen Tricks informiert werden [...] Wer sich dem Leid (nicht den Defiziten!) in der Psychiatrie nicht aussetzen will, muss dort nicht arbeiten. Systemiker neigen dazu, ihre eigene Person vor dem real existierenden Leiden zu schützen, indem sie es als durch den Patienten frei gewählten Zustand begreifen und damit als Leiden wegdefinieren. Das wird leicht zynisch« (Engelmann, 1992; zit. nach Wolter-Henseler, 1995, S. 157).

Nützlicher als solche Konfrontationen dürfte der Versuch sein, beide Positionen als wichtig und richtig wertzuschätzen, sie im Hinblick auf ihre je spezifischen Potenziale zu differenzieren und sie beide in einem Orientierungsrahmen für die Praxis als Sowohl-als-auch-Positionen unterzubringen. Das ist der Weg, der hier beschritten werden soll.

Zusammenfassend gesagt, beinhaltet dieses Buch mit Blick auf die beiden Perspektiven einerseits ein Plädoyer für den systemischen beziehungsweise systemisch-therapeutischen Ansatz in der psychosozialen Arbeit mit den als psychisch krank bezeichneten Menschen. Andererseits und zugleich wird aber auch behauptet, dass eine subjektorientierte Vorgehensweise vonnöten ist und dass – wie dies auch von sozialpsychiatrischen Ansätzen für den Umgang mit Psychiatrieerfahrenen gefordert wird – die Beachtung und womöglich der gemeinsame verstehende Nachvollzug der Subjektivität der Klientinnen und ihrer Bezugspersonen (eingeschlossen die professionellen Bezugspersonen) ein Kernstück der Begegnung mit Psychoseerfahrenen sein sollte.

Auf je eigene Weise grenzen sich beide Perspektiven von klassisch-psychiatrischen Methoden der »Behandlung psychisch Kranker« ab. Ferner werden beide als hilfreich eingeschätzt für die Entwicklung von Fähigkeiten der Lebens- und Leidensbewältigung und eigenständigerer Lebensführung und können – je gesondert – auf entsprechende Erfolge verweisen. Hierbei sind jedoch je unterschiedliche Wirkungen zu beachten und entsprechende Differenzierungen zwischen den beiden Denk- und Vorgehensweisen einzuführen.

Ausgehend von der These, dass jede der beiden Perspektiven je für sich genommen zu einseitig sein und sogar in eine Sackgasse führen könnte, wird hier der Versuch unternommen, das Entweder-oder der beiden Ansätze, das aufgrund der sehr unterschiedlichen erkenntnistheoretischen und anthropologischen Bezüge beider Positionen nahe liegt, in ein Sowohl-als-auch (mal diese, mal jene) umzuwandeln und in einen Reflexions- und Orientierungsrahmen für die psychosoziale Arbeit einzubeziehen. Auch die einfließenden theoretischen Bezüge werden hierbei bedacht, wenn auch nicht näher erörtert.

Der Schwerpunkt der Betrachtung liegt in diesem Buch also auf den Konzepten der *praktischen Arbeit*, mithin auf dem (psychosozialen oder therapeutischen) Arbeitshandeln mitsamt dem dafür erforderlichen Handwerkszeug. Es sei aber erwähnt, dass mit den beiden Perspektiven auch zwei verschiedene *theoretische Linien* und – mehr oder weniger explizierte – Vorstellungen hinsichtlich des Systembegriffs auf der einen Seite respektive hinsichtlich des Subjektbegriffs auf der anderen Seite verbunden sind.

Die *systemischen Therapien*, die sich auf die »moderne« Systemtheorie (à la Maturana und Varela sowie Luhmann) beziehen, können sich theoretisch klar verorten. Für sie ist eine Befassung mit Fragen von Subjektivität und Persönlichkeitsentwicklung sowie mit den persönlichen Sinnkonstruktionen der Individuen und ihrem verstehenden Nachvollzug nicht angesagt, sondern man begnügt sich mit der Beschreibung von – im Problemfall – »unglücklichen« Kommunikationen und »problemdeterminierten« Systemen. Das praktische Vorgehen, zu glücklicheren Kommunikationen anzuregen und neue Information in ein »Problemsystem« zu geben, stimmt mit der theoretischen Bezugnahme auf die genannte Systemtheorie überein.

Die *subjektorientierten Ansätze* (der Sozialpsychiatrie), die speziell das Subjekt in den Blick nehmen, sind demgegenüber hinsichtlich ihrer theoretischen Bezüge nicht ganz so klar konturiert. Zwar gibt es verschiedene Ideen und konzeptionelle

Vorstellungen darüber, was das Subjekt ist, aber im Grunde mangelt es hier (noch) an einer expliziten Theorie des Subjekts, welche – nicht-individualistisch – sowohl Sozialität wie Subjektivität des Menschen zu beschreiben vermag. Entsprechende Überlegungen zum Entwurf einer Subjekttheorie können in diesem Buch jedoch keinen Platz mehr finden (s. aber die Hinweise unter Punkt 2.3.2).

Auch eine kritische Erörterung der Positionen der Systemtheorie als Theorie selbstreferenzieller Systeme und des (radikalen) Konstruktivismus (mit Blick z. B. auf das Menschenbild, die offene Frage der Subjektivität oder die Machtfrage; s. dazu Moldzio, 2002; Staub-Bernasconi, 2000) muss hier außen vor bleiben.

Persönliche Anmerkungen

Zum einen gründen die Inhalte dieses Buches auf meiner *Lehre* an einer Hochschule in Mecklenburg-Vorpommern, welche sowohl die Ausbildung von Studierenden der Sozialen Arbeit für den Bereich »Soziale Psychiatrie und psychosoziale Versorgung« (eingeschlossen Praxisbegleitung) als auch Lehrveranstaltungen zur Vermittlung systemischen Denkens und Handelns in Therapie, Beratung und psychosozialer Praxis umfasst(e). So gesehen stellen die Buchinhalte eine – natürlich systematisierte, vertiefte und erweiterte – Zusammenstellung dessen dar, was ich an der Fachhochschule gelehrt habe und noch lehre. Dabei hatte mich der Blick auf die psychiatrisch-psychosoziale Praxis im Umfeld der Hochschule übrigens auch zu einem Plädoyer für die Sicht- und Denkweisen der Sozialpsychiatrie als »ideeller Kontext« der Arbeit mit Psychiatrieerfahrenen bewegt. Nach der Wiedervereinigung (in der sog. Nachwendezeit) war die neue Psychiatriereform in den ostdeutschen Ländern nämlich zunächst vor allem als Modernisierung beziehungsweise – eher nur versorgungstechnisch – als medizinzentrierte Psychiatrie in der Gemeinde vorangetrieben worden statt als sozialpsychiatrische Reform mit dezidierter Abkehr von der Dominanz des medizinischen Paradigmas und der vorherrschenden bevormundenden Fürsorgeorientierung (s. Kap. 1).

Zum anderen war ich zu dem Thema der Gegenüberstellung und Zusammenführung der beiden Perspektiven aber ursprünglich durch meine eigene *praktische Tätigkeit* im psychiatrisch-psychosozialen Arbeitsfeld und durch meine Arbeit mit als psychisch krank bezeichneten Menschen und ihren Angehörigen inspiriert worden, nachdem ich die Kompetenzen und auch Erfahrungen erworben hatte, nach den beiden unterschiedlichen Arbeitsansätzen vorzugehen.

Da war ich zum einen sehr beeindruckt von den Wirkungen, die man mit einem systemisch-therapeutischen Vorgehen erzielen konnte, ohne sich selbst als »Helfende« übermäßig anstrengen zu müssen, ohne sich allzu sehr auf das Leiden der Anderen einlassen zu müssen, ohne sich in die Gefahr zu begeben, sich in intensiven Bindungen zu verfangen oder in lang andauernden Betreuungsbeziehungen aufzugehen. Auch war ich außerordentlich erleichtert darüber, mir nicht so viele Sorgen um meine Klientinnen und darüber, was sie mit sich anstellten, machen zu müssen, sondern die ganze Verantwortung an das System zurückgeben zu dürfen oder gar zu müssen und die Konstruktion von Schwere (die Idee, es handele sich um eine »schwere Störung«) zugunsten der Idee der Handhabbarkeit auch von Psychosen und einer Lösungsorientierung unterlaufen zu können.

Auf der anderen Seite empfand ich diese Kontaktform verschiedentlich aber auch als unterkühlt, verbunden mit einem mangelnden Gefühl des Verstehens, was bei den Klientinnen vorgehen könnte. Sie erscheint wenig emotional bezogen auf die Menschen und eher strategisch in Form der sachlichen Haltung, es geht weniger um die einzelnen beteiligten Personen als vielmehr um die Sache der Dekonstruktion von Problemen. Dem entgegen besteht ja auch der Wunsch,

– sich am Erleben der Menschen zu orientieren, auch an ihrem Leiden;
– emotionale Nähe im Kontakt herzustellen und nötigenfalls Halt zu geben;
– intensive Begegnungen zu erfahren und sich einzulassen;
– den Klienten dabei behilflich zu sein, sich selbst, ihre besondere Situation und ihre Symptome verstehen zu können und persönlich sinnhafte Zusammenhänge zwischen ihren (inhaltlichen) Wahnvorstellungen und bedeutsamen kritischen Lebensereignissen oder problembehafteten Entwicklungserfahrungen herzustellen.

Jedoch mag sich bei diesen Darstellungen sofort wieder ein Protest von der anderen Perspektive her regen. Womöglich läuten bei systemischen Therapeutinnen sämtliche Alarmglocken, wenn etwa davon die Rede ist, »intensive Begegnungen« erfahren zu wollen. Läuft man da nicht Gefahr, sich in emotionalen Sümpfen zu verlieren und damit sich selbst und dem anderen Schaden zuzufügen, oder sich als Ersatzpartner oder als »besseres« Elternteil anzubieten und damit die Situation noch zu verschlimmern? Sind nicht überhaupt die Kriterien für eine adäquate Begegnungs- und Beziehungsgestaltung recht unpräzise, wohingegen es mit einem systemischen Ansatz auf jeden Fall besser gelänge, etwas zu bewirken und aus problem-verfestigenden Interaktionskreisläufen herauszukommen oder gar nicht erst in sie hineinzugeraten?

Hier braucht man einen Orientierungsrahmen, an dem man sein Handeln ausrichten kann – mindestens, um sich entscheiden zu können, in welche der Fallen man tappen möchte.

Einführung in das Buch als Lehrbuch

Insofern in diesem Buch mit der Differenzierung und Zusammenführung der beiden genannten Perspektiven ein spezieller Reflexions- und Orientierungsrahmen angeboten wird, handelt es sich sicher nicht um ein »klassisches« Lehrbuch. Dennoch ist es eine Art Lehrbuch, da das psychosoziale Praxisfeld der Psychiatrie breit betrachtet und fast alle für die psychiatrisch-psychosoziale Arbeit einschlägig relevanten Konzepte beider Perspektiven beschrieben werden. Die verschiedenen Modelle und Arbeitsansätze erfahren bis hin zu ihrer praktischen Umsetzung und Umsetzbarkeit eine praxistaugliche Darstellung und Reflexion. Sie werden verschiedentlich durch Praxisbeispiele oder Fallvignetten veranschaulicht. Überdies werden sie so ausführlich dargestellt, dass sie auch ohne vorgängige Kenntnisse nachvollzogen werden können. Zugleich könnten andererseits die reflektierenden Betrachtungen und Gegenüberstellungen selbst auch für erfahrene Berufspraktikerinnen oder »alte Hasen« noch etwas Neues enthalten.

In den meisten Lehrbüchern zum Arbeitsfeld Psychiatrie wie auch zur Sozialen Arbeit in diesem Feld werden die Methoden und Arbeitsweisen, die dort für die nichtmedizinischen Fachkräfte zum Tragen kommen, zwar ausgeführt, aber bleiben doch recht unspezifisch im Hinblick auf die praktische psychosoziale Arbeit mit den als psychisch krank bezeichneten Menschen und sich daraus ergebenden Fragen. Eine Ausnahme bildet meines Erachtens das ebenfalls als Lehrbuch bezeichnete Werk von Dörner und Plog »Irren ist menschlich«, in dem es – von der ersten Ausgabe an – zentral um den »Umgang mit psychisch Kranken« ging und die Begegnung in den Mittelpunkt jeglicher Arbeit in der Psychiatrie gestellt wurde. Ähnlich wie dort, allerdings mit ganz anderen Prämissen und in anders gearteter Herangehensweise, soll auch in diesem Buch die Interaktionssituation, aus der heraus sich die Rollen der Helfenden (der Therapeutinnen) einerseits und die der Adressaten der Hilfe (der Klientinnen) andererseits konstituieren, im Zentrum stehen. Von der Rolle der professionell Tätigen ausgehend, wird diese Interaktion hier als »psychosoziale Arbeit mit Psychiatrieerfahrenen« bezeichnet. Dabei kann es sich – je nach Auftrag, Aufgabenstellung und Handlungsfeld und je nachdem, wie man die Interaktionssituation definiert – um Betreuung, Begleitung, Krisenintervention oder um Beratung oder Therapie handeln. Auch die systemischen Therapie- und Beratungskonzepte der Moderne bis hin zu den narrativen Ansätzen der »Postmoderne« lassen sich exzellent für eine entsprechende psychosoziale Praxis fruchtbar machen.

Selbstverständlich ist aber auch dem Umstand Rechnung zu tragen, dass psychosoziale Arbeit als spezifische Interaktion zwischen den Helferinnen (oder »Bezugstherapeuten«) und den Menschen, bei denen eine Psychose oder eine psychische »Erkrankung« diagnostiziert wurde, den so genannten Klienten, nicht für sich genommen oder nur aus sich heraus zum Zuge kommen wird. Vielmehr ist sie in spezifische *Kontexte* eingebettet, von denen neben den »strukturellen« Kontexten (z. B. Versorgungsstrukturen) vor allem die »ideellen« Kontexte (Ideen, Konzepte, Diskursgemeinschaften) ausschlaggebend für die Gestaltung der psychosozialen Arbeit, für den Umgang mit Menschen mit psychotischen oder anderweitig psychiatrisch auffällig gewordenen Problemen sein werden (s. Kap. 1). Es entspricht dem Tenor dieses Buches, dass ideelle Prämissen favorisiert werden, denen gemäß man diesen »Umgang« als (ggf. therapeutische) *Kooperation* mit den Klientinnen umzusetzen bestrebt ist und/oder sich als professionell Tätiger als ein Mitwirkender in Klient-Helfer-Systemen begreift.

Das Buch richtet sich vor allem an psychosoziale Fachkräfte, also bevorzugt an Psychologinnen und Sozialarbeiter oder Sozialpädagoginnen sowie an andere nichtmedizinische Berufsgruppen, die im Psychiatriebereich oder in anderen psychosozialen Arbeitsfeldern mit Menschen mit psychischen Problemen tätig sind sowie – als Lehrbuch – natürlich auch an die Studierenden der Sozialen Arbeit oder der Psychologie, für die später ein solcher Arbeitsbereich in Frage kommt.

Hier kann man an Fragen anknüpfen, welche Studierende der Sozialen Arbeit oder der Psychologie, die künftig in Feldern der Sozialen Psychiatrie oder des psychosozialen Hilfesystems mit so genannten »psychisch Kranken« arbeiten wollen und erste Erfahrungen damit bereits in Praktika gesammelt haben, aufwerfen. Ebenso kann man anknüpfen an Fragen, die von bereits in den genannten Feldern berufstätigen psychosozialen Fachkräften gestellt werden könnten.

Beispiele für Fragen von Studierenden und Praktikantinnen:
- Wie gehe ich mit psychisch Kranken um? Wie kann ich die konkrete Begegnung gestalten, was muss ich dabei beachten; was heißt Beziehungsarbeit eigentlich konkret?
- Wie weit ist es möglich, den Anderen (z. B. die Klientin) zu verstehen? Wie kann ich helfend sein, ohne zu bevormunden?
- Kann ich auch bei Psychoseerfahrenen davon ausgehen, dass sie selbstbestimmt handlungsfähig sind?
- Wann macht es Sinn, Veränderungen einzuleiten, und wie kann ich dazu beitragen, dass die Klienten das von sich aus tun wollen?
- Wie kann ich (Er-)Kenntnisse der Psychologie und der Sozialwissenschaften, die ich im Studium erworben habe, in der praktischen Arbeit einsetzen?
- Inwieweit sind mir die gängigen Ansätze und Methoden für die psychosoziale Arbeit mit Psychiatrieerfahrenen nützlich? An welchen Konzepten könnte ich mich für die praktische Arbeit im Umgang mit den so genannten psychisch Kranken orientieren?

Beispiele für Fragen von eher nicht systemisch arbeitenden psychosozialen Fachkräften:
- Wie kann ich dem Wunsch nach einem Gefühl des Verstandenwerdens seitens der Psychoseerfahrenen nachkommen, ohne mich selbst zu verlieren?
- Wie kann ich Veränderungen anstoßen, die die Klientinnen aber selber in die Wege leiten?
- Wie kann ich Hilfe zur Selbsthilfe faktisch so realisieren, dass die Selbsthilferessourcen der Klientinnen zum Tragen kommen anstelle meiner Vorstellungen von Hilfe?
- Wie kann ich dazu beitragen, dass sich die Klienten aus ihren Kreisläufen herausbewegen, ohne ihnen aber zu sagen, wie sie es tun sollten oder wo es langgeht?
- Wie kann ich mich vor Burnout schützen und besser für mich selbst sorgen?

Beispiele für Fragen von eher systemisch arbeitenden psychosozialen Fachkräften:
- Wie kann ich mir die emotionale Nähe mit den Klientinnen erhalten oder wiederherstellen und ihnen das Gefühl vermitteln, dass ich sie auch in ihrer sich selbst verordneten Hilflosigkeit und Unfähigkeit verstehe?
- Wie kann ich Defizitdenken, Resignation und Rückzugstendenzen der Klienten – meinerseits glaubwürdig und authentisch – akzeptierend nachvollziehen?
- Wie kann ich mit Psychoseerfahrenen teilnehmen an ihrer subjektiven Welt des Wahns und mich darauf einlassen, um dann mit ihnen gemeinsam die inhaltlichen Sinnzusammenhänge ihrer privaten Symbolik mit ihren Lebenserfahrungen (auch ihrer Vergangenheit) aufzuspüren, ohne auf Effizienz zu schielen?

Zwar können diese und ähnliche Fragen gewiss nicht mit einem Buch beantwortet werden, denn die Beantwortung solcher Fragen würde einen konkreten Austausch zwischen Personen, Fragenden und Antwortenden, erfordern (wie etwa in Praxisbegleitung oder Supervision). Immerhin könnte man sich mit solchen und ähnlichen Fragen in diesem Buch aufgehoben fühlen.

Als Nebeneffekt könnte sich aus den Darlegungen in diesem Buch durch die extensive Berücksichtigung der beiden Perspektiven im Arbeitsfeld Soziale Psychiatrie ergeben, dass sich verschiedene Richtungen oder Schulen, verschiedene Arbeitsansätze oder berufliche Orientierungen (aus dem Bereich der psychosozial wie therapeutisch helfenden Berufen) mehr aufeinander zu bewegen oder sich – was auch nicht schlecht wäre – bei gegenseitiger Wertschätzung klarer voneinander abgrenzen. Ansonsten bewegt man sich ja üblicherweise in verschiedenen Kreisen eher unter sich: die Sozialpsychiater, die Systemikerinnen und systemischen Therapeuten, die anderen Psychotherapeutinnen, die Sozialarbeiter und die (Gemeinde-)Psychologinnen. Allerdings sind in den letzten Jahren einige Bücher auf den Markt gekommen, in denen untereinander Verbindungen hergestellt werden, wenn auch lediglich in dyadischen Bezügen. So wird vor allem in mehreren Publikationen eine systemische Perspektive für die Soziale Arbeit vorgeschlagen oder auch für die Realisierung eines systemischen Ansatzes speziell in der (gemeindenahen) Psychiatrie plädiert. Des Weiteren sind einige (Lehr-)Bücher erschienen zur (allgemeinen) Sozialarbeit im Feld der Psychiatrie. Und daneben sind bereits früher schon in anderen Veröffentlichungen zahlreiche Verbindungen hergestellt worden zwischen Gemeindepsychiatrie und Gemeindepsychologie einerseits und zwischen (nicht-systemischer) Psychotherapie und Sozialer Psychiatrie andererseits.

Über solche dyadische Bezugnahmen hinausgehend wird hier quasi die Verbindung in einer *Triade* vorgeschlagen: Sowohl ein subjektorientierter Ansatz als auch eine systemische Perspektive sollen auf die Soziale Psychiatrie bezogen werden. Diese Linie von Subjektivitäts- und/oder Systemorientierung wird auch mit den üblichen sozialpsychiatrischen Arbeitsweisen und Begegnungskonzepten abgeglichen und in sie hinein getragen. Dabei gilt – wie schon gesagt – die konkrete psychosoziale Arbeit im Feld der Sozialen Psychiatrie als Ausgangs- und Bezugspunkt.

Begriffsverwendungen

1. »Psychoseerfahrene« statt »psychisch Kranke«: Nicht zuletzt um der Krankheitsmetapher zu entgehen, wird in diesem Buch statt von psychisch Kranken eher von »Psychoseerfahrenen« die Rede sein. Diese Bezeichnung entstand im Zusammenhang mit der Etablierung eines Trialogs zwischen drei gleichberechtigten(!) Gruppen, nämlich Professionellen, Angehörigen von psychisch Kranken und eben Psychoseerfahrenen oder im Zusammenhang mit entsprechenden Psychoseseminaren (erstmals 1989 von Thomas Bock und Dorothea Buck in Hamburg ins Leben gerufen), in denen der wechselseitig akzeptierende Austausch zwischen diesen drei Gruppen am runden Tisch praktiziert oder jedenfalls geübt wird.

Mit dieser Bezeichnung soll die Psychoseerfahrung tatsächlich als Erfahrung im Sinne von »Bescheid wissen« gewürdigt werden und zugleich den psychiatrischen Fachkräften auf der Ebene der Begegnung nahegelegt werden, ihr eigenes Expertentum zu relativieren und stattdessen eher die entsprechend Erfahrenen selbst als Experten für ihre besonderen psychischen Zustände – in Bezug auf das Psychoseerleben und überhaupt – ernst zu nehmen.

Gelegentlich wird in diesem Buch auch von »Psychiatrieerfahrenen« gesprochen. Diese Beschreibung ist breiter (man muss nicht unbedingt eine Psychose erfahren haben, um in Kontakt mit oder in die Fänge der Psychiatrie zu geraten) und wird von den Erfahrenen selbst favorisiert (s. Bundesverband der Psychiatrie-Erfahrenen). Die in den psychiatriekritischen 1970er Jahren aufgekommene Bezeichnung dieser Menschen als »Betroffene« oder »Psychiatriebetroffene« wird in diesem Buch eher selten verwendet, da damit oft eine Konnotation von »Opfer sein« verbunden ist (z. B. als Opfer der »bösen« Verhältnisse), während doch – eher die möglichen Ressourcen akzentuierend – darauf Wert gelegt werden soll, sowohl die Widerstandskraft als auch den psychischen Reichtum und die Lebensfähigkeiten dieser Menschen zu betonen.

Generell ist die in diesem Buch bevorzugte Bezugnahme auf Psychosen eher exemplarisch zu verstehen; andere psychiatrisch relevant erscheinende Störungsbilder (auch Neurosen) sollen hiermit nicht ausgeschlossen werden. Grundsätzlich geht es um die Arbeit mit Menschen mit psychischen Problemen aller Art.

2. »Klienten« statt »Patienten« oder »Kunden«: Im Interesse einer Vereinfachung verwende ich die Bezeichnung »Klient/Klientin« oder »Klientensystem« für das gesamte Arbeitsfeld der Sozialen Psychiatrie, wenn es um die Menschen geht, die entsprechende Einrichtungen und Dienste aufsuchen oder in/von diesen behandelt, begleitet oder betreut werden; auch wenn sie – je nachdem – in Kliniken und Tageskliniken »Patientinnen«, in Treffpunkten »Besucher« und in therapeutischen Wohngemeinschaften »Bewohnerinnen« genannt werden. Der Klientenbegriff vermag meines Erachtens den Aspekt des (therapeutischen) Hilfebedarfs mit dem Aspekt des eher selbstbestimmenden und auswählenden »Kunden« zu vereinen und außerdem das (Macht-)Verhältnis von professionellen Hilfeanbietern und Hilfesuchenden oder »Betroffenen« angemessen widerzuspiegeln. Von wenigen Ausnahmen abgesehen, wie etwa im Trialog oder in Psychoseseminaren oder auf Kongressen vom Bundesverband der Psychiatrie-Erfahrenen (BPE e. V.) begegnen wir als Professionelle den Psychoseerfahrenen in der Regel doch in ihrer Rolle als Klienten und Klientinnen.

Um der von der systemischen Perspektive geforderten »Kundenorientierung« im Sinne einer »Dienstleistungsphilosophie« (vgl. Schweitzer, 1995) auch im (sozial)psychiatrischen Feld gerecht zu werden, bedarf es meines Erachtens nicht des Begriffs des »Kunden« oder der »Kundin«, wie dies einst von Hargens (1993) und neuerdings auch von einigen Verfechtern des so genannten »Personenzentrierten Ansatzes« (s. dazu Kap. 1) gefordert wird. Von Ritscher (2002) wird zurecht darauf verwiesen, dass der Kundenbegriff aus der Sphäre des wirtschaftlichen Austausches des kapitalistischen Marktes stammt, in dem der Tauschwert über dem Gebrauchswert steht und ferner, dass »seine Verwendung [...] sprachlich die postmoderne Tendenz, alle Sektoren der Gesellschaft unter die Vorherrschaft einer profitorientierten Ökonomisierung zu zwingen [unterstützt]« (S. 188; siehe zu diesem Thema auch die kapitalismuskritischen Überlegungen zum Begriff der »Kundenfreiheit« für Psychiatrieerfahrene von Wulff, 2001).

Von Seiten der Gemeindepsychologie wird von »Nutzerinnen« gesprochen, weil es um Personen geht, die die entsprechenden Einrichtungen und professionellen Dienstleistungsangebote »nutzen«; und von Seiten der Sozialarbeit werden die Adressatinnen Sozialer Arbeit heutzutage vorzugsweise als »Auftraggeberinnen« bezeichnet. Diese beiden Vorschläge, »Nutzer« oder »Auftraggeber«, enthalten explizit keine therapeutische Konnotation, wie das bei der Bezeichnung dieser Personen als »Klienten« hingegen der Fall ist. Für die im engeren Sinne psychosoziale Arbeit mit Psychiatrieerfahrenen scheint mir allerdings die therapeutische Konnotation durchaus gerechtfertigt und angemessen, da diese Arbeit oft eine therapeutische Haltung und in der Regel den Aufbau einer therapeutischen Beziehung voraussetzt.

3. Zum Systembegriff und zu dem Wörtchen »systemisch«: »Systemisch« ist kein geschützter Titel. Diese Bezeichnung ist aber recht beliebt und hat mittlerweile schon weite Verbreitung gefunden. Wer auf sich hält, arbeitet »systemisch«. Bei genauerem Hinsehen, was unter diesem Label in der Praxis gemacht wird, lässt sich mitunter allerdings kaum eine Realisierung der systemtheoretischen Perspektive oder ein Vorgehen nach dem systemisch-therapeutischen Ansatz ausmachen. Es ist sicherlich gut, wenn auch mal Gespräche mit den Eltern einer jungen Klientin geführt werden, aber »systemisch« ist das dann noch nicht. Dafür käme es darauf an, wie welche Gespräche mit wem geführt werden (s. Kap. 3).

Speziell hinsichtlich des Systembegriffs kann man aber auch in Fachpublikationen eine recht heterogene Verwendung vorfinden. In pragmatischen Ansätzen werden verschiedentlich systemisch-therapeutische Techniken adaptiert, aber zugleich wird von einem herkömmlichen Systembegriff ausgegangen. Da wird unter einem System zum Beispiel ein Netzwerk von miteinander verbundenen Personen (wie eine Familie) verstanden oder ein soziales Gefüge oder eine Institution oder ein Organisationsverbund und man geht quasi selbstverständlich davon aus, dass die Menschen in diesen Systemen leben beziehungsweise innerhalb dieser Systeme miteinander interagieren. Das entspricht jedoch keinesfalls der *Systemtheorie als Theorie selbstreferenzieller Systeme* (z. B. nach Luhmann, 1984), auf die sich die systemtheoretische Perspektive eigentlich bezieht und die den Hintergrund bildet für die speziellen Fragetechniken und Interventionsformen des systemisch-therapeutischen Ansatzes.

Das soziale System ist hiernach ein Kommunikationssystem, das nicht Menschen enthält(!), sondern Kommunikationen. Therapeutisch besteht demnach nur die Möglichkeit, mit neuer Kommunikation in ein Kommunikationssystem als solches zu intervenieren. Die besagte Systemtheorie kennt keine abgegrenzten Individuen, sondern der Organismus, die Psyche und das Soziale sind je für sich als autopoietische Systeme konzipiert (vgl. Simon, 1995, 2006; zum Begriff der Autopoiese s. Kap. 3). Quer zum gängigen Verständnis werden hiernach die ganzen Menschen keinesfalls im sozialen System verortet. Lediglich haben sie als Mitspieler daran teil, wenn sich Kommunikationen an Kommunikationen anschließen.

Nun soll in diesem Buch zwar keine Theoriediskussion geführt werden, aber begriffsklärend muss doch erwähnt werden, dass hier der Systembegriff der besagten Systemtheorie zugrunde gelegt wird. Wenn in diesem Buch also vom systemischen Ansatz gesprochen wird, so ist vornehmlich die systemisch-konstruktivistische Position gemeint, die – theoretisch – auf die genannte »moderne« Systemtheorie, das Autopoiesekonzept und den (radikalen) Konstruktivismus rekurriert und zugleich – praktisch – den lösungsorientierten Ansatz und einige dialogische Prinzipien der narrativen Ansätze integriert (s. Kap. 3). Spezielle Modelle, die sich ebenfalls der systemischen Perspektive zurechnen lassen, aber nicht auf die genannte Systemtheorie rekurrieren (z. B. der Mailänder Ansatz oder die narrativen Ansätze), werden jeweils gesondert gekennzeichnet.

Kapitelübersicht

Da jeweils zu Beginn jedes Kapitels ein detaillierter Überblick über die behandelten Inhalte gegeben wird, mögen hier einige Hinweise genügen.

Das erste Kapitel beleuchtet das Arbeitsfeld entlang einer Differenzierung der »ideellen« und der »strukturellen« Kontexte psychosozialer Arbeit seit der Psychiatriereform bis heute. Auch die jüngere deutsche Geschichte (DDR und Nachwendezeit) findet Berücksichtigung. Außerdem wird die Fürsorgethematik aufgegriffen.

Das zweite Kapitel ist der Perspektive der subjektorientierten Sozialpsychiatrie gewidmet. Für die psychosoziale Praxis relevante Konzepte (z. B. Empowerment, Psychoedukation) werden besprochen. Ausführlich wird das Thema der Beziehungsgestaltung in der konkreten psychosozialen Arbeit mit Psychoseerfahrenen und generell in der »Fallarbeit« erörtert (z. B. der Begegnungsansatz und die Leitlinien psychiatrisch-psychosozialen Handelns). Des Weiteren kommen Vorgehensweisen und Angebote bei Krisen (z. B. Krisenintervention), bei akuter Psychose (Soteria), zur Förderung der Selbstbestimmung (z. B. Psychoseseminare) und in der Arbeit mit Angehörigen zur Sprache. Die Verstehenszugänge zu Psychoseinhalten nach dem subjektorientierten Ansatz werden in einem Extrapunkt aufgezeigt. Zum Schluss werden die Fallstricke, die der Arbeitsansatz der subjektorientierten Sozialpsychiatrie mit sich bringt, betrachtet.

Das dritte Kapitel zur systemischen Perspektive ist das umfangreichste. Das liegt daran, dass in diese ungewohnte Denkweise zuerst ausführlich eingeführt und auch der Entwicklungsweg der verschiedenen Denkmodelle nachgezeichnet werden muss, damit die Konzepte und Methoden dieses Ansatzes im passenden Rahmen begriffen werden können. Die Leitideen, Haltungen, Fragetechniken und Interventionsformen systemischer Therapie und Beratung werden dann vorgestellt. In einem Exkurs wird der systemische Ansatz in der Sozialen Arbeit behandelt. Des Weiteren erfolgt eine Reflexion der narrativen Ansätze mit ihren etwas anders gearteten theoretischen Bezügen. Daran anschließend wird gezeigt, wie psychosoziale Arbeit im Psychiatriebereich nach dem systemischen Ansatz aussieht – von der Kontaktgestaltung und Gesprächsführung in der konkreten »Fallarbeit« über die Arbeitsweisen angesichts besonderer Problemstellungen bis hin zum Vorgehen in speziellen psychiatrischen Handlungsfeldern. Ferner werden Praxisbeispiele und noch einmal zusammenfassend Wegweiser für systemisches Arbeiten innerhalb der alltäglichen psychiatrisch-psychosozialen Praxis aufgeführt. Am Schluss dieses Kapitels steht eine kritische Würdigung, einige Schwachstellen der systemischen Perspektive werden besprochen.

Im vierten Kapitel, dem Schlusskapitel, erfolgt unter anderem eine zusammenfassende Gegenüberstellung der beiden Perspektiven und es wird die Frage behandelt, wie man beide in der Praxis zusammenführen kann.

Das Buch schließt mit einer persönlichen Nachbemerkung.

1   Das Arbeitsfeld »Soziale Psychiatrie«

In diesem Kapitel steht das Arbeitsfeld, das den Rahmen der psychiatrisch-psychosozialen Praxis abgibt, im Zentrum der Betrachtung. Es geht um ein Kennenlernen und die Kennzeichnung von »Sozialer Psychiatrie« in Abgrenzung von klassischer Psychiatrie oder neuzeitlichen biomedizinisch dominierten Arbeitsansätzen. »Soziale Psychiatrie« fungiert hier als Oberbegriff für das Gedankengut, die Ideen, Konzepte und Grundhaltungen der *Sozialpsychiatrie* seit der Psychiatriereform sowie für die Versorgungsformen, Strukturen, Arbeitsweisen und Arbeitshaltungen der *Gemeindepsychiatrie*.

Zwecks Orientierung in diesem komplexen Arbeitsfeld erfolgt die Darstellung entlang einer Differenzierung zwischen einerseits den *ideellen Prämissen* beziehungsweise den Versorgungskulturen und andererseits den *strukturellen Betreuungsformen* beziehungsweise den Versorgungsstrukturen, die als Kontexte die psychosoziale Arbeit ermöglichen und begrenzen (Punkt 1.1). Differenziert nach diesen beiden Kontexten wird dann im Einzelnen der Frage nachgegangen, wie Soziale Psychiatrie unter Berücksichtigung jeweiliger Diskurse und institutioneller Umsetzungsmöglichkeiten charakterisiert werden kann. Dies geschieht zunächst im Hinblick auf die historische Entwicklung und aktuelle Konstruktion der professionellen kulturellen Kontexte als »ideelle Milieus« sozialpsychiatrischen Arbeitens (Punkt 1.2) und dann im Hinblick auf die seit der Psychiatriereform veränderte Gestaltung der strukturellen Kontexte, also der Versorgungsstrukturen, Dienstleistungsangebote und Initiativen (Punkt 1.3), die den Rahmen für den Umgang mit psychisch Kranken bilden.

Unter Berücksichtigung der jüngeren deutschen Geschichte werden in Unterpunkten jeweils sowohl für die ideellen Kontexte wie auch für die strukturellen Kontexte die Entwicklungen in der ehemaligen DDR und seit der deutschen Vereinigung in den neuen Bundesländern nachvollzogen und Untersuchungen zum Ost-West-Vergleich nach der so genannten Wende reflektiert.

Schließlich (Punkt 1.4) findet das Verhältnis von einerseits ideellen Kontexten und andererseits strukturellen Kontexten gesonderte Beachtung im Hinblick auf die Fragestellung, inwieweit – in West und Ost – reformierte Praxis tatsächlich von sozialpsychiatrischem Gedankengut durchdrungen ist, das sich auch in der konkreten psychosozialen Arbeit aufzeigen lässt. Hierbei wird insbesondere auf das Problem hingewiesen, dass alte ideelle Milieus auch selbst in neuen, reformierten psychiatrischen Versorgungsformen die Arbeit mit Psychiatrieerfahrenen oder den Umgang mit psychisch Kranken nur wenig im Sinne der einstigen sozialpsychiatrischen Reformideen voranbringen (Punkt 1.4.1). Insoweit hierfür eine mit dem medizinischen Paradigma verknüpfte Fürsorgehaltung charakteristisch ist (im Sinne von fürsorglich-bevormundend statt die Autonomie der Klienten achtend und sie fördernd), wird zum Abschluss dieses Kapitels in einem Exkurs (Punkt 1.4.2) ein Fürsorge-Schema vorgestellt, das für die Differenzierung von Fürsorge im psychiatrisch-psychosozialen Bereich einige Anhaltspunkte zu geben vermag und das – unter Einbeziehung auch der systemischen Perspektive – an anderen Stellen des Buches noch einmal aufgegriffen werden wird.

1.1 Zwei Kontexte im Arbeitsfeld Soziale Psychiatrie

Psychosoziale Arbeit mit Psychoseerfahrenen vollzieht sich in der Regel in einem bestimmten Arbeitsfeld. Dabei stellen die Versorgungsstrukturen und -kulturen oder die Landschaften der psychiatrisch-psychosozialen Versorgung die jeweiligen *Kontexte* der psychosozialen Arbeit dar. Mit der Einführung des Begriffs »Kontext« ist die Auffassung verbunden, dass jegliches menschliche Handeln und Erkennen oder Deuten, mithin auch jede Kommunikation und jede Begegnung, in je spezifischen Kontexten erfolgt. Angenommen wird, dass die jeweiligen Kontexte bestimmte Handlungs-, Denk-, Bewertungsmuster einerseits ermöglichen und andererseits begrenzen. Dies gilt auch für Tätigkeiten, Anschauungen und Haltungen »im Umgang mit dem Wahnsinn«: Sie werden durch den jeweiligen Kontext ermöglicht und begrenzt.

Die Kontexte, die als grundsätzlich handlungsrelevant für die konkrete psychosoziale Arbeit mit einer Klientel von »psychisch Kranken« erachtet werden können, sollen hier nach zwei Richtungen hin differenziert werden:

- Im Hinblick auf die Organisation von Behandlung und Betreuung, von Vorsorge und Nachsorge, von Rehabilitation und Krisenintervention und mit Blick auf die entsprechenden Versorgungsstrukturen sowie die Angebots- und Organisationsformen entsprechender Einrichtungen und Dienste wird von *strukturellem Kontext* gesprochen.
- Der eher kulturell-symbolische (mitunter auch ideologische) Aspekt der Bezugnahme auf bestimmte theoretische oder normative Konzepte (z. B. bezüglich psychischer Krankheit und Gesundheit, Normalität und Abweichung, verrücktem oder angepasstem Verhalten) beziehungsweise der Rekurs auf bestimmte anthropologische Positionen, Menschenbildannahmen, Umgangsformen und Gesellschaftsauffassungen wird als *ideeller Kontext* beschrieben.

Vereinfachend könnte man auch von *Versorgungsstrukturen* im Unterschied zu *Versorgungskulturen* sprechen.

Verschiedene strukturelle Kontexte (Strukturen) ermöglichen und begrenzen unterschiedliche Handlungs(spiel)räume sowohl für die professionellen Mitarbeiterinnen wie für die Klientinnen (oder Nutzer oder Auftraggeber) wie auch für deren Miteinander im Sinne von Kooperation und Koordination.

Aber mit unterschiedlichen ideellen Kontexten (Kulturen) sind unterschiedliche Bedeutungsgebungen verbunden (z. B. in puncto »Wahnsinn« oder »Verrücktheit«), welche Wahrnehmungen strukturieren und Verhaltensweisen bewerten – etwa als »krank«, »auffällig«, »sinnvoll« oder als Konfliktlösungsversuch. Solche Bedeutungsgebungen oder Zuschreibungen werden in Diskursgemeinschaften erzeugt, stellen Orientierungskriterien für die praktische Arbeit zur Verfügung und determinieren die Kommunikation sowohl der Professionellen untereinander wie auch mit der Klientel, somit auch den Umgang mit Psychoseerfahrenen, sei es in der Betreuung, Begleitung, Krisenintervention, Beratung oder Therapie. Was hier als ideeller Kontext bezeichnet wird, entspricht in etwa dem, was von Bergold und Filsinger (1998) als *ideelles Milieu* beschrieben wurde. Gemeint ist damit »das Gesamt der Theorien, Konzepte, Vorstellungen, Metaphern, sozialen Repräsentanzen u.s.w., welches in einer professionellen Diskursgemeinschaft zur Orientierung, Verständigung und Handlungsanleitung dient« (S. 229). Ein ideelles Milieu ermöglicht so auch die Reduktion von Komplexität, indem es innerhalb einer Diskursgemeinschaft – wie etwa der Sozialpsychiatrie – Orientierungskriterien zur Verfügung stellt, beispielsweise zur Bewertung entweder der »Idee« oder »Philosophie« oder aber der »Realisierung«, der »Praxis« einer Einrichtung (vgl. S. 229).

In der Verbindung von strukturellem und ideellem Kontext könnte man, um hier einen Begriff von Dörner und Plog (1996) aufzugreifen, von einer »Landschaft« sprechen, in welche die professionelle psychosoziale Arbeit mit psychisch erkrankten Menschen eingebettet ist. Die »Landschaft der psychiatrisch Tätigen« wird von den beiden Autoren nicht speziell als Örtlichkeit, sondern auch »im gesellschaftlichen Zusammenhang« (1996, S. 27) gesehen, wobei hier unter anderem dem »Menschenbild, nach dem der psychiatrisch Tätige handelt, besondere Bedeutung« zugemessen wird (S. 28). Ferner wird sie unter dem Aspekt der »Begegnung mit der Psychiatrie aus der Nähe« (S. 28) durch die besondere Berücksichtigung des Umgangs mit Kolleginnen, Klientinnen und vor allem mit sich selbst – unter Einbeziehung also auch der Selbstwahrnehmung neben der Fremdwahrnehmung – charakterisiert. Die Landschaftsmetapher bringt schön und bedeutungsschwanger die Ganzheitlichkeit des Bezugsrahmens psychosozialer Arbeit mit psychisch Kranken zum Ausdruck, bleibt aber etwas vage. Demgegenüber wird mit der hier vorgeschlagenen Differenzierung der beiden Kontexte die vage Ganzheitlichkeit zwar zerstückelt, jedoch ist damit vielleicht eine noch präzisere Fassung der handlungsrelevanten Parameter möglich.

Die Unterscheidung von strukturellen und ideellen Kontexten, innerhalb derer die psychosoziale Arbeit praktiziert wird, soll allgemein dazu dienen, sich in dem komplexen psychiatrisch-psychosozialen Arbeitsfeld zu orientieren. Diese Differenzierung macht insofern Sinn, als es zu bedenken gilt, dass beide Kontexte (Strukturen und ideelle Milieus) nicht notwendigerweise zusammen gehen. Sie sind nicht unbedingt deckungsgleich, gehen nicht direkt auseinander hervor oder ineinander über. Aber in der Praxis sind die ideellen Kontexte – mithin jeweilige *Haltungen* und *Bedeutungsgebungen* und entsprechende *Kommunikationsformen* – von weit größerer handlungsleitender Bedeutung für die konkrete psychosoziale Arbeit als die strukturellen Kontexte. Während das jeweilige ideelle Milieu das praktische Handeln im psychiatrisch-psychosozialen Bereich – sei es in einer Tagesklinik, beim Betreuten Wohnen oder in einem Treffpunkt – durchdringt, die Art und Weise der Begegnung, die Gestaltung der Beziehung, die Interaktions- und Kommunikationsformen grundlegend prägt, werden durch den jeweiligen strukturellen Kontext eher nur konkrete *Handlungsspielräume* entweder eröffnet (wie etwa in einer gemeindenahen psychosozialen Kontakt- und Beratungsstelle) oder eher begrenzt (wie etwa in einer abseits gelegenen hierarchisch strukturierten Nervenheilanstalt). Unter solchen Gesichtspunkten wurde auch einst von Dörner und Plog angemahnt, dass es für eine verbesserte »Versorgung« im Psychiatriebereich wichtig ist, »nicht nur die Institutionen zu ändern, sondern auch Einfluss auf das professionelle Handeln zu nehmen, auf den Umgang mit psychisch Kranken« (1996, S. 28).

Die Differenzierung von Versorgungsstrukturen und -angeboten einerseits und ideellen Milieus andererseits legt immer die Frage nahe, wie deren *Verhältnis zueinander* jeweils aussieht: Inwieweit kann man in einem konkreten Tätigkeitsfeld eine Entsprechung von ideellem und strukturellem Kontext finden? Zunächst wäre ja zu vermuten, dass beide gleichsinnig miteinander einhergehen; dass also beispielsweise in einer psychiatrischen Klinik mit – typischerweise – hierarchischer und eher autoritärer Struktur unter ärztlicher Dominanz noch eher das medizinische Krankheitsmodell bei psychischen Störungen vertreten und danach gehandelt würde. Demgegenüber würde man annehmen, dass man sich in einer Begegnungsstätte eher an sozialpsychiatrischen Ideen orientieren, Begegnungen auf der Ebene von Subjekt-Subjekt-Beziehungen gestalten und den Psychiatrieerfahrenen Mitbestimmungsrechte selbstverständlich einräumen würde. Dem muss aber nicht so sein.

Als Beobachter der Psychiatriereform in den neuen Bundesländern nach der deutschen Vereinigung konnte man feststellen, dass strukturelle Veränderungen anfangs keineswegs zwangsläufig mit entsprechenden Veränderungen der ideellen Kontexte einhergingen. So kam es vor, dass beispielsweise in – strukturell – neu errichteten Begegnungsstätten durchaus vor dem Hintergrund eines – ideell – unreflektierten medizinischen Krankheitsverständnisses und damit einhergehend mit bevormundender Fürsorgeorientierung gearbeitet wurde.

Zum Beispiel sind hier die Mitarbeiterinnen – ideell – von der Prämisse ausgegangen, dass die »armen Kranken« (die gleichwohl, wie es sich reformpsychiatrisch gehört, als »Besucher« bezeichnet wurden) als defizitäre Wesen zu betrachten seien, mit denen man in der Begegnung umgehen müsse »wie mit kleinen Kindern« und bei denen man darauf achten müsse, dass sie ihre Medikamente einnehmen. Ansonsten, so die (damalige) Haltung, bedürften sie, falls sie »nicht gut tun«, verstärkter fachärztlicher pharmakologischer Behandlung oder müssten eben wieder in die Klinik gehen. Diese Aussagen beruhen auf Beobachtungen in entsprechenden Einrichtungen sowie auf Ergebnissen von Interviews einiger Studierender der Fachhochschule Neubrandenburg, die sie in Tages- und Begegnungsstätten in Mecklenburg-Vorpommern durchgeführt haben. Es muss allerdings konstatiert werden, dass damals auch das Qualifikationsniveau der Mitarbeiterinnen nicht gerade angemessen war. Dieses jedoch entwickelt(e) sich zusehends zum Besseren.

Mit Blick auf die psychiatrisch-psychosoziale Versorgung war dort (damals) der ideelle Kontext enger als es gemäß den neuen gemeindenahen Versorgungsstrukturen erwartbar gewesen wäre. Umgekehrt ist es auf der anderen Seite – durch erweiterte Ideen, Haltungen und Kommunikationsformen – durchaus möglich, selbst in engen strukturellen Kontexten professionelle psychosoziale Arbeit im Geiste der Sozialpsychiatrie ohne nennenswerte Einschränkung umzusetzen. So können beispielsweise in dem engen strukturellen Kontext einer psychiatrischen Klinik anstelle der sonst üblichen ärztlichen Visiten »Morgenbegegnungen« veranstaltet werden, in denen sich zwecks Kommunikation und Austausch über anstehende Probleme und mögliche Lösungswege alle ärztlichen und nichtärztlichen Mitarbeiterinnen sowie alle Patientinnen einer Station versammeln. Dies geschieht womöglich in einem quasi-therapeutischen Milieu und/oder auf der Grundlage eines demokratischen Verständnisses, angelehnt an die Prinzipien einer »therapeutischen Gemeinschaft«, wie sie einst von Maxwell Jones (1976; s. a. S. 48) entwickelt wurden. Hier wäre der ideelle Kontext deutlich weiter, als es die klassische Klinikstruktur an sich vermuten lässt. Ein exzellentes Beispiel hierfür ist die von Matthias Krisor geleitete, gemeindepsychiatrisch orientierte Herner Klinik (vgl. Krisor, 2005; s. a. Punkt 2.1.1). Ein anderes Beispiel sind die »Behandlungsvereinbarungen«, in denen Ex-Patienten im Voraus für den Fall eines künftigen Psychiatrieaufenthaltes ihre Wünsche einbringen können, wie sie in der Klinik »behandelt« werden möchten und dies mit den Klinikmitarbeitern (Oberärztin, Stationsleiterin, Sozialarbeiterin) in einem gemeinsamen Prozess des Aushandelns unter gleichwertigen Gesprächspartnern »vereinbaren« können. Entsprechende »Behandlungsvereinbarungen« sind in Bielefeld seit 1994 eingeführt (vgl. Dietz, Hildebrandt, Pörksen u. Voelzke, 1995). Wenn solche Vereinbarungen zur alltäglichen Praxis einer psychiatrischen Klinik gehören, hat man es hier mit einer neuen kommunikativen Klinikkultur zu tun. Durch das Einräumen von Mitbestimmungsmöglichkeiten werden hiermit die sonst üblichen Prozeduren, die für ein psychiatrisches Krankenhaus typisch sind, bei weitem überschritten.

Diese Beispiele sollen deutlich machen, dass im Arbeitsfeld der Sozialen Psychiatrie neue strukturelle Kontexte (verbesserte Versorgungsstrukturen) keineswegs zwangsläufig mit neuen ideellen Kontexten (veränderten Haltungen) im Sinne der Psychiatriereform einhergehen müssen; ferner, dass – umgekehrt – auch in alten Strukturen wie einer Klinik erweiterte Arbeitskonzepte im sozialpsychiatrischen

Sinne durchaus realisiert werden können. Mag eine Versorgungsregion auch zahlreiche gemeindenahe Einrichtungen vorweisen, so bedeutet das nicht unbedingt, dass dort im Sinne der Gemeindepsychiatrie auch tatsächlich anerkennend/integrierend statt diskriminierend/ausgrenzend gearbeitet wird. Auf der anderen Seite muss eine nicht reich mit Versorgungsangeboten bestückte Region nicht zwangsläufig Verwahrpsychiatrie im klassischen Sinne betreiben, sondern kann zum Beispiel durch Förderung von Selbsthilfeinitiativen der Betroffenen wesentlich zu deren Integration in der Gemeinde beitragen.

Der Frage, was denn nun Soziale Psychiatrie (bzw. Sozialpsychiatrie oder Gemeindepsychiatrie) ist oder sein soll, wird im Folgenden – gegliedert entlang der vorgenommen Differenzierung der beiden Kontexte psychiatrisch-psychosozialer Arbeit – nachgegangen. Diese Erörterung erfolgt im Nachvollzug der entwicklungsgeschichtlichen Abgrenzung von früheren klassisch-psychiatrischen Versorgungsformen sowie den biologisch-naturwissenschaftlichen Positionen innerhalb der Psychiatrie und zeigt die bis heute fortdauernden Bemühungen ihrer Umgestaltung und eines Umdenkens in der Arbeit mit Menschen mit psychischen Problemen aus dem Blickwinkel der Sozialen Psychiatrie auf.

Zuvor aber sei noch das »Felder-Schema« vorgestellt, das den Darstellungen der Kapitel 1 und 2 dieses Buches gewissermaßen als Folie beigestellt werden kann (Abbildung 1).

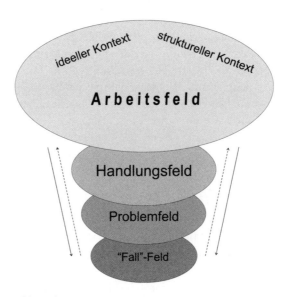

Abbildung 1: Ein Felder-Schema

Das übergeordnete *Arbeitsfeld* der Sozialen Psychiatrie, um das es in diesem Kapitel zunächst gehen soll, lässt sich – wie schon gesagt – durch spezifische ideelle und strukturelle Kontexte, innerhalb derer die psychiatrisch-psychosoziale Arbeit erfolgt, näher bestimmen.

Das konkrete Arbeitshandeln vollzieht sich dann aber meist nicht auf dem freien Feld, sondern in einem besonderen *Handlungsfeld*, das heißt in einer bestimmten Praxiseinrichtung, etwa in einem Sozialpsychiatrischen Dienst oder in einer psychosozialen Kontakt- und Beratungsstelle. Dieses jeweilige Handlungsfeld ist durch bestimmte allgemeine Aufgaben und Anforderungen gekennzeichnet, erfordert bestimmte Kompetenzen und eröffnet entsprechende Handlungsräume und Entscheidungsbefugnisse.

Innerhalb des jeweiligen Handlungsfelds ergeben sich für die Mitarbeiterinnen dann je spezifische Aufgaben- und Problemstellungen oder Auftragserteilungen, die das besondere *Problemfeld* markieren, mit dem es sich zu beschäftigen gilt (z. B. Alltagsbegleitung, Krisenintervention oder Arbeit mit Angehörigen).

Weiterhin wird im Rahmen des Problemfelds dann das »Fall-Feld« aufgemacht. Hier erfolgt aus der Sicht der Helfer die »Fallbearbeitung«, die sich als konkrete Interaktion mit Klientinnen und Klientensystemen vollzieht. Die psychosoziale Arbeit wird also realisiert in einem spezifischen interaktiven »Fall-Feld« und kann hier gegebenenfalls mit ganz verschiedenen Arbeitsweisen (z. B. unterschiedlichen Gesprächs-, Interventionsformen) umgesetzt werden. In diesem Buch werden insbesondere die Arbeitsansätze und Haltungen einerseits der subjektorientierten Sozialpsychiatrie (Kap. 2), andererseits der systemischen Perspektive (Kap. 3) ausführlich betrachtet.

Diese kurze Erläuterung des »Felder-Schemas« soll vorerst genügen. Genaueres erschließt sich aus dem Text in diesem und in dem nachfolgenden Kapitel. Für die »Felder« der Handlungsräume (Handlungsfeld), der Problemstellungen (Problemfeld) und der spezifischen interaktiven Fallkonstruktionen (mithin der Begegnungen im »Fall-Feld«) werden im zweiten Kapitel (Punkt 2.2) die jeweils speziellen sozialpsychiatrische Konzepte und Vorgehensweisen vorgestellt. Vorerst geht es nur um das Arbeitsfeld.

1.2 Was ist Soziale Psychiatrie? – Ideelle Kontexte

1.2.1 Die Leitideen der Sozialpsychiatrie

Historische Entwicklungen
»Psychiatrie ist soziale Psychiatrie oder sie ist keine Psychiatrie« lautet eine viel zitierte Forderung, die Klaus Dörner 1972 äußerte. Und er befand: »So ist der Begriff Sozialpsychiatrie nur als kritischer Begriff sinnvoll, als Protest gegen eine Psychiatrie, die ihrem Anspruch nicht entspricht, dem Anspruch, den Bedürfnissen der psychisch Leidenden gerecht zu werden. An diesem Anspruch aber orientiert sich diejenige Sozialpsychiatrie, die diesen Namen verdient. [...] [Sie] kann sich auf den noch vorherrschenden Krankheitsbegriff nicht mehr stützen [...] kann sich nicht ›stützen‹ auf Diagnosen, sondern hat den Akt des Diagnostizierens selbst als soziales Verhalten zu sehen. [...] Sozialpsychiatrie stellt [...] den Versuch der Rückbeziehung auf und der Integration der psychisch Leidenden in ihre soziale Realität dar [...]« (teilweise zit. nach Hoffmann-Richter, 1995, S. 20).

In »neun Thesen zur Sozialpsychiatrie« wurde damals von Dörner der Forderungskatalog an eine Soziale Psychiatrie umrissen und heute immer noch – nach gut 35 Jahren – muss sich die Psychiatrie in Ost und West fragen lassen, ob sie in diesem Sinne »sozial« ist und inwieweit sie diesen Forderungen gerecht wird. Dörners neun Thesen beinhalten Folgendes:

1. Orientierung an Chancengleichheit aller Gesellschaftsmitglieder und an bedarfssowie bedürfnisgerechter Hilfe für alle psychisch Leidenden.
2. Abkehr von der Anwendung des naturwissenschaftlichen (medizinischen) Krankheitskonzepts auf psychisches Leiden, auf ein Leiden also, bei dem man es mit einem –naturwissenschaftlich nicht abgrenzbaren – breiten Spektrum psychisch-sozialer Not zu tun hat.
3. Infragestellen der pseudo-objektiven Beschreibung und Klassifikation psychischer Störungen gemäß der (klassischen) Psychopathologie, vor allem auch unter Berücksichtigung dessen, was mit entsprechenden Diagnoseetiketten angerichtet wird, also etwa der sozialen Etikettierungsprozesse, die durch psychiatrische Diagnosen in Gang gesetzt werden.
4. Beachtung der gesamten Bedingungskonstellation menschlichen Leidens, zum Beispiel der körperlichen und sozialen Bedingungen, der Reaktionen von Bezugspersonen und der gesellschaftlichen Situation.
5. Solidarität und Förderung der Solidarisierung der psychisch Leidenden untereinander und mit dem therapeutischen Team, als Grundlage sozialpsychiatrischer Hilfe.
6. Verkürzung der Zeit stationärer Aufenthalte und Bereitstellen eines Angebotsfächers von Kontakt-, Freizeit-, Wohn- und Arbeitsmöglichkeiten.
7. Zusammenarbeit verschiedener Berufsgruppen (Psychiater, Sozialarbeiter, Psychologen, Pädagogen etc.) in einem nicht hierarchisch strukturierten »therapeu-

tischen Team« und Verwirklichung einer Praxis von »therapeutischer Gemeinschaft«.

8. Orientierung an der Rehabilitation Einzelner ebenso wie an der Prävention für alle, verbunden mit dem Aufbau einer gemeindenahen Psychiatrie mit einem System von sozialpsychiatrischen Gemeindezentren, Beratungsstellen und mobilen Teams.

9. Sozialpsychiatrie dürfte nicht nur »verbessertes Anpassungsinstrument an gesellschaftliche Verhältnisse« sein. Sie sollte imstande sein, »die psychisch Leidenden nicht nur als ›Geheilte‹, sondern als sie selbst [...] zu integrieren« sowie »die gesellschaftlichen Bedingungen psychischen Leidens zu benennen« (Dörner, 1972; zit. nach Finzen u. Hoffmann-Richter, 1995, S. 88).

Zwar sind bis heute nur einige dieser Forderungen erfüllt und in stetigen Fortentwicklungen umgesetzt; andere sind zwar ausprobiert, jedoch wieder zurückgedreht worden. Aber der *Geist der Sozialpsychiatrie* ist meines Erachtens mit diesen neun Thesen eingefangen. Der Geist, das heißt der ideelle Kontext, der in Deutschland (jedenfalls in der damaligen BRD) etwa Ende der 1960er Jahre im Zuge eines neuen gesellschaftlichen Diskurses zum Thema Psychiatrie geschaffen wurde.

Westdeutschland hinkte hiermit allerdings einigen anderen Ländern (z. B. England, USA, Italien) – zumindest zeitlich – hinterher. So steht die »Wiege der modernen Sozialpsychiatrie [...] in England [...] Die Anstaltsreform, [...] die Tagesklinikbewegung, die Therapeutische Gemeinschaft, [...] die frühen Ansätze zur Rehabilitation – sie alle nehmen ihren Anfang im England der späten vierziger Jahre« (Hoffmann-Richter, 1995, S. 15). Dafür stehen im Weiteren auch Namen wie Douglas Bennett mit seinem Ansatz zur Rehabilitation, Maxwell Jones mit seinem Konzept der Therapeutischen Gemeinschaft sowie Ronald Laing und David Cooper als Antipsychiater (s. a. S. 48 f.).

Schon ab etwa 1945, also nach Beendigung des Zweiten Weltkriegs, hatte man sich in England der »Untersuchung sozialer Faktoren bei psychisch Kranken« gewidmet. Auch in den USA hatte man bereits ab 1950 begonnen, »tiefer nach der möglichen Bedeutung sozialer und kultureller Faktoren für die Ätiologie und Dynamik psychischer Störungen« zu suchen (S. 16). Die Psychiatriereform in Italien wiederum, beginnend etwa ab 1960, war eher »politisch geprägt. Der dialektische Ansatz der italienischen Psychiater um Franco Basaglia beanspruchte, gesellschaftsverändernde und rehabilitative Gesichtspunkte gleichzeitig voranzutreiben. Die Rückkehr der psychisch Kranken in die Gesellschaft sollte Teil der Auseinandersetzung mit der Gesellschaft sein« (S. 17). Und einst ließ sich diese radikale Reform in Italien, die auf die Öffnung der Anstalten, die Auflösung der Großkrankenhäuser, hinauslief (hin zu einer »Demokratischen Psychiatrie«), auf die einprägsame Formel bringen: »Freiheit heilt« (s. Schmid, 1977).

Wohl, weil in der damaligen BRD »mit dem Ende des (sog.) Dritten Reiches [...] Vorstellungen von Volksgesundheit und Rassenhygiene keineswegs verschwunden [waren]« (Hoffmann-Richter, 1995, S. 18; s. a. Blasius, 2001), hatten erste Schritte in Richtung der Konzipierung einer Sozialen Psychiatrie hier erst ab 1965 begonnen. Und mit der 1968er Studentenbewegung erhielten dann diese Reformideen eine deutliche politisch-ideologische Prägung, die noch viele Jahre in die sozialpsychiatrische Alltagsarbeit hinein wirkte. Aber erst diese Studentenbewegung brachte eben auch den »Umschlag von reformorientierten Einzelinitiativen hin zu einer Reformbewegung in der westdeutschen Psychiatrie«, meint Kersting (2001, S. 48). Er nennt hierfür die folgenden Bezüge:

- die gegen Autorität und Institutionen gerichtete Gesellschaftskritik, verbunden mit verstärkter Sensibilität für Menschen- und Bürgerrechte, die auch das Thema Psychiatrie über die Anstaltsmauern hinaus trug.
- die Reflexion von psychischer Krankheit als gesellschaftliches Problem. Diese hatte einerseits durch die Rezeption der Bücher von Erving Goffman über die »Anstalt als totale Institution« und von Michael Foucault über »Wahnsinn und Gesellschaft« Nahrung erhalten und war andererseits durch Beobachtungen der radikal politischen Psychiatriereform in Italien (um Basaglia) sowie der Antipsychiatrie in England (Cooper, Laing) beeinflusst worden.
- und schließlich die Demokratisierungstendenzen, die sich in der neu entstehenden therapeutischen und rehabilitativen Versorgungslandschaft zeigten, in einem sozialen »Klima, das mehr auf Bürger-, denn auf Untertanengeist setzte« (S. 49).

So wurde ab 1967/68 ein Bewusstsein dahingehend geschaffen, dass die Art, wie eine Gesellschaft mit ihren »Verrückten« umgeht, wesentliche Aussagen mache über grundsätzliche Charakteristika eines Gesellschaftssystems, zum Beispiel hinsichtlich Menschlichkeit versus Unmenschlichkeit der Verhaltensweisen zwischen den Menschen, über gesellschaftliche Herrschafts- und Macht- oder sozialstrukturelle Gewaltverhältnisse sowie im Hinblick auf Diskriminierung und Ausgrenzung von Menschen, die sich nicht konform und angepasst verhielten.

Unter diesen Einflüssen ließen sich zu Anfang der Psychiatriediskussion verschiedentlich extreme Polarisierungen finden, die sich – überspitzt formuliert – zwischen den beiden Polen bewegten:
- Ausgrenzung der psychisch Kranken als unverstehbare geisteskranke Irre versus
- Erhöhung der psychisch Erkrankten als verhinderte Revolutionäre.

Auf der einen Seite herrschte noch ein Verständnis von psychischer Erkrankung als »Geisteskrankheit« oder als sonstwie somatisch-endogen bedingte Störung, die auf jeden Fall im einzelnen Individuum angelegt sei, sich meist fortschreitend automatisch verschlimmere (ggf. bis zur Verblödung) und deren symptomatische Erscheinungsweisen *grundsätzlich nicht verstehbar* seien. Vor dem Hintergrund dieser klassisch-psychiatrischen Auffassung, vor allem des Axioms der »Nicht-Verstehbarkeit« oder der »Unverständlichkeit« psychotischer Verhaltens-, Denk-, Erlebnisweisen, erfolgte die Verwahrung dieser Menschen in psychiatrischen Großkrankenhäusern (»Irrenanstalten«).

Dies geschah meist als Langzeitverwahrung in menschenunwürdig ausgestatteten Anstalten, oft unter Anwendung drastischer Ruhigstellungsmaßnahmen (wie z. B. Fixieren), regulärer Anwendung von Elektroschocks und meist ausschließlich medikamentöser Behandlung ohne Gesprächsangebote an die Patientinnen.

Eine radikale Gegenposition gegen solche »Ausgrenzungspraxis« und die psychiatrischen Etikettierungen wurde dann nicht nur ideologisch im Umkreis der 1968er Studentenbewegung eingenommen, sondern zum Teil auch praktiziert, zum Beispiel im »Sozialistischen Patienten-Kollektiv« (SPK) Heidelberg. Psychische Erkrankung wurde im SPK als Ergebnis von Unterdrückung und Entfremdung in den gesellschaftlichen Verhältnissen interpretiert. Der psychisch Kranke wurde als ein »Produkt« der Verhältnisse angesehen, in welchem sich die systemimmanenten Widersprüche des bestehenden kapitalistischen Gesellschaftssystems manifestieren würden. Gedeutet wurde psychische Krankheit als Einheit von *Protest* und *gleichzeitiger Hemmung des Protests*; als Protest gegen die im eigenen Über-Ich internalisierte Bedürfnisunterdrückung und letztlich gegen die Unterdrückung durch das gesellschaftliche System, gegen die Beschränkung der Lebensentfaltung durch die gesellschaftlichen Produktions- und Verwertungsinteressen. Während im Protest die »progressive« Seite als Auflehnung gegen die Verhältnisse gesehen wurde, sah man in der Hemmung des Protests die »reaktionäre« Seite, die schließlich die Krankheit kennzeichne, nämlich: Ohnmacht und Unfähigkeit, sich der Fremdbestimmung zu entledigen (vgl. AG SPAK M 32, 1978).

Entsprechend definierte man als Therapieziel der »Emanzipation« (oder der Befreiung) die Freilegung des Protests und der Auflehnung und damit verbunden die Beseitigung und Auflösung der Protesthemmung. Dabei wurden aber psychologische Prozesse schlicht mit politischen Kategorien vertauscht und dementsprechend nahmen die »Therapien« im SPK die Form politischer Aufklärung und Agitation an, womit man aber letztlich weder der Krankheit beikommen konnte, noch den betroffenen Menschen wirklich gerecht wurde. In den 70er Jahren geriet das SPK Heidelberg unter Terrorismusverdacht und wurde in einer großen Polizeiaktion aufgelöst.

Solche Positionen wie die des SPK Heidelberg haben zwar »Bewusstsein aufgerüttelt«, aber wohl kaum zu einer wirklich fundierten Hilfe für die Psychiatriebetroffenen beigetragen. Später hat man im Bereich der Gemeindepsychiatrie vereinzelt durchaus auch materialistisch-dialektische Ansätze der Psychologie zur Kenntnis genommen (z. B. Jervis, 1978; Wulff, 1995), ohne hierbei jedoch den Fehler zu machen, den psychologischen Prozessen einfach politökonomische Kategorien überzustülpen.

Schlussendlich waren es aber nicht studentische Revolutionäre, die die Psychiatriereform in die Wege leiteten, sondern Fachleute: kritische Ärzte, Sozialarbeiterinnen und Psychologen, die sich ab 1970 in der *Aktion psychisch Kranke* oder in der *Deutschen Gesellschaft für Soziale Psychiatrie* formierten und Veränderungen initiierten.

In wissenschaftlicher Hinsicht wurde die herkömmliche psychiatrische Praxis zum Gegenstand soziologischer Analysen und sozialwissenschaftlicher Kritik. Dies betraf die Kritik an der psychiatrischen Anstalt als »totale Institution« (Goffman), mithin als einem Ort, an dem Leiden und Krankheit eher erzeugt wird, als dass dort eine Besserung von psychischen Verirrungen zu erwarten wäre; ferner die Kritik am

therapeutischen Nihilismus der Anstaltspsychiatrie sowie auch an der Produktion von Hospitalismusschäden bei Langzeitpatienten. Daneben wurden insbesondere die folgenden Themen diskutiert:
- soziale Epidemiologie,
- Labeling Approach und Patientenkarriere,
- Kritik am medizinischen Krankheitsmodell und an psychiatrischen Diagnosen.

• Zur sozialen Epidemiologie
Die berühmte »New-Haven-Studie« von Hollingshead und Redlich (1958) hatte einst aufgezeigt, dass (damals in den USA) sowohl Quantität wie auch Qualität psychiatrischer und psychotherapeutischer Versorgung weniger auf die jeweiligen Krankheitsbilder abgestimmt wurden als vielmehr auf die Sozialschicht, aus der die Patienten stammten und dass – dem gemäß – gerade jene Menschen der unteren Sozialschichten am schlechtesten versorgt wurden, die einer angemessenen Hilfe am dringendsten bedurft hätten (vgl. AG SPAK M 32, 1978). Auch hatte man in anderen, weiteren Untersuchungen zur sozialen Epidemiologie konsistent eine deutliche Häufung schwerer, psychotischer, insbesondere schizophrener Störungen in der untersten Sozialschicht gefunden (vgl. Gleiss, 1980).

Die Rezeption dieser Studien und die Reflexion entsprechender Ergebnisse hatten zu Beginn der psychiatriekritischen Debatte in der BRD zu lebhaften Diskussionen und Erklärungsversuchen über den Zusammenhang von sozialen Verhältnissen und psychischer Erkrankung geführt. Somit hatte man Aufschluss gewonnen über die Bedeutung gesellschaftlicher, sozioökonomischer, soziokultureller Bedingungen oder Kontexte für die Entstehung und den Entwicklungsverlauf psychischer Störungen oder Krankheiten. Allerdings musste später konstatiert werden, dass entsprechende, meist gesellschaftskritisch orientierte Erklärungsansätze, insoweit sie einem Umweltdeterminismus frönten und eine »Opfertheorie« vertraten (welche besagte, dass der psychisch erkrankte Mensch Opfer der gesellschaftlichen Verhältnisse oder entsprechender »sozialer Noxen« sei) für therapeutische Bemühungen wenig fruchtbar waren. Wie Irma Gleiss (1980) überzeugend feststellte, sind nämlich »Opfertheorien, egal in welcher Version sie angeboten werden, [...] mit einer therapeutischen Perspektive deshalb unvereinbar, weil sie keine Konzeption des Patienten als Subjekt haben« (S. 66). Aktuell sind größere Studien zur Verteilung psychischer Störungen über die verschiedenen Sozialschichten weniger bekannt. Offensichtlich ist dieses Thema inzwischen obsolet geworden.

Im Anschluss an die anfängliche Fokussierung auf die schichtspezifische sozioökonomische Benachteiligung von psychisch erkrankenden Menschen hatten sich die späteren epidemiologischen Untersuchungen (von 1970 bis etwa 1985) nicht mehr auf die Sozialschichten als solche bezogen, sondern waren empirische Arbeiten zum Beispiel zum Institutionalismus-Syndrom, zu den familiären Kommunikationsmustern oder auch zum Aspekt der »Expressed-Emotions« in Familien mit einem schizophrenen Familienmitglied. Oder es handelte sich um Langzeituntersuchungen zum Einfluss von traumatischen Erfahrungen in der frühen Kindheit oder – noch einmal aus einem anderen Blickwinkel – um transkulturelle Vergleichsstudien, die in den vorindustriellen »Entwicklungsländern« bessere Verlaufstendenzen von schizophrenieformen Psychosen feststellten als in den »hochentwickelten« Industrieländern (vgl. Ciompi, 1995, 2001). Auf jeden Fall konnte gezeigt werden, dass soziokulturelle Aspekte, institutionelle und familiäre Beziehungsformen und Kommunikationsmuster für die Entstehung und den Verlauf psychischer Erkrankungen mehr als nur Rahmenbedingen sind.

- Labeling Approach und Patientenkarriere

Mit dem soziologischen Etikettierungsansatz (»labeling approach«) wurde auf die sozialen Zuschreibungsprozesse fokussiert, über die eine Person zur psychisch Kranken abgestempelt, zur Übernahme der Krankenrolle veranlasst und in die »Karriere« einer psychiatrischen Patientin hinein geschoben werden kann. Dieser psychiatriekritische Ansatz besagt, dass es zu psychischen Krankheiten dadurch kommt, dass – zunächst nur geringfügige – Abweichungen von der Norm als Normabweichung angeprangert und als »psychisch krank« definiert werden. Zugleich mit dieser Fremddefinition wird die, nunmehr in eine Außenseiterposition gedrängte, Person zum Psychiater gebracht, erhält dort eine psychiatrische Diagnose und erfährt so eine zusätzliche Stigmatisierung. Wenn die Betroffene die Fremddefinition, sie sei verrückt, als Selbstdefinition übernimmt, da ihr aufgrund von Etikettierungen und Stigmatisierungen des sozialen Umfeldes auch nur noch wenig Handlungsmöglichkeiten bleiben, übernimmt sie schließlich die an sie herangetragene Krankenrolle. Damit rutscht sie in den Prozess einer *Krankenkarriere* beziehungsweise *Patientenkarriere* hinein. Während die Betroffene auch schon vor der stationären Behandlung stigmatisiert wurde (1. Phase), erlebt sie während des Klinikaufenthaltes eine Verschleierung des Umstands, dass hier soziale Probleme medizinisch verwaltet werden (2. Phase) und erfährt dann nach der stationären Behandlung (3. Phase) eine verschärfte Stigmatisierung mit Beschädigung ihrer Identität und entsprechenden weiteren Teufelskreisen (vgl. Keupp, 1972).

Nun vermag dieser Ansatz zwar die Wirkung sozialer Zuschreibungsprozesse zu erhellen. Wie es aber zu der ursprünglichen »primären Normabweichung« kam, zu jenen ersten Auffälligkeiten, die die Zuschreibungen in Gang setzten, bleibt im Dunkeln. Deshalb entzöge sich auch dieser Ansatz jeglichen therapeutischen Bemühungen – meint Gleiss (1980) – und was auch hier wiederum fehle, sei eine psychologische Theorie der Entwicklung von Subjektivität aus sozialen Prozessen und Verkehrsformen.

Das Problem der Stigmatisierung ist aber auch heute noch (oder wieder oder heutzutage ganz besonders?) von hoher Brisanz und bedarf, verbunden mit Fragen des Umgangs mit dem Stigma und der Stigmabewältigung, hoher Aufmerksamkeit, wie etwa das kleine Buch »Psychose und Stigma; Stigmabewältigung – zum Umgang mit Vorurteilen und Schuldzuweisung« von Asmus Finzen (2000) zeigt (s. a. Gabel, Möller u. Rössler, 2005).

- Kritik am medizinischen Krankheitsmodell und an psychiatrischen
  Diagnosen

Die Kritik am medizinischen Krankheitsmodell bei psychischen Störungen und die Infragestellung von psychiatrischen Diagnosen sowie – als Reaktion darauf – die Erarbeitung von alternativen sozialwissenschaftlichen Modellen zur Entwicklung und Behandlung von Psychosen, stellt meines Erachtens das Kernstück des neuen sozialpsychiatrischen Paradigmas dar, ist sozusagen das Markenzeichen des ideellen Kontextes einer Psychiatrie, die sich »sozial« nennt, kurz gesagt: der Sozialpsychiatrie.

Die von Thomas Szasz 1960 geäußerte These (s. in Keupp, 1972), dass es keine psychischen Krankheiten gäbe, sondern lediglich »Abweichungen von der Norm« und dass es sich bei der Rede von der »seelischen (bzw. psychischen) Krankheit« um einen Mythos handele, galt damals als außerordentlich provokativ. Sie besagt im Grunde aber nichts anderes, als dass *psychische* Störungen nun eben schlecht mit *medizinischen* Kategorien erfasst werden können. So meinte Szasz, dass »die Subsumierung psychischer Störungen unter die Kategorie ›Krankheit‹« unter anderem auf dem Fehler beruhe, sich zu stützen auf die »nicht verifizierte Annahme, daß die ›pathologischen‹ Einstellungen und Verhaltensorientierungen einer Person durch Schädigungen oder Krankheiten des Nervensystems erklärt werden könnten« (zit. nach Keupp, 1972, S. 44). Durch solche psychopathologische Modellvorstellungen werde aber »der wahre Charakter psychischer Störungen verdeckt«, denn diese »haben wenig mit irgendwelchen medizinischen Vorstellungen von Gesundheit und Krankheit zu tun, sondern signalisieren soziale Probleme und können am sinnvollsten als Abweichungen von psychosozialen, ethischen und moralischen Normen verstanden werden« (S. 44). Und weiter heißt es dort: »Dadurch, daß das ›Krankheitsmodell‹ diese Zusammenhänge verschleiert, übernimmt es die Funktion eines sozialen ›Tranquilizers‹«. Denn hinter dem Mythos von der ›psychischen Krankheit‹ stünde eine »Ideologie, derzufolge menschliches Zusammenleben sicherer, harmonischer und befriedigender sein könnte, wenn es nicht durch die negativen, irrationalen Einbrüche krankheitsbedingter Unvernunft verunsichert würde« (S. 44). Soweit Keupp über Szasz, der sich – neben vielen anderen – mit einer kritischen Stimme an der damaligen Diskussion des überkommenen Krankheitsbegriffs beteiligte und – etwas radikaler vielleicht als andere – im Falle von psychischem Leiden das Krankheitskonzept als Ganzes in Frage stellte.

Während das medizinische Krankheitsmodell von seinen Verfechtern mit dem Hinweis auf die doch offensichtlich von Innen heraus kommenden, ganz »unvernünftigen« und auch »nicht verstehbaren«, obskuren und bizarren Verhaltensweisen chronischer Anstaltsinsassen zu legitimieren versucht wurde, wiesen die Kritiker bei den »bizarren« Verhaltensäußerungen auf Effekte der Institutionalisierung und des Hospitalismus von Langzeitpatientinnen oder auch auf die Nebenwirkungen von hoch potenten Neuroleptika hin. Sie reklamierten ferner für die psychotischen Handlungs-, Denk-, Bewertungsmuster (sei es auch ein Wahn) durchaus eine *Verstehbar-*

keit im Zusammenhang mit lebensgeschichtlichen Erfahrungen. Im medizinischen Modell beruhte des Weiteren das Krankheitsverständnis im Falle von *psychischen* Beeinträchtigungen – in Analogie zur somatischen Medizin – auf der Annahme eines inneren (somatischen) Krankheitsherds und die von den Patienten geäußerten »störenden Verhaltensweisen« wurden als Zeichen (Symptome) einer vermuteten inneren (somatischen) Ursache angesehen. Hieran kritisierten die Sozialpsychiater die Ausklammerung der *sozialen Dimension* und die damit verbundene Abstrahierung vom sozialen Kontext der Betroffenen im medizinischen Modell (wie überhaupt in der traditionellen Psychiatrie). Sie setzten die Berücksichtigung der *Sozialität des Menschen* und der *Kontextualität allen menschlichen Verhaltens* dagegen, somit die Auffassung, dass auch als »störend« oder »abweichend« oder »verrückt« etikettiertes menschliches Verhalten sich immer in einem bestimmten sozialen Kontext zeigt und auf diesen bezogen ist. »Jedes Verhalten macht Sinn, wenn man den Kontext kennt«, werden später die systemischen Therapeutinnen sagen (s. Kap. 3).

Die Kritik am medizinischen Krankheitsmodell griff konsequenterweise auch auf die gängigen *psychiatrischen Diagnosen* (gemäß der traditionellen Psychopathologie) über. Nicht nur wurden deren stigmatisierende Wirkungen problematisiert und deren Sinn und Nutzen für eine – insbesondere psychosoziale – Behandlung von Klientinnen (welche sich ja nicht nur auf die Vergabe von Psychopharmaka beschränken sollte) in Frage gestellt. Darüber hinaus wurde auch grundsätzlich die Gültigkeit und Verlässlichkeit von psychiatrischen Diagnosen in Zweifel gezogen. Diesbezüglich lautete die Kritik an der traditionellen psychiatrischen Praxis etwa folgendermaßen (vgl. Keupp, 1972, S. 2 f.): Wenn ein Individuum als »Träger psychischer Störungen« aus seinem sozialen Kontext herausgenommen und so isoliert zum Untersuchungsobjekt gemacht wird, dann können die psychiatrischen Diagnosen nur *willkürliche Zuschreibungen* von Krankheitseinheiten sein, die sich ihrerseits dann lediglich »per institutioneller Absicherung validieren« lassen. Letzteres soll heißen, dass solcherart diagnostische Zuschreibungen nur dadurch »gültig« werden, dass man an den in die psychiatrische Klinik verbrachten Patientinnen, die sich dort ja den Reglements der Anstalt entsprechend verhalten müssen, just genau diejenigen Krankheitssymptome wahrnimmt, die man von ihnen entsprechend der Zuschreibung erwartet und fördert.

In diesem Zusammenhang hatte damals das Experiment von Rosenhan große Beachtung gefunden (s. in Keupp, 1979; in Watzlawik, 1994): Ganz normale Personen gaben sich als Patienten aus und erreichten mit der Vorspielung nur eines einzigen Symptoms ihre Aufnahme als psychisch Kranke in zwölf psychiatrischen Kliniken. Das einzige simulierte Symptom, das diese Personen vorgaben, war, dass sie Stimmen hören würden, die sagten »leer«, »hohl«, »dumpf«. Zu dieser vorgetäuschten Angabe über solcherart akustische Halluzinationen kam bei den Aufnahmegesprächen in der Klinik lediglich noch eine gewisse Nervosität seitens der Experimentteilnehmer hinzu, die angesichts des gewagten Unterfangens nur allzu natürlich war. Ansonsten wurden alle Angaben zur persönlichen Lebensgeschichte (soziales Umfeld, Beziehungen zu den Eltern und Geschwistern, derzeitiger Familienstand etc.) wahrheitsgemäß gemacht. Aber elf dieser Pseudopatienten erhielten die Diagnose »paranoide Schizophrenie« und einer die Diagnose »manisch-depressive Psychose«. Und die Bestätigung der jeweiligen »psychischen Erkrankung« jedes Pseudopatienten legitimierte sich für das Klinikpersonal daraufhin einfach durch den Klinikalltag.

In weiteren Experimenten konnte Rosenhan zudem auch einen »umgekehrten Diagnosefehler« seitens der Psychiatrie aufweisen: Dem Krankenhauspersonal einer psychiatrischen Anstalt wurde mitgeteilt, es würden ihnen im Verlauf des Jahres Pseudopatienten geschickt werden. Daraufhin wurden von dieser Klinik zahlreiche neu aufgenommene psychiatrische Patienten als »Pseudo« identifiziert, während tatsächlich kein einziger Pseudopatient dorthin geschickt worden war.

Jenseits des sozialpsychiatrischen Gedankenguts und der damaligen Kritik am medizinisch dominierten Diagnostizieren im Falle von psychischem Leiden werden heutzutage im Zuge »postmoderner« Orientierungen – überdies sogar in Abgrenzung zur so genannten »systemischen Moderne« (vgl. Kap. 3) – psychiatrische Diagnosen verschiedentlich lediglich als »dialogische Konventionen« gekennzeichnet oder als »sprachliche Erfindungen, die in psychiatrischen Sprachspielen erzeugt werden« und somit »Relevanz nur auf dem Hintergrund psychiatrischer Kontexte bzw. Praktiken« besitzen (s. Deissler, 1996, S. 74). Als solche gemeinsamen Sprachspiele zwischen der Berufsgruppe der Psychiater und ihrer Klientel werden Diagnosen als in Dialogen grundsätzlich hinterfrag- und verhandelbar, somit auch als »sprachlich auflösbar« erachtet (S. 74). Statt eine »Behandlung« unter Verweis auf irgendeine Diagnosestellung durchzuführen, gälte es deshalb, in therapeutischem Sinne solche sozial konstruierten und sprachlich erzeugten Metaphern, wie »katatone Schizophrenie« oder »manisch-depressive Psychose« oder »endogene psychische Krankheit«, als verdinglichende Metaphern, die in Gesprächssackgassen führen, zu entlarven und zu überwinden. Verschiedene Vorgehensweisen des *direkten* und auch teilweise des *reflektierenden Miteinandersprechens* aufgreifend, zielt dieser »sozial-konstruktionistische« Ansatz (vgl. Punkt 3.6) darauf ab, die als verdinglichende Metaphern angesehenen psychiatrischen Diagnosen in kooperativen therapeutischen Gesprächen zu entdinglichen und damit zu verflüssigen, zu ent-pathologisieren und schließlich aufzulösen. Ziel sei es dabei nicht so sehr, Probleme zu lösen (wie etwa im systemisch-lösungsorientierten Ansatz), sondern sie – da »in Sprache hervorgebracht« – in Gesprächen aufzulösen (s. Deissler, 1996).

Inwieweit ein solcher »postmoderner« – allein auf die Sprache und das kooperative Miteinandersprechen sich beschränkender – Ansatz tatsächlich die Probleme von Psychiatriebetroffenen und ihren Angehörigen »aufzulösen« vermag, wäre noch zu erörtern. Aus dem Blickwinkel der systemtheoretisch orientierten systemischen Perspektive, die ja auch grundsätzlich die Nützlichkeit psychiatrischer Diagnosen für eine Verbesserung der Problemsituation konsequent hinterfragt, scheint dieses Unterfangen – zumindest teilweise – fraglich. Die Kritik an psychiatrischen

Diagnosen aus der Sicht des sozialen Konstruktionismus ist aber immerhin bedenkenswert (zu dieser Position s. Punkt 3.6).

Aktuelle Tendenzen der Sozialen Psychiatrie
Die inhaltliche Stoßrichtung der Sozialen Psychiatrie, weg vom Biomedizinischen
hin zum Psychosozialen, kann auf drei Ebenen ausgemacht werden (s. a. Dörr, 2005,
S. 14 f.):
– zum einen auf der *wissenschaftlichen Ebene* als sozialwissenschaftlich ausgerichtete Theorie und Empirie, die zum Beispiel die Bedeutung sozialer Faktoren für
  psychische Gesundheit und Krankheit, Normalität und Abweichung erforscht
  und erschließt;
– zum anderen auf der *Praxisebene* als therapeutische beziehungsweise psychosoziale Praxis, welche die betroffenen Menschen in und mit ihrem sozialen Umwelt
  zu verstehen und behandeln versucht;
– zum Dritten auf gesamtgesellschaftlicher und *sozialpolitischer Ebene* als soziale
  Bewegung, die auf eine Anerkennung und Reintegration der psychiatrisch Etikettierten beziehungsweise der psychisch Leidenden in ihre soziale Lebenswelt ab-
  zielt.

Auf allen drei Ebenen ist der sozial-psychiatrische Diskurs weiter vorangetrieben
worden und hat entsprechende ideelle Kontexte psychiatrisch-psychosozialen Handelns geschaffen, die wirksam sind. Dennoch ist bis heute im Feld der Psychiatrie ein
primär biomedizinisches Krankheitsverständnis bei Psychosen und der Glaube an die
behandlungsrelevante Nützlichkeit von psychiatrischen Diagnosen keinesfalls ausge-
räumt. Wie schon gesagt, hat man es gerade aktuell im Gegenteil eher mit einem
»biologistischen« Rückwärtstrend zu tun. Dies trifft in Deutschland nicht nur für die
neuen Bundesländer zu, in denen der geschilderte Diskurs seit 1968 ja nicht in analoger Form hatte mitvollzogen werden können (s. Punkt 1.2.2), sondern lässt sich
ebenso für die alten Bundesländer konstatieren. Aber immerhin war (in Westdeutschland) mit der Forderung nach systematischer Einbeziehung der *sozialen Dimension*
durch die Sozialpsychiatrie, mithin mit der Kritik am einseitigen medizinischen
Krankheitsmodell sowie an der Ausrichtung der Behandlung an scheinbar objektiven
psychiatrischen Diagnosen, jedenfalls ein Wendepunkt in der Geschichte der Psychiatrie markiert worden. Mit diesem Wendepunkt wuchs der Stellenwert nichtmedizinischer, also psychosozialer Fachkräfte (Sozialarbeiterinnen, Sozialpädagogen, Psychologinnen), und deren eigene Konzepte gewannen an Bedeutung für die Praxis
psychiatrischer Arbeit. Damit wurde auch die früher medizinisch begründete »Kon-
zeptionalisierung der psychisch Kranken als nicht voll selbstbestimmungs- und ver-
antwortungsfähige Personen, denen deshalb bestimmte Rechte und Freiheiten [. . .]
genommen oder vorenthalten werden dürften« (Bosshard, Ebert u. Lazarus, 1999,
S. 35), ebenso zurückgewiesen wie die alleinige »Durchsetzung [. . .] des medizinischen Paradigmas in den Organisations- und Behandlungstypen von psychiatrischer

Anstalt und Privatpraxis unter Missachtung und Geringschätzung extramuraler, interdisziplinärer und psychologischer Behandlungsansätze« (S. 35).

Auch die bis dato gängige medizinische Klassifikation der »Seelenstörungen« wurde als kritikwürdig erachtet, denn sie »fördert ein distanziertes und distanzierendes diagnostisches Vorgehen und bietet keinen konzeptionellen Rahmen für eine subjektive Selbstdarstellung oder für einen verstehensmäßigen Zugang zu den geschilderten Symptomen und dem Leidens- und Lebensschicksal der psychisch Kranken« (S. 26). Allerdings dürfte die klassische psychiatrische Systematik einer »triadischen Einteilung der Seelenstörungen« (S. 24) in die drei Hauptgruppen

– Extremvarianten des individuellen Seins (z. B. Neurosen, Süchte, auch Borderline),
– endogene Psychosen (z. B. schizophrene oder manisch-depressive Psychosen) sowie
– exogene, das heißt körperlich begründbare Psychosen (z. B. Demenzen, hirnorganische Psychosyndrome)

unter Ordnungsgesichtspunkten sowie für die Kommunikation und Verständigung unter Fachleuten und auch mit Psychiatrieerfahrenen und Angehörigen durchaus sinnvoll sein. Eine *handlungsleitende Orientierung* für den Umgang mit psychisch Kranken gibt sie jedoch nicht; auch diagnostische Differenzierungen innerhalb der Gruppe der »endogenen Psychosen« sind in dieser Hinsicht kaum nützlich. Vermutlich aus diesem Grunde versuchten Dörner und Plog schon 1978 in der ersten Ausgabe ihres »Lehrbuchs der Psychiatrie« die Krankheitsbilder etwas anders zu umschreiben, nämlich unter besonderer Berücksichtigung der bis dato vernachlässigten *Subjektivität* der psychisch Erkrankten und ihrer Bezugspersonen wie auch ihrer *psychosozialen Lebensräume*. Diese Sichtweise haben die Autoren und Autorinnen dieses Buches in weiteren Neuauflagen bis heute fortgeschrieben (s. a. Kap. 2).

Im Hinblick auf den ideellen Kontext der Sozialen Psychiatrie ist für den aktuellen Diskurs kennzeichnend, dass sich die (psychosoziale) Arbeit im Psychiatriebereich – aus einem sozial- und gemeindepsychiatrischen Blickwinkel – statt an abstrakten Diagnosekategorien an der (alltäglichen) Lebenswelt der Betroffenen, ihrer Subjektivität, ihren Bedürfnissen und Ressourcen zu orientieren hat (vgl. Krisor, 2005); ferner, dass es gilt, den professionellen Kontakt mit den »Erkrankten« nicht als Behandlung, sondern als Begegnung, als gemeinsames Handeln oder »Zusammensein mit« zu gestalten (Weiteres s. Kap. 2).

Die heute relevanten ideellen Kontexte einer Sozialen Psychiatrie sind durch die Entwicklung verschiedener Konzepte und Modelle beeinflusst, von denen hier beispielhaft die Berner Sozialpsychiatrie um Luc Ciompi genannt werden soll, da dort theoretische Konzeptionen über Entstehung und Verlauf psychischer Erkrankungen verwoben mit einer entsprechenden sozialpsychiatrischen Behandlungspraxis entwickelt worden sind und zudem – als struktureller Kontext – eine entsprechende Versorgungslandschaft aufgebaut wurde (s. a. Punkt 2.1.1).

Das Anliegen der Sozialpsychiatrie hat Ciompi bis heute engagiert vertreten. Schon 1985 schrieb er (s. S. 9):

»Einer der interessantesten Versuche, ein ganzheitliches Verstehen psychischer Störungen sinnvoll in praktisches Handeln umzusetzen, ist zweifellos die moderne Sozialpsychiatrie. Erwachsen aus einer Woge des Protests sowohl gegen die ›totale Verwaltung‹ und systematische Ausgliederung psychisch kranker Menschen [...], wie auch gegen die einseitig organisch ausgerichtete Vertechnisierung psychischer Probleme durch eine bloß [...] biochemisch orientierte Medizin, will die heutige Sozialpsychiatrie [...] psychosoziale und biologische Ansätze zu einem umfassenderen Vorgehen integrieren. Ihr zentrales Anliegen ist es, psychische Störungen [...] in ihren Wechselwirkungen mit dem ganzen sozialen Kontext zu verstehen und zu behandeln. Neuartige [...] Behandlungsmethoden treten damit gleichberechtigt neben die geläufigen medikamentösen Therapien oder vermögen sie manchmal sogar völlig zu ersetzen.«

Dann stellte Ciompi später fest, dass die Bezeichnung »Sozialpsychiatrie« verschiedentlich wenig konsequent verwendet wird, da doch nach »strengeren Kriterien [...] erst ganz bestimmte, spezifisch auf die Arbeit in und mit dem sozialen Umfeld gerichtete, Arbeitsweisen [...] eine solche Bezeichnung [verdienen]« (s. in Finzen u. Hoffmann-Richter, 1995, S. 203). Sinngemäß wird demnach Sozialpsychiatrie von Ciompi folgendermaßen charakterisiert (S. 205): Kennzeichen der Sozialpsychiatrie ist, dass sie psychisch kranke Menschen in und mit ihrem sozialen Umfeld zu verstehen und zu behandeln sucht.

Der »Doppelaspekt von Verstehen und Behandeln« beinhaltet für die *Verstehensseite* beispielsweise die Untersuchung der Wechselwirkungen zwischen sozialen, psychischen und biologischen Prozessen unter Einbeziehung der Familien-, Wohn- und/oder Arbeitssituation sowie die Berücksichtigung der Ergebnisse sozialpsychiatrischer Grundlagenforschung (z. B. über die Einflüsse von Umwelt und Milieufaktoren wie Stress, Über-, Unterstimulation sowie über Möglichkeiten der Bewältigung von Stress in der Copingforschung). Auf der *Behandlungsseite* gelten die (präventive) Krisenintervention und die soziale und berufliche Rehabilitation (Wiedereingliederung) als die »Hauptmethoden der Sozialpsychiatrie«, sofern sie »spezifisch mit und in dem sozialen Umfeld arbeiten« (S. 210). Zugleich wäre alles eingebunden in »ein besonders intensives menschliches und soziales Engagement, von dem seit jeher die ganze ›sozialpsychiatrische Bewegung‹ getragen war« (S. 215).

Vor nicht allzu langer Zeit, nämlich 2000, stellte Ciompi in einem Artikel Überlegungen zur *Zukunft der Sozialpsychiatrie* an. Er thematisierte Hoffnungen (z. B. dass Behandlungen ohne die gravierenden Nebenwirkungen von Medikamenten möglich werden oder dass präziseres Wissen über die Wechselwirkungen zwischen sozialen Einflüssen und psychischen Störungen und damit eine effizientere therapeutische und präventive Praxis erlangt wird) sowie Befürchtungen (z. B. dass angesichts der immer knapper werdenden Mittel die Verlagerung dieser von der Sozialpsychiatrie weg nach dorthin erfolgt, wo »das große Geld, die große Macht und immer eindeutiger auch das große Prestige zu finden ist: in die Neurowissenschaften und in die biologische Psychiatrie und Psychopharmakologie, die alle von der [...] chemischen Industrie mächtig gefördert werden«; s. a. in Wollschläger, 2001, S. 756).

Unter Berücksichtigung unter anderem der zentralen Aufgabe, »mit allen Mitteln [zu] versuchen [...], das natürliche Selbstheilungspotenzial und weitere Ressourcen, die im sozialen Netzwerk existieren, zu aktivieren« (S. 757), analysiert Ciompi die Stärken und Schwächen der aktuellen Sozialpsychiatrie – ohne allerdings, wie ich das hier tue, zwischen ideellem und strukturellem Kontext zu differenzieren – folgendermaßen: Während die vermehrte Schaffung von Kriseninterventionsdiensten, von ambulanten psychiatrischen Notfalldiensten, die rund um die Uhr mit mobilen Teams womöglich auch vor Ort helfend eingreifen, hoffnungsfroh stimme, lasse die »mancherorts ständig zunehmende Verbürokratisierung der Psychiatrie [...] unter den modernen Stich- und Schlagworten des ›globalen Managements‹ und der ›Qualitätssicherung‹« (S. 762) hingegen Bedenken aufkommen. Um der »eigentlichen Aufgabe, nämlich den Menschen in seinem ganzheitlichen Fühlen und Denken [...] zu behandeln, besser gerecht werden zu können« (S. 764), gelte es – als Leitideen für die Zukunft – *zum einen* noch präziser ein ganzheitlich-integratives Verständnis von psychischen Störungen unter Berücksichtigung der Wechselwirkungen von sozialen, psychischen und biologischen Aspekten zu erarbeiten und *zum anderen* den bereits in der Praxis entwickelten *Trialog*, also das institutionell moderierte Gespräch zwischen Psychoseerfahrenen, Angehörigen und Professionellen, namentlich in so genannten *Psychoseseminaren* (s. Punkte 1.3 und unter Punkt 2.2.2, S. 167) allerorten weiter zu entfalten.

Antipsychiatrisches Ideengut und sein Einfluss bis heute
Kennzeichnend für antipsychiatrische Positionen sind gesellschaftskritische Analysen im Hinblick auf die Entstehung von psychischen Krankheiten (insbesondere der Schizophrenie) sowie eine dezidierte Ablehnung des medizinisch-naturwissenschaftlichen Erklärungs- und Behandlungsmodells. Als Begründer der Antipsychiatrie in diesem Sinne gelten zum Beispiel David Cooper und Ronald Laing.[3]

Unter Betonung der gesellschaftspolitischen Dimension verstand Cooper die Psychose nicht nur als »Ausdruck repressiver Familiensituationen«, sondern auch als Auflehnung gegen gesellschaftliche Entfremdung. Er analysierte – mit Verweis auf soziale Etikettierungsprozesse und Stigmatisierung – die Abschiebung der Be-

---

3 Das Konzept der *Therapeutischen Gemeinschaft* (von Maxwell Jones), das beinhaltet, im Rahmen einer demokratischen Struktur die objektivierende Arzt-Patient-Beziehung durch therapeutischen *Dialog* zu ersetzen, wäre demgegenüber nicht im engeren Sinne als »antipsychiatrisch« einzustufen. Denn dieses Konzept gründete eher auf »pragmatischen Erwägungen therapeutischer Effizienz als auf einer kritischen Gesellschaftstheorie oder einem kritischen Krankheitsverständnis« (Bosshard et al., 1999, S. 39).

troffenen in Anstalten als Chronifizierung ihrer Psychose und forderte an Stelle dessen »eine zurückhaltende, aber präsente Begleitung« der Psychoseerfahrenen in *Wohn- oder Therapiegruppen*, wobei diese Begleitung jenseits des institutionellen Rollenverständnisses von Therapeuten zu erfolgen hätte, also das Aufgeben von Hierarchien voraussetze (vgl. Bosshard et al., 1999).

Laing beschäftigte sich vor allem auch mit Fragen des *Sinns* einer Psychose im Hinblick auf lebensweltliche und lebensgeschichtliche Zusammenhänge sowie in existenzieller Hinsicht (vgl. Laing, 1976). Er sah schizophrene Symptome »als Ausdruck eines Ringens, aus einer sinnlosen Situation [. . .] etwas Sinnvolles zu machen« an (Laing et al., 1975; zit. nach Bosshard et al., 1999, S. 41). Von einem existenzialistischen Krankheitsverständnis ausgehend, forderte Laing von den Therapeuten und professionellen Helferinnen, offen zu sein für die je eigenen psychotischen Neigungen, statt sich scharf vom Verhalten Schizophrener abzugrenzen, und die Betroffen auf ihrer »Reise« in ihre psychotische Welt nicht zu behindern, sondern einfühlsam zu begleiten (vgl. S. 41). Ferner analysierte Laing psychotische Phänomene auf dem Hintergrund von »pathogenen« Familienkonstellationen und »dysfunktionalen« Kommunikationsmustern (wie etwa der »Mystifizierung«; vgl. in Bateson, Jackson, Laing, Lidz, Wynne et al., 1969). Als Alternative zu einer psychiatrischen Behandlung schlug er Wohn- und Lebensgemeinschaften von Psychoseerfahrenen mit ihren Begleitern (Therapeuten und/oder erfahrenen ehemaligen Psychiatriepatienten) vor.

Cooper und Laing hatten 1965 in London ein Netzwerk von Wohngemeinschaften gegründet und ihre vorgeschlagenen Behandlungsalternativen auch selber praktiziert.

Dem Anspruch der Antipsychiatrie, den Psychoseerfahrenen möglichst herrschaftsfrei zu begegnen, mit ihnen gemeinsam die möglichen Ursachen ihrer Probleme auf dem Hintergrund familiärer und gesellschaftlich-sozialer Lebensbedingungen zu reflektieren, in einen offenen Dialog mit ihnen zu treten und ihre Selbstorganisation zu fördern, hat man bis heute (keineswegs nur am Rande der Psychiatrieszene) mit verschiedenen Arbeitsansätzen explizit oder implizit gerecht zu werden versucht:

– ganz explizit in so genannten »Weglaufhäusern«, die sich dezidiert als Alternative zur Psychiatrie verstehen und mit antipsychiatrischer Grundhaltung arbeiten (z. B. das Berliner Weglaufhaus; s. unter Punkt 1.3.1, S. 70);
– teilweise explizit beispielsweise in Kommunikationszentren (wie einstmals dem »KommRum«, vgl. Luger, 1989) oder in Arbeits- und Lebensgemeinschaften (wie dem »Projekt Wendtshof« von »Land in Sicht e. V.«; vgl. Luger, 1998[4]) sowie im Trialog und in Psychoseseminaren;
– implizit durch die Gestaltung der Begegnung im Psychiatriebereich nach bestimm-

---

4   Laut Berichten von dort tätigen Praktikantinnen (2004 und 2005) lässt sich antipsychiatrisches Ideengut oder Handeln heutzutage bei »Land in Sicht« allerdings kaum mehr ausmachen.

ten Begegnungskriterien (s. z. B. Dörner und Plog, 1984; 1996) oder »Leitlinien« psychosozialen Handelns (s. z. B. Mosher u. Burti, 1992; Weiteres s. Kap. 2).

Antipsychiatrisches Gedankengut hat also nicht nur die Selbsthilfebewegung und -initiativen Psychiatrieerfahrener sowie die sozialpsychiatrische Reform bis hin zum »Trialog« (s. Punkt 1.3.1) bis heute maßgeblich beeinflusst, sondern ließe sich potenziell auch als ein Element des ideellen Kontextes der psychosozialen Arbeit mit Psychoseerfahrenen ausmachen. Dies könnte im Prinzip sowohl von der »subjektorientierten« Perspektive (mit Blick auf den persönlichen Sinn und die sozialweltlichen Bezüge psychotischer Phänomene) reklamiert werden als auch von der »systemischen« Perspektive (unter besonderer Bezugnahme auf die kommunikativen Kontexte und familiären Beziehungsmuster). Während die Systemiker sich aus diesem Thema aber eher heraushalten, gelangte die subjektorientierte Sozialpsychiatrie immerhin auf »den Weg vom Objekt zum Subjekt«, wie Wolfgang Voelzke, ein prominenter Psychiatrieerfahrener schreibt: Während das Bild der klassischen Psychiatrie von Fremdbestimmung, Zwang und Gewalt geprägt ist, könnten Formen des Empowerments (der Selbstermächtigung) sowie die Förderung der Selbstbestimmung von Psychoseerfahrenen das Bild der Psychiatrie ändern (s. Voelzke, 2001).

Zugegeben verwischt aber diese versöhnliche Darstellung die zweifellos noch bestehenden Diskrepanzen und verdeckt die durchaus vorhandenen Gräben zwischen der Antipsychiatrie und der Sozialen Psychiatrie. Vom Grundsätzlichen her fällt hier vor allem ins Gewicht, dass sich die Psychiatriereform in Deutschland (seit Anbeginn) faktisch eher um eine bessere *Versorgung* der psychiatrisch betroffenen Menschen bemüht hat, statt um deren *Befreiung* (vgl. Keupp, 2007). In der konkreten (gemeindepsychiatrischen) Praxis sieht das dann so aus, dass sozialpsychiatrisch Tätige zwar hinsichtlich ihrer ideellen Prämissen in der Ablehnung der »Anstaltspsychiatrie« mit der Antipsychiatrie übereinstimmen, sich aber (dennoch) oft genötigt sehen, Klientinnen in Krisensituationen in solche »Anstalten« (Kliniken) einzuweisen, deren biologisch-medizinisch dominierten Behandlungskonzepten sie eigentlich kritisch gegenüberstehen (s. Quindel, 2004). Und dieses Vorgehen ist nur zum Teil mangelnden Alternativen (wie z. B. fehlenden ambulanten Krisendiensten) geschuldet, im Wesentlichen gründet es in der nach wie vor bestehenden medizinischen Dominanz betreffend Fragen der psychiatrischen Behandlung sowie in der teils unterwürfigen Akzeptanz der herrschaftlichen Stellung von Kliniken. Ein Graben tut sich ferner insbesondere an der Frage der *sozialen Kontrolle* auf. Soziale Kontrolle wird von der Antipsychiatrie scharf verurteilt, aber in der gemeindepsychiatrischen Praxis – ihrem gesellschaftlichen Auftrag gemäß – (noch) durchgängig realisiert oder doch zumindest, sofern die Ausübung von Zwang und Gewalt an andere Institutionen delegiert werden kann, billigend hingenommen (vgl. Quindel, 2004). Da für die sozialpsychiatrische Arbeit das doppelte Mandat von Hilfe und Kontrolle einschlägig ist, befinden sich die Mitarbeiterinnen, die ihre Arbeit am Helfen ausrichten wollen, generell in einem Dilemma und können aus dieser Warte antipsychiatrische Ideale nur schwerlich umsetzen.

Das Thema des Konflikts zwischen Hilfe und Kontrolle wird an anderen Stellen dieses Buches im Zusammenhang mit vergleichenden Gegenüberstellungen von sozialpsychiatrischen versus systemischen Herangehensweisen verschiedentlich noch aufgegriffen.

Zusammenfassung der Leitideen der Sozialen Psychiatrie
Einst anknüpfend am Protest gegen die totale Verwaltung und Ausgliederung psychisch kranker Menschen und weiter ansetzend an einer Kritik an den traditionellen psychiatrischen Handlungs-, Denk-, Bewertungs- und Beziehungsmustern, an der »Vertechnisierung psychischer Probleme durch eine nurmehr biochemisch orientierte und rein individuumszentrierte Medizin« (Dörr, 2005, S. 13) und generell an der Dominanz des medizinischen Diskurses im Psychiatriebereich hat sich im Zuge der Psychiatriereform die Sozialpsychiatrie als psychiatriekritische Diskursgemeinschaft konstituiert. Als solche forderte sie, die betroffenen Menschen aus den ihnen Leid bringenden Institutionen »zu befreien«, sie »in die Gesellschaft zurückzuholen« und deren Selbstbestimmung zu unterstützen (vgl. S. 14).

Zusammengefasst könnte man die Leitideen der Sozialen Psychiatrie demnach in aller Kürze auf die folgenden beiden Formeln bringen:
– Integration statt Ausgrenzung *und*
– Förderung der Autonomieentwicklung statt fürsorgliche Bevormundung.

Dabei umgreift der erste Punkt natürlich nicht nur den räumlichen Aspekt, sondern mehr noch den *sozial-emotionalen* und *kommunikativen Aspekt* des Integrierens versus Ausgrenzens im mitmenschlichen Miteinander. Und der zweite Punkt beinhaltet primär – also noch vor der Förderung – die grundsätzliche Achtung der Autonomie auch der als »schwer gestört« eingestuften Personen sowie die Ermöglichung ihrer Selbstbestimmung und umfasst im Weiteren den Appell, die Klientinnen nicht nur zu versorgen, sondern in ihrer Entwicklung auch zu fördern (der zuletzt genannte Aspekt impliziert gleichwohl auch die Frage, wie das ermöglicht werden kann).

Noch immer zeichnet sich der aktuelle sozialpsychiatrische Diskurs durch eine Orientierung an diesen Leitideen aus, auch wenn man konstatieren muss, dass sich in der Praxis aufgrund der Dominanz des medizinischen Diskurses häufiger eine Art »modernisierte Psychiatrie« durchgesetzt hat (vgl. Quindel, 2004), in der zwar eine – sozialpsychiatrisch beeinflusste – reformierte Psychiatrie betrieben wird (»Reformpsychiatrie«), jedoch – auch von den Ideen her – die Zentrierung auf klinisch-stationäre, ärztliche Behandlung nicht überwunden wurde (s. a. Dörr, 2005).

Nun ist in diesem gesamten Abschnitt (Punkt 1.2) der ideelle Kontext einer »Sozialen Psychiatrie« unter Rekurs vornehmlich auf die von der *Sozialpsychiatrie* entwickelten Orientierungen beschrieben worden. Es sei aber erwähnt, dass sich auch die *Gemeindepsychiatrie*, die ihren Schwerpunkt eher auf strukturelle Veränderungen zur Wahrung der Würde der Psychiatriebetroffenen, mithin auf die Gestaltung der Versorgungsformen, legt, sich von entsprechenden – den gleichen, aber auch eigenen – Ideen und Idealen leiten lässt. Davon wird noch die Rede sein (Punkt 1.3). Wie schon erwähnt, dient die Bezeichnung »Soziale Psychiatrie« hier ja als Oberbegriff, in dem Sozial- und Gemeindepsychiatrie vereint sind.

1.2.2 Ideelle Kontexte im Ost-West-Vergleich

Schon wesentlich früher als in der ehemaligen BRD war in der DDR eine Psychiatriereform ins Auge gefasst worden. Als repräsentativ hierfür gelten die 1963 in Rodewisch auf einem internationalen Symposium der sozialistischen Länder verfassten »Rodewischer Thesen«. Diese beinhalten unter anderem, dass in der »psychiatrischen Rehabilitation« nicht länger eine Trennung in eine biologisch-klinische und eine sozial-rehabilitative Psychiatrie vorgenommen werden dürfe, sondern biologische und soziale Aspekte als eine Einheit zu sehen und zu behandeln seien; ferner, dass das früher herrschende Verwahrungs- und Unterbringungsprinzip einem durchgehenden Therapie-, Fürsorge- und Rehabilitationsprinzip zu weichen habe; und auch, dass vorwiegend geschlossene Anstalten sich künftig zu vorwiegend offenen psychiatrischen Betreuungseinheiten weiterentwickeln sollten (vgl. Schöch, 2001).

Die Forderung nach Ablösung des Verwahrungsprinzips zugunsten von Fürsorge im Rahmen einer »psychiatrischen Außenfürsorge« jenseits der Klinik konnte in der DDR allerdings nur selten faktisch umgesetzt werden oder deren Umsetzung beschränkte sich auf »insuläre Erscheinungen«. Nur an wenigen Orten entstanden gemeindezentrierte Betreuungskonzepte (so in Leipzig ab 1976), so dass Ficker (2000) alles in allem feststellte, »dass die Rodewischer Thesen über das Land strichen, ohne eine Veränderung bewirkt zu haben« (zit. nach Schöch, 2001, S. 7).

Ein ähnliches Schicksal traf die, etwa zehn Jahre später auf den »Rodewischer Thesen« aufbauenden »Brandenburger Thesen«, welche – laut Weise (1998) – das Aufbrechen der autoritär hierarchischen Strukturen in den Institutionen und in der Verwaltung psychischen Krankseins gefordert hatten. Die »Situation der Patienten als entmündigte und verwaltete Opfer der Psychiatrie« (S. 32) war – trotz aller Thesen – in der DDR weitgehend unverändert geblieben. Das Scheitern ihrer Umsetzung könnte allerdings bereits im Kern der Thesen angelegt gewesen sein: zum einen – in struktureller Hinsicht – wegen der Festigung der dominierenden Rolle des Krankenhauses als Zentrum, an das die komplementären und ambulanten Dienste der »Außenfürsorge« anzubinden seien (s. a. Weise, 1998); zum anderen und vor allem – in ideeller Hinsicht – wegen des Festhaltens am medizinischen Modell im Sinne eines objektivierenden Krankheitsverständnisses unter Ausblendung spezifischer psychosozialer und lebensweltlicher Zusammenhänge. Im Hinblick auf den ideellen Kontext ist auch die folgende, von Schirmer, Müller und Späte (1976) in der letzten ihrer insgesamt neun außerordentlich interessanten »Brandenburger Thesen zur Therapeutischen Gemeinschaft« getroffene Aussage recht aufschlussreich: »[...] wir betonen, dass der Psychiater stets auf dem naturwissenschaftlichen Boden unseres Faches stehen muss. Daraus ergibt sich die Notwendigkeit der Abgrenzung von spekulativen antinaturwissenschaftlichen und anarchistischen sozialpsychiatrischen Strömungen des westlichen Auslands« (S. 25).

Somit hatte es in der DDR zwar eine Reform der psychiatrischen Gesundheitsversorgung gegeben, aber *keine sozialpsychiatrische Reform im engeren Sinne*. Die Reformideen waren von Experten entworfen worden, aber nicht eingebettet in eine Protestbewegung, wie es im Westen die 1968er Studentenbewegung gewesen war. Auch waren Modelle von Patientenbeteiligung von Anfang an nicht vorgesehen und die antipsychiatrische Bewegung des westlichen Auslands konnte in der DDR kaum Einfluss gewinnen.

Das Gesundheits- und Sozialwesen basierte auf einem »paternalistischen Gesellschaftsvertrag«, der ebenso Anrecht auf Versorgung wie Zwang zur Unterwerfung beinhaltete und war als eine Einheit mit eindeutiger Dominanz der Medizin konzipiert. Zwar waren einstmals »auch psychosoziale Faktoren bei der Entstehung von psychiatrischen Störungen anerkannt worden« (Bergold u. Filsinger, 1998, S. 241), jedoch hatte sich ab Mitte 1970 die biologische Ausrichtung durchgesetzt.[5] Kennzeichnend für die Arbeit mit Klientinnen war eine »ganzheitliche Fürsorge«, die insbesondere medikamentöse Behandlung durch Ärzte und Stützung im Alltag durch Fürsorgerinnen beinhaltete. Ein Austausch von Informationen über die Klienten erfolgte routinemäßig, ohne dass die Betroffenen davon in Kenntnis gesetzt worden wären. Überdies gab es eine Verflechtung zwischen den Einrichtungen des Gesundheits- und Sozialwesens (wie etwa den psychiatrischen Beratungsstellen) mit der Abteilung »Inneres« (Innere Sicherheit). Dies war zum Beispiel in einem vorgeschriebenen »Meldeverfahren« mit der Verpflichtung zu Meldung, Überweisung, Berichterstattung geregelt.

Wenn man den von Ciompi für die Sozialpsychiatrie reklamierten Doppelaspekt von Verstehen und Behandeln auf die Reformpsychiatrie der DDR überträgt, bleibt festzustellen, dass dort auf der »Verstehensseite« das medizinische Krankheitsmodell von psychischen Störungen unangetastet blieb und keine sozialwissenschaftlichen Alternativmodelle über Entstehung und Verlauf psychischer Störungen entworfen wurden; und dass auf der »Behandlungsseite« sowohl klinische medikamentöse Behandlung als auch fürsorgerische Betreuung (zwecks Integration und Anpassung an die soziale Umwelt und unter staatlicher Kontrolle) praktiziert wurden. Ferner blieb die DDR-Psychiatrie durchweg eine ärztliche Domäne, wobei Für-

---

5   In einem Treffen 1971 waren sämtliche DDR-Psychiater auf den einheitlichen Konsens »verpflichtet« worden, im Hinblick auf die psychiatrische Wissenschaft eine biologische Orientierung zu vertreten. Gründe für psychische Erkrankungen seien naturwissenschaftlich zu erklären, statt sie als psychosozial bedingt und im Kontext der Gesellschaft zu betrachten (s. Ficker 2000; nach Schöch 2001).

sorgerinnen oder etwa Arbeitstherapeuten als medizinisches Hilfspersonal galten (s. a. Clausen, Dresler u. Eichenbrenner, 1996). Das fürsorgend kontrollierende Versorgungssystem (unter Missachtung der Selbstbestimmung der Subjekte) hatte auch kaum Spielräume, etwa für Selbsthilfebewegungen, gelassen.

Versorgungskulturen in der ehemaligen DDR

»Unter dem Begriff Versorgungskultur wird ein sinnhaft verknüpftes Set von Leitideen und Begründungen, Sichtweisen auf die Klienten und die Definition ihres Problems sowie Bearbeitungsverfahren/Handlungsmodelle verstanden [...] Solche Versorgungskulturen existieren [zwar] nicht unabhängig von materiellen, institutionellen u. a. Bedingungen [...] können aber als relativ eigenständige Ebene sozialer Wirklichkeit identifiziert werden« (Bergold, Filsinger u. Mruck, 1996; s. a. Bergold u. Filsinger, 1998).

In einem breit angelegten Forschungsprojekt zur Organisation und Vernetzung psychosozialer Dienste in einem Westberliner und zwei Ostberliner Stadtteilen (Bergold et al., 1996) sind kurz nach der Wende über Interviews mit Professionellen vom Ostteil Berlins drei Versorgungskulturen identifiziert worden. Diese vermögen das »ideelle Milieu« der psychiatrisch-psychosozialen Versorgung der DDR aus dem Blickwinkel der dort psychiatrisch und psychotherapeutisch Tätigen wiederzugeben. Das waren die folgenden drei »Kulturen«:

– Die *Fürsorgekultur* (vor allem in Dispensaire-Beratungsstellen für Psychiatrie und im Umgang mit psychisch Kranken, insbesondere »Psychotikern«, vorzufinden) lässt sich charakterisieren durch eine Verknüpfung von sorgender und kontrollierender Haltung gegenüber dem Klienten und seiner Lebensführung, verbunden mit einer starken Einschränkung von dessen Selbstbestimmung – eine Umgangsform, die von den Professionellen als »Patientenführung« beschrieben wurde. Wenn der Betroffene sich gutwillig und gefügig zeigte, wurde er bereitwillig unterstützt. Fehlte jedoch die Folgebereitschaft, kam es zu sanktionierenden Maßnahmen. Grundlegend war die medizinische Auffassung einer organischen Ursache von psychischen (insbesondere psychotischen) Störungen – die Patientin wurde als leidend angesehen und dementsprechend medikamentös und fürsorgerisch behandelt.

– In der *Behandlungskultur* (vorwiegend praktiziert in Polikliniken mit »Neurotikern«, »Psychosomatikern«) definierte man die problematische Situation der Patientin als Defizit oder Entwicklungsstörung. Therapeutische Maßnahmen sollten eine Genesung erbringen. Die Therapien erfolgten nach einem starren Muster, die Therapeuten verstanden sich als Experten für die Heilung der Erkrankung und orientierten ihre Heilbehandlung an einem medizinischen Krankheitsmodell.

– Für die *pädagogische Kultur* (vor allem auffindbar in Betriebspolikliniken) war eine prophylaktische Orientierung charakteristisch. Wenn der gesundheitliche Zustand eines zu Betreuenden beeinträchtigt war, sollte hier durch beratende und aufklärende Gespräche interveniert werden. Im Vordergrund stand die Erhaltung der Arbeitskraft.

Zwar handelt es sich bei diesen »Kulturen« um eine Rekonstruktion der zu DDR-Zeiten herrschenden ideellen Milieus, aber die entsprechenden Einstellungen, Haltungen, Konzepte hatten sich nach der Wende nicht schlagartig aufgelöst, sondern prägten noch einige Zeit das Bild der psychiatrisch-psychosozialen Versorgung in Ostdeutschland (zu den derzeit aktuellen Versorgungskulturen im vereinigten Deutschland s. Punkt 2.1.2).

Ost-West-Vergleich nach der Wende
In dem genannten Forschungsprojekt waren im Ost-West-Vergleich deutlich unterschiedliche Diskursgemeinschaften festgestellt worden. Während im Osten anfangs noch das Konzept der »Patientenführung« bei psychisch Kranken vorherrschte, befürwortete man im Westen eher ein Konzept von »Assistenz bei der Lebensführung«, das Respekt vor der Autonomie der Klientinnen und deren Lebenspraxis beinhaltet. Auch war »im westlichen professionellen Diskurs die Expertendominanz [...] hinterfragt und mit Konzepten der Klientensouveränität und des Empowerments konfrontiert« worden oder solche Konzepte waren »in das Professionsverständnis integriert« (Bergold u. Filsinger, 1998, S. 253). Für die Ostprofessionellen stand aber außer Frage, dass sie auch nur Gutes für die Klientinnen wollten und auch hervorbrachten (S. 253).

Die Ost-Mitarbeiter neigten sehr viel stärker zu einer Fürsorgeorientierung (verstanden als eine Kombination von Mitgefühl und Bevormundung) als die West-Mitarbeiterinnen. Die paternalistisch fürsorgliche Haltung war verschiedentlich eingebunden in die Bevorzugung einer »befehlsadministrativen Versorgung« (s. S. 247 f.) und eng mit dem ärztlichen Diskurs, dem medizinischen Paradigma verflochten. Nicht nur im stationären, sondern auch im ambulanten Bereich vertrat man die Auffassung, dass »die Störungen des Klientels vor allem als Ergebnis von organisch bedingten Krankheiten zu betrachten seien« (S. 249).

Nach der Wiedervereinigung hatte der einsetzende Transformationsprozess der psychiatrisch-psychosozialen Versorgung in Ostdeutschland zwar zu strukturellen Veränderungen geführt (hin zu einer Psychiatrie in der Gemeinde; s. unter Punkt 1.3.2), jedoch die alten ideellen Kontexte der DDR-Psychiatrie anfangs noch unangetastet gelassen. Abgesehen von einigen Ausnahmen (z. B. Leipzig, wo es auch vorher schon anders gewesen war) war somit ein teils bevormundendes Fürsorgemodell zunächst dominierend geblieben. Mitunter war damit auch eine Geringschätzung der Autonomie und der Selbstbestimmungsfähigkeiten der Klientinnen einhergegangen (s. a. Heitmann, 1997). Viele Psychiatriemitarbeiter der ehemaligen DDR hatten die westliche Psychiatriereform als ihnen gegen ihren Willen aufgedrückt erlebt (als »fremdimplementiert«; vgl. Bergold et al., 1996) und die neuen Konzepte als wenig effizient und wenig hilfreich beurteilt.

Auch wurde aufgezeigt, dass im Psychiatriebereich die Unterschiede in den diskursiven Praktiken zwischen Ost- und Westdeutschen größer waren als die zwischen den verschiedenen psychiatrisch tätigen Berufsgruppen, etwa Ärzten und Pflegepersonal auf der einen Seite und Psychologinnen und Sozialarbeitern auf der anderen Seite. Während im Westen auch überzeugte Sozialpsychiater, also Medizinerinnen, mit nichtmedizinisch dominierten Auffassungen am Werk waren und immer noch sind, waren im Osten überzeugte Fürsorgerinnen (als »Sozialarbeiter«) tätig, die sich ganz ohne eigenständige – das heißt das Soziale betreffende – Beiträge vor allem als Zuarbeiter für den Arzt verstanden hatten.

Sofern man im Westen an einem medizinischen Modell festhielt, musste man sich zumindest mit der dort bekannten Kritik an diesem Modell auseinandergesetzt haben und sich explizit von diesem kritischen Diskurs, der am Beginn der Psychiatriereform in der BRD gestanden hatte, abgrenzen. Jedoch konnte man im Osten am medizinischen Modell festhalten, ohne diesen Diskurs zu kennen oder zur Kenntnis zu nehmen. Einen *kritischen Diskurs* um das medizinische Krankheitsmodell bei psychischen Störungen und das psychiatrische Etikettieren hatte es ja vorab in der DDR nicht gegeben; keinen entsprechenden sozialpsychiatrischen Diskurs im eigentlichen Sinne, an den man in ideeller Hinsicht mit der neuen Psychiatriereform in Ostdeutschland in der Nachwendezeit hätte anknüpfen können. Somit hatte sich hier anfangs auch keine sozialwissenschaftlich orientierte, sondern nur eine medizinisch orientierte Diskursgemeinschaft etablieren können. Dies galt auch für die Fürsorger, die sich später, gegebenenfalls nach einer »Nachqualifizierung«, Sozialarbeiterinnen nennen durften.

Das entsprechende ideelle Milieu hatte natürlich Auswirkungen auf die Praxis der psychosozialen Arbeit mit Psychiatriebetroffenen. Diese Praxis war anfangs kaum dem sozialpsychiatrischen Ideengut verpflichtet.

Inzwischen jedoch hat sich diese Situation mit dem Nachrücken der – nunmehr ganz anders ausgebildeten und sozialisierten – neuen Generation in dieses Arbeitsfeld hinein sowie auch durch neue »durchmischte« Teamzusammensetzungen in ganz Deutschland deutlich zum Besseren hin gewandelt. Gegebenenfalls wird sogar den in Ostdeutschland mit frischem Engagement entwickelten sozial-psychiatrischen Projekten – auch ideell – bald eine Vorbildfunktion für eine Soziale Psychiatrie in ganz Deutschland zukommen.

Derzeit bleibt allerdings noch die Frage offen, ob nicht der seit einiger Zeit allgemein-gesellschaftlich zu beobachtende Trend zur Überakzentuierung (neuro-)biologischer Erklärungsansätze auf allen möglichen Gebieten und auf dieser Linie der Rückwärtstrend hin zu einer biologischen Psychiatrie sich zu einer unheiligen Allianz verbindet mit dem Festhalten am medizinischen Paradigma bei psychischen Störungen und am Fürsorgemodell, so dass dann damit die »Idee der Sozialpsychiatrie« zumindest als ideeller Kontext ohnehin bald ausgedient hätte, auch wenn die Versorgungsstrukturen Bestand haben. Wenn sich zudem der ebenfalls neuzeitliche Trend zur Technisierung und Ökonomisierung auch des Sozialen sowie zum sozialen Management im Sinne einer möglichst effizienten Verwaltung von Leid und Elend auch im Psychiatriebereich weiter durchsetzen sollte, wäre zu befürchten, dass die Ideen und Ideale der Sozialpsychiatrie nach und nach ausgeblendet werden.

Vorläufig zusammenfassend lässt sich festhalten: Wenn der ideelle Kontext der (psychosozialen) Arbeit mit Psychiatriebetroffenen nicht sozialpsychiatrisch durchdrungen ist, kann es sich selbst auch in reformierten psychiatrischen Versorgungsstrukturen *nicht* um eine Praxis Sozialer Psychiatrie handeln.

1.3 Was ist Soziale Psychiatrie? – Strukturelle Kontexte

1.3.1 Die Reform der psychiatrischen Versorgung

Wennzwar 1969 ein erster Kongress zur Sozialpsychiatrie in Bad Homburg stattgefunden hatte, wird als Geburtsstunde der sozialpsychiatrischen Bewegung in Westdeutschland die 1970 durchgeführte Tagung in Hamburg angesehen, in deren Gefolge sich der *Mannheimer Kreis* sowie die *Deutsche Gesellschaft für Soziale Psychiatrie* formierten. Wenig später, nämlich 1971, wurde auf der politischen Ebene einer Bundestagsinitiative eine Sachverständigenkommission zur Erarbeitung eines Berichts »über die Lage der Psychiatrie in der Bundesrepublik« berufen. Nicht zuletzt wegen der Rückständigkeit der bundesdeutschen Psychiatrie im Vergleich zu anderen Industrieländern hatte sich der Bundestag dazu veranlasst gesehen, eine solche Bestandsaufnahme in Auftrag zu geben. Nach einer Zwischenbilanz 1973 legte die Enquête-Kommission ihren Schlussbericht im November 1975 vor: die Psychiatrie-Enquête (s. Deutscher Bundestag, 1975). In diesem Bericht wurden nicht nur die »elenden, menschenunwürdigen Verhältnisse« (Finzen u. Schädle-Deininger, 1979) aufgezeigt und somit die Missstände der damaligen bundesdeutschen Psychiatrie schonungslos offengelegt, sondern auch ein Modernisierungsprogramm (die »Psychiatriereform«) vorgelegt sowie die Grundprinzipien psychiatrischer Versorgung festgelegt. Diese sind in Tabelle 2 zusammengestellt.

Tabelle 2: Grundprinzipien der psychiatrischen Versorgung gemäß Psychiatriereform

- Gemeindenähe, gemeindenahe Versorgung
- bedarfsgerechte, umfassende dezentrale Versorgung aller psychisch Kranken/Behinderten
- Koordination aller Versorgungsdienste
- Vorbeugung wo möglich
- Förderung von Selbsthilfe
- rechtliche und soziale Gleichstellung der psychisch Kranken mit den körperlich Kranken

Der Expertenbericht hatte die alten psychiatrischen Versorgungsstrukturen radikal
in Frage gestellt und im Hinblick auf den *stationären Bereich* vor allem
– die Größe der Krankenhäuser,
– ihre abgeschiedene Lage (fehlende Gemeindenähe),
– ihre überfüllten Bettensäle,
– die überlange Verweildauer ihrer Patienten und
– die falsche (nicht bedürfnisgerechte) Unterbringung vieler Patientinnen

als dringend reformbedürftig beschrieben. Dies führte in der Folge ab 1975 auch zu
einer Bettenreduktion, zu einer Verkleinerung und Umgestaltung der psychiatrischen Krankenhäuser und vor allem auch zu ihrer Anbindung (z. T. als psychiatrische Abteilungen) an Allgemeinkrankenhäuser.

Beginnend mit solchen strukturellen Reformen wurde in der weiteren Entwicklung – gewiss in Abhängigkeit von dem jeweiligen Chefarzt oder der jeweiligen Kli-
nikleitung – immer mehr auch der Stellenwert der Bedeutung nichtmedizinischer,
insbesondere (psycho-)sozialer Arbeit mit Psychiatriepatientinnen im stationären
Bereich erkannt. Dies fand dann 1991 in der neuen »Psychiatrie-Personalverordnung« (s. Wienberg, 1991) ihren Niederschlag, wo »Regelaufgaben« von Sozialarbeitern und Sozialpädagoginnen in der stationären Psychiatrie formuliert werden.
Sie beinhalten unter anderem:
– die »Mitwirkung bei Anamnese- und Befunderhebung (Sozialanamnese und
  psychosoziale Diagnostik) und Therapieplanung«,
– »Sozialtherapeutisches Kompetenztraining« und »Einzelfallhilfe zur Wiedereingliederung«,
– »Familienberatung und Mitwirkung an Familientherapien«,
– die Durchführung »sozialtherapeutischer Gruppen«,
– »Mitwirkung an Angehörigengruppen« (s. Clausen et al., 1996, S. 190; s. a. Blanke, 1995, S. 180 f.).

Zur »Absage an die Anstalt« oder zur Öffnung psychiatrischer Krankenhäuser – wie
in Italien – war es in Deutschland allerdings nicht gekommen. Auch die ärztliche
Vorherrschaft und die medizinische Denkweise wurden nicht grundsätzlich gebro-
chen. Ferner sind im Unterschied etwa zu den USA oder zu Finnland »in der Bundesrepublik [...] weitreichende Versuche, das Krankenhaus durch alternative Be-
handlungsorte und Behandlungsformen zu ersetzen, nicht unternommen« worden
(Aderhold, 1998, S. 651) – oder jedenfalls kaum.

Immerhin war im Gefolge der Psychiatrie-Enquête gemeindenahe Psychiatrie
und ambulante psychosoziale Versorgung realisierbar geworden. Während es schon
zuvor in einigen Regionen (z. B. Heidelberg) vereinzelte extramurale Betreuungs-
angebote gegeben hatte, wurde doch erst die Enquête zur Grundlage für einen ra-
santen und flächendeckenden Aufbau einer psychiatrisch-psychosozialen Versorgungslandschaft jenseits der Krankenhäuser – also von ambulanten Einrichtungen

und Diensten sowie von so genannten »komplementären« Einrichtungen, die »ergänzend zur Klinik« Versorgungsangebote für psychisch Kranke bereitstellen. Parallel zur Enquête-Arbeit waren diesbezüglich auf der Ebene der Bundesländer in ganz Westdeutschland regionale Psychiatriepläne konzipiert und verabschiedet worden.

Von der Enquête waren für ein »Standardversorgungsgebiet« (für einen Einzugsbereich von durchschnittlich 250.000 Einwohnern) unter anderem die folgenden Dienste vorgesehen:

– im »Vorfeld psychiatrischer […] sowie rehabilitativer Dienste« → Ärzte aller Fachrichtungen sowie Beratungsstellen,
– als »ambulante Dienste« → zum Beispiel niedergelassene Nervenärzte und Psychotherapeuten sowie psychosoziale Kontaktstellen, ferner Ambulanzen »an Krankenhauseinrichtungen« oder Institutsambulanzen,
– als »halbstationäre Dienste« → Tageskliniken und Nachtkliniken,
– als »komplementäre Dienste« → Übergangsheime, Wohnheime, beschützende Wohngruppen oder Wohnungen, Tagesstätten und Patientenclubs u. a. m.
(s. Deutscher Bundestag, 1975, Drucksache 7/4200).

Im Hinblick auf die Umsetzung sozialpsychiatrischen Gedankenguts könnte man zu Beginn der Psychiatriereform die *Sozialpsychiatrischen Dienste* (SpDienste) und die *psychosozialen Kontakt- und Beratungsstellen* (Treffpunkte) als gegensätzliche Pole ansehen. Während in den SpDiensten die Kontrolle im Vordergrund stand und ferner eine Orientierung an psychiatrischen Diagnosen sowie strenge Aktenführung über das Klientel als unumgänglich erachtet wurden, ging es in den Treffpunkten um die freie Begegnung mit »Besuchern«, die anonym und unverbindlich kommen konnten (ohne jegliche Aktenführung und Diagnosenstellung). Ihnen waren verschiedene Begegnungsräume zur Selbstorganisation (z. B. von speziellen Gruppen) eröffnet, aber bei Bedarf auch Beratung, Krisenhilfe bis hin zur Therapie angeboten worden. Vor allem waren den Besuchern auch ganz explizit Mitbestimmungsrechte (z. B. in Vollversammlungen) – bis hin zur Wahl eines Besuchervertreters in den Vorstand der Einrichtung – eingeräumt worden (s. z. B. den Bericht von Legewie, Plog u. Rakete von 1984 zum Modellprojekt einer psychosozialen Kontaktstelle in Berlin-Moabit). Das war damals.

Heute haben sich die beiden Versorgungsformen eher einander angenähert. So sind in einigen SpDiensten neue Arbeitsmethoden entwickelt worden (zum Teil unter Einbeziehung der systemischen Perspektive!), die den Selbstbestimmungsrechten der Klientinnen mehr Raum einräumen (vgl. z. B. Armbruster, 1998; Obert, 2001). In den Kontakt- und Beratungsstellen hingegen sind die Mitbestimmungsmöglichkeiten durch die Besucher wieder zurückgefahren und selbstbestimmte Organisationsformen eher wieder eingeschränkt worden.

Im Jahre 1988 hatte es auf der Grundlage des Modellprogramms Psychiatrie der Bundesregierung (s. BMJFFG, 1988) noch einmal eine Bestandsaufnahme der bis dato realisierten Psychiatriereform gegeben, welche die erreichten, strukturellen Veränderungen als noch sehr unzureichend auswies. Von der Expertenkommission von 1988 waren unter anderem verstärkte Anstrengungen zur Koordination und

Kooperation der verschiedenen Träger und Einrichtungen im Rahmen einer regionalisierten Versorgungsverantwortung sowie für eine verbesserte wohnortnahe Begleitung und Wiedereingliederung der Betroffenen (unter Einbeziehung auch von Selbsthilfe- und Angehörigengruppen) gefordert worden. Des Weiteren war der weitere Ausbau von vor- und nachsorgenden Einrichtungen und Diensten für bislang unterversorgte Problemgruppen (wie z. B. chronisch psychisch Kranke, psychisch kranke alte Menschen und Menschen mit Doppel- und Mehrfachdiagnosen) und die Notwendigkeit vermehrter Angebote insbesondere zur beruflichen Rehabilitation von psychisch Kranken betont worden. In diesem Sinne wurde die Psychiatriereform mit einem umfangreichen Katalog von Rehabilitationsangeboten fortgeschrieben.

Heute sind fast allerorten und flächendeckend *gemeindeintegrierte Hilfen* für psychisch kranke Menschen und Psychiatriebetroffene verfügbar oder im Angebot, die von Clausen et al. (1996) unterteilt werden in:

- *gemeindepsychiatrische Hilfen*: zum Beispiel Sozialpsychiatrische Dienste, Übergangseinrichtungen oder -wohnheime, (Wohn-)Heime, Betreutes Einzelwohnen oder Therapeutische Wohngemeinschaften, Psychosoziale Kontakt- und Beratungsstellen, Tagesstätten beziehungsweise Tageszentren, Sozialstationen, Krisendienste beziehungsweise psychiatrische Notdienste;
- *Hilfen zur Ausbildung, Arbeit und Beschäftigung*: zum Beispiel Psychosoziale Dienste, berufsbegleitende Fachdienste sowie Integrationsdienste, Rehabilitationseinrichtungen für psychisch Kranke, Selbsthilfefirmen oder Integrationsbetriebe, Zuverdienstfirmen, ambulante Arbeitstherapien, Reha-Werkstätten für psychisch Behinderte;
- *ärztliche und psychotherapeutische Hilfen*: zum Beispiel niedergelassene Psychiater, Institutsambulanzen, Psychotherapiepraxen sowie
- *Formen der Selbsthilfe und der Laienhilfe*: zum Beispiel Selbsthilfegruppen wie »Emotions-Anonymous« oder Selbstorganisation der Psychiatrieerfahrenen in einem Bundesverband, Angehörigengruppen, zum Teil zusammengeschlossen im »Bundesverband der Angehörigen psychisch Kranker«, Laienhilfe, psychiatrische Familienpflege beziehungsweise Betreutes Wohnen in Familien.

Daneben nehmen allerdings die »stationären Hilfen« noch immer einen all zu breiten Raum ein, darunter vor allem das Krankenhaus (Allgemeinpsychiatrie, Gerontopsychiatrie, Kinder- und Jugendpsychiatrie o. a.). Die *teilstationäre Behandlung* – nicht an ein Krankenbett gebunden – erfolgt vor allem in Tageskliniken, während die Bedeutung der Nachtkliniken (ebenfalls teilstationär) in den letzten Jahren abgenommen hat.

Gemeindepsychiatrie
Gemäß dem Motto »Integration statt Ausgrenzung« war es eines der Ziele der Sozialpsychiatrie gewesen, Versorgungsangebote in der Gemeinde, also gewisserma-

ßen mittendrin vorzuhalten, statt die Betroffenen in abseits gelegene Krankenhäuser oder Heime abzuschieben. Damit verbunden war auch intendiert gewesen, ihnen die Integration in die Gemeinde zu ermöglichen. Vor diesem Ideenhintergrund und beeinflusst durch die »Community Psychiatry« der Mental-Health-Bewegung in den USA etablierte sich in Deutschland (in der damaligen BRD) die *Gemeindepsychiatrie*. Sie erhob die Forderung, dass eine soziale Gemeinschaft für die in ihr lebenden psychisch erkrankten Menschen die Verantwortung zu übernehmen und sich um deren Wohlergehen zu bemühen habe. Der Fokus lag dann auf den Lebensbedingungen im Gemeinwesen und den Bedingungen für psychische Gesundheit und Lebensqualität (s. a. Dörr, 2005). Von ihrem ursprünglichen Ansatz her war die Gemeindepsychiatrie bestrebt, den Mensch-Welt-Zusammenhang in Raum und Zeit zu berücksichtigen (sozio-historisch), psychisches Leiden in Verbindung mit sozialen (ökonomischen, sozial-ökologischen, soziokulturellen, institutionellen) Lebenslagen zu sehen und ein Individuum nie losgelöst von seinem sozialen Kontext (Lebensumfeld) zu betrachten, sowohl im Hinblick auf das »Verstehen« wie auch im Hinblick auf das »Handeln mit« den Betroffenen.

Zu Beginn waren für die Gemeindepsychiatrie, die sich als Handlungs- und Organisationsprinzip für die Umsetzung sozialpsychiatrischen Ideenguts auffassen lässt, die folgenden Grundhaltungen einschlägig:

– Integration psychisch Kranker oder psychiatrischer Ex-Patienten in die Gemeinde,
– Akzeptieren und Aushalten der Andersartigkeit Anderer (auch der von psychisch Leidenden und Störenden),
– Förderung von Selbsthilfe und der Entwicklung von Selbsthilfepotenzial in der sozialen Umgebung.

Ansatzpunkte für die gemeindepsychiatrische Arbeit sollten – dem Anspruch nach – die Bedürfnisse aller Bürger einer Region (Gemeinde) sein. Psychische Störungen sollten womöglich von Anfang an zu verhindern versucht werden, indem Hilfestellungen bei psychosozialen Problemlagen angeboten werden, noch bevor es zu irgendeinem manifesten Krankheitsstadium gekommen ist. Für die bereits psychiatrisch etikettierten Menschen sollte es, statt primär um Heilung oder Kurierung, um die Schaffung gesundheitsfördernder und gesundheitserhaltender Lebensbedingungen gehen. Die Schwerpunkte der Arbeit sollten demnach bei der *Prävention* liegen (primäre oder sekundäre oder tertiäre Prävention), bei der Gestaltung gesunder Lebensbedingungen sowie bei der *Förderung der Kompetenzen*, »sich selbst und anderen zu helfen«, um psychische Gesundheit zu erhalten. Geleitet war dies von dem Prinzip, dass *Selbsthilfe vor Behandlung und Fremdhilfe* zu kommen habe und eine »vorschnelle Psychiatrisierung menschlichen Leidens« zu verhindern sei (Dörner, Köchert, von Laer u. Scherer, 1979, S. 13 ff.). Um all dem entsprechen zu können, müssten die Angebote wohnortnah, die Hilfs- und Versorgungseinrichtungen leicht erreichbar sein, niedrigschwellig und mobil.

In der weiteren Entwicklung wurden insbesondere auch die Umgangs- und Beziehungsformen mit psychisch erkrankten Menschen akzentuiert, da die Gestaltung der professionellen Hilfebeziehung als wichtigstes Handwerkszeug gemeindepsychiatrischer Arbeit erkannt wurde. Betreuungsbeziehungen, die auf die persönliche Förderung und Kompetenzentwicklung der Klientinnen sowie auf deren Einbindung ins soziale Netz abzielten, sollten über die professionelle Begleitung hinausgehend von gegenseitigem Respekt getragene Begegnung ermöglichen.

Die Grundsätze dieser Arbeitsweise lassen sich in den Formeln
– »Von der Begleitung zur Begegnung« (Plog),
– »Verhandeln statt Behandeln« (Dörner) und
– »Zusammen-sein-mit statt Tun-für« (Mosher u. Burti)
zusammenfassen (Weiteres s. Punkt 2.1.2).

Darüber hinausgehend hat jüngst Matthias Krisor (2005) für die Praxis der Gemeindepsychiatrie einen weit gespannten Orientierungsrahmen (mit den Leitprinzipien: Interaktionsorientierung + Gesellschaftsorientierung + Subjektorientierung + Orientierung an Alltag und Lebenswelt + Autonomie- und Bedürfnisorientierung + Kompetenz- und Ressourcenorientierung) entworfen, der als maßgeblich für die Ausrichtung gemeindepsychiatrischer Arbeit angesehen werden muss (Genaueres s. Punkt 2.1.1), auch wenn entsprechende Realisierungen im Praxisfeld eher selten vorkommen. Auch das gemeindepsychiatrische Prinzip der Achtung der Selbstbestimmungs- und Mitwirkungsrechte der Klienten hat nur vereinzelt – aber immerhin – dazu geführt, Psychiatrieerfahrene und deren Angehörige in Maßnahmen der Qualitätsentwicklung psychiatrischer Arbeit aktiv mit einzubeziehen.

Mit Blick auf die genannten Aspekte scheint es an sich nicht gerechtfertigt, die Gemeindepsychiatrie, welche mit entsprechenden Orientierungen, Haltungen und Arbeitsgrundsätzen verbunden ist, unter dem Punkt strukturelle Kontexte der psychiatrisch-psychosozialen Arbeit anzuführen. Man wird ihr damit nicht gerecht, könnte man sagen. Andererseits muss man konstatieren, dass sich – von Ausnahmen abgesehen – das gemeindepsychiatrische *Ideengut* oft nur ansatzweise hat umsetzen lassen. Häufiger findet man eine gemeindenahe (kommunale) Psychiatrie vor, mithin anstelle der Gemeindepsychiatrie eher eine »Psychiatrie in der Gemeinde«, die sich strukturell durch die bereits aufgeführten »gemeindeintegrierten Hilfen« und darüber hinaus durch Strategien wie Deinstitutionalisierung, Sektorisierung, Betreuungskontinuität, Koordination, interdisziplinäre Kooperation und präventive Bemühungen (s. Dörr, 2005) auszeichnet. Da hierbei der Fokus auf den Versorgungsformen liegt, dürfte die Zuordnung zu den strukturellen Kontexten also durchaus passend sein.

Trends und Tendenzen der Gemeindepsychiatrie

• Soteria
Im Zuge der Gemeindepsychiatrie ist auch die so genannte Soteria als Behandlungsalternative zur Krankenhausunterbringung von (jungen) Menschen in akuten psy-

chotischen Zuständen entwickelt worden. Mit dem griechischen Wort »Soteria«, das soviel wie einerseits Geborgenheit und Sicherheit, andererseits Befreiung bedeutet wird das Projekt beschrieben, insbesondere erstmalig an Schizophrenie erkrankte Menschen im Rahmen einer (therapeutischen) Wohngemeinschaft in mitmenschlicher Begegnung durch die akute Psychose (die als Entwicklungskrise verstanden wird) durch »Dabeisein« zu begleiten. Dabei sollen zum einen möglichst wenig Medikamente verabreicht und zum anderen – zumindest nach Abklingen der akuten Phase – die Beziehungen der Betroffenen mit ihren Angehörigen, Freunden und anderen Bezugspersonen berücksichtigt werden. Ferner gilt es, den sozialen Kontext der Psychoseerfahrung grundsätzlich in die Behandlung mit einzubeziehen.

Bezugnehmend unter anderem auf das Gedankengut des Antipsychiaters Ronald Laing ist das Soteria-Projekt zuerst von Loren Mosher und seinen Mitarbeitern Anfang der 1970er Jahre in den USA ins Leben gerufen worden. Sie hatten kleine Wohngemeinschaften in gewöhnlichen Häusern mitten in gewöhnlichen Wohnvierteln aufgebaut, in die sie bis zu sechs akut psychotisch erkrankte – insbesondere junge, erstmalig mit der Diagnose »Schizophrenie« bedachte – Menschen aufnahmen. Anstelle einer Krankenhausbehandlung mit den unruhigen Akutstationen, die dem aus sozialpsychiatrischer Sicht zu fordernden beruhigenden und schutzgebenden Behandlungsmilieu für Menschen mit akutem Psychoseerleben diametral entgegenstehen (vgl. Ciompi, 1982, S. 345 ff.), wurden die Betroffenen in den Soteria-Projekten nach ihrer Aufnahme von Bezugsbetreuerinnen verlässlich empfangen und verständnisvoll durch die Psychose begleitet. Und anstelle einer regulären Pharmakotherapie beziehungsweise Neuroleptikabehandlung bestand dort die »Behandlung« im Wesentlichen im menschlichen Miteinandersein und »Dabeisein«. Ferner war nicht die Professionalität eines Facharztes, sondern eine gesunde menschliche Befähigung zur Begegnung mit akut Erkrankten gefragt (vgl. Mosher u. Burti, 1992; s. a. Mosher, Hendrix u. Fort, 1994).

Zwar mussten die Soteria-Projekte in Kalifornien in den 1980er Jahren beide wegen Geldmangels geschlossen werden, doch hatte diese Form der alternativen Schizophreniebehandlung Nachahmer gefunden. In voller Übereinstimmung mit seiner eigenen Psychoseauffassung und seinem Behandlungsverständnis sowie seiner Kritik an der »von der somatischen Medizin hergeleiteten Idee einer Institution [...] zur Behandlung von Schizophrenen« wurde das Soteria-Modell von Luc Ciompi aufgegriffen (1982, S. 349). Ihm und seinen Mitarbeitern ist es gelungen, eine Soteria in Bern (Schweiz) zu etablieren, die in einem kleinen Haus mit Garten eben jenes »Behandlungsmilieu« zur Verfügung stellt, das für schizophren Erkrankte in akuten Zuständen als angemessen angesehen werden kann: von der mitmenschlichen Begleitung durch die akute Psychose bis hin zur sozialen Integration in einen normalen Alltag (vgl. Aebi, Ciompi u. Hansen, 1993; zum Vorgehen nach dem Soteria-Modell, s. unter Punkt 2.2.2, S. 162 ff.).

Gemäß der Analyse von Kroll, Machleidt, Debus und Stigler (2001) macht sich jedoch andernorts »angesichts erheblicher Realisierungsschwierigkeiten der Soteria-Idee in der psychiatrischen Wirklichkeit« (S. 116) große Ernüchterung breit, da es »trotz ermutigender Resultate sowohl der amerikanischen als auch der Schweizer Soteria-Forschung« (S. 115), in größerem Rahmen nicht möglich war, die Soteria »als selbstverständlichen Bestandteil der psychiatrischen Grundversorgung zu etablieren« (S. 116). Zahlreiche deutsche Initiativen, welche die Soteria in Reinform umzusetzen versuchen, drohen – laut Kroll et al. (2001) – zu stagnieren.

Die nach dem Modell der Soteria Bern konzipierte *Soteria an der Oder* (als erstes deutsches Soteria-Projekt in Frankfurt/Oder) musste nach der zweijährigen Modellphase (von 1997 bis 1999) wegen Finanzierungsschwierigkeiten wieder schließen. Die *Soteria Zwiefalten* andererseits, die seit Januar 1999 als spezielle Aufnahmestation der dortigen Klinik existiert, hat noch Bestand (in einer eigenen alten Villa außerhalb des Klinikgeländes). Im Oktober 2003 hat eine Soteria auf dem Gelände des Bezirkskrankenhauses Haar bei München eröffnet (»Soteria in der Anstalt«; s. Hurtz, 2004).

Offenbar leichter als die »Reinform« lässt sich eine Art von Soteria in *abgewandelter Form* verwirklichen, indem einzelne Elemente des Soteria-Konzepts in die reguläre Psychiatrie (Akutstation) eingebaut werden. Auf diese Weise entsteht zwar keine klinikexterne Soteria, aber immerhin wird ein »innerstationärer Wandlungsprozess« (Kroll et al., 2001, S. 118) angestoßen. Entsprechende Modelle (z. B. in Gießen sowie in Gütersloh) konnten im Ergebnis auf verbesserte Behandlungsbedingungen und ein angenehmeres Stationsklima verweisen.

Schließlich wird auch versucht, Soteria-Elemente in gemeindeorientierte Angebote einzuflechten oder Krisenhäuser im Sinne einer »ambulanten Soteria« zu konzipieren.

Bei denjenigen Varianten, die nicht die ursprüngliche Soteria-Konzeption übernehmen, sondern lediglich einzelne Komponenten daraus herausgreifen und sich dennoch unter dem Label »Soteria« präsentieren, bestünde allerdings die Gefahr, dass sie die Soteria-Bewegung »aushöhlen« könnten (Kroll et al., S. 123) und dass sie insbesondere das Herzstück der ursprünglichen Soteria, nämlich die mitmenschliche Begleitung durch die akute Psychose im so genannten »weichen Zimmer« (s. dazu unter Punkt 2.2.2, S. 162 ff.) verwässern.

- Der Gemeindepsychiatrische Verbund

Inzwischen ist allerorten eine Vernetzung der gemeindenahen psychiatrisch-psychosozialen Einrichtungen und Dienstleistungen zu einem Gemeindepsychiatrischen Verbund mit verbindlicher, gegebenenfalls vertraglich festgelegter Kooperation aller am Hilfeprozess Beteiligter angestrebt und in einigen Regionen in der einen oder anderen Form auch schon realisiert.

Am Rande des Verbunds dürfen auch die psychiatrische Klinik und niedergelassene Psychiater eine Rolle spielen. Ansonsten sollen zum Verbund alle Angebote zu den Bereichen Wohnen, Arbeiten, Tages- und Freizeitgestaltung sowie Kontaktstiftung gehören und der Sozialpsychiatrische Dienst (SpDienst) hätte eine koordinierende Funktion zu erfüllen (vgl. Beins, 1995). Als »Herzstück« eines Gemeindepsychiatrischen Verbunds gelten »niedrigschwellige Einrichtungen mit Kontaktstellenfunktion«, also etwa psychosoziale Kontaktstellen (»Treffpunkte« oder Begegnenstätten), gegebenenfalls mit angeschlossenen Tagesstätten (s. a. Clausen et al., 1996). Alle Angebote im Verbund sollten sich (jeweils für eine Region von 100.000 bis 150.000 Einwohnern) »an den Hilfebedürfnissen der Betroffenen« orientieren (Beins, 1995, S. 57). Dabei war allerdings der »Hilfebedarf für psychisch Kranke« schon vorab von der Expertenkommission der Bundesregierung festgelegt worden, die in ihrem Bericht von 1988 bei dieser Betroffenengruppe »Einschränkungen« beispielsweise im Bereich der Kontaktfähigkeit, der sozialen Bezüge, der Erwerbsfähigkeit und der Alltagsgestaltung konstatierte sowie die Gefahr sozialer Isolierung und Ausgliederung (vgl. S. 57).

Für die erforderliche *Koordination* der Hilfen und Dienstleistungen im Verbund können verschiedene »Koordinationskonzepte« zum Tragen kommen, bei denen es im Wesentlichen darum geht, die verschiedenen »Hilfen in den Lebensbereichen Wohnen, Arbeiten, Tagesstrukturierung, Alltagsgestaltung und Kontaktstiftung« zu bündeln und »mit Maßnahmen der Behandlung zu einem *Komplexleistungsprogramm* zu verbinden« (S. 65).

Insoweit im Gemeindepsychiatrischen Verbund von der führenden Rolle der Klinik als dem Zentrum psychiatrischer Versorgung abgegangen und stattdessen die Hauptzuständigkeit für Hilfs- und Versorgungsangebote in die Gemeinde verlegt wird (sichergestellt über den Verbund), wäre damit tatsächlich ein *Perspektivenwechsel* vollzogen – weg nämlich von der Krankenhausperspektive und dahin gehend, dass nicht mehr die gemeindeintegrierten Hilfen als »komplementär« (d. h. ergänzend zur Klinik) einzustufen wären, sondern eher der psychiatrischen Klinik die Rolle zukäme, »ergänzende Leistungen« zur psychosozialen Versorgung in der Gemeinde zu erbringen. Das wäre die vor allem positiv zu vermerkende Seite und verdient große Beachtung.

- Der integrierte Behandlungs- und Rehabilitationsplan und der
  personenzentrierte Ansatz

Im Zuge der Implementierung eines neuen »personenzentrierten Ansatzes« ist für den Gemeindepsychiatrischen Verbund ein – auch als »Komplexleistungsprogramm« titulierter – »integrierter Behandlungs- und Rehabilitationsplan« (abgekürzt: IBRP) entwickelt worden. Ob dieses Vorgehen der psychosozialen Arbeit mit Psychiatrieerfahrenen wirklich dienlich ist, wird jedoch in Zweifel gezogen und ist bis heute stark umstritten.

Die Umsetzung dieses Programms (gemäß IBRP) beinhaltet eine exakte Ermittlung des konkreten Hilfebedarfs einer jeden Klientin, ihrer spezifischen Defizite und Fähigkeiten, um gezielt die im Gemeindepsychiatrischen Verbund verfügbaren Hilfeformen und Personalbestände darauf abzustimmen (vgl. Kauder, 1997; Gromann, 2001). Den Klientinnen wird hier ein Kundenstatus zuerkannt. Um diesen jedoch auszufüllen, müssen sie im Prinzip schon recht genau wissen, was (z. B. welche Form von Dienstleistung) sie wollen.

Beispielsweise wird für den »Anleitungsbogen zur Spalte ›Ziele‹« des IBRP, wo die »vorrangigen, das heißt die allgemeinen und groben therapeutischen Ziele benannt werden« sollen (Gromann, 2001, S. 22) zum Punkt »eigene Befindlichkeit« das folgende »Fragebeispiel« genannt: »Sie sagten, dass es Sie störe, so häufig traurig zu sein. Dadurch hätten Sie jegliche Lebensfreude und Freude an Aktivitäten verloren. Soll sich etwas von dieser Befindlichkeit ändern oder ist Ihnen das nicht so wichtig?« (S. 22).

Die Hilfeplanung gemäß IBRP soll dann zielorientiert nach bestimmten Kriterien erfolgen, wobei der je individuelle »Bedarf an Hilfe« – zweifellos fortschrittlich im Sinne des neuen Denkens, zu fördern statt zu versorgen – *auf das Lebensfeld bezogen* zu klären wäre, dabei auch *Selbsthilfemöglichkeiten* sowie beim Klienten vorhandene *Ressourcen und Potenziale* in die Planung aufzunehmen seien (s. Kauder, 1997, S. 29 f.).

Bei genauerem Hinsehen scheinen die von der Kommission zur Erstellung des IBRP empfohlenen Fragebögen dann jedoch eher nach defizitorientierten Gesichtspunkten gestaltet zu sein und das gesamte Verfahren der Hilfeplanung mutet zudem etwas technokratisch an. Wenn man fernerhin eine »Person« nicht nur als eine Ansammlung von Stärken und Schwächen, von Fähigkeiten und Unfähigkeiten, von Defiziten und Ressourcen, von Abneigungen und Vorlieben verstehen will (über die sie überdies genauestens Bescheid zu wissen hat), ist dieses Hilfeplanverfahren im Endeffekt vielleicht doch nicht »personenzentriert«, sondern setzt eher an Versatzstücken von Personen an. Und das durch die Fragebögen des IBRP geschaffene kommunikative Milieu könnte leicht einen instrumentellen Charakter annehmen (für jedes Wehwehchen ein bestimmtes Pflästerchen), der an den »Personen« womöglich eher vorbeigeht.

Dieser Ansatz geht von der guten Überlegung aus, dass es darum zu gehen habe, personenzentrierte statt institutionenzentrierte Hilfen anzubieten, also die Hilfeformen an die Klienten statt die Klienten an die Hilfeformen anzupassen. Aber die Realisierung dieses Plans (des IBRP) kann auch die Gefahr in sich bergen, ganzheitliche Begegnungsformen zu zerstückeln und das Erarbeiten ganzheitlicher Sinnzusammenhänge (zum Beispiel, wie spezifische Defizite mit besonderen Symptomen und jeweiligen Beziehungskonstellationen oder kommunikativen Kontexten zusammenhängen) zu erschweren oder gar zu verunmöglichen.

Schließlich spielt auch eine Rolle, dass die Erstellung des integrierten Behandlungs- und Rehabilitationsplans nicht unmaßgeblich von Gesichtspunkten einer Effizienzkontrolle (Qualitätssicherung) der psychiatrisch-psychosozialen Arbeit beeinflusst war, wofür die Messbarkeit der Dienstleistungen im Verhältnis von Angebot und Nachfrage ein wichtiges Kriterium gewesen sein dürfte. Dadurch erhält der Hilfeplan (IBRP) den Zug einer versorgungstechnischen Konsumentenorientierung, mithin eines Effizienzparadigmas, das sich im marktwirtschaftlichen Sinne eher nur äußerlich an den Bedürfnissen der Klienten orientieren könnte.

Unter Einbeziehung der sozialpolitischen Dimension sind mittlerweile – im Anschluss an die Jahrestagung der Deutschen Gesellschaft für Soziale Psychiatrie 2003 in Dresden – etliche Kritikpunkte am personenzentrierten Ansatz (mithin am IBRP und den dazu erforderlichen Hilfeplankonferenzen sowie auch an der Einrichtung »persönlicher Budgets« für die Klienten) von betroffenen Mitarbeiterinnen und Mitarbeitern aus der psychiatrisch-psychosozialen Praxis laut und heftig zu Gehör und in den *Soltauer Impulsen* aufs Papier gebracht worden (s. in: Soziale Psychiatrie, Heft 3/2004). Kritisiert wird unter anderem die sich in dieser Reform bemerkbar machende Ökonomisierung des Sozialen auf der Linie des allgemein spürbaren Mentalitätswandels in Zeiten ökonomischer Krise und sozialpolitischer Umbrüche. »Können wir es schaffen, dabei uns selbst und dem Sinn unserer Aufgabe treu zu bleiben? Sehen wir überhaupt noch Handlungsspielräume?«, wird gefragt. Insoweit »das Zauberwort ›Effizienz‹ [...] den gesamten Sozial- und Gesundheitssektor« dominiere, würden »psychisch kranke Menschen auf Kosten ihrer Identität und Integrität gezwungen, sich dem ökonomischen, administrativen und dem an Messbarkeit ausgerichteten fachlichen Normierungsdruck zu beugen«, wird beklagt. Jedoch dürfe die Psychiatrie sich diesem Trend nicht fügen, sondern »sollte sich unbeirrbar und vorrangig auf den Respekt vor den subjektiven Erfahrungen der Betroffenen, ihrer Individualität und ihrer Lebenswelt gründen«. Entgegen der fortschreitenden Bürokratisierung durch neue administrative Aufgaben möchten die Mitarbeiterinnen lieber »anknüpfen an den eigentlichen Sinn sozialpsychiatrischer Arbeit, nämlich: Heraustreten aus den Einrichtungen und Diensten zugunsten des Hineingehens in die Familien, in die Arbeits- und Wohnwelt der Betroffenen, zu den Nachbarn« und auch Gemeinwesenarbeit betreiben.

Die Soltauer Impulse entfachten in der Folge (noch bis heute) eine breite Diskussion. Der Rundbrief der DGSP e. V. vom Januar 2005 widmete sich in einem Themenheft mit Pro- und Kontrabeiträgen (betreffend Personenzentrierung und IBRP und persönliches Budget) dieser kontroversen Debatte (s. Soziale Psychiatrie, Heft 1/2005).

Der Beitrag von Klaus Dörner in diesem Heft ist mit dem markanten Ausruf übertitelt: »Es ist verboten, Personen zu zentrieren!« Er verweist hierzu unter anderem auf die Aussage von Ursula Plog, dass »personenzentriert und personenzentriert zwei ganz unterschiedliche Begriffe sind« (S. 34). Das eine Mal wäre damit – in einem ganzheitlichen Hilfeprozess – die Bezugnahme auf die Subjektivität und die Lebensgeschichte und das Einfühlen in die Lebenssituation des hilfesuchenden Menschen gemeint (ich würde in diesem Fall von »Personenorientierung« sprechen). Das andere Mal aber, aus der Perspektive des IBRP, der ja nicht zuletzt mit der Frage der Leistungsfinanzierung verknüpft ist, würde der Mensch »zum Objekt von Verhandlungen«, welche letztlich im Interesse nicht der Klienten, sondern der Profis – »profizentriert« – geführt würden. Mit dem Begriff der Personenzentrierung würde hier eine unehrliche »Augenhöhe-Respekt-Rhetorik« betrieben; denn mit der Erfüllung des »Augenhöhe-Wunschtraums« in einer symmetrischen Subjekt-Subjekt-Dimension habe dieser Ansatz nichts zu tun. Schließlich benennt Dörner als Alternative zur »von uns allen abgelehnten« Institutionszentrierung die »Sozialraumorientierung« und in diesem Zusammenhang die Favorisierung von Sozialbudgets anstelle von persönlichen Budgets.

Renate Schernus und Fritz Bremer, einst Mitinitiatoren der Soltauer Impulse, haben mittlerweile ein »Plädoyer gegen marktkonformes Einheitsdenken in sozialen Arbeitsfeldern« in Buchform (2007) vorgelegt. Wenn Menschen »zu wenig Raum und Zeit« erhalten, führt das zu deren Ausschluss, so befürchten sie; und die Mitarbeiter in sozialen Arbeitsfeldern hätten letztlich »ausschließende Systeme« zu verwalten und zu organisieren. All die schönen »Plastikwörter von Qualitätssicherung bis zur Kundenorientierung« könnten darüber nicht hinwegtäuschen.

Auf der anderen Seite kann die personenzentrierte Organisation psychiatrischer Hilfen aber auch als eine besondere Herausforderung für die Träger und Mitarbeiter angesehen werden. Insbesondere aus systemischer Sicht, der gemäß ohnehin eine Kundenorientierung im Sinne einer Dienstleistungsphilosophie befürwortet wird, kann man diesem Ansatz durchaus gute Seiten abgewinnen. Letztlich wird es darauf ankommen, wie der Ansatz in der Praxis mit Leben gefüllt und umgesetzt wird. So schreiben Armbruster, Schulte-Kemna und Kluza (2006):

»Eine personenzentrierte Grundhaltung beginnt damit, den psychisch erkrankten Menschen mit seiner Lebensgeschichte, seinem situativen Kontext und seiner sozialen Bezogenheit in den Mittelpunkt des psychiatrischen Denkens und Handelns zu stellen [...] Die Orientierung an der subjektiven Welt, die Personenzentrierung als Ausdruck und Ergebnis eines dialogischen Prozesses steht im Gegensatz zu einer Herangehensweise, in der der erkrankte Mensch auf seine Erkrankung reduziert wird [...] und sich gezwungen sieht, sich den ihm angebotenen institutionellen Hilfen anzupassen. Personenzentrierung setzt also eine Haltung der Begegnung voraus, erfordert eine [...] Kompetenz zum Dialog bzw. Trialog [...] Der Anspruch, psychiatrische Hilfen personenzentriert zu organisieren, erzeugt ein Spannungsverhältnis zu bestehenden Strukturen des Hilfesystems und ihrer ökonomischen Eigenlogik« (S. 77 f.).

Im gleichen Band hebt Steinhart (2006) die begrüßenswerten Entwicklungen in Mecklenburg-Vorpommern hervor: Dort »haben das Sozialministerium und der Landkreistag mittlerweile vereinbart, den IBRP als Standard der Hilfeplanung zu etablieren und festzuschreiben. [...] Langfristiges Ziel ist es, Psychiatrieerfahrene auf ›gleicher Augenhöhe‹ bei der Verhandlung um die notwendigen Unterstützungsleistungen der Eingliederungshilfe einzubeziehen und vorhandene Dominanzen der Anbieter oder des Kostenträgers zurückzudrängen« (S. 242).

- Trialog und Psychoseseminare

Ein anderer aktueller Trend im Feld der Sozialen Psychiatrie zeichnet sich – nun schon seit längerem – durch die Entwicklung des so genannten Trialogs ab. Damit gemeint sind Kooperationsgespräche zwischen Psychiatrieerfahrenen, Angehörigen von psychisch Kranken und im Psychiatriebereich Tätigen (Professionellen).

Der Trialog stellt ein Forum zur Diskussion jeweiliger Fragen und Probleme der psychiatrisch-psychosozialen Versorgung dar, ein Forum des Austausches zwischen grundsätzlich gleichberechtigten Gesprächsteilnehmern. Vorausgesetzt wird, dass man sich gegenseitig als Gesprächspartnerinnen akzeptiert, unterschiedliche Sichtweisen wechselseitig zur Kenntnis nimmt und sie gemeinsam erörtert, um angesichts je definierter Probleme womöglich integrative Lösungen zu finden. Mag es sich um Themen wie »Umgang mit Gewalt in der Psychiatrie« oder »Vergabe von Neuroleptika« oder um Initiativen zur Verbesserung der psychiatrischen Versorgung handeln, durch den Trialog wird auf jeden Fall eine neue kommunikative Kultur geschaffen. Diese neue Kommunikationskultur vermag allen drei beteiligten Gruppen zu einem neuen Selbstverständnis zu verhelfen. Nicht zuletzt ermöglicht der Trialog den Psychiatrieerfahrenen, sich mit ihrem Erfahrungswissen Gehör zu verschaffen und den Professionellen, ihr einseitiges Expertentum zu relativieren.

Voraussetzung für den Aufbau von Kooperationsgesprächen in Form eines Trialogs ist allerdings, dass es vor Ort aktive Selbsthilfebewegungen von Psychiatrieerfahrenen und Angehörigen gibt (vgl. Voelzke, 2001). Die Idee des Trialogs hatte 1994 auf dem Weltkongress für Soziale Psychiatrie in Hamburg, an dem alle drei Gruppen beteiligt waren, eine beeindruckende Umsetzung erfahren. Als »Kernaussage« dieses Weltkongresses formulierte Hannelore Klafki, eine Psychiatrieerfahrene und Stimmenhörerin: »Der Trialog ist die Voraussetzung, um Reformen in der Psychiatrie erfolgreich durchsetzen zu können« (2001, S. 603).

Eine spezielle Form des Trialogs stellen die *Psychoseseminare* dar, in denen – bei gegenseitiger Akzeptanz und ohne Machtgefälle – ein Austausch zwischen Personen der drei Gruppen erfolgt, beispielsweise zu Themen wie »Was sehen wir als Auslöser von psychotischen Krisen an?« oder »Wie gehen wir mit dem Thema Schuld und der Schuldfrage um?«. Es handelt sich um einen Austausch am runden Tisch, in dem die Psychoseerfahrenen selbst als *Experten* für ihre besondere psychische Erfahrung angesehen werden, die Angehörigen aus ihrer Betroffenensicht sprechen und die Professionellen (jenseits therapeutischer Anliegen) auch mal ihre Unsicherheiten und Ungewissheiten in puncto Psychose zugeben dürfen.

Das erste Psychoseseminar war 1989 in Hamburg von der Psychiatrieerfahrenen Dorethea Buck und dem Psychologen Thomas Bock ins Leben gerufen worden. Seither sind in zahlreichen Städten und Regionen (regelmäßig stattfindende) Psychoseseminare entstanden, in denen man sich trialogisch im Austausch unterschiedlicher Sicht- und Erlebnisweisen vor allem der Frage widmet: »Was verstehen wir unter Psychose und wie können wir damit umgehen?« (vgl. Bock et al., 1992, 1994, 1997). Es ist nicht auszuschließen, dass von Psychoseerfahrenen durch die Beteiligung an solchen explizit nicht-therapeutischen Gesprächsrunden – über den Aufbau von neuem Selbstbewusstsein und Kohärenzsinn – neue Selbsthilfekräfte entfaltet werden. Diese dürften den Potenzialen, die durch *ressourcenorientierte Therapien* evoziert werden, durchaus vergleichbar sein (Weiteres dazu s. unter Punkt 2.2.2, S. 169).

- Selbsthilfebewegungen

Wie schon gesagt, gilt die Existenz von Selbsthilfebewegungen als Voraussetzung für das Zustandekommen eines Trialogs. Die Selbsthilfebewegung der Angehörigen nahm schon zu Beginn der 80er Jahre ihren Anfang. 1982 f.and ein erstes Bundestreffen der Angehörigen statt und 1985 wurde der *Bundesverband der Angehörigen psychisch Kranker e. V.* aus der Taufe gehoben (vgl. Deger-Erlenmaier, 2001).

Die Selbsthilfebewegung der Psychiatrieerfahrenen formierte sich eigentlich erst 1992 mit der Gründung des *Bundesverbands Psychiatrie-Erfahrener e. V.*, dann aber kraftvoll, als bundesweite Kraft, die das umsetzen sollte, was »Selbstermächtigung« heißt. Dabei werden von Psychiatrieerfahrenen unterschiedliche Auffassungen darüber vertreten, welche Funktion der Psychiatrie gegenwärtig und künftig zukommen soll. »Das Spektrum reicht von der *Reform* der Psychiatrie [...] bis zur Forderung, die Psychiatrie *abzuschaffen* [...] Es werden Alternativen *in der* Psychiatrie und Alternativen *zur* Psychiatrie [...] gefordert« (Voelzke, 2001, S. 540).

Während von dem eher gemäßigten »Reformflügel« unter den Psychiatrieerfahrenen vor allem verbesserte Selbstbestimmungs- und Mitwirkungsrechte eingefordert werden (Stichworte: Empowerment, Behandlungsvereinbarungen, Beschwerdestellen für Psychiatrie; vgl. Voelzke, 1998), wird von den Befürworterinnen radikal psychiatriekritischer oder antipsychiatrischer Positionen, auch das sich »sozial« oder »gemeindenah« nennende psychiatrische Versorgungssystem mehr oder weniger in Gänze abgelehnt. So gilt etwa der, bereits 1980 als Selbsthilfeorganisation gebildeten und bis heute aktiv wirkenden, *Berliner Irren-Offensive* die Bezeichnung »psychisch krank« oder »psychotisch« als diskriminierend und jegliche Fremdhilfe von »Leuten, die sich für Experten halten«, den Professionellen nämlich, wird zurückgewiesen. Stattdessen wurden und werden dort Formen der gegenseitigen Selbsthilfe, auch im Falle von Krisen, entwickelt und praktiziert.

Auch das *Berliner Weglaufhaus* (»Villa Stöckle«), 1996 als »Zufluchtsort« für wohnungslose Psychiatriebetroffene gegründet, arbeitet mit antipsychiatrischer Grundhaltung, das heißt zum Beispiel: kein Krankheitsbegriff, keine Diagnosen, keine Therapie (für Psychiater ist der Zutritt verboten) und heißt ferner: Freiwilligkeit und Selbstbestimmung (keine Zwangsmaßnahmen) sowie Transparenz. Das Mitarbeiterteam ist quotiert in der Weise, dass mindestens die Hälfte der Teammitglieder Psychiatriebetroffene sind. Was das Weglaufhaus den Bewohnerinnen anbietet, lässt sich mit den Stichpunkten benennen:

– Raum für ver-rücktes Verhalten,
– intensive Krisenbegleitung,
– Hilfe beim Absetzen von Psychopharmaka,
– Alltag einer Hausgemeinschaft (ohne vorgegebene Tagesstruktur),
– Mitspracherechte (s. Bräunling, 2002; s. a. von Trotha, 2001).

Ähnliche Angebote – etwas anders organisiert – werden auch von dem Verein von Psychiatriebetroffenen *Durchblick e. V.* in Leipzig vorgehalten (vgl. Luger, 1998). Das verdient besondere Beachtung, weil solche Selbsthilfeinitiativen im Osten Deutschlands noch neu sind; jedoch war Leipzig dort immer schon, auch zu DDR-Zeiten, eine Ausnahmeregion.[6]

---

6 In Leipzig hatten schon ab 1984/1985 einige Psychiatriebetroffene, die sich aus Malzirkeln kannten, angefangen, sich regelmäßig zu treffen. Sie organisierten sich zur Leipziger

Fazit

In dem bereits erwähnten Artikel von Ciompi (2001) über die Zukunft werden als Stärken der aktuellen heutigen Sozialpsychiatrie die dynamische Entwicklung der Gemeindepsychiatrie genannt (Punkt 1.2.1): das fast überall vorzufindende Netzwerk von gemeindezentrierten Diensten und Übergangseinrichtungen sowie die schon weit vorangeschrittene Anbindung von Psychiatrischen Abteilungen an Allgemeinkrankenhäuser. Ferner findet die massive Reduktion der Bettenzahlen in den psychiatrischen Kliniken sowie der »dramatische« Rückgang der Zahl der Langzeitinsassen (nicht zuletzt als Folge der Enthospitalisierungsbemühungen oder man könnte auch sagen der Deinstitutionalisierungswelle) positive Erwähnung. Als *Schwächen* werden dagegen die häufig schlechte Koordination (z. B. wegen heterogener Trägerschaften mit überlappenden Aufgaben und Kompetenzen) und der Mangel an Kohärenz und Kontinuität angeführt.

Ciompis »Zukunftsvision« beinhaltet die Idee des (weiteren) Ausbaus von »flexiblen, gemeindezentrierten Diensten, versehen mit ambulanten oder halbambulanten Kriseninterventionsteams, Rehabilitationszentren und Notfallequipen« sowie in Allgemeinkrankenhäuser integrierte kleine psychiatrische Abteilungen, »die sich auf koordinierte Netzwerke von sozialpsychiatrischen Übergangseinrichtungen und Ambulatorien abstützen« (2001, S. 755). Darüber hinaus wären – das hat Ciompi zu erwähnen vergessen – für die Zukunft allerorten integrierte Wohn- und Behandlungseinheiten vom »Soteria-Typ« (in denen die Betroffenen durch die akute Psychose begleitet werden) zu wünschen und diese strukturellen Kontexte sollten allerorten eingebettet sein in eine kommunikative Kultur des Trialogs zwischen Psychiatrieerfahrenen, Angehörigen und Professionellen, der Förderung der Selbsthilfe aller betroffenen Beteiligten und der Rücknahme der Expertokratie seitens der Psychiatriemitarbeiterinnen.

1.3.2 Strukturelle Kontexte im Ost-West-Vergleich

In der DDR – vor der Wende

In der DDR hatte die Reform der psychiatrischen Gesundheitsversorgung, spätestens seit den »Rodewischer Thesen« (s. Punkt 1.2.2) zur Etablierung einer psychiatrischen »Außenfürsorge« geführt, somit auch zum Aufbau von ambulanten und komplementären Diensten (insbesondere in Form von Polikliniken und Dispensaire-Betreuung oder psychiatrischen Beratungsstellen), in denen Ärzte, Pflegepersonal und Fürsorgerinnen arbeiteten. Weitgehend unangetastet geblieben sind allerdings psychiatrische Großkrankenhäuser, in die vor allem »chronisch psychisch

---

»Schizeria« und veranstalteten regelmäßige »Schizo-Treffs«, privat oder in Cafés. 1991 ließen sie sich ins Vereinsregister eintragen als: »Interessengemeinschaft für Psychiatriebetroffene ›Durchblick‹ e. V.«.

Kranke« abgeschoben wurden. Meist waren sie auf Langzeitstationen ohne therapeutisch-rehabilitative Programme untergebracht (vgl. Uhle, 1990). Die zum Teil katastrophalen Unterbringungsbedingungen auf solchen Stationen wurden dann kurz nach der Wende von westdeutschen Journalisten sensationslüstern aufgedeckt (z. B. »die Hölle von Ueckermünde«; Klee, 1993).

Der Ausbau von ambulanten und komplementären Diensten hatte in der ehemaligen DDR nicht flächendeckend erfolgen können, war überdies grundsätzlich von der klinischen Krankenhausperspektive her konzipiert gewesen und damit weder strukturell noch konzeptionell unabhängig oder eigenständig. Somit sind in der damaligen »Außenfürsorge« keinerlei Bezüge zu humanwissenschaftlichen oder sozialpsychiatrischen Konzeptionen hergestellt worden (vgl. Weise, 1998).

Das *Rehabilitationsanliegen* andererseits war in der DDR schon sehr frühzeitig (bereits Mitte der 50er Jahre) aufgegriffen worden. Integrative und kollektive Grundüberzeugungen hatten vormals in der DDR auch in der Behandlung psychiatrischer Patienten eine große Rolle gespielt. Arbeiten und Wohnen galten in der DDR als wichtiges Gut für alle, selbst auch für die als psychisch krank bezeichneten invalidisierten Personen. Für diese Integration wurden erhebliche Anstrengungen unternommen, was sich in einem Streben nach Fürsorge, Versorgung und Integration in den Bereichen des Wohnens, der Familie und der Arbeit zeigte (vgl. Weise, 1993). Diesbezüglich lässt sich konstatieren, dass die soziale und insbesondere die berufliche Rehabilitation psychisch Kranker, ihre Integration ins Arbeitsleben, in der DDR relativ gut gelungen war. Wenn zwar dies für einzelne Betroffene in der DDR auch oft eher als Verpflichtung oder Zwang zur denn als Ermöglichung von Arbeit empfunden worden sein mag, so konnte jedenfalls der größte Teil der (nicht gerade langzeithospitalisierten) psychisch Kranken in regulären Betrieben arbeiten – sei es auch nur auf Nischenarbeitsplätzen oder in besonderen Betriebsabteilungen – und konnte auch in normalen Wohnbereichen leben (vgl. Weise, 1998).

Allerdings handelte es sich bei diesen »psychisch Kranken« großenteils auch um lernbehinderte oder »intellektuell geschädigte« Erwachsene statt speziell nur um Psychoseerfahrene. Gerade für letztere jedoch könnte das Leben inmitten der Normalität durchaus eine heilsame Wirkung gehabt haben. Hervorzuheben wäre hierbei auch der »normative Einfluss der sozialen Kommunikation im Betrieb, im Wohnbereich, der in kaum schätzbarer Weise nichtprofessionelle Hilfe für die Kranken, für ihre Integration bedeutete« (Weise, 1998, S. 32). Nach der Wende sind diese regulären Arbeits- und Wohnmöglichkeiten weggebrochen. Somit gingen auch die damit verbundenen nichtprofessionellen Unterstützungsangebote (von Kolleginnen, Nachbarn etc.) – mitsamt dem ihnen eigenen Anpassungsdruck zur Normalität – verloren.

Für die neuen Bundesländer wurde kurz nach der deutschen Vereinigung von einer Expertengruppe im Auftrag des Bundesministeriums für Gesundheit im Jahr 1991 ein Bericht »zur Lage der Psychiatrie in der ehemaligen DDR« erstellt (s. BMJFFG, 1991). Die Bestandsaufnahme erbrachte zum Teil schwerwiegende Missstände in den psychiatrischen Krankenhäusern und einen erheblichen Mangel an komplementären Einrichtungen und ambulanten Diensten in der Gemeinde sowie von Selbsthilfeinitiativen, bis hin zu einem völligen Fehlen von solchen Diensten und Initiativen. Als »Empfehlungen« wurden diejenigen der BRD-Expertenkommission von 1988, die auf die Psychiatrie-Enquête von 1975 zurückgehen (s. Punkt 1.3), wiederholt und erneut betont.

Transformationsprozess nach der Wende
Nach der Wiedervereinigung hat in Ostdeutschland ein tief greifender Transformationsprozess der psychiatrisch-psychosozialen Versorgung nach westlichem Vorbild begonnen, durch den zunächst vor allem die strukturellen Kontexte verändert wurden – hin zu einer Psychiatrie in der Gemeinde. Das ursprünglich hinter der Psychiatriereform stehende *sozialpsychiatrische* Gedankengut war am Anfang kaum diskutiert, reflektiert und so gut wie gar nicht nachvollzogen worden (s. Punkt 1.2.2). Der Transformationsprozess konnte somit als eine »nachholende Modernisierung« der psychiatrisch-psychosozialen Versorgung in Orientierung am Modell der westlichen Bundesländer nach dem Prinzip des »Institutionentransfers« bezeichnet werden (vgl. Bergold u. Filsinger, 1998, S. 257).

In den einzelnen ostdeutschen Ländern wurden entsprechende Psychiatriepläne aufgelegt. Inzwischen sind in allen psychiatrischen Krankenhäusern Umstrukturierungen vorgenommen worden, Bettenreduktionen erfolgt und Enthospitalisierungsprozesse in Gang gesetzt worden (meist allerdings in Form einer Umhospitalisierung vom Krankenhaus ins Heim). Zum Teil sind psychiatrische Kliniken an Allgemeinkrankenhäuser angegliedert worden. Im ambulanten Bereich sind die ehemaligen psychiatrischen Beratungsstellen der DDR (Dispensaire) in Sozialpsychiatrische Dienste (SpDienste) umgewandelt (oder jedenfalls umbenannt) oder – wo solche nicht vorhanden waren – neue SpDienste etabliert worden. Und es sind Einrichtungen der gemeindenahen Psychiatrie entstanden, zunächst vor allem Begegnungs- und Tagesstätten, Betreute Wohnformen, später auch Rehabilitationszentren sowie Arbeitsrehabilitationsprojekte. Und natürlich kommt heutzutage auch der integrierte Behandlungs- und Rehabilitationsplan allerorten zum Einsatz.

Im Hinblick auf die *soziale* und insbesondere auf die *berufliche Rehabilitation* muss man annehmen, dass den psychiatrisch etikettierten Menschen in dem neuen aus dem Westen importierten Versorgungssystem zunächst vor allem Nachteile erwachsen sind. Denn nach der deutschen Vereinigung sind die sozialen Felder (insbesondere Nischenarbeitsplätze in Betrieben), in denen sich die Betroffenen in Anpassungsleistungen hatten üben können, weggebrochen. Zugleich hatte man sich aber in den neu entstehenden Diensten und Einrichtungen weiterhin am medizinischen Paradigma und am (bevormundenden) Fürsorgemodell orientiert und dabei weder die Selbstbestimmung der Klienten fraglos respektiert, noch deren Ressourcen und Selbsthilfefähigkeiten hinreichend gefördert. Nach der Wende hatte deshalb folgerichtig eine Welle von Frühberentungen von psychisch Kranken eingesetzt.

In puncto *Integration ins Arbeitsleben* hätte man sich wohl die Möglichkeiten (nicht aber die Zwänge), die das einstige DDR-System diesbezüglich geboten hatte, gewünscht. In der ehemaligen Bundesrepublik, wo es diese Möglichkeiten nicht gegeben hatte, war Ende der 1970er Jahre (neben anderen Integrationsbemühungen) eine »Firmenbewegung« entstanden. Um speziell für den Personenkreis der am meisten von Vorurteilen und Arbeitslosigkeit betroffenen psychiatrisch etikettierten Menschen Arbeitsplätze mit sozialversicherungspflichtigen Arbeitsverträgen und tariflicher Entlohnung zu schaffen, waren so genannte »Integrationsfirmen« gegründet worden (anfangs als »Selbsthilfefirmen« bezeichnet). Diese Firmenkonzeptionen waren nach der deutschen Vereinigung dann auch im Osten aufgegriffen und fortentwickelt worden.

Nachforschungen bei Integrationsfirmen in Mecklenburg-Vorpommern hatten allerdings ergeben, dass anfangs – in der Nachwendezeit – nur in einer von drei Firmen tatsächlich Psychoseerfahren als »psychisch Behinderte« eingestellt wurden. Die anderen stellten ihre Arbeitsplätze lediglich Körperbehinderten zur Verfügung (s. Rädel, 2002), also gerade nicht dem Personenkreis, der am allermeisten von Vorurteilen und Arbeitslosigkeit betroffen ist. Inwieweit die damalige Bevorzugung von Körperbehinderten gegebenenfalls auf die fragwürdige Einschätzung zurückging, dass »Psychotiker« als Firmenmitarbeiter unberechenbar, schwer zu handhaben oder wenig integrationsfähig seien, wurde jedoch nicht ermittelt. Inzwischen jedenfalls hat sich das enorm geändert (s. »Psychiatriewegweiser 2006«, hrsg. vom Landesverband Sozialpsychiatrie Mecklenburg-Vorpommern e. V.).

1999, zehn Jahre nach der Wende, ist auf einer Tagung in der Fontane-Klinik in Motzen (Land Brandenburg), an der auch Psychiatrieerfahrene und Angehörige teilnehmen durften, die Psychiatriereform in den neuen Bundesländern kritisch bilanziert worden. Als Ergebnis dieser Zwischenbilanz sind zwölf Thesen (die sog. »Motzener Thesen«) erstellt worden. In einigen wenigen Thesen werden auch Aussagen zur Vergangenheit der letzten zehn Jahre getroffen. Die meisten aber sind als Richtlinien für die zukünftige Entwicklung formuliert (z. B. Aufbau von Selbsthilfegruppen, Nutzung des Trialogs, Psychoseseminare, Einbeziehung von Interessenvertretungen der Psychiatrieerfahrenen und der Angehörigen, »Verhandeln mit« statt »Behandeln von« Psychoseerfahrenen, weiterer Aufbau ambulanter Einrichtungen etc.). Sie beinhalteten damit nur indirekt die bis 1999 noch vorhanden gewesenen Probleme der Umsetzung einer Sozialen Psychiatrie in den neuen Bundesländern. Inzwischen aber kann man davon ausgehen, dass die damals formulierten Forderungen beachtet werden und – wie sich das bereits zeigt – der psychiatrische Alltag in den neuen Ländern durch sie beeinflusst wird. Zwar dürfte dies – hier und da – den Mitarbeitern verschiedentlich noch Einiges an Umdenken, Umgestalten und ideeller Neuorientierung abverlangen (vgl. Schöch, 2001), aber auf der anderen Seite könnte einigen neu entwickelten Initiativen und Projekten durchaus schon bald Vorbildfunktion für ganz Deutschland zukommen.

1.4 Ideelle Milieus und Handlungspraxis

Wie schon zu Beginn dieses Kapitels (Punkt 1.1) erwähnt, sind die ideellen Milieus als Kontexte der psychosozialen Arbeit weit mehr handlungsleitend als die strukturellen Kontexte, welche nur mehr den (institutionellen) Rahmen des praktischen Handelns abstecken. Unter diesem Gesichtspunkt sollen im Folgenden einige Beobachtungen aus der psychosozialen Praxis vorgetragen werden (Punkt 1.4.1) und anschließend in einem Exkurs einige Überlegungen zum Thema Fürsorge angestellt werden (Punkt 1.4.2).

1.4.1 Zur Frage alter ideeller Milieus in neuen Versorgungsstrukturen

Von psychosozialer Praxis im Sinne der Sozialpsychiatrie oder der Gemeindepsychiatrie wird man nur sprechen können, wenn bestimmte Bedingungen gegeben und insbesondere in »ideeller« Hinsicht bestimmte Kriterien erfüllt sind (bei der Gemeindepsychiatrie unter Berücksichtigung des dieser innewohnenden Ideenguts; s. Punkt 1.3.1). Wenn eine Psychiatriereform jedoch hauptsächlich die strukturellen Kontexte erfasst, während die ideellen Kontexte einer klassischen Psychiatrie weitgehend unberührt fortbestehen bleiben oder – anders gesagt – *wenn* vorderhand Versorgungsstrukturen reformiert und in Richtung einer gemeindenahen Psychiatrie ausgebaut und erneuert werden, aber nach wie vor unhinterfragt medizinische Konzeptionen psychischer Krankheit und ein fürsorglich bevormundendes Betreuungsmodell den Orientierungshintergrund der praktischen Arbeit mit der Klientel abgeben, dann wird man kaum von einer sozialpsychiatrisch inspirierten Praxis sprechen können.

Trotz engagierter Reformer und einer sozialpsychiatrischen Bewegung ist in Westdeutschland die Umsetzung sozialpsychiatrischen Gedankenguts sowie vor allem entsprechender *Haltungen* in der Praxis bis heute kaum vollkommen gelungen. Sie war und ist von zahlreichen Rückfällen in klassisch-psychiatrisches Denken durchsetzt und hatte sich nie ganz von der medizinischen Dominanz auf dem Gebiet der Psychiatrie befreien können. In Ostdeutschland hatten zu Anfang noch zusätzliche Bedingungen bestanden, welche die Situation erschwerten und in der Übergangszeit alte ideelle Milieus eher verfestigten, statt sie umzuwandeln. Erschwerend wirkte zum Beispiel, dass die erfahrenen Professionellen, die einst schon in der DDR im Psychiatriebereich tätig gewesen waren (Ärzte, Pflegepersonal, Fürsorgerinnen) vielfach der neuen »aus dem Westen importierten« Psychiatriereform generell ablehnend gegenüberstanden. Die »neu entwickelten Angebote und die damit zusammenhängenden Freiheitsrechte und Wahlmöglichkeiten der Klienten wurden überwiegend skeptisch betrachtet und zuweilen auch als destruktiv bewertet« (Bergold et al., 1996, S. 14).

Auch ließ sich diese Tendenz durch (eigene) Beobachtungen bestätigen. So bekamen Studentinnen, die Befragungen in Sozialpsychiatrischen Diensten (SpDiensten) durchführten, im Anschluss an die offiziellen Interviews verschiedentlich hinter vorgehaltener Hand zu hören, dass »früher« alles viel besser und einfacher gewesen sei, da man die »Kranken« hatte »einfach einweisen« können. Heute jedoch müsse man sich an »so viele Gesetze« (gemeint war das PsychKG) halten (vgl. Greve, 1997).

Erschwerend kam auch hinzu, dass in den neuen gemeindenahen psychiatrischen Diensten und Einrichtungen als Betreuungspersonen anfangs (oft auf ABM-Stellen) Arbeitskräfte aus fachfremden Berufsgruppen, aber kaum »psychosoziale Fachkräfte« (also etwa ausgebildete Sozialarbeiterinnen oder Psychologen) eingestellt worden sind und somit die Qualifikation für die psychosoziale Arbeit im Prinzip gar nicht vorhanden gewesen war (s. a. Michel-Schwartze, 2000).

Wie dies – in Ost und West – in der Praxis aussieht, wenn in reformierten Versorgungsstrukturen alte ideelle Milieus vorherrschen, soll im Folgenden – nur schlaglichtartig – mit einigen Beispielen veranschaulicht werden.

Eine ältere Frau, die zuvor noch nie auffällig geworden ist (nicht psychiatrisch etikettiert und nicht aktenkundig), läuft – mitten am Tag (im Sommer) nur mit einem Nachthemd bekleidet – offensichtlich verwirrt in den Gärten einer Vorortsiedlung herum. Sie hält sich für eine niederländische Prinzessin und sucht verzweifelt ihren Prinzgemahl und klingelt deshalb bei den Nachbarhäusern. Außerdem spritzt sie mit einem Gartenschlauch herum. Da sich die Nachbarn belästigt fühlen, wird der SpDienst verständigt. Ohne sich die Situation auch nur anzusehen oder vor Ort zu einer Klärung kommen zu wollen, rückt der SpDienst dann gleich mit einigen Polizisten an. Die kleine, alte Dame im Nachthemd wird in Handschellen(!) abgeführt.

Eltern kommen mit ihrem 17-jährigen Sohn, der erstmals Symptome einer psychotischen Krise zeigt, zu einem niedergelassenen Psychiater. Der Arzt verwendet unverständliche Fachausdrücke zur Erläuterung der Diagnose einer »schweren« Schizophrenie und macht – als kompetenter Fachmann – den Eltern unmissverständlich klar, dass ihr Sohn niemals ein »normales Leben« wird führen können, niemals wird arbeiten können (es sei denn in einer Behindertenwerkstätte) und auch eine normale Partnerschaft oder Vaterrolle niemals wird realisieren können.

In einer Begegnungsstätte werden die Psychoseerfahrenen zwar als »Besucher« bezeichnet, aber als betreuungsbedürftige psychisch Kranke behandelt, denen man weder Mitwirkungs- noch Selbstbestimmungsmöglichkeiten zumuten könne, mit denen man stattdessen vielmehr umgehen müsse, wie mit »kleinen Kindern«. Dabei wird eine Art Ablenkungsstrategie praktiziert, die beinhaltet, die Besucher zwar als »krank« anzusehen, jedoch Gespräche mit ihnen über ihre Erfahrungen mit dem psychiatrischen Etikett und ihrer »Erkrankung« unbedingt zu vermeiden. Wen wundert's angesichts dieser Gesprächsangebote, dass die Betroffenen im Anschluss an Interviews, die *Studentinnen* mit ihnen durchgeführt hatten, den Wunsch äußerten, dass sie gern öfter einmal die Gelegenheit hätten, »mit jemandem *ernsthaft* sprechen zu können«.

In einer modernen psychiatrischen Klinik, die ihren »biopsychosozialen Ansatz« betont, werden auf der Akutstation auch Gesprächsgruppen angeboten, unter anderem eine »Psychosegruppe«. Die Patienten werden gefragt, wie sie sich ihre Erkrankung erklären und was sie als deren Ursache betrachten. Diejenigen, die dort erstmalig in stationärer Behandlung waren, suchten nach Erklärungen in ihrem Umfeld, betonten Situationen der Überlastung oder Ausweglosigkeit. Aber diejenigen, die zum wiederholten Male in dieser Klinik waren, sagten: »Die Ursache meiner Psychose ist ein Überschuss an einem bestimmten Transmitterstoff in meinem Gehirn«. Für diese Aussage wurden sie – beinahe wie Schüler für die richtige Antwort in der Schule – von der Gruppenleiterin gelobt. Damit erhoffte man sich einen Lerneffekt für die Neuen, die das bis dato noch nicht wussten ...

Eine Bezugstherapeutin führt im Rahmen des Betreuten Wohnens bei einem Klienten, dessen Haushalt sie selber als unordentlich einschätzt, dort Reinigungsarbeiten (mit ihm zusammen) durch und versucht ihm »Grundsätze über Hygiene und Ordnung« beizubringen. Auch in anderen Hinsichten und generell sagt sie ihm, was gut und was schlecht, was richtig oder falsch ist und wie »man es macht«. Und immer, wenn der Klient sich mal wieder »nervös und unruhig« zeigt, wird er in die Klinik gebracht, um dort »medikamentös neu eingestellt zu werden«.

Wenn sich auch diese wenigen Beispiele natürlich nicht zu einem umfassenden Bild einer schief gewickelten psychiatrisch-psychosozialen Betreuungsarbeit zusammenfügen lassen, so wäre doch zu konstatieren, dass zentrale Anliegen und Haltungen der Sozialpsychiatrie (wie auch der Gemeindepsychiatrie) für die psychosoziale Arbeit hier *nicht* zum Zuge kamen. Einige Punkte, die sozialpsychiatrische Haltungen in Abgrenzung zu nicht sozialpsychiatrischem Vorgehen charakterisieren, sind in Tabelle 3 zusammengestellt.

Tabelle 3: Anliegen und Haltungen einer Sozialen Psychiatrie

- Vermeiden vorschneller Psychiatrisierung *statt* Zementieren einer Krankenrolle
- Respekt vor der Andersartigkeit anderer *statt* Herabsetzung des Unangepassten oder Fremdartigen
- Achtung des Selbstbestimmungsrechts und der Individualität *statt* Bevormundung und Zwang zur Normanpassung
- Ernstnehmen erwachsener Menschen und Wertschätzung ihrer (Selbsthilfe-)Fähigkeiten *statt* Infantilisierung und Reglementierung
- psychosoziale Beziehungsarbeit, gegebenenfalls psychotherapeutische Gespräche *statt* vorrangige (ärztlich-medikamentöse) Behandlung
- ein kritisches Bedenken des Einsatzes von Neuroleptika *statt* Klinikeinweisung zur medikamentösen Einstellung

Und als grundlegend wäre zu nennen:

- eine kritische Reflexion des medizinischen Krankheitsmodells aus psychosozialer Sicht sowie ein Verständnis psychischer, auch psychotischer Krisen als Orientierungs-, Lebens- oder Entwicklungskrisen auf dem Hintergrund besonderer Beziehungs-, Kommunikations- und lebensgeschichtlichen Erfahrungen

Es gilt auch zu bedenken, dass selbst dann, wenn so genannte *soziale Faktoren* selbstverständlich als wichtig für die Betreuung und Rehabilitation psychisch Kranker konzediert werden mögen, dennoch das medizinische Krankheitsverständnis im Kern so lange ungebrochen bleibt, so lange man soziale Kontexte (insbesondere Lebenswelt, Beziehungs- und Kommunikationsformen) lediglich als etwas Äußerliches betrachtet, was nichts mit der »psychischen Erkrankung als solcher« zu tun hätte. Diese häufig vorzufindende Denkfigur, dass also zwar Soziales irgendwie neben der »Erkrankung« berücksichtigt, aber die »eigentliche« Störung als somatisch oder genetisch angesehen wird, beinhaltet die Auffassung, dass die Entwicklung (somit auch Veränderung) psychischer Störungen (speziell von Psychosen) jenseits sozialer Kontexte, jenseits von Lebenskonflikten beschreibbar wäre. Es liegt nahe, dass sich eine solche Position auf die Art des Umgangs mit Psychoseerfahrenen auswirkt und in der Praxis dazu führt, dass die Erkrankung als die eigentliche Störung der ärztlichen Behandlung vorbehalten bleibt (Pharmakotherapie) und psychosoziale oder psychotherapeutische Bemühungen um Konfliktlösungen erst gar nicht ernsthaft unternommen werden.

Während bislang das Festhalten am medizinischen Krankheitsmodell aus sozialpsychiatrischer Sicht als wenig hilfreich kritisiert und die damit verbundene Betonung des Somatischen unter Vernachlässigung psychosozialer Konstellationen als einseitig angeprangert wurde, soll aber nicht unerwähnt bleiben, dass in gegenläufiger Richtung – von einem ganz anderen ideellen Milieu gespeist – verschiedentlich ebenfalls Einseitigkeiten moniert werden müssten.

Einseitig ist etwa eine Position, die die Entwicklung psychotischer Störungen quasi beziehungsdynamisch nach einem *linearen Beziehungsmodell* erklärt, dem gemäß auf der einen Seite Verursacher des psychischen Leidens (etwa die Eltern quasi als »Täter«) und auf der anderen Seite leidende »Opfer« (die Symptomträger) ausgemacht werden und entsprechend mit fatalen Schuldzuweisungen operiert wird. Auf dem Hintergrund einer solchen Position kommt es in der Praxis zu Beschuldigungen und Reglementierungen, die kaum zur Konfliktlösung, sondern eher zur Verschärfung der Konfliktlage beitragen dürften.

Auch für diese Art von Einseitigkeit – im Sinne des Vorgehens nach dem linearen Beziehungsmodell – sei hier zum Abschluss noch ein Fallbeispiel aus dem Jahr 2003 angeführt. Im Hintergrund der psychotischen Produktionen der Betroffenen spielt eine starke Mutter-Kind-Bindung und eine Ablösungsproblematik eine Rolle.

> Eine Mutter kommt mit ihrer 20-jährigen Tochter, die von ihr als »psychisch krank« bezeichnet wird, zum Aufnahmegespräch in die Klinik (in Berlin). Die alptraumhaften Symptome ihrer Tochter hätten sich in einer Weise zugespitzt, dass es zuhause für beide nicht mehr auszuhalten sei. Beide hätten nun schon mehrere Nächte nicht mehr geschlafen. Sie brauche nun selbst etwas Ruhe und hoffe für ihre Tochter, dass sie in der Klinik Hilfe erfährt und sich wieder beruhigt. Es sollte sich aber nur um einen kurzen Klinikaufenthalt handeln, da beide nicht lange voneinander getrennt sein könnten. Seitens der Klinikmitarbeiterinnen wird der Aufnahme der Tochter zugestimmt und die Mutter nach Hause geschickt.

Da die Mitarbeiterinnen die Mutter in dem Aufnahmegespräch als bevormundend erlebt hatten, befanden sie, dass diese schuld am verwirrten Zustand der Tochter sei. Sie vertraten die Ansicht, dass die Mutter ihr Kind nicht loslassen wolle und daher die Selbstständigkeitsentwicklung des Mädchens blockiere. Ziel sollte es deshalb sein, Mutter und Tochter zu trennen. Dazu sollte auch der Klinikaufenthalt dienen. Dem Mädchen sollte klar gemacht werden, dass es nicht zu der Mutter zurückgehen darf und die Mutter wurde bei ihren Versuchen, ihr Kind in der Klinik zu besuchen, abgewiesen. Die Tochter sollte die Klinik erst verlassen, wenn sie »eingesehen« hätte, dass ihre Mutter »Gift« für sie sei und so lange in der Klinik bleiben, bis man eine eigene Wohnung für sie gefunden hätte. Da das Verlangen der Tochter nach ihrer Mutter konsequent missachtet wurde, versuchte sie mehrmals aus der Klinik zu entfliehen – nach Hause zu ihrer Mutter.

Die Situation konnte schließlich erst durch das Hinzuziehen einer externen (systemischen) Therapeutin entkrampft werden.

1.4.2 Exkurs: Überlegungen zum Thema Fürsorge

Das Konzept der Fürsorge stellt generell für die psychosoziale Praxis, gerade auch für die Praxis der Sozialarbeiterinnen, einen zentralen Wert dar und hat nicht nur seine Berechtigung, sondern ist oftmals als Notwendigkeit (ggf. im Sinne einer »Wendung der Not«) anzusehen. Gleichzeitig handelt es sich unter psychosozialen Entwicklungsgesichtspunkten um ein durchaus umstrittenes Konzept.

Wie aus den vorangegangenen Ausführungen in diesem Kapitel ersichtlich wurde, kann die Geschichte der Psychiatriereform in Westdeutschland dezidiert als Bemühen um eine *sozialpsychiatrische Reform* und somit als bewusste Abkehr sowohl vom medizinischen Krankheitsmodell als auch – damit zusammenhängend – »als bewusste Abkehr vom kontrollierenden, verwahrenden und Autonomie beschränkenden Fürsorgemodell gelesen werden« (Bergold u. Filsinger, 1998, S. 257). Demgegenüber hatte man ein solches Fürsorgemodell im Gefolge der vorerst nur strukturell-institutionellen Psychiatriereform in Ostdeutschland (nach der deutschen Vereinigung) durchaus weiterhin befürwortet, denn anfangs waren »die Haltungen der östlichen Professionellen z. T. noch relativ stabil« und hatten »auch unter den neuen Strukturen Bestand« (S. 257). Während also im östlichen Diskurs der Begriff der Fürsorge zunächst weitgehend positiv besetzt blieb und noch einige Zeit als ideeller Kontext für die psychosoziale Arbeit mit Psychiatrieerfahrenen handlungsleitend war, war und ist dieser Begriff im westlichen Diskurs auf dem Hintergrund der psychiatriekritischen Diskussionen eher auch negativ konnotiert, da mit Fürsorge immer zugleich Kontrolle und Bevormundung assoziiert wurden und werden.

Um schlussendlich dem Wohle der Klienten dienlich zu sein, dürfte angesichts dieser unterschiedlichen Stellungnahmen und Haltungen eine Differenzierung der verschiedenen Implikationen des Fürsorgekonzepts hilfreich sein. Auf diese Weise könnte auch »die Möglichkeit eröffnet werden, das Verhältnis von *Sorgen für* und *Respekt vor der Autonomie* der Lebenspraxis neu zu modellieren« (vgl. S. 257).

Bergold und Filsinger (1998, S. 253 ff.) schlagen deshalb vor, die zwei Aspekte des Fürsorgekonzepts, nämlich »Sorgen für« und »Kontrollieren«, zu unterschieden und davon ausgehend zwei Dimensionen zu konstruieren: zum einen die *Sorge-Dimension* mit den Polen »Sorgen für« versus »Sorge abgeben«, zum anderen die *Kontroll-Dimension* mit den Polen »Kontrollieren« versus »Freiheit lassen« (s. Abbildung 2). Auf der Sorge-Dimension stellt der Gegenpol des »Sorgens für« das »Abgeben der Sorge« an die betroffene Person dar. Auf der Kontroll-Dimension stellt der Gegenpol des »Kontrollierens« das »Freiheit lassen« dar.

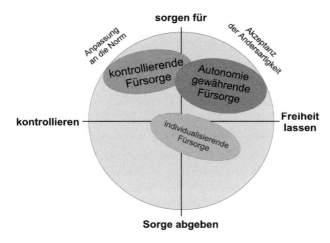

Abbildung 2: Dimensionen der Fürsorge (nach Bergold u. Filsinger, 1998, S. 254)

Durch die beiden Dimensionen (die Kontroll-Dimension und die Sorge-Dimension) ergeben sich vier Sektoren. Das *Fürsorge-Feld* lässt sich zwischen den beiden Polen der Kontroll-Dimension (»Kontrollieren« versus »Freiheit lassen«) und dem einen Pol der Sorge-Dimension (nämlich dem »Sorgen für«) aufspannen. Je nach Ausprägung des Kontrollaspekts hätte man es eher mit »kontrollierender Fürsorge« (unter dem Gesichtspunkt der »Anpassung an die Norm«) oder eher mit »Freiheit lassender Fürsorge« (unter dem Gesichtspunkt der »Akzeptanz von Andersartigkeit«) zu tun.

Die verschiedenen Arten von Fürsorge sind nur in der oberen Hälfte des Schaubilds (s. Abbildung 2) lokalisiert. Der Aspekt des »Sorgeabgebens« gehört zu keinem Fürsorgekonzept.

Idealtypisch lassen sich demnach im Fürsorge-Feld drei Arten von Fürsorge unterscheiden:

– kontrollierende Fürsorge (wie in der DDR einst üblich);
– individualisierende Fürsorge (nach dem westlichen Marktmodell, soll heißen: um die Klientinnen kümmert man sich, sofern darum nachgefragt wird) und

– »Autonomie gewährende Fürsorge« mit starker Betonung des »Sorgens für«, verbunden aber mit der Überzeugung, »dass das Wohl der Klienten nicht oder zumindest nicht ausschließlich von Professionellen zu bestimmen ist (und) dass der prinzipielle Respekt vor der Autonomie von Lebenspraxis einen ›vollständigen Zugriff‹ auf Klienten verbietet« (S. 255).

Von dieser Differenzierung ausgehend ist zunächst festzuhalten, dass die klassische Psychiatrie mit vorwiegend medizinischer Ausrichtung die »kontrollierende Fürsorge« bevorzugt, wohingegen die Sozialpsychiatrie einzig die »Autonomie gewährende Fürsorge« befürworten würde. Allerdings dürften die neuen Bestrebungen, im Rahmen eines Gemeindepsychiatrischen Verbunds »personenzentrierte Hilfen« anzubieten und die Klientinnen als Kunden anzusehen (s. Punkt 1.3), teilweise wohl auch der »individualisierenden Fürsorge« zugerechnet werden. Ansonsten wäre diese (mittlere) Rubrik als Fürsorgeart für die üblichen Psychotherapieangebote jenseits des Psychiatriebereichs einschlägig.

Zur Frage von Autonomie im Kontext von Fürsorge
Wenn zwar das Fürsorge-Schema (Abbildung 2) auf den ersten Blick etwas konstruiert anmuten mag, so ist es doch anschaulich und meines Erachtens auch nützlich für weitere Differenzierungen zum Themenkomplex Fürsorge und Autonomie. Hierbei stellt sich die Frage, inwieweit innerhalb eines Fürsorgekontextes Autonomie für die Versorgten überhaupt realisierbar ist oder inwieweit seitens der Fürsorgerinnen Autonomie »gewährt« und – darüber hinaus – auch ermöglicht und gefördert werden kann.
  Für den sozialpsychiatrischen Ansatz könnten hinsichtlich des Themenkomplexes »Autonomie und Fürsorge« grundsätzlich zwei Richtungen differenziert werden:
– das Bestreben, den zu befürsorgenden Klientinnen »Freiheit zu lassen«, das heißt zum Beispiel deren eigene (»autonome«) Gestaltungswünsche ihres Lebens zu respektieren (= bestehende Autonomie respektierend);
– die Intention, den Klienten über (fürsorgliche) Unterstützung zu mehr Autonomie und Selbstständigkeit zu verhelfen (= mangelnde Autonomie aufbauend).

Weitergehende Überlegungen lassen sich anschließen, wenn auch die Sichtweisen und Haltungen des *systemischen Ansatzes* (s. Kap. 3) mit einbezogen werden.
  Mit Blick auf die, einerseits zu respektierende, andererseits – sofern verschüttet – zu ermöglichende Autonomie der Klienten, würde die systemische Perspektive bestrebt sein, ein sozial-kommunikatives Milieu herzustellen, das »Selbst-Sorge« anstelle von »Für-Sorge« betont. Bezugnehmend auf das Fürsorge-Schema (Abbildung 2) würde sie vermutlich den Gegenpol des »Sorgens für« akzentuieren, nämlich das Abgeben der Sorge an die Person selbst. Diese Akzentsetzung beinhaltet keinesfalls eine Vernachlässigung des Hilfeersuchens von Menschen, sondern ist un-

ter einem ressourcenorientierten Blickwinkel zu betrachten. Mithin ist damit eine Wertschätzung der bereits von den Klienten gefundenen Lösungswege verbunden und gegebenenfalls – darauf aufbauend – eine Evozierung von weiteren persönlichen Ressourcen der Selbstsorge der Klienten angestrebt. Die systemische Perspektive legt nahe, dass es kaum gelingen wird, im Rahmen eines Fürsorgekonzepts eine *größere Selbstständigkeit* der Klientinnen zu erwirken, weder bei »kontrollierender« Fürsorge (da schon gar nicht), noch bei »gewährender« Fürsorge.

Der sozialpsychiatrische Versuch, gewissermaßen fürsorgliche Hilfe zur Autonomieentwicklung leisten zu wollen, erscheint aus systemischer Sicht als *Falle* – sowohl für die psychosozialen Helferinnen als auch für die Betreuten. Die Helfer könnten sich in ihren helfenden Bemühungen, Autonomie und Selbstständigkeit fördern zu wollen, scheitern sehen und an ihren Hilfefähigkeiten zu zweifeln beginnen (Stichpunkt Burnout, s. a. Punkt 2.4 und Punkt 4.3.2); die Klienten dürften eher nicht zu ihrer Autonomie gelangen werden, solange sie sich gern fürsorglich helfen und unterstützen lassen. Vorab und vor allem werden die Klientinnen über diese Schiene auch gar nicht zu einer *eigenen Entscheidung* angestoßen, ob sie autonom und selbstständig sein wollen. Unter Umständen werden sie sich lediglich deshalb ein wenig selbstständiger zeigen, weil sie ihren Betreuerinnen damit einen Gefallen tun möchten.

Zwar ist die sozialpsychiatrisch angestrebte Fürsorge unter Berücksichtigung der autonomen Gestaltungswünsche der Klientinnen grundsätzlich sehr begrüßenswert. Eine *fürsorgliche Förderung* ihrer Selbstbestimmung und Selbstständigkeit jedoch wird aus systemischem Blickwinkel kaum machbar sein. Jedenfalls kann man – systemisch gesehen – nicht Autonomie fördern und aufbauen helfen, wenn man fürsorglich ist. Es hätte deshalb aus dieser Sicht weniger um Förderung von Selbstständigkeit in kleinen Schritten zu gehen als vielmehr darum, gegebenenfalls Autonomie zu provozieren (s. Kap. 3) und auf jeden Fall (etwa im Betreuungssystem) ein kommunikatives Milieu zu gestalten, das den Klienten eine Entscheidung in ihrem eigenen Sinne, gemäß ihren eigenen Anliegen ermöglicht, mögen sie sich nun selbstständig(er) zeigen wollen oder nicht (Weiteres zu diesem Thema s. Punkt 2.4 und Kap. 3).

Zur Differenzierung von Hilfe und Fürsorge aus systemisch-konstruktivistischer Sicht
Vor dem gedanklichen Hintergrund der systemisch-konstruktivistischen Perspektive (vgl. Kap. 3) benennt Kurt Ludewig (1998, 2002, 2005) sowohl Kontexte wie auch Dilemmata der psychosozialen Versorgung und legt im Weiteren nahe, eine Unterscheidung von Hilfe und Fürsorge zu treffen.

Zum *Kontext* psychosozialer Versorgung gehört nach Ludewig (1998)[7] die systemi-

---

7 Zitiert wird hier aus einem von Kurt Ludewig 1998 ins Internet gestellten Text: »Renaissance der Fürsorge – Sozialarbeit im Spannungsfeld zwischen Hilfe und Fürsorge« (Homepage Kurt Ludewig: www.kurtludewig.de, Rubrik »Texte«). Die gleichen Aussagen lassen sich aber auch in seinem späteren Buch: »Leitmotive systemischer Therapie« (2002) wiederfinden (s. a. Ludewig, 2005).

sche Prämisse, dass es unmöglich ist, die innerpsychischen Zustände eines anderen Menschen zu erfassen oder aufzuklären. Deshalb erweise sich auch die »zentrale Aufgabe [...], unsere Klienten zu verstehen und mit ihnen ein eindeutiges gegenseitiges Verständnis herzustellen, als in strengem Sinne unerfüllbar« (S. 4). Verstehen des Innerseelischen eines Anderen ist also nicht möglich. Daher gelte es, (theoretisches) Expertenwissen, beispielsweise über die Konstruktion und Dekonstruktion von psychischen Problemen, in der Praxis mit einer Haltung des Nicht-Wissens zu verbinden (»der Klient ist Experte«).

Das *Dilemma* psychosozialer Versorgung ließe sich als »Helferdilemma« beschreiben in der Hinsicht, dass die Helferinnen (gemäß Auftrag) in eine bestimmte Richtung helfend wirken sollen, aber zugleich – ausgehend von der systemischen »Einsicht in die Nicht-Instruierbarkeit lebender Systeme« – »um die Unmöglichkeit, menschliche Prozesse gezielt zu bestimmen und vorherzusagen« wissen (S. 4 f.). Es wird deshalb nahegelegt, auf Diagnosen und externe Indikationsstellungen zu verzichten und stattdessen die subjektiven Problemdefinitionen der Hilfesuchenden zu akzeptieren. Und es gilt (in systemischem Sinne), »nicht auf kausale Veränderung des Erlebens oder Verhaltens der Klienten« abzuzielen, sondern »ein für die Veränderung der Hilfesuchenden günstiges Milieu« herzustellen (etwa ein Therapie- oder Beratungssystem; vgl. S. 5). Unter Wahrung einer Haltung des Respekts, der Würdigung und der Anerkennung gegenüber den Klientinnen sind dann Interventionen nach den »Kriterien der Angemessenheit und des ›Passens‹ zu wählen« (S. 5), statt durch Interventionen Veränderungen in eine bestimmte Richtung erwirken oder durchsetzen zu wollen.

Eine Unterscheidung der beiden Konzepte von Hilfe und Fürsorge hält Ludewig vor dem Hintergrund dieser Überlegungen für zentral und er differenziert sie folgendermaßen: Um *Hilfe* handelt es sich nur dann, wenn sie nachgefragt wird, das heißt: Helfen ist zu verstehen als »Reaktion auf eine Bitte um Hilfe«. Demgegenüber stellt *Fürsorge* eine Form der Versorgung dar, »die von befugten und verantwortlichen Dritten« zum Wohle anderer veranlasst wird (vgl. 1998, S. 7 f.; Genaueres dazu unter Punkt 3.5.3). *Kontrolle* wäre gemäß Ludewig eine Form von Fürsorge, die auf Maßgabe Dritter erfolgt und stellt als kontrollierender Eingriff (z. B. Fixieren von Psychiatriepatienten oder medikamentöses Lahmlegen durch die »chemische Keule«) eine von außen herbeigeführte Einschränkung der Möglichkeiten der Betroffenen, ihre Autonomie auszuleben, dar.

Das vorgenannte Fürsorge-Schema nach Bergold und Filsinger (1998) beinhaltet eine Vermengung der Konzepte von »Helfen« und »Sorgen für«. Es könnte deshalb als Orientierungshintergrund für die psychosoziale Praxis – insbesondere bei unexplizierter Auftragslage (»Wer möchte was von wem?«) – zu einigen Verwirrungen oder Missverständnissen führen. Demgegenüber erfordert die von Ludewig vorgeschlagene Unterscheidung von Hilfe und Fürsorge zuallererst eine Identifizierung des jeweiligen Auftraggebers: Ist es eine Betroffene, die (für sich) um Hilfe ersucht, oder handelt es sich um eine dritte Instanz, die zum Wohle der Betroffenen Fürsorge verordnet? Erst dadurch werden – laut Ludewig – transparente Beziehungen zwischen den Beteiligten möglich.

Wird diese Differenzierung zwischen Hilfe und Fürsorge nicht getroffen, besteht ansonsten – gerade im Psychiatriebereich – die Gefahr, dass unter Vorspiegelung von Helfen *Zwang* ausgeübt oder so genannte Hilfe (um die gleichwohl gar nicht nachgefragt wurde) den Klienten in angeblich deren eigenem Interesse aufgedrückt wird, dass also »zwingen, drängen, manipulieren, erziehen, unterjochen, drohen« (s. Dörner u. Plog, 1996, S. 37 f.) im Rahmen einer als helfend definierten Beziehung praktiziert wird.

Kurt Ludewig selbst betrachtet seine Unterscheidung von Hilfe und Fürsorge als »besonders erhellend, zumal sie eine geeignete Berücksichtigung von Auftrag und Auftraggeber ermöglicht. Ob der Auftraggeber der Betroffene selbst oder eine dritte Instanz ist, konstituiert sehr unterschiedliche Prozesse, deren Verwechslung nicht selten eine Quelle für beidseitige Frustrationen und, letzten Endes, schlechte und unangemessene Arbeit ist« (1998, S. 8).

2 Die Perspektive der subjektorientierten Sozialpsychiatrie – Konzepte, Haltungen und Handlungsweisen

Während im ersten Kapitel das Arbeitsfeld der Sozialen Psychiatrie aufgefächert und eine Differenzierung von ideellen und strukturellen Kontexten der psychosozialen Arbeit mit Psychoseerfahrenen vorgeschlagen wurde, stehen in diesem Kapitel praxisbezogene Charakterisierungen dieser psychosozialen Arbeit selbst im Zentrum der Betrachtung.

Zunächst (Punkt 2.1) geht es um allgemeinere Fragen, in welchen Bezugs- und Orientierungsrahmen (im Sinne einer »subjektorientierten Sozialpsychiatrie«) die psychiatrisch-psychosoziale Arbeit gestellt werden kann (2.1.1), was die Kennzeichen psychosozialer Arbeit im Allgemeinen und im psychiatrischen Bereich im besonderen sind, an welchen prinzipiellen Haltungen der Sozial-/Gemeindepsychiatrie sie sich ausrichtet und welchen »Versorgungskulturen« und Diskursgemeinschaften sie sich zurechnen kann (2.1.2). Ferner werden für die aktuelle Praxis im Psychiatriebereich einschlägige Theorien, Konzepte, Verfahren (z. B. Empowerment, Partizipation, Salutogenese, Netzwerkarbeit, Psychoedukation, Selbstsorge) besprochen (2.1.3).

Im Weiteren erfolgt – bezugnehmend auf ein »umgeschichtetes Felder-Schema« – eine genauere Betrachtung der subjektorientierten psychosozialen Arbeit mit Psychoseerfahrenen sowohl im Handlungs- und Problem-, als auch im »Fall-Feld« (Punkt 2.2). Die je spezifisch entwickelten sozialpsychiatrischen oder psychosozialen Konzepte und Arbeitsweisen für den Umgang mit psychiatrisch etikettierten Klienten (2.2.1), angesichts bestimmter Problemstellungen (2.2.2) und in bestimmten Einrichtungen oder »Handlungsfeldern« (2.2.3) werden (mehr oder weniger ausführlich) erörtert. Als Basis der psychosozialen Arbeit wird der Interaktion und Beziehungsgestaltung im »Fall-Feld« (2.2.1) ein wichtiger Stellenwert zuerkannt. Der Darstellung des sozialpsychiatrischen Begegnungsansatzes (nach Dörner u. Plog) sowie der weiteren »Leitlinien« und »Grundregeln« psychiatrisch-psychosozialen Handelns (nach Mosher u. Burti sowie Ciompi) und nicht zuletzt auch der Besprechung der Ansätze einer Psychosentherapie (nach Bock sowie Knuf) wird ein besonders breiter Raum eingeräumt.

Unter den »Problemfeldern« (2.2.2) kommen spezifische Arbeitsansätze angesichts von Krisen und Notfällen, akuten Psychosen, Fragen der Selbstbestimmung Psychoseerfahrener sowie der Arbeit mit Angehörigen zur Sprache. Als »Handlungsfelder« psychiatrisch-psychosozialen Arbeitens (2.2.3) wird exemplarisch lediglich die Arbeit in Sozialpsychiatrischen Diensten auf der einen Seite und in Kontakt- und Beratungsstellen auf der anderen Seite kurz betrachtet.

Anknüpfend an den Stichpunkt Psychosentherapie werden dann in einem Extraabschnitt (Punkt 2.3) in aller Kürze einige pragmatisch zu realisierende »Verstehenszugänge zu Psychoseinhalten« aufgezeigt, gefolgt von einigen Überlegungen zur Frage der fehlenden Subjekttheorie, die erst eine subjektwissenschaftliche Perspektive begründen könnte.

Schließlich sollen auch einige Schwierigkeiten und Erschwernisse des vorwiegend subjektorientiert ausgerichteten psychosozialen Arbeitens im Feld der Sozialen Psychiatrie und einige Fallstricke oder Knackpunkte der sozialpsychiatrischen Arbeitsweisen überhaupt aufgezeigt werden (Punkt 2.4). Zum Schluss erfolgt die Überleitung zur systemischen Perspektive.

2.1 Grundlegende Orientierungen und Praxiskonzepte

2.1.1 Ein sozial-/gemeindepsychiatrischer Bezugs- und Orientierungsrahmen

Anknüpfend an die im ersten Kapitel dargelegten Ideen der Sozialpsychiatrie und deren Strukturen seien hier zunächst einige der wesentlichen sozialpsychiatrischen Grundsätze, Ziele und Schlüsselbegriffe zusammenfassend genannt. Sie bilden den Bezugsrahmen für die in den folgenden Punkten vorgestellten Schemata, Konzepte und Methoden.

Darüber hinaus werden im Hinblick auf das Menschenbild einige zentrale theoretische Orientierungen aufgezeigt, die in ihrer Verknüpfung einen anthropologischen Orientierungsrahmen für die psychiatrisch-psychosoziale Praxis abzugeben vermögen.[8]

---

8 Die Differenzierung von Sozialpsychiatrie und Gemeindepsychiatrie ist in der Literatur zu diesem Gebiet nicht immer eindeutig oder es wird keine Unterscheidung getroffen. Begriffsklärend schlage ich vor, unter Sozialpsychiatrie die in Abgrenzung zum medizinischen Krankheitsmodell entwickelten Ideen und Konzepte (das ideelle Milieu) zu fassen, während Gemeindepsychiatrie die entsprechenden Versorgungsformen, Strukturen und Arbeitsweisen/Arbeitshaltungen beschreibt. Die Bezeichnung »Soziale Psychiatrie« wird in diesem Buch als Oberbegriff für Sozial- plus Gemeindepsychiatrie verwendet (s. Kap. 1). In der Bezugnahme auf verschiedene Autorinnen und Autoren wird aber die von diesen jeweils bevorzugt verwendete Bezeichnung übernommen, auch wenn sie nicht in das hier vorgeschlagene begriffliche Schema passt.

Bezugsrahmen

Die Darstellung des Bezugsrahmens erfolgt hier (nach Herbert Heise, 1994) aus der Sicht der um Luc Ciompi im schweizerischen Bern praktizierten Sozialpsychiatrie. Dort ist in klarer Abgrenzung zur »klassischen« Psychiatrie seit 1978 ein sehr effektives sozialpsychiatrisches Verbundsystem aufgebaut worden. Am Anfang hatte auch in Bern die psychiatrische Reformidee von einer »menschlicheren« Psychiatrie gestanden, verbunden mit der Überzeugung, dass Behandlungen nicht gegen den Willen der Patienten erfolgen und auf keinen Fall zu ihrer Ausgrenzung führen dürften; ferner, dass es mehr Rechte für psychisch Kranke geben müsse, vor allem auch das Recht, in der Nähe ihrer »nicht so kranken« Mitmenschen zu leben.

Dabei spielten Zeitfaktoren (1970er Jahre) und Einflüsse aus anderen Ländern eine Rolle:
- Einflüsse zunächst aus Großbritannien (z. B. von Cooper und Laing, die engagiert mit Schizophrenen arbeiteten und die Unzulänglichkeit der psychiatrischen Krankheitslehre kritisierten);
- Einflüsse aus Italien (z. B. von Basaglia und Jervis, die als revolutionäre Psychiatriereformer unter anderem durch ihre gesellschaftskritische These »Freiheit ist therapeutisch« bekannt geworden waren sowie durch ihre konsequente praktische Stilllegung der Verwahranstalten für psychisch Kranke);
- Anregungen, die von der deutschen Psychiatrie-Enquête von 1975 ausgingen;
- Untersuchungen von Goffman (s. z. B. 1961) mit dem vernichtenden Urteil über psychiatrische Großkrankenhäuser, dass diese zu psychosozialen Schädigungen (u. a. zum »psychiatrischen Hospitalismus«) führen (s. a. Kap. 1).

Vor diesem Hintergrund waren (laut Heise) für die Sozialpsychiatrie in Bern die folgenden globalen »Behandlungsgrundsätze« erstellt worden:
- Verhinderung von sozialer und beruflicher Ausgliederung sowie
- Vermeidung von Vollhospitalisation.

Diese sollten durch die folgenden »Arbeitsmethoden« umgesetzt werden:
- frühzeitige präventive Krisenintervention im sozialen Feld,
- intensive ambulante Langzeitbetreuung bereits chronifizierter Klienten,
- Rückfallprophylaxe,
- systematische soziale und berufliche Rehabilitation.

Gemäß ihrer »Arbeitsdefinition« war die Berner Sozialpsychiatrie bestrebt, grundsätzlich die *psychosoziale Gesamtsituation* der Betroffenen in Diagnostik und Behandlung mit einzubeziehen. Dabei sollte weder den rein medizinisch-psychiatrischen noch den sozial-ökologischen Überlegungen einseitig Vorrang eingeräumt werden.

Die *Schlüsselkonzepte* der sozialpsychiatrischen »Behandlung« oder des entsprechenden professionellen Handelns lassen sich (in Anlehnung an Heise, 1994, S. 9–23) folgendermaßen zusammenfassen:

1. Einbeziehen des relevanten sozialen Umfeldes, das heißt Öffnung des therapeutischen Prozesses durch Beteiligung aller wichtigen Bezugspersonen: Statt dabei mit einfachen Kausalitäten und Schuldzuweisungen gegenüber den Angehörigen zu operieren, werden alle als Mitwirkende in den Behandlungsprozess mit einbezogen und ernst genommen. Sowohl informativer Austausch als auch respektvolle Umgangsformen mit Klientinnen und Angehörigen sind hier von großer Bedeutung.

2. Das gemeinsame Erarbeiten von konkreten (Behandlungs-)Zielen und die Förderung von realistischen Zukunftserwartungen: Bei der Erarbeitung von *erreichbaren* Zielvorstellungen und von *realistischen* Zukunftsentwürfen ist nicht nur von den Defiziten, sondern auch von den Gesundungskräften und Selbsthilfepotenzialen der Klienten auszugehen. Die Klienten sollen zur Wahrnehmung eigener Verantwortung für das weitere Leben angeregt werden.

3. Die Realisierung eines (psycho-, sozio-, pharmakotherapeutisch) kombinierten Behandlungsansatzes, der je individuell gewichtet wird, und Vernetzung von verschiedenen unterstützenden und aktivierenden Angeboten zum Wohle der Klientinnen: In psychosozialer Hinsicht geht es etwa um das Begleiten der Psychoseerfahrenen, der ›psychisch Kranken‹ und ihrer Angehörigen mit stetiger Anregung zu weiterer Selbsthilfe.

4. Eine weitest gehende Kontinuität der Betreuung und eine möglichst optimale Koordination der einzelnen Behandlungsschritte: Damit zusammenhängend wird auch das Arbeiten in multidisziplinären Teams (Psychiater und Pflegepersonal, Psychologinnen, Sozialarbeiter, Arbeitstherapeutinnen etc.) in echter Zusammenarbeit ohne ausgeprägte Hierarchie befürwortet, wobei das Arbeitsklima im Team als besonders wichtig erachtet wird.

Als allgemeines »Behandlungsziel« ist angestrebt, dass die Klientinnen eine möglichst großen Autonomie und entsprechende »Ich-Funktionen« (wieder)erlangen sowie soziale und kommunikative Kompetenzen (wieder)erwerben.

Die genannten Grundsätze, Ziele und professionellen Handlungskonzepte kennzeichnen nicht nur die Berner Sozialpsychiatrie, sondern lassen sich – unter Berücksichtigung des sozialpsychiatrischen Gedankenguts und der gemeindepsychiatrischen Versorgungsformen – für die Soziale Psychiatrie im Allgemeinen veranschlagen, sei es in der Schweiz, in Deutschland oder anderswo. Sie eignen sich daher als Bezugsrahmen für die psychosoziale Arbeit mit Menschen mit psychotischen oder anderweitig psychiatrisch auffälligen Problemen.

Orientierungsrahmen
Ein Orientierungsrahmen für eine offene, möglichst »gewaltfreie« und subjektorientierte Psychiatrie wurde jüngst von Matthias Krisor (2005) aufgezeigt. Unterschiedliche anthropologische, philosophische, soziologische und psychologische Zugänge berücksichtigend, betrachtet er in seinem Buch die generell für den Um-

gang mit Menschen relevanten Orientierungen, welche dann als orientierende Haltungen das praktische Vorgehen (Interaktion, Kommunikation) und die Gestaltung von Begegnungsräumen in der gemeindepsychiatrischen Arbeit (auch im stationären Bereich einer Klinik) leiten können und sollen (zur Umsetzung in der Herner Klinik, s. Krisor, 2005; s. a. Haselmann, 2005).

Die Erörterung der als »verschiedene Ebenen des Menschenbildes« beschriebenen Orientierungen, in deren Zentrum »das Subjekt in Austausch und Interaktion« steht (vgl. Krisor, 2005, S. 120 f.), ist getragen von dem Bemühen um eine die Würde jedes Menschen respektierende Psychiatrie, welche die Subjekthaftigkeit und die Autonomie – mithin Selbstverantwortlichkeit und Selbstbestimmung – einer jeden Person sowohl achtet wie fördert und vor diesem Hintergrund Begegnung ermöglicht. Anstelle einer »nosographischen Strategie«, durch die im diagnostischen Interesse des Professionellen der Psychiatriepatient zur Sache deformiert wird und anstelle von *expertokratischer* Bevormundung und Fremdbestimmung, welche herkömmlich unhinterfragt und kaum reflektiert das Szenario des Behandlungsprogramms prägen, ist – zum Beispiel unter den Stichpunkten Subjekt- sowie Autonomieorientierung – die Gestaltung »partnerschaftlich geprägter« therapeutischer Beziehungen angestrebt.

Das Menschenbild wird von Matthias Krisor unter dem Blickwinkel von sechs einschlägigen Orientierungen aufgefächert:
– Interaktionsorientierung,
– Gesellschaftsorientierung,
– Subjektorientierung,
– Orientierung an Alltag und Lebenswelt,
– Autonomie- und Bedürfnisorientierung,
– Kompetenz- und Ressourcenorientierung.

Die *Interaktionsorientierung* kann dabei als das übergeordnete Grundprinzip angesehen werden. In der Zusammenfügung der verschiedenen, sich teils überlagernden »Ebenen des Menschenbilds« erscheint sie nicht als gesonderte Orientierung, sondern quasi aufgehoben in der zentralen Subjektorientierung (vgl. S. 119). Die für die psychiatrisch-psychosoziale Praxis zweifellos relevanten Konzepte der Salutogenese (nach Antonovsky) und der Resilienz sowie insbesondere der Empowerment-Ansatz und die – für gute professionelle Arbeit gewiss unerlässliche – Selbstsorge (als nicht ängstliche, aber kluge »Sorge um sich«; s. alle unter Punkt 2.1.3) wie auch der affektlogische Ansatz von Luc Ciompi (insbesondere auch dessen Soteria-Konzept mit dem »Holding« im »weichen Zimmer«; s. unter Punkt 2.2.2, S. 162 ff.) werden von Krisor dieser Orientierung zugeordnet.[9]

---

9 Die fraglos ebenfalls zur Interaktionsorientierung gehörenden »systemischen und konstruktivistischen Perspektiven« finden allerdings nur verkürzte Erwähnung (S. 59 ff.). Der Blick wird hier vor allem auf die erkenntnistheoretischen Positionen des sozialen

Unter dem Stichpunkt der *Gesellschaftsorientierung* gilt es, die wechselseitige Aufeinanderbezogenheit von Psychischem und Gesellschaftlichem und die Notwendigkeit der »tätigen Teilhabe am gesellschaftlichen Lebensprozess« (Krisor, 2005, S. 66) zu beachten. Das Thema »Psychiatrie und Gesellschaft« wird von Krisor ferner unter dem kritikwürdigen Aspekt von »Ausschließung, Gewalt und Objektivierung als staatliche Antwort auf seelisches Leiden« (S. 68) aufgegriffen, mithin wird das Einsperren psychisch kranker Menschen auf geschlossenen Stationen als »eine Form der vorauseilenden Unterwürfigkeit dem politisch-gesellschaftlichen Auftrag gegenüber ... zu Lasten des therapeutischen Auftrags« (S. 69) erachtet.

Die *Subjektorientierung* gilt allgemein als Kernelement reformpsychiatrischer Bemühungen, auch wenn – wie Krisor zurecht anmerkt – Inhalt und Herkunftsgeschichte des Subjektbegriffs im psychosozialen Diskurs selten hinreichend erörtert sind. Ebenfalls ist ihm zuzustimmen, dass die Subjektorientierung »unter der Gesamtperspektive von Interaktionsorientierung« (S. 80) oder – anders ausgedrückt – unter dem Beziehungsaspekt gesehen werden muss.

Aus der Perspektive der Subjektorientierung ergeben sich nicht nur Konsequenzen für das Krankheitsverständnis (Ablehnung des medizinischen Krankheitsbegriffs), sondern auch für die Gestaltung der therapeutischen Beziehung (Anerkennung der Symptomatik oder des auffälligen Verhaltens als »Anpassungsleistung« des Subjekts) und des Kontextes (Akzeptanz von Verschiedenheit, Reduktion der Gewalt). Weiterhin geht mit dieser Perspektive ein verändertes Professionsverständnis einher (Rücknahme von Expertenmacht, Begegnung mit den Klienten und Klientinnen »auf gleicher Augenhöhe«). Eine entsprechende Haltung, die die Anerkennung der Würde der einmaligen Person (des Patienten) erleichtert und sich von starren Diagnose- und Behandlungsschemata abgrenzt, kann für die Qualität der therapeutischen Beziehung als ausschlaggebend erachtet werden.

Bekanntermaßen sind »totale Institutionen«, die gemäß Goffman keinen Raum für Individualität lassen, durch eine Negierung des Subjekts gekennzeichnet. Aber auch in psychosozialen Einrichtungen (z. B. Tagesklinik, Therapeutische Wohngemeinschaft o. Ä.) kann ein – die Individualität unterdrückender – »totalitärer Charakter« vorherrschen.

Gemeindepsychiatrische Arbeit zeichnet sich durch eine *Orientierung an Alltag und Lebenswelt* (der Klientinnen) aus. Da sich ein Begriff von »Alltag« in der akademischen Psychologie eher vermissen lässt, spielen für diese Perspektive die von der Gemeindepsychologie sowie von der Sozialpädagogik aufgegriffenen Konzepte von Alltag und Lebenswelt (z. T. rekurrierend auf die Begriffe der »sozialen All-

---

Konstruktionismus (Gergen) sowie des radikalen Konstruktivismus (von Glasersfeld, von Foerster) gerichtet, während der entsprechende systemisch-therapeutische Ansatz, welcher meines Erachtens ja auch gerade für die psychiatrisch-psychosoziale Praxis einschlägig wäre, vernachlässigt bleibt.

tagswelt« oder der »alltäglichen Lebenswelt« nach Schütz und Luckmann) eine ausschlaggebende Rolle.

Unter dieser Perspektive kann es auch um die Frage gehen, in welcher Weise zum Beispiel Globalisierung, Neoliberalismus und neue Politökonomie den Alltag beeinträchtigen und zu entsprechenden »psychosozialen Konsequenzen« führen, und was man in der psychosozialen Arbeit dagegensetzen kann. Zu nennen sind in diesem Zusammenhang beispielsweise »vereinzelte Einzelne« durch die Auflösung sozialer Gruppen (nach Anders) oder »Deutungsverlust« und geringe Lebenskohärenz angesichts schwacher Bindungsnetze (nach Keupp).

Neben der Beachtung des von Freud genannten allgemeinen Grundbedürfnisses »geliebt zu werden«, erfordert die *Autonomie- und Bedürfnisorientierung* das Bemühen, Zugang zu den Bedürfnissen der Menschen zu finden und zwar in ihrer Lebenswelt beziehungsweise dort, wo sie leben (vgl. Krisor, 2005, S. 105). Als hilfreich hierfür kann zum Beispiel ein biografischer Ansatz oder ein Vorgehen nach Ansätzen der narrativen Psychologie angesehen werden.

Obwohl dies vom Autor nicht näher erläutert wird, ist anzunehmen, dass die Zusammenfügung der Autonomie- mit der Bedürfnisorientierung vermutlich darin gründet, dass Autonomie als ein zentrales Bedürfnis erachtet wird. Unter dem Gesichtspunkt der Autonomieorientierung gilt es, den Klientinnen im therapeutischen Prozess beziehungsweise in der psychosozialen Arbeit Verantwortung zuzuschreiben und ihre Selbstverantwortlichkeit angemessen einzuschätzen (vgl. S. 109). Auch sind aus der Autonomieorientierung einige Anforderungen an die institutionellen Bedingungen im psychiatrischen Bereich (z. B. Mitgestaltungs-, Mitbestimmungsmöglichkeiten) abzuleiten.

Die *Kompetenz- und Ressourcenorientierung* gilt – wie für die Therapie – auch für die gemeindepsychiatrische Praxis als »zentrales Wirkprinzip«. Unter »Abkehr vom pathogenetischen Paradigma« (S. 113) sollte die Aufmerksamkeit auf die vom Patienten mitgebrachten Stärken, Eigenarten, besonderen Fähigkeiten und Interessen gerichtet werden. Ein solches Vorgehen wirke sich auch auf das Therapeut-Klient-Verhältnis aus, vermittle »dem Patienten Respekt vor seiner Person und seiner Leistung«, fördere eine partnerschaftliche Begegnung und ein »kooperationsfreudiges therapeutisches Klima« (S. 117).[10] Daneben sollten die psychiatrischen Einrichtungen den Klienten auch geeignete »Kompetenzräume« zur Verfügung stellen, in denen Fähigkeiten und Fertigkeiten gelebt und ausgetauscht werden können.

---

10 Kaum erörtert wird von Krisor allerdings, dass speziell die Ressourcenorientierung auch ein zentrales Markenzeichen der systemischen Perspektive ist und dort, gegebenenfalls in Verbindung mit der Lösungsorientierung, nicht nur auf besondere Fähigkeiten und Stärken geachtet, sondern vor allem auf die Selbsthilfekräfte zur Bewältigung eben derjenigen Probleme (»Störungen«, »Symptome«), deretwegen der Klient in Behandlung ist, fokussiert wird.

In dem Bestreben, die psychiatrisch-psychosoziale Praxis – statt am medizinischen Krankheitsmodell – an einem theoretisch-philosophisch fundierten ganzheitlichen Menschenbild auszurichten, hat Krisor mit der Auffächerung der verschiedenen Orientierungen, welche alle auch – oft weit ausholend – theoretisch untermauert werden, einen wahrlich erschöpfenden *Orientierungsrahmen für den subjektorientierten Ansatz* in der Sozialen Psychiatrie geschaffen. Auch wenn am Rande verschiedentlich Vertreter der systemischen Perspektive ebenfalls zitiert werden, steht so gut wie ausschließlich die von der Sozialpsychiatrie geforderte subjektorientierte Perspektive im Blickpunkt. Diese wird von Krisor in der Verbindung der hierfür relevanten orientierenden Haltungen exzellent umrissen.

Vor diesem Hintergrund sollen in den folgenden Punkten die für die psychosoziale Arbeit im Psychiatriebereich einschlägigen Konzepte und Verfahren zunächst allgemein und dann spezifischer bis ins konkrete Interaktionsfeld der Begegnung von Psychiatriebetroffenen und Professionellen hinein näher erörtert werden. Während es unter Punkt 2.2 darum gehen wird, das *Handwerkszeug*, das die Brücke zwischen den »Orientierungen« des Menschenbilds und der Praxis bildet, mithin das praktische Vorgehen, noch genauer in Augenschein zu nehmen, gilt es zuvor, die allgemeinen Kennzeichen und Prinzipien psychosozialer Arbeit (Punkt 2.1.2) sowie die unter den Gesichtspunkten von Subjekt-, Lebenswelt- und Ressourcenorientierung relevanten Ansätze und Methoden (Punkt 2.1.3) zu betrachten.

2.1.2 Kennzeichen, Prinzipien, Kulturen psychiatrisch-psychosozialer Arbeit

Was ist mit dem Terminus »psychosoziale Arbeit« gemeint?
Psychosoziale Arbeit im Allgemeinen, also auch jenseits psychiatrischer Kontexte, beinhaltet eine Verschränkung von sozial-orientierter und psychotherapeutischer Handlungsperspektive. Sie stellt keine durch irgendeine einzelne Therapieschule oder gar ein Therapiemanual gelenkte Psychotherapie dar, hat aber dennoch wesentlich therapeutischen Charakter, insoweit sie sich am psychischen Leiden oder an den vorgebrachten Problemen (Symptomen) ausrichtet mit dem Ziel, die betroffenen Klientinnen in ihrem Gesundungsprozess und in ihrem Bemühen um Problembewältigung (Krisen-, Konfliktlösung) zu unterstützen. Im Wesentlichen ergibt sich das therapeutische Moment dabei – speziell im subjektorientierten Ansatz – aus der *Beziehungsarbeit*, genauer gesagt, aus der Art, wie diese Beziehungsarbeit mit Blick auf die virulenten Probleme (»Störungen«, »Krankheitserscheinungen«) gestaltet wird. Psychosoziale Arbeit ist Beziehungsarbeit in dem Sinne, dass immer im Rahmen einer Beziehung von Klient und Helfer (und ggf. von weiteren Beteiligten) und manchmal – unter Interaktionsaspekten – auch an dieser Beziehung gearbeitet wird. Auf dieser Schiene liegt angesichts von psychischen Problemlagen der Fokus allerdings eher auf den *individuellen Handlungs-, Denk-, Bewertungsmustern*,

den Wirklichkeitskonstruktionen der Klienten. Das gilt üblicherweise als der »Psycho«-Anteil an der psychosozialen Arbeit.

Auf der anderen Seite ist psychisches Leiden aber nicht nur individuelle Erfahrung, sondern zugleich gesellschaftlich vermittelt beziehungsweise sozial und kulturell gerahmt. Unter diesem Gesichtspunkt sind in der psychosozialen Arbeit auch die sozialen Lebensbedingungen der Klientinnen zu beachten (Wohn-, Arbeits-, Familien-, Freizeit-, finanzielle Verhältnisse) und es ist – im Sinne einer Lebensweltorientierung – deren soziale Welt zu berücksichtigen. Unter dem letztgenannten Aspekt spielen beispielsweise auch Fragen von Ausgrenzung oder Isolation, von Hierarchien und Machtverhältnissen, von Gemeinschaft, Kontakten, Gebrauchtwerden eine Rolle. In der psychosozialen Arbeit muss – gemeinsam mit den Klienten – auch im Hinblick auf Probleme, die den sozialräumlichen Kontext betreffen, nach Antworten gesucht werden.

Bausteine psychosozialer Arbeit
Psychosoziale Arbeit gleicht somit einer »offenen Psychotherapie, die soziale Parameter aufzunehmen versucht« (Hermer, 2001, S. 354). Für eine solche hat Hermer einige »Bausteine« zusammengestellt (vgl. S. 354 ff.). Diese scheinen mir im Prinzip auch zur Kennzeichnung einer subjektorientierten psychosozialen Arbeit, welche sowohl Subjektivität wie Sozialität des Individuums zu berücksichtigen und einen Lebensweltbezug herzustellen versucht, geeignet zu sein:
– Probleme nicht reduktionistisch in der Innenwelt der Klienten lokalisieren, sondern auch deren soziale und politische Aspekte beachten (z. B. bei Stigmatisierungsängsten, angesichts ökonomischer Bedrohungen oder politisch-ökologischer Sinnkrisen);
– Orientierung an nicht-individualistischen Ansätzen, die unter dem Aspekt der mitmenschlichen Vernetztheit (Bindung) individuelle Entwicklung als Dialektik von Autonomie und Abhängigkeit betrachten;
– Berücksichtigung auch von – individuelle und Familiendynamiken übergreifenden – Bedingungen der Entfremdung auf gesellschaftlicher Ebene für die Erklärung psychopathologischer Strukturen;
– Einbeziehung der Klientinnen bei der Gestaltung des psychosozialen Hilfeprozesses und bei der Reflexion der Ziele (Subjekt-, Nutzerorientierung, Transparenz, Mitverantwortung der Klienten);
– partnerschaftlicher statt paternalistischer Umgang mit Klientinnen;
– Berücksichtigung prekärer sozialer Lagen (Risikoeinschätzungen);
– ressourcenorientiertes Vorgehen und Beachtung des Konzepts der Salutogenese;
– Arbeiten mit Familien (Angehörigen) und Netzwerken in der Weise, diese auch als Stützsysteme (statt nur als problemyeerinduzierende Instanzen) wahrzunehmen;
– Zusammenarbeit mit Selbsthilfegruppen unter einer Perspektive des Empowerments;

– Respektierung der Bürgerrechte, denen vor gut gemeinten, aber restriktiven Reglements in therapeutischen Settings der Vorrang eingeräumt werden soll;
– Begegnungsräume zur Beziehungsgestaltung unter Klienten zur Verfügung stellen;
– Vermittlung subkultureller Kontexte, in denen sich Klientinnen eigenständige Lebenszusammenhänge aufbauen können (Gemeinschaften zum Wohlfühlen, zur Verhinderung von Vereinsamung);
– Ausbalancierung psychischer und sozialer Hilfen sowie Umsetzung von Methoden konkreter praxisbezogener Hilfen (z. B. bei Mobbing, Stalking-Opfern);
– Integration von Maßnahmen zur Erhöhung der sozialen Kompetenz, zum Umgang mit Geld und/oder zum Erwerb von hauswirtschaftlicher Selbstständigkeit;
– Integration arbeitstherapeutischer und beruflich rehabilitativer Maßnahmen;
– Kooperation mit anderen Diensten und Einrichtungen der (psycho-)sozialen Versorgung.

Die genannten Bausteine psychosozialer Arbeit, die nahtlos in den unter Punkt 2.1.1 vorgestellten Bezugs- und Orientierungsrahmen eingepasst werden können, gälte es nicht nur in Arbeitsbereichen der außerstationären und stationären Psychiatrie zu berücksichtigen, sondern sind generell als Kennzeichen professionellen psychosozialen Handelns zu verstehen, auch in Bereichen der nicht mit der Psychiatrie verzahnten psychosozialen Hilfe und Versorgung.

Die erwähnten Konzepte der Salutogenese, der Netzwerkarbeit, der Arbeit mit Angehörigen sowie des Empowerment werden in den nachfolgenden Punkten dieses Kapitels beschrieben.

Forderungen an sozialpsychiatrisches Arbeiten
Speziell für den Umgang mit Menschen mit psychotischen oder psychiatrischen Problemen sind darüber hinaus in Abgrenzung zur klassisch-psychiatrischen Arbeitsweise einige Forderungen an sozialpsychiatrisches Handeln – nicht zuletzt unter Beachtung der Wünsche und Forderungen der Psychose- oder Psychiatrieerfahrenen selbst – herausgearbeitet worden. An ihnen hätte sich psychosoziale Arbeit im Feld Sozialer Psychiatrie zu orientieren. Sie sollten Eingang finden in die zentralen Arbeitsprinzipien und Arbeitshaltungen psychiatrisch-psychosozialer Arbeit (vgl. auch Kap. 1). Diese Forderungen und Prinzipien sind in Tabelle 4 zusammengestellt. Sie werden hier quasi als *Marker für die Beziehungsgestaltung* lediglich in Form von Schlagworten, kurzen Statements aufgeführt, um sie einprägsam zu übermitteln. In der recht groben Zusammenstellung lässt zugegeben die Trennschärfe zwischen den einzelnen Punkten zu wünschen übrig. Da alle Prinzipien aber an andern Stellen dieses Buches detaillierte Erörterung erfahren, spielt dies im vorliegenden Zusammenhang keine Rolle.

Neuerdings wird zusätzlich mit dem Begriff »Recovery« betont, dass sich sozialpsychiatrisches Handeln unter der Leitidee von Besserung und Genesung an den Gesun-

Tabelle 4: Forderungen an sozialpsychiatrisches Handeln

– Verhandeln statt Behandeln
– Zuhören statt Etikettieren
– Dialog (bzw. Trialog) statt Monologisieren
– »Gespräche statt Medikamente«
– Hilfe zur Selbsthilfe statt Aufdrücken von Fremdhilfe
– Selbstermächtigung fördern (Empowerment) statt bevormundende Fürsorge
– Partizipation ermöglichen statt Compliance einfordern
– Subjektorientierung anstelle von (medizinischer) Diagnoseorientierung
– Kontextualisierung anstelle von Isolierung
– Normalisierung anstelle von Krankensonderbehandlung
– Begegnungsansatz:
→ Begegnen statt technizistisches Therapieren
→Verstehensbegleitung realisieren statt »Unverstehbarkeitsaxiom« vorschützen.

dungskräften der Betroffenen zu orientieren habe und veraltete Annahmen von der »Unheilbarkeit der Erkrankung« aufzugeben sind (vgl. Amering u. Schmolke, 2007).

Aktuelle Versorgungskulturen
Wie bereits im ersten Kapitel ausgeführt wurde, ist psychosoziale Arbeit in »Versorgungskulturen« eingebettet. Unter Punkt 1.2.2 waren hierzu drei einst in der DDR vorherrschende »Kulturen« inhaltlich beschrieben worden; hier nun geht es um die aktuellen. Aus Untersuchungen der Beziehungsformen zwischen Psychiatriepatienten (Langzeitnutzern) und ihren Betreuerinnen (den Professionellen) haben sich aktuell *vier* unterscheidbare Versorgungskulturen extrahieren lassen (vgl. Schürmann, 1997, S. 244–246). Als spezielle Diskursgemeinschaften und »ideelle Milieus« mitsamt den entsprechenden Arbeitshaltungen stellen sie je spezifische Kontexte des Handelns von professionellen Mitarbeiterinnen dar.
– *Fürsorgekultur:* Sie enthält zwei Aspekte – sowohl die wohlwollende Hilfe, aber auch die Bevormundung der Klienten und geht mit einer Einschränkung von deren Autonomie einher. Psychosen werden hier als zerstörerische und sinnlose Prozesse angesehen, meist als organisch bedingt. Ziel ist, Einfluss auf die Klientinnen und deren Lebensumstände (Tagesstrukturierung, Wohnen, Arbeiten) zu nehmen, um sie weitgehend an eine Normalbiografie anzupassen. Das Beziehungsverhältnis zwischen Profis und Klienten ist durch eine erhebliche Machtdifferenz gekennzeichnet.
– *Behandlungskultur:* Im Vordergrund stehen medizinische Behandlung oder Psychotherapie, in Abhängigkeit davon, ob man von einem biomedizinischen Krankheitsmodell ausgeht oder von psychologischen Störungstheorien. Die Be-

handlungskultur ist auch bei einem psychologischen Ätiologie-Modell experten-orientiert und strebt eine weitest gehende »Heilung« der Klienten an. Je nach Konzept folgen die Methoden einem mehr oder weniger starren Ablaufschema. Die Beziehungsgestaltung ist auch hier durch Machtdifferenzen gekennzeichnet, aber die Asymmetrie scheint sich durch das jeweilige therapeutische Konzept rechtfertigen zu lassen. Jedenfalls bieten psychotherapeutische Vorgehensweisen Raum für die Selbstthematisierung der Klienten.

– *Pädagogische Kultur:* Sie ist durch normative Zielvorgaben gekennzeichnet, die durch pädagogische Mittel (erlebnisorientierte Aufgaben, Aufklärungen, Hinweise) durchgesetzt werden sollen. Die Klientinnen sind gehalten, sich den Vorgaben und auch den Strukturen der Einrichtung anzupassen. Sie werden weniger als »krank«, sondern eher als »zeitweilig behindert«, aber entwicklungsfähig angesehen und als selbstverantwortliche Personen in ihrem Verhalten moralisch bewertet. In dem Beziehungsverhältnis zwischen Profis und Klienten ist eine Gleichstellung nicht gegeben und auch nicht angestrebt.

– *Empowerment-Kultur:* Mit ihr ist die Abgabe von Expertenmacht verbunden und die Förderung von Selbstbestimmung und Selbstbefähigung der Klienten. Aufgabe der Profis ist es hier, Bedingungen für die Klienten zu schaffen, damit diese sich nach eigenen Vorstellungen entwickeln und ihre Ressourcen nutzen können. Den Klienten wird nicht mit einem Defizitblick, sondern mit einem ressourcenorientierten Blick begegnet und die Haltung ihnen gegenüber ist von Wertschätzung und Respekt geprägt. Die Machtverhältnisse können als ausgeglichen angesehen werden, es besteht eine Struktur der Zusammenarbeit anstelle einer Hierarchie.

In Kapitel 1 ist schon verdeutlicht worden, dass die im psychiatrischen Bereich oft noch vorherrschende Fürsorgekultur mit einem Denken gemäß der biologischen Psychiatrie (im Hinblick auf die Ätiologie von Psychosen) oder mit dem medizinischen Krankheitsmodell bei psychischen Störungen verbunden ist, welches von der Sozialpsychiatrie dezidiert abgelehnt wird. Sozialpsychiatrisches Vorgehen ist deshalb vorwiegend durch die anderen Kulturen, innerhalb derer den Klientinnen etwas mehr Selbstbestimmungsrecht eingeräumt wird, gerahmt. Dennoch wird Fürsorge natürlich auch innerhalb der Gemeindepsychiatrie angeboten, auch wenn man sich hier bemüht, den Bevormundungsaspekt etwas zurückzudrängen.

Bei den dezidiert sozialpsychiatrischen Vorgehensweisen (z. B. gemäß den »Leitlinien klinischen Handelns« nach Mosher u. Burti oder gemäß Ciompis »Regeln für eine sozialpsychiatrische Behandlung« oder gemäß dem »Begegnungsansatz« nach Dörner u. Plog; s. Punkt 2.2.1), handelt es sich – von den Haltungen her – um eine Mischung aus etwas wohlwollender Fürsorge, wenn unbedingt nötig, ein wenig helfender Pädagogik, etwas therapeutischer Behandlung und gegebenenfalls etwas Empowerment. Diese Vorgehensweisen können als *subjektorientierte psychosoziale Ansätze* bezeichnet werden. Daneben lassen sich die *systemischen Ansätze* (s. Kap. 3) entweder der psychotherapeutischen Behandlungskultur oder – mehr noch – der

Empowerment-Kultur zuordnen, auf keinen Fall aber wären sie mit der Fürsorge-kultur oder mit einer pädagogischen Kultur kompatibel.

Die Empowerment-Kultur war zum Zeitpunkt der Untersuchung noch wenig verbreitet. Der *Begriff* Empowerment ist inzwischen zwar in vieler Munde und wird gern allerorten auf die Fahnen geschrieben, aber inwieweit ein entsprechendes Vor-gehen in der praktischen Arbeit gerade mit Psychoseerfahrenen tatsächlich verbrei-tet umgesetzt wird, darf in Zweifel gezogen werden. Im folgenden Abschnitt (Punkt 2.1.3) wird dieser Ansatz – neben anderen für die psychosoziale Arbeit (nicht nur im Psychiatriebereich) relevanten Konzepten und Methoden – einer näheren Be-trachtung unterzogen.

2.1.3 Relevante Konzepte und Arbeitsansätze für die Soziale Psychiatrie

In diesem Abschnitt werden in einzelnen Unterpunkten die folgenden Konzepte und Arbeitsansätze besprochen: Empowerment, Partizipation, Salutogenese, Theo-rie sozialer Netzwerke/Netzwerkarbeit, Psychoedukation sowie Selbstsorge.

Empowerment

- »Arbeitsdefinition« und Realisierbarkeit

Mit Empowerment ist die Idee gemeint, die Eigenmacht der Klienten zu stärken. Angestrebt ist hiermit deren Selbstbefähigung beziehungsweise Selbstbemächtigung in dem Sinne, dass sie Macht und Einfluss gewinnen oder zurückgewinnen, um ihr Geschick in die eigenen Hände zu nehmen und ihr Leben zu meistern. Dies setzt seitens der Profis eine ressourcenorientierte Haltung voraus sowie die Anerkennung der als »psychisch krank« bezeichneten Menschen als eigenständig handelnde Sub-jekte, die über Fähigkeiten und Kompetenzen verfügen, welche sie erwecken, nut-zen, ausbauen, weiterentwickeln können.

Zur Einstimmung in diesen Ansatz sei von der Betroffenenseite her eine »Arbeits-definition« von Empowerment aufgeführt, die von einer amerikanischen Selbsthil-febewegung in 15 Punkte gefasst wurde (vgl. Knuf u. Seibert, 2000, S. 18 f.).

Demnach gehören zum *Erfahren von Eigenmacht* die folgenden Aspekte:

- die Fähigkeit, eigene Entscheidungen zu treffen;
- über den Zugang zu Informationen und Ressourcen zu verfügen;
- über Handlungsalternativen zu verfügen, unter denen man wählen kann;
- Durchsetzungsfähigkeit;
- das Gefühl zu haben, etwas bewegen zu können;
- kritisch denken zu lernen (Lebens- statt Krankengeschichte erzählen);
- Wut erkennen und äußern zu lernen;
- sich als Teil einer Gruppe zu begreifen;

– zu realisieren, dass man – wie jeder Mensch – auch als Psychiatriepatient Rechte hat;
– Veränderungen im eigenen Leben und im Umfeld zu bewirken;
– neue Fähigkeiten zu erlernen, die einem selbst und nicht dem Profi wichtig sind;
– Fehlwahrnehmungen oder Vorurteilen bezüglich der eigenen mangelnden Handlungskompetenz oder Unfähigkeit entgegenzuwirken;
– »Coming out« im Hinblick auf die eigene Erkrankung und das Leiden;
– sich in einen nie abgeschlossenen, fortlaufenden, selbst gesteuerten Prozess innerer Entwicklung zu begeben;
– sich ein positives Selbstbild entgegen der Stigmatisierung zu erarbeiten und das eigene Leben aktiv zu gestalten.

»An diesen Bausteinen muss sich professionelle Arbeit orientieren, will sie die Betroffenen im Sinne der Selbstbefähigung unterstützen«, heißt es zum Abschluss dieser Auflistung (S. 19). Damit wird der Aspekt verdeutlicht, dass »echtes« Empowerment nur von den Betroffenen selbst vollbracht werden kann. Aufgabe der Professionellen kann es lediglich sein, die Klientinnen in deren Selbstbemächtigungsprozessen zu unterstützen, mithin Empowerment fördernde Rahmenbedingungen anzubieten und geeignete Beziehungsformen zu realisieren. Verglichen mit herkömmlicher psychiatrischer Behandlung, in der die Selbstbefähigung der Klienten eher blockiert als gefördert wird, wäre dies allerdings ein enormer Fortschritt.

Von Knuf und Seibert (sowie anderen Co-Autorinnen und -Autoren des Buches »Selbstbefähigung fördern«, 2000) werden verschiedene Realisierungsmöglichkeiten einer Empowerment-Strategie im Psychiatriebereich für unterschiedliche Settings, Problemfelder und Auftragslagen aufgezeigt. Darunter werden Themen der Gesundheitsförderung und der Psychosentherapie, der Aufklärungsarbeit, des Informationsaustausches, der Nutzermitbestimmung und der Psychiatrieselbsthilfe sowie Fragen über Krankheitsbewusstsein und Identitätsstabilisierung aufgegriffen. Darüber hinaus werden Vorgehensweisen für die Vermittlung von Konflikten im sozialen Umfeld (Mediation), für die Krisenhilfe und für die Verständigung über die Psychopharmaka-Einnahme beschrieben.

Es ist jedoch noch nicht ausgemacht, inwieweit die Empowerment-Strategie von einem sozialpsychiatrischen Ansatz her auch wirklich breit gefächert in der Praxis umgesetzt werden kann – was nach meinem Dafürhalten auch die Interviews, die von Ralf Quindel (2004) mit Mitarbeitern von Sozialpsychiatrischen Diensten durchgeführt worden sind, belegen. Dies mag daran liegen, dass es sich beim Empowerment-Ansatz im Kern nicht um ein definiertes Arbeitskonzept für die psychiatrisch-psychosoziale Praxis handelt, sondern um eine *professionelle Haltung*, die es unter den Gesichtspunkten von Subjekt-, Autonomie- und Bedürfnis, Kompetenz- und Ressourcenorientierung (vgl. den Orientierungsrahmen unter Punkt 2.1.1) zu erarbeiten gilt. Für die Umsetzung dieser Haltung und des daraus folgenden professionellen Handelns kann man sich im sozialpsychiatrischen Feld oder in der

»subjektorientierten Psychiatrie« – anders als beim systemischen Ansatz – nicht auf ein stringentes Gerüst von theoretisch begründeten Prämissen und *Techniken* (z. B. Fragetechniken, Interventionsformen) berufen, sondern muss die eher allgemein gehaltenen Vorgaben für eine Empowerment-Strategie – quasi kreativ – in der praktischen Arbeit mit Psychoseerfahrenen zu realisieren versuchen. Wenn man hierbei, beispielsweise als Mitarbeiterin eines Sozialpsychiatrischen Dienstes, nicht nur mit dem Konflikt zwischen Hilfe und Kontrolle konfrontiert ist, sondern auch noch in einem »Spannungsfeld zwischen Kundenorientierung und biologisch-medizinischem Modell« steht (Quindel, 2004, S. 204), dürfte dies nicht einfach zu bewerkstelligen sein. (Nützliche Hinweise zur Umsetzung einer Empowerment-Strategie in der psychiatrischen Arbeit finden sich aber bei Andreas Knuf, 2006.)

• Vorgeschichte und verschiedene Diskursebenen
Ursprünglich hatte der Begriff »Empowerment« nichts mit professionellen Haltungen oder Handlungskonzepten im psychosozialen Arbeitsfeld zu tun, sondern entstand im Kontext der Befreiungsbewegung der Schwarzen in den USA (»black is beautiful«) und der amerikanischen Frauenbewegung. Dort ging es um die Auflehnung gegen Unterdrückung und Machtlosigkeit und das Gewinnen von Stärke und Kraft (vgl. Knuf u. Seibert, 2000, S. 5).

In Deutschland kam die Übertragung des Empowerment-Gedankens auf die psychiatrisch-psychosoziale Arbeit mit Einzelnen erst in jüngerer Zeit – und zwar im Zusammenhang mit der Förderung der Selbsthilfe Betroffener – zum Tragen. Unter diesem Gesichtspunkt kann Empowerment als konsequente Vertiefung oder als eine radikalere Form des schon lange für die Soziale Arbeit geltenden Prinzips der »Hilfe zur Selbsthilfe« angesehen werden. Neben der aktuellen Rezeption von Empowerment als *Haltung und Handlungsstrategie* speziell im Umgang mit Psychiatrieerfahrenen lassen sich aber noch zwei andere Diskursebenen differenzieren (vgl. Quindel, 2004, S. 190): Mitte der 1980er Jahre war Empowerment von der Gemeindepsychologie (Keupp und anderen) zunächst als allgemeines *sozialpolitisches Konzept*, als Gegenmodell zur fürsorglichen Belagerung, aufgegriffen worden.

Des Weiteren erfolgte dann (ebenfalls aus dem Kreis der Gemeindepsychologen) die Anwendung des Empowerment-Gedankens auf die Selbsthilfebewegung und in Selbsthilfegruppen. In diesem Kontext wurde Empowerment als *kollektiver Prozess der Bemächtigung* verstanden (vgl. S. 190), eine Differenzierung von individueller Ebene, Gruppenebene und politisch-struktureller Ebene herausgearbeitet und deren Verzahnung im Hinblick auf Bemächtigungsprozesse betont (s. Stark, 1996). Demnach dürften »Empowerment-Prozesse nicht auf eine einzelne Ebene [etwa die individuelle] beschränkt werden«, vielmehr läge »die Kraft dieser Prozesse [...] gerade in der wechselseitigen Abhängigkeit und Integration von Veränderung auf individueller, gruppenbezogener und struktureller Ebene« (Stark, 2002, S. 61). Dieser Ansatz scheint sich nach meiner Einschätzung einer Art »Moral des Protests« oder eines »normativen Menschenbildes von allzeit kämpfenden Menschen« (Keupp) zu bedienen und dürfte so einigen Druck auf die Selbsthilfebewegten ausüben (vgl. die Diskussion zwischen Heiner Keupp, Albert Lenz und Wolfgang Stark zum Thema »Entwicklungslinien der Empowerment-Perspektive in der Zivilgesellschaft«; in Lenz u. Stark, 2002).

Erst im dritten Anlauf ging es um die Realisierung einer Empowerment-Strategie *in der Begegnung* von Professionellen und (Psychiatrie-)Patienten, die frei sein sollte von expertendominierten normativen Vorgaben und – subjektorientiert – vor allem, aber nicht nur(!), auf der individuellen Ebene angesiedelt wurde. Hierfür sind nun noch die professionellen Handlungskonzepte in Augenschein zu nehmen.

- Haltung und Handlungskonzepte

»Empowerment-Arbeit erfordert eine veränderte professionelle Haltung, aus der sich dann auch veränderte Methoden ergeben« (Knuf, 2000b, S. 40). Der erforderlichen Haltung wird die »Theorie der Menschenstärken nach Weik« zugrunde gelegt. Diese beinhaltet die Annahme, dass jeder Person eine natürliche Kraft (Lebenskraft, Lebensenergie, heilende Kraft) innewohne, welche durch den Prozess des Empowerment erweckt werden könne. Voraussetzung hierfür sei ein »sensibles Gespür für die Ressourcen der Menschen, ihre Talente, Erfahrungen und Ansprüche« (vgl. S. 40).

Für die Verwirklichung einer Empowerment-Haltung sind nach Knuf *drei Komponenten* von Belang. Diese betreffen ein »Vertrauen in die Fähigkeit jedes Menschen«, eine »nicht beurteilende Grundhaltung« sowie »passive Aktivität«[11] (vgl. S. 41–44; s. Tabelle 5).

Tabelle 5: Drei Komponenten einer Empowerment-Haltung seitens der Professionellen

Vertrauen in die Fähigkeit jedes Menschen Fähigkeiten von Psychiatriebetroffenen gilt es wahrzunehmen, zu würdigen und zu fördern. Beispielsweise können Betroffene oft sehr gut angeben, was sie in Krisen brauchen oder wie sie sich die Lösung aktueller Schwierigkeiten vorstellen. Man fragt sie nur zu selten danach! **Nicht beurteilende Grundhaltung** Es gilt, den Eigen-Sinn der Klientinnen zu respektieren, auch unter Umständen unkonventionelle Lebensentwürfe zu akzeptieren und die Betroffenen auf diesen Wegen gegebenenfalls zu unterstützen. **Passive Aktivität** Statt Lösungswege vorzugeben und »fürsorglichen Aktivismus« zu betreiben, ist professionelle Zurückhaltung gefragt. Vorausgesetzt wird hierfür »Vertrauen in die Fähigkeiten des Gegenübers«. Ein weiterer Aspekt ist die Beachtung der »Eigenzeit« der Klienten, statt ungeduldig Veränderungsdruck auszuüben. Wenn aber in akuten Krankheitsphasen viel Unterstützung benötigt und auch angeboten worden war, muss diese später (»zum rechten Zeitpunkt«) dann auch wieder zurückgenommen werden.

Mit der Empowerment-Haltung soll verhindert werden, dass Psychoseerfahrene in einen Zustand der Demoralisierung geraten und ermöglicht werden, dass sie ein Gefühl der Einflussnahme zurückgewinnen (s. a. Knuf, 2006). Von Interesse ist hier auch der Salutogenese-Ansatz nach Antonovsky, insbesondere sein Konzept des »Kohärenzgefühls«, das noch beschrieben wird.

Wie sehen nun die Handlungsstrategien aus? Zwei zentrale (gemeindepsychologische) Konzepte spielen – laut Lenz (2002) – eine grundlegende Rolle: die *Partizipation* im Sinne einer Beteiligung der Betroffenen am Hilfeprozess und die *Ressourcenaktivierung*. Zusätzlich gilt auch noch das *Konzept des sozialen Netzwerks* als »Schlüsselbegriff im professionellen Empowerment« (S. 31).

Nach dem Ansatz der Partizipation übernehmen die Betroffenen, mithin die Klienten, von Anfang an Verantwortung für das weitere Vorgehen in dem – von den psychosozialen Fachkräften begleiteten – Hilfeprozess. Sie wägen Vorschläge (auch z. B. von Außenstehenden) ab, erarbeiten Bewältigungsmöglichkeiten und suchen nach Lösungswegen ihrer Probleme in »Verhandlung« mit den und unterstützt durch die Professionellen.

Die Ressourcenaktivierung hat das Ziel, den »Handlungs- und Möglichkeitsraum der Betroffenen wieder zu erweitern, indem [...] Wege beleuchtet [...] werden, wie sie Gefühle der Beeinflussbarkeit, der Kontrolle und Selbstwirksamkeit entdecken bzw. für sich (wieder) verfügbar machen können« (Lenz, 2002, S. 25).

Im Hinblick auf die Funktion von Ressourcen wird unter anderem auf die Stress- und Bewältigungsforschung rekurriert. Hier findet man auch die Unterscheidung von *personalen Ressourcen* (im Verlauf der Lebensgeschichte erworbene Handlungskompetenzen und Verarbeitungsstile, insbesondere Kontrollüberzeugungen und Selbstwirksamkeitserwartungen) und *sozialen Ressourcen*. Letztere sind vor allem durch das Vorhandensein eines hilfreichen sozialen Netzwerks gegeben, welches in Belastungs- und Krisensituationen soziale Unterstützung (»social support«) anzubieten vermag. Aus der Sicht der Gemeindepsychologie ist insbesondere auch der über die Familie hinausgehende soziale Kontext zu beachten: die Gemeinschaft, sozialökologische und politische Bedingungen, materielle und soziokulturelle Ressourcen. Empowerment-Prozesse hätten hiernach also nicht nur auf der individuellen Ebene, sondern auch an diesen Kontexten anzusetzen, das heißt, es wäre beispielsweise die Mitgestaltung ihrer sozialräumlichen (alltäglichen) Lebenswelt durch die Betroffenen zu fördern, ihre Teilnahme an Stadtteil-Aktionen oder Bürgerinitiativen.

Vor diesem Hintergrund werden von Albert Lenz für das konkrete Vorgehen in der professionellen Empowerment-Arbeit verschiedene *Methoden zur Ressourcenakti-*

---

11 Unter diesem Aspekt kritisiert Knuf (2000b) auch die aktuellen Bemühungen, unter dem Gesichtspunkt des Qualitätsmanagements »professionelle Fertigprodukte« anzubieten, die als »personenzentrierte Hilfen« ausgegeben und in Form von strukturierten Hilfeplänen mit engen Zeithorizonten vorgegeben werden. Denn »Empowerment-Prozesse lassen sich nicht planen, erst recht nicht von professioneller Seite« (S. 44).

vierung aufgezeigt. Hierbei ist meines Erachtens besonders bemerkenswert, dass die ressourcenaktivierenden Vorgehensweisen, auf die es ankommt – speziell jene, die zentral auf der personalen Ebene wirken –, aus der systemischen Perspektive(!) entnommen werden. Von Lenz werden beispielsweise insbesondere systemisch-lösungsorientierte sowie narrativ-systemische Ansätze aufgegriffen (s. dazu Punkte 3.3 und 3.6). Das verweist darauf, dass das erforderliche Handwerkszeug zur Umsetzung von professionellem Empowerment von der Gemeindepsychologie oder einem subjektorientierten psychosozialen Ansatz her nur unzureichend geliefert wird. Allerdings lassen sich zwei Methoden gemeindepsychologischer Provenienz aufführen:

– *Verfahren der Netzwerkförderung (Netzwerkinterventionen):* Ausgangspunkt entsprechender Methoden, die darauf abzielen, kontextbezogene Ressourcen oder Hilfepotenziale in der alltäglichen Lebenswelt der Menschen anzustoßen, sind laut Lenz Befunde aus der Social-Support-Forschung, welche belegen, dass Belastungs- und Krisensituationen (Trennung, Berufsstress, Arbeitslosigkeit o. Ä.) besser bewältigt werden, wenn ein vertrauensvolles Netzwerk sozialer Beziehungen vorhanden ist.

  Professionelle Handlungsstrategien setzen hier zum einen an der personalen Ebene an, indem sie versuchen, die »individuelle Netzwerk-Orientierung« der betroffenen Menschen zu fördern. Dies beinhaltet unter anderem die »Auseinandersetzung mit dem bestehenden sozialen Gefüge« und beispielsweise eine »Ermutigung zur Intensivierung bestehender Beziehungen« (S. 38). Zum anderen zielen Strategien auch auf die unmittelbare Förderung eines jeweiligen Netzwerks, mithin auf die alltäglichen Beziehungsstrukturen der Personen, ab. Dies geschieht in dem Bemühen, strukturelle Veränderungen (z. B. verbesserte unterstützende Interaktion und Kooperation) anzustoßen oder neue (»künstliche«) Netzwerke (z. B. soziale Unterstützungsgruppen, Selbsthilfegruppen) zu initiieren (s. a. Röhrle, Sommer u. Nestmann, 1998).

– *Moderations- und Mediationsverfahren:* Eine Moderatorin im psychosozialen Bereich hätte die Aufgabe, in Gesprächen die Beteiligten eines Netzwerks, die sich in problematischen Mustern festgefahren haben, zum Austausch ihrer Stellungnahmen und Problemsichten anzuregen und so einen Prozess wechselseitigen Verstehens einzuleiten.

  Die mit der Moderation eng zusammenhängende Mediation stellt einen Klärungs- und Aushandlungsprozess dar. Sie dient speziell der Vermittlung bei Konflikten zwischen Kontrahenten und verfolgt das Ziel, über Deeskalation und Kompromissbildungen eine einvernehmliche Regelung zu erreichen, bei der es weder Gewinner noch Verlierer gibt. Dieses ursprünglich bei der Trennungs- und Scheidungsberatung eingesetzte Verfahren wird von Seibert (2000b) unter der Empowerment-Perspektive auch auf den psychiatrisch-psychosozialen Bereich übertragen. Der Autor schildert hierzu das Beispiel eines Konflikts zwischen einem jungen Mann, der davon überzeugt ist, dass das von seiner Mutter gekochte

Essen vergiftet ist, und seinen Eltern, die ihren Sohn am liebsten einweisen lassen würden.

Die Mediation erfordert, alle am Prozess Beteiligten in ihrer Subjektivität ernst zu nehmen und als gleichberechtigte Partner teilhaben zu lassen. In dem in Gang kommenden Austausch- und Klärungsprozess hat der Mediator auf die Einhaltung von Gesprächsregeln zu achten (z. B.: andere ausreden lassen, keine Bewertungen vornehmen, keine Beleidigungen, Ich-Botschaften senden, nicht interpretieren). Er selbst sollte sich gegenüber den Konfliktbeteiligten als neutraler Berater zeigen. Die Mediation ist explizit kein therapeutisches Verfahren, aber Seibert weist nicht zu unrecht auf Ähnlichkeiten mit der Gesprächstherapie und der systemischen Familientherapie hin. Dies scheint mir vor allem unter dem Gesichtspunkt, dass das »zur Sprache bringen« der verschiedenen Sichtweisen (Wahrnehmungen, Gefühle, Vorstellungen) den »Kern des Mediationsverfahrens« ausmacht (vgl. S. 101) von Belang.

- Grenzen und Einschränkungen

Als Begrenzungen einer Empowerment-Strategie werden genannt:

1. akute Hilfsbedürftigkeit der Betroffenen in Krisen- und Konfliktsituationen mit großem Problem- und Leidensdruck, also Phasen, in denen die Klientinnen in eine passive und abhängige Rolle regredieren und nichts als Sicherheit und Versorgung wünschen sowie

2. Situationen, in denen Gewalt und Bedrohung vorherrschen beziehungsweise von erheblicher Eigen- und/oder Fremdgefährdung ausgegangen werden muss (vgl. Lenz, 2002, s. a. Quindel, 2004).

Im Falle von Regression möchte man also die Betroffenen vor den »Zumutungen« der Empowerment-Perspektive bewahren und ihren passiven Wünschen, geschützt und versorgt zu werden, entgegen kommen. Im Falle von Gewalt, von Auto- und/oder Fremddestruktivität möchte man – gleichwohl unter Beachtung der »sensiblen Balance« zwischen Hilfe und sozialer Kontrolle – zugunsten einer »legitimen Machtausübung« auf Empowerment lieber verzichten (vgl. Lenz, 2002).

Gerade im Hinblick auf diese beiden heiklen Aspekte, die in der psychiatrisch-psychosozialen Arbeit eine große Rolle spielen, offenbaren sich meines Erachtens einige Unsicherheiten und Ambivalenzen der Empowerment-Perspektive. Es bleibt unklar, nach welchen Kriterien den regressiv passiven Bedürfnissen oder den aggressiv destruktiven Wünschen der Betroffenen Raum gegeben werden soll, wie lange sie geduldet und ab wann sie zurückgewiesen werden sollen. Man scheint ihnen gleichzeitig nachgeben und nicht nachgeben zu wollen. Hier bietet die systemische Perspektive sowohl für den Fall von akuten Krisensituationen als auch hinsichtlich der Differenzierung von Hilfe, Beratung und Kontrolle meines Erachtens klarere Orientierungen für das professionelle Handeln in der Praxis (vgl. Kap. 3).

• Resümee zur Empowerment-Perspektive

Es handelt sich hier um einen sehr viel versprechenden Ansatz, dem – mit der Akzentuierung einer ressourcenorientierten Blickweise – große Bedeutung für die Reformierung der Begegnungsformen zwischen Professionellen und Betroffenen im Psychiatriebereich zukommt. Allerdings ist in erster Linie die entsprechende professionelle *Haltung* profund ausgearbeitet, während die daraus resultierenden *Handlungsstrategien* noch etwas mager wirken. Das konkrete Vorgehen zur Ressourcenaktivierung auf der »personalen Ebene« (wie auch das Handeln angesichts von Regression und Gewalt) bleibt recht dürftig umrissen, so dass hierfür zusätzlich auf Methoden der systemisch-therapeutischen Perspektive zurückgegriffen werden muss. Diese Sachlage könnte die Orientierung von Praktikerinnen, die ihr professionelles Handeln stringent an der Empowerment-Perspektive ausrichten möchten, erschweren. Derzeit muss man feststellen, dass eine breite Anwendbarkeit dieses Ansatzes im Praxisfeld noch nicht gegeben ist oder dessen praktische Umsetzbarkeit noch auf etwas wackligen Füßen steht (zur Verbesserung des erforderlichen »Knowhow« s. aber Knuf, 2006).

Partizipation

Bisher nur als Bestandteil einer Empowerment- Strategie beschrieben, kann die Partizipation auch als eigenständiges Konzept betrachtet werden. Gemeint ist die Beteiligung der Hilfesuchenden oder Betroffenen am Hilfeprozess, mithin deren (Mit-)Verantwortung für das gesamte Vorgehen, von der Zielformulierung über die Auswahl jeweiliger Behandlungsschritte bis hin zur Ergebnisbewertung. Demnach hat die Durchführung eines Hilfeverfahrens, eines Behandlungsprogramms oder einer Beratung nicht allein nach Maßgabe der Fachkräfte zu erfolgen, sondern macht Schritt für Schritt eine Abstimmung oder Aushandlung über Ziele, Bewältigungsversuche und Lösungsoptionen mit den Klientinnen erforderlich. Für die Umsetzung eines solchen partizipativen Modells wird von den Professionellen erwartet, dass sie den Hilfesuchenden Selbsthilfefähigkeiten und Kompetenzen prinzipiell zuerkennen, deren Selbstbestimmung und Selbstverantwortlichkeit achten sowie fördern und selber bereit sind, Expertenmacht zurückzugeben.

Partizipation stellt gewissermaßen das psychosoziale Gegenmodell zur *Compliance* (der gefälligen einseitigen Mitwirkungspflicht seitens des Patienten) dar, welche in therapeutischen Beziehungen nach dem medizinischen Modell, in ärztlicher Expertenmanier von den Klienten eingefordert wird. Ein Vorgehen nach dem Partizipationsmodell erfordert ein Offenlegen der Hilfestruktur (Transparenz) und entsprechende Aufklärung und Informierung der Klientinnen, wobei Aufklärung und Informationsvermittlung (z. B. auch über die Wirkung von Medikamenten) von vornherein so gestaltet werden soll, dass – unter Berücksichtigung der Wünsche und Befürchtungen der Betroffenen – Entscheidungsspielräume eröffnet und Anregungen zu aktiver Beteiligung und Mitwirkung im Hilfeprozess gegeben werden (vgl. Knuf: »Aufklärung und Informationsaustausch als Empowerment-Strategie«

sowie die Beiträge von Aderhold u. Bock sowie Zaumseil in Knuf u. Seibert, 2000; ferner Lenz, 2002).

Als Resümee zum Thema Partizipation lässt sich Folgendes festhalten: Zwar muss man davon ausgehen, dass sich die Asymmetrien, die einer professionellen Hilfebeziehung zwischen einer hilfsbedürftigen, Leid geplagten Klientin und einem fachkompetenten (ggf. distanzierten) Helfer innewohnen, nicht gänzlich ausräumen lassen, dass also das »Aushandeln und Verhandeln« der Bewältigungsversuche nicht wirklich auf genau »gleicher Augenhöhe« vonstatten gehen wird. Aber mit dem Partizipationsmodell (i. S. v. Teilhabe und aktiver Mitwirkung der Betroffenen) kann den Gefahren von Dominanz, Bevormundung oder gar Manipulation durch die Professionellen jedenfalls etwas vorgebeugt werden.

Allerdings ist anzumerken, dass – wie schon beim »personalen« Empowerment – auch in puncto »Partizipation« von der *systemischen Perspektive* eine klarere Orientierung gegeben werden kann (s. auch Lenz zur »systemischen Kontraktbildung«; 2002, S. 22 ff.). Dies geschieht dort durch eine »Klärung des Auftrags- und Überweisungskontextes« zu Beginn jedes Hilfeprozesses sowie durch ein Begreifen der Klientinnen als »Kundige« (Hargens, 1993) bezüglich ihrer eigenen Probleme, Lebenssituationen und darin enthaltenen Lösungsmöglichkeiten (Weiteres s. Kap. 3).

Salutogenese
Im Zuge der Wendung der Blickrichtung psychosozialer Arbeit von der herkömmlichen Defizitorientierung zu einer stärker ressourcenorientierten Betrachtungsweise ist das insbesondere von der Gemeindepsychologie aufgegriffene Salutogenese-Modell von Aaron Antonovsky (1997) auch für den psychiatrisch-psychosozialen Bereich verstärkt rezipiert worden. Darüber hinaus hat es generell in den Gesundheits- und Pflegewissenschaften breite Anwendung gefunden (vgl. Wydler, Kolip u. Abel, 2002). In Abkehr von dem im medizinischen und psychosozialen Versorgungssystem bislang vorherrschenden pathogenetischen Paradigma, in dem auf pathologische Prozesse, krank machende Faktoren und Krankheitsentwicklung (also die »Pathogenese«) fokussiert wird, werden mit dem Ansatz der Salutogenese die gesund machenden beziehungsweise (psychische und körperliche) Gesundheit erhaltenden Faktoren, die Ressourcen und Potenziale ins Zentrum des Interesses gerückt. Die zentrale Frage lautet dann nicht mehr: »Wie wird man krank?«, sondern: »Wie bleibt man gesund?«.

Ein Kernelement des salutogenetischen Ansatzes von Antonovsky ist das *Kohärenzgefühl* (»sense of coherence«). Dieses Konzept beschreibt die Fähigkeit von Individuen, auch angesichts von psychosozialem Stress, individueller Überforderung und/oder sozialer Desorganisation ein Gefühl von *Verstehbarkeit*, Sinnhaftigkeit, *Bedeutsamkeit* sowie *Handhabbarkeit* zu entwickeln. Das für den Erhalt der Gesundheit ausschlaggebende Kohärenzgefühl setzt sich somit aus diesen drei Gefühlskomponenten zusammen (vgl. Antonovsky, 1997, S. 34 ff.). Diese sind in Tabelle 6 zusammengestellt und erläutert.

Tabelle 6: Die drei Komponenten des Kohärenzgefühls (nach Antonovsky)

Gefühl der Verstehbarkeit (»sense of comprehensibility«)
Gemeint ist die Fähigkeit, Ereignisse, mit denen man konfrontiert ist, einordnen und erklären zu können, statt sie als willkürlich, zufällig und unerklärlich wahrzunehmen.

Gefühl der Handhabbarkeit oder Bewältigbarkeit (»sense of manageability«)
Es geht um die Wahrnehmung, über geeignete Ressourcen zu verfügen, um den Anforderungen begegnen zu können (und sei es auch nur, dass man jemanden hat, auf den man zählen kann). Bei einem hohen Maß an Überzeugung, dass Schwierigkeiten bewältigbar sind, wird man sich nicht in die Opferrolle gedrängt oder vom Leben ungerecht behandelt fühlen.

Gefühl der Sinnhaftigkeit oder Bedeutsamkeit (»sense of meaningfulness«)
Gemeint ist die Einschätzung, dass die im eigenen Leben erfahrenen Herausforderungen »Sinn machen« und emotional bedeutsam sind, und dass die in einem emotional als sinnvoll empfundenen Leben gestellten Probleme und Anforderungen es wert sind, »Energie« in sie zu investieren.

Die einzelnen Gefühlskomponenten, die verschieden stark ausgeprägt sein können, bestimmen in ihrem Zusammenwirken und in ihrer Gesamtheit die Stärke des Kohärenzgefühls einer Person. Das Gefühl der Bedeutsamkeit gilt Antonovsky allerdings als die wichtigste, letztlich ausschlaggebende Komponente des Kohärenzsinns. Auf jeden Fall entscheidet nach diesem Konzept das Ausmaß der drei Gefühlskomponenten darüber, wie groß die psychosozialen *Widerstandsressourcen* einer Person sind, um mit Stressoren (Bedrohungen, Belastungen, kritischen Lebensereignissen oder Katastrophen etc.) fertig zu werden und sich so vor Erkrankungen zu schützen.

Aufbauend auf den im individuellen Lebenslauf als stabile, dauerhafte Orientierung bereits ausgebildeten »generalisierten« Widerstandsressourcen[12] könnten auch je aktuelle soziale Ressourcen und Stressoren mit darüber entscheiden, in welchem Ausmaß das Kohärenzgefühl und die damit verbundene Fähigkeit, Krisen- und Belastungssituationen zu bewältigen, entwickelt werden kann (vgl. Wydler et al., 2002).

Unter diesem Gesichtspunkt dürfte es von Belang sein, inwieweit das psychiatrisch-psychosoziale Versorgungssystem von den Klientinnen eher als sozialer Stressor oder als soziale Ressource wahrgenommen wird. Hier spielt auch beispielsweise die Frage eine Rolle, welche Art von professionellem Handeln welchen Einfluss auf die Gefühle der Verstehbarkeit, der Handhabbarkeit und der Bedeutsamkeit bei den Klienten haben könnte (vgl. Knuf, 2000b, S. 39); oder die Frage, wie gerade bei jenen Menschen, bei denen aufgrund ihrer Erfahrungen der Krise oder des Krankheitsge-

---

12 Zu den »generalisierten Widerstandsressourcen« gehören nach Antonovsky auch biochemische (z. B. Immunsystem), materielle (z. B. Geld), kognitiv-emotionale (z. B. Wissen, Bildung), interpersonale (z. B. sozialer Rückhalt), makro-soziokulturelle (z. B. kulturelle oder religiöse Verbundenheit) und nicht zuletzt effektive Bewältigungsstile (vgl. Lenz 2002, S. 28).

schehens eine Verringerung des Kohärenzsinns anzunehmen ist, diese Gefühle wieder aktiviert werden könnten (vgl. S. 39). Lenz (2002) weist darauf hin, dass Antonovsky speziell den »partizipativen Lebenserfahrungen [. . .] eine entscheidende Rolle bei der Entwicklung des Kohärenzgefühls« zuschreibt (S. 15). Es ginge also darum, inwieweit ein Psychiatriebetroffener mit entscheiden und die Spielregeln mitbestimmen kann statt dass andere alles für ihn machen. Die Frage der Veränderbarkeit des durch frühe Erfahrungen geprägten Kohärenzsinns vermittels aktuell neuer Erfahrungen ist allerdings bislang noch ungeklärt.

Die vorläufig abschließende Einschätzung lautet: Das Salutogenese-Modell hat in der Gesundheitspsychologie und angrenzenden Wissenschaften große Beachtung gefunden, eine Reihe von theoretischen, empirischen und auch methodologischen Studien (z. B. zur Erfassung des Kohärenzgefühls via Fragebogen) ausgelöst und allgemein zu einer Neuorientierung beigetragen. Vor allem sind praktische Konzepte zur Gesundheitsförderung daraus abgeleitet worden (vgl. Wydler et al., 2002).

Im psychosozialen Bereich bot das Salutogenese-Modell günstige Anknüpfungspunkte für die Auseinandersetzung um den Gesundheits- respektive Krankheitsbegriff und die Kritik an der pathogenetischen Ausrichtung des psychosozialen (und medizinischen) Versorgungssystems. Allerdings ist hier laut Wydler et al. (S. 12) der Salutogenesebegriff verschiedentlich zur »Worthülse« verkommen oder nur als »Schlagwort« verwendet worden, während man nach wie vor das Defizitmodell bevorzugte.

Es lässt sich auch die Frage stellen, inwieweit das salutogenetische Modell, speziell mit dem Konzept der »generalisierten Widerstandressourcen« als relativ stabile Orientierungen einer Person, bei denen nicht zuletzt die »effektiven Bewältigungsstile« eine wichtige Rolle spielen, überhaupt einen entscheidenden Unterschied zu den Konzepten der herkömmlichen Stress- und Bewältigungsforschung markiert. Nach Antonovsky gibt es Menschen mit einem hohen und solche mit einem niedrigen Kohärenzgefühl. Diese könnte man aus der Sicht der Copingforschung ebenso gut als »good copers« versus »bad copers« beschreiben. Unter dem Aspekt des resilienten Umgangs mit Stressoren oder der Bewältigung von kritischen Lebensereignissen bestünde das Neue an der von Antonovsky zugrunde gelegten Perspektive somit im Wesentlichen in der dezidierten Blickrichtung auf die Fähigkeiten der Gesundheitserhaltung statt auf die Versuche zur Verhinderung von allfälliger Krankheit. Ob man hier von einem Paradigmenwechsel im eigentlichen Sinne sprechen dürfte, steht jedoch infrage.

Auf die psychiatrisch-psychosoziale Arbeit ist das Konzept des Kohärenzgefühls bislang kaum bezogen worden und es fehlen Studien, welche Art von Beziehungen zwischen dem Ausmaß des Kohärenzgefühls und den Umständen der Erkrankung oder der Behandlung bestehen oder »inwiefern das Kohärenzgefühl in Zusammenhang mit Gesundungs- bzw. Chronifizierungsprozessen gebracht werden kann« (Knuf, 2000b, S. 40). Dennoch liefert die Differenzierung der drei Gefühlskomponenten des Kohärenzgefühls für die psychosoziale Praxis – auch im Psychiatriebereich – hilfreiche Hinweise, auf was man in der Arbeit mit Klientinnen achten und was man fragen könnte: Inwieweit können sie Gefühle der Verstehbarkeit, der Handhabbarkeit und insbesondere der Bedeutsamkeit angesichts belastender Lebenssituation und schwieriger Umstände entwickeln? Solche Fragen könnten wichtige Eckpunkte einer subjektorientierten psychosozialen Arbeit sein, welche auch – nicht zuletzt im Hinblick auf die Erarbeitung des persönlichen Sinns von Krankheitserscheinungen – Verstehensbegleitung einschließt.

Im Übrigen gibt es eine gute Passung des Salutogenese-Modells mit den Ansätzen des Empowerment und der Partizipation.

Theorie sozialer Netzwerke – Netzwerkarbeit
Ursprünglich durch die Sozialanthropologie mit der Erforschung der alltäglichen sozialen Beziehungen der Menschen in Landgemeinden oder Großfamilien eingeführt, stellt das Konzept sozialer Netzwerke heute ein genuin gemeindepsychologisches Konzept dar. Denn die Gemeindepsychologie nimmt nicht die Individuen »für sich genommen« in den Blick, sondern immer auch deren soziale Kontexte, und versteht die professionelle Arbeit mit Menschen immer zugleich als Arbeit »in Kontexten und an Kontexten« (vgl. Lenz, 2002, S. 30; zit. nach Bobzien u. Stark, 1991, S. 176). Dem Netzwerkkonzept liegt die schlichte Idee zugrunde, dass Menschen sozial mit anderen verknüpft sind.

Bezugnehmend auf den Alltagsbegriff von Alfred Schütz (Alltag als Lebenswirklichkeit) soll durch den Netzwerkansatz der Wirklichkeitsraum transparent gemacht werden, in dem sich der Alltag vollzieht. Das sind vor allem die sozialen (Alltags-)Beziehungen.

Eine für die psychosoziale Praxis einschlägige Unterscheidung ist die zwischen primären beziehungsweise *persönlichen Netzwerken* (Familie, Verwandte, Freunde, Bekannte, Nachbarn, Arbeitskollegen), sekundären beziehungsweise *gemeindebezogenen Netzwerken* (z. B. Nachbarschaftshilfen, Selbsthilfegruppen) und tertiären beziehungsweise *institutionellen Netzwerken* (die professionellen Hilfesysteme). Im Zentrum der Analyse standen am Anfang vor allem die persönlichen Netzwerke, wie sie aus der Sicht der jeweils befragten Personen wahrgenommen werden. Von Interesse sind hier:
– die Häufigkeit der Kontakte einer Person (etwa einer Klientin) in ihrem Netzwerk;
– die Qualität der Interaktionen (z. B. erreichbar, verlässlich, unterstützend, kontrollierend);
– die Rolle, die einzelnen Beteiligten zukommt (z. B. zentrale, vermittelnde, randständige Figuren);
– strukturelle Merkmale des Netzwerks (z. B. Größe, Dichte, Subgruppen).

Aus gemeindepsychologischer Sicht liegt das spezifische Potenzial sozialer Netzwerke in der Mobilisierung sozialer Unterstützung und der Vermittlung sozialer Ressourcen. Letztere vermögen belastende Lebensereignisse zu mildern, als »Puffer in Krisensituationen« zu wirken und sogar einen »Schutzschild gegenüber Herausforderungen, Spannungszuständen und Stressoren« zu bilden (s. Lenz, 2002, S. 33). Daneben gilt auch schon das bloße Eingebundensein in ein soziales Beziehungsgeflecht, in dem man »Zugehörigkeit, Geborgenheit, Anerkennung und soziale Verortung« erfährt, ganz allgemein als förderlich für das Wohlbefinden.

Die andere Seite der Medaille, dass man nämlich in seinem sozialen Beziehungsgeflecht auch Diskriminierung, Reglementierung, Unterdrückung, Missbilligung und Kontrolle erfahren kann, wird zwar ebenfalls gesehen, bleibt aber im Netzwerkansatz eher unterbelichtet, da man – mit einem ressourcenorientierten Blick – vornehmlich um eine Förderung der Nutzung der Netzwerkressourcen und -kompetenzen bemüht ist.

Dennoch muss bedacht werden, dass – wie das die Familienforschung gezeigt hat – ein soziales Beziehungsgeflecht natürlich nicht nur eine Quelle von Wohlbefinden, Geborgenheit und Behagen, sondern auch eine Quelle von Belastungen, Streit, Stress und Konflikten ist.

Allerdings können selbst auch die prinzipiell positiv bewerteten Aspekte eines Netzwerks, zum Beispiel Dichte, Hilfsbereitschaft und soziale Unterstützung, eine »negative Seite« haben, das heißt, sie können als Einengung, Bevormundung und Einmischung erlebt werden. Gerade in engmaschig geknüpften Netzwerken (z. B. Dorfgemeinschaften, familiär-verwandtschaftlich dominierten Beziehungsnetzen, Sekten), die grundsätzlich ein großes Unterstützungspotenzial bereitstellen, wird oft Konformitätsdruck ausgeübt und eine Abweichung vom starren Normengefüge sanktioniert. Eigenständige Lebensentwürfe können hierbei erstickt werden und selbstständige Entwicklungspotenziale auf der Strecke bleiben. Besonders eindrücklich zeigen sich diese Ambivalenzen, wenn man die sozialen Netzwerke Psychoseerfahrener oder die von präpsychotischen (jungen) Menschen betrachtet. Es handelt sich meist um relativ kleine Netzwerke mit einem hohen Anteil an Familienangehörigen und einem geringen Anteil an Freunden und Bekannten, die sich oft durch engmaschige, fürsorgliche, sozial unterstützende und zugleich einengende und kontrollierende soziale Beziehungen auszeichnen (vgl. Angermeyer u. Klusmann, 1989).

An diese Beobachtung anknüpfend wäre natürlich die Frage von Interesse, wie dann die sozialen Netzwerke Psychiatrieerfahrener (anders?) aussehen, nachdem sie in das professionelle psychiatrisch-psychosoziale Versorgungsnetz eingetreten sind. Hierzu gibt eine von Michael Raisch in Kärnten durchgeführte Studie über das Zusammenspiel der relevanten sozialen Netzwerke von psychiatrischen Langzeitklienten einigen Aufschluss. Der Autor beschreibt in einem »5-Stufenmodell der Chronifizierung«, wie psychiatrische Patientenkarrieren im Zusammenspiel der Netzwerke Familie, Klinik und sozialpsychiatrische Betreuungseinrichtungen gebastelt werden (vgl. Raisch, 1998).

Dieses Modell der »komplementär verstrickten«, mitunter konkurrenten Beziehungen zwischen den verschiedenen Netzwerkangehörigen ist von Raisch zwar unter dem Topoi einer Netzwerkperspektive vorgestellt, jedoch klar von einem systemisch-konstruktivistischen Grundverständnis her (und unter Rekurs auf entsprechende Autoren der systemischen Perspektive) entworfen worden. Die vor dem Hintergrund dieses Modells vorgeschlagene »Netzwerkmoderation« bedient sich dann ebenfalls systemisch-therapeutischer (lösungsorientierter) Prinzipien. Das Modell wird unter Punkt 2.3 noch einmal mit Blick auf das Chronizitätsproblem in der Sozialpsychiatrie aufgegriffen.

- Wie gestaltet sich die Netzwerkarbeit?

Unter dem Stichpunkt Empowerment-Strategien sind bereits Methoden der Netzwerkförderung genannt worden. Deren zentrales Ziel wäre die Stärkung sozialer Integration und sozialer Unterstützungsprozesse. Wie aber sieht deren praktische Umsetzung aus?

Von der Feststellung ausgehend, dass in Deutschland zwar relativ viel »über Netzwerkarbeit geredet und geschrieben, aber offenbar recht wenig praktisch versucht und getan« wurde, widmeten sich Röhrle, Sommer und Nestmann (1998) dem Unterfangen, einige Ansätze von Netzwerkpraxis aufzuspüren und stellten diese in ihrem Buch mit dem Titel »Netzwerkinterventionen« zusammen. Demnach sind netzwerkorientierte Interventionen in verschiedenen Anwendungsfeldern und angesichts spezifischer Problemlagen (z. B. bei Einsamkeit, mit Drogenabhängigen, in Krisen, bei gerontopsychiatrischen Problemlagen) erprobt worden (für primäre Netzwerke). Daneben sind Hilfspotenziale sekundärer Netzwerke (z. B. Selbsthilfegruppen) untersucht sowie – auf tertiärer Ebene – Vernetzungsformen psychosozialer Dienste analysiert worden.

Die Einsatzstrategien netzwerkorientierter Intervention, die vornehmlich am primären Netzwerk (bzw. an der Schnittstelle von primärem und tertiärem Netzwerk) ansetzen, bedienen sich großenteils gängiger therapeutischer Prinzipien. So erfolgt Netzwerkarbeit in der Praxis beispielsweise mit dem Handwerkszeug kognitiv-therapeutischer, psychodramatischer, familientherapeutischer oder systemisch-therapeutischer Verfahren.[13] Als »integrative psychosoziale Arbeit« verstanden, nimmt sie generell »vielfältige Formen und Konzepte auf, die aus ganz unterschiedlichen Traditionen sozialpädagogischer, therapeutischer und auch sozialpsycholo-

---

13 Zum Beispiel ein Gruppenprogramm zum Umgang mit Einsamkeit unter Verwendung kognitiv verhaltenstherapeutischer Interventionsstrategien (Möhlein, Roth u. Röhrle); ein Verfahren zur Vorbereitung der Ablösung nach länger dauernden Helfer-Klient-Beziehungen (»Ablösearbeit«) unter Einbeziehung psychodramatischer Elemente (Straus u. Höfer); eine »Netzwerktherapie« (als Behandlungsmethode in Krisen) unter Verwendung systemisch-narrativer Vorgehensweisen (z. B. reflecting team) in den »Netzwerktreffen« (Klefbeck); ein Verfahren der »Netzwerkmoderation« mit den an Psychiatriekarrieren Beteiligten nach den Grundprinzipien systemisch-konstruktivistischer Therapie (Raisch; alle in: Röhrle, Sommer u. Nestmann, 1998).

gischer Provenienz stammen [...] Netzwerkarbeit geht es nicht um Abgrenzung und Konkurrenz, sondern um Integration unterschiedlichster Elemente« (Straus u. Höfer, 1998, S. 82).

Dennoch lassen sich einige »Kernelemente praxisbezogener Netzwerkarbeit« nennen (vgl. S. 79 ff.), welche die verschiedenen Verfahren und Konzepte unter einer Netzwerkperspektive zu vereinen vermögen: Netzwerkarbeit
– bedeutet Netzwerkanalyse,
– zielt darauf ab, vorhandene Netzwerke zu stärken,
– schafft gegebenenfalls zusätzlich neue Netzwerke,
– hilft mit, fragwürdige Netzwerkstrukturen aufzulösen,
– prüft und modifiziert Vernetzungen im professionellen Helfernetzwerk,
– ist auch gemeinwesenorientiert.

Ein für die Netzwerkanalyse, also für die Analyse des sozialen Beziehungsgefüges einer Person, hilfreiches Instrument ist die so genannte »Netzwerkkarte« (vgl. S. 82 ff.): Es handelt sich hierbei um eine Aufzeichnung des Netzwerks. In der Mitte von konzentrischen Kreisen wird auf einer solchen Karte die Person platziert, um die es geht (etwa die Klientin). Zugeordnet zu verschiedenen Sektoren (für Familie, Freunde, Helfer u. a. m.) werden um diese Mitte herum die anderen Personen ihres Netzwerks eingezeichnet, je nachdem wie nahe sie ihr stehen oder wie wichtig sie für sie sind. Die Personen, mit denen die Klientin im Clinch liegt, können durch ein »Blitzsymbol« gekennzeichnet werden. Der Raum der verschiedenen »Sektoren« kann je nach ihrer aktuellen Bedeutung größer oder kleiner gezeichnet werden.

Die Netzwerkkarte kann von der professionellen Helferin allein oder gemeinsam mit dem Klienten erstellt werden. Sie eignet sich jedenfalls zur Besprechung verschiedener Aspekte des Netzwerks (Art der Beziehungen, Erfahrungen damit, stattgefundene Veränderungen, aktuelle Beziehungswünsche etc.) sowie zur Analyse des Hilfesuchverhaltens und der Unterstützungsressourcen im Netzwerk (vgl. S. 86 f.). Im Anschluss an eine solche Netzwerkanalyse könnten dann je nach Gusto des professionellen Helfers sozialpädagogische oder therapeutische Methoden eingesetzt werden, um die anderen Schritte der Netzwerkarbeit zu realisieren.

• Resümee zur Netzwerkperspektive
Über eine individuumszentrierte Betrachtungsweise hinausgehend weitet die Netzwerkperspektive den Blick und betont die Bedeutung des sozialen Kontextes. Mithin wird das soziale Beziehungsgeflecht einer Person als ausschlaggebend für deren Wohlbefinden erachtet.

In seiner Schlichtheit zeichnet sich das Netzwerkmodell durch eine hohe Anschlussfähigkeit aus. Nicht zuletzt kann sich fast nahtlos die systemische Perspektive daran anschließen. Praktische Netzwerkarbeit lässt sich – nach etwas anderen Kriterien – auch gut unter Anwendung systemisch-therapeutischer Prinzipien umsetzen. Umgekehrt könnte zum Beispiel die »Netzwerkkarte« auch für das Vorgehen nach einem systemischen Ansatz ein hilfreiches Instrument sein (ähnlich – aber etwas anders gelagert – wie das Genogramm). Ein vergleichbares Instrument, nämlich die »VIP-Karte« (für die »Very Important Persons« im Leben eines Menschen) wird von Herwig-Lempp (2007) für die systemisch inspirierte Soziale Arbeit vorgeschlagen.

Allerdings hat der Netzwerkansatz als solcher (mit seinem ursprünglichen Anliegen) in der psychiatrisch-psychosozialen Praxis (abgesehen von der Unterstützung von Selbsthilfegruppen als Aufbau von »sekundären« Netzwerken) keine breite praktische Umsetzung gefunden.

Psychoedukation

Ganz im Unterschied zu der soeben besprochenen Netzwerkperspektive haben Verfahren der Psychoedukation im psychiatrisch-psychosozialen Praxisfeld recht breite Anwendung gefunden. Wie es der Name nahe legt (»education« = Erziehung und Bildung der Psyche), scheint dieser Ansatz der *pädagogischen Versorgungskultur* (s. Punkt 2.1.2) zuzugehören. In der real existierenden Praxis im Psychiatriebereich sind psychoedukative Verfahren allerdings häufig zugleich innerhalb einer vorherrschenden *Fürsorgekultur* (und entsprechender Diskursgemeinschaften) anzutreffen.

Psychoedukation, mithin aufklärende »Psychoinformation« über die Krankheit und wie man damit umgeht, kann grundsätzlich in verschiedenen Settings (im ambulanten, stationären, teilstationären Bereich) und in verschiedenen Formen realisiert werden:

– in der (regulären) psychosozialen Betreuungsarbeit mit einzelnen Klientinnen;
– in speziellen psychoedukativen Gruppen von Psychoseerfahrenen;
– in entsprechenden Gruppen von Angehörigen psychisch Kranker;
– in speziellen Sitzungen mit Familien, die ein psychiatrisch etikettiertes Familienmitglied unter sich haben, im Sinne einer »psychoedukativen Familienbetreuung«.

In der Regel sollten also die Familienangehörigen ebenfalls in die Psychoedukation mit einbezogen werden oder eine solche erhalten. Dies gilt auch im Falle der Einzelbetreuung von Klienten mittels gezielter Kontaktaufnahme mit den relevanten Angehörigen, wenn es um Fragen des »Umgangs mit der Erkrankung oder dem Kranken« geht.

Im Groben lassen sich zwei Fokusse psychoedukativen Vorgehens differenzieren:

– zum einen betreffend den *Umgang mit den Kranken* beziehungsweise die Interaktionen (Einstellungen, Verhaltensweisen) zwischen den Familienmitgliedern;
– zum anderen betreffend den *Umgang mit der Erkrankung* beziehungsweise mit dem Krankheitsgeschehen, beispielsweise die Identifizierung von so genannten Frühwarnzeichen, die eine bevorstehende psychotische Episode andeuten.

In beiden Fällen ist die Prävention von Rückfällen oder eine so genannte »Rückfall-prophylaxe« intendiert.

- Zum »Umgang mit den Kranken«

Für die Notwendigkeit der Einbeziehung der Familienangehörigen wird (unter anderem) auf die konsistenten Ergebnisse der Expressed-Emotions-Forschung rekurriert. Die ursprünglichen Forschungen auf diesem Gebiet erfolgten in den 1970er Jahren und sind mit den Namen Julian Leff, Christine Vaughn und John Wing verbunden. Demnach ist die »Rückfallquote« bei Psychiatriepatienten (aus dem schizophrenen Formenkreis), die nach einem Klinikaufenthalt in ihre Familie zurück gehen, dann besonders hoch, wenn in diesen Familien eine emotional angespannte Atmosphäre im Sinne von hoher emotionaler Involviertheit (»high expressed emotions« = HEE) vorherrscht. Diese kann sich sowohl im Falle von »gut meinender« (über)ängstlicher (Für-)Sorge (sich kümmern, sich Sorgen machen) und entsprechendem Sicheinmischen und Bevormunden nachteilig bemerkbar machen, wirkt sich aber noch gravierender rückfall-gefährdend im Falle von Feindseligkeit, Kritik, Zurückweisung und Vorwürfen aus.[14] Demgegenüber ist die Rückfallquote bei denjenigen Psychiatrieklienten, die in ein familiäres Klima zurückkommen, das eher – ruhig, gelöst – von emotionaler Gelassenheit geprägt ist (»low expressed emotions« = LEE), deutlich niedriger. Das »Stressniveau in der häuslichen Umgebung« wäre demnach »der beste Prädikator für das Wiederauftreten akuter schizophrener Episoden« (Falloon, 1991, S. 18 f.).

Ein erster pragmatischer – noch nicht »psychoedukativer« – Versuch, von professioneller Seite her auf diese Situation zu reagieren, bestand darin, »den Patienten soweit als möglich von zu Hause fern zu halten« (S. 20), was auch heute noch von Finzen (2000) als guter Vorschlag erachtet wird: »Verminderung des persönlichen Kontakts auf weniger als 35 Stunden in der Woche [...] Besuch einer Tagesklinik oder einer Tagesstätte, damit Angehörige und Kranke nicht zu dicht aufeinander hocken« (Finzen, 2000, S. 145). Die andere Möglichkeit, »familiären Stress zu reduzieren«, wird – jetzt unter dem Aspekt von Psychoedukation – darin gesehen, »Familienmitglieder in effektiverem Bewältigungsverhalten zu trainieren«, damit auch HEE-Familien in ähnlich bedächtiger Weise mit Stress umgehen können wie LEE-Familien (Falloon, 1991, S. 21).

Entsprechende psychoedukative Arbeit mit Familien wurde in verschiedenen Varianten erprobt. In neueren Ansätzen wird dabei nicht mehr speziell auf das Problemverhalten der Patientinnen, sondern auf die Interaktionen aller Familienmitglieder miteinander fokussiert. Üblicherweise sind ein *Kommunikationstraining* sowie ein *Problemlösetraining* Bestandteile des Programms einer psychoedukativen Fami-

---

14 »Das Merkmal der Familienmitglieder, aus denen sich der Index für hohe ›expressed emotion‹ (EE) zusammensetzt, ist ein hohes Maß an Kritik und Zurückweisung und bevormundender Einmischung (overinvolvement)« (Falloon 1991, S. 19). »Overinvolvement« lässt sich als »emotionales Überengagement« übersetzen.

lienbetreuung (vgl. Falloon, 1991; Hahlweg, Müller, Feinstein, Dose, Wiedemann u. Hank, 1991). In strukturierten Rollenspielsituationen sollen die Familienmitglieder angemessen kommunizieren lernen (z. B. sich direkt äußern, positive und negative Gefühle ausdrücken, sich gegenseitig aktiv zuhören) und nach einem strukturierten Problemlösungsansatz sollen sie entlang vorgegebener Schritte Probleme gemeinsam bewältigen lernen (vgl. Hahlweg et al., 1991). Zum psychoedukativen Programm gehört auch immer die Neuroleptikamedikation und von den Patienten wird diesbezüglich »Medikamenten-Compliance« eingefordert (vgl. S. 191).

Von den alten Familienmodellen, in denen den Angehörigen (mehr oder weniger implizit) eine Schuld an der Erkrankung ihres Familienmitglieds zugeschrieben wurde, grenzt man sich dezidiert ab. Stattdessen gelte es, »die Kranken wie ihre Angehörigen dabei zu unterstützen, die schonendste Form des Umgangs miteinander zu erkunden«, meint Finzen (2000, S. 146). »Für die Kranken geht es dabei vor allem um die Auslotung ihrer eigenen Verletzlichkeit, für die Angehörigen um Wege, aus der lähmenden Hilflosigkeit [...] herauszufinden« (S. 146). Dieser Formulierung wird man gewiss zustimmen können.

Jedoch erfährt der psychoedukative Familienansatz sowohl von Vertreterinnen einer offenen, subjektorientierten Sozialpsychiatrie als auch von Vertretern der systemischen Perspektive deutliche Kritik. Zum einen werden die »biologistischen« Prämissen über die Verletzlichkeit (mithin einer genetischen Grundlage von Schizophrenie) als kontraproduktiv für die Arbeit mit Familien erachtet. Zum anderen wird der erzieherische Duktus der Psychoedukation angeprangert, der den Familienmitgliedern vorschreibt, wie sie anders zu kommunizieren und sich richtig zu verhalten hätten, statt sie dazu anzuregen, ihre eigenen Lösungen zu finden (vgl. die Diskussion in Retzer, 1991, S. 203–213).

• Zum »Umgang mit der Erkrankung«
Häufiger als die Arbeit mit Familien ist in der Praxis die Arbeit mit Gruppen (gelegentlich auch mit Einzelnen) nach einem psychoedukativen Ansatz anzutreffen. Hier versucht man nicht die familiäre Interaktion, sondern den Umgang mit Krankheitsanzeichen zu beeinflussen. Zwecks Vorbeugung von Rückfällen bei schizophrener und schizoaffektiver Erkrankung soll es speziell um das rechtzeitige Erkennen der so genannten »Frühwarnzeichen« gehen, die den Beginn einer akuten Krankheitsepisode schon im Voraus, in der so genannten »Prodromalphase«, ankündigen.

Frühwarnzeichen sind meist unspezifische Stressreaktionen wie Schlafstörungen, Konzentrationseinbußen, Appetitverlust, Ruhelosigkeit oder depressive Verstimmungen. Auch kann es sich um schon psychotisch anmutende Vorpostensymptome handeln, dass beispielsweise Stimmen gehört werden oder gedacht wird, andere würden über einen sprechen (Weiteres s. unter Punkt 2.2.2, S. 159 f.).

Für die frühe Identifizierung solcher »Warnzeichen« gilt auch die Einbeziehung der Angehörigen als wichtig, da diese entsprechende Veränderungen oft eher bemerken als die Betroffenen selbst. In der psychiatrisch-psychosozialen Praxis ist grundsätzlich in der regulären Einzelarbeit die Besprechung der je persönlichen Frühwarnzeichen, die ein Klient von sich kennt, nicht nur möglich, sondern mehr noch – vor allem unter dem Aspekt der Krisenprävention – notwendig und sollte ein selbstverständlicher Bestandteil psychosozialer Betreuungsarbeit sein (s. unter Punkt 2.2.2, S. 159 f.).

Unter dem Aspekt von Psychoedukation hat sich aber eher (vor allem in psychiatrischen Kliniken) die Durchführung von *Gruppen* durchgesetzt, in denen das *Monitoring*, das heißt die frühzeitige Wahrnehmung, Überwachung und Kontrolle von Früh- und Warnsymptomen quasi gelehrt wird. Dabei orientiert man sich oft weniger an den Besonderheiten der einzelnen Psychoseerfahrenen, sondern an mehr oder weniger stark standardisierten, formalisierten Programmen. Therapiemanuale für so genannte »Warnsignalgruppen« sind erstellt und umfangreiche Fragebögen entworfen worden (z. B. ein »Warnsignal-Inventar«, damit Patienten ihre »persönlichen Warnsignale« identifizieren lernen; z. B. Behrendt, 2001).

In der herkömmlichen psychiatrischen Praxis werden solche Gruppen der »Patientenschulung« eher selten in dem Bestreben durchgeführt, die Selbstbefähigung der Psychoseerfahrenen im Umgang mit Krankheitsanzeichen oder ihre Selbsthilfemöglichkeiten zu fördern, vielmehr geht es meist darum, die Bereitschaft der Betroffenen, sich (frühzeitig) ärztlich-psychiatrischer Behandlung anzuvertrauen, zu erhöhen und/oder deren Compliance im Hinblick auf (erneute bzw. erhöhte) Medikation zu verbessern. Wenn überhaupt, erfolgt dann auch die Einbeziehung der Angehörigen nur, damit sie in diesem Sinne auf ihr krankes Familienmitglied einwirken.

Aus einer Empowerment-Perspektive sind laut Knuf (s. in Knuf u. Seibert, 2000, S. 56) psychoedukative Gruppen dann zu kritisieren,
– wenn dort in Lehrer-Schüler-Verhältnissen »Wissen« über die Krankheit vermittelt wird *statt* einen Austausch zu pflegen;
– wenn Informationen einseitig gegeben werden, um Compliance zu erreichen *statt* ein Abwägen verschiedener Alternativen zu ermöglichen;
– wenn den eigenen Entscheidungen und der individuellen Selbsthilfe der Betroffenen kein großer Stellenwert eingeräumt wird.

Anders aufgezogen kann aber gerade die Arbeit in Gruppen und die Erarbeitung der je individuellen Frühwarnzeichen anhand entsprechender Listen (s. z. B. Wienberg, 1995) ausgesprochen hilfreich sein, da die Gesprächsatmosphäre in der Gruppe unterstützend sein kann und es vielen Betroffenen leichter fällt, die für sie gültigen (die eigenen) Krisenvorboten anhand der Listen zu entdecken, statt sich selbstständig daran zu erinnern (vgl. Knuf, 2000a, S. 67).

• Resümee
Im Unterschied zu den davor genannten Konzepten lassen sich die häufig praktizierten Ansätze der Psychoedukation eher nicht der Empowerment-Versorgungs-

kultur zuordnen. Sie beinhalten in der Regel einen erzieherischen und/oder schulischen Duktus, der für die therapeutische oder psychosoziale Arbeit mit Psychoseerfahrenen und ihren Angehörigen als nicht immer geeignet angesehen wird. Die psychoedukative Botschaft an die Betroffenen, dass die Professionellen den richtigen Weg wüssten, den erstere nur richtig zu befolgen hätten, wird jedenfalls sowohl aus systemischer wie aus Empowerment-Perspektive kritisiert.

Darüber hinaus sind psychoedukative Ansätze in der psychiatrischen Praxis überwiegend innerhalb der Diskursgemeinschaft der *Fürsorgekultur* angesiedelt. Mithin gründen sie auf einem das Biologische akzentuierenden Krankheitsverständnis und stellen das herkömmliche Arzt-Patient-Verhältnis nicht in Frage. Unter dem zuletzt genannten Gesichtspunkt ergeben sich innerhalb des psychoedukativen Modells kaum fruchtbare Ansatzpunkte für eine subjektorientierte psychiatrisch-psychosoziale Arbeit. Das ist der aus der Sicht einer *genuinen Sozialpsychiatrie* vor allem kritikwürdige Aspekt.

Allerdings dürfte, wenn der gesamte Ansatz in einen anderen Rahmen gestellt wird, einzelnen Verfahren (aus der psychoedukativen Familienbetreuung oder der Früherkennung von Warnzeichen) durchaus großer Anregungsgehalt für die praktische Arbeit mit Psychoseerfahrenen und ihren Angehörigen zukommen. Vor allem käme es ja darauf an, mit welchem professionellen Habitus man diese Verfahren anwendet. In dieser Hinsicht einschlägig ist die Unterscheidung zwischen einerseits nur »edukativen Konzepten«, deren vorrangiges Ziel erhöhte Compliance im Hinblick auf eine neuroleptische Medikation ist, versus andererseits echter »psychoedukativer Therapie«, welche – verhaltenstherapeutisch orientiert – eine Verbesserung der Bewältigungs- und Problemlösefähigkeiten der Betroffenen zu erreichen trachtet (vgl. Wienberg u. Sibum, 2003).

Selbstsorge
Das Thema der Selbstsorge, das heißt der Sorge um sich, in dem Sinne, das eigene Leben gestalterisch in die Hand zu nehmen, in einem kontinuierlichen Prozess des Kümmerns um sich selbst und um das eigene Wohlergehen, beständig den eigenen Lebensstil, das Verhältnis zu sich selbst und zu anderen zu strukturieren und auf diese Weise mithilfe der Selbstsorge die »eigene Existenz als Kunstwerk« hervorzubringen, ist beileibe kein neues Thema, sondern lässt sich schon bei den griechischen Philosophen, namentlich Epiktet, als entscheidendes Lebensprinzip des lebenslangen »Leben Lernens« auffinden. Dieser im philosophischen Diskurs schon lange verwurzelte Begriff der Selbstsorge tauchte nun auch im psychosozialen Bereich der heutigen Zeit, in der Diskursgemeinschaft der Helferinnen, vor kurzem auf. Anknüpfungspunkt war das viel diskutierte und vielfach erlittene Burnout-Problem, die ständige Gefahr des »Ausbrennens«, die mit helfenden Berufen, in denen man sich vornehmlich »der Sorge um andere« widmet, untrennbar verbunden zu sein scheint.

In dem Bestreben, einen »positiven *Gegenbegriff zu Burnout* ins Spiel zu bringen«, rekurrieren Barbara Gussone und Günter Schiepek (2000) auf das Konzept der »Sorge um sich« (»le souci de soi«) bei Foucault, welches in dessen letztem Werk das zentrale Thema darstellt. Verkürzt gesagt, geht es um die »Sorgfalt, die man auf sich selbst verwendet«, darum »auf sich selbst zu achten« und »sich um sich selbst zu kümmern«.

Gemäß Foucault ist »der sorgfältige Umgang mit der eigenen Lust [...] eingebettet in die intensiven Bemühungen, der eigenen Existenz in allen Lebensvollzügen ein unverwechselbares Gesicht zu verleihen. Das betrifft Körperpflege, Ernährungsweise, Wissenserwerb, Arbeit, Ausgestaltung der Beziehungen zu anderen, sei es im Privatleben oder in der Politik, bis hin zur Haltung gegenüber dem eigenen Tod. All das ist ›Sorge um sich‹«, erläutern Gussone und Schiepek (2000, S. 113).

In der Antike (Foucault dokumentiert entsprechende Quellen) galten zum Beispiel asketische Übungen, das Schreiben und Sichmitteilen in Briefen an Freunde und Lehrer, das Entschlüsseln der eigenen Träume und das Einteilen der Zeit in regelmäßige Ruhe- und Mußestunden oder »Auszeiten«, in denen man sich von seinen Alltagsbeschäftigungen zurückzieht, als »Existenzkünste« im Prozess einer selbstsorgenden Lebensgestaltung (vgl. S. 118–126).

Einige Kennzeichen des Foucault'schen Konzepts der Selbstsorge lassen sich wie folgt zusammenfassen (vgl. S. 126–139):
– Wesentlich ist, dass Selbstsorge nicht Asozialität, nicht innerliche Egozentrik bedeutet, sondern »in vielfältiger Weise auf andere Menschen bezogen« ist. Gerade indem man sich mit sich selbst beschäftigt, wird man fähig, sich mit anderen zu beschäftigen und anderen kann man dienen, weil man gut für sich selbst sorgt. Überdies kontrolliert und reguliert »wohlverstandene Selbstsorge« die Macht, die man über andere ausübt.
– Für die eigene Selbstsorge benötigt man umgekehrt auch andere Menschen als Unterstützer, insbesondere ein »wohlwollendes Gegenüber« von »rückhaltloser Offenheit«. Bei der Begleitung anderer Menschen in deren Selbstsorge ist die eigene »Freimütigkeit und Offenheit der Rede« ihnen gegenüber besonders wichtig.
– Um zu überprüfen, ob man mit seiner Selbstsorge eine gute Wahl getroffen hat, muss man sich fragen, ob man mit dem Gedanken der »ewigen Wiederkehr desselben« immer so weiterleben möchte oder sich vorstellen kann, das bisherige Leben in der ihm gegebenen eigenen Gestaltung noch einmal ganz genauso zu leben.

Übertragen auf das Berufsfeld psychosozialer Helferinnen und Psychotherapeuten lässt sich dieses Konzept der »Sorge um sich« als Burnout-Prävention aufgreifen. Demnach könnte eine entsprechende Selbstsorgepraxis, welche Sozialpädagoginnen und Psychologen – sowohl im beruflichen als auch im privaten Bereich – im Umgang mit sich selbst realisieren, vor dem Ausbrennen schützen. Hierbei ist zu bedenken, dass man andere Menschen (z. B. die Klienten) in deren Selbstsorge im Grunde nur dann glaubwürdig unterstützen kann, wenn man sich auch um die eigene Selbstsorge kümmert. Aber zugleich ist zu beachten, dass die »Sorge um sich« auch für sich genommen einen eigenen Wert darstellt, das heißt die praktizierte Selbstsorge muss nicht über ihre hilfreichen Auswirkungen auf andere legitimiert werden! Nur wenn man mit Blick auf sich selbst selbstsorgend tätig wird, entsteht die Basis, auch anderen Menschen dienlich zu sein.

Weitere Aspekte einer Burnout-Prävention »Selbstsorge« bestünden darin, den für sich passenden Platz in den beruflichen Tätigkeitsfeldern und anderen Lebensbereichen zu suchen und zu gestalten, Unterstützung durch Freundinnen, Ratgeber oder andere »Ressourcenpersonen« anzunehmen, sich Zeit und Freiräume für die Selbstsorge zu schaffen und sich auch den Privatbereich (Kontakte, Beziehungen, Umgang mit dem eigenen Körper etc.) entsprechend zu gestalten (vgl. Gussone u. Schiepek, S. 141 f.). Konkrete Vorschläge, wie die Selbstsorge umzusetzen sei, können allerdings nicht gemacht werden; das muss jeder für sich selbst herausfinden.

Festhalten lässt sich, dass die sorgfältige Selbstsorge für professionelle Helfer ein gangbarer Weg sein könnte, die im Berufsleben allgegenwärtige Gefahr des Ausbrennens zu minimalisieren und dem Burnout zu begegnen. Gerade, wenn man nach einem subjektorientierten psychosozialen Ansatz (im Psychiatriebereich z. B. nach dem Begegnungsansatz; s. nachfolgend S. 120 ff.) arbeitet, der mit einer relativen (emotionalen) Nähe zu den Klientinnen verbunden ist und wenn zudem in der alltäglichen Betreuungsarbeit die Ziele nicht immer klar umrissen werden können und man nicht recht weiß, inwiefern sich ein Fortschritt abzeichnet (oder wenn die Auftragslage uneindeutig oder widersprüchlich ist), kann es leicht zu Gefühlen des Ausgebranntseins kommen. Wenn man hingegen über »Systemkompetenz« verfügt (s. Gussone u. Schiepek, S. 95 ff.) oder überhaupt nach einem systemischen Ansatz arbeitet, dürfte das Burnout-Risiko allerdings schon geringer sein (s. a. Kap. 4). Dennoch ist es natürlich generell von Belang, sich im Sinne der Selbstsorge um gute Lebens- und Arbeitsqualität zu kümmern.

Das Konzept der »Sorge um sich« setzt nicht die larmoyante »Krisen- und Leidensprosa« fort, die – laut Keupp (im Vorwort zu Gussone u. Schiepek) – den Diskurs zum Burnout-Thema kennzeichnet. Statt auf Burnout als einem zentralen Problem professionellen Helfens zu fokussieren, wird mit einem ressourcenorientierten Blick, ganz im Sinne der Empowerment-Perspektive, die Selbstsorge ins Feld geführt als eine (Widerstands-)Ressource, die es zu aktivieren gilt.

Nun ist das gewiss ein sehr sympathischer Ansatz. Andererseits muss man davon ausgehen, dass sowieso jeder Mensch(!) bestrebt ist, sein Leben im Sinne der Selbstsorge zu gestalten; aber das scheint ja vielfach nicht zu reichen. Oder brauchen manche Helferinnen einfach nur die explizite Erlaubnis, ausführlich »Sorge um sich« betreiben zu dürfen?

2.2 Subjektorientierte psychiatrisch-psychosoziale Arbeit – Spezifische Herangehensweisen und Arbeitsformen

Zur Strukturierung der nachfolgenden Darstellung wird noch einmal das »Felder-Schema« aufgegriffen. Es ist – so ähnlich – bereits im ersten Kapitel, in welchem das Arbeitsfeld der Sozialen Psychiatrie unter dem Aspekt der Differenzierung der »ideellen« und »strukturellen« Kontexte psychiatrisch-psychosozialer Arbeit im Zentrum der Betrachtung stand, abgebildet worden (s. Abbildung 1 unter Punkt 1.1.). Ausgegangen wurde dort von der These, dass durch die jeweiligen Besonderheiten des Arbeitsfelds die professionelle Arbeit in den anderen »Feldern« – gewissermaßen *von oben nach unten* – begrenzt und ermöglicht wird. Im vorliegenden Abschnitt werden nunmehr jene anderen »Felder« betrachtet, in denen sich die Arbeit vollzieht und die – gewissermaßen *von unten nach oben* – das Arbeitsfeld konstituieren (vgl. das hier nun etwas umgeschichtete »Felder-Schema« in Abbildung 3).

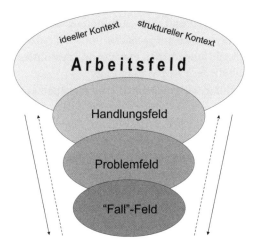

Abbildung 3: Umgeschichtetes Felder-Schema

Differenziert nach den verschiedenen »Feldern« sollen nacheinander die spezifischen Arbeitshaltungen, Vorgehensweisen, Interventionsstrategien und Betreuungsformen besprochen werden, welche die subjektorientierte Sozialpsychiatrie (bzw. eine entsprechend orientierte Gemeindepsychiatrie) auszeichnen.

Zuerst geht es für das »Fall-Feld« um Grundhaltungen und Leitlinien, um Prinzipien für die Begegnung und Beziehungsgestaltung, um Interaktion und Zusammenhandeln mit Psychoseerfahrenen (Punkt 2.2.1). Dabei wird auch der Stichpunkt Psychosentherapie zur Sprache kommen. In einem weiteren Schritt wird die sozialpsychiatrische Arbeit im Hinblick auf einige spezifische »Problemfelder« in Augenschein genommen. Insbesondere werden die Problemstellungen Notfall und Krise (Krisenintervention/Krisenprävention), akute Psychose (Soteria), Förderung

von Selbstbestimmung und Selbsthilfe (Trialog, Psychoseseminare) und Arbeit mit
Angehörigen aufgenommen und erörtert (Punkt 2.2.2). Zum Schluss werden vor
allem zwei »Handlungsfelder«, die von ihrer Aufgaben- oder Anforderungsstruktur
her den Konflikt zwischen Hilfe und Kontrolle für die Mitarbeiterinnen in recht
unterschiedlich starker Ausprägung erscheinen lassen, einer näheren Betrachtung
unterzogen, nämlich behördliche Sozialpsychiatrische Dienste auf der einen Seite
und psychosoziale Kontakt- und Beratungsstellen (»Treffpunkte«) auf der anderen
Seite (Punkt 2.2.3).

2.2.1 Interaktion, Beziehungsgestaltung und Handlungsweise im »Fall-Feld«

In diesem Punkt kommen die Grund- und Arbeitshaltungen, die Leitlinien und
Prinzipien für Begegnung, Beziehungsgestaltung, Interaktion und Zusammenhandeln mit Psychoseerfahrenen und ihren Angehörigen im »Fall-Feld« zur Sprache.
Für die (subjektorientierte) Soziale Psychiatrie werden hierfür im Wesentlichen drei
Ansätze oder Modelle als fundamental erachtet und ausführlich erörtert:
– der Begegnungsansatz nach Dörner und Plog,
– die Leitlinien psychiatrisch-psychosozialen Arbeitens nach Mosher und Burti
  und
– die Grundregeln des Handelns in der Sozialpsychiatrie nach Ciompi.

Darüber hinaus werden in einem vierten Unterpunkt Kennzeichen einer Psychosentherapie beziehungsweise Vorschläge für therapeutisches Vorgehen bei Psychosen aus sozialpsychiatrischem Blickwinkel (Bock, Aderhold) und unter Einbeziehung der Empowerment-Perspektive (Knuf u. Seibert) betrachtet.

Der Begegnungsansatz
Der von Dörner und Plog (1978, 1984, 1996) für die Arbeit im Psychiatriebereich
vorgeschlagene Begegnungsansatz ist zunächst weniger als spezifische Arbeitsweise
zu verstehen und schon gar nicht als Methode, sondern beschreibt eine *Grundhaltung*, die grundsätzlich alle psychiatrisch Tätigen (Ärzte, Sozialarbeiterinnen, Kran-
kenpfleger, Psychologinnen u. a.) im »Umgang mit psychisch Kranken« realisieren
sollten. Diese alles umfassende oder übergreifende Grundhaltung müsste »erfüllt
sein«, bevor spezifische Arbeitskonzepte oder Therapien zur Wirkung kommen. Beeinflusst unter anderem von humanistischem und existenzphilosophischem Gedankengut gründet der Begegnungsansatz in der Überzeugung, dass »wir als Person
letztlich das einzige Mittel sind, das im psychiatrischen Arbeiten zählt. Deshalb lerne
ich in jeder Begegnung mit einem Anderen zumindest etwas über mich – oder es
ist keine Begegnung« (1996, S. 12). Und: »Eine Beziehung wird dadurch zur Begegnung, dass beide *sich selbst* aneinander besser verstehen« (S. 13).

Während Dörner und Plog 1978 in der ersten Ausgabe ihres Buches »Irren ist menschlich«, unter besonderer Betonung der Subjektivität des Menschen, eine *anthropologische Betrachtung* (über das Wesen des Menschen) in den Vordergrund stellten, versuchten sie in der Fassung von 1984 zusätzlich auch eine *ökologische Sichtweise* zu akzentuieren, da man es »nie mit einem Menschen allein zu tun [hat], sondern immer mit [. . .] einer Landschaft mehrerer sich unterschiedlich entwickelnder Menschen und ihrer Beziehungen, sich wechselseitig beeinflussend« (S. 13). Und in der überarbeiteten Buchausgabe von 1996 sollte es – aufbauend auf der sich festigenden Erkenntnis, dass psychische Störungen »nur im Rahmen der Gesamtbiografie von Menschen zu verstehen« sind – um eine Vereinheitlichung von anthropologischem und ökologischem Ansatz gehen, unter besonderer Berücksichtigung der »realen sozialen Bedürfnisse der Betroffenen«, auf die hin der Ansatz zu konkretisieren sei (s. S. 14). Die allgemeinen Prinzipien psychiatrischen Handelns sind somit über die drei Buchfassungen hinweg zwar nicht grundlegend geändert, aber doch ein wenig variiert worden. Durchgängig aber wird die Begegnung als das Kernelement, auf das es im Wesentlichen ankäme, ähnlich beschrieben.

Mittlerweile gibt es noch einmal eine Neuausgabe dieses Buches mit erweiterter Autorenschaft (Dörner, Plog, Teller u. Wendt, 2002, »Irren ist menschlich«) auf die hier aber nicht weiter rekurriert wird.

Bevor im Folgenden der Begegnungsansatz dargestellt wird, seien vorab einige *Prämissen* genannt, die in ihn einfließen (s. a. Tabelle 7):
– In der psychosozialen Arbeit ist es für den Helfer oder die Betreuerin (etwa Sozialpädagoge) nicht so wesentlich, mit welcher medizinisch-psychiatrischen Diagnose ein als psychisch krank bezeichneter Mensch bedacht worden ist, sondern vielmehr kommt es darauf an, mit ihm angemessen hilfreich »umzugehen«, mit

Tabelle 7: Prämissen und Dimensionen des Begegnungsansatzes (nach Dörner u. Plog)

Prämissen
– Die medizinisch-psychiatrische Diagnose ist für einen angemessen hilfreichen Umgang mit dem Klienten nicht wesentlich. Gefragt ist kein Behandlungskonzept, sondern ein Begegnungsansatz.
– In Abgrenzung zu objektivierenden Arzt-Patient-Beziehungen, in denen die Kranken zu Objekten der Behandlung gemacht werden, wird in der Begegnung eine Subjekt-zu-Subjekt-Beziehung angestrebt.
– Verstehen in einer Begegnung heißt, sich selbst am Anderen besser zu verstehen. Es geht darum, dass beide sich aneinander besser verstehen.
– Ziel ist es, dass Klienten erfahren, ihre Symptome nicht länger ausgrenzen oder abspalten zu müssen, sondern integrieren zu können; ferner, dass sie sich fähig fühlen, mit ihren Schwierigkeiten umgehen zu können.

Dimensionen
– Selbstwahrnehmung und Suchhaltung bei sich selbst
– Vervollständigung der Wahrnehmung und Reflexion
– Normalisierung der Beziehung

ihm gemeinsam sinnvoll zu handeln, mit ihm eine tragfähige, nicht einengende Beziehung herzustellen. Daher wird kein »Behandlungskonzept« benötigt, sondern so etwas wie ein »Begegnungsansatz«.

– In der Begegnung wird explizit eine *Subjekt-zu-Subjekt-Beziehung* angestrebt als (sprachlicher und nicht-sprachlicher) Austausch zweier handelnder Menschen mit je eigenen Zielen, Wünschen, Bedürfnissen und unterschiedlichem Willen. Eine *Subjekt-zu-Objekt-Beziehung* mit wertender Wahrnehmung des Anderen in der Form, ihn zum Gegenstand (»Objekt«) der eigenen Beobachtung, Beschreibung, Erforschung, Beeinflussung zu machen, wird möglichst vermieden.

– Das Bemühen, den Anderen »verstehen« zu wollen (»ich verstehe dich«) mag zwar gut gemeint sein, ist aber im Grunde nicht wirklich möglich. Vielmehr geht es darum, dass zwei Menschen in einer Begegnung sich selbst aneinander besser verstehen. Dann kann es für den Klienten über den *Prozess des Sich-selbst-am-Anderen-besser-Verstehens* zu erweiterter oder neuer Selbstwahrnehmung kommen, auch im Hinblick auf die ihn »störenden« oder »kränkenden« Aspekte seiner Realität.

– Aufgabe des psychiatrisch Tätigen (bzw. der psychosozialen Fachkraft) könnte es sein, erstens die auf dem Hintergrund von Kränkungserlebnissen aufgetretenen Störungen (ggf. Symptome) so zu konnotieren, dass sie wieder zum *Bestandteil* der betroffenen Personen werden können, also nicht ausgegrenzt oder abgespalten werden müssen; und zweitens so zu handeln, dass die Beteiligten einen angemessenen Umgang mit ihren Schwierigkeiten (und miteinander) finden können.

Begegnung wäre dadurch gekennzeichnet, dass wechselseitig bei den Beteiligten Gefühle ausgelöst werden und beinhaltet seitens des professionellen Helfers den Versuch, die »eigenen subjektiven Anteile« und die Gefühle, die durch den je Anderen »in mir ausgelöst« werden, wahrzunehmen. Im Weiteren gelte es – damit die Begegnung »vollständig« wird und die »Möglichkeit zur Normalisierung« erhält – zu versuchen, meine Wahrnehmung, also die bei mir als »durch den Anderen ausgelöst« wahrgenommenen Gefühle diesem in einer Art und Weise mitzuteilen, dass er seinerseits »versuchen kann, damit etwas anzufangen« (s. Dörner u. Plog, 1996, S. 40). Betont wird dabei auch die grundsätzliche Gegenseitigkeit, soll heißen: »Ich«, als Professionelle, muss auch zulassen, dass der »Andere«, der Klient, meine Wahrnehmung zurückweisen und seinerseits etwas über mich sagen kann.

Diese Grundhaltung für die Begegnung wird unter drei Aspekten betrachtet, die in Schritten aufeinander aufbauen und sich ergänzen. Das sind in der Begrifflichkeit von Dörner und Plog:

1. Selbstwahrnehmung und Suchhaltung bei sich selbst,
2. Vollständigkeit der Wahrnehmung,
3. Normalisierung der Begegnung (vgl. Tabelle 7).

Der von Dörner und Plog vornehmlich als »Arbeits- und Grundhaltung« für die Psychiatrie beschriebene Begegnungsansatz lässt sich nun durchaus auch als *Arbeits-*

weise für die psychosoziale Arbeit mit Psychoseerfahrenen ausweiten. Mithin vermag er einer (subjektorientierten) *Beziehungsarbeit* im »Fall-Feld«, wie sie von Sozialarbeitern und Psychologinnen in Interaktion mit ihren Klientinnen verwirklicht werden kann, als Grundlage zu dienen. Unter diesen Gesichtspunkten und auch in begrifflicher Hinsicht etwas abgewandelt, wird im Folgenden der Begegnungsansatz als sozialpsychiatrischer Arbeitsansatz vorgestellt. Die Darstellung erfolgt in eigener Gestaltung und wird nur in einigen Hinsichten durch spezifische Erläuterungen aus der 1996er Ausgabe von »Irren ist menschlich« ergänzt.

Die drei Dimensionen des Begegnungsansatzes, die in Tabelle 7 aufgelistet sind, sollen im Folgenden näher betrachtet werden.

- Selbstwahrnehmung und Suchhaltung bei sich selbst

Um einen Zugang zu der Klientin und einen angemessenen Umgang mit der Kränkung und dem gekränkten Menschen zu finden, sollte es auf Seiten des psychiatrisch Tätigen (bzw. der psychosozialen Helferin) darum gehen, das nicht immer mögliche Verstehen des Anderen durch eine »Suchhaltung bei sich selbst« zu ersetzen.

Zunächst in erster Linie, damit sich der Klient Klient von mir (als Professionellem) ernst genommen fühlt und sich selbst zu verstehen lernt, muss ich also – quasi als Vorleistung – eine »Suchhaltung bei mir selbst« verwirklichen, was zum Beispiel beinhaltet, dass ich bei mir nach ähnlichen »gekränkten Anteilen« oder Gefühlsmustern suche, wie sie mir die Klientin zeigt, indem ich mich zum Beispiel frage: Wo kenne ich das Gespaltene, das Niedergeschlagene, den Todeswunsch, das übermäßig Euphorische . . . bei mir selbst? Indem ich dem Klienten mitteile, was mir als Ergebnis meiner »Suche bei mir selbst« zu seinen Verhaltensmustern einfällt, wie ich selber seine Gefühle bei mir nachvollziehe, mag er sich möglicherweise verstanden und angenommen fühlen. Einen anderen Zugang zum Verstehen gibt es für uns nicht.

In der Ausgabe von 1996 schreiben Dörner und Plog zum Punkt »Selbstwahrnehmung« Folgendes: Es geht unter anderem darum, sich selber besser zu sehen, »den Zugang zu den Quellen, Auslösern, Zusammenhängen meines Fühlens und Empfindens in mir zu suchen«, um damit die Freiheit zu gewinnen, »den Anderen nicht nur als Objekt meines Handelns zu sehen«, sondern als Partner (S. 43). Das beinhaltet auch Auseinandersetzung und Herausforderung. Es geht um die Anwendung einer »Suchhaltung«, bei der »ich mich nicht nur um mich bemühe, sondern mit dem Anderen so umgehe, dass er von meiner Suchhaltung als von einem Bemühen um ihn erfährt« (S. 44). »Verstehen« heißt dabei nicht, »freundlich zu sein bis zur Unterwürfigkeit«, sondern »auch Grenzen zu setzen«; und »noch in vollstem Verständnis muss etwas von dem Anderssein [des Anderen . . .] spürbar sein« (S. 45). Die Suchhaltung schützt davor, dem Anderen das eigene Bild überzustülpen und das »Prinzip der Hilfe bei der Selbsthilfe« bewahrt einen davor, den anderen zu bevormunden.

Das Nachfragen und Mitteilen aus der eigenen Suchhaltung heraus sollte in der Form geschehen, dass diese »Suchhaltung bei mir selbst« ein Modell für die Klientin werden kann, eine ähnliche »Suchhaltung bei sich selbst« zu entwickeln, um so zu erweiterter Selbstwahrnehmung zu gelangen. Dieser Aspekt der Grundhaltung von Selbstwahrnehmung und Suchhaltung besteht also darin, dass der Klient – wenn er sich einigermaßen verstanden fühlt – die »Suchhaltung bei sich selbst« für sich übernehmen wird und dadurch zu einer erweiterten oder vertieften Selbstwahrnehmung finden kann (als Grundlage der Herstellung befriedigenderer Beziehungen mit sich selbst und mit anderen).

• Vervollständigung der Wahrnehmung und Reflexion

Erstens geht es darum, den Psychoseerfahrenen herausfinden oder erkennen zu lassen, welche Anteile er selbst in seine Kränkungserfahrungen mit einbringt; ihm somit auch zu vermitteln, dass man nie nur Opfer, sondern immer auch Täter seines Gekränktseins ist; dass man seinem Kranksein nicht einfach ausgeliefert ist, sondern seine Kränkungen oder »Symptome« auch selbst herstellt; dass man immer Handelnder bleibt (damit auch selbstverantwortlich), auch wenn man sich aus guten Gründen »entschieden« hat, seine Handlungsfähigkeit zum Teil extrem zu beschränken.

Zweitens geht es darum, die Klientin darin zu unterstützen, die »äußeren« (fremd-gesetzten) und die »inneren« (selbst gesetzten) Bedingungen ihrer Kränkungserfahrung beziehungsweise ihres Gekränktseins (oder Krankseins) unterscheiden zu lernen, um auch zu wissen, was sie wie verändern oder nicht verändern will.

Drittens geht es darum, dem Klienten dabei behilflich zu sein, für sich selbst zu erkennen, dass seine (ihn selbst belastenden) Krankheitserscheinungen (oder »Symptome«) im Zusammenhang seiner Lebensgeschichte und seiner je aktuellen Lebensprobleme einen Sinn haben: Sei es, dass er damit etwas ausdrücken oder ab-wehren und vermeiden möchte; sei es, dass die »Symptome« eine Art von Problem-bewältigungsversuch darstellen (der aber bislang noch nicht zu einer befriedigen-den Lösung hat führen können).

Viertens schließlich geht es um die Wahrnehmung nicht nur der »kranken« oder gekränkten, sondern auch der – immer ebenfalls vorhandenen – »gesunden und fähigen Anteile« und Kräfte, das heißt der Bewältigungsfähigkeiten und Stärken der Klientin, ihren Selbsthilfepotenzialen und -ressourcen.

In ihrer Buchausgabe von 1996 betrachten Dörner und Plog unter dem Punkt »Voll-ständigkeit der Wahrnehmung« als zusätzlichen Aspekt auch die *Situation der psychi-atrisch Tätigen* (bzw. der psychosozialen Helferinnen). Zum einen gelte es zu beachten, dass das Leid und die Nöte, mit denen sie konfrontiert sind, ihnen eventuell das Gefühl vermitteln, »nie genug zu tun« (wobei aber das »noch mehr tun« nicht zur Lösung führt). Zum anderen sei zu bedenken, dass die psychiatrisch Tätigen und sonstigen Professionellen lediglich »Ersatzspieler« sind, die in das (soziale) Spiel der anderen (Ge-sellschaft, Familie) hineingezogen werden. Unter diesem Aspekt wäre es auch ihre Auf-gabe »herauszufinden, wie die eigentlichen Spieler zusammenspielen« [...], um dann zusammen »mit den Betroffenen nach ihnen möglichen neuen Handlungsweisen und

Spielräumen zu suchen« (S. 48). Hier deuten sich übrigens ähnliche Gedankengänge an, wie sie der systemischen Perspektive (s. Kap. 3) zu eigen sind!

- Normalisierung der Beziehung

Im Gegensatz zu einer Sonderbehandlung, die eine ausgrenzende Beziehung darstellen würde, geht es um die Herstellung einer normalen Beziehung: um *Normalität in der Begegnung.* Mit meiner Rückmeldung darüber, was der Klient in mir auslöst, beginnt auch die Aufhebung seiner (inneren) Isolation und damit kann die Herstellung von Offenheit und wechselseitigem Austausch beginnen, bei Akzeptanz der grundsätzlichen Beschränktheit des wechselseitigen Verstehens.

Normalität in der Begegnung heißt ferner, dass ich als psychiatrisch-psychosozial Tätiger der Klientin weder als *Behandler ihrer Krankheit* entgegentrete (und sie damit zum Objekt mache), noch dass ich ihr nur als *dienender Helfender* entgegenkomme. Normalisierung der Beziehung meint, dass wir uns als Subjekte gegenüber treten, bei Wertschätzung unserer Verschiedenheit und Andersartigkeit, um gemeinsam daran zu arbeiten, dass sich die Kränkungssymptome beziehungsweise Verhaltensauffälligkeiten möglichst erübrigen. Das beinhaltet auch, dass ich auf die »krankhaften« Beziehungsaspekte weder hereinfallen, noch sie ausblenden oder angreifen muss. In einer normalisierten Begegnung kann ich mich selbst und die Person und die Symptome des Klienten ernst nehmen.

Zum Punkt »Normalisierung der Begegnung« schreiben Dörner und Plog in ihrer Buchfassung von 1996, dass normalisierte Beziehung auch den »Entwurf neuer Handlungsmöglichkeiten« beinhaltet und erreicht wäre, wenn es – ausgehend von dem bisherigen Problemlöseverhalten – gelingt, »neue Wege [...] der Lösung [zu] finden und die gesunden Anteile zu bewahren« (S. 48).

Im Folgenden werden die drei Dimensionen des Begegnungsansatzes noch einmal aufgeführt und mit Beispielen aus der Praxis von und mit Psychoseerfahrenen sowie Fallvignetten veranschaulicht.

Beispiele zur Dimension »Selbstwahrnehmung und Suchhaltung bei sich selbst«
Nehmen wir an, ein Klient zeigt große Angst und vermag mitzuteilen, dass er sich gerade von UFOs bedroht fühlt, die giftige oder zersetzende Strahlen auf ihn niederschießen; oder ein anderer kommt in den Dienst gerannt, um sich zu beschweren, weil »man« während seiner Abwesenheit seine Wohnung durchwühlt und ausgerechnet die Unterlagen »geklaut« hat, die er morgen für ein Vorstellungsgespräch brauchen würde; oder eine Klientin kommt schweißüberströmt ins Wohnheim zurück, weil die CIA sämtliche Telefonzellen vor dem Haus mit Leuten besetzt hat, damit sie nicht mit ihrer Freundin telefonieren kann; oder ein anderer erzählt glückstrahlend, dass er gerade Kontakt mit Jesus gehabt habe und für eine Welterlösungsmission ausersehen worden sei.

In der Begegnung mit Psychoseerfahrenen geht es auf Seiten der psychiatrisch Tätigen unter anderem um den Nachvollzug der Gefühle, die der Andere zeigt, was aber nur durch die Suche nach den eigenen Anteilen möglich ist (»Wo kenne ich Gefühle des Bedrohtseins, des Verfolgtwerdens, wo kenne ich das Erleben von Fremdbestimmtwerden oder Erlösungsideen bei mir?«) sowie durch die Wahrnehmung der eigenen Gefühle, die der Andere in mir auslöst (»Was macht das bei mir, wie ich den Anderen wahrnehme, wie er mir gegenübertritt?«). Über diesen Weg kann man dem Klienten mitteilen, was man von ihm bei sich versteht, wie man seine Gefühle bei sich selbst nachvollziehen kann.

So macht auch mir die Vorstellung Angst, vom Weltall beschossen zu werden; es macht mich wütend, wenn ich gerade die Unterlagen, die ich morgen dringend bräuchte, nicht wiederfinde; ich bin außerordentlich verärgert, wenn gerade dann, wenn ich telefonieren möchte, alle Telefonzellen besetzt sind und ich würde mich sehr bedeutend fühlen, wenn ich zu einer großen Aufgabe auserkoren werden würde.

Über diesen Weg wird ein (gefühlsmäßiger) Kontakt möglich zwischen mir und dem Anderen. Im Weiteren kann die psychiatrisch Tätige zeigen, wie sie – selbstwahrnehmend – bei sich selbst sucht, auf dass auch die Klientin eine solche »Suchhaltung bei sich selbst« realisieren kann, sofern sie sich gefühlsmäßig verstanden fühlt. Dabei kann die Klientin gegebenenfalls ihre eigene Selbstwahrnehmung erweitern und vor allem bislang abgespaltene Seiten annehmen (bzw. hereinnehmen, integrieren).

Ein anderer – zur Selbstwahrnehmung, was der Andere bei mir auslöst, dazu gehörender – Aspekt ist aber auch die Abgrenzung, die von beiden Seiten nötig ist. Für den psychosozialen Betreuer könnte es zum Beispiel nötig werden, sich nicht erdrücken, nicht krallen, nicht belästigen zu lassen, sondern für sich selbst auf einer gewissen Distanz zu bestehen. Für die Klientin kann es wichtig sein, die Selbstwahrnehmung des Anderen zurückzuweisen und für sich selbst diesen Weg der Suchhaltung abzulehnen.

Insbesondere (engagierte) Berufsanfänger (im sozialpsychiatrischen Bereich) sind oft sehr geneigt, den Anderen *verstehen* zu wollen, strengen sich diesbezüglich sehr an, sich etwas zurechtzukonstruieren, um dem Klienten gerecht zu werden ... und begeben sich damit geradewegs in die Falle. Denn statt etwas vom Innenleben des Anderen zu verstehen (was ohnehin nicht möglich ist), fangen sie an, ihm ihr eigenes Bild überzustülpen. Die Grundhaltung der »Selbstwahrnehmung und Suchhaltung bei sich selbst« hilft aber, dieser Gefahr zu entgehen.

Selbstwahrnehmung als nie abgeschlossener, ständig mitlaufender und immer fortlaufender Prozess der »Suchhaltung bei sich selbst« (wo finde ich Anteile der Symptome oder des Leidens des Klienten auch bei mir) muss überdies zusätzlich auch verbunden sein mit einer fortwährenden Reflexion der eigenen Beziehung zum Klienten.

Wenn diese nicht erfolgt, wenn also der Betreuer sich nicht in der eigenen Beziehung zum Klienten reflektiert, könnte das so aussehen, dass er schließlich doch vor allem seine eigenen (Betreuer-)Ziele im Kopf hat, was für die Klienten gut und richtig sei und die eigenen Ziele durchzusetzen versucht; dass er in erster Linie an einem Erfolgsbeweis nach außen hin interessiert ist und die Klienten hierfür benutzt und/oder dass er die Sinnzusammenhänge der Klientinnen erst gar nicht zu begreifen versucht und somit auch nicht zu erkennen vermag, wo sie emotional und kognitiv und beziehungsmäßig abgeholt werden könnten. Um nicht in dieses Fahrwasser zu geraten, muss die hier beschriebene Grundhaltung inklusive der Beziehungsreflexion auch zum

Beispiel solche Fragen einschließen: Was löst der Klient in mir aus? Was erwarte ich von ihm für mich? Wo kann ich ihn nicht annehmen, wie er ist oder wie er sich zeigt? Wo möchte ich ihn anders haben? Inwieweit benutze ich ihn für meine eigenen Bedürfnisse (wie z. B. beliebt sein, als guter Betreuer zu gelten, anerkannt zu werden)?

Beispiele zur Dimension »Vervollständigung der Wahrnehmung und Reflexion«
Für diese Dimension werden jeweils zu den Unterpunkten zur Veranschaulichung der einzelnen Punkte auch Ausschnitte von Fallbeispielen aufgeführt.

1. Ein Aspekt der »Täterseite« psychischen Gekränktseins besteht zum Beispiel darin, dass ein Psychoseerfahrener seine Krankheitssymptome immer dann produziert, wenn Anforderungen an selbstverantwortliches Handeln an ihn gestellt werden; zum Beispiel die Entscheidung, aus der Familie auszuziehen oder eine Arbeitsstelle anzunehmen. Man mag mit ihm zusammen herausfinden, dass er seine Krankheitssymptome dann aktiv herstellt, um zu zeigen: »Ich kann nicht«. Diese Zusammenhänge könnten gemeinsam erkannt und auch von der Betreuerin entsprechend rückgespiegelt werden.

Fallbeispiel: Frau J. (28 Jahre) sah sich selbst in einer widersprüchlich verstrickten Beziehung zu den Eltern gefangen. Wenn diese ihr hineinreden, will sie sich »erwachsen« wehren. Das hatte sie sich vorgenommen. Auch hatte sie ja bereits eine eigene Wohnung bezogen und wollte eigentlich ein eigenständiges Leben führen. Als die Eltern dann aber mal für ein paar Wochen verreisen möchten, produziert sie kurz vor deren Abreise einen nächtlichen Zusammenbruch, so dass der Notarzt gerufen werden muss. Es schien, als wollte sie damit doch wieder die Fürsorge der Eltern erzwingen und »Kind« bleiben.

2. Es geht hier um das Erkennen der fremdgesetzten Bedingungen von Krankheitserscheinungen (beispielsweise dass – etwa über Ausgrenzungsprozesse – zu wenig Handlungsspielräume in der Familie und der Gesellschaft gegeben sind) und zugleich geht es (für den Klienten) darum, auch die selbstgesetzten Bedingungen erkennen: dass also beispielsweise die Handlungsspielräume (von ihm selbst) noch enger gemacht werden, als sie eigentlich sind (z. B. Isolation herstellen, sich selbst isolieren).

Fallbeispiel: Herr M. (24 Jahre) äußert sich sehr hasserfüllt über seine Eltern. Gleichzeitig sieht es jedoch so aus, als ob er deren perfektionistische Leistungsvorstellungen verinnerlicht hätte. Vor diesem Hintergrund tendiert er dazu, sich selbst – im Vergleich mit anderen – abzuwerten und sich selbst zu isolieren. Die während seiner beruflichen Reha-Ausbildung gegebenen Möglichkeiten, sich in seiner Leistungsfähigkeit realistisch kennen- und schätzen zu lernen und damit seine Handlungsspielräume zu erweitern, will er doch nicht nutzen. Auch gemeinsame Gespräche, zusammen mit seinen Eltern, lehnt er zu diesem Zeitpunkt noch ab.

3. Es geht hier darum, gemeinsam mit der Klientin einen persönlichen Sinn ihrer Krankheitserscheinungen zu erarbeiten, den Sinn zu finden und gegebenenfalls akzeptieren zu lernen, statt die »Symptome« als unsinnig abzuspalten. Mit dem Ausdruck »den Sinn finden« soll dabei weniger tiefenpsychologisches Deuten befürwortet, sondern auf Kontextualisierung verwiesen werden. Kontextualisierung bedeutet, die psychotischen Symptome in einen Zusammenhang zu bringen mit eigenen (ggf. kränkenden) Lebenserfahrungen, der besonderen Lebensgeschichte, den sozial-emotionalen

Lebensbedingungen. So lässt sich durch Rückbezug auf lebensgeschichtliche Kontexte und/oder auf aktuelle Beziehungskontexte ein Sinn finden (oder erfinden) für die Entwicklung bestimmter Symptome und ihrer Inhalte (der Stimmen, der Größenideen) und ihrer Bedeutungsgehalte.

Fallbeispiel: Für Herrn R. (32 Jahre) war an sich das normale Alltagsleben unproblematisch und auch im Arbeitsleben hat er sich gut bewährt. Aber mit jeder neuen Verliebtheit wurde er akut psychotisch. Offenbar spielten hierbei extreme Bedürfnisse nach symbiotischer Verschmelzung einerseits und gleichzeitig extreme Ängste vor Verschlungenwerden (oder Verlassenwerden) andererseits eine Rolle. Als Sinn fand er, dass er sich womöglich vor der Gefahr der völligen Selbstauflösung in der Symbiose und der völligen Selbstvernichtung durch das Verschlungen- oder Verlassenwerden durch die Produktion seiner psychotischen Symptomatik quasi schütze. Über seine frühkindlichen Erfahrungen in der Mutter-Kind-Beziehung konnte zwar nur spekuliert werden (verschlingende und ausstoßende Mutter?), aber er konnte sich noch gut daran erinnern, dass er in seiner Jugendzeit von normalen Erfahrungen mit Mädchen von der Mutter eher abgehalten worden war, indem es ihr gelungen sei, »ihm Schuldgefühle zu machen«. Und noch immer war die Beziehung zur Mutter von starken Ambivalenzen durchsetzt. Von daher könnte der Sinn der psychotischen Ausraster auch darin bestanden haben, sich vor der »Schuld« zu schützen, wenn er eine andere Frau als seine Mutter liebt.[15]

Ein anderes Fallbeispiel, das meines Erachtens den Sinnkontext psychotischen Erlebens gut beschreibt, stammt von Charlotte Köttgen (1992): Eine Klientin berichtet, dass die Stimmen, die sie höre, ihr zurufen, sie sei eine Hure, verachtenswert und ein Nichts. Die Kontextualisierung verweist auf die folgende Vorgeschichte: Sie war bei ihren Eltern in einer Sekte aufgewachsen, in der nach hoch tugendhaften Idealen (Güte, Aufopferung) recht puritanisch gelebt werden sollte. Während sie als Kind eine besonders angepasste, ordentliche Tochter gewesen war, kam es zum Ausbruch der Psychose, nachdem sie sich im Alter von 20 Jahren mit einem farbigen Mann »eingelassen« hatte. Zu dem »die Psychose auslösenden Konflikt« sagt sie selber, dass sie sich zwar genötigt sieht, den »Idealen der Eltern« zu entsprechen, diese aber als »tödlich langweilig« erlebt und (deshalb) von Phantasien »beherrscht« sei, als Prostituierte mit jedem Mann gegen Geld sexuell zu verkehren. Je mehr sie die Phantasien zu unterdrücken versuche, desto weniger könne sie sich entsprechenden Visionen über sexuelle Ausschweifungen entziehen. Tatsächlich hatte sie aber nur vereinzelt (unter Alkoholeinfluss) sexuelle Abenteuer gesucht und führt ansonsten eher das Leben eines kontaktarmen »braven« Mädchens. Ihr Konflikt, der sie beinahe zerreißt, besteht darin, einerseits als »braves Mädel« angepasst und beschützt, von Eltern und Sektenangehörigen »angenommen« und »behütet« sein zu wollen, andererseits aber auch gleich-

---

15 Wenn es nicht nur um Sinnfindung, sondern auch um Veränderung gehen sollte, wäre hier eine systemische Intervention denkbar, die (womöglich zusammen mit der Familie oder zumindest mit der Mutter) eine Zuspitzung des Ambivalenzkonflikts provozieren könnte, auf dass Herr R. zu einer Entscheidung kommen kann, ob er für immer nur (ausschließlich) seine Mutter lieben möchte oder ob er sich gestatten will, künftig (daneben) auch andere Frauen zu lieben.

zeitig »unbrav« eigenständig sein, eigenen (»verkommenen«) Liebeswünschen nachgehen und »Verbotenes leben« zu wollen.

Die Psychose stellt gewissermaßen für sie – so hat sie es auch selbst herausgefunden – eine Konfliktlösung dar oder anders ausgedrückt: durch die Psychose entzieht
sie sich dem Dilemma, sich für die eine oder andere Seite entscheiden zu müssen.
Dafür wird allerdings der Konflikt durch die Stimmen immer wieder aktualisiert. Die
Psychose als Krankheit hat so gesehen den Sinn, sowohl abhängig und »brav« bleiben
zu können (und damit sich zwar »geborgen«, aber auch »unlebendig« und »fremdge-
lebt« zu fühlen), als auch sich als eigenständig und nach eigenen Wünschen lebend zu
phantasieren (und damit sich zwar als »böse« und »verkommen«, aber auch als »lebendig« zu erleben; vgl. Köttgen, S. 162 ff.).[16]

4. Da kein Mensch durch und durch krank ist, geht es hier darum, nicht nur die
»kranken« oder »störenden«, sondern vor allem auch die »gesunden« Anteile, insbesondere die Selbsthilfefähigkeiten der Klienten wertschätzend wahrzunehmen und
auf diesen aufzubauen.

Fallbeispiel: Herr F. (37 Jahre) suchte nach längerem Klinikaufenthalt wieder eine
Arbeitsstelle und da er es vorzog, tags (wenn »alle anderen wach waren«) zu schlafen
und nachts (wenn »alle anderen schliefen«) wach zu sein, sollte es eine Nachtarbeit
sein. Durch seinen veränderten Tag-Nacht-Rhythmus versuchte er sich vor der Begegnung mit all zu vielen Leuten und zwischenmenschlichen Kontakten, die ihm Angst
machten, zu schützen. Da er sich außerordentlich auffällig kleidete, meist mit Frack
und Zylinder angetan und einen Regenschirm um den Arm gehängt (und sich auch
wie ein Graf aus dem vorherigen Jahrhundert benahm), konnte man sich gut vorstellen, dass ihn »gewöhnliche andere Leute« als sonderbar verspotteten und ihm der Kontakt mit »solchen Leuten« höchst unangenehm war.

Jedenfalls aber ließ sich in einem kleinen Betrieb eine Nachtarbeit für ihn finden.
Dort hatte er in einer Gruppe von neun Mitarbeitern (großenteils Studenten) und einem Vorarbeiter Sortierarbeiten an einem großen runden Tisch auszuführen. Zwar
hatte jeder der Männer seine eigenen Arbeiten zu erledigen, aber die gemeinsame
Arbeitssituation machte ein Vermeiden von Kontakt natürlich unmöglich. Die anderen
Mitarbeiter machten sich über ihn und seine Aufmachung lustig, verspotteten ihn,
hänselten ihn, unterstellten ihm, »schwul« zu sein, und kamen ihm, da sie merkten,
dass ihm körperliche Nähe zuwider war, extra zu nahe und ließen ihn einfach nicht in
Ruhe. Die Situation war für Herrn F. unerträglich, aber er wollte die Arbeitsstelle behalten und ein (vermittelndes) Gespräch seiner Betreuerin mit der gesamten Arbeitsgruppe lehnte er ab.

Stattdessen hatte er eine eigene Idee: Eines Nachts kam er mit einer eigens ange-

---

16 Unter dem Stichwort »Kontextualisierung« bemüht man sich innerhalb des Begegnungsansatzes um die Erarbeitung von entsprechenden Sinnzusammenhängen (z. B. in
sog. »klärenden Gesprächen«, wie sie Grawe, 1998, für die psychologische Therapie beschreibt). Wo es aber darüber hinaus auch um *Veränderung* gehen soll und gerade bei
diesem Fallbeispiel, wo es – therapeutisch gesehen – um eine zur psychotischen Kon-
fliktverarbeitung *alternative Konfliktlösung* gehen könnte, wäre eventuell eine systemische Intervention angebracht.

fertigten großen Pappe, die an zwei Ecken zu knicken war, zu seinem Arbeitsplatz. Er setzte sich an den Tisch, stellte wortlos die Pappe als Trennwand um sich herum auf und begann mit seinen Sortierarbeiten. Der Effekt war beachtlich. Für ihn selber war die Trennwandpappe ein Schutz vor den Angriffen der anderen. Er konnte sie zwar weiterhin hören, musste sie aber nicht sehen (und wurde selbst nicht gesehen) und fühlte sich so besser in Ruhe gelassen. Für die anderen Mitarbeiter, die sich anfangs über diesen neuen Spleen erst recht lustig machten, war doch schließlich diese Trennwand aus Pappe ein derart zugespitztes Zeichen, dass ihnen das Hänseln im Halse stecken blieb. So beruhigte sich die Situation allmählich und Herr F. konnte seiner Nachtarbeit ohne große Nervenaufreibung weiterhin nachgehen.

Als später übrigens ein neu eingesetzter Gruppenleiter eine neue Arbeitsaufteilung vornehmen wollte, die allen Mitarbeitern nicht passte, solidarisierten sie sich untereinander und Herr F. war in die Solidarisierung mit einbezogen, was für ihn eine neue und angenehme Erfahrung von menschlicher Nähe und Zugehörigkeit war, die er vorher so nicht gekannt hatte.

Beispiele zur Dimension »Normalisierung der Beziehung«
Normalität in der Begegnung beinhaltet das Akzeptieren der Andersartigkeit und einen »normalen« – soll auch heißen *authentischen* – Umgang mit den Psychoseerfahrenen, ohne sich selbst zu verstellen und ein irgendwie besonderes Verhalten an der Tag zu legen (z. B. sich ganz besonders behutsam oder ganz besonders abgrenzend zu verhalten). Auf der Grundlage eines akzeptierenden Milieus und von meiner Akzeptanz des So-Seins des Anderen müssen auch Rückmeldungen darüber gegeben werden, was der Andere in mir auslöst (Offenheit, Transparenz).

Beispiel aus einer psychosozialen Kontaktstelle (Treffpunkt für psychisch Kranke): Alles ist akzeptiert, bis auf Gewalt und Alkohol. Jeder darf sich so verhalten, wie er möchte, soll dabei aber auch erfahren können, wie das auf mich und die anderen wirkt. Jeder muss die Chance haben, adäquates Feedback zu erhalten. Beispielsweise muss einer, der unaufhörlich laut in den Raum hineinredet, ohne jemanden anzusprechen, auch erfahren können, was sein Verhalten bei mir auslöst: zum Beispiel fühle ich mich genervt durch sein Verhalten, weil er nicht in eine echte Kommunikationssituation mit mir oder einem anderen eintritt, eventuell macht es mir ein bisschen Angst. Das muss ich ihm rückmelden, damit er überhaupt eine eigene Wahrnehmung von seinem eigenen Verhalten bekommen kann. So wie es generell normal ist, nicht alles über sich ergehen zu lassen, sondern Grenzen zu setzen, muss man das auch – authentisch – gegenüber Psychoseerfahrenen tun. Zum Zweiten ist bei dem genannten Treffpunkt-Besucher ein sehr starkes Mitteilungs- und Selbstdarstellungsbedürfnis erkennbar. Wenn man ihn fragt, *wem* er denn *was* mitteilen möchte, lernt er vielleicht sein Selbstdarstellungsbedürfnis zu kanalisieren und auf diese Weise überhaupt erst zu einer Kommunikation zu kommen. (Über die »Normalisierung der Begegnung« könnten somit von dem Klienten auch neue Handlungsmöglichkeiten in der Beziehung erprobt werden).

Ein anderes Beispiel betrifft die Kollegen einer Betriebsabteilung, die sich Sorgen machen, da einer unter ihnen, der zwischenzeitlich in der Psychiatrie gewesen war, nunmehr in die Abteilung zurückkommen soll und sie nun glauben, ihn nur noch mit

»Samthandschuhen« anfassen zu dürfen (und nicht recht wissen, wie sie das tun sollen). Sie sollten womöglich (durch einen psychosozialen Dienst) darin unterstützt werden, die Samthandschuhe wegzulassen und sich normal zu verhalten.

Leitprinzipien psychosozialer Arbeit in der Psychiatrie
Ganz ähnlich wie Dörner und Plog haben auch Mosher und Burti, zwei prominente Vertreter der Gemeindpsychiatrie, der eine (Mosher) aus den USA, der andere (Burti) aus Italien stammend, einige Prinzipien (»Leitlinien«) für den Umgang, das Zusammensein und Verhandeln mit Psychoseerfahrenen erarbeitet und erprobt. Beide haben in ihren Ländern wesentlich am Aufbau gemeindepsychiatrischer Versorgungsformen mitgewirkt. Diese Arbeitsprinzipien, die später vorgestellt werden, basieren auf den folgenden Voraussetzungen (s. zusammengefasst in Tabelle 8):
– *Notwendigkeit der Gestaltung eines therapeutischen Rahmens in der Einrichtung:* Zum Thema »Therapie« stellen Mosher und Burti (1992) zunächst fest, dass es nicht als Methode der Wahl gelten kann, eine – wie sie es nennen – »Blumenbeet-Alternative« zu praktizieren, soll heißen, dass ein niedergelassener Therapeut in eine Einrichtung kommt und sich dort mit einer Patientin in einen Raum zurückzieht, um mit ihr »Therapie zu machen«, wenn andererseits die Art des institutionellen Umgangs in den übrigen 23 Stunden dazu angetan ist, die Arbeit einer Therapiestunde wieder zunichte zu machen (s. Mosher u. Burti, 1992, S. 58 f.).
Stattdessen käme es darauf an, dass eine Einrichtung oder ein Dienst (also das jeweilige Handlungsfeld) einen therapeutischen Rahmen anbietet, wobei »therapeutisch« hieße, zwar einerseits Bedürfnisse von Nutzern zu erfüllen, »jedoch idealerweise auch, Klienten mit den Mitteln und den Motivationen so auszustatten, dass sie selbstständig an der Bedürfnisbefriedigung arbeiten können«, wobei als »oberstes Ziel« gilt, »den Klienten [...] zu selbstständiger Lebensführung zu befähigen« (S. 61). Problematisch sei es, wenn Wünsche von Nutzern und Angehörigen »wörtlich und ohne Nachfrage angenommen werden«, anstatt ihre

Tabelle 8: Voraussetzungen und Leitlinien psychiatrisch-psychosozialen Arbeitens (nach Mosher u. Burti)

Voraussetzungen
– Notwendigkeit der Gestaltung eines therapeutischen Rahmens in der Einrichtung
– Subjektorientierte, Anteil nehmende Beziehungsgestaltung mit Klientinnen
– Realisierung eines therapeutischen Gesprächsansatzes
Leitlinien
– Herstellen von Lebensbezügen – Kontextualisierung
– Bewahrung und Erweiterung von persönlicher Stärke und Einflussnahme – Empowerment
– Normalisierung – Bevorzugung der normalen Alternative

Selbstständigkeit zu fördern. In diesem Sinne konstatieren die Autoren, dass es ein »Fehler« sei, wenn – wie oft üblich und unhinterfragt praktiziert – Klienten »mit der Begründung einer erforderlichen Ruhepause für die Familie ins Krankenhaus aufgenommen werden« (S. 61).

– *Subjektorientierte, Anteil nehmende Beziehungsgestaltung mit Klientinnen*: Wenn zwar Mosher und Burti – sehr viel mehr als Dörner und Plog – auch systemische Ansätze in ihr Gesamtkonzept integrieren, gehen sie ähnlich wie jene in ihrer psychosozialen Arbeit mit Psychoseerfahrenen vor allem von einer humanistischen Grundhaltung aus. Diese beinhaltet Subjektorientierung in Form einer klientenzentrierten Gesprächsführung und die Forderung nach »fortwährender Anteilnahme«, welche mit bestimmten Grundsätzen von Beziehungseinstellungen der Mitarbeiterinnen gegenüber den Klienten verbunden ist (vgl. Kap. 6 und 7 in Mosher u. Burti, 1992).

– *Realisierung eines therapeutischen Gesprächsansatzes*: Ferner wird – noch über das bisher Gesagte hinausgehend – das therapeutische Gespräch befürwortet, mit dem »Ziel, Klienten zu helfen, eine Krankheitsepisode in ihren Lebenszusammenhang zu integrieren« (S. 136). Zunächst geht es hierbei darum, Klienten dabei zu unterstützen, ein belastendes Ereignis als solches »wahrzunehmen und sich einzugestehen«, im Weiteren die davon ausgelösten, aber abgespaltenen Gefühle mit diesem Ereignis zu verknüpfen und schließlich über die »Einordnung in den Lebenszusammenhang« gegebenenfalls zur »Herstellung einer veränderten Sichtweise« zu gelangen (S. 136). Ein sehr prägnantes Anwendungsbeispiel für diesen Prozess wird in dem genannten Buch am Fallbeispiel einer 22-jährigen psychotischen Frau geschildert, die sich eines Morgens im Bett einer Wohneinrichtung verbrennen möchte, weil sie sich für den Teufel hält (s. Mosher u. Burti, 1992, S. 137 ff.).

Aufbauend auf den skizzierten Voraussetzungen werden von Mosher und Burti »Leitlinien klinischen Handelns« beschrieben (1992, S. 162–166). Demnach hat sich das Handeln im Umgang mit psychiatrisch etikettierten Klienten an drei Arbeitsgrundsätzen zu orientieren (s. a. Tabelle 8):
1. Herstellen von Lebensbezügen – Kontextualisierung,
2. Bewahrung und Erweiterung von persönlicher Stärke und Einflussnahme – Empowerment,
3. Normalisierung – Bevorzugung der normalen Alternative.

Die von Mosher und Burti beschriebenen »Leitlinien« etwas präzisierend, werden diese drei grundlegenden Arbeitsprinzipien, die das psychosoziale Handeln im Kontext gemeindepsychiatrischer Hilfen leiten sollen, im Folgenden näher betrachtet. Daran anschließend erfahren die einzelnen Punkte noch einmal eine zusätzliche Erläuterung durch Beispiele.

• Herstellen von Lebensbezügen – Kontextualisierung
Die »Kontextualisierung«, das heißt die Bezugnahme auf den Kontext, die Lebensbezüge der Klientinnen, kann und soll grundsätzlich unter zwei Aspekten zur Geltung kommen: zum einen im Hinblick auf deren aktuellen, konkreten sozialen Lebensraum und Lebensort und dort vorhandene soziale Kontakte; zum anderen – in
eher psychologischer Hinsicht – als Klärung der Lebensbezüglichkeit ihrer Krankheitserscheinungen oder Symptome unter besonderer Berücksichtigung der derzeit
und früher relevanten (lebensweltlichen) Beziehungskontexte.

Einerseits sollten Klienten so lange wie möglich in ihrer natürlichen sozialen Umgebung gehalten werden und in ihren natürlichen Lebensbezügen verbleiben. Probleme sollten womöglich vor Ort zu lösen versucht werden, wobei die Vorstellungen
der Klienten (und ihrer Bezugspersonen, der Bezugsgruppe) über mögliche Problemlösungen zu beachten sind. Aber auch »wenn Klienten zeitweilig aus ihrer natürlichen Umgebung herausgenommen werden (z. B. wenn sie in eine Übergangs-
einrichtung gehen), muss das Personal immer ihre Lebensbezüge im Auge behalten«
(Mosher u. Burti, 1992, S. 162). Es gilt, sich auf »die verschiedenen Aspekte des
Netzwerkes der Klienten – ihre Familie, ihre Freunde und das relevante professionelle Netzwerk« – zu konzentrieren, um die Herstellung von Lebensbezügen zu er-
leichtern oder verloren gegangene Bezüge wiederherzustellen.

Andererseits geht es darum, einerseits die subjektiven Erfahrungen, die Klientinnen hinsichtlich ihrer Lebensbezüge berichten, durch »aktive Empathie« zu bestätigen und andererseits zwischen ihren subjektiven Realitätserfahrungen und »objektiven« sozialen Realitäten zu vermitteln, auf dass die verschiedenen »Versionen
der Realität [...] wieder miteinander verbunden werden, da ihre Trennung Teil der
Problementstehung gewesen ist« (S. 162).

Dieser zweite Aspekt der Kontextualisierung beinhaltet also auch das Prinzip, die
Klientinnen dabei zu unterstützen, ihre Krankheitserscheinungen im Zusammenhang mit ihren lebensgeschichtlichen Erfahrungen zu sehen oder Sinnzusammenhänge zwischen ihren »symptomatischen« Verhaltens- und Erlebensmustern und –
einst in der Vergangenheit oder jetzt gegenwärtig – relevanten Beziehungserfahrungen herzustellen. Ähnlich war das bereits beim Begegnungsansatz beschrieben worden. Darüber hinaus ist auch eine *Rekontextualisierung* angestrebt, indem den
Klientinnen geholfen wird, neue, womöglich weniger beeinträchtigende oder flexi-
blere Realitätsdeutungen vorzunehmen, die gegebenenfalls neue Handlungsspielräume eröffnen.

• Bewahrung und Erweiterung von persönlicher Stärke und Einflussnahme –
  Empowerment
Unter der etwas umständlichen Formulierung »Bewahrung und Erweiterung von
persönlicher Stärke und Einflussnahme« ist das zu verstehen, was üblicherweise unter dem Begriff »Empowerment« fungiert; gemeint ist also die bereits erwähnte Förderung der Selbstbefähigung oder Selbstermächtigung der Klientinnen. Das be-

inhaltet unter anderem, dass sich die professionellen Helferinnen so verhalten, dass die Klienten einen Machtzuwachs erfahren.

Mosher und Burti setzen hier kritisch an der sonst üblichen psychiatrischen Behandlung an, die »sich anmaßt, sofort zu wissen, was für die Nutzer am besten ist, besonders dann, wenn sie sehr gestört und störend sind. Dies nimmt den Klienten ihre persönliche Stärke und untergräbt ihr Gefühl, Einfluss auf ihr Leben zu haben« (S. 163). Gerade, weil dies oft »ein wesentliches Merkmal ihres Problems ist«, dass sie sich als durch und durch fremdbestimmt erleben, sei es Aufgabe der Mitarbeiterinnen, »ihnen dabei zu helfen, wieder Einfluss auf ihr Leben zu gewinnen oder erstmalig zu erlangen« (S. 163). Dies erfordert, dass nicht einfach etwas für die Klienten getan wird, sondern sie in ihrem eigenen Tun unterstützt werden, um so die Möglichkeit zu erhalten, ein »eigenes Gefühl für Autonomie und Unabhängigkeit zu entwickeln« (S. 163). Unter Einsatz auch kreativer Methoden soll den Klientinnen geholfen werden, ihre emotionalen und kognitiven Ressourcen zu erkennen und zu erweitern, um letztendlich Selbsthilfe zu praktizieren.

Was also mit dieser »Leitlinie« psychosozialen Handelns in Bezug auf Klienten gemeint ist, lässt sich pointiert in drei Stichpunkten ausdrücken:
– Unterstützung zur Nutzung ihrer eigener Ressourcen,
– Hilfe zur Selbsthilfe,
– Förderung ihrer Selbstermächtigung.

Wenn zwar auch *Fürsprache* – je nach den Gegebenheiten – als durchaus wichtig erachtet wird, soll die Interaktion zwischen Betreuern und Klientinnen im Wesentlichen gekennzeichnet sein durch ein »Zusammen-Sein-mit« oder gemeinsames Handeln, statt durch ein »Handeln-für« (S. 164).

Um nicht unnötige Abhängigkeiten fortbestehen zu lassen, gelte es auch insbesondere für die schon lange Zeit psychiatrisierten Klienten (den sog. »Veteranen« des psychiatrischen Versorgungssystems), sich die Mühe zu machen, nicht einfach die Tätigkeiten für sie zu erledigen, um die sie bitten, sondern diese sie selber tun zu lassen. Nur so werden sie erfahren, dass Problemlösungen von ihnen selbst entwickelt werden können. Zwar dürften gerade die »Veteranen«, die eine lange Karriere als »betreute Patientinnen« hinter sich haben und erwarten, Problemlösungen »verordnet« zu bekommen, dabei Schwierigkeiten machen, etwas selber tun und können zu sollen und – mehr noch – zu wollen. Für den Prozess ihrer Deinstitutionalisierung oder Entpsychiatrisierung, der von ihnen die Übernahme von persönlicher Verantwortung voraussetzt, ist dieser Weg jedoch unabdingbar.

Grundsätzlich im Umgang mit allen Klienten sollten die »Helfer [...] eine Minimalphilosophie im Kopf haben: Je weniger sie tun, umso besser« (S. 164). Gemeint ist damit, dass nicht schnell und schon gar nicht vorschnell Aktivitäten für Klientinnen zu übernehmen sind, sondern immer erst nach Wegen gesucht werden soll, wie Klienten eigene Ressourcen aktivieren oder »verfügbare Ressourcen aus dem nicht-psychiatrischen Netzwerk – z. B. Freund, Kirchengemeinde, Eltern oder Partner«, für ihre Anliegen nutzbar machen und einbeziehen können (Mosher u. Burti, 1992, S. 164).

- Normalisierung – Bevorzugung der normalen Alternative

Durch die Realisierung der ersten beiden Arbeitsprinzipien wird »Normalisierung« ermöglicht, das heißt: Wiederherstellen von »normalen« Lebensbezügen jenseits des psychiatrischen Versorgungssystems. Hierbei erfolgt eine Orientierung an den kulturell und gesellschaftlich üblichen Vorgaben. Da Klienten nicht immer in der Lage sein werden, von sich aus solche normalen Bezüge herzustellen oder selbst die Wege zur Lösung bestimmter Probleme zu finden, obliegt es den Mitarbeiterinnen, »ihnen bei der Entwicklung von Alternativen zu helfen«, wobei immer zuallererst an Alternativen zu denken sei, »die möglichst nah an der Normalität sind« (S. 165). Als Beispiel wird von Mosher und Burti genannt, im Falle eines Arbeit suchenden Klienten zunächst den üblichen Weg der Stellensuche (über Stellenanzeigen etc.) zu versuchen, statt gleich von vornherein an die Vermittlung in eine berufliche Rehabilitationsmaßnahme zu denken. Der normalen Alternative sei der Vorzug zu geben. Wenn dieser Weg – aus diesen und jenen Gründen – nicht gangbar sei, könne immer noch eine Vermittlung in eine Reha-Maßnahme erfolgen. Indem durch den Prozess der Normalisierung *realistische* positive Erwartungen genutzt werden, kann er »zur Entwicklung von Selbstvertrauen und einem Gefühl persönlicher Wirksamkeit durch reale, wenn auch nur kleine Erfolge in einer normalen Welt beitragen« (S. 166).

Ähnlich wie zu den drei Dimensionen des Begegnungsansatzes werden nun auch hier zu den drei »Leitlinien« einige Beispiele angeführt.

Beispiel zur Leitlinie »Herstellen von Lebensbezügen – Kontextualisierung«

Als Beispiel für diese »Leitlinie« eignet sich meines Erachtens das von Mosher und Burti (1992) zur Veranschaulichung des »therapeutischen Gesprächs« angeführte *Fallbeispiel*: Susan, die Bewohnerin einer Wohneinrichtung, hatte frühmorgens ihr Bett angezündet, in der Absicht, sich selbst zu verbrennen. Auf Nachfragen des Betreuers erklärte sie, dass sie der Teufel sei und sich zu verbrennen habe oder verbrannt werden müsste. Das hätten auch die Stimmen aus dem Radio gesagt (»burn, baby, burn«). Der Betreuer gab seinen Eindruck wieder, dass sie, wenn sie sich als Teufel sehe, wohl meine, sie sei »schlecht« oder habe »etwas Falsches getan« und fragte nach vorausgegangenen Ereignissen in ihrem Leben und in letzter Zeit. Nach einigen verwirrenden Antworten berichtete sie schließlich von der Beerdigung ihres Großvaters im letzten Mai, auf der sie nicht gewesen war, obwohl ihre Schwester sie angerufen und darum gebeten hatte, dass sie kommen möge. Sie sei aber nicht hingegangen, weil sie Angst hatte, ihrer Mutter und ihrer Schwester dort zu begegnen und auch, weil sie ihre Großmutter nicht habe weinen sehen wollen. Auch wurde über die Beziehung zum Großvater gesprochen, bei dem sie mal gelebt hatte, und über die Fragen, die sie sich über die Umstände seiner Beerdigung machte.

Bezüglich ihrer Überzeugung, der Teufel zu sein, kam der Betreuer mit ihr darin überein, dass das wahrscheinlich ihre Art sei, um mit dem schmerzlichen Gefühl umzugehen, sie sei »schlecht« oder »schuldig«.

Es kam auch die Beziehung zu ihrer Schwester zur Sprache, welche Susan vor einem Jahr in einem Brief mitgeteilt hatte, wie unglücklich und unweiblich sie sich aufgrund einer gynäkologischen Totaloperation, der sie sich habe unterziehen müssen, fühlte. Seit damals beziehungsweise seit dem Zeitpunkt der Operation ihrer Schwester habe sie sich selber sexuell promiskuitiv verhalten. Es schien dem Betreuer, als befände sich Susan in einer Konkurrenzbeziehung zu ihrer Schwester, von der sie annahm, diese sei in den Augen der Mutter immer als die »Bessere« angesehen worden, während sie immer die »Schlechte« (gewesen) sei.

Wenn Susan wieder davon sprach, dass ihr die Stimmen aus dem Radio sagten, dass sie böse und eine Hexe sei, schlug ihr der Betreuer vor, dass dies vielleicht Susan war, die zu Susan sprach und erwähnte die Ereignisse, derentwegen sie sich schlecht und schuldig fühlte.

Unter der Voraussetzung, sich ernst genommen zu fühlen, konnte Susan auf diese Weise – über die Herstellung von Lebensbezügen und Kontextualisierung – ihre akute psychotische Verwirrtheit und ihre Wahnvorstellungen überwinden (s. S. 137 ff.).

Beispiel zur Leitlinie »Bewahrung und Erweiterung von persönlicher Stärke und Einflussnahme – Empowerment«

Mit einem *Fallbeispiel* von Martina Burow-Sperber soll insbesondere auf die bereits beschriebene »Minimalphilosophie« Bezug genommen werden, die lautet: »je weniger die Helfer bzw. Betreuerinnen tun, um so besser«, was auch heißt, dass man nicht gleich tun soll, um was man von Klienten gebeten wird.

Die Klientin, Frau K. (61 Jahre), leidet laut Arztbericht an einer »schweren rezidivierenden depressiven Störung«; selber beschreibt sie Antriebslosigkeit, zum Teil Unruhe und Suizidwünsche. Ihre erste psychiatrische Behandlung hatte sie bereits mit circa 24 Jahren erfahren, aber dann – nach ihren eigenen Angaben – keine weitere Betreuung benötigt und über Jahrzehnte auch keine weitere Behandlung. Erst mit 57 Jahren nahm sie erstmals wieder Betreuung durch eine psychosoziale Kontakt- und Beratungsstelle in Anspruch und hatte dann im darauffolgenden Jahr zwei Aufenthalte in einer psychiatrischen Klinik sowie einen Aufenthalt in einer psychosomatischen Klinik. Schließlich wurde sie an ein Psychosoziales Zentrum übermittelt und dort in das Betreute Einzelwohnen übernommen. Ein Jahr später wurde sie (mit nunmehr 59) dann auch in die Tagesstätte des selben Trägervereins aufgenommen.

Beim Erstkontakt zur Aufnahme in das Betreute Einzelwohnen, im »Kennenlerngespräch« wiederholte Frau K. circa alle fünf Minuten stereotyp die Worte »schwere Depression«. Sie wünsche, vom Kirchturm zu springen. Ansonsten zeigte sie keinerlei Interessen und Energien; auch ihre Wohnung könne sie nicht mehr in Ordnung halten. Ihre schwere Belastetheit brachte sie auch nonverbal (Seufzen, Stöhnen) zum Ausdruck.

Die Betreuung durch das Betreute Einzelwohnen nahm sie gern an (3 Termine pro Woche à 1 Stunde). Ihre Eigeninitiative blieb aber stark eingeschränkt, eine Tagesstruktur fehlte weitgehend. Den Besuch der Tagesstätte bewerkstelligte sie nur dadurch, dass sie sich von einem Betreuer des Betreuten Wohnens mit seinem PKW in die Tagesstätte mitnehmen ließ. »Allein« würde sie den Besuch der Tagesstätte »nicht schaffen«, meinte sie. Zu Aktivitäten lässt sie sich dort aber nicht motivieren, bleibt weiterhin interesse- und energielos, zeigt keinerlei Eigeninitiative, will nichts. Zwar ist der Kirchturm nicht mehr Thema und sie spricht auch nicht mehr stereotyp von ihrer »schweren Depression«, aber wenn man sie nach ihrem Befinden fragt, sagt sie, daran habe sich nichts geändert und sie habe ja so schwere Depressionen.[17]

Dann aber, nach circa zwei Jahren geschieht Überraschendes: Frau K. tritt an eine Betreuerin heran und sagt, dass sie sich einen BH kaufen möchte. Dies wolle sie in der nächsten größeren Stadt tun, nicht aber in der nächst gelegenen, denn dort gäbe es bestimmt nichts Richtiges. In der größeren Stadt aber kenne sie sich aus, weil sie dort früher mal gearbeitet habe und dort wisse sie genau, wo die richtigen Geschäfte sind. Allein würde sie das aber nicht schaffen. Frau K. bat also die Betreuerin, sie in die Stadt zum BH-Kauf zu begleiten.

Auf Seiten der Betreuerin war die Freude groß über die überraschende Initiative der Frau K. (sie *wollte* endlich etwas und sie wusste sogar, was sie wollte) und auch die Versuchung, der Bitte von Frau K., sie in die Stadt zu begleiten, nachzukommen, war groß. Statt der Bitte direkt zu entsprechen, statt voreiligen Tuns, besann sich die Betreuerin dann aber doch eines Besseren: Sie fragte und besprach mit Frau K., wie diese es allein schaffen könnte, in jene Stadt zu fahren, um dort den gewünschten Einkauf zu tätigen, fragte, wie sie das früher bewerkstelligt hatte oder wie sie es sonst hinkriegen könnte, sich einen neuen BH zu besorgen. Bei diesem Vorgehen geht es darum, bei Frau K. die Erfahrung persönlicher Fähigkeiten (dass sie etwas kann) wieder aufbauen und erweitern zu helfen.

Beispiel zur Leitlinien »Normalisierung – Bevorzugung der normalen Alternative«

»Erfahrene« Klientinnen, die sich schon seit längerem im psychosozialen Versorgungsnetz aufhalten, tendieren dazu, sich in allen Bereichen, sei es Wohnen, Arbeiten oder Freizeitgestaltung, als »Betreute« wahrzunehmen. So werden auch Feiern und Feste bis hin zur Ferienreise, die von den ihnen bereits bekannten psychosozialen Einrichtungen organisiert werden, mitgemacht, statt etwa ähnliche Veranstaltungen in der Gemeinde zu besuchen oder vielleicht mit einem Freund eine eigene Ferienreise durchzuführen. Im Sinne der Leitlinie »Normalisierung« gilt es hier gemeinsam Alternativen zu erarbeiten, die aus dem Betreuten-Ghetto und dem Status der immerwährenden Klientin heraus und zum »normalen« Leben jenseits des Versorgungssystems hin führen.

Beispielhaft (auch im Sinne von vorbildlich) sind unter den hier genannten Aspekten die Möglichkeiten, die den Patienten der von Matthias Krisor geleiteten Herner Klinik durch die »Aufhebung der Beschäftigungstherapie in der Gemeinde« geboten werden: Die Klinikpatienten nehmen dort am Sportkurs im lokalen Sportverein, an der Literaturwerkstatt oder am Kochkurs in der Volkshochschule, an Tanzkursen mit Abschlussfeiern in örtlichen Diskotheken teil; sie gehen zum Reiten auf den Reiterhof, zum Mit-

---

17 Hier wäre natürlich auch ein systemisch-lösungsorientiertes und ressourcenbezogenes Vorgehen denkbar: Betonung, Stützung und Erweiterung aller doch vorhandenen Fähigkeiten und aller noch so minimalen eigeninitiativen Ansätze, etwa unter Verwendung von Skalierungsfragen, der »Wunderfrage« und anderes mehr (s. dazu Punkt 3.3).

arbeiten auf den Schulbauernhof oder zur Winterfreizeit; sie gestalten Radiosendungen oder Feste in der Gemeinde mit. Daneben können sie in so genannten »*Ateliers*«, an denen auch interessierte Bürger aus der Stadt teilnehmen und mitwirken, ihr eigenes Expertentum und ihre Lebenserfahrungen – jeweils in der Begegnung und im Austausch mit anderen – in Form von verschiedenen Atelieraktivitäten (z. B. Vorträge, Lesungen, Diskussionen, Ausstellungen etc.) darstellen (s. Krisor, 2005).

Zum Abschluss sei erwähnt, dass die von Mosher und Burti beschriebenen »Leitlinien« mit bestimmten Grundwerten verbunden sind, die allgemein von Vertretern eines dezidiert sozial- oder gemeindepsychiatrischen Ansatzes geteilt werden. Dazu gehören zum Beispiel solche Handlungsmaxime wie:
– andere grundsätzlich so zu behandeln, wie man selbst behandelt werden möchte (z. B. respektvoller Umgang, Achtung ihrer Würde);
– das Recht der Klientinnen, sich zu verweigern, zu akzeptieren;
– auf Macht beruhende Beziehungen offen zu legen.

Conclusio I
Die »Leitlinien« psychiatrisch-psychosozialen Handelns (nach Mosher u. Burti) sind mit dem Begegnungsansatz nach Dörner und Plog kompatibel, in einigen Hinsichten sogar deckungsgleich. Beide sind in der praktischen Arbeit im »Fall-Feld« als Grundhaltung und Arbeitsweise zugleich realisierbar. Während aber der Ansatz nach Dörner und Plog noch eher im Rahmen der ganzheitlichen Ich-Du-Begegnung mit dem Psychoseerfahrenen selbst verbleibt, greifen die von Mosher und Burti vorgeschlagenen Arbeitsprinzipien schon deutlich über diesen Begegnungsrahmen hinaus und beziehen das konkrete soziale Umfeld stärker mit ein. Das heißt, die Interaktion im »Fall-Feld« wird hier durch den Einbezug des jeweils aktuell relevanten sozialen Kontextes des Klienten bereits erweitert. Und dabei kommen auch gemeindepsychologische Konzepte und Interventionsformen, wie Netzwerkarbeit und Empowerment (s. Punkt 2.1.3) zur Geltung.

Bei den nachfolgend nach dem Arbeitsansatz von Ciompi vorgestellten »Grundregeln« sozialpsychiatrischen Handelns, die ebenfalls für das »Fall-Feld« einschlägig sind, werden im Hinblick auf die Einbeziehung des relevanten sozialen Umfeldes noch etwas andere Akzente gesetzt.

Grundregeln des Handelns in der Sozialpsychiatrie
Ciompi hat sich, als namhafter Sozialpsychiater, nicht nur durch den Aufbau eines sozialpsychiatrischen Versorgungssystems in Bern einen Namen gemacht, sondern auch durch zahlreiche Veröffentlichungen (u. a. Studien zur Sozialpsychiatrie) und vor allem durch zwei umfangreiche Bücher (1982 und 1997), in denen anspruchsvolle theoretische Konzeptionen zur Organisation der Psyche und Schizophrenie vorgestellt werden. Dreh- und Angelpunkt seines wissenschaftlichen und praktischen Arbeitens ist seine Definition der Sozialpsychiatrie als dem Bereich der Psy-

chiatrie, »der psychisch kranke Menschen in und mit ihrem sozialen Umfeld zu verstehen versucht« (s. Kap. 1).

Als Voraussetzung sozialpsychiatrischen Handelns nennt Ciompi einige *allgemeine therapeutische Grundsätze* (1982, Kap. 7):

– Vorverständnis ist, dass Psychoseerfahrene oder Schizophrene nicht eine Krankheit »haben«, wie man angeblich eine Grippe »hat«, sondern dass es sich um »verletzliche« Menschen handelt, die gegebenenfalls leichter als andere in »spannungsvolle Verwirrungen« geraten und schließlich unter bestimmten Umständen psychotische Verhaltensweisen ausbilden können. Im Übrigen ist davon auszugehen, dass Psychisches und somit auch Psychotisches generell nicht losgelöst vom sozialen Kontext zu betrachten ist, somit auch Psychotisches immer in Verflochtenheit mit der sozialen Umwelt sowohl zu verstehen wie auch zu behandeln ist.

– Im Hinblick auf die Frage, »wie denn das *soziale Feld* beschaffen sein soll, um heilend statt krankheitserzeugend zu wirken« (S. 337), lautet die Antwort: Es muss klar und eindeutig sein. Dies meint etwa in den Familien: unzweideutige Abgrenzungen zwischen den Generationen (Eltern – Kinder) und im Hinblick auf die Kinder: explizite Zielsetzungen in Richtung Emanzipation und Erwachsenwerden sowie die Übertragung von Verantwortung. Über den familiären Rahmen hinaus sind klare Verhältnisse im »gesamten sozialen Erlebnisraum« und in den zwischenmenschlichen Beziehungen, insbesondere natürlich auch im psychiatrisch-psychosozialen Bereich (vor dem Hintergrund von möglichst »unkomplizierten« institutionellen, personellen und administrativen Verhältnissen) anzustreben. Ferner geht es um das gemeinsame Aushandeln von expliziten Zielsetzungen.

– Nach dem Behandlungsprinzip der »optimalen sozialen Stimulation« gilt es, im Falle von eher akuten, produktiven Verhaltensweisen (wie Angst, Erregung, Wahn, Halluzinationen) eher beruhigend zu wirken und psychosoziale Anforderungen (Kontakte, Gespräche, Arbeitsanforderungen u. a. m.) zu reduzieren. Bei chronisch-unproduktiven Erscheinungen (wie Apathie, affektiver Rückzug, Energielosigkeit) wären hingegen eher soziale Aktivierung und Erhöhung von Anforderungen angezeigt. Allerdings hätte man dabei bei den »passiv Chronischen« oft mit »verbissenem Widerstand« zu rechnen, da sie sich oft jedem Wechsel, jeder Veränderung widersetzen (vgl. S. 340 f.).

– Der Akzent ist auch immer auf die »gesunden Seiten« des Klienten zu legen, auf das »Intakte«, das sich hinter der Verrücktheit »verbirgt«. Diese Haltung findet ihren Ausdruck in der »Art des *Umgangs* mit psychosegefährdeten Menschen«, namentlich der »Respektierung dieser Eigenart« und der »Realisierung der darin verborgenen Entwicklungsmöglichkeiten« (S. 344).

– Für den Umgang mit Psychoseerfahrenen gilt einerseits, sich als Helferin mit bestimmter Identität und in bestimmter Rolle zu erkennen zu geben, also sich auch abzugrenzen, da der Klient auch wissen und merken soll, woran er mit seiner

Betreuerin ist, was sie will und nicht will, denkt und nicht denkt, fühlt und nicht fühlt. Andererseits aber soll ihm auch unmissverständlich vermittelt werden, dass er »in allem Wesentlichen ist [...] wie ich und ich bin wie er« (S. 360).

Unter der Voraussetzung transparenter Kommunikation handelt es sich hier also um zwei Pole der »therapeutischen Haltung«, die sowohl die eigene Selbstbehauptung als auch die des Anderen umfasst. Authentisch und in eindeutiger Kommunikation (d. h. verbal und averbal übereinstimmend in Denken und Fühlen statt aufgesetzt, vage, diffus oder Konsens erzwingend) geht es hierbei auch um eine klare Unterscheidung »zwischen mir und dem anderen, zwischen *meinen* und *seinen* Gefühlen, Gedanken, Wünschen, Strebungen« und somit um die Bestätigung und Wertschätzung *seiner* Identität ohne Verlust der meinen (S. 364). Dabei ist das Averbale oft sehr viel wichtiger als das Verbale. Statt viel zu reden, käme es auch darauf an, geduldig zu warten und auch beim Reden ist es eher angebracht, zu schweigen und zuzuhören; also: statt »Gespräche (zu) *führen* [...] den Gesprächen (zu) *folgen*« (S. 362). Oftmals wünschenswert wäre auch ein »therapeutischer Zugang [...] von der Körperseite her«, das heißt vom »bildhaften, symbolischen, rituellen Erleben her«, meint Ciompi (S. 395).

Ciompi spricht zwar 1985 noch von »Behandlung« und von »Patienten«, meint aber für die Interaktion von psychiatrisch Tätigem und Psychoseerfahrenem – ähnlich wie Mosher und Burti – das »Handeln-mit« auf der Ebene einer Subjekt-zu-Subjekt-Beziehung. Hierfür nennt er (1985, S. 119–123) fünf »Grundregeln«, die in Tabelle 9 zusammengefasst sind. Sie sind weitgehend deckungsgleich mit den im Bezugsrahmen (unter Punkt 2.1.1, S. 87) in Anlehnung an Herbert Heise (1994) genannten »Schlüsselkonzepten« professionellen Handelns in der Sozialpsychiatrie.

Die Grundregeln sollen der »Erleichterung der Orientierung und der Informationsverarbeitung« (1985, S. 121) für alle Beteiligten dienen und es kommt ihnen – nach Ansicht Ciompis – »eine gewisse sozialpsychiatrische Spezifität [zu], nicht nur wegen des immer wieder genannten Umweltbezugs, sondern ebenso wegen ihrem ganz aufs Konkrete gerichteten Pragmatismus« (S. 121). Dies allerdings bedeute keinesfalls einen Verzicht auf tiefer gehende Zielsetzungen, wie »Reifung und Stabilisierung der Persönlichkeit, Vertiefung und Bereicherung der zwischenmenschlichen Beziehungen« (S. 121). Solche globale und schwer fassbare Ziele lassen sich aber erfahrungsgemäß am ehesten über klar benannte konkrete Zielsetzungen erreichen.

Seine Behandlungsgrundsätze und -regeln verbindet Ciompi (ähnlich wie Mosher u. Burti) zugleich mit übergeordneten *Werthaltungen*: wie etwa dem Bestreben, das zu verwirklichen, »was dem Menschen ›gut tut‹« (S. 122) – und zwar sowohl dem Anderen (etwa dem Psychiatriebetroffenen) wie uns selber. Das beinhaltet auch, dass den Klientinnen bestimmt nicht »gut tut«, was uns selber auch nicht gefallen würde, etwa im zwischenmenschlichen Umgang infantilisiert oder kommunikativ entwertet zu werden.

Darüber hinaus gelte es, insbesondere für die psychosoziale Arbeit im Psychiatrie-

Tabelle 9: Fünf Grundregeln sozialpsychiatrischen Handelns (nach Ciompi)

Systematischer Einbezug des sozialen Umfeldes
Das heißt: Alle wichtigen Bezugspersonen, neben der Familie zum Beispiel auch Freunde, Arbeitskollegen …, müssen in alle diagnostischen und therapeutischen Überlegungen mit eingeschlossen werden. Das kann »Angehörigenarbeit« oder soziale »Netzwerktherapie« bedeuten, aber auch gegebenenfalls *systemische* Familientherapie!
Erarbeitung von konkreten, erreichbaren Behandlungszielen gemeinsam mit dem Patienten, seinen Betreuern und wichtigsten Bezugspersonen
Konkrete und erreichbare Ziele, die gemeinsam angestrebt werden, liegen oft auf der Wohn- oder Arbeitsachse (z. B. Bezug einer eigene Wohnung, Wiedereinstieg ins Arbeitsleben) oder im Bereich der Freizeit und der zwischenmenschlichen Beziehungen oder betreffen den Umgang mit Medikamenten. »Entscheidend ist, dass solche Ziele den Patienten nicht einfach autoritär ›verschrieben‹ werden dürfen«, sondern zwischen allen Beteiligten »regelrecht *ausgehandelt*« werden müssen (Ciompi, 1985, S. 120).
Polarisierung des relevanten sozialen Umfeldes auf die genannten Ziele hin
Unter dem übergeordneten Ziel des Erhalts der »sozialen Autonomie« des Klienten sollten womöglich alle »sozialen Kraftlinien« um die Klientin herum in die gleiche Richtung weisen, was zum Beispiel erfordert, dass alle Bezugspersonen die anvisierten Ziele unterstützen.
Aufrechterhaltung einer optimalen personellen und konzeptuellen Kontinuität
Als Voraussetzung dafür, die anvisierten Ziele zu erreichen, wird – über genügend lange, aber *nicht zu lange* Zeiträume – eine »tragfähige therapeutische Vertrauensbeziehung« (S. 120) zwischen den Betreuern, den Betreuten und ihren nächsten Bezugspersonen angesehen und überdies eine regionalisierte und gut koordinierte Versorgungsstruktur.
Herstellung einer optimalen Klarheit und Einfachheit im ganzen sozialen Umfeld
Diese Grundregel beinhaltet zum einen, dass »psychische Störungen besser in kleinen, übersichtlichen, familienartigen Institutionen statt in verwirrlichen und unnatürlichen Großkrankenhäusern behandelt werden« sollen (S. 120). Zum anderen bedeutet sie, dass der »Umgang« mit den Klientinnen »jederzeit offen und einfach, transparent und eindeutig sein [soll], was namentlich auch explizite und gleichlautende Erklärungen über die Natur der Störung und ihren Verlauf, die Behandlung und ihre Ziele […] in sich schließt« (S. 120 f.).

bereich, auch wenn das Wort etwas »altmodisch« klingen mag, eine »Art von ›Liebe‹ […] zu verwirklichen«: »Liebe zum Leben und zur Natur […] und deshalb auch Liebe zum Menschen und seiner Welt« (Ciompi, 1985, S. 122).

Conclusio II
Die Grundhaltungen, Leitlinien und Arbeitsprinzipien aller drei Modelle – von Dörner und Plog, Mosher und Burti sowie Ciompi – sind allesamt einschlägig für das konkrete Interaktionsfeld der psychosozialen Arbeit mit Psychoseerfahrenen, al-

so für das »Fall-Feld«. Und da sie – bei Akzentuierung je unterschiedlicher Aspekte dieser Interaktion: von der Ich-Du-Begegnung über das Empowerment bis hin zur expliziten Arbeit mit dem sozialen Umfeld – miteinander kompatibel sind, vermögen sie in ihrer Kombination ein solides Fundament einer *subjektorientierten sozialpsychiatrischen Arbeitsweise* abzugeben. Ihre Kombination bietet auch den Vorteil, dass Mitarbeiterinnen – je nach Neigung – dem einen oder anderen Modell (etwa dem Begegnungsansatz) den Vorzug geben können, ohne andere Aspekte (etwa den Umfeldbezug) gänzlich zu vernachlässigen. In ihrer Gesamtheit jedenfalls vermögen sie als Orientierungslinien für die psychosoziale Arbeit mit Psychoseerfahrenen nach einem subjektorientierten Ansatz angesehen werden.

Es darf hier aber nicht unerwähnt bleiben, dass sowohl Mosher und Burti wie auch Ciompi, die ja im Kern subjektorientierte sozialpsychiatrische Arbeitsansätze beschreiben, in ihr methodisches Arsenal zum psychiatrisch-psychosozialen Arbeitsfeld als Ganzes – mehr oder weniger explizit – zusätzlich ebenfalls *systemisch-therapeutische Konzepte* mit einbeziehen. Diese systemischen Bezüge seien hier kurz genannt:

Mosher und Burti legen ihrer ambulanten Krisenintervention einen systemischen Ansatz zugrunde – vorwiegend in Anlehnung an die Mailänder Schule um Mara Selvini Palazzoli. Nach ihrem Modell soll Krisenintervention von mobilen Teams möglichst vor Ort (also etwa zu Hause bei dem Betroffenen) und bei Anwesenheit der jeweiligen Bezugsgruppe (z. B. Familie) durchgeführt werden. Das Kriseninterventionsteam nutzt dann etwa die *Technik des zirkulären Fragens*, um mit den Beteiligten »eine interpersonelle Sicht des Problems und Möglichkeiten zu seiner Lösung zu entwickeln« (1992, S. 172). Vor allem soll es Ziel sein, eine *Krisenlösung* zu erarbeiten, mit der sich alle Beteiligten arrangieren können. Hierfür werden typische systemische Gesprächsformen und Techniken eingesetzt, wie etwa das Setzen positiver Erwartungen (*positive Konnotationen*), das *Ritual* beziehungsweise die Ritualbildung, die *Umdeutung* von symptomatischem oder problematischem Verhalten beispielsweise als verstehbare Reaktion auf Stress und die Einführung eines neuen Bezugsrahmens für die Krise oder das Problemverhalten (zu diesen Techniken s. Kap. 3).

Ciompi wiederum betrachtet systemisch-therapeutische Konzepte zum einen insbesondere für die – flankierend zur Arbeit mit den einzelnen Betroffenen oft als notwendig erachtete – *Familienberatung und -therapie* als einschlägig. Zum anderen bezieht er sich – auch jenseits der gesonderten Arbeit mit Familien – mit seinen »Techniken der Bezugssystemveränderung«, die eine »Zurechtrückung« der in der schizophrenen Psychose ver-rückten Gleichgewichtssysteme bewirken sollen, vorwiegend auf systemische Positionen. Aufgegriffen werden einmal die originellen Vorgehensweisen des Hypnotherapeuten Milton H. Erickson sowie im Weiteren insbesondere strukturelle oder strategische systemische Ansätze (Minuchin, Haley) und ebenfalls wird auf die systemische Schule von Selvini Palazzoli Bezug genommen.

Stichpunkt Psychosentherapie

Der bis hierher beschriebenen psychosozialen Arbeit mit Psychoseerfahrenen muss
– auch wenn es sich nicht im engeren Sinne um Psychotherapie handelt – durchaus
ein therapeutischer Charakter zuerkannt werden. Denn zum einen wird in allen Fällen die Gestaltung einer therapeutischen Arbeitsbeziehung vorausgesetzt, zum anderen können im Ergebnis prinzipiell therapeutische Wirkungen erzielt werden,
auch wenn als Therapieergebnis nicht notwendig das Verschwinden der Symptome
angestrebt wird. Die meisten therapeutischen Erfolge ergeben sich eher zufällig aus
Bemerkungen, Momenten der Nähe im Rahmen von Begegnungen, welche die Betroffenen zum Anlass für eine Wendung für sich nehmen. Damit dies möglich wird,
sollte man sich in den Begegnungen nicht hinter einer »professionellen Maske« verstecken und auf eine offene menschliche Atmosphäre in der Einrichtung achten,
meint Bock (2003, S. 108).

Zusätzlich soll hier zum Abschluss des übergeordneten Punktes 2.2.1 das Thema
»Psychosentherapie« auch noch explizit aufgegriffen werden. Dies geschieht in Ergänzung, flankierend zu den drei bereits vorgestellten Ansätzen.

• Thesen zur Psychosentherapie

Die verschiedenen psychotherapeutischen Schulen, abgesehen natürlich von der
systemischen Richtung, hatten sich anfangs recht schwer mit der Behandlung von
Psychosen getan und angesichts psychotischer Störungsbilder zu »Abwehr, Verdrän-
gung und Angst« tendiert. Allerdings hatte es auch immer Pioniere gegeben, die
engagiert und erfolgreich Psychotherapien mit Psychoseerfahrenen durchführten
(s. Bock, 2003, S. 14). Bekannt geworden war beispielsweise aus psychoanalytischer
Richtung der Ansatz von Benedetti, der auf eine Stärkung des Selbst psychotischer
Klienten und den Aufbau einer positiven Identität abzielte (vgl. Rahn u. Mahnkopf,
1999).

Heute stellt psychotherapeutische Arbeit mit Psychoseerfahrenen keine Sonderbehandlung mehr da, orientiert sich an verschiedenen therapeutischen Schulen und
setzt – je nach Fall – eine große Flexibilität hinsichtlich Dauer, Ort, Zeit sowie im
Hinblick auf das Behandlungssetting voraus. So können therapeutische Gespräche
bei Bedarf zum Beispiel beim Spazieren gehen erfolgen und die Intensität (Häufigkeit, Dichte, Länge) der Gespräche kann erheblich variieren. Von Bock (2003) wird
aber nahegelegt, dass den Klientinnen eine Kontinuität über die Dauer von mindestens fünf Jahren garantiert werden müsse und hierbei speziell der *therapeutischen
Zweierbeziehung* die wichtige haltende und orientierende Funktion zukomme, auch
wenn daneben die Angehörigen oder andere Bezugspersonen verschiedentlich in
Klärungsgespräche einbezogen werden (vgl. S. 105).

Von den verschiedenen Therapieschulen her kommend, wäre es für die *Verhaltensthe-
rapeuten* erforderlich, sich der »kognitiven Arbeit mit subjektiven Deutungsmustern«
zuzuwenden, statt Symptome wegkonditionieren zu wollen. *Psychoanalytiker* hätten

ihr klassisches Setting aufzugeben und auch Psychoseerfahrenen die Fähigkeit zur Übertragung früherer Beziehungsmuster auf die Person des Therapeuten zuzuerkennen und *Gesprächspsychotherapeuten* hätten zu lernen, dass widerspiegelnde Zurückhaltung allein nicht reicht, sondern sie sich auch als Person zu erkennen geben und Position beziehen müssen (vgl. Bock, 2003, S. 103).

Wichtigste Voraussetzung auch für die Therapie ist – wie überhaupt für jede hilfreiche Beziehung mit Psychoseerfahrenen – die *Authentizität* der Therapeutin. Sie muss selber als Person für die Klienten spürbar sein, darf sich nicht hinter formalen Rollen, therapeutischen Techniken oder stereotypen Prozeduren verstecken (vgl. S. 15). Ferner hat Psychosentherapie innerhalb einer Kultur des Dialogs und partnerschaftlicher Zusammenarbeit zu erfolgen. Ausgangspunkt ist eine *dialogische* und *subjektorientierte* Grundhaltung. Unter Zugrundelegung »dialogischer Behandlungsprinzipien« gelte es beispielsweise auch bei der Anamnese, Symptome nicht im Sinne einer »Datenaufnahme« abzufragen, sondern sich im Interesse einer Beziehungsaufnahme inhaltlich zu interessieren; denn »nicht nur ob jemand Stimmen hört, ist interessant, sondern auch wie, wann, welche, in welchem Zusammenhang und mit welchem Verständnis« (S. 83).

Auf dieser Linie wird Therapie von Thomas Bock eher bescheiden als »Supervision von Selbsthilfe« gefasst, welche persönliche und professionelle Ressourcen verknüpfen hilft (vgl. S. 79). So gesehen bedarf sie keines abgesonderten Territoriums und könnte Bestandteil jeder psychosozialen Arbeit mit Psychoseerfahrenen sein.

Bocks »Thesen zur Psychosentherapie« (1998, S. 23 ff.) bauen auf einem – nicht zuletzt gemeinsam mit »Erfahrenen« in Psychoseseminaren erarbeiteten – subjektorientierten Psychoseverständnis auf. Aus der existenziellen Position des Klienten betrachtet, ist hiernach die Psychose als »Überlebensstrategie« anzusehen. Sie stellt einen vorübergehenden Ausweg aus einem Entscheidungskonflikt oder emotionalen Dilemma dar. Bei dem zu Grunde liegenden Dilemma handele es sich – allgemein menschlich, allerdings existenziell zugespitzt – um einerseits große Kontakt- und Nähebedürfnisse und zugleich große Ängste, verschlungen, missverstanden oder abgewiesen zu werden. Damit der vorübergehende Ausweg der psychotischen Konfliktlösung nicht längerfristig zur Sackgasse wird, werde eventuell unter anderem eine psychotherapeutische Begleitung notwendig (vgl. Bock, 2003, S. 33).

In der Therapie hat man die Selbstheilungskräfte der Klientinnen sowie die Bedeutung ihrer Subjektivität für ihr Zurechtkommen im Leben zu beachten und wertzuschätzen. Dies erfordert von der Therapeutin ein »offenes Verständnis« anstelle eines vorwiegend pathologischen Zugangs zu den psychoseerfahrenen Menschen. Anstatt also etwa die optischen oder akustischen Halluzinationen als Symptome zu registrieren, gilt es dem Inhalt der Halluzinationen »Bedeutung zu verleihen« und somit »Zugang zur Welt des anderen zu finden« (S. 80) und Ausflüge in dessen Welt zu unternehmen. »Nur wer bereit ist, zu Ausflügen in die Welt des

Wahns und der Halluzination oder allgemein psychotischer Symbolik aufzubrechen, kann den umgekehrten Weg bahnen« (Bock, 2003, S. 80).

Im Weiteren sind Psychoseerfahrene als aktiv handelnde Menschen zu betrachten, denen Verantwortung zuerkannt werden muss. Die psychotische Symptomatik selbst ist auch als »Ausdruck aktiven Handelns zu verstehen«, so zum Beispiel »eine konkrete Wahnvorstellung als Kanalisation von Angst, Stimmenhören als sozialer Kompromiss« (vgl. Bock, 1998). Statt sich durch psychiatrische Diagnosen den Blick auf diese regulierenden Selbsthilfeversuche der Klienten zu verstellen, sollte Therapie eine Art »Supervision dieser Regulationsversuche« darstellen.

Unter Berücksichtigung der extremen Ambivalenz, in der sich Menschen in Psychosen insbesondere im Falle von Schizophrenie oft befinden – eine Ambivalenz, die nicht selten die fundamentale Widersprüchlichkeit menschlicher Existenz »schonungslos« offenbart (z. B. unweigerlich allein, auf sich gestellt, aber doch von anderen Menschen unüberwindlich abhängig zu sein) – hat sich der Therapeut laut Bock (1998) um »Verbindungen zu bemühen«. Wo Psychose zugleich »als Schutzlosigkeit und als Selbstschutz« erscheint, gilt es – therapeutisch – »Halt zu geben und doch [...] sensibel die Grenze (zu) akzeptieren, die der Andere steckt« (S. 24).

Therapeutisch einschlägig im Umgang mit Psychosen wären die folgenden Vorgehensweisen:

– aktive Hilfe zur Problembewältigung, zum Beispiel Stärkung sozialer Kompetenzen;
– Klärungsarbeit, das heißt psychotischen Erlebnissen Bedeutung verleihen und Bedeutungen verändern helfen;
– Problemaktualisierung, das heißt Probleme in der therapeutischen Beziehung erlebbar machen, um sie mit neuen Bedeutungen zu versehen;
– Ressourcenaktivierung, also Selbsthilfekräfte aktivieren, statt nur auf die kranken Aspekte schauen (1998, S. 25).

Schließlich wäre unter diesen Gesichtspunkten »Psychiatrie als Teil von Psychotherapie zu konzipieren und nicht umgekehrt«. Da bislang aber »vor allem die Definitionsmacht« noch »allzu einseitig verankert« ist, wäre von der Psychiatrie zu verlangen, Macht abzugeben (S. 25).

• Aspekte einer selbstbefähigenden Psychosentherapie
Unter einer Empowerment-Perspektive wird von Andres Knuf (2000a) ein ähnlicher Ansatz einer Psychosentherapie vorgeschlagen, vorab allerdings festgestellt, dass sich »psychotherapeutische Arbeit bei psychoseerfahrenen Menschen in großem Stil bisher nicht durchsetzen konnte« (S. 57). Im Übrigen dürften nicht nur spezifische Behandlungsmethoden der verschiedenen therapeutischen Schulen auf die Psychosenbehandlung übertragen werden, sondern allem voran seien die Besonderheiten der Psychosen zu berücksichtigen (vgl. S. 58). Eine Therapie erfordere

also Erfahrungen in der Arbeit mit Psychosebetroffenen sowie umfangreiches Wissen über die besondere Problematik psychotischer Erkrankungen.

Vorgestellt wird ein Stufenmodell einer »selbstbefähigenden Psychotherapie der Psychosen«, das von unten nach oben vier Grundelemente enthält (vgl. S. 59 ff.):

1. Psychoseverständnis erarbeiten und Informationen vermitteln,
2. Selbsthilfeorientierte Krisenvorsorge,
3. Bewältigungsstrategien fördern,
4. Psychoseerleben verstehen.

Das Modell hätte man sich sinnbildlich als eine Art Treppe zu vergegenwärtigen. Im psychotherapeutischen Prozess oder in einer Beratung würde am Anfang, als Basis ganz unten die Informationsvermittlung und Erarbeitung eines allgemeinen Verständnisses von Psychose stehen. Daran anschließend könnten Möglichkeiten der selbsthilfeorientierten Krisenvorsorge und von Bewältigungsstrategien erarbeitet werden. Schließlich, in einer späteren Phase der Therapie, könnte die Frage der Sinnhaftigkeit der Psychose oder die Sinnfindung im Hinblick auf das Psychoseerleben im Mittelpunkt der Betrachtung stehen. Knuf betont aber, dass die höchste Treppenstufe nicht in jedem Fall erreicht werden muss und der Wunsch, Psychoseinhalte zu verstehen, auch nicht bei allen Betroffenen gegeben ist (vgl. S. 60).

Ad 1.: Die Erarbeitung eines Psychoseverständnisses geht mit der Informationsvermittlung, dem Informationsaustausch einher. Hier spielt eine Rolle, ob man die Erkrankung zum Beispiel als einen irreparablen Schaden, als Bestrafung, als Schwäche, als Herausforderung oder etwa als Wert im Sinne der Selbstfindung auffasst. Anzustreben wäre – nach dem Abklingen der akuten Symptomatik – die Erarbeitung eines »selbstbefähigenden« Psychoseverständnisses, das auch Einflussmöglichkeiten eröffnet, sich vor weiteren psychotischen Episoden oder Krisen zu schützen, statt sich diesen hilflos und passiv ausgeliefert zu fühlen. Dabei hat sich der Therapeut vor allem auch für die subjektiven Krankheitstheorien und die individuellen Erklärungsmodelle der Betroffenen zu interessieren und diese – auch wenn sie zunächst abstrus erscheinen mögen – als orientierende Bewältigungsversuche zu würdigen, statt gleich die Expertenkonzepte dagegenzusetzen. Eine Diagnose sollte – wenn überhaupt – »erst nach sorgfältiger Vorbereitung und im Schutz einer vertrauensvollen Beziehung« mitgeteilt werden (S. 64).

Ad 2.: Eine »selbsthilfeorientierte Krisenvorsorge« hat auf die Einfluss- und Vorsorgemöglichkeiten der Klienten selbst im Hinblick auf künftige psychotische Krisen zu fokussieren. Das beträfe ihren Einfluss auf das Entstehen einer Krise (z. B. anlässlich von Überforderung), aber auch auf den Verlauf (betreffend die Art der Behandlung) und die Folgen einer Krise (z. B. Scham überwinden). Zum einen gelte es hierfür, die Belastungen zu betrachten, die bisher zu Krisen geführt hatten (z. B. soziale Stressoren wie Bevormundung, Konflikte, Alleinsein) und »angemessene«

Umgangsweisen mit solchen Stressoren (Bewältigungsstrategien) zu erarbeiten, gegebenenfalls zu erproben. Zum anderen wäre das rechtzeitige Erkennen von sich anbahnenden Krisen anhand von ganz individuellen Frühwarnzeichen (die ggf. entlang entsprechender Listen herausgearbeitet werden) von Belang. Schließlich wären Absprachen für die Krisenzeit zu treffen, wie sich die Klientin dann eine optimale Behandlung vorstellt (hinsichtlich Medikation, Klinikaufenthalt oder wie ich mich als Therapeut verhalten soll), auch ganz individuelle Absprachen, wer im Krisenfall die Katze versorgt oder was der Partner machen soll (Weiteres zum Thema Krise und Krisenprävention unter Punkt 2.2.2, S. 159 f.).

Ad 3.: Für die »Förderung von Bewältigungsstrategien« ist ebenfalls zunächst von den Bewältigungsversuchen der Betroffenen selbst auszugehen. Es geht hier darum, mit den außerhalb der akuten Krisenzeiten fortbestehenden Belastungen (z. B. weiteres Stimmenhören oder paranoides Erleben, Konzentrations- und Arbeitsstörungen) sowie mit den im Gefolge der Erkrankung und Behandlung entstandenen Belastungen (Medikamentennebenwirkungen, stigmatisierende Reaktionen sowie Selbststigmatisierung) fertig zu werden. Viele Psychoseerfahrene entwickeln hierfür – jenseits professioneller Hilfe – ihre eigenen (ggf. eigenartigen) mehr oder weniger günstigen Bewältigungsformen (z. B. wie mit den Stimmen, die gehört werden, umgegangen wird), die es in der Therapie zu erfragen und zu würdigen sowie gegebenenfalls zu unterstützen gilt. »Das heißt nicht, dass hier auf professionelles Wissen verzichtet werden kann und psychoseerfahrene Menschen allein mit ihren bereits eingesetzten Bewältigungsstrategien ihre Schwierigkeiten lösen können und sollen. Vielmehr bilden ihre Bewältigungsstrategien den Ausgangspunkt für die Erarbeitung neuer Lösungen« (Knuf, 2000a, S. 73). Die Bewältigungsbemühungen der Betroffenen aufzudecken, zeigt ihnen, dass sie jedenfalls etwas tun können und den Beeinträchtigungen nicht hilflos ausgeliefert sind, aber der Therapeut hat auch »die Aufgabe, denkbare andere Bewältigungsversuche einzubringen und zu ihrer Erprobung zu ermutigen« (S. 74).

Ad. 4.: In Gesprächen der Frage nachzugehen, ob und welchen Sinn die Psychose macht, wie sie lebensgeschichtlich verankert ist, welche Bedeutung sie für das eigene Leben hat und was sich in den einzelnen Psychoseinhalten und psychotischen Erlebnissen (Halluzinationen, Wahnwahrnehmungen etc., die man im akuten Zustand erfahren hatte) über die eigene Person und/oder die eigene Stellung im Leben ausdrückt, ist für viele Psychoseerfahrene von großem Interesse. Das Sprechen darüber (nach einer akuten Episode) hilft, sich selbst orientieren zu können, einer inneren Verunsicherung über das Erlebte zu entgehen und somit das eigene Erleben nicht abzuspalten zu müssen. Insbesondere da Psychosen »Alleinseinskrankheiten« sind, weil die Betroffenen »in ihrer exotischen Wahnwelt, in der Depression oder der Einbahnstraßen-Kommunikation der Manie« zutiefst einsam sind (vgl. S. 77), kann das anschließende Sich-Mitteilen und das Sprechen über das Erfahrene als sehr heilsam empfunden werden. Unter diesem Aspekt sind (therapeutische) Gespräche, die eine Verstehensbegleitung zur Sinnfindung anbieten, durchaus sehr gefragt – auch wenn nicht alle Psychoseerfahrene darüber sprechen möchten, zumindest nicht unmittelbar nach einer Krise und auch später nicht mit jedem oder vielleicht überhaupt nie. Durch solche Gespräche, in denen die Lebensbedeutsamkeit der Ereignisse herausgeschält wird, könnte im Übrigen auch das Kohärenzgefühl (nach Antonovsky; s. unter Punkt 2.1.3, S. 105 f.) gestützt, mithin die Entfaltung von Gesundungsressourcen angeregt werden.

Die für diese Stufe einschlägigen »Verstehenszugänge zu den Psychoseinhalten« werden unter Punkt 2.3 aufgezeigt.

• Resümee

Einem subjektorientierten Ansatz ist es zu eigen, sich Gedanken über die besondere individuelle Konfliktlage der Klienten zu machen. In diesem Verständnis wird im therapeutischen Prozess im Sinne einer »Verstehensbegleitung« – gemeinsam mit der jeweiligen Klientin – versucht, thematische Inhalte der Psychose in Zusammenhang mit der persönlichen Lebensgeschichte zu bringen, um sich so – unter Rückbesinnung auf die Biografie und lebensweltliche Kontexte – dem »persönlichen Sinn« der jeweiligen psychotischen Symptome anzunähern und eine entsprechende Sinnbildung zu konstruieren.

Dieses Vorgehen wird auch von den Psychoseerfahrenen selbst (den meisten von ihnen) explizit eingefordert. »Die Suche nach dem Sinn im Wahnsinn muss Teil der Therapie werden«, lautet beispielsweise der Untertitel eines Artikels von Dorothea Buck (1992), der forschen älteren Dame, die als Initiatorin der Psychiatrieerfahrenen-Bewegung anzusehen ist. Ähnlich findet sich diese Forderung unter der Überschrift: »Was wir wollen – was wir brauchen« auch im »Positionspapier der Landesarbeitsgemeinschaft Psychiatrieerfahrener in Niedersachsen« (s. in Soziale Psychiatrie, Heft 1/2001; S. 29–33). Bezüglich psychotischer Wahnerlebnisse sei zu konstatieren, dass »Wahnbilder einen Sinn haben«; nach Ansicht der Verfasser »kann eine Psychose nur dann verarbeitet werden, wenn mit oder ohne professionelle Hilfe eine Aufarbeitung dieser Wahninhalte stattfindet« (S. 30).

Der (therapeutischen bzw. dialogischen) Bearbeitung der Frage, worin der Sinn der Psychose liegen könnte, wird also allgemein eine große Bedeutung zugemessen. Dies gilt auch für die nicht explizit psychotherapeutischen Ansätze, die bereits beschrieben wurden (z. B. nach Dörner u. Plog und Mosher u. Burti). Während in dieser Hinsicht die systemischen Ansätze nicht so gefragt sind und auch nicht so viel zu bieten haben (s. Kap. 3 und Kap. 4), kommen hier speziell die subjektorientierten Ansätze zum Zuge!

2.2.2 Arbeitsmethoden bei speziellen Problemstellungen

Während die unter Punkt 2.2.1 vorgestellten Grundhaltungen und Leitlinien für die Interaktion mit Psychiatriebetroffenen die Basis der psychosozialen Arbeit mit diesen Menschen beschreiben, werden in diesem Punkt einige spezifische »Problemfelder« behandelt, insbesondere:

– Notfälle und Krisen – Krisenintervention und Rückfallprophylaxe,
– akute Psychose – Schutz- und Bewältigungsräume,
– Selbstbestimmung und Kommunikation – Trialog und Psychoseseminare,
– Angehörige – Formen der Angehörigenarbeit.

Auf der Basis der dargelegten Haltungen und Regeln für die Beziehungsgestaltung sowie unter Berücksichtigung der genannten therapeutischen Prinzipien sind angesichts spezieller Problemstellungen, Problemkonstruktionen oder Lebenslagen zusätzlich spezifische Vorgehensweisen beziehungsweise Interventionen oder Hilfs- und Förderangebote gefragt. Diese kommen je nach Konstitution des Problemfelds zum Tragen.

Notfälle und Krisen

• Krisenintervention versus Notfallpsychiatrie bei Psychosen
Eine Krisen- und/oder Notfallintervention erfordert ein sofortiges Tätigwerden ohne langes Zuwarten, also den unverzüglichen Beginn einer gezielten (therapeutischen) Aktivität. Zugleich muss das enthaltene Risiko, also etwa die Gefahr von Fremdschädigung oder von Selbstschädigung (z. B. Suizid) bedacht sowie auch die Gefahr einer Chronifizierung bei unangemessener Krisen(selbst)hilfe berücksichtigt werden. Diese Aspekte markieren das »Problemfeld« einer Krisen- und/oder Notfallintervention (s. a. Clausen, Dresler u. Eichenbrenner, 1996).

Anders allerdings als im Falle von »gewöhnlichen« Krisen, die bei nicht psychiatrisierten Personen angesichts kritischer Lebensereignisse ausgemacht werden, wird bei *Psychosen* im Falle von Krisen, kritischen Zuspitzungen oder krisenhaften Zuständen häufig schnell, oft zu schnell, von psychiatrischem »Notfall« gesprochen. Man befindet sich unversehens in der Grauzone der »Notfallpsychiatrie«. Handelt es sich um eine manische Entgleisung, eine agitierte psychotische Depression, eine akute Paranoia oder schizophrene Dekompensation, wird sogleich Gefährdung von Gesundheit und Leben, entweder des Betroffenen selbst oder anderer (Selbst- und/oder Fremdgefährdung) assoziiert und Notfallalarm gegeben. Herbeigerufene Mitarbeiterinnen geraten leicht unter Zeit- und Handlungsdruck. Allein schon die Mitteilung, dass eine Psychose oder eine psychiatrische Erkrankung für eine krisenhafte Situation eine Rolle spielt, kann Krisendienstmitarbeiter dazu veranlassen, anstelle einer Krisenintervention eine Notfallintervention einzuleiten, bei der gleich die Polizei hinzugezogen wird, weil schon vorab das Gewalt- und Gefährdungspotenzial als hoch eingeschätzt und eine Klinikeinweisung oder Unterbringung (ggf. gemäß PsychKG) ebenfalls bereits vorab in Erwägung gezogen wird.

Zweifellos sind verschiedentlich bei psychotischen Krisen akute Selbst- und/oder Fremdgefährdungen (auch gewalttätige Eskalationen) gegeben, die gegebenenfalls ein Eingreifen auch mit Polizeigewalt erforderlich machen, um den Betroffenen selbst sowie andere Beteiligte zu schützen. Aber aus der Angst heraus, es könne etwas passieren, wird auch oftmals das Gefährdungspotenzial als höher eingeschätzt als es ist. Unterbringungen werden voreilig veranlasst und manchmal wird sogar Polizeigewalt ohne unbedingte Notwendigkeit ausgeübt. Zeitdruck, Handlungszwang und vor allem die Angst schmälern auf der Seite der Krisendienstmitarbeiter die Möglichkeiten, in Ruhe mit dem Betroffenen und allen Beteiligten gemeinsam nach Lösungswegen, die aus der aktuellen Krise herausführen könnten, zu suchen.

Hierzu soll ein Fallbeispiel aus der Praxis geschildert werden (aus Kunz, Scheuerman u. Schürmann, 2004)[18].

Im Krisendienst ruft die Bewohnerin einer studentischen Wohngemeinschaft an, da sie und die anderen Kommilitonen der WG (insbesondere die Frauen) sich durch einen neuen Mitbewohner (Herrn Walter) bedroht fühlten. Dieser verhalte sich nicht mehr nur merkwürdig, sondern zunehmend aggressiver und trete drohend auf. Er sei der Überzeugung, man wolle ihn vergiften, insbesondere die Frauen der WG würden ihm Gift ins Essen geben und sogar heimlich in sein Zimmer schleichen, um die dort neuerdings extra von ihm versteckten Lebensmittel zu vergiften. Er habe Drohungen ausgesprochen:»Ihr bekommt mich nicht, vorher bringe ich Euch alle um« und es fehlten neuerdings Küchenmesser, die er vermutlich mit in sein Zimmer genommen habe. In letzter Zeit sei er auch nicht mehr zur Universität gegangen, da – wie er sagt – man ihm dort Böses antun wolle und alle über ihn redeten und auch dort die Frauen ihn vergiften wollten, weil er schmutzige Dinge denke.

Die Krisendienstmitarbeiterin »erkennt« schon anhand des Telefonats, dass es sich um eine paranoide Psychose handelt und nimmt die Bedrohungen sehr ernst. Deshalb bestellt sie zum Hausbesuch auch vorsichtshalber gleich die Polizei vor Ort, die sich aber unten im Hausflur zurückhalten soll, während sie selbst, zusammen mit einem Bereitschaftsarzt, die Wohngemeinschaft aufsucht. Dort sucht sie das Gespräch nur mit den übrigen Bewohnern (den »Beteiligten«), die sich in der Küche versammelt haben, während der Arzt ein Gespräch mit Herrn Walter (dem »Betroffenen«) in dessen Zimmer zu führen bestrebt ist. Dieser sitzt dort vor dem Fernseher; die Küchenmesser liegen auf einem Tisch.

Die Mitarbeiterin des Krisendienstes ist dann bemüht, die »Beteiligten«, die einer Klinikeinweisung ihres auffälligen Mitbewohners zunächst sehr skeptisch gegenüberstehen, davon zu überzeugen, dass eine Krankenhausbehandlung nötig sei. Während dessen versucht der Arzt im anderen Zimmer den »Betroffenen« zu überreden, »freiwillig« in die Klinik zu gehen. Da dieser diesbezüglich etwas zwiespältig reagiert, tritt

---

18 Ich danke Ingeborg Schürmann für die Übermittlung des Kapitels »Lernfall ›Notfall Psychose‹« zur kritischen Überarbeitung noch vor Veröffentlichung des genannten Buches.

der Arzt etwas bestimmter und energischer auf. Notfalls hätte man eine Unterbringung nach dem PsychKG wegen »akuter Fremdgefährdung« in Erwägung gezogen. Da aber auf beiden Seiten die Überredungsversuche gelingen und der Betroffene freiwillig in die Klinik geht, wird der Krankentransport gerufen und die Polizei wieder wegge-schickt.

In diesem Fall ist meines Erachtens (vielleicht vor dem Hintergrund der Angst der Mitarbeiter?) die Gefährdung deutlich überschätzt worden. Der Betroffene hatte nie-manden tätlich bedroht, er war weder übermäßig erregt oder ausgerastet oder aggressiv oder gewalttätig, noch nicht ansprechbar, er ließ ja mit sich reden. So gesehen war es gar kein »Notfall«. Die gesammelten Küchenmesser und die Drohungen, die er ausge-sprochen hatte, dienten ihm wohl eher dazu, sich selbst zu schützen. *Er* war es ja, der sich bedroht fühlte. Statt eines Notfalls lag in der Wohngemeinschaft wohl eher eine Konfliktsituation vor mit einem Menschen in Psychose, eine Situation also, in der eine »richtige« Krisenintervention tatsächlich angebracht gewesen wäre.

Der Beispielfall zeigt, wie schnell anstelle einer »Krisenintervention« – bei der es darum ginge, Konfliktlösungen zu finden, eine stationäre Aufnahme verhindern zu helfen und ambulante Hilfen zu aktivieren – eine »Notfallpsychiatrie« zum Zuge kommen kann. Dies geschieht in der Praxis häufig dann, wenn – allein aufgrund der Identifikation des Vorliegens einer *psychotischen* Problematik – ein Notfall schon vorab, das heißt vor Ansehen des Falls vor Ort, als solcher definiert wird. In dem Beispiel war der Krisendienstmitarbeiterin offensichtlich daran gelegen, eine zwangsweise Unterbringung zu vermeiden und es nicht zu Eskalationen kommen zu lassen; aber das Ziel, eine Krankenhauseinweisung vornehmen zu lassen, hatte sie bereits vor Antritt des Hausbesuchs im Kopf. Demgegenüber legt die Sozialpsychi-atrie nahe, dass es gälte, die Gefahr vor Ort einzuschätzen und einzugrenzen und dass vordringliches Ziel die Vermeidung einer stationären Unterbringung in einer psychiatrischen Einrichtung sein solle und zunächst ambulante Hilfen in Betracht zu ziehen seien. Aus sozial- beziehungsweise gemeindepsychiatrischer Sicht sollten Krisen möglichst zunächst dort behandelt und zu bewältigen versucht werden, wo sie auftreten und entstanden sind, in just demselben sozialen Kontext (s. den Ansatz von Mosher u. Burti). Sofern allerdings eine Entschärfung einer angespannten häus-lichen Situation Voraussetzung ist für das Wirksamwerden ambulanter Hilfen, könnte als Zwischenschritt (vor oder anstelle eines Klinikaufenthalts) gegebenen-falls in Betracht gezogen werden, dass der Betroffene (im Beispielfall Herr Walter) für ein paar Nächte ein Bett in einem Krisenzentrum erhält.

Die ambulanten Hilfen könnten zum Beispiel so aussehen, dass der Betroffene regelmäßig eine psychiatrische Ambulanz aufsucht, dass er zusätzliche psychosozia-le Einzelbetreuung (oder ggf. Psychotherapie) erhält (von Sozialarbeitern/Psycho-loginnen) und unter Umständen eine entsprechende Einrichtung (Kontakt- und Beratungsstelle, psychosoziales Zentrum) besucht und dass vor allem – unter Ein-beziehung des sozialen Umfeldes (vgl. die »Grundregeln« nach Ciompi) – sein un-mittelbares soziales Netzwerk (im Beispielfall die studentische Wohngemeinschaft) in Richtung auf Konfliktentschärfungen und Problemlösungen sowie im Umgang miteinander regelmäßig von einer psychosozialen Fachkraft in Form einer Supervision oder Beratung oder Therapie professionell begleitet wird. Eine solche Begleitung der unmittelbaren Lebensgemeinschaft eines Klienten (inklusive ihm selbst natürlich) und des Netzes seiner wichtigsten Bezugspersonen, seiner Familie (somit des jeweiligen »Problemsystems«) kann nach den in diesem Kapitel beschriebenen Prinzipien und Vorgehensweisen erfolgen. Besonders gut geeignet wäre hierfür aber – nach meinem Dafürhalten – ein systemisches Vorgehen (vgl. Kap. 3).

Wenn es sich um schizophrene Symptome oder paranoide Ängste bei einem jungen Menschen handelt, wäre es übrigens ganz besonders geboten, alle zu einer Krankenhausbehandlung alternativen Hilfs- und Behandlungsformen zunächst auszuschöpfen, um nicht frühzeitig eine »Kranken- und Patientenkarriere« einzuleiten. Denn gerade bei Ersterkrankungen stellt die Art des Umgangs mit den Betroffenen oft Weichen, entweder hin zu Psychiatrisierung und chronischen Verläufen oder hin zu alternativen Problemlösungen und einer Stärkung der Selbsthilfekräfte.

Weiterhin Bezug nehmend auf das Praxisbeispiel, bei dem ja – wie gesagt – etwas vorschnell eine Notfallintervention vollzogen wurde, stellt sich nun noch die Frage, wie denn bei dem ersten Hausbesuch vor Ort eine richtige Krisenintervention ausgesehen hätte, in deren Folge dann die soeben erwähnten ambulanten Hilfen hätten unterbreitet werden können. Unter der Prämisse eines Notfalls hatten die Krisendienstmitarbeiterin und der Bereitschaftsarzt eine »Rollenaufteilung« vorgenommen in der Form, dass die Mitarbeiterin mit den »Beteiligten« in der Küche ein Gespräch führte und der Arzt mit dem »Betroffenen« (Herrn Walter) in dessen Zimmer sprach. Eine solche Aufteilung zwischen »Beteiligten« und »Betroffenem« vorzunehmen, war von dem Gedanken motiviert, mögliche Eskalationen zu vermeiden und von der Sorge (Angst?) getragen, dass es zu Eskalationen kommen könnte. Allerdings wird mit einer solchen Aufteilung auch zwischen »normal« und »nicht normal« beziehungsweise »gesund« und »krank« aufgeteilt. Es wird ein Unterschied eingeführt zwischen Leuten, mit denen man »vernünftig« reden kann und solchen, mit denen man das nicht kann. Es wird eine Trennlinie eingeführt in die Kommunikation. Demgegenüber wird aus gemeindepsychiatrischer Warte von Mosher und Burti (1992) vorgeschlagen, das Krisengespräch vor Ort zunächst mit allen gemeinsam zu führen (schließlich sind alle sowohl »beteiligt« wie »betroffen«). Diese Vorgehensweise ist aber bereits systemisch inspiriert!

> In dem Beispielfall hätte man sich also gemeinsam in der Wohnküche versammelt und die beiden Krisenfachkräfte hätten – um jedem und jeder Gehör zu verschaffen – zunächst etwa fragen können, wer welche Beschwerden oder Befürchtungen hat und welche Vorschläge jede(r) hat, um die angespannte Situation zu entschärfen und welche Ideen jede(r) hat, um die Krisensituation zu lösen. Ein solches Krisengespräch könnte zwar am besten unter Verwendung systemisch-therapeutischer Fragetechniken geführt werden, aber man kann auch anders vorgehen. Auf jeden Fall wäre der Akzent auf eine Beteiligung *aller* an der Erarbeitung einer Krisenlösung zu legen. Sofern sich in dem

gemeinsamen Gespräch doch eine drohende Eskalation angedeutet hätte, hätte man ja immer noch eine Aufteilung vornehmen können. Wenn es aber gemeinsam durchführbar gewesen wäre, hätten sich damit zumindest einige Entkrampfungen in der Wohngemeinschaft einstellen können.

- Krise und Krisenintervention

Während im besonderen Fall eines echten Notfalls, der mit gewalttätigen Eskalationen und erheblicher Selbst- und/oder Fremdgefährdung einhergeht, vorerst – gemäß Ciompi – »pharmako-therapeutische und sozial-supportive Maßnahmen« zum Einsatz kommen müssten, könnten daran anschließend noch »spezifische Kriseninterventionstechniken zur Anwendung kommen« (1993, S. 16). Im Folgenden soll es speziell um solche Krisenintervention gehen, die – womöglich ohne Zwang – zu einer vorzugsweise psychosozialen Lösung oder Bewältigung der Krisensituation zu verhelfen vermag.

Kennzeichen von Krise: Generell lässt sich eine Krise (nach Caplan) als »eine akute Überforderung eines gewohnten Verhaltens- respektive Copingsystems durch belastende äußere oder innere Erlebnisse« definieren (schreibt Ciompi, 1993, S. 15). Dabei handelt es sich häufig, aber keineswegs immer, um Krisen mit einem gewissen Suizid- oder Erkrankungsrisiko oder um explizit suizidale Krisen. Auch psychotische Krisen mit ihren »produktiv-psychotischen Erscheinungen [...] lassen sich [...] grundsätzlich als Zeichen einer kritischen Überforderung eines vulnerablen Verarbeitungssystems verstehen« (S. 17).

Als charakteristisch für eine Krise gilt,

- dass sie –meist »überraschend« und »mit dem Charakter des Bedrohlichen« auftritt, somit »Angst und Hilflosigkeit« erzeugt;
- dass sie eine »ausgesprochene Labilisierung« mit sich bringt und deshalb »regressive« (z. T. suizidale, evtl. aggressive) Verhaltensweisen an den Tag gelegt werden;
- dass sie durch »erhöhte Suggestibilität« gekennzeichnet ist, so dass einmal eingeschlagene Bewältigungswege (z. B. »Psychiatrisierung«) leicht die Funktion von »langfristigen Weichenstellungen« erhalten (was bei der Krisenintervention besonders zu berücksichtigen ist)
- und dass kleine Signale im kritischen Moment (ein Blick, ein Wort) »große Wirkungen« (z. B. Entscheidung über Suizid oder Nichtsuizid) haben können (s. S. 16).

Allgemein wird überdies als das entscheidendste Merkmal einer Krise der Umstand genannt, dass sie zugleich Gefahr und Chance bedeutet: die Gefahr nämlich, psychisch zusammenzubrechen und abzustürzen (z. B. Suizid oder Suizidversuch, totale Verhaltensdesorganisation, Dekompensation) und/oder (bisherige) problematische Lösungswege zu verfestigen; aber auch die Chance, lang dauernde ungute Entwicklungen abzulösen und – durch geeignete Krisenintervention – einen Umschlag zum Besseren mit lang anhaltenden Wirkungen zu erzielen, gegebenenfalls zu provozieren.

Als Auslöser von Krisen gelten traumatische Ereignisse wie plötzliche Todesfälle nahestehender Personen, Arbeitsplatzverlust, Unglücksfälle oder schwere Krankheit (sog. »traumatische Krisen«) und kritische Wendepunkte im Leben, welche eine Neuorientierung oder Neuanpassung erforderlich machen, für die aktuell keine adäquaten Orientierungs- und Bewältigungsfähigkeiten zur Verfügung stehen, zum Beispiel das Verlassen des Elternhauses, Heirat, Umzug oder Pensionierung (sog. »Lebensveränderungskrisen«; vgl. Ciompi; s. a. Böker, 1993).

Man schätzt, dass sich Anzeichen einer Krise vier bis sechs Wochen nach solchen kritischen Lebensereignissen zeigen können. Wenn zwar bei psychotischen Krisen solche umschriebenen Ereignisse nicht immer eminent sind – und in diesen Fällen auch weniger erkundet werden –, ist doch davon auszugehen, dass konkrete belastende und persönlich als bedrohlich eingeschätzte Erlebnisse auch den krisenhaften Zuspitzungen in Form von Psychosen vorangehen. Die psychischen Anzeichen einer Krise reichen von erhöhter Spannung und Erregung beziehungsweise Depressivität bis hin zu wahnhaften Beziehungs- und Verfolgungsideen oder Halluzinationen und in somatischer Hinsicht kann das Herz-Kreislauf-System, das Verdauungssystem, der Respirationstrakt betroffen sein oder es können sich Rückenbeschwerden oder Hautausschläge einstellen.

Schritte einer Krisenintervention: Für die Krisenintervention, die vorzugsweise ambulant erfolgen soll, entweder in einer Krisenambulanz oder durch mobile gemeindepsychiatrische Teams (bzw. Kriseninterventionsdienste) vor Ort (also etwa zu Hause bei den Betroffenen) bedarf es zunächst – trotz allen Zeitdrucks – der Schaffung einer möglichst ruhigen Gesprächsatmosphäre. Im Weiteren werden klassischerweise (seit Mitte der 1970er Jahre) sechs Schritte der Krisenintervention vorgeschlagen, die nachfolgend nach Ciompi (1993, S. 21 f.) benannt werden:

1. Den Krisenanlass verstehen: »exploratorische« Gespräche mit dem Betroffenen und seinen wichtigsten Bezugspersonen bei Konzentration auf die aktuelle Krisensituation und deren Entstehungshintergründe.
2. Eine gemeinsame »Krisendefinition« erarbeiten: eine für alle Beteiligten gut akzeptable und verständliche Problemdefinition als »Arbeitsbasis« erstellen.
3. Gefühle ausdrücken lassen und emotional entlasten: Gefühlen von Trauer, Angst, Schmerz, von Kränkung, Scham oder Bitterkeit Ausdruck verschaffen.
4. Gewohnte Bewältigungsstrategien reaktivieren: »selektives Anpacken der dringlichsten Aufgaben« durch Reaktivierung gewohnter Verhaltensweisen oder bislang gekonnter Bewältigungsfähigkeiten sowie gegebenenfalls Wiederaufnahme des Dialogs mit den Bezugspersonen.
5. Nach neuen Lösungen suchen: neue Wege aus der Krisensituation erarbeiten (ggf. neuer Dialog mit den Bezugspersonen).
6. Abschließender Rückblick und Bilanz: nach einigen Wochen ein »retrospektives

Bilanzgespräch« führen, um die erfolgte Krisenbewältigung zu festigen und aus dem Erlebten Hinweise für die Prävention künftiger Krisen abzuleiten.

Nach Ansicht Ciompis sollten diese sechs Schritte womöglich »gerade in dieser und in keiner andern Reihenfolge ablaufen« (S. 22). Meines Erachtens könnte jedoch den Bedürfnissen von Betroffenen (und Beteiligten), sich gefühlsmäßig mitzuteilen, auch durchaus schon *vor* der gemeinsamen Erarbeitung eines Krisenverständnisses Raum gegeben werden und die Punkte 1. und 2. sowie die Punkte 4. und 5. könnten jeweils als je ein Schritt zusammengenommen werden.

Krisengespräch mit Einzelnen: Da das Sechs-Phasen-Modell etwas schematisch wirkt, sind etwas praxisnäher – in Anlehnung an Clausen et al. (1996, S. 136 ff.) sowie unter zusätzlicher Berücksichtigung des Empowerment-Gedankens (s. Punkt 2.1.3) – zusammenfassend fünf Stadien eines Krisengesprächs inklusive Fragebeispielen in Tabelle 10 ausgeführt (nach Burow-Sperber, 2002).

Tabelle 10: Fünf Stadien eines Krisengesprächs (mit Fragebeispielen)

1.	Emotionale Entlastung: Um sich gefühlsmäßig zu entlasten, sollte die Klientin zunächst frei erzählen und ihren Gefühlen Ausdruck verleihen dürfen. Dafür muss ausreichend Zeit gegeben werden. Durch aktives Zuhören sollte versucht werden wirklich dabei zu sein, aber kein aufgesetztes Mitleid vorzutäuschen. Es gilt, die geäußerte Verzweiflung ernst zu nehmen, nicht zu trösten, nicht zu beschwichtigen und keine Ratschläge zu geben.
2.	Abklären der Situation: Impulse zum Umgang mit der Krise sollten zunächst durch Fragen zum Abklären der Krisensituation gegeben werden (z. B. »Was hat die Krise ausgelöst?«) und durch klare und behutsame Fragen sollte der Klientin geholfen werden, das Chaos zu ordnen. Dabei gilt es auch, gezielt zum Beispiel das Suizidrisiko abzuklären, etwa Fragen nach früheren Suizidversuchen zu stellen und gegebenenfalls direkt nach Suizidplänen zu fragen (warum, seit wann, wie genau) sowie nach fantasierten Lösungen und Auswegen; ferner auch zum Beispiel Suchtprobleme oder Vereinsamung, aber auch noch bestehende Bindungen und Perspektiven zu thematisieren und jedenfalls allzeit auf Stimmungsveränderungen während des Gesprächs zu achten. Bei anhaltender Depression oder abgeklärter Gefasstheit wäre höchste Vorsicht geboten. Wo immer möglich, sollten auch Informationen beziehungsweise die Sichtweisen von Angehörigen und Freunden einbezogen werden. Unter dem Empowerment-Gesichtspunkt ist es darüber hinaus besonders wichtig, die Klientin wissen zu lassen, dass sie in jedem Moment den Verlauf des Krisengesprächs selbst wesentlich mitbestimmt und dass sie die Abklärung der Situation und sich daraus ergebende Lösungen auch selber in der Hand hat. Dies gilt es, etwa einer hoch erregten oder einer stark apathisch wirkenden Klientin je spezifisch zu vermitteln.

3. Eruieren der Ressourcen und Stützung des Coping-Verhaltens: Frühere Problem- oder Krisenbewältigungen gilt es zu erfragen und zu würdigen und aktuelles Coping-Verhalten anzuregen. Dabei könnten folgende Fragen eine Rolle spielen:

    – Kennen Sie so eine Situation wie diese, in der Sie sich (ähnlich) ausweglos fühlten, von früher? Wie haben Sie damals aus der Krisensituation herausgefunden? Was hat Ihnen dabei besonders geholfen?

    – Warum funktionieren diese Strategien jetzt nicht oder was brauchen Sie, damit ihre Strategien wieder funktionieren? Was haben Sie bislang versucht, um die jetzige Krisensituation vorab zu verhindern oder, als sie eingetreten ist, damit fertig zu werden? Was davon hat gut geklappt? Was ist nicht gelungen?

    – Was möchten Sie, dass anlässlich Ihrer Krise auf keinen Fall passieren soll (z. B. mit Feuerwehr oder Polizei in die Klinik gebracht werden)? Was könnten Sie tun, um dies zu verhindern?

    – Welche Kontakte sind vorhanden, die helfend oder unterstützend wirken könnten? Welche Unterstützungen und sozialen Fähigkeiten könnten Sie noch ausbauen? Wo und wie könnte aktuell Hilfe gefunden werden?

    – Welche wichtigen Bindungen sollten trotz allem bestehen bleiben? Welche Lebenspläne und Wünsche haben trotz allem Bestand?

Danach sollte es möglich sein, das Problem genau zu benennen und Perspektiven zu entwickeln. Vorausgesetzt, dass die Klientin aus ihrer Enge herauskommen möchte, sollte sie darin unterstützt werden, die Zuversicht zu entwickeln, dass ihr das gelingt, und dabei sollten nicht-suizidale, nicht-symptomatische Reaktionen auf Probleme verstärkt werden. Ihr sollte vermittelt werden, dass sie – selbstbestimmt – Wege aus der Krise finden kann und sie es auch selbstbestimmt, diese zu gehen (oder auch nicht zu gehen). Betrachtet man die *Funktion* der Krise, die aus der Sicht der Klientin vielleicht als letzte Möglichkeit erscheint, Einfluss zu nehmen, gälte es im Krisengespräch, Möglichkeiten erweiterter Einflussnahme aufzuzeigen. Dabei ist aber eine abweichende Sichtweise der Klientin zu respektieren; das heißt auch, dass es wenig nützt, wenn die Motivation zur Krisenlösung und Problembewältigung einseitig beim Betreuer oder Krisenbegleiter liegt, statt in erster Linie bei der Klientin. Auf jeden Fall aber sollte der Klientin geholfen werden, ihre Ressourcen zu sehen, an sie zu glauben und die Überzeugung zu gewinnen, die aktuelle Krise in den Griff kriegen zu können. Auch sollte die Klientin erkennen, dass sie prinzipiell über Fähigkeiten zu verfügt, den Alltag so zu gestalten, dass sie mit Krisen fertig werden und gegebenenfalls von Bezugspersonen (Betreuern, Angehörigen) Unterstützung verlangen kann. Das Potenzial der Krisenerfahrung – die Chance – bestünde dann darin, Abschied von der Ohnmacht zu nehmen und sich als fähig zu erleben.

4. Abschluss des Krisengesprächs: Das Gespräch sollte mit einer Absprache über das weitere Vorgehen (z. B. weitere Gesprächskontakte und Betreuung) sowie Verhaltensvereinbarungen oder mit einer Entscheidung für die Einleitung weiterer Maßnahmen (Krankenhaus?) beendet werden. Nur bei erheblicher Selbst- und/oder Fremdgefährdung sollte eine Unterbringung nach dem Unterbringungsgesetz in Erwägung gezogen werden. Unter Gesichtspunkten einer Empowerment-Strategie müsste in diesem Falle dem Betroffenen offen mitgeteilt werden, dass man es für erforderlich hält, ihm – zu seinem eigenen Schutz oder dem anderer Personen – Zwang anzutun.

5. Retrospektive Auswertung und Prävention für die Zukunft: Der Rückblick und die Bilanz sollte einige Wochen nach dem/den Krisengespräch/en stattfinden, damit das Ich-stärkende Potenzial einer erfolgreich durchgestandenen Krise genutzt werden kann. Dabei sind unter anderem die folgenden Fragen von Interesse:

   – Was hatte im Umgang mit der Krise (am besten) geholfen? Und wie hatte was geholfen? Wie haben Sie es geschafft?

   – Gab es negative Erlebnisse? Wenn ja, welche? Wären diese künftig zu vermeiden?

   – Für den Fall, dass es noch einmal zu einer ähnlichen Krisensituation kommt, was sollte aus Ihrer heutigen Sicht dann beachtet werden?

   – Wer könnte Sie in einem künftigen Krisenfall am ehesten unterstützen? An wen würden Sie sich wenden? Welche Erwartungen haben Sie an wen?

Ein solches Krisengespräch kann prinzipiell auch von dem regulären Bezugstherapeuten (vom Betreuten Wohnen, der Tagesstätte, der Kontakt- und Beratungsstelle ...) mit einer seiner Klientinnen, die in eine Krisensituation geraten ist, durchgeführt werden. Dies hätte den Vorteil von Kontinuität, die allgemein als wichtig erachtet wird. Voraussetzung hierfür wäre selbstverständlich, dass die Krisenhilfe als Bestandteil der Arbeitsaufgabe des jeweiligen Mitarbeiters definiert worden ist. Wenn die Krise nicht gerade außerhalb der Arbeitszeit anfällt (am Wochenende, in der Nacht), muss jedenfalls nicht unbedingt extra eine Krisenambulanz aufgesucht oder ein mobiler Krisendienst herbeigerufen werden.

Krisenintervention mit mehreren Beteiligten: Während das Krisengespräch, wie dargestellt, sich vorwiegend auf den einzelnen Menschen in der Krise konzentriert, den Betroffenen selbst, kommt es aber bei Psychosen nicht selten vor, dass ein ganzes Netzwerk in Mitleidenschaft gezogen ist und der Hilferuf oftmals von anderen Beteiligten erfolgt. Ihre Konzeption der mobilen Kriseninterventionsteams im 24-Stunden-Dienst haben Mosher und Burti (1992) speziell auf diese Situation abgestimmt und haben deshalb auch die Arbeit dieser Krisenteams, die »– wann immer möglich – im unmittelbaren Lebensraum des Betroffenen stattfinden sollte«

(S. 168), auf eine systemische Grundlage gestellt, da man davon ausgeht, dass man es nicht mit einzelnen Erkrankten, sondern mit »Problemsystemen« zu tun hat. Dahinter steht auch die Überzeugung, dass die »Auffassung von einer ›Krankheit-in-der-Person‹« den Prozess der Stigmatisierung entstehen lässt, der als hauptverantwortlich für die Entwicklung von Chronizität angesehen wird. Deshalb müsse das Herausnehmen der einzelnen, als psychisch krank erscheinenden Person, mithin die »Aufhebung ihrer Lebensbezüge« durch »Institutionalisierung«, verhindert oder zumindest »minimiert« werden (S. 169 f.).

Ein – je für eine Region zuständiges – Krisenteam könnte in Verbindung mit einem ärztlich-psychiatrischen Hintergrund- oder Bereitschaftsdienst arbeiten. Im Falle eines Notanrufes wird zuerst im Team geklärt, ob ein sofortiger Hausbesuch als notwendig erachtet wird. Scheint dies der Fall zu sein, wird die Akzeptanz eines Hausbesuchs (z. B. bei der Not-Anruferin) erfragt und bei Zustimmung darum gebeten, alle relevanten Beteiligten zu versammeln. Dann sollten mindestens zwei Teammitglieder (idealerweise eine Frau und ein Mann) die Krisenintervention vor Ort vornehmen. Diese beginnt damit, dass das Team bei Anwesenheit aller relevanten Personen zunächst eine Problemeinschätzung vornimmt (Krisenanlass? Gefährdungspotenzial?) und sie wird damit fortgeführt, dass Fragen nach Problemsichten, bisherigen Lösungsversuchen und zusätzlichen Lösungsideen der Beteiligten gestellt werden. Das Team sollte für die erste Intervention mindestens anderthalb Stunden (oder noch länger) einplanen und nach dem ersten Besuch solange beteiligt bleiben, »bis sich die Krise löst oder ein alternativer Handlungsansatz eindeutig identifiziert ist« (S. 170). Falls sich die Schwierigkeiten in der häuslichen Umgebung beziehungsweise im natürlichen Umfeld nicht lösen lassen, sollten anstelle einer »ungerechtfertigten« Klinikeinweisung zunächst »Wohnalternativen« in Erwägung gezogen werden.

Lorenzo Burti, einer der beiden Autoren von »Psychiatrie in der Gemeinde« (1992), stammt aus Italien und hatte dort die systemisch-therapeutische Arbeit des Mailänder Teams um Mara Selvini Palazzoli kennen lernen können, deren Gesprächstechniken und Vorgehensweisen (s. dazu Punkt 3.2.2) eben auch für die Arbeit der mobilen Kriseninterventionsdienste als einschlägig erachtet werden. Die subjektorientierte Perspektive allein hat für die Arbeit mit Familien und Netzwerken kaum Vergleichbares zu bieten.[19]

---

19 Mit ihrem Ansatz der mobilen Krisendienste haben Mosher und Burti in den USA (Kalifornien) den Weg beschritten, der später in Skandinavien hinsichtlich der systemischen Krisenhilfe in der Arbeit mit Netzwerken noch etwas weiter entwickelt wurde und dort inzwischen als »bedürfnisangepasste Behandlung« (s. dazu die Punkte 3.7.3 und 4.3.1) fast flächendeckend umgesetzt werden kann. In den skandinavischen Ländern, insbesondere Finnland und Schweden, ging dies mit einer Umorganisation des gesamten psychiatrischen Hilfesystems einher, die eben in den USA nicht erfolgte und derzeit auch in Deutschland meines Erachtens nicht in Sicht ist.

- Krisenprävention und Rückfallprophylaxe

In herkömmlicher Auffassung hatte man eine »psychotische Dekompensation«, einen »schizophrenen Schub« nicht mit der Denkfigur von »Krise als Chance zur Heilung« in Verbindung gebracht und deshalb bei einer psychotischen Episode auch nicht von einer »Krise« gesprochen. Inzwischen hat sich aber die Erkenntnis durchgesetzt, dass auch bei psychotischen Ausrastern der Krisenbegriff und die Krisentheorie anwendbar sind (s. Böker, 1993). Im Unterschied zu anderen Krisenphänomenen besteht bei psychotischen Krisen zwar die Schwierigkeit, dass hier – von außen betrachtet – »traumatisierende Auslösesituationen, zum Beispiel life events, sich nicht [...] in der gewünschten Prägnanz ermitteln lassen« (S. 112), aber in mehreren Untersuchungen konnte – jedenfalls im Falle von Schizophrenie – aufgezeigt werden, dass fast alle Betroffenen wie auch vielfach ihre Angehörigen Früherkennungszeichen (sog. »Prodromal- oder Vorpostensyndrome«) einer herannahenden schizophrenen Episode angeben konnten. Es handelt sich hierbei grundsätzlich um eher unspezifische, aber gleichwohl sehr persönliche »Frühsymptome« wie Schlaflosigkeit, Irritierbarkeit oder Verstimmtheit, welche die Betroffenen bei sich selbst wahrnehmen können (s. a. unter Punkt 2.1.3, S. 114). Während der Eine im Vorfeld seiner psychotischen Episoden nicht mehr schlafen und sich nicht mehr konzentrieren kann, aber den Kontakt mit vielen Menschen sucht, um sich abzulenken, erlebt die Andere vor Beginn ihrer psychotischen Verrückung erhöhte Ängstlichkeit und Nervosität und tendiert dazu, sich aus allen sozialen Kontakten zurückzuziehen.

Eine Psychoseerfahrene beschreibt die folgenden Veränderungen im Vorfeld einer beginnenden Psychose: »Ich kann dann schlechter laufen, die Arme nicht über den Kopf heben, meine Füße sind eiskalt, auch um das Herz fühle ich mich kalt. Eine Schwäche lähmt meinen Körper, meine Atmung wird unregelmäßig. In meinem Kopf sprüht es über, ein Gedanke jagt den anderen [...] so als ›denke es in mir‹. Ich beginne mich grenzenlos zu fühlen [...] mein Zeitgefühl verändert sich [...] Es fällt mir schwer, einfache Sätze flüssig auszusprechen« (Psychosoziale Umschau, Heft 3/1999, S. 35). Es sei übrigens erwähnt, dass die Betroffene selber imstande war, ihre bei sich wahrgenommen Frühsymptome auszugleichen und ein Abgleiten in die Psychose zu verhindern.

Neben den veränderten Körper- und/oder Bewusstseinserfahrungen dienen manchmal auch bestimmte, sonst unübliche Verhaltensweisen als Vorwarnung. Beispielsweise stellte ein Klient bei sich fest, dass sich das Herannahen einer Krise dadurch andeutet, dass er sich – bei seinen regelmäßigen Essenseinkäufen für die therapeutische WG – plötzlich nicht mehr traut, im Supermarkt das Fleisch an der Fleischtheke (hinter der eine Verkäuferin steht, der man sagen muss, was man möchte) zu kaufen, sondern auf Fleisch aus der Tiefkühltruhe ausweicht. Einer anderen Klientin, die sonst großen Wert auf ihr Aussehen legte, fiel auf, dass sie im Vorfeld einer kritischen Phase ihre Körperpflege vernachlässigt.

Diese frühen Anzeichen oder »Warnsignale eines drohenden Rückfalls« können als

Ansatzstelle entweder für eine frühzeitige Krisenintervention, wie Böker das vorschlägt, oder – noch besser – krisenpräventiv genutzt werden. In beiden Fällen ist eine gute Zusammenarbeit zwischen Betreuer beziehungsweise Therapeutin und Klient, eventuell inklusive der Angehörigen, Voraussetzung. In erster Linie sind es die Betroffenen selbst, die bestimmte Abwandlungen ihrer Befindlichkeit als Frühwarnzeichen wahrzunehmen vermögen und auch zumeist von sich aus darauf zu reagieren versuchen. Auf Seiten der Professionellen ginge es lediglich darum, dies zum Thema zu machen und ihren Klientinnen dabei behilflich zu sein, ein Krisenbewusstsein im Zusammenhang mit ihren ganz persönlichen Frühsymptomen auszubilden.

Als Beispiel sei hier der von Böker (1993) beschriebene Fall eines vor zwanzig Jahren psychotisch erkrankten 50-jährigen Akademikers genannt, dem es schließlich – unter Mithilfe des Arztes und seiner Ehefrau – durch »Früherkennung und Frühbeeinflussung« seiner jeweils vorangehenden Befindlichkeitsstörungen gelang, krisenhafte Entwicklungen im Vorfeld eines psychotischen Rückfalls aufzufangen und zu verarbeiten. Als Vorboten einer herannahenden Krise zeigten sich bei ihm wachsende innere Unruhe, vermehrter Tätigkeitsdrang, Hochtourigkeit, ferner Einschlafstörungen, übermäßige Geräuschempfindlichkeit, stockender Sprachfluss, Gedankenbeschleunigung, schließlich – präpsychotisch – beziehungshafte Ideen über die Bedeutung von Vogelrufen und die verzerrten Gesichter von entgegenkommenden Passanten. In dem Maße aber, in dem er ein »Krisenbewusstsein« ausgebildet hatte und »diese Frühsymptome als Warnsignale einer präpsychotischen Balancestörung zu erkennen und zu bewerten« wusste (S. 116), konnte er auch spezifische Bewältigungsmaßnahmen einsetzen, wie zum Beispiel seine beruflichen Belastungen vorübergehend durch das Einschieben von Urlaubstagen zu reduzieren, gesellschaftliche Kontakte und irritierende Diskussionen zu vermeiden sowie allerdings auch, sich – intermittierend – Thioridazin zu verabreichen. Jedenfalls war in diesem Fall über Jahre eine Prävention schwerer psychotischer Episoden und allgemein eine »Stabilisierung auf verbessertem Niveau« (S. 117) erreicht worden.

Eine solche Art von Krisenprävention mit Bezug auf die je spezifischen Früherkennungszeichen, die eine Klientin vor Beginn des psychotischen Abrutschens bei sich wahrzunehmen vermag, sollte grundsätzlicher Bestandteil jeglicher psychosozialen Arbeit mit Psychoseerfahrenen sein. Das heißt, es gilt – auch in stabilen Phasen – das Krisenthema nicht auszuklammern (nach dem Motto: »bloß nicht darüber sprechen«), sondern präventiv ins Gespräch zu bringen, nach bereits bekannten »Frühsymptomen« zu fragen und unter Berücksichtigung ihrer »Handhabbarkeit« (vgl. Antonovsky, 1997) nicht nur ein »Krisenbewusstsein«, sondern auch ein »Bewältigungsbewusstsein« aufbauen zu helfen. Ein Beispiel, wie das geht, wird von der bereits erwähnten Psychoseerfahrenen beschrieben, die für jede ihrer präpsychotischen Körpererfahrungen beruhigende »Gegenmaßnahmen« – innere Sätze, bestimmte Berührungen – herausgefunden hat.

Darüber hinaus sollte (etwa im Sinne der »Verstehbarkeit« nach Antonovsky; s. unter Punkt 2.1.3, S. 105 f.) im Zusammenhang mit Krisen auch den krisenauslösenden Stressoren Aufmerksamkeit geschenkt werden, auch wenn bei (schizophrenen) Psychosen spezifische kritische Lebensereignisse oft schwer zu identifizieren sind, da es sich oftmals um eher gewöhnliche Alltagsstressoren handelt, welche die empfindliche Balance kippen. In dem genannten Fallbeispiel von Böker waren es »vor allem zwischenmenschliche kränkende oder [...] mehrdeutige Äußerungen, namentlich von Arbeitskollegen« (S. 117), auf die hin der Klient krisenhaft reagierte. Da hätte man vielleicht noch etwas genauer nachfragen können.

Das genauere Nachfragen hätte womöglich zum dritten Aspekt des Kohärenzgefühls gemäß dem Salutogenese-Modell nach Antonovsky hingeführt, nämlich zur »Bedeutsamkeit« der psychotischen Krisenlösung. Meines Erachtens könnte eine grobe Orientierung an dem Salutogenese-Modell generell für die Verarbeitung kritischer Lebenserfahrungen hilfreich sein.

Bewähren sich nun eher psychoedukative Gruppen oder krisenpräventive Gespräche mit Einzelnen? Die Erkenntnis der Bedeutung von Frühsymptomen als Krisenindikatoren bei beginnenden psychotischen Episoden hat vielfach zur Entwicklung von Trainingsprogrammen und entsprechenden Kursen für Psychoseeerfahrene und ihre Angehörigen geführt, in denen – unter dem Gesichtspunkt von Psychoedukation – die frühe Identifizierung und Überwachung von Früh- und Warnsymptomen eingeübt wird (s. a. unter Punkt 2.1.3, S. 114 f.). Zwecks Vorbeugung von Rückfällen bei schizophrener und schizoaffektiver Erkrankung wurden hierfür Therapiemanuale zur Durchführung von so genannten »Warnsignalgruppen« erstellt und umfangreiche Fragelisten entworfen, damit Psychoseerfahrene ihre persönlichen Warnsignale benennen lernen. Zwar tragen auch solche »Warnsignal-Inventare« und extra Kurse (Warnsignalgruppen o. Ä.) zur Sensibilisierung der Klientinnen für die Wahrnehmung ihrer persönlichen Frühsymptome bei. Der für die Psychoseerfahrenen noch geeignetere Weg dürfte aber darin bestehen, dass – im längerfristigen persönlichen Kontakt – die jeweils regulären Bezugsbetreuer (bzw. Begleiterinnen) mit den Einzelnen regelmäßige Gespräche zu diesem Thema führen, sei es in der Tages- oder Begegnungsstätte, im Betreuten Wohnen oder in einer anderen Einrichtung. In solchen krisenpräventiven Gesprächen könnten die Besonderheiten jedes Einzelnen berücksichtigt, Früherkennungszeichen erfragt sowie auch spezifische Möglichkeiten der Einflussnahme auf die präpsychotischen Erlebnisse bis hin zur Verhinderung des Abgleitens in die akute Psychose (sofern von dem Betroffenen erwünscht) gemeinsam erörtert werden.

Unter dem Gesichtspunkt der Achtung des Selbstbestimmungsrechts der Klienten wäre schlussendlich – weniger im Sinne einer präventiven Verhinderung des psychotischen Durchbruchs, als vielmehr im Sinne einer vorsorglichen Absprache für den Fall des Krisenfalls – anzuraten, dass die professionellen Helferinnen mit bereits krisenerfahrenen Betroffenen, nach überstandener Krise, also in ruhigen Zeiten, spezifische Vereinbarungen mit dem jeweiligen Klienten treffen, wie sie im Fall einer künftigen Krise vorgehen beziehungsweise mit ihm umgehen sollen. Ähnlich wie dies für den Fall des neuerlichen Notwendigwerdens einer stationären Behandlung nach dem Modell der »Behandlungsvereinbarungen« in Kliniken praktiziert wird (vgl. Kap. 1), wären auch im ambulanten Bereich für den Fall einer künftigen Krisensituation vorherige Vereinbarungen mit den jeweiligen Klientinnen empfehlenswert. Das wird im Sinne des Empowerment-Gedankens auch von Seibert (2000a) vorgeschlagen. Der Helfer könnte so erfahren, was er im Sinne des jeweiligen Klienten auf jeden Fall und was er auf keinen Fall tun soll. Beispielsweise könnte eine Klientin den Wunsch haben, im Krisenfall Selbstmordgedanken zumindest äußern zu dürfen, ohne deshalb gleich in die Klinik eingeliefert zu werden oder ein anderer Klient möchte vielleicht, falls er ausrastet, auf jeden Fall am Toben gehindert werden, notfalls durch Fixieren (vgl. Seibert, 2000a).

Entgegen den überholten Vorstellungen, die mit dem Begriff »psychotische Erkrankung« verbunden sind, könnten sich so – alles in allem – auf der Grundlage des Krisenmodells auch krisenhafte Phasen bei Psychosen als Chance für neue Entwicklungsschritte herausstellen, auch wenn Erfolg im Umgang mit Krisen nicht Symptombeseitigung oder gar Heilung im medizinischen Sinne heißen muss.

Akute Psychose – Schutz- und Bewältigungsräume
Im vorherigen Abschnitt wurde nahegelegt, psychotische Episoden, mithin auch die akute Psychose, nicht in Begriffen eines Krankheitsschubs zu konzeptualisieren, sondern vielmehr als Ausdrucksformen einer Krise zu betrachten. Eine Krisenintervention wird in akuten Situationen jedoch nicht immer eine Lösung herbeiführen oder bei hochgradigen Verwirrtheitszuständen gegebenenfalls nicht zur erwünschten Beruhigung beitragen können. Somit bleibt ein Bedarf nach stationärer Behandlung bestehen. Als sozialpsychiatrische Alternative zur herkömmlichen Klinikbehandlung ist hierfür – insbesondere für junge Menschen mit akut schizophrenen Symptomen sowie Ersterkrankte – die Soteria das Behandlungsmodell der Wahl. Da dieses Projekt einer »alternativen Schizophreniebehandlung« im ersten Kapitel bereits vorgestellt wurde (Punkt 1.3), wird hier lediglich die Arbeitsweise der *Begleitung durch die akute Psychose* in einer Soteria – bezugnehmend vor allem auf die von Ciompi gegründete Soteria in Bern (s. Aebi, Ciompi u. Hansen, 1993) sowie auf einige Prinzipien der Soteria-Praxis nach Mosher (s. Mosher, Hendrix u. Fort, 1994) – beschrieben.

Wie gesagt, bietet die Soteria eine Alternative zur herkömmlichen Krankenhausbehandlung. Als solche stellt sie von Seiten der Praxis ein Angebot bereit, das hochgradig verwirrten Menschen in akuten Psychosen entgegenkommt. Da sie sich – gemäß dem Schizophreniemodell von Ciompi (1982, 1997) – einer Reizüberflutung, mithin einer Zufuhr an Information in ambivalente Systeme ausgesetzt sehen und dadurch einen Zusammenbruch ihrer affektiv-kognitiven Informationsverarbeitungskapazitäten erleben, benötigen sie vor allem Beruhigung. Erstes Prinzip der Soteria ist es deshalb, eine ruhige und beruhigende, Schutz, Sicherheit und gegebenenfalls sogar Geborgenheit vermittelnde Atmosphäre zu bieten. Damit die Betroffenen ihre Psychose, womöglich weitgehend ohne Neuroleptika, durchleben und verarbeiten können, ist die Schaffung eines entspannten Milieus, eines emotional tragenden Feldes, wertschätzender Begegnungsformen und eines guten therapeutischen Klimas vonnöten. Dies galt es in der Soteria umzusetzen. Dabei orientierte man sich an der Forderung, den Patientinnen zu einer Erleichterung ihrer affektiv-kognitiven Informationsverarbeitung zu verhelfen und ihnen konstante Unterstützung zur Überwindung der psychotischen Krise und zur Verarbeitung der zugrunde liegenden Lebensproblematik zu geben sowie im Einzelnen an den folgenden *therapeutischen Grundsätzen* (s. Aebi et al., 1993):

– Überblick gebendes, möglichst normales, transparentes, reizgeschütztes Milieu;
– behutsame, kontinuierliche Stützung während der psychotischen Krise;
– klare Informationen für Patienten, Angehörige und (andere) Betreuer hinsichtlich der Erkrankung;
– enge Zusammenarbeit mit Angehörigen und weiteren wichtigen Bezugspersonen;
– gemeinsame Erarbeitung von konkreten Zielen und Prioritäten (betreffend z. B. Wohnung, Arbeit) mit realistischen Erwartungen;
– Neuroleptika nur bei akuter Selbst- oder Fremdgefährdung;
– konzeptuelle und personelle Kontinuität während der akuten Behandlungsphase bis zur Wiedereingliederung;
– Nachbetreuung und Rückfallprophylaxe über mindestens zwei Jahre.

Bei der Soteria in Bern handelt es sich um ein Haus mit Garten mitten in der Stadt. Im Haus können maximal acht Bewohner gleichzeitig untergebracht sein; zwei Betreuer sind ständig anwesend. Jede Bewohnerin hat im Betreuerteam zwei Bezugspersonen, die für ihre Betreuung eine besondere Verantwortung übernehmen. Je zwei Betreuer haben jeweils 48 Stunden durchgehend Dienst (da sie ja auch dort übernachten) und erhalten danach mehrere Erholungstage. Einmal pro Woche treffen sich alle Betreuer zur Situationsbesprechung; alle zwei Wochen findet Supervision statt.

Kernstück der Soteria ist das so genannte »weiche Zimmer«, in dem die Betroffenen mit akut psychotischen Symptomen durch die Psychose begleitet werden. Dies geschieht durch das ständige Dasein und Dabeisein einer Betreuerin, welche in der Regel ebenfalls im »weichen Zimmer« übernachtet. Alles in allem werden vier Behandlungsphasen unterschieden:

1. *Phase: Beruhigung.* »Weiches Zimmer« (Wollteppich, zwei Matratzen zum Schlafen, hell, ruhig, vor allem reizgeschützt) zur Angstlösung; ständige mitmenschliche Begleitung bis zum Abklingen der akuten Phase.
2. *Phase: Aktivierung.* Eigenes Zimmer im Haus; Anforderungen an Mitwirkung im gemeinsamen Haushalt; Verarbeitung der akuten Psychoseerfahrung.
3. *Phase: Soziale und berufliche Integration.* Unterstützung selbstständiger Handlungsschritte durch Gespräch und Beratung.

4. Phase: Stabilisierung. Empfehlung von Nachbetreuung nach Ausscheiden aus der Soteria.

Die Begleitung im »weichen Zimmer« beinhaltet gegebenenfalls auch behutsamen Körperkontakt im Sinne des *Haltens* (oder es geht um »Holding« nach Winnicott, s. Mosher et al., 1994). Eine Betreuerin setzt sich beispielsweise Rücken an Rücken mit einer Bewohnerin, die von verlorenem Halt, Todesangst und dem Gefühl, es entgleite ihre alles, spricht. Sie gibt ihr dadurch Halt und für eine Weile ist es gut. Einer anderen Klientin, die singt und schreit und mit ihren Fersen auf den Boden hämmert, werden sanft die Füße massiert, bis sie sich beruhigt (s. Beispiele bei Aebi et al., 1993, S. 34 ff.). Wenn andererseits einem Bewohner zu viel Nähe bedrohlich wird und er das Bedürfnis hat, allein zu sein, wird auch dem entsprochen. »Die Kunst der Begleitung in dieser Phase besteht darin, intuitiv auf die aktuellen Bedürfnisse des einzelnen Menschen in der psychotischen Krise einzugehen, alles unter der übergeordneten Zielsetzung der Beruhigung« (S. 36).

Während in der zweiten Phase die Bewohner – neben einer ersten Konfrontation mit der äußeren Realität und entsprechenden Arbeitsaufgaben – noch eine recht intensive therapeutische Betreuung erfahren, die sich in vielen Gesprächen der Verarbeitung der soeben durchlebten Psychose mit Bezug auf das eigene Leben widmet, ist in der dritten Phase der Übergang in die soziale Welt außerhalb der Gemeinschaft angesagt. Begleitung wird hier in Form von Gespräch und Beratung angeboten, aber die konkreten Handlungsschritte (z. B. Arbeits-, Wohnungssuche) sind von den Bewohnern selbstständig vorzunehmen. Die letzte Phase des Aufenthalts in der Soteria, in der das Leben in der »Welt draußen«, das heißt in einem mehr oder weniger therapeutisch unterstützten Alltag jenseits der Soteria, vorbereitet wird, »ist stark von der Hoffnung auf Gelingen geprägt« (S. 137).

Untersuchungen zufolge (s. Ciompi in Aebi et al., 1993, S. 182 ff.) waren gemäß den gängigen Kriterien (Rückfallhäufigkeit, Symptomfreiheit, Wohn- und Arbeitssituation) die Ergebnisse der Soteria-Behandlung nach Ablauf von zwei Jahren mit denen einer konventionellen Klinikbehandlung vergleichbar, aber die Soteria-Patienten hatten – zumindest während ihrer stationären Behandlung – dreimal weniger Medikamente erhalten, schienen besser in der Lage zu sein, ihre Psychoseerfahrung zu verarbeiten und in ihre individuelle Lebensgeschichte einzuordnen und berichteten (wie auch die Angehörigen) ein besseres subjektives Erleben im Hinblick auf die Behandlungserfahrung und die Gestaltung der Beziehungen. Inwieweit sie *nach* der Soteria-Behandlung dennoch den auch im Feld der Gemeindepsychiatrie üblichen Chronifizierungsstrategien erlegen sind (s. dazu Kap. 3.7), geht aus diesen Untersuchungen allerdings nicht hervor.

Was die Medikation anbelangt, war Mosher, der Gründer der ersten Soteria in Kalifornien (USA), bestrebt, auf Neuroleptika gänzlich zu verzichten, um zu zeigen, dass an die Stelle der üblichen Pharmakotherapie das mitmenschliche Dabeisein und die Begleitung durch die akute Psychose gesetzt werden kann. Gemäß Ciompi war in der Soteria Bern der vollkommene Verzicht auf Medikamente zwar nicht immer machbar, aber es wurde ebenfalls versucht, ohne Neuroleptika auszukommen. Wenn diese jedoch unumgänglich erschienen, erhielten die Patienten sie – nach Absprache – nur in sehr geringen Dosen und nur vorübergehend.

In theoretischer Hinsicht könnte man mutmaßen, dass im »weichen Zimmer«, dem Kernstück der Soteria, die Regression auf eine frühkindliche Entwicklungsstufe bewusst zugelassen oder sogar gefördert wird.[20] Wie ein kleines Kind kann sich der Betroffene im weichen Zimmer umsorgen und beschützen lassen und muss keinen Erwartungen genügen. Der Übergang von der Phase des Umsorgtwerdens in die zweite Phase, die »Aktivierungsphase«, in der wieder Anforderungen an den Bewohner gestellt werden (Arbeiten im Haus und im Garten, Teilnahme an der Gemeinschaft), mithin der Prozess der Loslösung vom Umsorgtwerden, gestaltet sich jedoch – wie berichtet wird – oft schwierig (s. Aebi, 1993). Die für psychotische Menschen vielleicht zentrale Ambivalenz zwischen Abhängigkeit und Autonomie (oder zwischen Kindsein und Erwachsenwerden) wird hier wieder akut. Sie spiegelt sich oft in einer analogen Ambivalenz der Betreuerinnen, einem Hin- und Hergerissensein zwischen Gewähren lassen der Abhängigkeitsbestrebungen der Bewohner (versorgt werden wollen, »Antriebslosigkeit«) und Fordern von Verantwortungsübernahme (sich dem Leben stellen). Dieser Schritt aber, der Umgang mit den Ambivalenzen, könnte meines Erachtens entscheidend für die Auflösung der Psychose oder deren Beibehaltung sein.

Während in der Soteria die Ambivalenz eher abzumildern versucht wird, würde sie nach dem systemischen Ansatz (s. Kap. 3) eher gestärkt werden, um eine Entscheidung für die eine oder andere Seite zu provozieren. Nach dem Soteria-Modell verläuft aber auch die Arbeit mit den Angehörigen (z. B. bei Ablösungskonflikten eines Bewohners und seinen Eltern) eher nach dem Modell des Unterstützens der Ablöseversuche und des Auffangens der Emotionen auf beiden Seiten, somit des Päppelns, statt – systemisch – in die Richtung des Anstoßens von selbstorganisierten Lösungen.

Aus der Sicht einer subjektorientierten Sozialpsychiatrie ist die Soteria dennoch die Methode der Wahl. Dies geht beispielsweise auch aus den »Thesen zur Psychosentherapie« von Jiko (2001) hervor. Therapie wirke demnach immer nur in einer und durch eine tragende, haltende Beziehung, die zu einer Stabilisierung des Ichs oder zur Ich-Stärkung beitragen könne.

Die Frage der Behandlungsform bei akuter Psychose berührt grundsätzlich auch das Themenfeld »Akutpsychiatrie – Ersterkrankung – Früherkennung«. Insofern gerade bei *Ersterkrankungen* die Art des Umgangs mit den Betroffenen Weichen

---

20 Legt man das psychoanalytische Modell von Margaret Mahler zur frühkindlichen Entwicklung zugrunde (s. Mahler, Pine u. Bergmann, 1980), könnte es sich um eine Regression in die »normale symbiotische Phase« handeln, also in die Phase des Einsseins oder der Zweieinheit (von Mutter und Kind), von der aus dann der Prozess der Loslösung und Individuation (des kleinen Kindes) startet, indem Schritte aus der Symbiose heraus zu einem Selbstgefühl und zum Aufbau einer individuellen Identität führen.

stellt, ist insbesondere Ersterkrankten in jedem Fall eine Soteria-Behandlung anstelle einer herkömmlichen Klinikbehandlung der Akutpsychiatrie zu wünschen, damit die Weiche nicht von vornherein auf die Schiene zunehmender Psychiatrisierung gestellt wird.

Laut Bock (2001) ist das Thema der Ersterkrankung und der Akutpsychiatrie, wie auch die Frage der *Früherkennung*, aber erst in letzter Zeit von der Sozialpsychiatrie aufgegriffen worden. Es stellt sich hier unter anderem die Frage,

– wie das Selbstbild der Betroffenen und ihrer Familien gestützt werden kann, statt hier ein Stigma zu setzen,
– wie deren Ressourcen erhalten werden können, statt sie ihnen zu enteignen, und vor allem
– wie die Neuroleptikagabe (etwa präventiv bei »früh erkannten« Risikopersonen?) sowie die Diagnosevermittlung (möglichst früh oder besser später und behutsam?) gehandhabt werden sollten.

Auffällig ist ja, dass auch die Pharmaindustrie ein großes Interesse an Früherkennung hat und entsprechende Früherkennungs- und Therapiezentren für Psychosen großzügig sponsert. Es wird berichtet, dass sich Menschen mit psychotischen Symptomen im Durchschnitt fünf Jahre »zu spät« in Behandlung begäben (s. die Info-Broschüre von »FETZ«, dem Früherkennungs- und Therapiezentrum für beginnende Psychosen in Berlin-Brandenburg, 2003). Unter dem Gesichtspunkt einer »vorsorglichen« Neuroleptikagabe wäre Früherkennung für die Pharmaindustrie somit höchst lukrativ. Aus sozialpsychiatrischer Sicht wird man aber eher geneigt sein, bei angstvollen Verwirrungen von (jungen) Menschen »vorsichtige Entwicklungshilfe« (Bock, 2001, S. 34) zu leisten. Die Bedeutung und gleichwohl die Schwierigkeit der Realisierung von (psychiatrischer) »Frühintervention«, die mit dem Dilemma verbunden ist, vorerst nur unspezifische Symptome, die bei vielen Heranwachsenden auftreten, als »Prodromalsymptome einer schizophrenen Psychose« zu deuten oder aufgrund vager Auffälligkeiten im Verhalten und Erleben eine Diagnose im Vorfeld einer beginnenden akuten Psychose zu stellen, wird ebenfalls von Finzen (2001) aufgezeigt.

»Wer nicht heilen kann, soll nicht verwunden« lautet der Ausruf von Peter Stolz (2006) als Überschrift zu einem Artikel, in dem vor allem die Risiken von Frühdiagnostik und Frühintervention benannt werden. Schließlich wird es darauf ankommen, *wie* Früherkennung und Frühbehandlung gehandhabt werden. Es dürfte eben nicht um diagnostische Einsortierung gehen, sondern im Vordergrund hätten Hilfen bei Konflikten und Krisen zu stehen. Hierzu könnte man sich an dem systemisch orientierten Ansatz der »bedürfnisangepassten Behandlung«, wie er in Skandinavien praktiziert wird (s. unter Punkt 3.7.3, S. 310 ff., sowie Punkt 4.3.1) orientieren. Oder andere Formen der frühen Hilfe zur Problem- und Konfliktbewältigung wären zu erkunden und dies bei jungen Menschen vor allem im Bereich der Jugendhilfe und zunächst außerhalb des Psychiatriefeldes.

Aber, wenn sich eine psychotische Ersterkrankung zeigt und sich eine stationäre Behandlung nicht umgehen lässt, wird man die Soteria, sofern man eine solche in erreichbarer Nähe findet, einer Klinikbehandlung vorziehen.

Selbstbestimmung und Kommunikation – Trialog und Psychoseseminare
Als eine der wichtigsten Errungenschaften der sozialpsychiatrischen Bewegung, die gleichwohl ohne die Initiative der Psychiatrieerfahrenen selbst nicht zustande ge- kommen wäre, ist die Realisierung eines »Trialogs« zwischen Psychoseerfahrenen, Angehörigen und professionellen Mitarbeitern als gleichberechtigten Gesprächs- partnern zu nennen (s. a. Punkt 1.3). Hier werden die früher »Patienten« genannten Menschen zu Mit-Menschen, mit denen man sich auszutauschen, auseinander zu setzen und zu verhandeln hat und die ihrerseits sich auszutauschen, auseinander zu setzen und zu verhandeln bestrebt sind. Diese Art der Gesprächsform setzt bereits, für den Psychiatriebereich bis dato völlig fremd, die Wahrnehmung selbstbestimm- ter Subjekte voraus. Das heißt, Selbstbestimmung wird nicht (von oben herab) ge- fördert, sondern herausgefordert und schlicht praktiziert.

Eine spezifische Umsetzung erfährt der Trialog in Form von »Psychosesemina- ren«. In diesen tauschen sich Personen, die den drei genannten Gruppen zugehören, über ihr je eigenes Denken und Erleben im Hinblick auf die Psychose, Umgangs- weisen und Behandlungsformen, Erklärungsmuster und Selbsthilfemöglichkeiten oder Medikamentenwirkungen und -nebenwirkungen aus.[21]

• Gestaltung und Ziele von Psychoseseminaren
Als Ziele von Psychoseseminaren werden aus der Sicht einer Psychoseerfahrenen, Dorothea Buck, unter anderem die folgenden genannt: »[...] der subjektiven Per- spektive Raum geben, das Sprechen über das Erleben in der Psychose fördern, [...] eine gemeinsame Sprache entwickeln helfen anstelle einer Sprache der Verfügung und der Ordnung; eine gleichberechtigte Begegnung als Subjekte üben [...]; Psy- choseerfahrene und Angehörige als Experten in eigener Sache anerkennen [...]; Ansätze von Selbsthilfe des einzelnen und in der Gruppe sichtbar werden lassen [...]; die Psychose als sinnhafte Erfahrung, als Ausdruck [...] einer individuellen Biografie, eines Entwicklungsprozesses [...] diskutieren; die Kategorie des Sinns [...] einführen; die Psychose als besondere menschliche Grenzerfahrung begreifen [...]« (s. in Bock, Buck u. Esterer, 1997, S. 15 f.).

Die Moderation der Seminare wird unterschiedlich gehandhabt. Man hat entwe- der einen Moderator, gegebenenfalls wechselnd, oder eine Moderatorengruppe. Die Themen, die um die Grundfragen kreisen, wie Psychosen zu verstehen sind und was

---

21 Anschauliche Berichte einiger Teilnehmer von Psychoseseminaren finden sich in den beiden Bänden von Bock, Deranders u. Esterer: »Stimmenreich. Mitteilungen über den Wahnsinn« (1992) und »Im Strom der Ideen. Stimmenreiche Mitteilungen über den Wahnsinn« (1994; s. a. die Neuauflage von Bock, Buck u. Esterer, 2007).

Menschen in und/oder angesichts von Psychosen brauchen – auch die Angehörigen und Profis –, werden gemeinsam festgelegt und sollten womöglich so formuliert sein, dass sich die Beteiligten aller drei Gruppen angesprochen fühlen (z. B. bei »Angst« nicht nur die Psychoseerfahrenen, bei »Schuld« nicht nur die Angehörigen, bei »Macht« nicht nur die Profis; s. S. 19). Vor allem ist eine *Vielfalt* von subjektiven Wahrnehmungen gefragt; unterschiedliche Erfahrungen und Meinungen, Interessen und Standpunkte sollen Platz finden und gegebenenfalls in Form einer »Streitkultur« ausgetauscht werden (vgl. S. 20).

Einige Themen, die in den Psychoseseminaren diskutiert wurden (und werden), seien hier in ungeordneter Auflistung angeführt: Wie kommt eine akute Psychose zustande? Kann jeder Mensch psychotisch werden? Welche Art von Betreuung ist notwendig; wie kann eine Begleitung während der Psychose aussehen? Was wird in einer Psychose als hilfreich empfunden? Wie wird eine Psychose chronisch? Was verstehen Angehörige und Profis unter einer Psychose? Wie ist der Umgang mit psychotischem Erleben für Außenstehende? Wie verlaufen Psychosen ohne Psychiatrie? Welche Bedeutung kommt der Schuld und den Schuldgefühlen in der Psychiatrie zu; welche Schuldgefühle gibt es in den drei Gruppen? Gibt es Möglichkeiten, eine Psychose im Anfangsstadium abzufangen? Kann eine Psychose Teil eines Machtspiels sein? Wie sehen die »Spielregeln« zu Hause und/oder in der Klinik aus? Welche Sorgen haben Angehörige und Profis? Gibt es angenehme und unangenehme Seiten einer Psychose? Was sind Frühwarnzeichen? Wann rückt die Angst im Psychoseerleben in den Vordergrund, wann nicht; wie ist sie auszuhalten? Welche Erfahrungen gibt es mit Suizidalität? Was ist Normalität? Was passiert in dem Moment, in dem die Realität kippt? Welche Gefühle der Profis spielen einer Rolle? Möglichkeiten und Grenzen neuroleptischer Medikation? Sinn und Un-Sinn von Behandlungsversuchen ohne Neuroleptika? Ursachen von Psychosen – welchen Anteil haben Erziehung, Umwelt und Körper? Psychose und Partnerschaft – mit welchen Schwierigkeiten ist zu rechnen? Zur Situation von Kindern psychisch Kranker – wie erleben Kinder die Krankheit ihrer Eltern? Unsicherheiten von Angehörigen – was können/sollen sie tun oder lassen? In welchem Spannungsfeld stehen die Profis; wie gehen sie damit um? Sexualität und Psychose – welche sexuellen Wünsche gibt es? Erfahrungen mit der Balance von Nähe und Distanz und mit emotionalem Missbrauch? »Negativ-Symptome« – was bedeuten sie für wen? Chronifizierung – wer oder was wird chronisch? Welche Funktion hat die Psychose in der Familie? Borderline – eine besondere Form der Psychose? Wie komme ich zum Kern meiner Erkrankung?

Verschiedentlich werden auch Referentinnen zu speziellen Themen eingeladen.

Psychoseminare gibt es inzwischen schon fast allerorten. Allerdings muss man leider feststellen, dass verschiedentlich gravierende Abweichungen vom Ursprungskonzept vorgenommen werden. Im Zuge solcher Abwandlungen gleichen einige Psychoseminare eher einer Art von mehr oder weniger direktiver Gruppentherapie oder einer Informationsveranstaltung. Beispielsweise kommt es vor, dass am »Seminar« überhaupt keine professionellen Mitarbeiterinnen in der Gruppe teilnehmen, sondern nur Psychoseerfahrene und deren Angehörige, aber als Leiter (nicht Moderator!) der Gesamtgruppe ein Profi fungiert. Womöglich handelt es sich bei diesem Gruppenleiter zudem um den leitenden Arzt oder Psychologen einer Einrichtung und die beteiligten Psychoseerfahrenen fühlen sich als Patienten derselben Einrichtung zu einer Teilnahme mit ihren Angehörigen verpflichtet. Solche Gruppenveranstaltungen haben selbstverständlich auch ihre Berechtigung. Aber sie dürften nicht als Psychoseminare bezeichnet werden, da sie den Kerngedanken des Psychoseminars, namentlich den gleichberechtigten kommunikativen Austausch zwischen Personen der drei Teilgruppen, die womöglich nicht in unmittelbaren Abhängigkeitsverhältnissen zueinander stehen sollten, wieder zunichte macht!

In einem echten Psychoseminar sind die Professionellen (Ärzte, Psychiater, Psychologinnen, Sozialarbeiterinnen, Pfleger, andere Mitarbeiterinnen) als einfache Seminarteilnehmer beteiligt, allen Teilnehmerinnen kommt gleicher Status zu, es findet ein echter Dialog(!) von mindestens drei Gruppen statt. Gegebenenfalls kommen weitere, zum Beispiel Studierende, Bürgerhelfer oder die interessierte Öffentlichkeit, hinzu. Die Teilnahme ist grundsätzlich freiwillig und in der Regel – oder wie es sich gerade ergibt – ist nur ein kleiner Prozentsatz der Angehörigen mit ihrem psychisch erkrankten Familienmitglied zusammen im selben Seminar.

Die Freiwilligkeit der Teilnahme verlangt jeder Person auch immer eine Entscheidung ab, ob sie am Seminar teilnehmen möchte oder nicht, ob sie sich stabil genug fühlt oder etwas Besseres vorhat. Mag sein, dass sich eine regelmäßige Seminarteilnehmerin mit gerade akuten Symptomen entscheidet, trotzdem zum Seminar zu gehen, aber dieses Mal nur, um zuzuhören und selber nichts zu sagen.

• Zur unbeabsichtigten therapeutischen Wirkung von Psychoseseminaren
Ein Psychoseminar ist explizit keine Therapie und hat dennoch – oder gerade deshalb(!) – therapeutische Wirkung, ist »ohne Absicht therapeutisch«, schreibt Bock (in Bock et al., 1997, S. 59 ff.). Selbsthilfekräfte, Selbstbewusstsein, Kommunikation und Identität werden gestärkt, Handlungsfähigkeiten erweitert. Ohne therapeutischen Druck und da es dezidiert nicht um Symptombekämpfung geht, scheinen die Menschen besser aus sich heraus gehen und von sich erzählen zu können. Die *Sinnsuche* (Fragen zum Sinn psychotischer Erfahrungen, Bezüge zu vorausgegangenen Erlebnissen, Vergangenheit, Biografie) nimmt im Psychoseminar einen zentralen Stellenwert ein. Dies geschieht jedoch weniger nach der Manier psychoanalytischer Deutungen, sondern im Dialog, im Austausch, im Diskurs mithilfe der sich dabei formenden eigenen Begriffe der Gesprächspartner. So bieten Psychoseseminare einen »Rahmen für Sinnsetzung und Sinngebung« (Zaumseil, 1997, S. 69) und ermöglichen den Teilnehmerinnen zugleich, sich neu zu erzählen, mithin ihre (narrativen) Identitäten[22] – über das Erzählen im Kontakt mit den anderen – neu zu (er-)finden sowie Anerkennung zu erfahren (vgl. S. 69).

Es liegt somit nahe, die (unbeabsichtigte) therapeutische Wirkung von Psychoseseminaren darauf zurückzuführen, dass hier einige Wirkprinzipien zur Geltung kommen, die für die *narrativ-therapeutischen Ansätze* (Konversationstherapien, dialogische Ansätze; s. Punkt 3.6) kennzeichnend sind. Darüber hinaus lassen sich aber auch einige Wirkfaktoren mutmaßen, die aus der im engeren Sinne *systemischen Therapie* bekannt sind:

1. Das Arrangement stellt quasi eine »Verstörung« üblicher Interaktions- und Kommunikationsmuster im Psychiatriebereich dar, insofern alle gleichberechtigt um einen runden Tisch herum sitzen.

2. Die gängigen Beziehungsmuster zwischen Profis und Psychoseerfahrenen werden umgedreht, indem die Psychoseerfahrenen als die Experten ihrer Psychose und die psychiatrischen Fachkräfte als Lernende (Nicht-Wissende) definiert werden.

3. Das Prinzip der Neutralität wird auf alle Fälle mit Blick auf die Frage der Veränderung oder Nicht-Veränderung gewahrt; ferner auch hinsichtlich der Ideen (Wirklichkeitssichten) der Teilnehmerinnen.

4. Das Denken in Täter-Opfer-Kategorien wird aufgelöst, indem weder Angehörige noch Psychoseerfahrene weder beschuldigt noch bemitleidet werden.

5. Subjektive Sichtweisen werden nicht bewertet, da sie weder falsch noch wahr sein können; vielmehr ist die Äußerung aller subjektiver Sichtweisen erwünscht und wird anerkannt.

6. Globale und etikettierende (defizitbetonende) Krankheitskategorien werden aufgelöst zugunsten der Schilderung persönlicher Erlebens- und Handlungsweisen (als eine Art »Verflüssigung in Verhalten«).

7. Das gesamte Arrangement ist ressourcenorientiert; grundsätzlich fähige menschliche Subjekte eröffnen sich im Gespräch neue kommunikative Möglichkeitsräume und Wirklichkeitssichten.

8. Da im kommunikativen Kontext neue Bedeutungsgebungen geschaffen werden, könnten sich Formen des »Reframing« (der Umdeutung) ergeben.

9. Insoweit die je spezifischen Sichtweisen aus den unterschiedlichen Perspektiven der 3 beteiligten Gruppen erfahren werden, könnten sich gegebenenfalls Effekte wie beim »zirkulären Fragen« einstellen.

Das »Reframing« und das »zirkuläre Fragen« werden hier selbstverständlich nicht – wie in der systemischen Therapie – methodisch eingesetzt (s. dazu Punkt 3.4), aber möglicherweise eröffnet die Kontextgestaltung die Chance ähnlicher Wirkungen. Auf der anderen Seite bleibt das Psychoseseminar ein Angebot der subjektorientierten Sozialpsychiatrie und ist auch so begründet. Anders als in systemischen Therapien wird in Psychoseseminaren den subjektiven und mitunter höchst per-

---

22 »Identität ist nichts, was man besitzt, sondern etwas, was man permanent im Kontakt mit anderen neu erzeugt« erläutert Zaumseil (1997, S. 69) – bezugnehmend auf Ricoeur – diese Position. »Man schafft nach dieser Auffassung seine Identität, indem man sich erzählt. Psychoseseminare sind ein Forum und eine Möglichkeit, sich neu erzählen zu lernen« (S. 69).

sönlichen Sinnkonstruktionen – somit auch der Entfaltung der lebensgeschichtlich verankerten Subjektivität der Einzelnen – viel Raum gelassen. Auch spielt das Sprechen über die Vergangenheit (z. B. über problematische Kindheitserfahrungen) eine wichtige Rolle. Eine Lösungsorientierung wird nicht benötigt, da es keine Probleme zu lösen gibt. Die Leute kommen nicht wegen ihrer Probleme ins Psychoseseminar, sondern einzig zwecks Austausch. Die »Lösungsorientierung« besteht bestenfalls in der Zuversicht, dass es etwas bringt, sich zusammenzusetzen und sich auszutauschen.

Angehörige, Formen der Angehörigenarbeit, Angehörigengruppen
Der *Selbsthilfebewegung* der Angehörigen (zur Angehörigenbewegung s. a. unter Punkt 1.3.1, S. 69) war eine Geschichte durchaus leidvoller bis verzweifelter Erfahrungen mit der Psychiatrie, den Experten wie auch mit den im psychiatrisch-psychosozialen Feld arbeitenden Psychotherapeutinnen vorausgegangen. Zu Beginn des 20. Jahrhunderts allerdings, als ihre psychisch erkrankten Familienmitglieder als »Geisteskranke« in »Irrenanstalten« untergebracht waren und kein Ansatz bestand, Psychosen auch im Kontext sozialer, psychodynamischer und familiärer Verhältnisse zu betrachten, waren die Angehörigen noch relativ unbehelligt geblieben. Zwar wurden sie dann – einige Jahrzehnte später – im Zuge der Vererbungslehre höchst unsensibel als genetische Krankheitsüberträger ausgekundschaftet, aber erst mit dem Einzug der Psychoanalyse in die Psychiatrie in den 1940er Jahren gerieten die Familienangehörigen, insbesondere die Eltern, als die »Verursacher« von psychischen Fehlentwicklungen ins Blickfeld (s. Bosshard et al., 1999, S. 378). Mit Hauptaugenmerk auf das Versagen der Mütter waren auch die ganzen Familien mit abwertender Terminologie bedacht (»Pseudofamilie«, »Tatort Familie«) und als Täter identifiziert worden, deren Opfer der Patient sei. Noch ein Übriges trug dann die Kommunikationstheorie (Bateson, Fleck, Jackson, Lidz, Searles, Weakland, Wynne u. a. m.) zur Verunglimpfung der Angehörigen bei. Kommunikationstheoretische Forschungen hatten Erkenntnisse darüber zutage gebracht, dass bestimmte »pathogene« Kommunikationsmuster (wie z. B. die Double-Bind-Situation) speziell in solchen Familien gehäuft oder verschärft vorzufinden waren, in denen ein Familienmitglied (meist ein Kind) psychisch erkrankte (meist an Schizophrenie).

Gemäß der Double-Bind-Theorie sendet eine Mutter (quasi als Täterin) ihrem Kind widersprüchliche Botschaften, so dass dieses (quasi als Opfer) in eine ausweglose Beziehungsfalle gerät. Zwar hat Bateson seine Doppelbindungstheorie später revidiert[23]. Aber in der Praxis hatte sich der Begriff von der »schizophrenogenen

---

23 Die Revision ging dahingehend, dass es sich nicht um eine einseitige Beziehung eines *Senders* paradoxer Botschaften (der doppelbindenden Mutter) zu einem *Empfänger* derselben (dem doppelgebundenen Kind) handele, sondern um Interaktionskreisläufe, an denen beide beteiligt sind. Demnach könne nicht die Eine als »Täterin« und der Andere als »Opfer« ausgemacht werden; da Doppelbindungen zirkulär wirken, sei »letztlich

Mutter« als einer bei ihrem Kind Schizophrenie erzeugenden Mutter schon längst verbreitet. Damit war den Schuldzuweisungen an die Eltern und Angehörigen von schizophren oder anders psychisch erkrankten Patientinnen Tür und Tor geöffnet. Die ohnehin schon prekäre psycho-soziale Situation der betroffenen Familien (eindrücklich geschildert z. B. von Edda Hattebier, 1999) wurde durch den mehr oder weniger expliziten Schuldvorwurf von Expertenseite noch verschärft. Jedoch nahm man sich der Not der Mütter und Väter oder anderer Angehöriger, ihrer Sorgen, Ängste, Verzweiflung, Belastungen nicht an.

Schließlich aber – zuerst in den USA – begannen die so genannten »schizophrenogenen Mütter« und die anderen Angehörigen sich zu wehren, traten aus ihrer Isolation heraus an die Öffentlichkeit, um gegen ihre Ächtung anzugehen und Vorurteile, die sowohl auf Seiten der nichtbetroffenen Laien (Nachbarn, Verwandte) als auch auf Seiten der im Psychiatriebereich tätigen Professionellen bestanden, abzubauen. Sie sprachen von ihrem Leid, ihren Ängsten, ihrer Verzweiflung und machten deutlich, dass sie selber Hilfe und Unterstützung sowie Solidarität benötigten und dass ihnen Schuldvorwürfe, die sie sich ohnehin schon selber genug machten, von professioneller Seite keine Hilfe sind. Die als »schizophrenogen« bezeichneten Mütter schrieben Berichte über ihre Not (»Ohnmacht und Angst«, »Einsamkeit und Schuldgefühle«, s. in Dörner, Egetmeyer u. Koenning, 1997), machten von sich reden und organisierten sich in Angehörigen-Selbsthilfegruppen.

Erst im Zuge dieser Bewegung fingen die Experten an, sich der Situation der Angehörigen zu widmen. Wie schwer es anfangs noch fiel, das Denken in Schuldkategorien zu überwinden, lässt sich an dem Buchtitel »Freispruch der Familie« (Dörner, Egetmeyer u. Koenning, Erstausgabe 1982) festmachen. Gemeint ist damit zwar vor allem, dass »Angehörige psychiatrischer Patienten sich in Gruppen von Not und Einsamkeit, von Schuld und Last frei-sprechen« können sollen, aber zugleich beinhaltet der Titel, dass die zuvor Angeklagten und Beschuldigten erst noch einen Freispruch erhalten müssen.[24] Auf alle Fälle wurde mit diesem Buch in Deutschland ein »Meilenstein« für den Umgang mit Angehörigen und die Angehörigenbewegung gesetzt (s. a. Finzen, 2000, S. 152).

Inzwischen ist die Arbeit mit Angehörigen, mit denen man heutzutage eine partnerschaftliche Kooperation zu pflegen bestrebt ist, wichtiger Bestandteil jeder sozialpsychiatrischen Arbeit geworden – oder sollte es sein. Neben der *Einzelberatung* (mithin Einbeziehung der Angehörigen in die Arbeit mit dem Klienten) und der *Familienberatung* werden *angeleitete Angehörigengruppen* angeboten sowie *Angehö-*

---

nicht zu entscheiden, wer wen in einer Beziehungsfalle gefangen hält« (Simon u. Stierlin, 1993, S. 68).

24 Der systemischen (Familien-)Therapie wurde und wird zu Unrecht vorgeworfen, sie würde von ihrem Ansatz her Familien beschuldigen. Das liegt vermutlich daran, dass sie mit dem Erbe der Bateson'schen Kommunikationstheorie belastet wird. Tatsächlich jedoch hat sich gerade der systemische Ansatz am konsequentesten von einem Denken in Schuld-Kategorien verabschiedet (s. Kap. 3).

rigen-Selbsthilfegruppen (welche oft aus den zuvor angeleiteten Gruppen hervorgehen) unterstützt. In Kliniken werden verschiedentlich auch *Angehörigentage* durchgeführt (vgl. Bosshard et al., 1999).

Eine Beratung der Angehörigen und/oder eine Familienberatung sollte eigentlich grundsätzlich in die Arbeit mit den Klienten eingewoben sein. Das entsprechende Vorgehen kann an den Methoden und Arbeitsweisen ausgerichtet werden, die in diesem und im folgenden Kapitel dargelegt sind. Das heißt, es kann nach den Prinzipien eines systemischen Ansatzes erfolgen (s. Kap. 3) oder nach den Konzepten von Psychoedukation, von Netzwerkarbeit und Partizipation im Sinne einer Empowerment-Strategie (s. Punkt 2.1.3).

Ein besonderer Blick muss aber auf die Arbeit in den *Gruppen* geworfen werden. In der Praxis der Gemeindepsychiatrie haben sich vor allem die Gruppen durchgesetzt und oftmals beschränkt sich seitens einzelner Fachkräfte die »Arbeit mit den Angehörigen« darauf, diese an entsprechende Angehörigengruppen zu verweisen.

Die Gruppenarbeit setzt an der Notsituation der betroffenen Familien an, welche unter anderem darin besteht, dass die Angehörigen sowohl in ihren Beziehungen zum erkrankten Familienmitglied als auch in ihrem Verhältnis zum psychiatrischen Versorgungssystem und oft auch in ihren anderen sozialen Kontakten stark verunsichert sind, was einhergeht mit Gefühlen von Rat- und Hilflosigkeit, Ambivalenzen, Zweifeln, Schuldgefühlen, Isolation und Zukunftsangst (vgl. Hohl, 1982). Der Angehörigengruppe kommt dann insofern Bedeutung zu, als man sich dort mit seinen Problemen ernst genommen und als Leidender anerkannt fühlt. Ferner bietet sie Zeit und Raum für Gespräche, für die Bildung von Vertrauen und den Aufbau von neuem Selbstvertrauen, hilft bei der Thematisierung und Verarbeitung von Schuldgefühlen, bietet Antworten auf drängende Fragen, trägt zur Entdeckung neuer Sicht- und Handlungsweisen sowie von Bewältigungsstrategien bei, hilft Probleme zu erörtern und gegebenenfalls Familienrätsel aufzudecken, macht Mut durch die Unterstützung Gleichgesinnter und motiviert zur Verfolgung eigener Ziele und zur Realisierung einer eigenen Lebensgestaltung.

Als hilfreich wird die Gruppe erlebt,
– wenn durch sie die *Isolation durchbrochen* werden kann (Gemeinschaftserfahrung, das Unaussprechliche aussprechen können),
– wenn sie zur *Entlastung von Schuld* und Scham beiträgt (Überwindung des Ursache-Wirkungs-Denkens),
– wenn *Informationen vermittelt* werden (mehr Wissen über die Krankheit und das Hilfesystem) und
– wenn *Wahrnehmungsänderungen* (neue Wirklichkeitssichten) möglich werden, beispielsweise durch Entmystifizierung der psychischen Krankheit, Suche nach Sinnzusammenhängen mit Blick auf die Familienbeziehungen, Ansprechen bislang tabuierter Themen (vgl. Koenning in Dörner et al., 1997; s. a. Deger-Erlenmaier, Heim u. Sellner, 1997).

- Über Schwierigkeiten in Angehörigengruppen und Lösungskonzepte

Die ebenfalls mit der Angehörigengruppe verbundene Idee, dass hier die Angehörigen (zum größten Teil sind es Mütter) einmal speziell nur von sich selbst sprechen, ihre ganz eigenen Lebenswünsche ausloten und egoistische Interessen formulieren, lässt sich in der Praxis offenbar schlecht realisieren. Man kommt doch immer gleich wieder auf das als psychisch krank diagnostizierte Familienmitglied zu sprechen und persönliche Bedürfnisse werden in den Konjunktiv gekleidet: »Ich würde ja gern, aber . . .«

Aus *systemischer Sicht* (Schweitzer u. Schumacher, 1995) liegt das daran, dass die Angehörigen letztendlich mit der Erwartung in die Gruppe gehen, hier Anregungen zu erhalten, wie sie besser mit dem psychisch Erkrankten umgehen könnten, um Lösungen für dessen Problem zu finden. Das ginge mit der Sichtweise einher, dass alles (wieder) gut wäre, wenn nur der Betroffene nicht (mehr) krank wäre (vgl. S. 101). Erst wenn ihm geholfen sei, könne man zu sich selbst kommen. In einer solchen Angehörigengruppe kreisen die Gespräche vornehmlich um die nicht anwesenden Familienmitglieder, um Fragen des Umgangs mit ihnen (»Was soll ich tun, damit mein Sohn zum Arzt geht?«) und Ratschläge, wie den Betroffenen noch besser zu helfen sei.

Schweitzer und Schumacher halten hier eine Unterbrechung des Austausches über helfende und kontrollierende Beeinflussungsversuche für geboten und formulieren hierfür das »Konzept des ›Verbotes‹, in den Angehörigengruppen über das Leben und das Problem des Betroffenen zu sprechen«. Stattdessen »sollte die ganze Aufmerksamkeit auf die Seite des anwesenden Angehörigen gerichtet werden, auf seine (Ver-)Änderungs- und Einflussmöglichkeiten in bezug auf sich selbst« (S. 103). Jedes Gruppenmitglied soll einmal in den Mittelpunkt gerückt werden und einen ganzen Abend für sich und sein Anliegen, seine Fragen und Ziele erhalten, wobei strikt auf die Einhaltung des »Verbots« geachtet wird. Die Autoren berichten über vielversprechende Erfahrungen mit diesem Modell. In einem ähnlich gelagerten Projekt (s. Stindl-Nemec, 2001) konnte das »Verbot« allerdings nicht strikt durchgehalten werden. Jedoch fand man dort einen Weg, über systemisches Fragen zu Lösungsideen anzuregen, statt nach der üblichen Manier über Einwirkungsmöglichkeiten auf das betroffene Familienmitglied zu beratschlagen.

Die hier vorgeschlagene *systemische Alternative* zu einer »gewöhnlichen« Angehörigengruppe geht von dem Gedanken aus, dass sich die Angehörigen mit ihren psychisch erkrankten Familienmitgliedern immer weiter verstricken in dem Maße, wie sie diesen Hilfe angedeihen lassen oder – in bester Absicht – auf sie einwirken wollen, während jene ihrerseits in demselben Maße sich dagegen verschließen und die Beeinflussungsversuche abwehren. Um aus dieser Spirale (Hilfe – Abwehr, noch mehr Hilfe – noch mehr Abwehr) herauszukommen, bedarf es einer Pause. Es gälte, die Vorstellung aufzugeben, man könne auf das Verhalten eines anderen Menschen direkten Einfluss nehmen. Vor allem wäre zu akzeptieren, dass der andere so ist, wie er nun einmal ist und dass man ihm, zumindest derzeit, nicht helfen kann.

Dieses systemische Konzept beinhaltet auch den Schachzug, dass die Betroffen auf diese Weise in Ruhe gelassen werden und erst dadurch eigene Schritte gehen können; sich vielleicht genötigt sehen, für sich selbst zu sorgen oder (mehr) Verantwortung für sich zu übernehmen. Das wäre eine Vorbedingung, um sich (vorübergehend) möglicherweise auch von der Psychose verabschieden zu können. Dieses systemische Modell hat somit zumindest implizit eine strategische Komponente, mit der auf die Beziehungsebene gezielt wird, ohne näher auf die Inhalte (Geschichten) der Angehörigen einzugehen.

Nach einem eher *verstehenden Ansatz* könnte in einer Angehörigengruppe aber durchaus ebenfalls erreicht werden, dass sich beispielsweise eine Mutter, die bislang fast ausschließlich für ihre beiden Kinder lebte, sich auf ihren Anspruch auf ein eigenes Leben besinnt und anfängt, sich etwas herauszunehmen. In der Folge entstünde auch für die Kinder mehr Raum, ihr eigenes Leben zu leben. Charlotte Köttgen (in Dörner et al., 1997, S. 134 ff.) berichtet von so einem Fall aus ihrer Angehörigengruppe, »bei dem die von der Mutter *für sich* erarbeitete eindeutige und klare Abgrenzung ihren beiden (auffälligen) Kindern sichtlich gut tat. Diese sahen sich damit offenbar auch von der (impliziten) Verpflichtung entbunden, mit ihren Symptomen Probleme der Großmutter-Mutter-Beziehung entschädigen zu sollen« (vgl. S. 136). In dieser Gruppe wurde – subjektorientiert – auf die individuelle Beziehungssituation der jeweiligen Angehörigen (und ihre Kindheitserfahrungen) eingegangen und es war offensichtlich nicht notwendig, systemisch zu kalkulieren oder Verbote auszusprechen.

- Kinder psychisch erkrankter Eltern

Erst in letzter Zeit ist die oft prekäre Situation von Kindern mit einem psychisch erkrankten Elternteil, die ja ebenfalls als »Angehörige« anzuerkennen sind, in das Blickfeld der Fachwelt geraten (s. z. B. Mattejat u. Lisofsky, 2001). Mehr noch als die erwachsenen Angehörigen, benötigen die sich im Entwicklungsprozess befindlichen und von ihren Eltern (emotional) abhängigen Kinder professionelle Unterstützung. Dabei sind – je nach Altersstufe – deren spezifische Konflikte sowie vor allem deren Loyalitätsbindungen an die Eltern zu bedenken und Modelle zu entwickeln, welche die Beziehungen zwischen den Kindern und ihren Eltern stärken, offene Aussprache und gegenseitiges Verstehen fördern, aber auch Ablösungsprozesse bewältigen helfen und alternative Bezugspersonen sowie Schutzräume für die Kinder zur Verfügung stellen. Als »Hilfen für Kinder schizophren erkrankter Mütter« wären zum Beispiel nach Michaela Meusgeier (2004, S. 163 ff.) die folgenden zu nennen:

– Sicherung einer geeigneten Bezugsperson (neben der Mutter),
– Entlastung bei der Alltagsbewältigung,
– Aufklärung, Information und Gesprächsmöglichkeit,
– Platz für die Gefühle der Kinder schaffen,
– Enttabuisierung der mütterlichen Erkrankung,
– Unterstützung bei der Freizeitgestaltung und Förderung sozialer Kontakte.

Zugleich ist nicht nur der weitere Aufbau entsprechender institutioneller Hilfeangebote vonnöten, wofür es punktuell auch einige richtungsweisende Projekte gab und gibt (vgl. S. 166 ff.), sondern generell eine Sensibilisierung für die Wahrnehmung dieses Problemfelds. Vor allem hätte die Soziale Arbeit in den Bereichen Psychiatrie, Heimerziehung und Jugendhilfe sich verstärkt der Aufgabe anzunehmen, den betroffenen Kindern und ihren Eltern Unterstützung anzubieten. Die dafür erforderlichen institutionellen Rahmenbedingungen, namentlich eine gute Kooperation zwischen Psychiatrie und Jugendhilfe, lassen derzeit allerdings verschiedentlich noch zu wünschen übrig (vgl. Salewski, 2006).

Dieses Themenfeld bedurfte hier zwar der Erwähnung, kann im Rahmen dieses Buches, das einen anderen Fokus hat, jedoch nicht weiter behandelt werden.

2.2.3 Beispiele von Handlungsfeldern sozial- und gemeindepsychiatrischen Arbeitens

Im ersten Kapitel (unter Punkt 1.1) wurde mit Bezug auf »Felder-Schema« (s. Abbildung 1) beispielsweise eine Praxiseinrichtung als »Handlungsfeld« psychiatrisch-psychosozialen Arbeitens bezeichnet. Es liegt es nahe, dass die Umsetzung bestimmter Arbeitsweisen angesichts verschiedener Problemstellungen, Aufträge und Aufgaben nicht unwesentlich von den institutionellen und rechtlichen Rahmenbedingungen, die in einem Handlungsfeld gegeben sind, beeinflusst sein wird. Beispielsweise dürfte die Realisierung einer subjektorientierten Sozialpsychiatrie auf Grenzen stoßen, wenn man sich gezwungen sieht, in Zwangskontexten zu arbeiten und die Psychoseerfahrenen eher kontrollieren zu müssen, statt ihnen Unterstützung zu gewähren oder sich mit ihnen im Rahmen einer Begegnung austauschen zu können.

Da hier nicht die Vielfalt psychiatrischer Handlungsfelder, von der Klinikstation bis zum Kommunikationscafé, betrachtet werden kann, sollen exemplarisch nur zwei Handlungsfelder kurz in den Blick genommen werden, die auf der Dimension von Hilfe versus Kontrolle an den gegenüberliegenden Polen angesiedelt werden können. Das sind zum einen die Sozialpsychiatrischen Dienste (SpDienste), denen per Gesetz hoheitsrechtliche Aufgaben obliegen, und auf der anderen Seite psychosoziale Kontakt- und Beratungsstellen (KBSn), die als so genannte »Treffpunkte« vor allem Begegnungsräume und helfende Beratung vorzuhalten haben. Selbstverständlich stellt auch in SpDiensten die beratende Hilfe für Psychiatriebetroffene die Kernaufgabe dar und in den Treffpunkten wird man nicht umhin kommen, gelegentlich auch Entscheidungen darüber zu fällen, ob die »Unterbringung« (mithin eine Klinikeinweisung) eines Besuchers angeraten scheint. Vom Aufgabenspektrum her nimmt jedoch die Kontrollfunktion bei den SpDiensten, die an Gesundheitsämtern angesiedelt sind und ihre Arbeit nach dem PsychKG (bzw. nach dem Unterbringungsgesetz) auszurichten haben, einen sehr viel breiteren Raum ein als bei den Kontaktstellen, die ihre Arbeit mit den Besuchern eher frei von einem expliziten Kontrollauftrag gestalten können.

Der Blick auf die beiden Handlungsfelder erfolgt unter der Fragestellung, inwieweit die Arbeitsweisen der *subjektorientierten Sozialpsychiatrie* (etwa im Sinne der Leitlinien oder des Begegnungsansatzes) jeweils umgesetzt werden können oder dieser Umsetzung solche Grenzen gesetzt sind, dass besser ein anderes methodisches Vorgehen, namentlich nach dem *systemischen Ansatz*, nahe zu legen wäre. Hierbei spielt eine Rolle, welche theoretischen und praktischen Mittel jeweils der Sozial-/Gemeindepsychiatrie zur Verfügung stehen, um soziale Kontrolle, etwa eine Zwangseinweisung, zu begründen oder ob diese Begründung im Rahmen des sozialpsychiatrischen Ansatzes – wie Fritz Simon (1995) aus systemischer Sicht meint – eher der Beliebigkeit anheim gestellt ist und so in die kommunikative Falle führt, dass von gut meinenden Helfern (sog. »Gutmenschen«) Kontrolle unter dem falschen Etikett von wohlwollender Fürsorge ausgeübt wird.

Sozialpsychiatrische Dienste (behördlich)
Sozialpsychiatrische Dienste (SpDienste) sind im Kern zuständig für erwachsene psychisch Kranke, daneben oft auch für Menschen mit Suchterkrankungen (Alkohol, Drogen) und gelegentlich zusätzlich für psychisch Alterserkrankte sowie manchmal auch für geistig behinderte Menschen. Im Blickpunkt steht hier vor allem deren Arbeit mit den als »psychisch krank« bezeichneten Menschen (mit psychiatrischer Diagnose).

In den nördlichen Bundesländern der BRD sind die SpDienste in der Regel an den Gesundheitsämtern (oder an anderen Ämtern) angesiedelt, so dass ihnen auch »hoheitsrechtliche« Aufgaben zukommen, namentlich die Einleitung einer Unterbringung (mithin Zwangseinweisung) nach dem PsychKG, dem »Gesetz über Hilfen und Schutzmaßnahmen für psychisch Kranke«. Demgegenüber befinden sich die SpDienste in den südlichen Bundesländern meist in der Trägerschaft eines Wohlfahrtsverbands oder eines kirchlichen Trägers (namentlich in Bayern und Baden-Württemberg), so dass hier der gesetzliche Auftrag entfällt. Während nun in diesem Abschnitt ein Blick auf das Handlungsfeld der »behördlichen« SpDienste geworfen wird, werden – unter einem anderen Blickwinkel – im dritten Kapitel die Aufgaben der »nichtbehördlichen« SpDienste betrachtet (Punkt 3.7.4).

Unabhängig von ihrer Anbindung an ein Amt oder an einen anderen Träger (behördlich oder nichtbehördlich) sehen sich Sozialpsychiatrische Dienste im Allgemeinen den Prinzipien der gemeindenahen Psychiatrie verpflichtet. Dies beinhaltet unter anderem Aufgaben der aufsuchenden Hilfe (z. B. Hausbesuche), Beratung, gegebenenfalls Therapie, Krisenintervention, Betreuung, Gruppenangebote und Vermittlung an andere Einrichtungen. Nach dem Ansatz der subjektorientierten Sozialpsychiatrie und eines entsprechenden gemeindepsychiatrischen Handelns wird hier einerseits Achtung und Verständnis gegenüber den ungewöhnlichen Lebensweisen der Klientinnen unter Einbeziehung ihres sozialen Umfeldes – mithin des Kontextes, in dem diese Lebensweisen als krank, störend oder gefährdend eingeschätzt werden – vorausgesetzt und andererseits gezielt auf Veränderungen beim Betroffenen und dessen Umwelt hingearbeitet.[25] Insoweit einem SpDienst per Gesetz (z. B. PsychKG) zusätzlich hoheitsrechtliche Aufgaben zukommen, nämlich die Einleitung von so genannten Schutzmaßnahmen, womit im Wesentlichen Zwangseinweisungen gemeint sind, gliedert sich die Arbeit in zwei Bereiche: einen *hoheitsrechtlich-eingreifenden* und einen *helfend-beratenden* Bereich (vgl. Pries, 1992).

Im erstgenannten Bereich obliegt den Mitarbeiterinnen die Aufgabe, festzustellen, ob die Voraussetzungen für eine *Zwangseinweisung* (Selbst- und/oder Fremdgefährdung aufgrund psychischer Erkrankung) gegeben sind und im Fall des Falles Schritte zu einer Unterbringung des Betroffenen einzuleiten, mithin soziale Kontrolle durch Freiheitsentzug auszuüben. Zuvor sollten aber alle Möglichkeiten ausgelotet werden, via *Krisenintervention* (womöglich mit allen Beteiligten) die Gefährdung auszuräumen.

Bei den behördlichen SpDiensten erfolgt die erste Kontaktaufnahme mit dem Dienst eher selten aus eigenem Antrieb eines Psychoseerfahrenen. Vielmehr ist der *zuweisende Kontext* häufig dergestalt, dass sich nicht die Betroffenen selbst wegen eigener Probleme hilfesuchend an den Dienst wenden, sondern die Zuweisung überwiegend von anderen Personen (Nachbarn, Angehörigen, Bekannten) vorgenommen wird, die den Betroffenen als gestört oder störend erleben oder ihn als psychisch krank einschätzen. In den meisten Fällen liegt somit zuallererst ein Anliegen der zuweisenden Person(en) vor, jedoch keine Problemdefinition der zugewiesenen Person, welche von den anderen als psychisch krank angesehen wird. Besorgte oder verängstigte Angehörige beispielsweise erwarten vom SpDienst dann eine Hilfe für das als »krank« oder »verrückt« angesehene Familienmitglied und somit – oftmals über den Weg einer Klinikeinweisung – eine Abhilfe für ihre eigenen Nöte, während der Betroffene selbst weder eine Hilfe durch den SpDienst erbeten hat, noch sich selbst als »psychisch krank« einschätzt.

Die Mitarbeiter des SpDienstes sehen sich so oftmals mit widersprüchlichen Anforderungen konfrontiert, die eine besondere Brisanz erhalten oder eine Zuspitzung erfahren, wenn sich die Frage der Zwangseinweisung stellt. Es gälte hier, die Schutzbedürfnisse *aller* am Konflikt Beteiligten zu erwägen, ohne voreilig die Autonomie irgendeiner Person, namentlich auch nicht der als »psychisch krank« etikettierten, einzuschränken. Von Seiten der subjektorientierten Sozialpsychiatrie wird für ein

---

25 Wie Eichenbrenner, Gagel und Lehmkuhl (2007) berichten, unterliegt die Arbeit der SpDienste derzeit allerdings (jedenfalls in Berlin) aufgrund von Sparzwängen, neuen Budgetierungen und der Einführung zusätzlicher Bürokratie-Ebenen erheblichen Einschränkungen (s. a. die Glosse zu Beginn des Buches, Tabelle 1). Auch machen Hilfeplanungen und Begutachtungen »mit einem erheblichen Koordinierungs- und Dokumentationsaufwand inzwischen den Hauptteil der Arbeit aus«, was »bei einem Teil der Mitarbeiter, die lieber patientenbezogen arbeiten, zu Frustrationen geführt« hat (S. 57).

solches Vorgehen aber zu wenig »griffiges Handwerkszeug« geboten, so dass in der gängigen – durchaus auch in der sozialpsychiatrisch orientierten – Praxis nicht selten die soziale Kontrolle via Zwangseinweisung als Hilfe für den betroffenen psychisch Kranken ausgegeben wird, da dieser ja leide und behandlungsbedürftig sei, auch wenn er das zur Zeit nicht einsehe. Insbesondere wenn die Diagnose einer »akuten Psychose« vorliegt, wird so fatalerweise eine grundrechteinschränkende Maßnahme als ein Aspekt von »Therapie« definiert (vgl. Pries, 1992, S. 315). Dies geschieht auf der Basis eines sozialpsychiatrischen Ansatzes, der zwar verständnisvoll auf die einzelnen Betroffenen oder psychisch Leidenden einzugehen bemüht ist, aber im sozialen Konfliktfall den Wahrheitsgehalt der Aussagen der anderen Beteiligten (etwa über deren Bedrohtheit durch den Betroffenen) fraglos höher bewertet als die Aussagen des psychiatrisch etikettierten Menschen (etwa über dessen Bedrohtheit durch eine Mafia) und hier keine methodische Handhabe hat, einen Austausch der verschiedenen Sichtweisen zu moderieren.

Wie dies bereits 1992 von Helga Pries eindrücklich beschrieben und mit einer aufschlussreichen Falldarstellung aus der Praxis eines Hamburger SpDienstes dokumentiert wurde, ist deshalb speziell für die Krisenintervention im Sozialpsychiatrischen Dienst oder für den »hoheitsrechtlich-eingreifenden Bereich« die Realisierung eines *systemischen Ansatzes* (s. Kap. 3) wünschenswert, der nach einer sorgfältigen Klärung der Auftragslage die Sichtweisen und Bewertungen, mithin die »Wirklichkeitskonstruktionen« aller, als grundsätzlich gleichwertig aufgreift.

Psychosoziale Kontakt- und Beratungsstellen oder Begegnungsstätten

Anders als die SpDienste stellen die psychosozialen Kontakt- und Beratungsstellen (KBSn), die als »Treffpunkte« für Psychoseerfahrene oder als »Begegnungsstätten« für Menschen mit psychiatrischen Diagnosen fungieren, ein Handlungsfeld dar, in dem sich der Ansatz der subjektorientierten Sozialpsychiatrie ohne größere Einschränkung hervorragend umsetzen lässt. Zwar kommt nur ein kleinerer Prozentsatz allein von sich aus als Kontakt- und Beratungssuchender oder anderweitig Interessierter in eine KBS, häufiger werden die Psychiatrieerfahrenen von anderen Einrichtungen oder Diensten an die KBS »übermittelt« oder weiterempfohlen. Sie kommen aber dann in der Regel doch freiwillig, werden im Treffpunkt oder in der Begegnungsstätte als »Besucher« angesehen und entwickeln meist eine gewisse eigene Motivation für die Beteiligung an dem dortigen Geschehen, sei es im Kontakt mit den anderen Besuchern und/oder den Mitarbeiterinnen, sei es in der Wahrnehmung verschiedener Gruppenangebote oder von Beratungen.

In der ursprünglichen Konzipierung (gemäß der Psychiatrie-Enquête von 1975) war die psychosoziale Kontakt- und Beratungsstelle (KBS) dem *Vorfeld* psychiatrischer und psychotherapeutischer sowie rehabilitativer Dienste zugeordnet und (nur) mit den Aufgaben der Prävention, Krisenberatung und Weiterverweisung bedacht worden. Jedoch hatte sich in der Praxis die Notwendigkeit einer *kontinuierlichen Betreuung* und Begleitung von Menschen, die an wiederkehrenden psychischen

Erkrankungserscheinungen leiden, quasi vor Ort, in ihrer unmittelbaren sozialen Umgebung ergeben, so dass auch therapeutische und rehabilitative Angebote (Beratung, Therapie, ambulante Betreuung/Begleitung sowie Nachsorge) in das Aufgabenspektrum der KBS integriert worden waren. Dabei war von Anfang an der Eigeninitiative und Selbsthilfe der Betroffenen großes Gewicht beigemessen worden. Man war bestrebt, an den von den Besuchern selbst eingebrachten Problemen, Bedürfnissen und alltagsweltlichen Erfahrungen und ihren eigenen Deutungsmustern und Lösungsmöglichkeiten anzusetzen und Symptometiketten sowie Krankheitskategorisierungen zu unterlassen.

Neben den (therapeutischen) Einzelkontakten und neben spezifischen Gruppenangeboten, seien es problemorientierte Gesprächsgruppen (z. B. Nachsorgegruppe, begleitete Selbsthilfegruppen, Angehörigengruppe), seien es tätigkeitsorientierte Gruppen (z. B. Kochgruppe, Fotogruppe, Malgruppe), galt die *offene Gruppenarbeit* in der so genannten Treffpunkt-Öffnungszeit als Kernstück der praktischen Arbeit. Hier kann es zu offenen Gesprächsrunden bei einer Tasse Kaffee kommen, zu verschiedenen Aktivitäten (z. B. Tischtennis, Schach spielen) und/oder zu mehr oder weniger intensiven Einzelgesprächen und Beratungen (ggf. Krisenintervention). Dem ursprünglichen Konzept nach soll die Treffpunkt-Öffnungszeit keinen Schonraum bieten, sondern Anforderungen und Konfrontationen, Dynamiken und Konflikte des alltäglichen Lebens erfahrbar machen, somit für die Besucher Lernfeld und Praxis zugleich, Probe und Ernstfall in einem sein. Für die Mitarbeiterinnen bedeutet dies, in Einzelfällen Unterstützung bei der Bewältigung von Schwierigkeiten sowie – unter Beachtung der Gesamtdynamik der Gruppe – in je aktuellen Konfliktfällen zwischen den Beteiligten produktive Anregungen für Lösungen zu geben. Sie sollten sowohl Beratung anbieten als auch sich auf Begegnung einlassen und Begegnungsräume mitgestalten – mithin mit den Besuchern ein Stück Alltag teilen, in welchem die offene Begegnung als Ernstfall einer mitmenschlichen Begegnung verstanden wird.

In der Arbeit mit den Besuchern ging man vornehmlich nach dem Begegnungsansatz (nach Dörner u. Plog, s. unter Punkt 2.2.1, S. 120 ff.) vor und in der offenen Gruppenarbeit orientierte man sich am *Konzept der therapeutischen Gemeinschaft*, dem gemäß Konflikte des alltäglichen Zusammenlebens (in der Kontaktstelle) immer auch therapeutisch aufgegriffen und reflektiert werden. Zwar sind die späteren Begegnungsstätten, die nach der deutschen Vereinigung speziell in den neuen Bundesländern aufgebaut wurden, in ihrer offenen Gruppenarbeit nicht mehr explizit an diesem Konzept ausgerichtet und gegebenenfalls nicht mehr so »offen«, jedoch fällt auch ihnen – anders als dies etwa bei den behördlichen SpDiensten der Fall ist – nur minimale Kontrollfunktion gegenüber den Besuchern zu. Somit sind auch in jeder Begegnungsstätte die in diesem Kapitel beschriebenen Ansätze der subjektorientierten Sozialpsychiatrie ohne Einschränkung umsetzbar. Dies gilt etwa für die Konzepte des Empowerments und der Partizipation (s. Punkt 2.1.3), für Begegnung und Beziehungsgestaltung nach den Leitlinien psychiatrisch-psychosozialen Handelns (s.

Punkt 2.2.1), für Krisenberatung oder Krisenprävention mit Einzelnen, Weiterverweisung bei akuter Psychose und die Arbeit mit Angehörigen (s. Punkt 2.2.2).

Die Struktur einer Kontaktstelle oder einer Begegnungsstätte legt insbesondere die Realisierung der therapeutischen Grundhaltungen und Arbeitsprinzipien nach Dörner und Plog nahe, namentlich:

- gefühlsmäßige Offenheit in der Beziehungsgestaltung,
- eine vorurteilsfreie Suchhaltung bei sich selbst und beim anderen,
- gemeinsames Erkunden der Zusammenhänge zwischen Krankheitssymptomen und Lebensproblemen,
- die Opferrolle zugunsten des Erkennens der eigenen Mittäterschaft überwinden helfen,
- Begleitung anbieten bei der Suche nach einem Verstehen des Sinns des Leidens im Lebenszusammenhang (Psychoseverstehen erarbeiten helfen).

Daneben kann speziell die Gruppenarbeit im offenen Treff ein soziales Netz schaffen, in dem normalisierte Begegnung und gesunde Entwicklung gefördert wird, ohne Normalitätsdruck oder Integrationszwang auszuüben. Auch wenn das Prinzip der Gesundheit die wegbegleitende Idee ist, muss hier Fremdes als Fremdes vorkommen dürfen und bestehen können.

Somit eignet sich dieses Handlungsfeld sui generis für die Umsetzung des subjektorientierten sozialpsychiatrischen Ansatzes, auch wenn beispielsweise von Elisabeth Stindl-Nemec (2001) eindrucksvoll aufgezeigt wird, dass sich auch der systemische Ansatz für die Arbeit in einer psychosozialen Kontakt- und Beratungsstelle als äußerst fruchtbar erweisen kann.

2.3 Verstehenszugänge zu Psychoseinhalten

Da dem Aspekt der Verstehensbegleitung im Ansatz der subjektorientierten Sozialpsychiatrie eine besondere Bedeutung zukommt und die Verstehensbemühungen auch die Suche nach dem persönlichen Sinn der psychotischen Erfahrung mit Blick auf die Psychoseinhalte umgreifen, wird hier einigen Überlegungen über die möglichen Zugänge zu einem solchen Verstehen ein eigener Abschnitt gewidmet.

2.3.1 Deutungsweisen von Psychosen

Nach dem Modell von Andreas Knuf (2000a) wäre das Verstehen der Psychoseinhalte in einem gemeinsamen Prozess der Verständnisbildung von Klient und Therapeut auf der höchsten Treppenstufe einer »selbstbefähigenden« Psychosentherapie anzusiedeln (s. unter Punkt 2.2.1, S. 145 ff.). Für diesen Verstehensprozess schlägt der Autor zwei »Deutungsfolien« vor. Diese betreffen zum einen die »Ähnlichkeit von Traum und Psychoseerleben« und zum anderen das »Konzept des ungelebten Lebens« (vgl. S. 78 ff.). Beide Beschreibungen entstammen letztlich den Erzählungen und Berichten von Psychoseerfahrenen selbst (s. z. B. Bock, Deranders u. Esterer, 1992, 1994).

Die Betroffenen selbst haben zum einen die für Träume typischen Prozesse (z. B. Verdichtung, Verschiebung) sowie die Traumsymbolik und/oder typische Traumelemente wie Orientierungsverlust, Verfolgungsgefühle, Gerufenwerden, Depersonalisation und Derealisation in ihrem psychotischen Erleben wiedererkannt (s. z. B. Dorothea Buck, 1998) und Psychose als *Traum ohne Schlaf* beschrieben. Zum anderen haben sie ihre Psychose als Form der *Wunscherfüllung*, die ihnen im wirklichen Leben versagt blieb, oder als Ausleben nicht erlaubter Verhaltensweisen beschrieben – mithin als Versuch, in der Psychose das zu (er)leben, was sie in der Wirklichkeit nicht hatten oder sich nicht gestatteten (z. B. schlecht, böse, wild, aggressiv, triebhaft zu sein oder leidenschaftliche Liebe zu erfahren; s. a. die Fallbeispiele bei Schäfer, 2002). Ein dritter von Psychoseerfahrenen ebenfalls häufig genannter, von Knuf allerdings nicht erwähnter Aspekt ist die Beschreibung der Psychose als *Flucht* (oder als Ausweg) angesichts gravierender Konflikte und existenzieller Entscheidungsprobleme oder als »Reaktion auf eine nicht mehr tragbare Realität, auf eine Verletzung«, die zugleich einen »Schrei nach Veränderung« zum Ausdruck bringen könnte (vgl. das Positionspapier Psychiatrieerfahrener in »Soziale Psychiatrie«, Heft 1/2001).

Die drei Verstehenszugänge setzen in ihrer Annäherung an das Psychoseerleben an recht verschiedenen Aspekten psychotischer Erfahrung an:
– Mit der Traumanalogie wird – eher phänomenologisch – die Erscheinungsform der Aufbereitung von existenziell erschütternder Lebenserfahrung akzentuiert.
– Das »Konzept des ungelebten Lebens« mit dem Thema Wunscherfüllung und Bedürfnisrealisierung beschreibt dagegen dominierende Motive, mithin Beziehungsmuster, die es für die Betroffenen in ihrem realen Leben zu verwirklichen oder zu vermeiden gilt (z. B. »unbedingt brav und lieb sein« oder »auf keinen Fall den eigenen Willen durchsetzen«), so dass andere, gegenteilige Bedürfnisse daneben zu kurz kommen.
– Der Aspekt der »Flucht« schließlich verweist auf eine *Funktion*, die der Psychose zukommen kann beziehungsweise generell auf die Funktionalität psychotischer Lösungen.

Jedenfalls dürften alle drei Deutungsweisen hilfreich sein im Prozess des Erarbeitens eines individuellen Sinnverstehens der Psychose:

1. Auch wenn eine Psychose als wesentlich intensiver, gewaltiger und ich-ferner beschrieben wird als jeder noch so heftige (Alb-)Traum, so ermöglicht doch die entdeckte Parallelität von Traumerleben und Psychoseerleben einen leichteren Nachvollzug des psychotischen Erlebens sowie aufgrund der prinzipiellen Ähnlichkeit

zum »Normalen« gegebenenfalls weniger (Selbst-)Befremdung und somit bessere Chancen, die psychotischen Erfahrungen anzunehmen und in das eigene Leben zu integrieren. Außerdem wird eine Beschäftigung mit den ansonsten befremdlichen, absurden oder exorbitanten Psychoseinhalten analog zur Beschäftigung mit Trauminhalten gangbar. Auf der Basis einer partnerschaftlichen Grundhaltung kann über diesen Weg – gemeinsam zwischen Klient und Therapeut – eine Deutung, mithin ein Psychoseverstehen erarbeitet werden.

2. Das »Konzept des ungelebten Lebens« verweist gemäß Knuf (2000a) auf die »existenzielle Ebene« psychotischer Erkrankungen (S. 81). Wie schon gesagt, sind Psychosen nach diesem Konzept ein Ausdruck nicht gelebter Bedürfnisse, Sehnsüchte, Leidenschaften, Wunschträume und stellen zugleich eine Art »Kompensation« des Nicht-Gelebten dar oder ermöglichen unter dem Schutz der Krankheit das Ausleben verbotener Impulse oder unerlaubter Verhaltensweisen.

> Ein Fallbeispiel (nach Charlotte Köttgen) von einer »braven« Klientin, die sich »verbotene Liebeswünsche« nur mittels ihrer Psychose gestatten konnte, wurde bereits geschildert. Ähnliche Beispiele sind bei Schäfer (2002) zu finden. Ein unter dem genannten Aspekt eindrucksvolles Beispiel einer *manischen* Psychose beschreiben Dörner und Plog (1996, S. 180 ff.): Herr F. vermochte sich weder mit seinen Heiratsplänen noch mit seinen eigenen beruflichen Ambitionen weder gegenüber der Mutter noch gegenüber dem Vater zu behaupten, sondern passte sich deren Wünschen an und fügte sich drein. Aber in den regelmäßigen manischen Episoden machte er sich von den Restriktionen der Mutter frei und vermochte den Vater anzubrüllen und haushoch zu übertrumpfen.

Die Erarbeitung eines individuellen Sinnverständnisses kann – unterstützt durch den Therapeuten – seitens der Klientin zu dem Versuch führen, etwas von dem bislang ungelebten Leben im Alltag zu leben, um somit »die Dynamik der Psychose abzumildern« (Knuf, 2000, S. 81).

3. Zahlreichen Erzählungen von Psychoseerfahrenen ist zu entnehmen, dass die Psychose auch häufig als »Flucht« angesehen wird. Dies kann zum einen eine Art von »Aussteigen« aus nicht mehr zu verkraftenden sozialen Abhängigkeitskonstellationen, welche Zerwürfnisse, Missbrauchs- und Gewalterfahrungen beinhalten, bedeuten. Angesichts solcher Verhältnisse, denen man sich ausgeliefert und in seiner persönlichen Unversehrtheit gefährdet fühlt (wie beispielsweise bei sexuellem Missbrauch), kann die Psychose (oder die Borderline-Störung) ein Ausweg im Sinne des Selbstschutzes darstellen.

Noch häufiger allerdings tritt »Flucht« zum anderen angesichts existenziell bedeutsamer *Entscheidungskonflikte* auf, das heißt, wenn Entscheidungen anstehen, die den weiteren Lebensweg und das gesamte weitere Leben, mithin die eigene soziale Identität massiv beeinflussen (z. B. das Hausfrauendasein fortführen oder ganz in einem Künstlerinnendasein aufgehen). An jeweilige Wegegabelungen gelangt, an denen – noch dazu unter hohem sozialen Druck und/oder bei hoher emotionaler Bedeutsamkeit – eine Entscheidung für die Art des Weiterlebens, mithin für die eine oder andere soziale Identität getroffen werden muss, ohne dass man sich hierzu imstande fühlt, kann die Psychose den Versuch darstellen, sich nicht zu entscheiden und auf diese Weise eine Auflösung des Konflikts herbeizuführen. Mit der Psychose entflieht man gewissermaßen der Entscheidung, versucht sie zu umgehen, ihr auszuweichen. Man flüchtet von dem (Entscheidungs-)Konflikt weg in eine psychotische Krise, in der dann das Konfliktpotenzial gewissermaßen »aufgehoben«, mithin aber eben auch enthalten ist. Von besonderer Brisanz sind hierbei die eigene Existenz betreffende *Ambivalenzkonflikte*, bei denen die Wahl der einen Alternative (z. B. für eindeutige Heterosexualität oder für Konformität) die Wahl der anderen Alternative (z. B. für Homosexualität oder für Nonkonformismus) auszuschließen scheint.

> Ciompi (1982, S. 305 ff.) berichtet in einem Fallbeispiel von Heinz, dem »ungewöhnlich sensitiven, phantasievollen und künstlerisch begabten 17jährigen Sohn eines Wissenschaftlers und einer Musikerin«, den seit jeher – unter anderem aufgrund gemeinsamer musischer Interessen – eine enge Beziehung mit seiner Mutter verband. Nun aber »knüpfte [er] zum Entsetzen der Familie Kontakt mit einem homosexuellen Musiker an« (S. 305), nachdem er bei seinen ersten Annäherungsversuchen an ein gleichaltriges Mädchen eine Zurückweisung erfahren hatte. »Zugleich standen Abitur und Berufswahl bevor, wobei er unschlüssig zwischen verschiedenen technischen oder wissenschaftlichen, mehr dem Vater entsprechenden Alternativen und einer Musikerkarriere hin- und herschwankte. Zu jedem dieser Themen entwickelten sich in der ganzen Familie, vor allem aber zwischen Mutter und Sohn, intensive, indessen nie offen ausgetragene Konflikte [. . .] Heinz verfiel zunehmend in eine quälende, alles erfassende Ambivalenz, näherte sich bald der Mutter, bald dem Mädchen, bald dem homosexuellen Freund, konnte sich für keinen Beruf entschließen [. . .]« (S. 306). Dann meinte er, »man stelle ihm in der Stadt nach und rede über ihn, hatte das Gefühl, die Häuser sähen ihn drohend an, begann Stimmen zu hören, inkohärent zu reden und massenhaft geometrische Zeichnungen zu verfertigen [. . .]« (S. 306). In diesem Zustand kam er mit der »Diagnose eines schizophrenen Erstschubes« in die Behandlung von Ciompi.

Typisch sind Ambivalenzkonflikte im lebensgeschichtlichen Entwicklungsverlauf auch an der Schwelle zum Erwachsenenleben, wo die Entscheidung ansteht, wie lange man noch abhängig-unselbständig Kind sein und versorgt werden oder schon autonom-selbstständig erwachsen sein und Verantwortung übernehmen möchte.

Die Erarbeitung eines entsprechenden »Sinnverständnisses« des Fluchtaspekts der Psychoseerfahrung nach dem subjektorientierten Ansatz mag hier den Klientinnen dazu verhelfen, entweder – im einen Fall – die Schutzfunktion der Psychose angesichts verheerender Lebensumstände nachzuvollziehen oder – im anderen Fall – die eigene Entscheidungssituation angesichts gravierender, ambivalenter Konflikte mindestens im Nachhinein zu erkennen und (neu) zu überdenken. Für den zweiten Fall muss man allerdings konstatieren, dass speziell bei ambivalenten Konfliktsituationen das systemische Vorgehen deutlich besser geeignet ist, die Klientinnen nicht nur zum Nachdenken, sondern auch zu tätigen eigenen Entscheidungsfindungen anzustoßen.

Alle drei genannten »Verstehenszugänge zu Psychoseinhalten« sollen im Rahmen eines subjektorientierten Ansatz helfen, die Klientinnen – sofern sie das wollen – darin zu unterstützen, ihr besonderes Psychoseerleben zu verstehen und in einen sinnstiftenden Zusammenhang zu stellen. Wie schon ausgeführt, ist die Realisierung entsprechender Verstehenszugänge nicht auf Therapie im engeren Sinne beschränkt. Ganz im Gegenteil sollten sie allgemein Bestandteil psychiatrisch-psychosozialer Arbeit (im »Fall-Feld«) sein.

2.3.2 Theoriegeleitete Verstehenszugänge – Exkurs zur Frage einer Subjekttheorie

Im sozialpsychiatrischen Ansatz wird zwar explizit die Subjektorientierung betont (s. auch den Orientierungsrahmen unter Punkt 2.1.1, S. 88), aber in theoretischer Hinsicht blieb unklar, auf was für eine Art von *Subjektbegriff* man dabei Bezug nimmt oder welche *Subjekttheorie* zugrunde gelegt wird. Die systemischen Ansätze, die auf die Systemtheorie(n) verweisen können, und selbst auch die narrativen Ansätze, die auf den sozialen Konstruktivismus Bezug nehmen, waren demgegenüber in theoretischer Hinsicht von Anfang an klarer konturiert (s. Kap. 3).

Die Subjektorientierung, die mit dem Bemühen einhergeht, »von professioneller Seite her Krankheit, Lebensgeschichte und subjektives Erleben einander anzunähern« zu versuchen (Demand, 1998, S. 43), ist von der Sozialpsychiatrie dezidiert eingefordert worden in Abgrenzung zu einer medizinisch-orientierten psychiatrischen Praxis, welche die Patienten zu »Objekten der Behandlung« mache und ihres Subjektcharakters beraube. Gleichzeitig war man bestrebt, die objektivierende Sprache der klassischen Psychiatrie (etwa im Falle diagnostischer Klassifizierungen) zu vermeiden. Insoweit diese Subjektorientierung aber nicht mit einer (psychologischen) Theorie des Subjekts verbunden ist, beschränkt sie sich vornehmlich auf die Verwendung der Subjektkategorie. Das heißt, es wurde zwar betont, dass man es bei Menschen mit Subjekten statt mit Objekten zu tun hat, was ja im Grunde eine Selbstverständlichkeit ist, aber eine qualitativ-inhaltliche Bestimmung des Subjektbegriffs blieb bislang oft aus. Allerdings hat jüngst Lütjen (2007) diese Lücke zu füllen versucht, indem er mit Blick auf das Verstehen von Psychosen verschiedene (theoriegeleitete) subjektorientierte Modelle aufzeigt, die von praktischer Relevanz sind.

Ohne irgendeine Subjekttheorie im Hintergrund sozialpsychiatrischer Praxis dürften Annäherungen an die besondere Subjektivität des jeweiligen Gegenübers (und an dessen persönliche Sinnbildungen) sowie auch Hypothesen über den Zusammenhang von spezifischen Krankheitssymptomen und lebensgeschichtlichen (Beziehungs-)Konstellationen, die für ein Sich-selbst-Verstehen der Klienten hilfreich wären, schwer fallen. Das heißt, in der Regel ist implizit irgendeine Subjekttheorie (oder eine »Persönlichkeitstheorie«) vorhanden. Woran es aber mangelt, sind explizite theoretische Bezugnahmen, welche die subjektorientierte Perspektive auch als eine *subjektwissenschaftliche Perspektive* begründen könnten. Wenn ein strukturierender theoretischer Orientierungsrahmen fehlt, kann dies in der Praxis dazu führen, dass sich wohlmeinende Praktikerinnen außerordentlich anstrengen, mit den Psychoseerfahrenen mitzuempfinden und mit deren Erklärungsansätzen mitzugehen, so dass sie Gefahr laufen, sich mit ihren eigenen Geschichten in die Geschichten der Klienten mit hinein zu verstricken. Dies wäre im Endeffekt für die Klientinnen nicht unbedingt hilfreich und für die Mitarbeiter gegebenenfalls mit emotionalen Überforderungssituationen oder Gefühlen des Ausgepowert-Seins verbunden. An dieser Stelle fehlt vielleicht eine »nützliche« Theorie, wie sie von Systemikern (die ja »ihre« Systemtheorie haben) reklamiert wird (vgl. z. B. Simon, 1992).

Da seitens der Perspektive der subjektorientierten Sozialpsychiatrie sowohl die *Sozialität* als auch die *Subjektivität* des Menschen betont wird, könnte ihr meines Erachtens die (nichtindividualistische) Subjekttheorie der kulturhistorischen Psychologie – welche mit den Namen Wygotski, als deren Begründer, sowie Leontjew und Luria verbunden ist – als geeigneter theoretischer Bezugsrahmen dienen. Denn hier wird angenommen, dass sich das Subjekt im Ergebnis seiner aktiven Einbindung in die soziale, zwischenmenschliche und kommunikative Praxis bildet. Es wird von der »sozialen Natur des Psychischen« ausgegangen und somit davon, dass die besondere Subjektivität eines Menschen in dessen – in der sozialen Praxis gelebten und als bedeutsam erlebten – Beziehungsmustern gründet (vgl. Haselmann, 1984). Zentrale Konzepte dieser Theorie (z. B. vom »persönlichen Sinn« im Zusammenhang mit – für die soziale Existenz bedeutsamen – »dominierenden Motiven«, wie »etwas ganz Besonderes« oder das »Goldkind« für die Familie sein zu müssen) könnten der Beraterin als Strukturierungshintergrund im Rahmen eines subjektorientierten »verstehenden« Ansatzes dienen.

Daneben wären auch andere, derzeit aktuelle theoretische Annäherungen an das Subjekt und das Subjektive zu diskutieren. Insbesondere erwähnenswert ist meines Erachtens die Modellierung der innerpsychischen Dynamik unter Rekurs auf die *Chaos- und Synergetiktheorien* (s. z. B. Ciompi, 1997). Wiederum eine ganz andere Subjektkonzeption wird vom *sozialen Konstruktionismus* (s. z. B. Gergen, 2002) unterbreitet. Gemäß dieser Position, auf die vor allem die narrativen Ansätze der Postmoderne Bezug nehmen, konstruiert sich das Selbst fortwährend – immer relational – im Dialog oder aus der diskursiven Praxis heraus (s. Punkt 3.6.1). Darüber hinaus gilt es aber auch mehr substanzielle Modelle zu beachten (etwa die von Laing, von Mentzos und von Wulff, vgl. Lütjen, 2007) und hinsichtlich ihrer Bedeutung für eine subjektorientierte Praxis auszuloten.

Nun ist hier aber nicht der Platz für einen theoretischen Diskurs um den Subjektbegriff. Die wenigen Hinweise mögen genügen.

2.4 Fallstricke subjektorientierten sozialpsychiatrischen Arbeitens

2.4.1 Problembetrachtung

Zunächst als eine Art Plädoyer für die Perspektive der subjektorientierten Sozialpsychiatrie mit ihrem Angebot von Begegnung und Verstehensbegleitung sei hier die Stellungnahme von Wolfgang Voelzke, einem Psychiatrieerfahrenen aus Bielefeld, zu Gehör gebracht.

Voelzke fordert, dass in der psychiatrisch-psychosozialen Hilfe »die *persönliche Begegnung*« die »Basis jeder psychologischen Behandlung« sein müsse und moniert, dass durch den neuzeitlichen Begriff der »Nutzer« dieser Begegnungsaspekt »ausgeblendet« werde. Weiter führt er aus: »Psychiatrie-Erfahrene haben beschrieben, wie sie ihre psychischen Krisen und Probleme (die von der Psychiatrie mit Diagnosen wie ›Psychose‹, ›Depression‹ oder ›Schizophrenie‹ belegt wurden) durch *Begreifen ihrer Lebensgeschichte, Wahrnehmen und Ausleben* ihrer Gefühle, *Aufarbeitung* ihrer *Biografie*, Auseinandersetzung und Verstehen der *Psychoseinhalte* u. v. a. bewältigt haben. Für mich kann psychologische Behandlung dazu beitragen, dass die Psychiatrie menschlicher wird, dass ich meine psychischen Krisen und ›*individuellen Verrückungen*‹ *besser verstehen* kann und anders damit umgehen lerne« (zit. nach Keupp, 2007, S. 8). Für den Rahmen fordert Voelzke als Teilnehmer am Trialog, dass hinsichtlich der Qualitätssicherung auf »wirkliche Qualität« geachtet und »echte Partizipation von Angehörigen und Psychiatrie-Erfahrenen« umgesetzt werden sollte (S. 8).

Es steht außer Frage, dass den Ansätzen und Konzepten einer subjektorientierten Sozialpsychiatrie, wie sie in diesem Kapitel vorgestellt wurden, mithin den Arbeitsweisen und Methoden der Gemeindepsychiatrie, die sich von der klassischen, klinikzentrierten und medizinisch dominierten Psychiatrie wegentwickelt haben, eine außerordentliche Würdigung gebührt. Im Wesentlichen liegt ihr Verdienst sicher darin, dass sie zu einem menschlicheren Umgang mit den Psychoseerfahrenen oder Psychiatriebetroffenen geführt haben und man bemüht war, deren Selbsthilfekräfte und Selbstbestimmungsmöglichkeiten zu fördern.

Auf der anderen Seite muss aber auch konstatiert werden, dass das ursprüngliche Ideal, den Betroffenen zu einer gelungenen Integration in das »normale« gesellschaftliche Leben zu verhelfen, nicht in dem gewünschten Maße hat realisiert werden können. Dies lässt sich keinesfalls (nur) auf die immer unvermeidlichen Rückschläge zurückführen, die notwendig jeden Prozess begleiten, der auf psychosoziale Förderung und Hilfestellung für Menschen mit psychischen Problemen angelegt ist. Hierfür ist auch der Umstand in Betracht zu ziehen, dass die Sozial-/Gemeindepsychiatrie unter Umständen zur *Chronifizierung* der Betroffenen mit beiträgt oder deren Entchronifizierung kaum zu ermöglichen scheint.

Mit Blick auf entsprechende Studien belegt Brenner (1995), dass sozial- beziehungsweise gemeindepsychiatrische Angebote zwar die Nachfrage nach psychiatrischer Hilfe (in der Gemeinde) ansteigen lässt, dies jedoch im Endeffekt nicht – wie ursprünglich angestrebt – zu einer Verhinderung oder Verkürzung von stationären Behandlungszeiten führt. Im Gegenteil weisen einige Untersuchungsergebnisse sogar darauf hin, dass bei sozialpsychiatrisch betreuten Klientinnen (mit schizophrener Diagnose) das Risiko einer Rehospitalisierung höher war als bei den nicht sozialpsychiatrisch betreuten Patienten der Kontrollgruppe. Auch der Annahme, die sozialpsychiatrische orientierte Versorgung in der Gemeinde verursache weniger Kosten und sei *effektiver* als die eher medizinisch orientierte stationäre Versorgung, erteilt Brenner mit Verweis auf die Sichtung der Ergebnisse entsprechender Studien eine Absage.

In puncto Effektivität allerdings wurden in den Untersuchungen, die den Erfolg einer Klinikbehandlung belegen, nur die gängigen Effektivitätskriterien verwandt, betreffend den berichteten Rückgang der Symptome sowie die eher äußerlichen, soziodemographischen Daten in den Bereichen Arbeit, Beruf, Wohnen, Finanzen. Psychiatrisch-psychosoziales Arbeiten nach den Ansätzen der subjektorientierten Sozialpsychiatrie führt aber darüber hinaus zu Verbesserungen im sozial-kommunikativen Bereich, erweitert die Fähigkeit, mit den eigenen Krankheitssymptomen umzugehen, Beziehungen innerhalb und außerhalb der Familie einzugehen, Freizeit zu gestalten, erhöht allgemein die Lebensqualität und Lebenszufriedenheit der Betroffenen und entlastet auch die Angehörigen. In einer Umfrage von Angermeyer, Holzinger und Matschinger (1999) bei Menschen mit der Diagnose Schizophrenie wurde die Lebensqualität in den Mittelpunkt gestellt. Sinnvolle Arbeit, soziale Kontakte, Freizeitgestaltung und Familienzusammenhalt waren den Befragten wichtiger als das Freisein von Symptomen. Dies gilt es zu betonen, wenn davon die Rede ist, dass man durch sozialpsychiatrische Begleitung und Betreuung – gemessen an den gängigen Erfolgskriterien – auch keine bessere Wirkung erziele als durch eine (traditionelle) stationäre Klinikbehandlung.

Dennoch bleibt die Frage des Umgangs mit Chronizität oder die Schwierigkeit der Sozialen Psychiatrie, diese aufzuheben und weitere Chronifizierung zu verhindern, bedenkenswert. Neben dem »Chronizitätsproblem« lassen sich als weitere Schwachstellen und Probleme der subjektorientierten Sozialpsychiatrie folgende Punkte nennen:

– das Problem des Gutmensch-Seins seitens der psychosozialen Fachkräfte (bei mangelnden Kriterien für eine theoriegeleitete Bewertung des eigenen Vorgehens),

– das Kontrollproblem (bei ungenügender Reflexion der sozialen Kontrollfunktion der Psychiatrie),

– das Fürsorgeproblem (bei ungenügender Differenzierung von Hilfe und Fürsorge) und das damit einhergehende Problem von Einwirkungsversuchen auf die Klientinnen in Form des Ziehens und Zerrens,

– das Burnout-Problem für die Mitarbeiter beziehungsweise die Gefahr des Ausbrennens bei »Autonomie gewährender Fürsorge«,

– das Problem ungenügender Handlungskonzepte beziehungsweise unzureichenden Handwerkszeugs bei widersprüchlichen Auftragslagen oder herausfordernden Problemstellungen.

Diese Kritikpunkte werden im Folgenden aufgegriffen und mal mehr, mal weniger ausführlich erörtert.

Das Chronizitätsproblem: Es stellt sich die Frage, wie es kommt, dass auch die Sozial-/Gemeindepsychiatrie zur Chronifizierung beiträgt, wiewohl es ja ihr expliziter Anspruch war, diese zu verhindern. Aufschlussreich hierfür ist das von Michael Raisch (1998) aus einer Netzwerkperspektive entworfene »5-Stufenmodell der Chronifizierung«, dem eine empirische Exploration zugrunde liegt. Es werden hier »psychiatrische Patientenkarrieren im Zusammenspiel der sozialen Netzwerke« (S. 156) unter Einbeziehung eines systemischen Blickwinkels betrachtet.

– *Stufe 1* betrifft die Eskalation der Probleme (z. B. in der Familie durch Reaktion und Gegenreaktion im Hinblick auf ein auffälliges Verhalten), welche zu einer ersten Einweisung in eine psychiatrische Klinik führt.
– Mit der psychiatrischen Aufnahme (*Stufe 2*) wird die eine Person aus dem vorherigen Problemzirkel als Patient identifiziert und das Problem erhält per Diagnose einen Namen. Zugleich wird die Zuständigkeit für die Lösung der Probleme nun dem klinischen System überantwortet, was für die Familienmitglieder mit einer Entlastung von Verantwortung und meist mit einer »Erlösungshoffnung« (die jedoch selten erfüllt wird) einhergeht.
– *Stufe 3* tritt ein, wenn nach der Entlassung aus der Klinik in der Familie neue Probleme auftreten, die Erlösung also nicht stattgefunden hat und der Problemdruck erneut wächst.
– In *Stufe 4* kommt es zu neuen Einweisungen und/oder es werden nun die sozial-/gemeindepsychiatrischen Angebote in Anspruch genommen. Durch diese neuen psychosozial arbeitenden Instanzen kann sich die Herkunftsfamilie aber in den Hintergrund gedrängt sehen oder fühlt sich auf das Scheitern ihrer eigenen Bemühungen um Hilfe und Schutz für den Betroffenen verwiesen. Als Selbstschutz mag die Einschätzung dienen, dass es sich um eine besonders schwere Krankheit handelt, von welcher der »identifizierte Patient« betroffen ist. Ähnlich richten auch die gemeindepsychiatrischen Einrichtungen ihre Bemühungen nicht auf Heilung oder Behandlung aus, sondern darauf, den Betroffenen (und ihren Familien) ein »Leben mit der Krankheit« zu ermöglichen.
– In *Stufe 5* kann eine »Pendelbewegung« der Betroffenen zwischen dem sozialpsychiatrischen Netzwerk und ihrer Familie beobachtet werden, wie auch ein Wechsel zwischen Kooperation und Konkurrenz in dem Verhältnis zwischen sozialpsychiatrischer Einrichtung und Familie. Ein Konkurrenzverhältnis stellt sich schnell hinsichtlich der Frage ein, welches System und/oder welche Bezugsperson für den Klienten das/die bessere sei, wer die Verantwortung für ihn zu tragen habe oder wie sie zu teilen, zu verlagern oder erneut zu delegieren sei. Im Zuge solcher

Kontroversen wird dem Betroffenen die Verantwortung für sich selbst zunehmend entzogen. »Polemisch gesagt [. . .] wird um die richtige Art der Verantwortungsübernahme viel gerungen; dem Klienten selbst wird sie in diesem Stadium hingegen kaum noch zugestanden« (Raisch, 1998, S. 158).

Gemäß diesem »Modell einer komplementär verstrickten Beziehung zwischen dem Psychiatriebetroffen, seiner Familie und den betreuenden Institutionen im prototypischen Fall der Chronifizierung einer Psychiatriekarriere« (S. 259), tun sich hier meines Erachtens die *Fallen* einer subjektorientierten Sozialpsychiatrie, welche die Familienbeziehungen und Bindungsansprüche zu wenig im Blick hat, auf:

1. In dem Bestreben der sozialpsychiatrischen Helfer, den Klientinnen eine intensive Betreuung oder Begleitung angedeihen zu lassen und sie in ihrer Selbstständigkeitsentwicklung zu fördern, könnten sich die Familienmitglieder in ihrem Gefühl der Wichtigkeit, als Bezugsperson(en) für den Betroffenen auf Dauer da zu sein und von ihm (womöglich zeitlebens) gebraucht zu werden, brüskiert sehen. Sie müssten dann bestrebt sein (ggf. latent, aber dennoch vehement), die sozialpsychiatrischen Bemühungen zu konterkarieren.

2. Auf Seiten der Klientinnen könnten die von der Sozialpsychiatrie in bester Absicht eingeleiteten Bemühungen um deren Ablösung und Rehabilitation mit deren tief sitzender Loyalität ihren Angehörigen gegenüber konfligieren. Insbesondere wenn die Klientinnen wahrnehmen, dass sie von ihren Angehörigen als »Sorgenlieferant« und in ihrer Hilfsbedürftigkeit gebraucht werden, könnten sie es vorziehen, diese Rolle (mithin die Identität als »chronisch psychisch Kranke«) anzunehmen und sich damit auch die Bindung an die Angehörigen zu sichern, statt sich auf die eher peripheren oder temporären und mehr fordernden Beziehungen mit den Professionellen des sozialpsychiatrischen Netzwerks einzulassen.

Die subjektorientierte Sozialpsychiatrie wäre hiernach in einen Prozess involviert, in dem sie gerade durch ihre Bemühungen, den Klienten aus seiner Krankenrolle herauszuholen, zur Chronifizierung mit beiträgt.

Daneben dürfte auch die verbreitete sozialpsychiatrische Auffassung, dass eine Psychose grundsätzlich nicht heilbar sei und die Betroffenen lediglich lernen könnten, mit ihrer »psychischen Krankheit« zu leben, ein Übriges dazu tun, Chronizität zu konstruieren. Denn diese Position, die aus systemischer Sicht als »Behindertenmodell« bezeichnet wird (s. Stindl-Nemec, 2001 und Punkt 3.7.1), impliziert die Idee, dass Menschen, die einmal eine psychiatrische Diagnose erhielten, immer oder immer mal wieder eine Betreuung oder Begleitung benötigen würden, und zeichnet damit die so genannte »Drehtürpsychiatrie« auch schon ideell vor.

Auch wenn man in der psychosozialen Arbeit mit Psychoseerfahrenen nach dem sozialpsychiatrischen Paradigma einer »Autonomie gewährenden Fürsorge« vorgeht (s. dazu den Punkt 1.4.2), könnte man in Schwierigkeiten geraten. Sofern man zwischen der Fürsorge für die Betroffenen und der Förderung ihrer Selbstständigkeit hin und her schwankt oder (aufgrund des Widerspruchs zwischen Fürsorge und Autonomieförderung) eine paradoxe Kommunikation mit den Klientinnen in Gang setzt, könnte dies deren echte Autonomie verhindern und somit zur Chronizität beitragen.

Ferner sind angesichts der Vielfalt der Träger in der Gemeindepsychiatrie strukturelle Probleme und konzeptionelle Differenzen sowie Fragen der Qualität der Vernetzung zwischen den verschiedenen Diensten und Einrichtungen, ihrer Kooperation oder Pseudokooperation von Belang. Auch kontroverse Handlungskonzepte einzelner Betreuer können Loyalitätskonflikte für die Klienten (oder das Ausspielen von Mitarbeiterinnen gegeneinander) bewirken und so zu deren Chronifizierung beitragen (s. dazu aus systemischer Sicht z. B. Stindl-Nemec 2001). Aus gemeindepsychologischer Sicht (s. z. B. Bergold u. Filsinger, 1998) nimmt man an, dass Chronizität produziert wird, wenn es nicht gelingt, der Fürsorge zu entrinnen oder wenn ein »Einrichtungsensemble«, das die Lebenswelt der Klienten bestimmt, zu »ambulanten Ghettos« führt.

Aus etwas übergeordneter Warte wird von einigen Systemikern auch vom »Systemerhalt Sozialpsychiatrie« gesprochen. Damit ist gemeint, dass die Sozialpsychiatrie (mitsamt allen ihren Beteiligten) als ein sich-selbst-organisierendes System – ähnlich wie manch ein Familiensystem – die Bewahrung ihrer Identität über aktive Nicht-Veränderung erreicht, mithin chronifiziert, um sich selbst zu erhalten.

Weiche Qualitätskriterien und Gutmenschen in der Sozialpsychiatrie: Man muss sich nicht der überspitzten Polemik von Fritz Simon (1992) anschließen, dass die Sozialpsychiatrie aufgrund ihrer »Theoriearmut« keine Kriterien für sinnvolles versus nicht-sinnvolles Handeln habe und sich deshalb darauf beschränke, auf die Einhaltung moralisch begründbarer, »normaler«, zwischenmenschlicher Interaktions- und Umgangsformen zu pochen. Dennoch kann man feststellen, dass sozialpsychiatrisches Handeln in der Praxis in hohem Maße von einem moralischen Anspruch getragen ist, hinter dem sich der je realisierte konzeptionelle Ansatz nicht immer leicht erkennen lässt und dass auch die Gütekriterien zur Bewertung der eigenen Arbeit (und der des Kollegen) recht unklar bleiben. Wenn man zum Beispiel nach dem Begegnungsansatz vorgeht, lässt sich ja auch schlecht sagen, was hier als »Erfolg« anzusehen wäre. Reicht es, wenn die Klientinnen bekunden, sie hätten … »echte« menschliche Begegnung erfahren, das Gespräch habe ihnen gut getan und sie hätten jetzt etwas begriffen? Wie sieht es mit dem eigenen Erfolgsgefühl aus, wenn sie dann das nächste Mal doch wieder mit den genau den gleichen Themen und Konflikten ankommen?

Wo es wenig klare Kriterien gibt, um einschätzen zu können, dass das, was man *macht*, gut und nützlich ist, bleibt einem nicht viel anderes übrig, als sich selbst als einen *guten Menschen* zu präsentieren, um so vor sich selbst und anderen das eigene Tun als gut und hilfreich zu legitimieren. Erfahrene psychiatrisch-psychosoziale Fachkräfte, die die in diesem Kapitel beschriebenen Ansätze umsetzen, werden sich gewiss – je nach ihrer konzeptionellen Ausrichtung – adäquate Bewertungskriterien für die Güte ihres Handelns im Umgang mit den Klienten erarbeitet haben. Aber es ist auch Simon zuzustimmen, dass wegen der »weichen Qualitätskriterien« im Feld der Sozialpsychiatrie einer »Beliebigkeit des Handelns« Vorschub geleistet und vor allem das Gutmensch-Sein in den Mittelpunkt gerückt werden kann. Ob dies auf die »Theoriearmut« der Sozialpsychiatrie zurückzuführen ist, mag man in Frage stellen (eine solche gibt es auch nicht, kontert Wolter-Henseler, 1993, gegen Simon). Aber jedenfalls sind die Handlungskonzepte, die die Brücke von der Theorie zur Praxis schlagen sollen, verschiedentlich etwas vage und/oder wenig griffig.

Zur sozialen Kontrollfunktion der Sozialpsychiatrie: Wenn man als psychosoziale Fachkraft im Psychiatriebereich arbeitet, wird man sich dem Widerspruch des doppelten Mandats, sowohl helfen als auch kontrollieren zu sollen, nicht entziehen können – auch nicht, wenn man sozial-/gemeindepsychiatrisch vorgeht, auch nicht, wenn man, wie für die Kontakt- und Beratungsstellen beschrieben, in einem Handlungsfeld tätig ist, in dem vor Ort in der alltäglichen Interaktion wenig konkrete Kontrollausübung vonnöten ist. Denn der Psychiatrie im Allgemeinen kommt gesellschaftlich eine *Kontrollfunktion* zu, die vornehmlich darin besteht, bestimmte auffällige Menschen aus dem Verkehr zu ziehen. Es ist sicherlich keine neue Einsicht, dass man sich als Mitarbeiter in diesem Feld der Ambivalenz seiner Rolle zwischen Helfer, Therapeut und sozialem Kontrolleur bewusst sein muss. Gemäß Simon (1992) tendieren jedoch speziell sozialpsychiatrisch orientierte Mitarbeiter dazu, den sozialen Kontrollaspekt zu leugnen. Schließlich ist die Sozialpsychiatrie als Gegenbewegung zur Verwahr- und Ausgrenzungspsychiatrie entstanden und – wie wir gesehen haben – verstehen sich die Fachkräfte hier gern als Gutmenschen, die gar keine soziale Kontrolle ausüben möchten. Ein Problem für die praktische Arbeit mit zum Teil fatalen Konsequenzen für die Klientinnen ergibt sich hieraus vor allem dann, wenn bei fehlender Kontextklärung soziale Kontrollmaßnahmen als Hilfe oder therapeutische Interventionen umgedeutet werden. Für dieses Konfliktfeld bietet in der Tat der systemische Ansatz eine bessere Handhabe als die subjektorientierte Sozialpsychiatrie.

Das Fürsorgeproblem und das wohlmeinende Ziehen und Zerren in der sozialpsychiatrischen Praxis: Das für die Soziale Psychiatrie einschlägige Fürsorgethema war bereits im ersten Kapitel (Punkt 1.4.2) aufgegriffen worden. Dort wurde auch nahe gelegt, dass für die praktische Arbeit eine Differenzierung zwischen Fürsorge und Hilfe wünschenswert und eine entsprechende Kontextklärung grundsätzlich anzuraten ist, damit man als psychosoziale Fachkraft jeweils weiß, ob man sich mit den Klientinnen gerade – gemäß ihren eigenen Anliegen – in begleitenden, beratenden oder therapeutischen Hilfebeziehungen befindet oder ob man – im Auftrag einer dritten Instanz – eher im Sinne der Fürsorge für sie tätig ist (s. a. Punkt 3.5.3).

   In der sozialpsychiatrischen Praxis findet man jedoch häufig eine Vermengung oder Nivellierung dieser beiden Auftragslagen und -kontexte vor. Das heißt, die Helferinnen sind in jedem Fall bestrebt, ihren Klienten zu »helfen«, auch wenn diese ihnen dazu gar keinen Auftrag erteilt haben und im Grunde auch nicht »geholfen« werden wollen. Die Professionellen glauben oftmals zu wissen, was gut für ihre Klienten wäre oder was ihnen gut tun würde und versuchen, in diesem wohlmeinenden Sinne »helfend« auf sie einzuwirken. So genannte Begleitung, Beratung oder auch Therapie nimmt dann häufig die *Form des Ziehens und Zerrens* an, die für beide Seiten letztendlich eher unerquicklich ist, auch wenn die Klientinnen den Kontakt und die Beziehungen zu ihren Helfern durchaus schätzen. Um aber hilfreich und mit Nutzen für die Klienten wirksam sein zu können, bedarf es der Kontextklärung, *wer* hier jeweils *was* will.

Wenn von Dritten über die Klienten gesagt wird, dass diese mehr Möglichkeiten benötigen, ihre Möglichkeiten verkennen, es nicht allein schaffen oder gegebenenfalls kontrolliert werden müssen, handelt man als Betreuer bei der Realisierung dieser Aufgaben im Sinne der Fürsorge (vgl. Ludewig, 2005, S. 115). Man sollte dann diesen Kontext und die Auftragslage sowohl sich selbst vergegenwärtigen als auch den Klienten offenlegen, statt Fürsorge (oder gar Kontrolle) als Hilfe auszugeben. Gegebenenfalls erhält man dann auch einen Auftrag vom Klienten selbst, so dass sich die Fürsorgebeziehung in eine Hilfebeziehung umwandeln lässt. Erst wenn von den Klientinnen selbst gesagt wird: »Hilf uns, unsere Möglichkeiten zu erweitern bzw. zu nutzen« oder »Hilf uns, unsere Lage zu ertragen bzw. sie zu ändern« (vgl. S. 115), bewegt man sich als Fachkraft, als Bezugstherapeutin in einer Hilfebeziehung mit ihnen.

Leider ist hier ein Vorgehen nach dem Paradigma der »Autonomie gewährenden Fürsorge«, welches von Bergold und Filsinger (1998) aus gemeindepsychologischer Sicht für die sozialpsychiatrische Praxis konturiert wurde, nicht unbedingt zielführend (s. a. Punkt 1.4.2). Eher führt ein Vorgehen nach diesem Ansatz zu dem besagten Ziehen und Zerren oder dazu, über den gelobten *Weg der kleinen Schritte*, auf die Klienten einzuwirken zu versuchen – wohlgemerkt unter gewisser Achtung von deren Autonomie – und ihnen etwas angedeihen zu lassen, um was sie nicht nachgefragt haben und was sie auch nicht wollen. Dass sich hier die (subjektorientierte) Sozialpsychiatrie verschiedentlich in der Falle der »fürsorglichen Belagerung« wiederfindet, könnte auch damit erklärt werden, dass sie im Rahmen einer Psychiatriereform steht, welche den Schwerpunkt vornehmlich auf eine *bessere Versorgung* von Menschen mit psychischen Problemen legte, nicht aber auf eine Befreiung (s. Keupp, 2007, S. 4).

Das Burnout-Problem: Dieses Problem kann hier leider nicht in der wünschenswerten Ausführlichkeit besprochen werden. Lediglich soll das im Hinblick auf das Burnout-Thema aufschlussreiche Ergebnis des Forschungsprojektes von Bergold, Filsinger und Mruck (1996) zur psychiatrisch-psychosozialen Versorgung im Vergleich von Ost- und Westberliner Bezirken kurz erörtert werden. Die Auswertung des Burnout-Inventars ergab nämlich, dass sich die Mitarbeiter aus den Ostbezirken als wesentlich weniger »ausgebrannt« einschätzten als die aus den Westbezirken und überdies, dass vor allem die Grundposition einer *Fürsorgehaltung* mit geringerem Burnout in einem engen Zusammenhang zu stehen schien. Dieses für die Forschergruppe überraschende Ergebnis könnte meines Erachtens folgendermaßen erklärt werden:

– Zu DDR-Zeiten orientierten sich die Mitarbeiterinnen einfach am medizinischen Paradigma und am kontrollierenden, teils bevormundenden Fürsorgemodell, wodurch die Komplexität erheblich reduziert werden kann. Man begibt sich so in der psychosozialen Betreuung nicht in eine (undurchschaubare) sozial-emotionale Überforderungssituation.

– Die damaligen westdeutschen Mitarbeiter, die das medizinische Modell ablehnen, sich dem sozialpsychiatrischen Paradigma verpflichtet fühlen und ihre Klienten nicht bevormunden und keine »kontrollierende Fürsorge« ausüben wollen, erhöhen demgegenüber die Komplexität und überfordern sich selbst in sozial-emotionaler Hinsicht, schaffen sich unüberschaubare Situationen mit heterogenen bis widersprüchlichen Ansprüchen, denen sie gerecht werden wollen, um ihren Klienten hilfreich zu sein. Unter diesem Gesichtspunkt scheint die sozialpsychiatrische Forderung beziehungsweise der gemeindepsychologische Anspruch, »Autonomie gewährende Fürsorge« (statt »kontrollierende Fürsorge«) leisten zu wollen, geradewegs in die Falle zu führen.

Wie schon ausgeführt, stellt aus systemischer Sicht das »Fürsorgen zur Autonomie hin« ein Paradox dar. Weder wird damit »echte« Autonomie seitens der Klientinnen erwirkt, noch können sich die Betreuer als kompetent und erfolgreich in ihrer Arbeit einschätzen, lediglich als lieb und gut. Sie zeigen vollen Einsatz, gehen ans Ende ihrer Kräfte, aber was dabei herauskommt sind Gefühle des Ausgebranntseins: Burnout.

Demgegenüber vermag ein Vorgehen nach dem systemischen Ansatz, bei dem die Verantwortung für ihre eigene Entwicklung (wieder) an die Klienten zurückgegeben wird, die psychosozialen Fachkräfte vor sozial-emotionalen Überforderungssituationen vermutlich besser zu schützen. Neben der Selbstsorge der Mitarbeiter als »Sorge um sich« (s. unter Punkt 2.1.3, S. 116 ff.) könnte demnach ein systemisches Vorgehen fast als eine Burnout-Prävention angesehen werden (s. zum Burnout-Thema auch die abschließenden Bemerkungen unter Punkt 4.3.2).

Das Problem unzureichenden Handwerkszeugs in Konfliktfällen: Ohne Zweifel kann man problemlos und fruchtbar(!) nach dem Ansatz der subjektorientierten Sozialpsychiatrie arbeiten, wenn sich die Psychoseerfahrenen gern auf die Begegnung einlassen und ein Hilfeersuchen oder eigene Anliegen, insbesondere auch nach einer Verstehensbegleitung an die Mitarbeiter herantragen. Jedoch erweisen sich die sozialpsychiatrischen Handlungskonzepte als vage und wenig griffig, sobald Konfliktsituationen auftreten, bei denen widersprüchliche Auftragslagen zur Geltung kommen (z. B. Angehörige versus Ärzte versus Ämter versus Betroffene) oder bei den Betroffenen auf dem Untergrund von *Ambivalenz* dringende Entscheidungen anstehen oder Gewalt mit ins Spiel kommt und vor diesem Hintergrund Kriseninterwention praktiziert werden muss.

Auch wenn man sich in der Arbeit mit den Klientinnen im Kreis dreht und nichts vorangeht, während an sich Änderungen anstünden oder Lösungen gefragt wären, bietet der sozialpsychiatrische Ansatz wenig Handwerkszeug zum Anstoßen von autonomen Entscheidungen der Klienten für den einen oder anderen Weg oder gar zur Provokation ihrer Autonomie.

In den soeben genannten Situationen und generell immer dann, wenn es um die Frage von Entscheidungen, eventuell auch hinsichtlich einer Veränderung oder Nichtveränderung geht, liefert hingegen der systemische Ansatz geeignetes Handwerkszeug.

2.4.2 Überleitung zur systemischen Perspektive

Es steht außer Frage, dass die Sozialpsychiatrie vieles auf den Weg gebracht und in der Gegenbewegung zur klassischen Ausgrenzungs- und Verwahrpsychiatrie, in ihrer Abgrenzung vom medizinischen Paradigma gute und richtige Ansätze entwickelt hat. Aus systemischer Warte betrachtet scheint es jedoch, als habe die (subjektorientierte) Sozialpsychiatrie diese nicht konsequent genug, nicht radikal genug umgesetzt, als sei sie bei der Umsetzung ihrer Ansätze quasi auf halbem Wege stecken geblieben. Demgegenüber wäre die systemische Perspektive als eher konsequent, radikal und die Sache an der Wurzel anpackend einzuschätzen. Unter diesem Gesichtspunkt werden in Tabelle 11 die beiden Perspektiven in Form einer vorläufigen Auflistung von einigen Stichpunkten und Schlagworten einander gegenübergestellt.

Mit Blick auf die Bedarfslagen oder Stationen im Hilfesystem könnte man als vorläufige Zusammenfassung (Genaueres s. Kap. 4) die folgenden Feststellungen treffen: Das Arbeiten nach dem *systemischen Ansatz* wäre vorzuziehen

– bei Langzeitpsychiatrieerfahrenen, also den »Veteranen« des Versorgungssystems dann, wenn noch einmal Veränderungen anstehen in Richtung eines Ausstiegs aus der Chronizität – nicht jedoch in der alltäglichen Begleitung und/oder Betreuung.
– bei »fortgeschrittenen« Psychiatrieerfahrenen zur Verhinderung weiterer Chronifizierung, sofern sich Möglichkeiten für die Eröffnung von Handlungsspielräumen zum Ausstieg aus chronifizierenden Verläufen ergeben.
– bei Ersterkrankungen und akuten psychotischen Krisen, um die Weichen von vornherein in die Richtung einer Verhinderung von Chronifizierung zu stellen – nicht jedoch, wenn anfänglich eine Beruhigung erforderlich ist; dann wäre Soteria statt Krankenhaus inklusive einer subjektorientierte Aufarbeitung des Psychoseerlebens und im Anschluss an die Soteria-Behandlung eine systemische (Familien-) Therapie empfehlenswert.
– bei der Krisenintervention mit mehreren Beteiligten (Arbeit mit Netzwerken) – nicht jedoch bei der (nachträglichen) subjektorientierten Aufarbeitung der Krisenerfahrung in der Arbeit mit Einzelnen.

Tabelle 11: Subjektorientierte Sozialpsychiatrie und systemische Perspektive – eine vorläufige Gegenüberstellung in Schlagworten

Subjektorientierte Sozialpsychiatrie	Systemischer Denkansatz
→ Klientenäußerungen und Verhaltensweisen nicht vorschnell bewerten, zurückhaltend sein mit Bewertungen (wie gut/schlecht, richtig/falsch, gesund/krank)	→ gar nicht bewerten, lediglich alles Verhalten (positiv) als »stimmig« konnotieren, mithin auch das Symptom als sinnvollen Lösungsversuch beschreiben
→Hilfe zur Selbsthilfe geben und eine Empowerment-Strategie realisieren in dem Bemühen, den Klienten zu helfen, aktiv zu werden und sich selbst zu helfen	→ kein Bemühen, sondern grundsätzliche Ressourcenorientierung, ausgehend von der Überzeugung, dass Selbsthilfekräfte bei jedem noch so »schwer gestörten« Menschen vorhanden sind
→Autonomie der Klientinnen päppeln, ihre Selbstständigkeit schrittweise aufbauen helfen	→ gar nicht päppeln, sondern Autonomie herausfordern und zur Selbstständigkeit anstoßen
→Autonomie gewährende statt bevormundende Fürsorge leisten	→keine Fürsorge, sondern Hilfe auf Nachfrage; Zurückgeben der Sorge an die Selbst-Sorge
→die Klienten auf ihre Verantwortung für das eigene Tun hinweisen, professionelle Verantwortlichkeit für sie aber dennoch nicht ganz abgeben	→ den Klienten grundsätzlich keine Verantwortung abnehmen, sondern diese an sie zurückgeben und ihre Selbstverantwortlichkeit wertschätzen
→den Klienten, die sich scheinbar *nicht* entscheiden *können*, Entscheidungshilfen geben, damit sie zu einer Entscheidung gelangen	→ den Klienten die Option der Nicht-Entscheidung nahe legen; dass sie es *nicht wollen müssen*, sich jetzt zu entscheiden (wiewohl sie es können)
→ Expertokratie wird zurückgenommen, in Frage gestellt, aber nicht ganz aufgegeben. Man glaubt noch zu wissen, was für die Klienten »gut« ist, wo es langgehen sollte, wo der richtige Weg wäre, was verändert werden müsste.	→ Expertokratie wird ganz aufgegeben. Profis wissen nicht, was für die Klienten »gut« ist. Systemiker sind neugierig, wie es die Klienten gemacht haben; sie empfehlen nicht, wo es langgehen sollte, damit sich etwas bessert.
→Psychiatrische Etiketten werden abgemildert, zu umgehen versucht, aber man orientiert sich doch an ihnen. »Symptome« werden identifiziert und als veränderungswürdig betrachtet	→ Psychiatrische Etiketten werden aufgehoben durch neue Bedeutungsgebungen. »Symptome« werden als in spezifischen Kontexten sinnvolles Verhalten konnotiert oder so umgedeutet.

Bei den Fallbeispielen zur subjektorientierten psychosozialen Arbeit, die mit Blick auf Beziehungsgestaltung und Arbeitsweisen im »Fall-Feld« (Punkt 2.2.1) sowie die Vorgehensweisen angesichts spezifischer Problemstellungen (Punkt 2.2.2) geschildert wurden, ist verschiedentlich vermerkt worden, an welchen Stellen auch ein systemisches Vorgehen als nützlich hätte angesehen werden können oder angebracht gewesen wäre. Dies ist häufig dann der Fall, wenn es um die *Frage der Veränderung* und/oder das *Finden von Lösungen* geht, also an den Schlüsselstellen der Entwicklung sozusagen.

In dem Abschnitt über »Verstehenszugänge zu Psychoseinhalten« (Punkt 2.3) ist bei dem Fluchtaspekt vor allem auf die zentralen Ambivalenzkonflikte hingewiesen worden, die oft am Beginn einer Psychose stehen. Man erinnere sich an Ciompis Fallbeispiel von Heinz, dem »ungewöhnlich sensitiven, phantasievollen und künstlerisch begabten 17jährigen Sohn eines Wissenschaftlers und einer Musikerin« (1982, S. 305), der hin- und hergerissen zwischen für ihn unverträglich konträren Entscheidungsalternativen (betreffend die Mutter- versus Partnerbindung, die sexuelle Orientierung, die Berufswahl) seinen Ausweg in der Psychose fand. Solche Ambivalenzen und auch insbesondere diejenigen, die im Jugendalter mit Ablösungs- und Autonomiekonflikten verbunden sind (Kind bleiben oder erwachsen sein), sind meistens nicht nur beim Einzelnen auszumachen, sondern auch als Kennzeichen der Interaktion und Kommunikation der entsprechenden Systeme, mithin als »Spiele«, an denen sich alle oder mehrere Familienmitglieder beteiligen. Versuche, hier dem Betroffenen – subjektorientiert – eine Entscheidungshilfe anzubieten, erweisen sich in der Regel als wenig fruchtbar. Der subjektorientierte Ansatz vermag hier eher erst im Nachhinein eine Aufarbeitung der Erfahrung und einen Verstehenszugang für den Psychoseerfahrenen zu ermöglichen. Aber mit einem Vorgehen nach dem systemischen Ansatz kann man bei solchen akuten Ambivalenzkonflikten zu Entscheidungen anstoßen und somit Konfliktlösungen herbeiführen.

Im Allgemeinen wird man mit einem systemischen Vorgehen dann besser fahren, wenn das Thema »Veränderung« ansteht und/oder die Verhinderung sowie das Aufbrechen von Chronizität der leitende Gedanke ist. Auch für die Arbeit von (behördlichen) SpDiensten im Spannungsfeld von Hilfe und Kontrolle (s. Punkt 2.2.3) und für die entsprechenden Kriseninterventionen mit mehreren Beteiligten wäre wohl generell ein systemisches Vorgehen angeraten, zumindest zu Beginn des Prozesses zwecks Abklärung der Konfliktlage. Dementsprechend orientieren sich auch die mobilen Krisendienste von Mosher und Burti an einem systemischen Arbeitsansatz (s. unter Punkt 2.2.2, S. 157 f.). Das gemeindepsychiatrische Modell von Mosher und Burti (1992) stellt meines Erachtens eine gelungene Verbindung der subjektorientierten Sozialpsychiatrie mit systemischen Gesprächstechniken, welche speziell bei Krisensituationen und in der Netzwerkarbeit eingesetzt werden, dar und ist in diesem Sinne integrativ (s. a. Kap. 4).

Das wichtigste Potenzial der (subjektorientierten) Sozialpsychiatrie besteht aber in ihren Angeboten einer subjektorientierten (Verstehens-)Begleitung und/oder Sinnklärungsarbeit sowie der menschlichen Begegnungsnähe, die von den Systemikern so nicht geboten wird.

3 Die systemische Perspektive – Denk- und Handlungsmodelle für Therapie, Beratung und psychosoziale Arbeit

In Kapitel 2 war bereits deutlich geworden, dass systemisch-therapeutische Positionen auch im Rahmen anderer Konzepte aufgegriffen werden. Dies trifft insbesondere für solche Ansätze zu, die im Sinne einer Ressourcenorientierung – in Abgrenzung von defizitorientierten, eher pathologisierenden Konzepten – Selbsthilfekräfte, Fähigkeiten und Kompetenzen der Klientinnen betonen und/oder im Hinblick auf die soziale Vernetzung von Individuen eine kontextuelle Sichtweise befürworten. Damit einhergehend wird – anders als bei individualisierenden Konzeptualisierungen von Problemstellungen und Leidenserfahrungen – individuelles Verhalten, somit auch Problemverhalten, im Zusammenhang mit dem interaktiven und kommunikativen, dem sozialen oder kulturellen Kontext, in dem es auftritt, betrachtet. Im Rahmen etwa der Empowerment-Perspektive sowie der Netzwerkarbeit werden zum Beispiel insbesondere »systemisch-lösungsorientierte Strategien« sowie »narrative Strategien« quasi als Techniken adaptiert (vgl. Lenz, 2002). Ferner hatten wir ebenfalls gesehen, dass speziell in die Arbeit mit Psychiatrieerfahrenen und ihren Bezugspersonen systemisch-therapeutische Vorgehensweisen verschiedentlich bereits Eingang gefunden haben (z. B. bei Mosher u. Burti, 1992).

Nun ist dieses Kapitel der Betrachtung der systemischen Perspektive in ihrem eigenen Begründungszusammenhang und der Darstellung des systemischen Ansatzes in Therapie, Beratung und psychosozialer Arbeit gewidmet. Die diese Perspektive kennzeichnenden – zum Teil quer zum Alltagsdenken liegenden – Denkweisen und -haltungen werden vorgestellt und im Hinblick auf ihre Bedeutung für die Praxis erörtert (Punkt 3.1). Ferner wird die Entwicklungslinie systemischer Therapie- und Beratungskonzepte – unter ausführlicher Berücksichtigung der relevanten Denkmodelle – nachgezeichnet (Punkt 3.2) und ein Therapiebeispiel für das Vorgehen nach dem systemisch-konstruktivistischen Ansatz angeführt. Im Weiteren werden die Leitlinien und Zielstellungen systemisch-therapeutischer Praxis konstruktivistischer Provenienz noch einmal genauer betrachtet (Punkt 3.3), mithin das systemische Verständnis der »Konstruktion« von Problemen und deren »Dekonstruktion« durch systemische Therapie oder Beratung erörtert (Punkt 3.3.1). Ferner wird eine Differenzierung verschiedener Konzepte, die in den systemisch-konstruktivistischen Ansatz Eingang gefunden haben, vorgenommen (Punkt 3.3.2).

Den Vorgehensweisen und Haltungen, Methoden und Frageformen systemischer Therapie und Beratung ist ein eigener Abschnitt (3.4) gewidmet.

Daran anschließend (Punkt 3.5) findet das Thema »systemische Sozialarbeit« in einem Exkurs gesonderte Beachtung. Hierbei werden Überlegungen zum Verhältnis von Sozialer Arbeit und Therapie (Punkt 3.5.2) sowie zur Unterscheidung von Hilfe und Fürsorge berücksichtigt und verschiedene Hilfeformen differenziert (Punkt 3.5.3). Ferner werden einige Eckpunkte der systemischen Perspektive für die sozialpädagogische Fallarbeit der gängigen (nicht-systemischen) Praxis entgegengestellt (Punkt 3.5.4). Schließlich finden auch die Schwierigkeiten und Grenzen systemischen Arbeitens im Feld der Sozialarbeit/Sozialpädagogik Erwähnung und es werden einige Kritikpunkte am systemischen Ansatz aus der Sicht Sozialer Arbeit besprochen (Punkt 3.5.5).

Den narrativen Ansätzen, die sich der »Postmoderne« zurechnen und sich von der »systemischen Moderne« mehr oder weniger abgrenzen, ist ein eigener Punkt (3.6) gewidmet. Sie werden hinsichtlich ihrer theoretischen Bezugnahmen konturiert (Punkt 3.6.1) und auch – differenziert nach einzelnen Konzepten – hinsichtlich ihrer Bedeutung für die psychosoziale Praxis diskutiert (Punkt 3.6.2).

Schließlich gilt es – unter Berücksichtigung der verschiedenen Richtungen – praxisbezogene Konkretisierungen eines systemischen Vorgehens im Arbeitsfeld »Soziale Psychiatrie« und hier insbesondere in der konkreten psychosozialen Arbeit mit Psychoseerfahrenen zu betrachten (Punkt 3.7). Bezugnehmend auf die »Felder-Schemata« (s. Abbildungen 1 und 3) werden zunächst die »ideellen Kontexte« psychiatrisch-psychosozialen Arbeitens aus systemischer Warte nachgezeichnet. Daran anschließend werden die Vorgehensweisen im »Fall-Feld« (systemische Erkundungen und Frageformen) aufgezeigt und des Weiteren die systemischen Arbeitsansätze angesichts verschiedener Problemlagen (Chronizitätsprobleme, akute Psychosen, suizidale Krisen) sowie in speziellen Handlungsfeldern (Sozialpsychiatrischer Dienst, beruflicher Rehabilitationsbereich) vorgestellt. Zum Schluss wird noch einmal – illustriert durch Beispiele aus der Praxis – gezeigt, wie die systemische Arbeitsweise in die alltägliche psychosoziale Arbeit eingebunden werden kann und welche Leitideen der systemischen Perspektive in Abgrenzung zu gängiger Praxis zu beachten sind.

Zum Abschluss dieses Kapitels erfolgt eine kritische Würdigung des systemischen Ansatzes für die psychosoziale Praxis (Punkt 3.8). Neben der Betonung der hilfreichen Wirksamkeit systemischen Denkens und Vorgehens angesichts scheinbar verfahrener Konfliktkonstellation oder Problemkonstruktionen sowie zur Überwindung von Psychiatrisierung und Chronizität sollen hier zusammenfassend die Grenzen eines solchen Ansatzes für die psychiatrisch-psychosoziale Arbeit thematisiert werden. Dabei kommen offene Fragen, etwa hinsichtlich der Dimension des »begleitenden Verstehens« von Klientenproblemen, noch einmal zur Sprache und es werden kritische Fragen im Hinblick auf die psychosoziale »Beziehungsarbeit« unter dem Aspekt der mitmenschlichen Begegnung aufgeworfen.

3.1 Einführung in die systemtheoretische Perspektive

Insoweit »Theorien« dazu verhelfen, im Praxisfeld nützliche Orientierungen zu verschaffen, da sie – zum Beispiel laut Simon (1992) in Anlehnung an Luhmann – die Komplexität von Erfahrungen und Wahrnehmungen reduzieren und Kriterien abgeben, um sinnvolles von weniger sinnvollem oder gar nutzlosem Handeln zu unterscheiden, kann aus systemischer Sicht gerade die Theorie (statt irgendeine Technik) als das wichtigste »Handwerkszeug« der sozialen oder psychosozialen Arbeit bezeichnet werden, meint Pfeifer-Schaupp (1995). Theoretisches soll in diesem Kapitel jedoch nur insoweit zur Sprache kommen, wie es der praktischen Arbeit als Orientierungsrahmen und Bezugspunkt dient. Es geht hier um orientierende Begriffe, die mit spezifischen Reflexions- und Handlungsmodellen verbunden sind, welche die Denkweisen und Handlungskonzepte oder Interventionsformen (Wissen und Können) für die psychosoziale Praxis formulieren. So kann die systemtheoretische Orientierung sowohl spezifisch in der direkten »Fallarbeit« mit Klientinnen oder Klientensystemen die interaktive Konstruktion eines »Falls« leiten und auch allgemein das Handeln im Praxisfeld strukturieren helfen.

Da man sich heute, in den Zeiten der Postmoderne als dem »Ende der großen Entwürfe«, von Wahrheit beanspruchenden Universaltheorien über menschliche Beziehungen eher distanziert hat, stehen nicht quasi beobachterunabhängige Theoriegebäude (die scheinbar objektive Erkenntnisse zu verkünden beanspruchen) zur Debatte, sondern lediglich konstruierte Welt- und Wirklichkeitssichten, also *Perspektiven*, deren Wert sich nicht an ihrem Wahrheitsgehalt bemisst, sondern an ihrem praktischen (bis pragmatischen) Nutzen für die psychosoziale Arbeit, für die Gestaltung und Veränderung von Lebenspraxis.

3.1.1 Die systemische Perspektive im Vergleich

Unter der Kapitelüberschrift »Vom Nutzen theoretischer Selbstvergewisserung für Theorie und Praxis der Sozialen Arbeit« stellen Bosshard, Ebert und Lazarus (1999) in ihrem Lehrbuch zur »Sozialarbeit und Sozialpädagogik in der Psychiatrie« einige »neuere« wissenschaftstheoretische »Paradigmen« vor, die zum Zwecke der Fundierung und Orientierung der psychosozialen Praxis »herangezogen und genutzt werden können« (ab S. 89). Darunter findet auch »systemisches Denken und Handeln« Erwähnung, wird dort jedoch nur angerissen. Im folgenden möchte ich deshalb die systemische Perspektive im Vergleich und im Kontrast zu drei anderen, von Bosshard et al. als relevant erachteten Perspektiven (Ansätzen) betrachten.

a) Im *phänomenologischen Ansatz* spielt die Empathie im Sinne der klientenzentrierten Gesprächsführung nach Rogers (als dialogische Variante einer »phänomenologischen Grundhaltung«) eine große Rolle sowie die Arbeitshaltung nach Nohl, dem Begründer der Sozialpädagogik. Bei Achtung und Anerkennung des

Individuums mit seinem Eigenwert ist man bestrebt, das Anliegen des einzelnen Menschen so genau wie nur möglich in Erscheinung treten zu lassen und bemüht sich in der professionellen Arbeit um eine adäquate »pädagogische Beziehungsgestaltung«. ←→ Die *systemische Position* betont zwar weniger den empathischen Bezug auf die emotionalen Erlebnisinhalte des Einzelnen, nimmt aber – eher den Respekt statt die Empathie akzentuierend – im Hinblick auf Achtung und Akzeptanz der Klientinnen, ihrer Anliegen und Ideen (etwa zur Lösung des Problems) durchaus eine dem phänomenologischen Ansatz vergleichbare Haltung ein. Allerdings ist hier *keine pädagogische* Intention damit verbunden. Vor allem werden Störungen oder Probleme eben gerade nicht als in einem Individuum zu lokalisierende Phänomene betrachtet.

b) Im *hermeneutischen Ansatz* gälte es, in einem dialogischen Prozess das Vorgebrachte auf eine Bedeutung hin zu befragen und (aus der Subjektivität und aus dem Dialog heraus) zu einer Sinnvermittlung und einem Sinnverstehen zu kommen. Lebensereignisse oder Milieus und darauf bezogene individuelle Deutungsmuster und Lebensperspektiven sollen in der (psycho-)sozialen Arbeit in einem fortlaufenden Prozess zu verstehen versucht werden. Beeinflusst durch die psychoanalytische Denkweise (und die psychoanalytische Methode als Prototyp einer dialogischen Hermeneutik) geht es auch darum, Absichten und Motive eines Akteurs nachzuvollziehen, den »hintergründigen« Sinn und Zweck des Dargebotenen zu deuten oder gemeinsam mit den Klienten ein »rekonstruktives Fallverstehen« zu erarbeiten. ←→ Im *systemischen Ansatz* spielen hintergründiges Sinnverstehen in Bezug auf Problemdarstellungen, Deutung verborgener Motive einzelner Akteure oder »rekonstruktives Fallverstehen« kaum eine Rolle, da – anstelle von Deutungsarbeit mit Blick auf die Probleme oder anstelle der Rekonstruktion defizitärer Entwicklungen – die *Lösungsorientierung* und die Einführung neuer, für die Problemlösung nützlicher Wirklichkeits- und Möglichkeitskonstruktionen (bzw. Narrative) im Vordergrund stehen.

c) Der *sozialökologische Ansatz* (bzw. die *gemeindepsychologische Perspektive*) betont die Eingebettetheit jedes Lebewesens in eine Umgebung (bzw. in ein umfassendes »System«) und die komplexe Verschränkung menschlichen Lebens mit soziokulturellen und politisch-ökonomischen Verhältnissen. Gemäß dieser »ökosystemischen Perspektive« gilt es, die sozial-kulturelle und sozial-ökologische Umwelt von Menschen in Notlagen zu erfassen und Interventionen entsprechend auszurichten, also zum Beispiel: Coping zu aktivieren (Bewältigungstraining), Selbstverfügungsmacht und Selbstbefähigung zu stärken (Empowerment), materielle und soziale Ressourcen zu mobilisieren (Social Support, Netzwerkarbeit, Ressourcenaktivierung). ←→ Aus *systemischer Sicht* werden die Verbindungen von individuellen psychischen Problemen mit materiellen Notlagen oder soziokulturellen Benachteiligungen (des übergeordneten Sozialsystems) weniger beachtet, da hier die Grenzen therapeutischer Einflussnahme erkannt werden. Systeme werden systemtheoretisch lediglich als Interaktions- und Kommunikationssysteme (Beziehungs- und Kommunikationsmuster) oder als sprachliche Systeme rezipiert. Allerdings zeichnet sich gerade die systemische Haltung dezidiert durch *Empowerment und Ressourcenaktivierung* aus. Dabei werden Selbstbefähigung und Selbsthilfekräfte jedoch nicht von außen an Betroffene herangetragen, sondern quasi im System selbst zu erwecken versucht. Die Ressourcenorientierung des systemischen Ansatzes akzentuiert – wohlgemerkt unter Vernachlässigung der materiellen und sozioökonomischen Mittel – die individuellen und sozialsystemischen Ressourcen und basiert auf der Überzeugung, dass jeder – auch noch so »schwer gestörte« – Mensch über die erforderlichen Ressourcen verfügt, mit seinen Problemen fertig zu werden oder sie dekonstruieren zu können, wenn auch diese Selbsthilfefähigkeiten derzeit verschüttet sein mögen und durch systemisch-therapeutische Arbeit erst geweckt werden müssen.

Die systemische Perspektive, die vor allem auf das Anstoßen von Entscheidungen für oder gegen eine Veränderung im Hier und Jetzt und/oder auf das (Er-)Finden von Lösungen oder einer neuen Erzählweise ausgerichtet ist, entfaltet in Therapie und Beratung ihre effektiven Möglichkeiten womöglich gerade dadurch, dass sie davor bewahrt,

a) sich in empathischer Gefühlsduselei zu verlieren und pädagogisierend vorzugehen oder

b) den persönlichen Sinn- und Bedeutungsgehalt von Problem- und Leidenskonstruktionen tiefendeutend »schwer« zu überhöhen (und damit auf defizitäre oder leidvolle statt auf gelungene Entwicklungen zu fokussieren) oder

c) lang und breit auf (ungerechte) sozial-kulturelle und sozioökonomische Gegebenheiten und Verhältnisse einzugehen, die sich zwar nicht der (sozial-)politischen, aber sehr wohl der therapeutischen Einflusssphäre ohnehin entziehen.

Auch unter den Gesichtspunkten von Empowerment oder Hilfe zur Selbsthilfe und der damit zusammenhängenden Forderung, die so genannte »Expertokratie« (also den Nimbus, dass die professionellen Experten zu wissen beanspruchen, was für die Klientinnen gut wäre und wo es lang zu gehen hätte) zurückzunehmen, scheint die systemische Perspektive als Bezugsrahmen für die psychosoziale Arbeit besonders gut geeignet, da sie die Autonomie der Klienten(systeme) grundsätzlich achtet und an ihr ansetzt sowie die Klientinnen selbst als Experten ihrer Lebensweisen und Lösungskonstruktionen ansieht. Mithin liegt das Potenzial systemischen Arbeitens vor allem darin, in Problemsystemen – insbesondere über den Weg des Fragens und durch Provokation – *selbstorganisierte* Veränderungen zu initiieren und dabei – ohne jegliche normative Vorgaben seitens der Professionellen – die Autonomie und das Selbstbestimmungsrecht der Klienten oder Beteiligten voll zu respektieren. Bei blockierter Autonomieentwicklung wird zu autonomen Entscheidungen angeregt.

Jedoch lassen sich in der Kontrastierung dieses Ansatzes mit den drei anderen Perspektiven auch einige Schwachstellen oder blinde Flecke erkennen:

- der empathische Nachvollzug emotionaler Erlebnisweisen des Einzelnen ist von eher nachrangiger Bedeutung;
- die Dimension der Subjektivität als Entwicklung persönlicher Motive und Sinnbezüge im Zusammenhang mit spezifischen sozioemotionalen Lebenserfahrungen spielt kaum eine Rolle, so dass auch begleitendes Verstehen (der Entwicklung) entsprechender Bedeutungsgehalte eher vernachlässigt wird;
- der Zusammenhang psychischer Problem- oder Konfliktlagen mit sozial-kulturellen beziehungsweise gesellschaftlichen Verhältnissen (u. a. ungleiche Verteilung materieller und sozialer Ressourcen sowie Macht und Herrschaft) wird, mal abgesehen vom Einbezug der Genderperspektive, kaum thematisiert.

Diese Aspekte verweisen auf einige offene Fragen oder »Verstehenslücken« eines systemisch-therapeutischen Ansatzes, die gerade auch für die psychosoziale Arbeit im Feld der Sozialen Psychiatrie von Belang sein dürften. Sie werden als solche noch einmal aufgegriffen (Punkte 3.5.5 und 3.8).

3.1.2 Kennzeichen der systemischen/systemtheoretischen Perspektive

Kennzeichnend für die systemische Perspektive ist, dass sich der Fokus der Aufmerksamkeit weg von den Eigenschaften isolierter Individuen hin zur Betrachtung der (zirkulären) Wechselbeziehungen miteinander kommunizierender und interagierender Personen verschiebt. Dabei richtet sich der Blick auf »Systeme«.

Ein System wird – allgemein – als eine aus verschiedenen Elementen geordnet zusammengesetzte Ganzheit definiert, wobei jedes System wiederum Teilsystem eines übergeordneten Systems sein kann und die verschiedenen Systemeinheiten in koevolutionären Zusammenhängen zueinander stehen (können). Dabei gälte es immer auch, jeweils die Grenzen der Systeme zu ihren Umwelten näher zu bestimmen, also – von einer Beobachterperspektive her – zu differenzieren zwischen System und Nicht-System (Umwelt), da – gemäß Luhmann – die System-Umwelt-Differenz zur Bestimmung eines Systems noch wichtiger sei als seine Einheit oder sein »Wesen«. Denn Systeme sind zu ihrer Selbsterhaltung auf den Austausch mit ihrer Umwelt angewiesen (vgl. Pfeifer-Schaupp, 1995, S. 73). Von einem konsequent konstruktivistischen Standpunkt her gesehen, wäre – nach Ludewig – »System« schlussendlich einfach »das, was wir ein System nennen«, schreibt Pfeifer-Schaupp (1995, S. 69) und »systemisch« meint »eine Sichtweise, die Systeme zu ihrem Gegenstand macht« (S. 70). Dabei gilt zu bedenken, dass sich ein System in seiner Ganzheit qualitativ neu und anders verhält als die Summe seiner isoliert betrachteten Einzelelemente.

Für das psychosoziale Tätigkeitsfeld könnte man präzisieren, dass hier *Interaktionssysteme* und *Kommunikations-* oder *Informationssysteme* (bzw. sprachliche Systeme) in den Blick genommen werden. Das für die Praxis von Therapie und Beratung ausschlaggebende Verständnis von Systemen lässt sich nach Schweitzer und Weber (1997) an den folgenden drei Begriffen festmachen:

– *Zirkularität:* Das Verhalten jedes Mitglieds eines Systems wird zugleich als Ursache und als Wirkung des Verhaltens der anderen Mitglieder beschrieben. Statt linearer Ursache-Wirkungs-Beschreibungen wird darauf geachtet, wie sich Phänomene wechselwirksam beeinflussen.

– *Kommunikation:* Betrachtet wird der zirkuläre Austausch von Kommunikationen zum einen unter dem Inhaltsaspekt: »Was wird gesagt« und zum anderen unter dem Beziehungsaspekt: »Was denkt A darüber, dass B gerade dies gerade jetzt zu C sagt«. Darüber hinaus sind ferner über die Zeit wiederholt auftretende Kommunikationsabläufe (sog. Redundanzen) zu beachten, die sich als »Muster« oder als »Regeln« identifizieren lassen.

– *System-Umwelt-Grenzen:* Von einem streng konstruktivistischen Standpunkt ausgehend, wäre ja – wie schon gesagt – »System« das, was wir System nennen, das heißt eine durch einen Beobachter hervorgebrachte Einheit. In therapeutischer Hinsicht geht es dabei um die Frage, wer oder was zu einem System, etwa zu einem Problemsystem, dazugehört und wer oder was nicht. Und dies wäre eine Frage, die es »auszuhandeln« gälte. Das heißt: Das, was als problemrelevantes Interaktionssystem gilt, steht nicht fest, sondern wird je gesondert definiert.

Anders als dies früher konzipiert wurde (etwa von der »Mailänder Schule«), stellt demnach keinesfalls eine ganze Familie (oder die in einem Haushalt zusammen lebende Personengruppe) zwangsläufig das problemrelevante Interaktionssystem dar. Es kann um familiäre Subsysteme gehen oder um Kommunikationssysteme in der Arbeitswelt, in der Psychiatrieszene oder im Versorgungsnetz. Auf jeden Fall wird man immer auch das therapeutische System selbst als problemrelevantes Interaktionssystem definieren müssen (Berater und Therapeutinnen als Teil des Systems) sowie darüber hinaus sämtliche Verflechtungen von Klientinnen mit anderen professionellen Helfern.

Schweitzer und Weber (1997) bezeichnen als »nicht-systemisch« alle diejenigen Sichtweisen, die so genannte psychische Störungen (wie z. B. Psychose) oder in der therapeutischen Praxis auftretende Phänomene (wie z. B. Widerstand) als *in einem einzelnen* Systemmitglied (z. B. in einem Individuum) lokalisierte Phänomene an sich betrachten. Als »systemisch« wären demgegenüber diejenigen Sichtweisen zu bezeichnen, die solche Phänomene oder definierte Störungen als *Beschreibungen von Interaktionsprozessen* betrachten und dabei berücksichtigen, dass diese Beschreibungen nicht von einer objektiven Warte her erfolgen können, sondern immer nur aus der Sicht eines Beobachters. Dass es sich also immer um »beobachterabhängige« Beschreibungen handelt. Bei Akzentuierung der Wechselbeziehungen werden in systemischer Sicht je definierte psychische Störungen (wie etwa phobische Ängste oder depressiv-manische Episoden) oder Problemverhaltensweisen (wie etwa aggressives Verhalten) prinzipiell als interaktionelle Probleme oder als

»unglückliche Kommunikationen« aufgegriffen, statt als Zustände oder Eigenarten einzelner Personen.

Vor diesem Hintergrund systemischen Denkens lassen sich im Groben, ohne hier nach den verschiedenen systemisch-therapeutischen Richtungen zu differenzieren, einige Grundprinzipien systemisch-therapeutischen Handelns ausmachen, zum Beispiel:

- die *zirkuläre Beschreibung* von Kreislaufprozessen der Interaktion (»Zirkularität«) anstelle des sonst üblichen Vorgehens, das – in linear gedachten Ursache-Wirkungs-Zusammenhängen – etwa von der Annahme ausgeht, dass eine Person das Verhalten einer anderen direkt verursachen könne;
- das *Hypothesenbilden* über interaktionelle Zusammenhänge in Bezug auf Problembeschreibungen (»Hypothetisieren« etwa, dass die aggressiven Verhaltensausbrüche des Kindes dazu verhelfen, die Eltern von ihrem Streit abzulenken) sowie das damit in Zusammenhang stehende (»zirkuläre«) Befragen aller Systemmitglieder über ihre jeweilige Sicht der Beziehungen zwischen je anderen;
- das Verständnis von Therapie als *Verstörung* (»Perturbation«) oder als *Anregung*, indem (vor allem über Fragen) neue Information in das System gegeben wird, die es zu einer Veränderung bisheriger Interaktionsformen veranlassen könnte;
- die *Ressourcen- und Lösungsorientierung* anstelle einer Orientierung an Defiziten und Vertiefung von Problemen.

Tabelle 12: Kennzeichen der (systemtheoretischen) systemischen Perspektive

Stichpunkte zur Kennzeichnung der systemischen Perspektive
Der Denkansatz
– Sichtweise, die Interaktions- und Kommunikationssysteme zu ihrem Gegenstand macht (bei Achtung ihrer Selbstorganisation und Autonomie)
– Betrachtung der Wechselbeziehungen kommunizierender und interagierender Personen (statt der Eigenschaften isolierter Individuen)
– »Störungen« gelten als interaktionelle Probleme oder als »unglückliche Kommunikationen« (statt als Zustände einzelner Personen)
Der Arbeitsansatz
– zirkuläres Hypothetisieren und Fragen (zirkuläre Beschreibung von Kreisprozessen statt Annahme linearer Ursache-Wirkungs-Zusammenhänge)
– Verändern durch Anregung oder Verstörung (»Perturbation« statt psychoedukativ auf die Klienten einzuwirken)
– Ressourcen- und Lösungsorientierung (statt Defizitorientierung und Problemhypnose)
– Neutralität oder Neugier (seitens der Professionellen) sowie Respekt (gegenüber den Klientinnen) und »Kundenorientierung«

Und als therapeutische Haltungen:
- *Neutralität* oder »Neugier« seitens der Professionellen;
- *Respekt* gegenüber den Klienten und ihren Problemlösungsversuchen sowie
- *Kundenorientierung*, die beinhaltet, dass man sich an dem orientiert, was die Klientinnen wollen, statt ihnen ein therapeutisches Programm aufzudrücken.

Die Kennzeichen der systemischen Perspektive sind stichpunktartig in Tabelle 12 zusammenstellt. Die narrativen Ansätze und die sprachlichen Dekonstruktionstheorien der Postmoderne erfahren eine gesonderte Darstellung unter Punkt 3.6.

3.2 Entwicklungslinie systemischer Therapiekonzepte: Drei Denkmodelle

Die Entwicklung systemischer Modelle ist im Hinblick auf ihre erkenntnistheoretischen Prämissen von der »Kybernetik erster Ordnung« zur »Kybernetik zweiter Ordnung« vorangeschritten. Diese Terminologie mag man – wegen ihrer Technikanalogie – für die psychosoziale Praxis womöglich nicht als ganz so glücklich oder geeignet erachten. Es handelt sich um eine begriffliche Unterscheidung, die auf Heinz von Foerster (s. z. B. 1993) zurückgeht und unter anderem die Stellung des »Beobachters« im Verhältnis zum »System« beschreibt. Im ersten Fall, der herkömmlichen Denkweise, wird davon ausgegangen, dass ein Beobachter außerhalb dessen steht, was er beobachtet (*Kybernetik erster Ordnung*). Übertragen auf den Kontext der therapeutischen oder psychosozialen Praxis ist mit diesem Denkmodell die Idee verbunden, dass der Therapeut oder die Beraterin als quasi außenstehende Person mehr oder weniger objektiv erkennen könne, was in einem Klientensystem schief läuft und dann entsprechend korrigierend eingreifen könne. Es wird hier also angenommen, dass der Therapeut in der Lage wäre, zum Beispiel »dysfunktionale« Interaktionsmuster innerhalb einer Familie, die zu dem jeweiligen Problem hinführen oder das jeweilige symptomatische Verhalten eines Familienmitglieds veranlassen, zunächst zu identifizieren und dann im Weiteren auf diese »pathogenen« Muster im Familiensystem in einer Weise einzuwirken, dass sie in die therapeutisch gewünschte Richtung geändert werden. Das Ziel entsprechender Interventionen ist hierbei auf die neue Herstellung eines flexiblen Familiengleichgewichts (bzw. auf die Flexibilisierung einer zu rigiden Familienhomöostase) gerichtet, auf dass das jeweilige Problem verschwinden möge. Dieses therapeutische Vorgehen würde mithin der Arbeitsweise eines Kfz-Mechanikers entsprechen, der einen defekten Automotor zu reparieren hat oder – in systematischer Weise – die Ursache für die Funktionsunfähigkeit eines Fahrzeuges herauszufinden und zu beheben hat.

Durch die spätere Rezeption des Konzepts der *Autopoiese*[26] wurde diese Denk-
und Vorgehensweise, kurz gesagt diese alte Epistemologie familientherapeutischer
Praxis, grundlegend hinterfragt.

Gemäß dem Autopoiese-Konzept organisieren sich lebende Systeme stets so, dass sie
sich selbst, ihre Systemidentität und ihre Systemgrenzen erhalten. Von außen aufgenommene Informationen bearbeiten solche Systeme gemäß ihrer *Eigenlogik*. Sie nehmen nur solche Informationen aus ihrer Umwelt auf, die ihrer Eigengesetzlichkeit
nicht widersprechen. Lebende Systeme zeichnen sich durch *zirkuläre Selbstorganisation* und *Autonomie* aus. Sie sind sich selbst erzeugend, sich selbst erhaltend und
selbstreferenziell, verändern sich auf eigengesetzliche Weise und sind durch externe
Einwirkung zwar »verstörbar«, aber nicht gezielt kontrollierbar.

Dem »Maschinenmodell«, das die gezielte Beeinflussbarkeit und Kontrollierbarkeit
von (Klienten-)Systemen in Ingenieursmanier suggeriert, wurde somit ein *Modell
für lebende Systeme*, die sich gemäß ihrer selbstorganisierten Eigengesetzlichkeit autonom verhalten und deshalb nicht von außen zielgerichtet beeinflusst werden können, entgegengestellt. Lebende Systeme sind demnach in der Dimension ihrer
Ganzheit und Eigenlogik zu akzeptieren und können nicht länger als manipulier-
bare Objekte angesehen werden.

Im Falle von Therapie oder Beratung geht es um lebende oder kommunikative Systeme[27] unter Menschen. Mit dem Autopoiese-Gedanken, der das neue Systemdenken
durchzieht, wurde insbesondere auch der Einfluss des Systembeobachters auf das beobachtete System thematisiert. Der Beobachter wird mit seinen Beobachtungen zu einem Teil des Systems. Er vermag nicht – wie der Kfz-Mechaniker bei seinem Auto –
von einer außenstehenden Warte her und in systematischer Weise objektiv festzustellen, was warum funktioniert oder nicht funktioniert, sondern ist »in den gesamten
Bogen einbezogen«, wie Lynn Hoffman (1996) das ausdrückt. Das Denkmodell der
Kybernetik erster Ordnung wurde hiermit abgelöst durch ein Modell, das nach von
Foerster als *Kybernetik zweiter Ordnung* (= Kybernetik der Kybernetik) bezeichnet wird.

Auf den Therapie- oder Beratungskontext übertragen heißt das, dass eine Therapeutin von Anbeginn zu einem Teil des »Problemsystems« wird, wenn an sie –
etwa von einer Familie – ein Problem herangetragen wird. Dies geschieht einfach
dadurch, dass sie mit den Familienmitgliedern kommuniziert und sich mit dem
Problem zu beschäftigen beginnt. Ihre Hypothesen, etwa zur »Funktion« des Problems innerhalb der Familie oder zur Lösung eines wahrgenommenen Konflikts, sind

---

26 Autopoiese heißt Selbstschöpfung. Für die biologische Systemtheorie (nach Maturana
    u. Varela, 1987) gilt es als eines der Kennzeichen lebender Systeme, dass sie sich selbst
    schaffen, sich selbst erzeugen.
27 Aus soziologischer Sicht wurde das Autopoiese-Konzept in etwas abgewandelter Form
    von Luhmann (1984) auch für soziale Systeme, das heißt für Kommunikationssysteme,
    aufgegriffen.

nicht »beobachterunabhängig« und schon gar nicht »objektiv«, sondern stellen ihre eigenen Konstruktionen dar. Ein anderer Therapeut, der in andere Wechselbeziehungen mit den Familienmitgliedern tritt, wird vermutlich andere Beobachtungen machen, die sich wieder anders auf das Familiensystem auswirken werden.

Der Begriff der Kybernetik zweiter Ordnung ist somit mit der Einführung einer *neuen Epistemologie* verbunden. Die Unterscheidung zwischen der alten und der neue Epistemologie ermöglicht die Markierung eines qualitativen Sprungs in der Entwicklung systemischer Therapien von

1. den klassischen familientherapeutischen Modellen, die sich noch nicht auf die neueren Systemtheorien und das Konzept der Autopoiesis beziehen, über
2. konsequent systemisch-zirkulär gedachte Therapiekonzepte, die ebenfalls noch ohne Autopoiese-Konzept auskommen, bis hin zu
3. den neueren systemisch-konstruktivistischen Modellen, die mehr oder weniger explizit auf die Systemtheorien (à la Maturana u. Varela sowie Luhmann) und auf konstruktivistische erkenntnistheoretische Positionen (etwa des radikalen Konstruktivismus) Bezug nehmen.

Bevor diese Entwicklung nachfolgend über die inhaltliche Darstellung dreier unterschiedlicher Denkmodelle für die systemtherapeutische Praxis nachvollzogen wird, sollen zunächst einige zentrale Unterschiede zwischen den beiden Epistemologien noch einmal zusammenfassend verdeutlicht werden (vgl. Hoffman, 1996; s. a. Tabelle 13 mit den wichtigsten Stichpunkten). Als Dreh- und Angelpunkt der Unterscheidung zwischen »klassischen« und »postklassischen« Systemmodellen lässt sich die Orientierung am *Konzept der Autopoiese* ausmachen, das von den neueren Systemmodellen für die systemisch-therapeutische Praxis adaptiert wurde.

1. Zum einen ist damit die »Erkenntnis« verbunden, dass gezielte Einflussnahme durch therapeutische Interventionen oder Instruktionen (also »instruktive Interaktion«) nicht möglich sein kann, da jeder Beeinflussungsversuch seitens der Therapeuten vom jeweiligen problemrelevanten System selbst auf je eigene Weise autonom und selbstorganisiert (gemäß dessen Eigenlogik und Eigendynamik) aufgegriffen wird. Für die therapeutische oder sozialpädagogische Fallarbeit heißt das, dass Belehrungen, Instruktionen, Veränderungsappelle, Interventionen nur den Einfluss haben können, der von den jeweiligen Klientensystemen gemäß ihrer Eigenlogik zugelassen wird. Diese Formulierung bedeutet aber nicht, dass irgendjemand die Eigenlogik oder Eigendynamik eines Systems eindeutig beschreiben könnte: Ob eine externe Information »zugelassen« wird oder nicht, zeigt sich lediglich daran, ob – gegebenenfalls wie – darauf reagiert wird. Demnach ist nicht nur *gezielte Beeinflussung* im Sinne einer Veränderungsintention *nicht möglich*, auch die Wirkungen von Interventionen sind grundsätzlich nicht voraussehbar. Für die therapeutische oder psychosoziale Praxis gilt zuallererst, dass der Eigensinn, die Eigenheit und die Eigenverantwortlichkeit von Klientensystemen zu respektieren sind. Davon ausgehend bleibt unter der Zielperspektive

Tabelle 13: Gegenüberstellung der »alten« und der »neuen« Epistemologie systemischenArbeitens

Die »alte« Epistemologie (Kybernetik erster Ordnung), die den klassischen familientherapeutischen Modellen als Orientierungsgrundlage dient, lässt sich durch folgende Prämissen kennzeichnen:

- der Beobachter steht außerhalb dessen, was er beobachtet und dem entsprechend
  steht die Therapeutin außerhalb des (Familien-)Systems, das sie zu beeinflussen
  trachtet;

- Familien oder andere Systeme lassen sich (wie Maschinen) gemäß einem Kontrollmodell quasi »programmieren« oder kontrollieren, so dass auch zu therapeutischen Zwecken gezielt Einfluss genommen werden kann;

- vom Konzept der Familienhomöostase ausgehend, lassen sich funktionale versus
  dysfunktionale Systeme identifizieren oder pathologische Interaktionsmuster eindeutig feststellen;

- das jeweils identifizierte Problem oder Symptomverhalten entsteht im (dysfunktionalen) (Familien-) System, das heißt es wird durch das jeweilige System quasi
  geschaffen;

- durch Instruktionen oder Direktiven, durch Interventionen oder Strategien seitens
  des Therapeuten und über »instruktive Interaktionen« lassen sich gezielt Veränderungen im therapeutischen Sinne erreichen.

Im Unterschied dazu zeichnet sich die »neue« Epistemologie (Kybernetik zweiter Ordnung) durch folgende Postulate aus:

- es gibt keine außenstehenden Betrachtungen, keine beobachterunabhängigen
  Beschreibungen dessen, was man beobachtet und die Therapeutin wird immer zu
  einem Teil des Systems, mit dem sie arbeitet, indem sie beispielsweise teilhat an
  der Konstruktion des jeweiligen Problem- und Bedeutungssystems;

- lebende Systeme funktionieren – ganz anders als triviale Maschinen – nach einem
  (autopoietischen) »Autonomiemodell« und lassen sich von außen weder programmieren noch kontrollieren, sondern lediglich anregen und anstoßen oder
  »verstören«;

- statt um normative Zuschreibungen von Funktionalität oder Dysfunktionalität
  (von Systemen) und entsprechende Diagnosestellungen (im Hinblick auf »pathologische« Muster) aus Expertensicht geht es um Bedeutungssysteme und Wirklichkeitskonstruktionen aller Beteiligten, insbesondere um die Frage der Bedeutungen, die dem präsentierten Problem zugeschrieben werden;

- nicht das System (etwa das Familiensystem) (er)schafft das Problem, sondern das
  präsentierte Problem (er)schafft das System (so lautet die Formel von Lynn Hoffman, 1996). Damit ist gemeint, dass sich um die Definition eines Verhaltens als
  »Problem« herum, ein (ggf. Leiden erzeugendes) System der Bedeutungen und
  Problemsichten einschließlich entsprechender Kommunikationen organisiert;

- wegen der Autonomie autopoietischer Systeme sind zielgerichtete Einflussnah-
  men in Richtung therapeutisch erwünschter Veränderung via Instruktionen oder
  gezielter Interventionen nicht möglich, das heißt »instruktive Interaktion« ist in
  diesem Sinne nicht machbar.

therapeutischer Veränderung nur die Möglichkeit, ein (Problem-)System »anzustoßen«, es anzuregen oder zu »verstören«, wofür geeignete Gesprächstechniken, allem voran das Fragen (z. B. »zirkuläres Fragen«) und die positive Umdeutung (»reframing«), entwickelt worden sind (s. Punkt 3.4).

2. Zum anderen hat das neue systemtheoretische Denkmodell erhebliche praktische Bedeutung insbesondere für die Stellung der Therapeutinnen oder Helfer. Nicht nur haben sie sich von Anbeginn der Therapie oder Beratung an als Teil des (Problem-)Systems zu begreifen; vor allem wird ihre Macht relativiert. Das beinhaltet das Aufgeben des einseitigen »Expertenmodells« im Therapeut-Klient-Verhältnis und eine eher kooperative statt hierarchische Beziehung zwischen Hilfesuchenden und psychosozialen Helferinnen. Systemtheoretisch orientierte psychosoziale Praxis ist explizit: nicht erzieherisch, nicht pädagogisierend, nicht psychoedukativ, nicht präskriptiv, nicht pathologisierend, nicht diagnostizierend, nicht normativ! Klientinnen (bzw. Klientensysteme) werden angeregt oder dazu provoziert, *eigene Problemlösungen* zu entwickeln, aber es wird ihnen keinesfalls mehr oder weniger subtil beigebracht, wie sie das »richtig« oder »adäquat« zu machen hätten.

3. Zum dritten erfolgt in (post)modernen Systemmodellen, insoweit autopoietische Systeme als zwar »operational geschlossen«, aber »informationell offen« definiert sind, eine Verlagerung des Schwerpunkts auf die *kommunikativen Bedeutungen* von Verhalten sowie auf Ideen, Sichtweisen, Annahmen, Werthaltungen und Mythen, die ein Bedeutungssystem am Leben erhalten, statt – wie das in den klassischen Modellen der Fall ist – die zu verändernden interaktiven Verhaltensmuster (etwa dysfunktionale Interaktionsmuster) zu betonen. Dabei sollte sich – laut Hoffman (1996) – der Therapeut oder Berater aber davor hüten, zu glauben, er könne es bewusst darauf anlegen, das Annahmensystem seiner Klientinnen zu ändern. Lediglich auf deren Kontexte kann er Einfluss nehmen, so dass womöglich entsprechende Veränderungen angeregt werden.

4. Und schließlich eröffnet das neue Systemmodell gegenüber den älteren familiensystemischen Modellen vor allem auch die Möglichkeit *systemisch-therapeutisch orientierter Arbeit mit Einzelnen* (s. z. B. Boscolo u. Betrando, 1997).

Alles in allem geht die Entwicklung von den älteren zu den neueren Modellen in die Richtung weniger wertender, weniger pejorativer, weniger instrumenteller und weniger hierarchischer Haltungen und Positionen, die das Ziel haben, Kontexte für Veränderungen zu schaffen, statt expertendominierte Veränderungsziele vorzugeben.

Ein in der Praxis immer wieder stark emotional besetztes Thema kreist um die Frage der Schuld: »Wer ist schuld am Entstehen von Verhaltensauffälligkeiten, an leidvollen Entwicklungen?« fragen sich die Betroffenen und Beteiligten. Allein schon die Möglichkeit, dass im therapeutischen Kontext Schuldzuschreibungen erfolgen könnten, stellt immer eine Bedrohung für Klientinnen dar. Zugleich blockieren die Angst, beschuldigt werden zu können oder das Gefühl, selber schuld zu sein, die Wahrnehmung alternativer Sichtweisen auf ein Problem. Eine von Therapeuten vorgenommene *negative Konnotation* von Interaktionsverhalten (etwa des Verhaltens der Eltern gegenüber ihrem »psychisch kranken« Kind) würde hierbei noch ein Übriges tun und die Chance verringern, die Ideen der Beteiligten zur Schuldfrage zur Sprache kommen zu lassen und alternative Auffassungen zur wahrgenommenen Verantwortlichkeit für Probleme anzubieten. Das Schuldthema sollte, sofern es für die Klientinnen selbst von Belang ist, auf keinen Fall gemieden, aber in einer Weise aufgegriffen werden, die eine Relativierung ermöglicht. Gemäß dem neuen Systemdenken lässt sich in keinem Fall eine Schuld an irgendeinem Familienmitglied festmachen. Dies muss vor allem im Falle von Psychosen deshalb betont werden, weil zu diesem Problemkomplex einstmals vor dem Hintergrund der Double-Bind-Theorie gravierende Beschuldigungen der Eltern »psychisch kranker« Kinder aus Expertensicht vorgebracht worden waren und insbesondere die Rede von der »schizophrenogenen« (d. h. Schizophrenie bei ihrem Kind erzeugenden) Mutter Furore gemacht hatte.

Im Folgenden wird nun der Entwicklungsweg systemischer Ansätze über drei unterschiedliche Denkmodelle – von der strukturellen und/oder strategischen Familientherapie über die systemische Familientherapie hin zur systemisch-konstruktivistischen Therapie – geschildert.

In einem vierten Punkt finden noch einige andere familien- und systemtherapeutische Ansätze Erwähnung, die nicht in diesen Dreischritt passen, aber diese systembezogene Entwicklungsrichtung flankieren.

3.2.1 Der strukturorientierte familientherapeutische Ansatz

Gemäß strukturell-funktionaler Betrachtung hängen die Strukturen und Verhaltensregeln eines (definierten) sozialen Systems mit den Funktionen zusammen, die sie für das Sozialsystem und seine einzelnen Mitglieder haben (z. B. Schutz und Unterstützung, Identitätsbildung). Unter therapeutischen Gesichtspunkten gelten hier vor allem Familien als die relevanten Sozialsysteme. Therapeutische oder sozialpädagogische Interventionen streben eine Veränderung der Strukturen der Familie an, wenn diese – gemessen an den zu bewältigenden Aufgaben – als zu starr oder als dysfunktional (deshalb problemerzeugend) angesehen werden. Dies entspricht beispielsweise dem Vorgehen der *strukturellen Familientherapie* nach Minuchin oder – ähnlich – auch dem der strategischen Familientherapie nach Haley.

Für diesen Ansatz ist zum einen die aus der Regelungs- und Nachrichtentechnik (*Kybernetik erster Ordnung*) entlehnte Idee von der Planbarkeit komplexer Systeme (die als »triviale Maschinen« gedacht waren) einschlägig und zum anderen die Orientierung am Konzept der (Familien-)Homöostase. Davon ausgehend wird beispielsweise überlegt, wie durch die »richtige Intervention« ein System aus einem für pathologisch gehaltenen starren Gleichgewichtszustand herausgebracht werden könnte. Entsprechende systemische Therapie- und Beratungsansätze orientieren sich an normativen Vorstellungen von »funktionalen« oder »dysfunktionalen« Systemdynamiken und versuchen durch geschickte Techniken, den Widerstand der Klienten gegen Veränderungen zu überwinden (vgl. Schweitzer u. Weber, 1997).

Trotz dieser – aus systemisch-konstruktivistischer Sicht vorgebrachten –Kritik, erweisen sich meines Erachtens dennoch einige der im Rahmen dieses »strukturorientierten« Denkansatzes entwickelten Konzepte als nützlich und hilfreich für die Praxis. Diese sollen hier kurz erwähnt werden.

Beim *Konzept der Grenze* (nach Minuchin) geht es um die Frage, inwieweit sowohl zwischen den einzelnen Familienmitgliedern als auch zwischen einzelnen Subsystemen innerhalb einer Familie, etwa dem elterlichen Subsystem gegenüber dem Subsystem der Kinder, entweder – wünschenswerter Weise – flexible und klare Grenzen bestehen oder aber – eher problematisch – rigide und undurchlässige oder – ebenfalls problematisch – diffuse und verwischte Grenzen. Zu starre Grenzen könnten Probleme der Isolierung (mangelndes Zugehörigkeitsgefühl), zu diffuse Grenzen Probleme der Verstrickung (beeinträchtigte Autonomieentwicklung) mit sich bringen. In Familien mit einem psychotischen Familienmitglied lassen sich häufig unklar diffuse Grenzen und fusionierte Beziehungen beobachten.

Für die »Prozessdiagnostik«, die Minuchin zur Erfassung von Familienstrukturen durchführt, spielt unter anderem der Begriff der *Konfliktumleitung* eine Rolle. Dies bedeutet, dass Konflikte etwa zwischen Ehepartnern über einen Dritten (meist ein Kind) umgeleitet werden, so dass dann das beim Kind festgemachte Problemverhalten (oder dessen »Krankheit«), die Konflikte in der Zweierbeziehung in den Hintergrund treten lässt.

Weiterhin wird in dieser Therapieform auf die Beachtung und Identifizierung der jeweiligen *Regeln*, die in einer Familie (meist unausgesprochen) herrschen, Wert gelegt. Damit sind zum einen interaktive Zusammenhänge gemeint, die von den Therapeuten beobachtet werden, zum Beispiel: »immer, wenn die Eltern beginnen, sich auseinander zu setzen, macht eins der beiden Kinder Blödsinn und die Eltern wenden sich ihm zu« (von Schlippe, 1984, S. 56). Zum anderen sind damit *implizite Regeln* gemeint, an denen sich die Familienmitglieder in ihrem Verhalten untereinander orientieren, zum Beispiel: »in dieser Familie wird über Gefühle nicht gesprochen« (vgl. S. 56).

Ein weiteres für die Praxis nützliches Konzept wurde von Haley entworfen. Demnach stellt das so genannte »perverse Dreieck« in Familien ein besonderes Problem stellt dar. Damit ist gemeint, dass beispielsweise eine Person aus der Elterngeneration (etwa die Mutter) eine *Koalition mit einer Person aus einer anderen Generation*, etwa einem Kind (z. B. ihrem Sohn) bildet, wobei sich diese Koalition gegen die Person, die zu ihrer eigenen Generation gehört (also ihren Mann) richtet. Weiter kommt hinzu, dass diese Koalition geleugnet wird. Das Problem solch einer Dreieckskonstellation besteht nach Haley nicht zuletzt darin, dass hier die Generationslinie (die Trennung der Generationen) heimlich durchbrochen und »eine Symptombildung innerhalb des Familiensystems wahrscheinlich« wird (von Schlippe, 1984, S. 55).

Zwar mag man sich bei diesem Konzept an der krassen Terminologie stören (»per-

vers«), aber es ist wohl kaum von der Hand zu weisen, dass hiermit der Blick auf problemrelevante Dreiecksverhältnisse in Familien geöffnet wird. So kann man in der psychosozialen Praxis nicht selten beobachten, dass ein junger Mann (oder eine junge
Frau) mit psychiatrischer Diagnose »aus dem schizophrenen Formenkreis« ein außerordentlich enges, fast intimes, Verhältnis mit der Mutter (oder dem Vater) pflegt, während der jeweils andere Elternteil etwas abseits steht.

Auch wenn man gute Gründe hat, die Normativität und die »Machtstrategien« (vgl.
Hoffman, 1996) im Vorgehen des strukturorientierten beziehungsweise des strategischen Ansatzes zu kritisieren, so wird man dennoch (auch heute noch) von den
vorgenannten Konzepten in der systemischen Arbeit mit Familien profitieren können. Zumindest sind sie zur Hypothesenbildung geeignet und lassen sich meines
Erachtens auch mit einer respektvollen und kooperativen statt expertokratisch herrschaftlichen therapeutischen Haltung in Einklang bringen.

3.2.2 Die klassische systemische Familientherapie

Unter dieser Denkrichtung ist insbesondere die *Mailänder Schule* um Mara Selvini
Palazzoli zu nennen, deren Ansatz meines Erachtens an der Schnittstelle zwischen
»Kybernetik erster Ordnung« und »Kybernetik zweiter Ordnung« einzuordnen wäre. Zwar orientiert man sich noch nicht am Autopoiese-Konzept, aber auch nicht
(mehr) an einem »Kontrollmodell« wie in der strukturorientierten Denkrichtung
von Familientherapie.

»Eine wichtige konzeptuelle Akzentverschiebung im Vergleich zu früheren Vorstellungen ergab sich aus dem Systembegriff, wie ihn das Mailänder Team verstand. Das entscheidende System, um das es in der Therapie geht, besteht nicht aus Personen, sondern aus *Information* und *Kommunikation* [...] Familien werden als Informationssysteme gesehen [...] Es geht weder darum, den ›Indexpatienten‹ zu verändern, noch
anderen Familienmitgliedern einen mehr oder weniger großen Beitrag am Zustandekommen der Störung zuzuschreiben, sondern nur darum, so schnell wie möglich das
Familienspiel aus dem Gleichgewicht zu bringen, es zu verändern und die Regeln auszutauschen, nach denen die familiäre Interaktion organisiert ist« (von Schlippe u.
Schweitzer, 1996, S. 30). Bezugnehmend auf Bateson wurde von *kybernetischer Zirkularität*, einem rekursiven »Schlaufenmodell« ausgegangen, dem gemäß Lebensprozes-
se beziehungsweise sich wechselseitig beeinflussende Verhaltensäußerungen kreis-
oder eben schlaufenförmig beschrieben werden (vgl. Hoffman, 1996).

Was »systemisch« in therapeutischer Hinsicht ist, wurde von diesem Ansatz grund-
gelegt. Statt in Begriffen von linearer Beeinflussung zu denken, wurde hier konsequent zirkulär-systemisches Denken in der Familientherapie erstmals umgesetzt.
Dies beinhaltet Bemühungen, unter Einsatz kommunikativer Techniken (insbesondere bestimmter Frageformen, Botschaften, Schlusskommentare) eingefahrene

oder symptomerzeugende Kommunikations- und Interaktionsmuster eines (Familien-)Systems aufzubrechen und in einer Weise zur Veränderung anzustoßen, dass sich das symptomatische Verhalten des »identifizierten Patienten« womöglich erübrigt, entweder weil es für ihn unter der neuen Perspektive auf die interaktionellen Zusammenhänge keinen Sinn mehr macht und/oder weil es seine Funktion für das System verliert. Vor dem Hintergrund dieser theoretischen Annahmen wurden im therapeutischen Prozess von den Therapeutinnen des Mailänder Ansatzes je *spezifische Hypothesen* über die problemerzeugenden Zusammenhänge im jeweiligen Familiensystem aufgestellt.

> Aus einer Fallschilderung von Selvini Palazzoli, Boscolo, Cecchin und Prata (1981) sei hierzu folgendes Beispiel genannt: Bei einem Jungen (»Ernesto«), dem von einer jugendpsychiatrischen Station psychotische Symptome attestiert worden waren, fiel den Therapeuten auf, dass er sich wie ein Greis gab (»wie ein Achtzigjähriger wirke und wie ein Buch aus dem vorigen Jahrhundert rede«; S. 82). Sie erstellten die Hypothese, dass Ernesto den verstorbenen Großvater mimte und diesen zu ersetzen versuchte, um in der verbliebenen Kleinfamilie einen Machtausgleich zwischen den Eltern zu schaffen; insbesondere die wachsende mütterliche Macht auszubalancieren, da er den Vater (an den er emotional stärker gebunden schien) als schwach und unfähig ansah, sich gegen seine Frau zu behaupten und bislang nur der Großvater in der Lage gewesen war, die Mutter in die Schranken zu weisen. Eine solche Hypothese fließt dann auch in den *Schlusskommentar* einer therapeutischen Sitzung ein, aber grundsätzlich mit positiver Bewertung aller Verhaltensweisen und Anerkennung des symptomatischen Verhaltens bis hin zur so genannten *Symptom-Verschreibung*. Im Beispielfall sah diese »Verschreibung« so aus, dass Ernesto gesagt wurde, dass es gut sei, dass er sich die Rolle des Großvaters zugelegt habe und dass er so weitermachen und nichts verändern solle bis zur nächsten Sitzung in fünf Wochen (vgl. S. 84).

Mit dem Hypothesenbildungsprozess des Mailänder Ansatzes ist nicht der Versuch verbunden, die »Wahrheit« zu ergründen, sondern es geht darum, die Beobachtungen stimmig in eine sinnvolle Idee über die interaktionellen Zusammenhänge des Problemverhaltens einzufügen. Einschlägig für diesen Ansatz sind die Prinzipien des *Hypothetisierens*, der *Zirkularität* und der *Neutralität*. Ferner spielen eine Rolle: die *positive Konnotation* aller Verhaltensweisen, die *Umdeutung*, *Familienrituale* und *paradoxe Verschreibungen*. Mit einigen Abweichungen in der therapeutischen Haltung und im konkreten Vorgehen werden (fast) alle diese Prinzipien und Methoden auch vom systemisch-konstruktivistischen Ansatz (s. nachfolgend 3.2.3) wieder aufgenommen.

Allem voran wurde durch das ursprüngliche Mailänder Team die *Methode des zirkulären Fragens* entwickelt, die generell (bis heute) als die zentrale Methode systemisch-therapeutischen Arbeitens angesehen werden kann.

Beim *triadischen Fragen*, der Hauptform des zirkulären Fragens, wird jeder gebeten, die Beziehung zwischen zwei anderen (anwesenden) Personen seiner Bezugsgruppe im Hinblick auf eine bestimmte Frage darzustellen. Zum Beispiel wird der Vater gefragt, was seine Frau, also die Mutter macht, wenn ihrer beider Sohn wieder dieses merkwürdige Verhalten an den Tag legt. Damit werden Informationen sowohl gewonnen wie auch geschaffen, Unterschiede werden deutlich, Perspektivenwechsel ermöglicht, starre Überzeugungen gegebenenfalls erschüttert und vor allem erscheinen problematische Verhaltensweisen Einzelner als interaktionelle Probleme in interaktiven Prozessen.

Während das bahnbrechende Buch von Selvini Palazzoli, Boscolo, Cecchin und Prata mit dem Titel »Paradoxon und Gegenparadoxon« (Originalausgabe 1975) einstmals durchschlagende Erfolge durch *paradoxe Interventionen* (insbesondere in Familien mit psychotischen Transaktionen) zu berichten wusste[28], hatte man danach aber die Bedeutung der Methode der *paradoxen Verschreibungen* (wie auch der sog. *Opfer-Verschreibungen*) stark relativiert, zum Teil problematisiert, da sie nicht nur atemberaubend schnell Symptombeseitigungen zeigte, sondern verschiedentlich auch krasse Misserfolge nach sich zog (vgl. Selvini Palazzoli, Cirillo, Selvini u. Sorrentino, 1992).

> Beispiel einer Opfer-Verschreibung wäre, dass man dem jugendlichen Symptomträger vor der versammelten Familie Respekt dafür zollt, dass er mit seinem verrückten Verhalten, seinen psychotischen Symptomen etwa den Vater zu unterstützen, die Großmutter zurückzuholen, die Ehe der Eltern zu retten oder die Familie zusammenzuhalten versucht und dafür sein eigenständiges Leben, ja sogar seine Gesundheit und ein normales Leben als Jugendlicher opfert und dass er – da er sich dazu entschieden habe, dieses Opfer zu erbringen – damit fortfahren soll, dies für seine Familie zu tun, auch wenn die Kosten für ihn selbst hoch erscheinen mögen.

Da das *Paradoxieren* stark umstritten ist (auch im konstruktivistischen Lager gibt es neben vehementen Gegnern einige Befürworter) und ebenso faszinierend wie furchterregend anmutet, lohnt es sich, diese Methode noch ein wenig genauer zu betrachten. Opfer-Verschreibungen (wie auch »Symptom-Verschreibungen«) sind schon deshalb paradox, weil gerade das »verschrieben« wird (»sich opfern«, symptomatisches Verhalten), was therapeutisch an sich unerwünscht ist. Der enorme Effekt von paradoxen Verschreibungen, auf die die Betroffenen häufig zunächst mit Empörung reagieren, ergibt sich vermutlich daraus, dass auf diese Weise – quasi via Verstörung – *selbsttätige Veränderungen provoziert* werden. Da man aber nicht zielgerichtet intervenieren kann (weil – wie man heute weiß – die Familie ein autonomes System darstellt; s. Punkt 3.1.2), besteht zugleich das Risiko von Misserfolgen. Dieses Risiko lässt sich meines Erachtens jedoch vermindern, wenn man etwas behutsamer vorgeht und das therapeutische Gegenparadoxon sehr genau an die spezifische Situation einer Familie anpasst, statt zum Beispiel regelmäßig Opferverschreibungen vorzunehmen.

---

28 Das ursprüngliche Mailänder Team löste sich 1979 auf. Boscolo und Cecchin sprangen ab und wandten sich dem systemisch-konstruktivistischen Ansatz zu, da sie eine weniger instrumentalistische Haltung bevorzugten. Selvini Palazzoli bildete mit ihrem Sohn Matteo Selvini sowie mit Cirillo und Sorrentino 1982 ein neues Team.

Dennoch setzte sich das (neue) Mailänder Team von der therapeutischen Methode des Paradoxierens ab. Ein Grund hierfür war deren einstige Erfahrung, dass man in den Fällen, in denen die *krassen* paradoxen Interventionen nicht griffen, nicht wusste, wie man denn nun mit diesen Familien überhaupt noch therapeutisch weiterarbeiten könne (vgl. Selvini Palazzoli et al., 1992). Ein anderer Grund bestand darin, dass auch in den erfolgreichen Fällen ungewiss ist, ob die über therapeutische Paradoxa erzielten Erfolge Bestand haben.

Aus diesen Erfahrungen der Mailänder um Selvini Palazzoli könnte man ableiten, dass paradoxale Techniken grundsätzlich nicht autoritär und nicht, ohne die Intentionen der Beteiligten zu beachten, in Form von manipulativen Tricks eingesetzt werden dürften. Andererseits müsste man jedoch gerade bei Psychosen (wo man in den Familien oft ein Gewirr von Paradoxa wahrnehmen kann) die Möglichkeit, über paradoxe Aufforderungen Veränderungen zu provozieren, meines Erachtens nicht ganz unversucht lassen. In diesem Sinne werden auch in systemisch-konstruktivistischen Therapien durchaus paradoxale Elemente aufgegriffen, jedenfalls von einigen Therapeuten.

Beispielsweise handelt es sich um eine »paradoxale Verschreibung«, wenn – angesichts der Ablösungskonflikte eines jungen Mannes mit psychotischen Symptomen – der Familie der Vorschlag gemacht wird, den »Jungen« die nächste Zeit wie ein kleineres Kind zu behandeln. Es kann damit sowohl für den (20-jährigen) Sohn wie auch für die Eltern die Entscheidung zugespitzt werden, ob er denn nun Kind bleiben *oder* erwachsen werden möchte, und was Vater und Mutter in dieser Hinsicht möchten (s. a. das Fallbeispiel unter Punkt 3.7.5, S. 328). Bei solchen weniger krassen paradoxen Verschreibungen wird es auch kaum Probleme machen, mit der Familie selbst dann weiter zusammen zu arbeiten, wenn diese »Interventionen« nicht »gegriffen« haben.

Im Mailänder Modell spielten aber nicht nur einzelne paradoxe Verschreibungen eine Rolle, sondern man war der Ansicht, dass bereits mit Beginn der Therapie von der Familie eine Paradoxie an die Therapeutinnen herangetragen wird, nach dem Motto: »Ändert uns, ohne uns zu ändern!« (s. von Schlippe u. Schweitzer, 1996, S. 29). Denn die Familie wünsche sich durch die Therapie zwar eine Aufhebung der Problemsituation rund um das erkrankte Familienmitglied, wolle gleichzeitig aber unbedingt an ihrem »Spiel« festhalten. Darauf müsse von Therapeutenseite mit einem Gegenparadoxon geantwortet werden nach dem Motto: »Wir können Euch nur unter der Bedingung ändern, dass Ihr Euch nicht ändert!« (s. S. 29). In diesem Sinne wurde die gesamte Problemsituation positiv bewertet und die Familie ermahnt, vorläufig noch nichts zu verändern.

In der Weiterentwicklung des ursprünglichen Modells wurde verstärkt die *Spielmetapher* verwendet und der Zusammenhang zwischen individuellem Verhalten und den familialen Beziehungen als »eine Spirale von Spielzügen und Gegenzügen« gesehen (Selvini Palazzoli et al., 1992). Im Falle leidenserzeugender oder symptomproduzierender »Spiele« bestünde die therapeutische Aufgabe darin, das entsprechende *Familienspiel* aus dem Gleichgewicht zu bringen, so dass die familiäre Interaktion neu organisiert wird.

Auf *Kritik* stieß vielfach die Art, wie die Therapeuten/innen des Mailänder Teams ihr Verhältnis zu den Familienmitgliedern gestaltet hatten. Um sich nicht in die vertrackten »Spiele« der jeweiligen Familie hineinziehen zu lassen, legten sie großen Wert darauf, das Heft in der Hand zu behalten, und pochten auf ihren Status und ihre Kontrollmacht als Therapeuten. Vor allem die damit verbundene *autoritäre Haltung* wurde und wird aus (post-) moderner systemtheoretischer Perspektive, welche Kooperation, Co-Konstruktion sowie Konversation statt Kontrolle und Manipulation betont, aufs Schärfste kritisiert (vgl. von Schlippe u. Schweitzer, 1996, S. 29 f.). Ein weiterer Kritikpunkt betraf die zum Teil drastische Art der Schlussinterventionen des ursprünglichen Mailänder Teams (vgl. das Beispiel auf S. 28). Nicht zuletzt wegen der krassen Abschlusskommentare kursiert unter heutigen systemischen Praktikerinnen verschiedentlich die Formel »Draufhauen und Weglaufen«, um – hämisch – die Vorgehensweise der alten Mailänder zu kennzeichnen.

Dennoch wurden wesentliche Prinzipien des Mailänder Modells übernommen und in das »moderne« systemische Vorgehen eingepasst. Die *Übertragbarkeit* des Mailänder Ansatzes auf die nicht explizit therapeutische psychosoziale Arbeit (z. B. mit Psychoseerfahrenen) ist im Hinblick auf die therapeutischen Techniken und das Setting zwar nur peripher gegeben. Wenn man in der psychosozialen Praxis aber systemisch arbeiten möchte, sollte die Denkrichtung dieses Ansatzes bekannt und die damit verbundene Art etwa der Problemwahrnehmung, des Aufstellens interaktioneller Hypothesen gekonnt sein. Eine entsprechende Hypothesenbildung über systemisch-interaktionelle Zusammenhänge des Problemverhaltens kann bis heute als nützlich auch für die Beratungspraxis angesehen werden.

Es sei hier erwähnt, dass sich Mara Selvini Palazzoli (mit ihrem neuen Team) später immer weiter von ihrem ursprünglichen systemischen Modell wegentwickelt hat – bis dahingehend, den systemischen Funktionalismus zu kritisieren und eine wissenschaftliche Theorie des Subjekts zu fordern (s. Selvini Palazzoli et al., 1992), während die »modernen« Systemiker eher an dem (ursprünglichen) systemischen Therapieansatz festhielten, aber die Denk- und Vorgehensweise etwas relativierten.

3.2.3 Der systemisch-konstruktivistische Ansatz

Im Unterschied zu den beiden vorgenannten Denkmodellen der strukturellen Familientherapie und des klassischen Mailänder Modells beinhaltet die konstruktivistisch orientierte Denkrichtung:

– eine (stärkere) Zurücknahme von Expertendominanz und Autorität für die therapeutische Problemlösung;
– eine (stärkere) Vermeidung von pathologisierenden Zuschreibungen, sei es an Systeme, Systemkonstellationen oder an Interaktionsmuster von Personen;
– mehr echten Respekt vor den Problemlösungen der Klienten(systeme), auch wenn es sich dabei um leiderzeugende, problematische oder symptomatische Lösungen handelt;

- eine erhöhte Beachtung und stärkere Würdigung der Sichtweisen (Wirklichkeits-konstruktionen) der Klientinnen, auch wenn diese derzeit für die Problemlösung als nicht besonders geeignet erscheinen;
- eine (stärkere) Vermeidung von Lenkungsversuchen durch Instruktionen oder aufdringliche Interventionen und eine weniger instrumentelle Haltung;
- eine eher grundsätzliche Abstinenz gegenüber Schuldzuweisungen, ohne aber das Schuldthema, sofern es für die Beteiligten von Belang ist, zu übergehen oder gar die Bedeutung der Schuldfrage zu verleugnen;
- eine (stärkere) Akzeptanz des so genannten »Veränderungswiderstands« der Klienten(systeme), der grundsätzlich nicht zu brechen versucht, sondern auch als sinnvoll beschrieben wird;
- weniger dogmatische Vorgaben im Hinblick auf das therapeutische Setting.

Auch sind in diesem Ansatz die Grenzen zwischen Therapie und Beratung durchlässiger gestaltet. Es wird kein großer Unterschied zwischen diesen beiden Hilfeformen aufgemacht, so dass die Übertragung der – in der therapeutischen Praxis entwickelten – Konzepte auf die nicht explizit therapeutische psychosoziale Arbeit kaum Schwierigkeiten macht.

Der Übergang zur systemisch-konstruktivistischen Perspektive lässt sich an dem Weg von Boscolo und Cecchin, die zu dem ursprünglichen Mailänder Team gehörten und sich später von ihm trennten, beschreiben. Ihre Arbeit hat sich immer weiter von den instrumentellen Methoden weg entwickelt, hin zu einem »Konzept der Kooperation und der Gestaltung konstruktiver Dialoge« und dahingehend, »gemeinsam mit dem System daran zu arbeiten, eine Vielzahl von Perspektiven zuzulassen – und nicht die eine durch *die eine* andere zu ersetzen« (von Schlippe u. Schweitzer, 1996, S. 34).

Statt weit gespannter interaktioneller Hypothesenbildungen führten Boscolo und Cecchin zunächst eine Differenzierung in drei Gruppen ein: Hypothesen über Allianzen, Hypothesen über individuelle und familiäre Prämissen und Mythen sowie Hypothesen über die Kommunikation in der Familie und in den mit ihr verbundenen Systemen, etwa dem Helfersystem (vgl. Jones, 1995, S. 35).

Da die positive Konnotation aller problemerhaltenden oder störenden Verhaltensweisen mitunter auch sarkastisch anmutete, zog das Boscolo-/Cecchin-Team es vor, in Begriffen einer »logischen Konnotation«, welche sich auf das Funktionieren des Systems bezieht, zu denken. Das heißt, es wird über Fragen zu erkunden versucht, »wie ein einzigartiges System funktioniert, was es von Veränderungen abhält und auch, ob es sich überhaupt ändern sollte« (S. 39).

Auf die Kritik an der Haltung der Neutralität, sie zeige Kälte und Unnahbarkeit auf Seiten der Therapeuten, wurde von Cecchin mit dem Begriff der »Neugier« reagiert. Es ginge darum, mit einer Haltung der Neugier den Erklärungen der Familie und den Beziehungsmustern gegenüber aufmerksam zu bleiben (vgl. S. 37).

Ferner wurden zirkuläre Fragen in den Mittelpunkt, aber Schlusskommentare in den Hintergrund gerückt. Auf das Paradoxieren wurde weitgehend verzichtet und das ur-

sprüngliche therapeutische Setting flexibler gestaltet (vgl. Boscolo, Cecchin, Hoffman
u. Penn, 1992)

Bezugnahme auf die Systemtheorie und das Autopoiese-Konzept
Der konstruktivistisch orientierte systemische Ansatz nimmt explizit Bezug auf die
Systemtheorie(n) (von Maturana u. Varela und/oder von Luhmann) und auf das Autopoiese-Konzept. Somit wird die These von der Unmöglichkeit objektiv-externer Sys-
tembeeinflussung vertreten und zugleich der Einfluss des Systembeobachters auf das
beobachtete System berücksichtigt (Kybernetik zweiter Ordnung; s. S. 207 ff.). Zwar
wird in Therapie und/oder Beratung nicht gänzlich auf Interventionen oder Aufgaben-
stellungen verzichtet, aber doch eher zurückhaltend damit umgegangen. Im Mittelpunkt steht hier nicht mehr das Eingreifen und Instruieren, sondern das Kooperieren
und – vor allem – das Fragen. Mit der Formel *Intervenieren durch Fragen* (s. Tomm,
1996) könnte man die Leitidee dieses neusystemischen Therapieansatzes verkürzt auf
den Punkt bringen (oder die von postmodernen Strömungen beeinflussten Therapeuten würden heutzutage eher die Formulierung »Fragen statt Intervenieren« bevorzugen).

Die Einflussnahme durch systemische Beratung oder Therapie beschränkt sich
somit weitgehend auf den Versuch, *neue* – anregende oder verstörende – *Information* in das Problemsystem einzuführen. Dies geschieht mit den Hauptmethoden
des *Reframing* (der Umdeutung) sowie des *zirkulären Fragens* (s. a. Punkt 3.4). Dabei wird die einst von den Mailändern entwickelte zirkuläre Fragetechnik adaptiert.

Über die *zirkuläre Fragetechnik* werden nicht nur die Sichtweisen der Familienmitglieder oder anderer Beteiligter in Erfahrung gebracht, sondern auch die *alternativen Sichtweisen* der Therapeutinnen vorgebracht und interaktionelle Zusammenhänge aufgezeigt. Vornehmlich über den Weg des Fragens wird so neue Information zu erzeugen
versucht. Es werden *neue Unterscheidungen* im Hinblick auf die Probleme eingeführt,
die für die Lebenspraxis der Klienten bedeutsam sein könnten. Die »Entscheidung«, ob
sie die neuen Informationen annehmen und sich intern neu organisieren oder dies
nicht tun, bleibt aber den Klienten, den Systemen selbst überlassen.

Man fand, dass machtvolle Interventionen, wie sie (darüber hinaus) vom ursprünglichen Mailänder Team praktiziert wurden, gar nicht nötig sind, da allein schon im
zirkulären Fragen, eventuell in Verbindung mit Kommentaren, die einen *neuen Bezugsrahmen* für die Beschreibung des Problemverhaltens einführen, eine starke ver-
ändernde Kraft steckt. Der Berater/Therapeut versteht sich dabei nicht als Kontrolleur oder »Instrukteur«, sondern als *Co-Konstrukteur* von (familiärer) Realität (vgl.
Schweitzer u. Weber, 1997).

Gemäß der systemtheoretischen Konzeption können Klientensysteme bestenfalls
kooperativ begleitet und in ihrer Selbstorganisation angeregt oder irritiert werden.
Das beinhaltet, dass auch die Veränderungen nicht von den Therapeuten oder Beraterinnen, sondern von den Klientensystemen selbst, nach deren eigenen Regeln,
herbeigeführt werden. Der therapeutische Beitrag hierzu bestünde lediglich darin,

jeweilige Problemsysteme »anzustoßen« oder in einer Weise zu »verstören« zu versuchen, dass sie sich selbst in Richtung einer Veränderung neu organisieren. In dem gleichen Maße, in dem die Klientinnen als grundsätzlich fähig angesehen werden, eine Veränderung herbeizuführen, liegt somit auch die *Verantwortung* für die Veränderung bei ihnen und nicht bei den Therapeuten. Während die klassischen Familientherapeuten durch geschickte Techniken versuchten, den *Widerstand* der Klienten gegen Veränderungen zu überwinden, wird hier das Konzept des Widerstands aufgegeben. Denn wo den Klientensystemen nichts aufgedrückt wird, müssen sie sich auch nicht widerständig zeigen.

Bezugnahme auf den radikalen Konstruktivismus
Im Weiteren ist für den systemisch-konstruktivistischen Ansatz die Bezugnahme auf die erkenntnistheoretische Position des radikalen Konstruktivismus (s. z. B. von Glasersfeld, 1994) einschlägig. Diese besagt, dass es sich bei unseren Wahrnehmungen um Konstruktionen handelt, dass wir also unsere Welt nicht objektiv abbilden können, sondern unsere Realität gewissermaßen konstruieren. Demzufolge könnten unsere Annahmen über die Welt (und die unserer Klientinnen) auch nicht danach beurteilt werden, ob sie »wahr« oder »falsch« sind, sondern lediglich dahingehend, inwieweit sie zur Welt in einer Weise passen, dass wir (und unsere Klientinnen) mit ihnen erfolgreich handeln und »überleben« können.

»Daher interessiert aus radikal-konstruktivistischer Perspektive bei den verschiedensten Ideen (z. B. darüber, ob ein Kind ›wirklich‹ behindert ist oder nicht, ob eine Frau ihren Mann ›wirklich‹ liebt, ob ein Patient sein psychotisches Verhalten beeinflussen kann oder es ›über ihn kommt‹) nicht deren Wahrheitsgehalt, sondern deren Nützlichkeit für die Lebensgestaltung der Beteiligten« (Schweitzer u. Weber, 1997, S. 199). Es wäre in diesem Sinne etwa die Frage zu stellen, ob eine psychiatrische Krankheitstheorie, welche die genetische Determiniertheit von Psychosen betont, die Beteiligten eher aktiviert oder eher deren passives Erdulden fördert, ob sie für sie eher tröstlich oder eher beunruhigend ist (vgl. S. 199).

Um in der Praxis nach einem konstruktivistischen Ansatz arbeiten zu können, muss die erkenntnistheoretische Position des »radikalen Konstruktivismus« meines Erachtens nicht unbedingt in der »Radikalität« übernommen werden, wie sie einst formuliert wurde: dass nämlich »die Umwelt, die wir wahrnehmen, unsere Erfindung« sei und es keine materielle Realität jenseits unseres Bewusstseins gäbe. Therapeutisch bedeutsam erscheint die konstruktivistische Position vielmehr vor allem unter dem Gesichtspunkt, dass sie die Option eröffnet, es einmal mit anderen, als mit den bisherigen problemerzeugenden oder selbstabwertenden Konstruktionen zu probieren und beispielsweise zu versuchen, Problemkonstruktionen in Lösungskonstruktionen umzuwandeln. Auch in der psychosozialen Arbeit können so – ähnlich wie in der Therapie – den Betroffenen neue, gegebenenfalls geeignetere Wirklichkeitskonstruktionen angeboten werden. Neben dem radikalen Konstruktivismus ist noch die erkenntnistheoretische Position des *sozialen Konstruktionismus* (s. z. B. Gergen, 2002) zu nennen, auf den vornehmlich die narrativen Ansätze Bezug nehmen (s. hierzu Punkt 3.6).

Zusammengefasst wird in der systemtheoretisch begründeten und konstruktivistisch orientierten Therapie- oder Beratungspraxis versucht, neue, gegebenenfalls verstörende Information einzuführen, mithin *neue Unterschiedsbildungen* im Hinblick auf die Probleme anzustoßen, die für die Lebenspraxis der Klienten einen produktiven Unterschied machen. Durch Fokuswechsel zwischen Problembeschreibungen und Lösungsideen sowie das Stellen geeigneter Fragen (z. B. nach unterschiedlichen Bedeutungsgebungen für ein Verhalten oder nach den Beziehungen im Klientensystem) werden neue, womöglich nützlichere Wirklichkeitskonstruktionen »gestreut«, die zur Lösung der Probleme oder zur deren Milderung beitragen könnten (vgl. Schweitzer u. Weber, 1997). Häufig wird auch vor einer »zu schnellen Veränderung« gewarnt, um anzudeuten, dass das jeweilige symptomatische Verhalten *jetzt noch* gebraucht wird (da es aus systemischem Verständnis Sinn macht), aber *später* eine Veränderung durchaus ohne Gefahr möglich sein wird.

Ein Beispiel – Sequenzen aus einer systemisch-konstruktivistischen Therapie
Um den systemisch-konstruktivistischen Ansatz zu veranschaulichen, sollen beispielhaft einige Sequenzen aus der Therapie mit »Familie Gerlach« mitsamt einem Schlusskommentar vorgetragen werden (nach Simon u. Rech-Simon, 1999).

> Die Familie besteht aus dem Vater (48), der Mutter (44), der Tochter Monika (15) und dem Sohn Heinz (12). Ein Kinderpsychiater hatte die Symptomatik der Tochter Monika folgendermaßen beschrieben: Zuerst habe sie sich vor dem Urinieren geekelt, später nachts eingenässt, dann sich zu viel die Hände gewaschen, später auch »verrückte« Verhaltensweisen gezeigt, wie zum Beispiel schmutzige Unterwäsche im Bücherschrank des Vaters zu verstecken. Außerdem habe sie Untergewicht (47 kg bei 170 cm) und esse auch recht wenig. Einem Psychoanalytiker würden diese Symptome gewiss eine Deutung abringen, die in Verbindung mit der (ggf. abgewehrten) Sexualität eines pubertierenden Mädchens steht. Darauf sind die Systemtherapeuten aber nicht gekommen. Sie sehen vor allem einen Ablösungskonflikt.
>
> Die Überweisung zur Systemtherapie erfolgt durch diesen Kinderpsychiater. Therapeuten waren Fritz Simon und Helm Stierlin. Im Erstinterview hatte Monika auf die Frage, »was ihrer Meinung nach in der Familie geschehen würde, falls sie ihr gegenwärtiges Verhalten aufgebe«, geantwortet, dass sich dann die Mutter »mehr um sich selbst kümmern und ihrer eigenen Wege gehen würde« (Simon u. Rech-Simon, 1999, S. 63). Beide Eltern hatten eigene körperliche Beschwerden betont.

Der folgende Gesprächsausschnitt stammt aus der zweiten Sitzung (S. 64 ff.) in der die Beziehung der Eltern Thema war (Abkürzungen: TH = Therapeuten, V = Vater, M = Mutter, MO = Monika, HE = Heinz. Die Darstellung ist weitgehend wörtlich zitiert, ohne dass hier Anführungszeichen verwendet werden).

TH zu Monika: Monika, was würdest du sagen, wann geht es der Mutter besser: Wenn der Vater sich niedergeschlagen zeigt oder wenn er losbrüllt?

MO: Wenn er mehr schimpft.

TH: . . . Nehmen wir mal an, er ist niedergeschlagen und schimpft nicht, was würde die Mutter tun? . . . Würde sie eher auf ihn zugehen oder von ihm weggehen?

MO: Weg. (Eher weggehen)

[. . .]

TH zur Mutter: . . . ein anderes Thema . . . Nehmen wir an, Ihr Mann wollte verhindern, dass Monika ihre Kräfte aktiviert, sich ablöst . . . und nach draußen geht. Wie müsste er das anstellen? Was müsste er machen, damit sie sagt: »Ich bleib doch lieber hier.«

M: Was er dafür tun soll, damit sie zu Hause bleibt?

TH: Ob er das soll, ist eine andere Frage. Aber nehmen wir mal an, ganz hypothetisch, er wollte, dass sie auf jeden Fall dableibt. Was müsste er tun? . . . Was müsste er tun, wenn er wollte, dass sie zum Beispiel nicht zum Tanzkurs geht, dass sie nicht ihren Interessen nachgeht?

M: Ja, brutal gesagt, könnte er sagen: »Hör mal, wenn du jetzt mit so Sachen anfängst . . . Das macht mich noch mehr kaputt.« So vielleicht auf diese Art. Dass er sich selbst als Opfer sieht.

TH: Wenn er sich niedergeschlagen zeigt, wäre das eine Möglichkeit, zum Beispiel?

M: Na ja, klar, ich meine vielleicht als Druckmittel, eventuell.

[. . .]

TH zum Vater: Wie müsste es denn Ihre Frau anstellen, wenn die das wollte? . . . Hätte sie denn auch irgendeine Möglichkeit?

V: Ganz einfach, sie flüchtet sich in die Krankheit . . .

TH: Was wäre denn die Krankheit, auf die die Monika voraussichtlich am ehesten anspringen würde?

V: Stolperndes Herz!

TH: Stolperndes Herz. Wie wird sie das zeigen? Wie wird sie das vermitteln?

V: Dramatisch!

TH: Wie sähe das aus: dramatisch? Können Sie das veranschaulichen, dass wir ein Bild davon bekommen?

V: . . . Dann steht die ganze Küche voller Medikamente; wir haben zwei Schränke, aber die Küche muss vollstehen mit Medikamenten . . .

[. . .]

TH zur Mutter: . . . Nehmen wir an, Sie würden sich krank zeigen, Ihr Mann würde sich niedergeschlagen zeigen, wohlmöglich beides gleichzeitig; wann würde sich Monika eher über ihr Pflichtgefühl Ihnen gegenüber hinwegsetzen und sagen: »Ich kümmere mich um meine ganz persönliche eigene Entwicklung«, wenn sie sich als gesund sieht oder wenn sie sich selber als irgendwie gestört betrachtet?

[. . .] (längeres Schweigen)

M: Ooch, das ist schwierig . . . (überlegt) vielleicht, wenn sie meint, sie wär gesund. Ja, eher . . .

[. . .]

Kommentar: Die Therapeuten möchten die »Idee streuen«, dass Monikas Problematik etwas mit dem Erwachsenwerden zu tun haben könnte und dass die zum Teil demonst-

rativ gezeigten körperlichen Beschwerden der Eltern die Tochter an ihrer Abgrenzung hindern könnten.

[...]

Während das Verhältnis der Eltern zu der »Indexpatientin« im weiteren Verlauf der Sitzung dann eher in den Hintergrund rückt, zeigt sich ein gravierender Paarkonflikt. Dieser besteht darin, dass der Vater sich am liebsten »aufgeben« möchte, weil er es »nicht ertragen« kann, dass die Mutter »immer« (d. h. 1 bis 2 Mal die Woche) zu ihren Vereinssitzungen geht. Er zeigt sich deswegen fast tödlich gekränkt und betroffen. Die Mutter hingegen will ihren Verein nicht aufgeben. Die Partner scheinen darin festgefahren; beide leiden unter diesem Konflikt; der Vater stellt sich als der hauptsächlich Leidende dar.

Im *Schlusskommentar* zur zweiten Sitzung nehmen die Therapeuten eine *Umdeutung* vor, indem der Paarkonflikt als Kooperation beschrieben wird, da beide Partner dasselbe Autonomie-Abhängigkeits-Problem hätten, aber – gewissermaßen arbeitsteilig – jeder nur die eine Seite davon (er)lebe und somit »ambivalenzfrei« bleibe. Das hört sich dann so an (S. 223 ff.):

> TH zu den Eltern (in Anwesenheit der Kinder): Und was wir verstanden haben, ist, dass zwischen Ihnen beiden eine ganz enge, ungewöhnlich nahe Beziehung besteht (die Eltern nicken, die Kinder schauen verblüfft) [...] und dass das das Problem ist. Diese Beziehung ist von beiden Seiten gleich nah [...] Und da haben Sie [...] eine wirklich sehr gute Arbeitsteilung gefunden, indem der eine [Ehemann] die Rolle übernommen hat, den Wunsch nach Nähe auszudrücken, gewissermaßen für beide [...] Nähe und Abhängigkeit. Der andere [Ehefrau] [...] dagegen die Autonomiewünsche [...] Wir denken, dass Sie auf diese Weise eine ganz gute Möglichkeit gefunden haben, gemeinsam den richtigen Abstand zu bestimmen [...] ein ganz elegantes Arrangement. Das Problem ist halt, dass ein Preis dafür bezahlt wird für dieses Arrangement [...] das Dilemma [...], dass damit doch eine ungeheure körperliche Daueranspannung bei Ihnen beiden einhergeht [...] eine Sache des Würfelns, wer von Ihnen möglicherweise eher auf der Strecke bleibt [...] Es muss nicht so kommen, weil viele Paare einen dritten Weg finden, wo keiner auf der Strecke bleiben muss. Und wir sehen zum Beispiel, dass Monika so einen dritten Weg angeboten hat, indem sie Probleme geliefert hat [...] Das ist etwas, [...] wo sie Ihnen beiden geholfen hat. Wo Sie beide in Ihrer Elternrolle gefragt waren und gesagt haben: Jetzt stellen wir unsere [...]-Wünsche ein Stück zurück [...], weil das andere wichtiger ist [...] [Wir haben aber] beobachtet, dass Monika sich im Vergleich zur letzten Stunde offenbar entschlossen hat, mehr ihren eigenen Weg zu gehen [...] Wir meinen, das hat die negativen Belastungsaspekte (zu den Eltern gewandt) Ihrer Situation noch verstärkt, weil sie [Monika] da [...] bisher eine Balancierungsfunktion hatte [...] Und wir haben uns lange überlegt, was wir Ihnen da empfehlen können [...] [für den] dritten Weg [...] oder einen vierten [...] [Dieser] Weg ist [...] erst gangbar, wenn Sie beide merken, dass Sie sowohl Wünsche nach Nähe wie auch nach Unabhängigkeit haben, und nicht nur der eine die eine Seite und der andere die andere Seite. Deswegen würden wir Ihnen davon abraten, im Moment schon irgendetwas zu ändern [...] erst ändern, wenn Sie beide das bei sich spüren [...]

[...]

TH zu Monika (S. 227): Also, wenn man auf die Eltern schaut, dann würden wir sagen: langsamer [vorangehen], wieder ein Stück zurückkommen, im Sinne von Probleme zeigen, und sich unselbständiger zeigen! Vielleicht kann der Bruder Heinz einspringen, indem er ein bisschen die Schwester entlastet, sich selbst ein bisschen anbietet als Problemkind.

TH zu Heinz (der nicht sehr begeistert dreinschaut): Ja, das ist natürlich so eine Frage, wie weit man das jetzt sagen kann: Opfere deine eigene Entwicklung! Aber, wir halten es zumindest für möglich, dass du das tun würdest.

[...]

TH zu allen (S. 227): Wir würden auf jeden Fall [...] davor warnen, irgendetwas jetzt hau-ruck-zuck zu ändern!

In der nachfolgenden – der dritten – Sitzung (nach fünf Wochen) wird berichtet, dass sich Monika jetzt sehr nach draußen orientiere, viel mit Freund/innen unternehme und dass die Symptomatik, deretwegen die Therapie aufgesucht worden war, vollkommen verschwunden sei. Und die Eltern berichten, dass sie zur Zeit gut miteinander auskämen (s. S. 229).

3.2.4 Andere familien- oder systemtherapeutische Ansätze

Flankierend zu dem Dreischritt von der Kybernetik erster Ordnung über das Konzept der zirkularen Kausalität der Mailänder zur Kybernetik zweiter Ordnung, der in Form der drei aufeinander folgenden Denkmodelle bereits aufgezeigt wurde, sollen hier noch einige andere Ansätze kurze Erwähnung finden, die sich diesen Denkmodellen nicht so recht zuordnen lassen, gleichwohl aber als familien- und/oder systemtherapeutische Ansätze mit eigenem Profil Bedeutung erlangten. Es handelt sich hier nicht um einen Überblick, sondern nur um eine kleine Auswahl solcher Modelle. Zugleich beschränkt sich die Darlegung auf die Nennung einiger Namen und weniger Stichpunkte zu den jeweiligen Ansätzen

Virginia Satir (s. z. B. 1982) begründete – im Sinne der *humanistischen Psychologie* – einen entwicklungs- und wachstumsorientierten Ansatz der Familientherapie, der nicht ausschließlich auf die Systemorganisation ausgerichtet war oder auf die Verhältnisse zwischen den Menschen, sondern auch auf das Innenleben der Einzelnen fokussierte. Zentral ist ihr Konzept des *Selbstwerts* in Verbindung mit vier *Kommunikationsformen* – der beschwichtigenden, der anklagenden, der rationalisierenden und der ablenkenden Haltung –, die jeweils auf geringem Selbstwertgefühl gründen. Diese werden einer anzustrebenden »kongruenten« Kommunikationsform gegenübergestellt, die mit hohem Selbstwert einhergeht.

Helm Stierlin, der sich später immer mehr und mehr einem konstruktivistischen Verständnis systemischer Therapie aufschloss (vgl. 1994), hatte ursprünglich – von der *Psychoanalyse* herkommend – ein Modell der Familientherapie entwickelt, das die innerfamiliäre Dynamik in den Blick nahm. Die psychoanalytische Beschränkung auf das Innerpsychische des Einzelnen wurde überwunden durch die Beschreibung von *interaktionellen Mustern*, die bei psychischen Störungen in den Familien auszumachen sind (s. z. B. Stierlin, 1980). Hierfür gelten die Interaktionsmodi von *Ausstoßung* (bei emotional vernachlässigten Kindern) und *Bindung* (bei übergebundenen Kindern) als einschlägig.

Bei den Bindungstypen wird weiterhin differenziert zwischen affektiv-abhängig machender »Es-Bindung«, kognitiv verunsichernder »Ich-Bindung« und die kindliche Loyalität betreffende »Über-Ich-Bindung«, welche (oft alle drei zusammen) bei intensiv gebundenen Kindern, die schizophrene Störungen zeigen, vorkämen.

Des Weiteren spielt in diesem Modell – auch unter Einbeziehung einer *Mehrgenerationenperspektive* von Vermächtnis und Verdienst – das Konzept der *Delegation* (als Beauftragungsmodus) eine Rolle, durch das sich Auftrags- und Loyalitätskonflikte (auch über mehrere Generationen) beschreiben lassen. Als Merkmal gelungener Entwicklung (auch als Ziel von Therapie) gilt die *bezogene Individuation*. Damit ist die Fähigkeit von Individuen gemeint, sich in Beziehungen als sowohl getrennt (individuiert, mit abgegrenztem Selbst) und zugleich als bezogen (auf die anderen Menschen) zu erleben.

Rosmarie Welter-Enderlin und Bruno Hildenbrand haben ohne Bezugnahme auf »die« Systemtheorie ein eigenes professionelles Handlungsmodell für die systemisch-therapeutische Praxis entwickelt (das sog. »Meiler Modell«), in dessen Zentrum das »Fallverstehen in der Begegnung« steht (s. Hildenbrand u. Welter-Enderlin, 1997). Dabei werden in der therapeutischen Beziehung Aspekte der Nähe und der Empathie (in Begegnung und Dialog) mit distanzierenden Momenten (des Fallverstehens) kombiniert. Mit dem Ziel, den Klientinnen zu einer Neuorientierung in ihrer Lebenspraxis zu verhelfen, wird dem *Geschichtenerzählen* ein breiter Raum gegeben, der *Biografiearbeit* (mithin der biografischen Rekonstruktion via ressourcenorientierter Genogrammarbeit) kommt ein zentraler Stellenwert zu und über Fragen, die nach Art des *sokratischen Dialogs* gestellt werden, sollen die Klienten dazu angeregt werden, neue Deutungen zu entwickeln, die ihnen auch neue Handlungsmöglichkeiten eröffnen könnten. Betont wird die »emotionale Rahmung« des therapeutischen Prozesses, der auf das Finden (bzw. Erkennen) der Sinnstruktur problematischer Muster und das *Erfinden von alternativen Möglichkeiten* der Lebensgestaltung oder von *Zukunftsgeschichten* angelegt ist (s. a. Welter-Enderlin u. Hildenbrand, 1998; Welter-Enderlin, 2006)

Die von zahlreichen Therapeutinnen geforderte Einbeziehung der *Genderperspektive* führte zu neuen Akzentsetzungen in der Paar- und Familientherapie, um geschlechtsbezogene Vorurteile (sowohl auf der Seite der Therapeuten als auch auf der Seite der Klientinnen) abbauen zu helfen und ungleiche Machtzuteilungen nicht zu zementieren (s. z. B. Goodrich, 1994). Die unterschiedlichen gesellschaftlichen Erwartungen, die an Männer und Frauen herangetragen werden, müssten berücksichtigt und in der Beratung/Therapie sollten entsprechende geschlechtsspezifische Rollenbilder der Klienten erfragt und gegebenenfalls hinterfragt werden (s. z. B. Walters, Carter, Papp u. Silverstein, 1995). Beim Ackerman-Institut (New York) wurden hierzu verschiedene Therapieprojekte durchgeführt. Beispielhaft sei hier das Depressionsprojekt von Peggy Papp und Mitarbeitern erwähnt, bei dem die Geschlechtsunterschiede bei Depressionen bedacht wurden und in Paartherapien stereotype »gender patterns« überwunden werden konnten (s. Papp, 1995). Über »gender-sensitive« Ansätze im deutschsprachigen Raum wird von Rücker-Emden-Jonasch und Ebbecke-Nohlen (2000) berichtet.

Vermutlich am populärsten – aufgrund ihrer medialen Verbreitung – sind die *Familienaufstellungen* nach Bert Hellinger (s. z. B. 1994). Unter therapeutischer Anleitung wird hierbei von einer Person im Rahmen einer Gruppe mit von ihr ausgewählten Gruppenmitgliedern eine Art Skulptur ihrer Herkunftsfamilie aufgestellt. Dann wird nach einer »guten Ordnung« der Konstellation für den Betreffenden gesucht und über Rituale (Nachsprechen von Danksagungen, Demutsbekundungen, Kniefälle vor den Elternfiguren) soll ein Loslassen von problematischen Verstrickungen ermöglicht und neue Kraft für den eigenen Weg geschöpft werden. Diese Aufstellungsarbeit gilt Laien oft als »systemische Therapie« par excellence, während der Ansatz Hellingers bei den Systemtherapeutinnen selbst in höchstem Maße umstritten war. Die Kritik richtete sich vor allem gegen den Absolutheitsanspruch, das Wahrheitsverständnis und die normativen Implikationen (z. B. patriarchale Festlegungen), die Hellinger mit seinem Ansatz unterbreitete. Auf der anderen Seite wurde von Gunthard Weber (s. z. B. 1993) die *Methode* des Familienstellens auch für ansonsten systemisch-konstruktivistisch arbeitende Therapeuten hoffähig gemacht. Nachdem die Aufregungen abgeebbt sind, plädieren Weber, Schmidt und Simon (2006) für eine sachliche Auseinandersetzung mit der Aufstellungsarbeit, die sie alle drei – aus je unterschiedlichem Blickwinkel – für eine durchaus wirkungsvolle Beratungsmethode halten.

3.3 Leitideen und Konzepte systemisch-konstruktivistischer Therapie

Das heutzutage für die Soziale Arbeit gültige Prinzip der »Hilfe durch Selbsthilfe« wird übertrumpft durch die von Fritz B. Simon, einem prominenten Vertreter der systemisch-konstruktivistischen Position, gebrauchte Formulierung, dass es in der systemischen Arbeit um »Helfen durch Nicht-Helfen« geht (Simon, 1993). Damit wird eine gegenüber dem herkömmlichen Vorgehen dezidiert andere Zielstellung von Helfen akzentuiert, welche lediglich darin besteht, die Fähigkeiten der Klientinnen, sich selbst zu helfen (und selber zu machen) anzustoßen. Tatsächlich könnte man den gebeutelten Empfängern von (psycho-)sozialen Hilfeleistungen, die es gewohnt sind, dass man ihnen in alter sozialpädagogischer Manier (zweifellos gut gemeint) den rich-

tigen Weg aufzeigen oder das richtige Verhalten anerziehen möchte, oftmals den Ausruf in den Mund legen: »Bitte nicht (mehr) helfen, es ist auch so schon schlimm
genug« (s. a. den ähnlich lautenden der Titel eines Buches von Jürgens Hargens, 2003;
ein dazu passendes Fallbeispiel s. a. Haselmann, 2007: »Wie durch Hilfe und Betreuung alles noch schlimmer werden kann – Der Beispielfall Herr und Frau Sike«).

In seinem Buch mit dem Titel »Leitmotive systemischer Therapie« benennt Kurt
Ludewig (2002) einige Leitunterscheidungen, die sämtliche Ansätze, die unter das
Label »systemisch« fallen, von nichtsystemischen Therapieverfahren unterscheiden
helfen sollen. Mit der zunehmenden Wegentwicklung von der traditionellen Fami-
lientherapie konzentrierte man sich zur Kennzeichnung dessen, was »systemische
Therapie« ist, auf die praktische Umsetzung einer systemischen Haltung, egal ob mit
Einzelnen, Paaren, Familien oder anderen sozialen Systemen gearbeitet wird. Diese
Haltung wird als »Suchrichtung, die der Komplexität menschlichen Lebens und Zu-
sammenlebens gerecht zu werden versucht« (S. 37), folgendermaßen beschrieben:
– »Kontextbezogenheit anstelle ausschließlicher Individualisierung,
– Reflexivität anstelle von Kausalität,
– Neugier und dialogische Offenheit anstelle von bestimmender Gewissheit,
– Kreativität anstelle von methodischer Treue,
– soziale Empfindsamkeit, Ressourcen- und Lösungsorientiertheit anstelle von pa-
  thologisierender Resignation,
– Ko-Inspiration und Kooperation anstelle von einseitiger Behandlung sowie
– Kundenorientierung anstelle von patronisierender Fürsorge« (S. 37).

Systemisch-therapeutische Praxis fokussiert auf den Bereich der *Kommunikation*. Daher sind hier verdinglichende diagnostische Klassifikationen überflüssig. Stattdessen
werden Probleme oder »Störungen«, die in die Therapie führen, kommunikations-
theoretisch aufgegriffen und dabei kommt »dem kommunizierenden Beobachter«
(z. B. der Therapeutin) eine zentrale Aufgabe zu. Die moderne systemische Therapie
zielt dementsprechend »nicht auf die kausale Veränderung des Erlebens und Verhaltens von Klienten, sondern vielmehr auf die Mitgestaltung einer Kommunikation, die
günstige (Rand-)Bedingungen für die Klienten schafft, sich gemäß ihren Wünschen
und Möglichkeiten zu verändern« (S. 38 f.). Unter diesem Gesichtspunkt werden
– anstelle objektiver Indikationsstellungen die *subjektiven Problemdefinitionen* der
  Klienten akzeptiert;
– anstelle kausaler Interventionsstrategien möglichst *passende Interventionen* aus-
  gewählt;
– anstelle gezielter Kommunikationsstrategien mit verändernder Absicht *therapeutische Dialoge* geführt, auf deren förderliche und heilsame Wirkung man vertraut
  (vgl. S. 39).

Damit rückt die therapeutische Beziehung und Kooperation (wieder) stark in den
Mittelpunkt. Es gilt grundsätzlich, die bisherige Lebensweise der Klientinnen zu

würdigen und deren Ressourcen anzuerkennen und dann im Weiteren – gemäß dem Hilfeersuchen der Klienten – Anregungen zu geben oder »verstörend« auf festgefahrene Muster einzuwirken, um die gewünschten Veränderungen anzustoßen oder zu fördern. Im Interesse einer »echten« Kooperation spielt hierbei zu Beginn der Therapeut-Klient-Beziehung nach der Benennung des *Problem*s seitens des Klienten die Erkundung seines *Anliegen*s (seiner Wünsche und Erwartungen an die Therapie) bis hin zur Vereinbarung eines *Auftrag*s (worum es in der Therapie gehen soll) eine Rolle. Gemäß Ludewig bildet die »Unterscheidung von Anliegen und Auftrag [...] eine zentrale Leitdifferenz für die Praxis. Sie hilft, zwischen dem, was die Klienten wünschen und dem, was sie gemeinsam mit dem Therapeuten vereinbaren, zu unterschieden« (Ludewig, 2002, S. 44; s. a. Ludewig, 2005). Der vereinbarte Auftrag liegt dann dem therapeutischen Kontrakt zugrunde.

Die systemischen »Methoden« werden dann im Rahmen der genannten Haltung und Grundprinzipien eingesetzt. »Es handelt sich im Wesentlichen um Techniken, die den Konversationsprozess der Therapie gestalten helfen: zirkuläres Fragen [...], konstruktives Fragen [...], Reflektieren [...], Kommentieren [...] und Empfehlen (einschließlich der Hausaufgaben ...)« (S. 48).

Von diesen grundlegenden Charakterisierungen ausgehend wird im Folgenden zunächst das für die systemisch-therapeutische Praxis einschlägige »Verständnis« von Problemen, mithin die Konzipierung ihrer Konstruktion und ihrer therapeutischen Dekonstruktion im Lichte der systemischen Perspektive, näher erläutert (3.3.1). Denn Ziel systemischer Therapie und Beratung ist es, zu einer »Dekonstruktion« von zuvor kommunikativ und kognitiv »konstruierten« Problemen anzuregen. Daran anschließend werden einige spezifische therapeutische Richtungen ausgeführt, deren Konzepte in die systemische Therapie und Beratung allgemein Eingang gefunden haben (3.3.2).

3.3.1 Zum systemischen Problem- und Therapieverständnis

Das Störungskonzept der systemischen Therapie
Für den Prozess der Entdeckung, Entwicklung und Verfestigung von Problemen oder »Störungen« bis gegebenenfalls hin zur Diagnose einer Psychose gilt aus systemisch-therapeutischer Sicht das Konzept der *problemdeterminierten Systeme* (nach Anderson, Goolishian u. Winderman, 1986) als einschlägig. Dieses beinhaltet die Idee, dass Probleme nichts anderes sind als charakteristische Kommunikationen über irritierende oder als Störung empfundene Sachverhalte und Verhaltensweisen. Ein Problem beginnt aus dieser Sicht damit, dass jemand einen Zustand als unerwünscht und veränderungswürdig erlebt. Somit wird ein Problem »entdeckt«, wenn jemand beispielsweise feststellt, dass die Denk- und Verhaltensweisen eines Familienmitglieds anders sind, als sie sein sollten – auffällig oder störend statt erwünscht und unproblematisch. Im Weiteren könnten sich auch andere Personen oder wei-

tere Beteiligte, einschließlich der Person, die das »problematische« Verhalten zeigt, dieser Meinung anschließen. So organisiert sich ein System um das Problem herum; das System ist »problemdeterminiert«.

Wenn in der Folgezeit etwas geschieht, das dazu führt, dass man das ungewöhnliche Verhalten nicht mehr als störend empfindet, löst sich das Problemsystem wieder auf. Aufrechterhalten wird ein Problem nur, wenn die Art der Kommunikation mit sich selbst oder mit anderen keine Lösungen zulässt, also wenn beispielsweise Lösungsversuche vom Typ »mehr desselben« (z. B. noch mehr kämpfen, noch mehr anpassen . . .) nicht dazu beitragen, das Problem zu beseitigen. Über sich wiederholende Interaktionsmuster und gleichbleibende Bedeutungsgebungen tragen häufig gerade die Bemühungen, ein Verhalten einzudämmen, dazu bei, dass es aufrechterhalten oder sogar verstärkt gezeigt wird (vgl. Weber u. Retzer, 1991, Schweitzer u. Weber, 1997).

Wenn das Problem in der Wahrnehmung aller Beteiligten, einschließlich der später dann hinzugezogenen Experten, einen immer breiteren Raum einnimmt (meist in linearer Betrachtung verbunden mit der Suche nach den Ursachen, nach der Schuld und den Schuldigen . . .), kommt es zu einer Problemverfestigung. Es ist das Anliegen systemischer Therapie eine solche »Problemhypnose« aufzulösen.

Der Prozess der »Konstruktion« eines Problems aus systemischer Sicht und dann der darauf abgestimmte Prozess einer systemisch-therapeutischen »Dekonstruktion« dieses Problems kann in Form eines »didaktischen Schemas zur systemischen Therapie« (nach Weber u. Simon, 1989; s. Abbildung 4) veranschaulicht werden. Entlang dieses Schemas wird im Folgenden zunächst die Problemkonstruktion und danach die therapeutische Problemdekonstruktion näher erläutert. Die Darstellung erfolgt im Wesentlichen in Anlehnung an Weber und Retzer (1991).

- Zur Konstruktion eines Problems

Wenn eine auffällige Erlebens- oder Verhaltensweise als Problem »entdeckt« worden ist und Lösungsversuche nichts gebracht haben, kommt es häufig vor, dass sich die Aufmerksamkeit auf die Wahrnehmung des Problems einengt und es ein immer größeres Gewicht erhält. Zugleich werden häufig weitere Personen in das Problemfeld mit einbezogen. Beim Versuch nach plausiblen Erklärungen zu suchen, wird der Blick meistens in die Vergangenheit gerichtet (Warum? Weshalb?) und – in linearer Denkweise – Ursachenforschung betrieben. Je nach Schulrichtung gehen ähnlich dann auch die Experten häufig vor.

Mit der Ursachensuche verbunden ist das Ausfindigmachen eines Schuldigen. Die Schuld könnte dem »bösen« Patienten, der »überfürsorglichen« Mutter, den Genen, schicksalhaften Ereignissen oder den gesellschaftlichen Verhältnissen angelastet werden. Zugleich wird das als störend erlebte Verhalten in der Regel aus seinem situativen und interaktiven Zusammenhang gerissen (»dekontextualisiert«). Jenseits des Kontextes macht es gar keinen Sinn und kann nur als individuelle Eigenschaft, als persönliche Macke aufgefasst werden. Entsprechend kommt es in Verbindung mit der Dekontextualisierung häufig zu pathologisierenden Zuschreibungen.

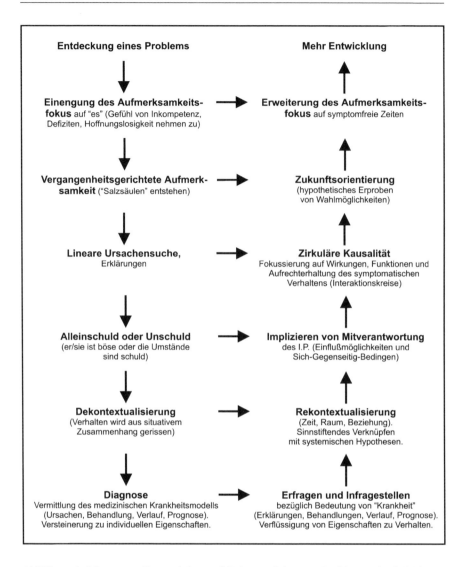

Abbildung 4: Schema zur Konstruktion und Dekonstruktion von Problemen (nach Weber u. Simon, 1989; aus Weber u. Retzer, 1991, S. 227)

Schließlich, wenn sich die Situation verschärft und der Betroffene aus einem Dilemma heraus immer noch unerwünschtere oder fremdartigere Verhaltensweisen zeigt, werden oft Experten aufgesucht (Beratungsstelle, Psychotherapeuten, Psychiater). Je nach Ausrichtung dieser Experten wird dann der gesamte Problemkonstruktionsprozess mit einer Diagnose vervollständigt. Im Psychiatriebereich wird auch heute noch immer häufig das medizinische Krankheitsmodell vermittelt (s. Kap. 1) und eine äußerst ungünstige Prognose über den weiteren Verlauf der »Krankheit« formuliert. Damit werden als kommunikative Verwirrungen in besonderen interaktionellen Zusammenhängen begonnene Probleme zu Krankheiten als individuelle Eigenschaften »versteinert« und zementiert.

- Zum Problemverständnis

Schweitzer u. Weber (1997) stellen zusammenfassend fest, dass das systemisch-konstruktivistische Störungskonzept gegenüber normativen Konzepten jedenfalls den Vorteil bietet, dass Klienten(systemen) keine inhärente Pathologie unterstellt wird, sondern von »unglücklichen Kommunikationen« ausgegangen wird, zu deren Auflösung es lediglich anderer Kommunikations- und Konstruktionsmuster bedarf, nämlich solcher, die Probleme »verflüssigen« statt sie zu verfestigen.

Von Ludewig (2002) werden für den Konstruktionsprozess psychischer Probleme aber noch einige zusätzliche Differenzierungen vorgeschlagen. Ebenfalls wird die Bedeutung der Kommunikation betont, durch die leidvolle Erfahrungen überhaupt erst zur Thematisierung gelängen. In weiteren kommunikativen Sequenzen würde eine Erlebens- oder Verhaltensweise, die von dem Betroffenen selbst oder von anderen als veränderungsbedürftig bewertet wird, als Problem benannt. Der Autor führt hier eine Differenzierung zwischen »Lebensproblem« und »Problemsystem« ein. Ein *Lebensproblem* wäre etwas, das »Leiden oder alarmierte Sorge bei einem Individuum« auslöst. Erst wenn dieses in einen »sich selbsterhaltenden Kommunikationsprozess« gelange, wäre von einem *Problemsystem* zu sprechen. Wenn die Beteiligten dann feststellen, dass »sie aus eigener Kraft nicht imstande sind, das Problemsystem aufzulösen« und deshalb nach professioneller Hilfe suchen, entsteht eine neue Kommunikation, ein neues soziales System: das *hilfesuchende System*. Findet man schließlich die professionellen Helfer, bildet sich ein *Hilfesystem* (S. 39).

Mit der Unterscheidung von Lebensproblem und Problemsystem benennt Ludewig (2002) immerhin auch *subjektive* Probleme, die nicht zwangsläufig in einem Problemsystem aufgehen und nimmt zur Kenntnis, das es so etwas wie *intrasubjektives Erleben* gibt. Er verweist hier auf – nicht näher benannte – »Erkenntnisse der jüngeren Emotionsforschung«, denen gemäß »emotionale Dispositionen eine unerhört wichtige Wirkung auf alle Prozesse menschlichen Lebens haben, so auch auf jene kognitiver und kommunikativer Sinnstiftung« (S. 43). Damit setzt er für Systemiker, die sich üblicherweise für das Innerpsychische wenig interessieren, zumindest einen neuen Akzent.

Zum systemischen Therapieverständnis

Analog zu der Beschreibung der Problemkonstitution als ein Prozess der kommunikativen Erzeugung eines Problems, der sich in sich wiederholenden Schleifen mit festgefahrenen Bedeutungsgebungen aufschaukelt, wird die systemische Therapie – dazu gegenläufig – als Prozess der kommunikativen Erzeugung von Lösungen durch Anregung produktiver neuer Unterscheidungen beschrieben.

- Der Prozess der Dekonstruktion

Es geht darum, Anstöße zu geben, den Problemkonstruktionsprozess bis hin zur Problemverfestigung wieder umzukehren. Nach der Kontextklärung (Überweisungskontext, Auftragskontext, etc.) bestünde der erste Schritt in der Infragestellung bestimmter versteinerter Krankheitseinsichten oder Problemdeutungen und in der »Verflüssigung« von Eigenschaften zu Verhaltensweisen.

Zielführend sind hierbei Fragen, zu welchen Bedeutungsgebungen und Erklärungen die Klienten bezüglich der »Krankheit« gekommen sind, welche Vorstellungen sie darüber entwickelt haben. Ebenso, was sie denken, welchen Einfluss sie auf das haben, was der Psychiater »Psychose« nennt; ob das im Laufe der Zeit schlimmer oder besser wird; ob sie an eine Heilung denken; zu wie viel Prozent sich der Betroffene in der heutigen Sitzung als gesund einschätzt. Es handelt sich dabei um Fragen nach Unterschieden. Auch andere Unterschiedsbildungen können durch Fragen akzentuiert werden. Zum Beispiel, welche Verhaltensweisen gezeigt werden müssen, um von der Mutter als »psychotisch« eingeschätzt zu werden; inwieweit es sich statt um eine Krankheit um eine Krise in bestimmten Lebenssituationen handelt; wer sich am meisten darüber wundern würde, wenn sich der Betroffene schon in kürzester Zeit von der Psychose verabschiedet hätte; wer wann angefangen hat, zu glauben, man könne auf die Krankheit keinen Einfluss nehmen; was der Betroffene tun müsse, um sich schon im August, statt – wie sonst immer – im November in die psychiatrische Klinik einweisen zu lassen; wann verrückte Verhaltensweisen hilfreich sind, um aus bestimmten Situationen auszusteigen und anderes mehr.

Im nächsten Schritt, der Rekontextualisierung, geht es um den Versuch, das Problemverhalten in einer sinnstiftenden Art und Weise mit der Lebenssituation des Betreffenden zu verknüpfen, und um die (Wieder-)Einführung der (interaktionellen) Kontexte.

Unterschiedsfragen betreffen hierbei unterschiedliche Zeiten, Räume, Beziehungen oder Intensitäten, in denen zum Beispiel das verrückte Verhalten gezeigt wird (oder auch nicht); dabei können zugleich symptomfreie Zeiten in den Blick gerückt werden.

Im Weiteren geht es (da man es nicht mit »Opfern« und »Tätern« zu tun hat) um Fragen, die das Mitbeteiligtsein aller betreffen, mithin um die Mitverantwortung des »identifizierten Patienten«. Durch zirkuläres Fragen können interaktionelle Zusammenhänge oder Interaktionskreise aufgezeigt werden, die das symptomatische Verhalten aufrechterhalten. Daran anschließend können Alternativen und Wahlmöglichkeiten erfragt und in Form von »Gedankenexperimenten« für die Zukunft erprobt werden.

Zu guter Letzt gilt es, auf symptomfreie Zeiten zu fokussieren. Es gibt immer Situationen und Zeiten, in denen das problematische Verhalten nicht auftritt. Entsprechende Fähigkeiten sind also vorhanden, lediglich müssten die Zeiten und Räume dafür ausgedehnt werden.

- Therapie als Anregung von Unterscheidungen

Wie schon gesagt, spielen gemäß der systemtheoretischen Konzipierung *Unterscheidungen* in der systemisch-konstruktivistischen Therapie eine wichtige Rolle. Man interessiert sich zunächst dafür, welche Unterscheidungen die Klienten (und Familienmitglieder) selbst mit welchen Bezeichnungen vornehmen, welche Denk- und Verhaltensweisen beispielsweise als »depressiv« oder »schizophren« bezeichnet werden. Im Weiteren versucht man, vornehmlich über den Weg des Fragens *neue Unterschiedsbildungen* im Hinblick auf die Probleme anzustoßen. Damit soll unter anderem der »Möglichkeitssinn« der Klienten entfacht werden (»wie es sein könnte«) und vom Problem und vergangenen (problematischen) Mustern weg zum Entwurf neuer Zukunftsbilder angeregt werden.

Zwar sollten laut Schweitzer und Weber (1997) auch die Gefühle und die affektive Kommunikation Beachtung finden, aber die Hauptzielrichtung der systemischen Therapie ist es, *Veränderungen* im Bereich der kognitiven *Wirklichkeitskonstruktionen* und des *Verhaltens* der Klienten anzuregen. Dafür wird in Therapiegesprächen (z. B. durch die Art des Fragens) ein ständiger Fokuswechsel zwischen – mehr oder weniger »passenden« und »nützlichen« – Wirklichkeitskonstruktionen vorgenommen.

Im Zusammenhang mit dem Hinweis, dass es auch »subjektive Lebensprobleme« gibt, betont Ludewig (2002), dass »ebenfalls das intrasubjektive Erleben von Problemen im Diskurs der systemischen Therapie Beachtung finden« sollte (S. 42). Wie dies geschehen soll, wird aber nicht verdeutlicht.

Von einzelnen Versuchen und spezifischen Ansätzen abgesehen, muss generell konstatiert werden, dass die systemtheoretisch begründete systemisch-konstruktivistische Therapie die *Dimension der Subjektivität* mit Bezug auf emotional bedeutsame vergangene Erfahrungen (z. B. der Kindheit) *außen vor* lässt. Sie bietet auch keine Konzepte, wie entsprechende frühe, prägende Beziehungserfahrungen therapeutisch aufgegriffen werden könnten. Die Klientinnen werden somit in ihrem Bemühen um Verstehen (sich selbst verstehen) allein gelassen. Auch explizite »Einladungen« der Klienten an die Therapeuten, die Zusammenhänge ihrer aktuellen Probleme oder Symptome mit früheren Erlebnissen gemeinsam zu erkunden, werden in der Regel nicht aufgegriffen (vgl. den Hinweis zum letzten Gespräch in dem bei Weber u. Retzer, 1991, vorgestellten Fallbeispiel, S. 254; s. a. Punkt 3.8).

3.3.2 Spezifische Richtungen systemischer Therapie und Beratung

Betrachtet man das, was heutzutage unter dem Label »systemische Therapie« praktiziert wird, kann man angesichts der Vielzahl und Diversität der Ansätze schnell den Überblick verlieren und vermag nicht immer den roten Faden zu erkennen. Um sich zurechtzufinden, dürften deshalb einige Differenzierungen nützlich sein. Allerdings kann es hier nicht darum gehen, dieses weit gestreute Feld systematisch zu ordnen, schon gar nicht unter Berücksichtigung der gesamten Palette systemischer Therapieverfahren und Beratungsansätze. Vielmehr erfolgt eine Beschränkung auf einige zentrale Richtungen und Konzepte.

Im Hinblick auf die verschiedenen Richtungen der systemischen Therapie/Beratung lassen sich gemäß Schweitzer und Weber (1997) unter den heute »dezidiert systemisch« arbeitenden Therapeuten oder Beraterinnen die folgenden Unterschiede ausmachen:

- »Interventionisten«, die gezielte Abschlussinterventionen vornehmen, *versus* »Konversierer«, die ihren Klienten eine breite, eher ungefilterte Palette verschiedener Sichtweisen anbieten;
- stärker verbal-narrativ *versus* stärker handlungs- und/oder erlebnisorientiert arbeitende Therapeuten oder Beraterinnen;
- einseitig lösungsorientiert arbeitende *versus* auch an der Problembeschreibung interessierte Therapeuten oder Beraterinnen.

Oder anders gesagt (nach Ludewig, 2002), »erstrecken sich die auseinanderdriftenden Strömungen von eher direktiven und interventionistischen bis hin zu eher kooperativen und nicht-interventionistischen Einstellungen, von sprachbetonten, ›sozialkonstruktionistisch‹ orientierten bis hin zu kurzzeittherapeutischen, lösungsorientierten Ansätzen, die den Schwerpunkt auf Pragmatik und Effektivität legen« (S. 51).

Während die narrativen Ansätze noch eine gesonderte Darstellung erfahren (Punkt 3.6), werden im Folgenden drei Therapiemodelle beschrieben, die explizit *andere* philosophische und theoretische Bezüge nehmen als die bislang dargestellte systemisch-konstruktivistische Therapie. Sie rekurrieren nämlich weniger auf die Systemtheorie(n) als vielmehr auf die Sprachphilosophie. Ihre Konzepte sind aber adaptiert und in die systemtheoretisch orientierte Therapie integriert worden. Das betrifft die Vorgehensweisen der *lösungsorientierten Kurztherapie* (nach Steve de Shazer), das *Externalisierungskonzept* (nach Michael White) sowie die Methode des *Reflektierenden Teams* (»reflecting team« nach Tom Andersen).

Die lösungsorientierte Kurztherapie
Im Kern gründet dieser Ansatz auf der Überzeugung, dass man ein Problem nicht ergründen muss, um zu einer Lösung zu kommen. Im Gegenteil sei es für das Finden oder Erfinden von Lösungen von außerordentlichem Nachteil, wenn man sich in der Therapie mit der Beschreibung des Problems oder einer Erkundung der Problemgeschichte beschäftige. Gleich zu Beginn der Therapie wird deshalb auf die Lösung fokussiert. Lange Problembeschreibungen seitens der Klientinnen werden unterbunden und unterlaufen. Gemäß Steve de Shazer schaffen Problemgespräche (»problem talk«) Probleme, während Lösungsgespräche (»solution talk«) Lösungen erschaffen. Im übrigen sei die übliche Auffassung, dass es einen Zusammenhang zwischen einem präsentierten Problem und seiner Lösung gäbe, überhaupt ein Irrglaube.

Diese Position ist als die so genannte »Schloss- und Schlüsselmetapher« nach de Shazer bekannt geworden. Wenn es in der Therapie darum geht, eine (bislang) verschlossene Türe zu öffnen, hinter die Befreiung von den Nöten erwartet wird, dann nützt es wenig, zu analysieren, warum die Türe verschlossen ist oder die Beschaffenheit des Türschlosses genau zu betrachten. Es geht nur darum, einen passenden Schlüssel zu finden oder man kann sich auch mit einem Dietrich behelfen, wenn sich der Schlüssel nicht auffinden lässt. Allein die Öffnung des Schlosses (und damit der Tür) ist die Lösung, alles andere interessiert nicht.

Auch wenn man die durchaus vorhandenen Wünsche der Klientinnen nach »problem talk« nicht gern berücksichtigen möchte, ist dieser Ansatz von einem großen *Respekt* gegenüber den Klienten und ihren Lösungsfähigkeiten getragen. Es wird sehr genau auf die Klient-Therapeut-Beziehung geachtet und großer Wert gelegt auf *Kooperation*. Das Vorhandensein von *Ressourcen* bei den Klientinnen gilt als selbstverständlich, man vermittelt ihnen die Überzeugung, dass sie Lösungen finden werden und ihre eigenen Lösungsfindungsversuche werden hoch geschätzt. Die *Ressourcen- und Lösungsorientierung* dieses Ansatzes hat breiten Eingang in die systemische Therapie gefunden. Darüber hinaus wurden auch einige Techniken, wie zum Beispiel die Frage nach »Ausnahmen« vom Problem, das Fokussieren auf symptom- oder problemfreie Zeiten, so genannte »Skalenfragen« sowie die so genannte »Wunderfrage« adaptiert und gehören heute zum Standardrepertoire auch einer jeden systemtheoretisch orientiert arbeitenden Therapeutin.

Die Ergebnisse von vierzig Jahren Psychotherapieforschung zusammenfassend, kann festgestellt werden (vgl. Hubble, Duncan u. Miller, 2001), dass sich die Wirksamkeit von jeglicher Therapie im Allgemeinen (egal welcher »Schule«) auf die folgenden »Faktoren« zurückführen lässt:
– zu 40 % auf die eigenen Ressourcen der Klienten/innen,
– zu 30 % auf die therapeutische Beziehung (Therapeut-Klient-Beziehung),
– zu 15 % auf die Hoffnung der Klienten/innen und Therapeuten/innen,
– und nur zu 15 % auf die jeweiligen Methoden.

Angesichts dieser Forschungsergebnisse ist hervorzuheben, dass die lösungsorientierten Therapieansätze gerade den beiden zuerst genannten »Wirkfaktoren« eine herausragende Beachtung schenken und speziell die Kurzzeittherapie (nach Steve de Shazer und Insoo Kim Berg) zudem auch einen Bewältigungsoptimismus (»Hoffnung«) zu vermitteln trachtet. Das Augenmerk wird explizit zum einen auf die Ressourcen der Klientinnen, das heißt ihre selbstwirksamen, selbstheilenden und zum aktiven Problemlösen fähigen Kräfte gelegt, zum andern auf die Besonderheiten der Therapeut-Klient-Beziehung und schließlich wird auch im Sinne der therapeutischen Anschlussfähigkeit die Aufmerksamkeit gelenkt »auf das, was funktioniert« und schon gekonnt wird, statt nach tiefer liegenden Problemen zu suchen oder ausfindig zu machen, was alles nicht gut läuft.

Obwohl das ursprüngliche therapeutische Setting ein »klassisches« war (wie bei den Mailändern: Team hinter der Einwegscheibe, Schlusskommentare nach Interviewpausen, Vergeben von Hausaufgaben), hat der lösungsorientierte Ansatz auch im Bereich Sozialer Arbeit breite Anwendung gefunden und ist problemlos übertragbar auf die sozialpädagogische und/oder psychosoziale Praxis. Dies dürfte nicht zuletzt daran liegen, dass diese Kurzeittherapie von Insoo Kim Berg, einer in Milwaukee/USA praktizierenden Sozialpädagogin, nicht nur im therapeutischen Setting, sondern insbesondere auch in typischen Arbeitsfeldern der Sozialen Arbeit umgesetzt wurde. Darüber hinaus spielt sicherlich auch eine Rolle, dass dieser Ansatz weniger hohe Ansprüche an therapeutisches Wissen und Können zu stellen und alles in allem recht »einfach« zu sein scheint. Komplizierte interaktionelle Hypothesen oder zirkuläre Befragungen sind zum Beispiel nicht vonnöten. Ferner kann auch gut mit Einzelnen gearbeitet werden und weder Team noch Einwegscheibe stellen eine Voraussetzung für die Umsetzung dieses Therapieverfahrens dar.

Bewährt hat sich der lösungsorientierte Ansatz zum Beispiel in den Feldern der sozialpädagogischen *Familienhilfe* und der *Suchtberatung*. Speziell bei Alkoholproblemen ist er meines Erachtens besonders angesagt. Bezugnehmend auf diese beiden Arbeitsfelder werden in den beiden Tabellen (14 und 15), die praktisch-therapeutischen Konzepte und Vorgehensweisen der lösungsorientierte Kurzzeittherapie, wie sie von Insoo Kim Berg und ihren Mitarbeitern umgesetzt wurden, vorgestellt. Zum einen (Tabelle 14) geht es um die Grundprinzipien der familienbezogenen Arbeit und zum anderen (Tabelle 15) um das Programm der Kurzzeittherapie bei Alkoholproblemen.

Tabelle 14: Der lösungsorientierte Ansatz in der sozialpädagogischen Familienhilfe

---

»Familien – Zusammenhalt(en)« (Insoo Kim Berg, 1992)

1. Zum systemisch-lösungsorientierten Ansatz des Family Based Service:

– Das Individuum wird im interaktionalen Kontext seines sozialen Umfeldes betrachtet und Probleme werden nicht als Merkmal des Individuums angesehen, sondern als Teil des Interaktionssystems aufgefasst.

– Es geht *nicht* darum, Eltern zu besseren Eltern zu erziehen und erzieherische Kompetenz zu vermitteln. Den Klientinnen werden keine Störungen unterstellt.

– Das Augenmerk wird eher auf die Stärken als auf die Schwächen der Klientinnen gerichtet und es wird nach Momenten gesucht, in denen das Problem nicht auftritt (sog. »Ausnahmen«).

– Den Klientinnen wird Respekt und Anerkennung für ihre Kraft, mit den Problemen des Lebens fertig zu werden, gezollt.

– Es werden kleine, realistisch erreichbare Ziele herausgearbeitet und es wird der Entwurf einer alternativen Zukunft (über sog. »Wunderfragen«) ermöglicht.

2. Zur Lösungsorientierung:

- Man konzentriert sich auf die »Ausnahmen« vom Problem, das heiß auf jene Momente und die entsprechenden interaktionellen Muster, in denen das Problem nicht auftritt. Die Ausnahmesituationen stellen den Schlüssel zur Problemlösung dar.

- Es gilt als erfolgversprechender, an Lösungen zu arbeiten, Lösungen zu finden, statt Probleme zum Verschwinden zu bringen.

3. Zur Berater-Klient-Beziehung:

- Wenn sich die Klientin nicht kooperativ als »Kunde« einbringt mit der Bereitschaft, sich an der Problemlösung zu beteiligen, sondern sich als »Besucher« gibt und sich weigert, Verantwortung für die Problemlösung zu übernehmen, gilt es, sich der Sichtweise der Klientin anzuschließen und ihrer Problemauffassung so weit wie möglich zuzustimmen.

- Wenn sich die Klientin als »Klagender« (statt als »Kunde«) zeigt und die Verantwortung für das Problem bei anderen sieht, gilt es, verständnisvoll auf ihre Lage einzugehen und festzustellen, dass es noch zu früh ist, darüber zu reden, ob die Klientin Teil des Problems ist.

4. Zur Problemdefinition:

- Man soll immer nahe an der Problemdefinition der Klienten bleiben.

- Es gilt, die Stärken der Familie und der Klienten herauszufinden.

5. Familiengeschichte im Genogramm:

- Besprechen der Genogramme unter besonderer Berücksichtigung der Stärken und Ressourcen in den Herkunftsfamilien wie auch der Sichtweisen der Klienten und ihrer aktuellen Bedürfnisse und Ressourcen.

- Versuchen, Bereiche zu finden, in denen die Klientin ein gewisses Maß an Autonomie erreicht hat.

6. Kooperation fördern:

Joining: Es gilt, den Klienten als Experten in Bezug auf seine eigene Person anzusehen.

Vom Umgang mit dem Widerstand: Suche nach positiven Motiven, die hinter dem Verhalten stehen; davon ausgehen, dass die Klienten selber entscheiden können, was gut für sie ist und dass sie die Ziele der Zusammenarbeit selber bestimmen und verhandeln können (Widerstand ist am größten, wenn man Klienten vorhält, dass sie etwas falsch gemacht haben).

Tabelle 15: Der lösungsorientierte Ansatz in der Alkoholberatung

---

»Kurzzeittherapie bei Alkoholproblemen« (Insoo Kim Berg und Scott Miller, 1995)

a) Grundlagen und Grundhaltungen

1. **Betonung geistig-seelischer Gesundheit** (→ Muster gesunden Verhaltens herausarbeiten!)

    Hervorgehoben werden Stärken, Ressourcen und Fähigkeiten der Klienten, anstelle den Blick auf das Pathologische zu richten.

2. **Utilisation** (→ Nutzbarmachung der Ressourcen; Akzeptieren des Bezugsrahmens des Klienten)

    Was die Klienten schon können, gilt es nutzbar zu machen, um sie an ihre gewünschten Ziele zu führen.

3. **Eine nicht-normative, klientenbestimmte Sichtweise** (→ Akzeptieren der Sichtweisen der Klienten)

    Anstatt »den« Alkoholismus zu behandeln, wird je nach Klient eine andere Art von Abhängigkeit beachtet.

4. **Sparsamkeit** (→ Vereinfachen!)

    Statt wie in der traditionellen Alkoholberatung davon auszugehen, dass es sich beim Problemtrinken um einen fortschreitenden Krankheitsprozess handele, der intensiver Langzeitbehandlung bedürfe, werden die einfachsten therapeutischen Mittel eingesetzt, um gewünschte Ergebnisse zu erzielen.

5. **Veränderung ist unvermeidlich** (→ Nutzbarmachung der natürlich auftretenden Veränderungen für das Zustandebringen einer Lösung)

    Immer gibt es auch Zeiten, in denen das Problem nicht auftaucht oder von Klienten nicht als Problem betrachtet wird (die sog. »Ausnahmen«) und nach eben jenen Zeiten, »wo das Problem kein Problem ist«, sucht die Therapeutin, um zu entdecken, was bei diesen Gelegenheiten anders ist und wie die Häufigkeit des Auftretens dieser Zeiten erhöht werden könnte.

6. **Gegenwarts- und Zukunftsorientierung** (statt rückwärtsgewandte Analyse der Vergangenheit)

    Äußerungen der Klienten über ihre Vergangenheit werden zwar als wichtige Information aufgegriffen, wie die Klienten aktuell ihr Leben sehen. Aber die Therapie konzentriert sich darauf, den Klienten bei ihrer gegenwärtigen und zukünftigen Anpassung zu helfen anstatt darauf, die Vergangenheit zu erforschen.

7. **Kooperation** (→ als Haltung des Miteinander-Zusammenarbeitens statt als Interventionstechnik zur Verpflichtung der Klienten auf Mitarbeit)

    Die kooperative Haltung des lösungsorientierten Ansatzes beinhaltet das Kooperationsangebot zuallererst von Seiten der Therapeuten, damit auch die Klienten (bewusst und gewollt) kooperieren können.

b) Die Entwicklung kooperativer Klient-Therapeut-Beziehungen

Der Klientenbezug beginnt mit der Bestimmung des »Beziehungstyps« der Klient-Therapeut-Beziehung und geht damit weiter, dass die Beratung der einzigartigen Qualität dieser Beziehung entsprechend maßgeschneidert wird. Unterschieden werden die »Beziehungstypen« des »Kunden« (wenn der Klient bereit ist, für die Lösung seines Problems aktiv zu werden), des »Klagenden« (wenn der Klient nicht sagen kann, was er selber tun könnte, um eine Lösung herbeizuführen – häufig bei sog. »co-abhängigen« Ehepartnern) und des »Besuchers«.

Der Beziehungstyp des »Besuchers« liegt dann vor, wenn der Klient entweder meint, dass es überhaupt kein behandlungsbedürftiges Problem gibt oder dass überhaupt jemand anders das Problem hat. Eine Beziehung vom Typ des Besuchers stellt sich häufig ein, wenn der Klient (als Problemtrinker) von einer anderen Person in Therapie geschickt wurde.

c) Eigenschaften »wohlgestalteter« Behandlungsziele (d. h. nützlicher Ziele)

Ziele sollen

1. bedeutsam für den Klienten sein;

2. klein sein;

3. konkret, präzise und verhaltensbezogen sein;

3. positiv benennen, was sein soll, statt negativ benennen, was nicht sein soll;

4. eher einen Anfang als ein Ende beschreiben;

5. im Lebenskontext des Klienten realistisch und erreichbar sein.

d) Aushandeln und Kooperieren

Besonders bei Personen, die auf Anordnung Dritter zur Behandlung kommen, sind spezielle »Fragen zum Aushandeln von Zielen« angesagt. Es geht hier darum,

1. herauszufinden, was der Klient will;

2. dem Ziel des Klienten zuzustimmen und seiner Klage mit Anteilnahme zu begegnen;

3. den Klienten zu fragen, wie er die Forderungen der überweisenden Person sieht.

Es gilt, die Entscheidung der Klienten über das, was *ihnen* wichtig ist, anzuerkennen und somit ihr Recht auf Selbstbestimmung zu respektieren und ihr Selbstbewusstsein zu stärken.

e) Die Lösungsorientierung – Fünf nützliche Fragen

1. Fragen, die vor Sitzungsbeginn eingetretene Veränderungen beleuchten

2. Fragen, die nach »Ausnahmen« suchen, um aktuelle und vergangene Erfolge zu verbessern

3. **»Wunderfrage«:** Die Wunderfrage soll den Klienten auf eine zukünftige Zeit hin orientieren, in der das Problem gelöst ist. Sie lautet etwa so: »Ich möchte Ihnen nun eine etwas seltsame Frage stellen! Hierfür benötigen Sie Ihre Vorstellungskraft. Stellen Sie sich vor, heute nacht, während Sie schlafen, geschieht ein Wunder ... und das Problem, dessentwegen Sie hier in Therapie sind, ist gelöst – einfach verschwunden. Aber da Sie geschlafen haben, wissen Sie nicht, dass das Wunder geschehen ist. Wenn Sie dann morgens aufwachen, was wird Ihrer Meinung nach das erste kleine Anzeichen sein, das Sie darauf hinweist, dass über Nacht das Wunder geschehen ist?« – »Was noch?«

4. **Skalenfragen:** Zunächst sollen »Skalenfragen« den Therapeuten informieren. Sie sollen aber auch dazu dienen, zum Veränderungsprozess zu motivieren und ihn voranzutreiben.

   »Sagen wir, 10 steht dafür, wie Sie Ihr Leben gern hätten, wenn Sie das Problem, das Sie hierher in Therapie gebracht hat, gelöst haben, und 1 steht dafür, wie schlimm alles war, als Sie zum Telefonhörer griffen, um die erste Sitzung zu verabreden, – wo liegt dann Ihrer Meinung nach heute das Problem auf der Skala zwischen 1 und 10 ?«

5. **Stützende Fragen**

f) **Zur therapeutischen Intervention: Prinzipien und Frageformen**

1. **Mache mehr von dem, was funktioniert!**

Da es keine »richtige« Art gibt, Probleme zu lösen, gilt das Prinzip, dass das, was funktioniert (was auch immer!) wiederholt werden sollte. Damit verbunden wird Hochachtung vor der Fähigkeit des Klienten ausgedrückt, Probleme zu lösen. Dieses Prinzip ist eine der einfachen Ideen, auf denen der lösungsbezogene Ansatz basiert.

2. **Der Blick in die Zukunft: Nach dem Wunder**

Nachdem die »Wunderfrage« gestellt und vom Klienten ein »Wunderbild« entwickelt worden ist, kann damit auf verschiedene Weise weiter gearbeitet werden; vor allem sind verschiedene Fragen nützlich:

– »Was müssten Sie als erstes machen, um so einen Wundertag zu haben?«

– »Wann haben Sie zuletzt so einen Tag erlebt?«

– »Was müssen Sie tun, um diese erfolgreiche Zeit zu wiederholen?«

– »Was wäre nach Meinung Ihrer Frau nötig, damit Ihre Familie einen Wundertag erlebt?«

g) **Strategien, um Fortschritte aufrechtzuerhalten und zu fördern**

Es geht in diesem Modell um die »Aufrechterhaltung des Ziels« statt um »Rückfallprophylaxe«.

Was tun, wenn ein Klient von einem Rückfall berichtet? Die Therapeutin soll dem Klienten helfen, seine *vor* dem Rückfall erzielten *Erfolge* zu sehen und ihn auffordern, so schnell wie möglich zu den ursprünglichen Zielen zurückzukehren.

Zu diesem Zweck können einige nützliche Fragen gestellt werden:

- »Wie haben Sie es damals geschafft, mit dem Trinken aufzuhören?«
- »Worin unterscheidet sich dieser Rückfall vom letzten?«
- »Was müssen Sie tun, um die Veränderungen zu stabilisieren?«
- »Was haben Sie aus dieser Episode über sich gelernt?«

Selbstverständlich lassen sich die Haltungen und Techniken auch auf andere Aufgabenfelder übertragen. Vor allem aber sind sie *Bestandteil* eines *systemisch-lösungs-orientierten Ansatzes*, bei welchem einige Prinzipien der lösungsorientierten Kurztherapie in den systemtheoretisch orientierten Beratungsansatz integriert sind. Ein solcher kombinierter Ansatz ist gerade auch im Psychiatriebereich und in der Arbeit mit Menschen mit psychotischen Problemen von Bedeutung (s. Punkt 3.7).

Das Externalisierungskonzept
Obzwar Michael White einen spezifischen narrativen Ansatz mit eigener philosophischer und wissenschaftlich-theoretischer Begründung jenseits der Systemtheorie vertritt (s. Punkt 3.6), wurde die von ihm erfundene *Methode der Externalisierung* des jeweiligen Problems (s. in White u. Epston, 1994) allgemein adaptiert und in das Methodenrepertoire der systemtheoretisch orientierten systemisch-konstruktivistischer Therapie übernommen.

Mit der Externalisierung, also der Abtrennung des Problems von der »betroffenen« Person, ist der Versuch verbunden, das Problem und die persönliche Identität eines Klienten zu unterscheiden, um damit die *gewohnten Beschreibungsmuster zu verstören*, mit denen sonst üblicherweise das Problem aufrechterhalten wird (vgl. von Schlippe u. Schweitzer, 1996). Die im herkömmlichen Sprachgebrauch (wie auch in medizinischen und klinischen Denkmodellen) übliche Lokalisierung der »Störung *in* der Person« soll damit aufgebrochen werden.

White hatte diese Methode in der Arbeit mit Kindern entwickelt. Er fand, dass sie leichter kooperierten, wenn sie in einer Weise angesprochen wurden, die das beanstandete Problem (z. B. »ungezogen sein«) nicht an ihnen selbst festmachte, sondern an eine andere »Figur« delegierte. So wird ein Kind etwa gefragt, »wann denn der ›Schlingel‹ es wieder einladen würde, Unsinn zu machen und wie es darauf reagieren würde . . .« (S. 170).

Das bekannteste Beispiel ist die Fallgeschichte einer Familie, in der das Einkoten des 6-jährigen Jungen (»Nick«), der überdies den Kot an die Wände schmierte, ein großes Problem darstellte (s. in White u. Epston, 1994, Kap. 3). Der Junge isolierte sich dadurch von anderen Kindern, die Mutter bezweifelte ihre Fähigkeiten als Mutter, der Vater traute sich nicht mehr, Kollegen nach Hause einzuladen. Es handelte sich hier um eine wahrhaft »problembefrachtete Beschreibung des Familienlebens« (S. 70). Die Externalisierung bestand dann darin, eine neue Geschichte zu erzählen in der Form, dass man für das Einkoten nicht den Jungen selbst verantwortlich machte, sondern einen »hinterhältigen Dreckmacher« (als eine Art »Spielgefährten« des Jungen), der das Kind überrumpelte. So konnten sich alle in der Familie gemeinsam als Opfer dieses hinterhältigen Dreckmachers sehen und sich gemeinsam gegen diesen bösen Dreckmacher solidarisieren. Die Beziehungen zwischen den Familienmitgliedern kamen dadurch wieder besser ins Lot. Die nächsten Schritte bestanden in der Suche nach Zeiten, in denen der Dreckmacher besiegt oder von den Eltern gelassen ignoriert werden konnte, sowie in der Akzentuierung entsprechender Fähigkeiten der Familienmitglieder. Davon ausgehend sollte eine alternative Familiengeschichte aufgebaut werden, die nicht mehr problembefrachtet ist.

Die Methode der Externalisierung wird verschiedentlich auch bei psychotischem Verhalten eingesetzt (z. B.: »Wie hat die Psychose dich dazu gebracht, dich zurückzuziehen und den Kontakt zu anderen zu meiden?«) oder bei Gewalttätigkeit (z. B.: »Willst du weiterhin dein Leben dieser Prämisse unterordnen, wie du als Mann zu sein hättest?«) oder bei zerstrittenen Ehepartnern (z. B.: »Was richtet das Streitmonster in eurem Leben an?«; vgl. von Schlippe u. Schweitzer, 1996, S. 172 und S. 99) oder bei allen möglichen anderen definierten Problemen (Bulimie, Anorexia nervosa, Depression . . .). Externalisierungsfragen kreisen darum, wie sich das Problem auf das Leben, das Selbstbild, die persönlichen Beziehungen der Betroffenen auswirkt und wie diese umgekehrt auf das Problem Einfluss nehmen können.

Gerade in der einzeltherapeutischen Arbeit mit Psychoseerfahrenen, in der die Externalisierungstechnik auch gern von systemtheoretisch orientierten Therapeuten angewandt wird (z. B. von Arnold Retzer), stellt sich allerdings die Frage, ob hiermit nicht der ohnehin schon vorhandenen Tendenz, die psychotischen Symptome abzuspalten, zusätzlicher Auftrieb gegeben wird und ob dies wirklich hilfreich ist. Psychotische Erscheinungen werden von den Betroffenen sowieso oftmals ohne Bezüge zum eigenen Leben und zum eigenen Erleben als nicht zu ihnen selbst gehörende Fremdkörper angesehen. Im Gegensatz zum Externalisierungskonzept legt der sozialpsychiatrische Begegnungsansatz (s. Punkt 2.2) jedenfalls nahe, das Abgespaltene annehmen, womöglich wertschätzen und integrieren zu helfen. Mit dieser zur Abspaltung (zur Externalisierung) gegenläufigen »Internalisierung« sollen in subjektorientierten Ansätzen keinesfalls die »Störungen« in das Individuum hineinverlegt werden, sondern es soll versucht werden, die (psychotischen) Symptome auch in ihrer persönlichen Sinnhaftigkeit im Zusammenhang mit den gelebten Beziehungsmustern verstehen zu helfen.

Selbst auch aus systemisch-konstruktivistischer Sicht, in der man sich zwar nicht für den persönlichen Sinn, aber immerhin für den *funktionalen Sinn von Symptomen* interessiert, wird Kritik an dem Externalisierungskonzept geäußert: »Eine Gefahr der Externalisierung [...], wie sie *White* verwendet, liegt darin, dass sie dem Problem nicht neutral gegenübersteht, sondern dieses einseitig negativ konnotiert [...] das Problem selbst wird als etwas nur Negatives, Schlechtes, Böses, zu Überwindendes beschrieben – es soll beseitigt werden. Dies widerspricht dem Selbstverständnis systemischer Therapie und Beratung, alle Phänomene in einem System als zumindest *auch* sinnvoll für dessen Selbstorganisation anzusehen« (von Schlippe u. Schweitzer, 1996, S. 172). Das Konzept sollte deshalb nur in einer Weise aufgegriffen werden, die es erlaubt, auch die Nützlichkeit des externalisierten Problems zu beleuchten.

Das Reflektierende Team
Es wird berichtet (vgl. von Schlippe u. Schweitzer, 1996, S. 38), dass die Entstehung des Reflektierenden Teams auf ein »technisches Versehen« hinsichtlich der Einstellung der Mikrofone zurückgeht, als Tom Andersen und seine Arbeitsgruppe mit einer Familie gearbeitet hatten: Die Mikrofone waren so angestellt, dass die Familie in der Sitzungspause die Gespräche, die das Team hinter der Einwegscheibe mit dem Therapeuten über sie führte, mit anhören konnte. Als der Therapeut wieder in das Sitzungszimmer kam, fand er aber nicht entsetzte, sondern hoch interessierte Familienmitglieder vor, die ihrerseits einen Beitrag zu dem Gehörten geben wollten. Von da an wurde die Panne zur »Methode« umgewandelt: Man ließ die Familienmitglieder den Reflexionen der therapeutischen Teammitglieder zuhören und an ihnen teilhaben mit ihren anschließenden eigenen Reflexionen und Ansichten dazu. Später wurde auch der Einwegspiegel weggelassen. Man fand, dass diese Vorgehensweise des Offenlegens und des Austausches von Reflexionen und Sichtweisen so enorme Effekte hatte, dass sich Verschreibungen und Schlussinterventionen seitens der Therapeutinnen erübrigten. Der norwegische Therapeut Tom Andersen schilderte, dass für ihn einstmals der Versuch, »nach Mailänder Art« zu arbeiten, immer mit einem Gefühl des Unbehagens verbunden gewesen war, aber »eines Tages im März 1985 durchbrachen wir diese Arbeitsform und machten alles, was über die Familie gesagt wurde, für jeden hörbar. Dieser Tag war, im nachhinein gesehen, von großer Bedeutung« (1996a, S. 120).

Das Vorgehen nach dem Reflektierenden Team stellt explizit die offene und kooperative Konversation mit allen an einem Problemsystem Beteiligten in den Mittelpunkt und hinterfragt damit den »Nimbus von therapeutischer Allmacht«, der im sonst üblichen therapeutischen Vorgehen zum Beispiel mit Verschreibungen und Schlussinterventionen einhergeht (vgl. von Schlippe u. Schweitzer, 1996, S. 39). Es wäre auch zu fragen, ob man mit solch einer kooperativen Methode, welche die unterschiedlichen Beschreibungen und Reflexionen aller als prinzipiell *gleichwertige Ansichten* zulässt, dem »emanzipatorischen« Anspruch systemischer Therapie nicht überhaupt besser gerecht würde, als mit anderen Verfahren. Es wird ja explizit ein Kontext von Austausch und Kooperation angeboten, um Lösungen für aktuelle Probleme zu finden (vgl. S. 39).

Für Lynn Hoffman (1996, S. 78) war die »Gleichheit und Gleichberechtigung« zwischen Konsultanten und Klientinnen das, was sie beim Reflektierenden Team am meisten ansprach. Überdies sind nach diesem Konzept die Beraterinnen (oder Beobachter) genötigt, auf ihre Sprachverwendung zu achten, vor allem Fachausdrücke und beschuldigende Klassifizierungen (»überengagierte Mutter«, »verstrickte Beziehung«) zu vermeiden, wenn sie vor den Klienten ihre Einschätzungen über deren Problemsituation miteinander diskutieren. Darüber hinaus ermöglicht das Vorgehen nach dem »reflecting team« den Klientinnen ein *gutes Zuhören* und die Möglichkeit des Nachdenkens, da sie nicht direkt angesehen und angesprochen werden und so von dem Druck befreit sind, sofort zu reagieren.

> Um dies zu veranschaulichen, schildert Lynn Hoffman (1996) eine Episode mit einer jungen Therapeutin, die in einem Workshop einen für sie schwierigen »Fall« vorstellte. Die Workshop-Teilnehmerinnen sollten sich darüber in Form von reflektierenden Teams unterhalten. Als aber die Workshop-Leiterin, Frau Hoffman, der jungen Therapeutin dann quasi einen Abschlusskommentar zu ihrem Fall übermittelte, reagierte diese verwirrt: Sie hätte gut zuhören können, als die anderen untereinander über ihren »Fall« debattierten, aber nicht, als sie so direkt von Frau Hoffman angesehen und angesprochen wurde (S. 77).

Gemäß Tom Andersen (1996a) sind die *Beschreibungen und Erklärungen* eines Problems von Bedeutung, nicht das Problem an sich. In so genannten »Multilogen« können multiple Beschreibungen (Bedeutungsgebungen) geschaffen und ausgetauscht werden, so dass sich neue Perspektiven entwickeln lassen. Somit seien generell »Gespräche als Hauptquelle für neue Perspektiven« anzusehen (S. 126). Dabei können die Gespräche durch die Einführung von »reflektierenden Positionen« zusätzlich bereichert werden, da die Beteiligten dadurch die Möglichkeit erhalten, über die Gespräche nachzudenken. Mit anderen Worten hätten die Klienten damit die »Gelegenheit, sowohl aktiv am Gespräch über ihre Sorgen teilzunehmen als auch aktiv darüber nachzudenken, wie sie über ihre Sorgen sprechen« (S. 129). Mit den Fragen, Gesprächs- und Reflexionsbeiträgen der professionellen Helfer (Teammitglieder und Beraterinnen) sollen neue, andersartige Sichtweisen eingeführt werden, die aber auch nicht so ungewöhnlich oder fremdartig sein sollten, dass sie von den Klientinnen gar nicht angenommen werden können. Kurz gesagt, sie sollten »angemessen ungewöhnlich« sein (S. 130). Alles in allem bestünde die »Hauptaufgabe« der Profis darin, die Gespräche »in Fluss zu halten« (S. 130). Prognostische Aussagen, ob und wie die Klienten davon profitieren, könnten jedoch grundsätzlich nicht gemacht werden.

Die wichtigsten Aspekte in der Arbeit mit dem Reflektierenden Team seien hier noch einmal stichpunktartig zusammengestellt (s. a. von Schlippe u. Schweitzer, 1996, S. 199 ff.):

– Schaffen eines Freiraums für den Gedankenaustausch zwischen zwei oder mehreren Menschen.

- Trennung zwischen einem therapeutischen Team (z. B. Klientenpaar plus Therapeutin) und einem beobachtenden Team (den Reflektierenden) – vorausgesetzt,
  das wird von den Ratsuchenden so akzeptiert.
- Herstellen eines Klimas von Kooperation, Gleichberechtigung aller Beteiligter
  und Transparenz.
- Anbieten einer »angemessen ungewöhnlichen« Konversation, die etwas Neues
  anbietet (Komplexität erhöht), aber auch nicht allzu weit von den Beschreibun-
  gen der Ratsuchenden selbst entfernt ist.
- Unterbrechung des Therapiegesprächs jeweils nach circa 20–25 Minuten für die
  Reflektionsphase und den »Metalog« (ca. 5–10 Minuten).
- Regeln für das Teamgespräch: Einander sorgfältig zuhören; jeder stellt sich selbst
  Fragen bezüglich der vorgetragenen Problembeschreibung, entwickelt andere
  Perspektiven; suchendes (»ich bin nicht sicher«) statt festlegendes oder diagnos-
  tizierendes Sprechen; Sowohl-als-auch- statt Entweder-oder-»Logik«; Vielfalt der
  Meinungen nebeneinander bestehen lassen; wertschätzende Haltung bei allen
  Äußerungen anstelle von Entwertungen.
- Ein 60 bis 90-minütige Gespräch wird circa zwei bis drei Mal für eine Reflexions-
  phase unterbrochen; das letzte Wort haben die Klienten; zum Abschluss werden
  Wünsche für die Zukunft besprochen.

Auch wenn die personellen Kapazitäten für ein Beobachterteam mit zwei bis vier
Reflektierenden nicht gegeben sind, besteht dennoch die Möglichkeit, in Konsulta-
tions- oder Beratungsgesprächen »reflektierende Positionen« dazwischen zu schal-
ten. Zum Beispiel können zwei Beraterinnen miteinander das Reflektionsgespräch
führen oder sogar ein einzelner Therapeut könnte vor den Ratsuchenden das Reflektieren durchspielen oder die Klientinnen selbst könnten sich auf anderen Plät-
zen als reflektierendes Team bilden und ein Gespräch über das Gespräch führen.

Von Schlippe und Schweitzer (1996, S. 204) berichten über ihre Erfahrungen bei dem
Vergleich des Einsatzes eines Reflektierenden Teams einerseits und von Schlussinterventionen (nach dem Heidelberger Konzept) andererseits in der Arbeit mit Rollenspiel-
familien. Im Unterschied zu der unangenehmen Pause vor den Schlussinterventionen
wurde die Offenheit des Reflektierenden Teams als angenehmer erlebt. Letzteres wurde jedoch auch als vage und wenig Sicherheit gebend angesehen, während die Ver-
bindlichkeit der Schlussinterventionen geschätzt wurde. Die Autoren konstatieren,
dass »das wenig strukturierte Angebot [des Reflektierenden Teams] das ratsuchende
System mit zu viel Komplexität überfordern könnte« und dass die Gefahr besteht, dass
»manche Familien [...] das Angebot des Teams nicht als Anregung« nutzen, sondern
als »Bewertung, gegen die sie sich abgrenzen müssen« (S. 204).

Auf andere Autoren verweisend wurde ferner die Vermutung ausgesprochen, dass
»für Systeme in akuten Krisen und für Familien mit schizophrenen Mitgliedern das
Reflektierende Team nicht geeignet« sei (S. 204). In diesem Punkt belegen inzwi-

schen jedoch die Erfolge der so genannten »Therapieversammlungen« (die in Finnland im Rahmen des »bedürfnisangepassten Behandlungs-Ansatzes« bei *akuten Psychosen* mit dem gesamten Netzwerk geführt werden) genau das Gegenteil! In den Krisensitzungen werden dort die Gespräche vornehmlich unter Einbezug reflektierender Positionen geführt (z. B. nach Seikkula). Dieses Modell erfährt später noch ausführliche Betrachtung (Punkte 3.6 u. 3.7 sowie Kap. 4).

3.4 Haltungen, Methoden, Frageformen systemischer Therapie und Beratung

Nachdem in diesem Kapitel bis hierher die Kennzeichen und die Entwicklungslinie der systemisch-therapeutischen Perspektive, ferner die Leitideen (mitsamt dem konstruktivistischen Problem- und Therapieverständnis) sowie verschiedene Richtungen, deren Konzepte in die systemische Therapie integriert worden sind, relativ ausführlich erörtert wurden, sollen nunmehr die wichtigsten Grundhaltungen und Vorgehensweisen systemisch-therapeutischen Arbeitens vorgestellt werden.[29]

Die vorgängigen Darlegungen (s. vor allem Punkt 3.2) zusammengefasst, orientiert sich das systemische Vorgehen in Therapie und Beratung an einer konstruktivistischen Position sowie an dem Autopoiese-Gedanken. Entsprechend wird davon ausgegangen, dass »instruktive« Instruktionen oder Interventionen im Sinne zielgerichteter Beeinflussung nicht möglich sind, sondern lediglich alternative Wirklichkeitssichten oder Anregungen übermittelt und »Verstörungen« von Problemkreisläufen versucht werden können. Erwünschte Veränderungen sind demnach weder planbar noch voraussehbar; wenn sie sich einstellen, erfolgen sie gemäß der Eigenlogik und Eigendynamik der sich selbst organisierenden Systeme. Ferner sind damit entsprechende professionelle Haltungen verbunden, allem voran das Bewusstsein, dass man als professioneller Helfer immer auch zu einem Teil des Problemsystems wird (bzw. zum Problemsystem mit dazugehört) sowie die Überzeugung, dass grundsätzlich Veränderungspotenzial im sich selbst erhaltenen System steckt oder anders gesagt: dass Ressourcen zur Problemlösung bei den Klientinnen vorhanden sind, auch wenn sie (derzeit noch) nicht genutzt werden.

---

29 Diese Zusammenstellung erfolgt in Anlehnung an die Darlegungen von Pfeifer-Schaupp (1995, Teil 3), von Schlippe u. Schweitzer (1996, Abschnitt III.), Schweitzer u. Weber (1997), Simon u. Rech-Simon (1999, Abschnitt IV.), Ritscher (2002, Kap. 6), Simon u. Weber (2004) und anderen, ohne dass hier alle Ausführungen im Einzelnen zitierend belegt werden.

3.4.1 Grundprinzipien und therapeutische Haltungen

Vor dem genannten Hintergrund sind die folgenden therapeutischen Haltungen und Grundprinzipien zu nennen:

1. Achtung vor der Selbstorganisation – Neutralität und Neugier (Respekt/Interesse):
Das frühere Kriterium der »Allparteilichkeit« (d. h. für alle Familienmitglieder gleichermaßen Partei ergreifen zu können) überschreitend, wird heute »Neutralität« (d. h. bewusstes Nichtbewerten) als therapeutische Grundhaltung gefordert. Es geht darum, nicht die eigenen Sichtweisen den Klientinnen aufzudrücken und weder die Personen, noch ihre Verhaltensweisen und Beziehungsmuster, noch ihre Erklärungen und Ansichten, noch ihre Symptome und ihre diesbezüglichen Veränderungswünsche zu bewerten. Somit ist Neutralität auf drei Ebenen gefordert:

– soziale Neutralität oder Neutralität gegenüber den *Personen* (soll heißen: nicht einseitig Partei ergreifen und sich – etwa bei einem Paarkonflikt – nicht auf die eine oder andere Seite stellen; allgemein eine innere Distanz zu den einzelnen Personen bewahren);

– Neutralität gegenüber den *Ideen* (soll heißen: nicht zu erkennen geben, welche der im Gespräch geäußerten Problemerklärungen, Lösungsideen, Werthaltungen, Meinungen die Beraterin selbst bevorzugt; offen bleiben auch gegenüber widersprüchlichen Ansichten zu dem Problem);

– Neutralität gegenüber den *Symptomen* (soll heißen: Veränderungs- und Nichtveränderungsimpulse neutral betrachten, sich nicht zwangsläufig auf die Seite der Symptombeseitigung und Veränderung stellen; Symptome als zwar suboptimale, aber doch kreative Lösungsversuche ansehen; sich aber auch nicht einseitig auf die Seite der Nicht-Veränderung stellen; gegebenenfalls positiv konnotierte Symptomverschreibungen vornehmen, die helfen könnten, das eigene Symptom schätzen zu lernen, um sich dann freier von ihm verabschieden zu können).

Bei Wahrung des Neutralitätsprinzips soll inzwischen die etwas distanziert wirkende neutrale Haltung durch eine *Neugierhaltung* des Therapeuten oder der Beraterin ersetzt werden. Gefordert ist *respektvolles Interesse* an der – aus systemischer Sicht – jedem System immanenten Eigenlogik, welche als weder gut noch schlecht, sondern schlicht als wirksam angesehen wird. Diese Neugierhaltung ist überdies verbunden mit einer *Expertise des Nicht-Wissens*, mithin einem Offensein für die Sichtweisen, das Wissen und die Erzählungen der Klienten(systeme). Es geht hierbei darum, die »Unwissenheit des Therapeuten« als Ressource zu verstehen.

»Fragen wir von einer Perspektive des Wissens, geleitet von Theorien oder eigenen Verstehenskonzepten, so erfragen wir damit die Geschichte, die bereits in unserem Kopf ist« (von Schlippe u. Schweitzer, 1996, S. 121 f., zit. nach Epstein 1996).

2. Ressourcenorientierung: Die Ressourcenorientierung beinhaltet die Annahme, dass alle Klientinnen über Selbstheilungs- und Selbsthilfekräfte verfügen, auch wenn diese derzeit brachliegen mögen; ferner, dass den Klienten nichts fehlt, was sie neu lernen müssten, sondern dass sie alles Nötige bereits in ihrem Repertoire haben. Dementsprechend geht es in der Therapie oder Beratung um das Suchen nach oder das Erwecken und das Nutzen von bereits vorhandenen, aber derzeit noch nicht entdeckten oder nicht mehr genutzten Ressourcen zur Problemlösung im Klientensystem. Um die Ressourcen aufzufinden, bräuchte man sich auch nicht unbedingt allzu lange mit dem Problem zu beschäftigen.

3. Lösungsorientierung: Es gilt, nach dem zu forschen, was den Klienten schon jetzt gut gelingt und dezidiert nach den so genannten »Ausnahmen« vom Problem zu suchen. Ferner ist das Gestalten von Zukunftsentwürfen oder das Antizipieren einer Zukunft nach der Problemlösung hilfreich für die Entwicklung von Lösungsideen. Gegebenenfalls kann man gleich an die Konstruktion von Lösungen herangehen statt lange das Problem zu erkunden.

4. »Kundenorientierung« (und auch Auftragsorientierung): Man sollte den Klientinnen (wie auch sonst anderen »Kunden«) womöglich nur das anbieten, was sie selber haben wollen und nicht das, was sie nach Meinung der Fachleute benötigen oder unbedingt brauchen. Das therapeutische Angebot hat sich also nach den Wünschen der Klienten zu richten. Bei »unmotivierten« Klienten, die sich als Nichtkunden zeigen (da sie z. B. eine Auflage zur Therapie haben), ist eine Auftragsklärung besonders wichtig: »Wer will was? Von wem? Bis wann? Wozu? Gegen wen?«

5. Den Möglichkeitsraum vergrößern: Die Idee ist, dass durch systemische Therapie und Beratung die Denk- und Verhaltensmöglichkeiten für die Klienten möglichst vergrößert werden sollten. Auf der Ebene der Wirklichkeitssichten ginge es um das Aushandeln von Wirklichkeitsdefinitionen, die Bedeutungsgebungen erweitern helfen sollen. Zwecks Erweiterung der Denk- und Handlungsspielräume gelte es, zum »Denken des bislang Ungedachten« und zum »Ausprobieren des bislang Unausprobierten« anzuregen und Neues oder Ungewohntes einzubringen – gegebenenfalls auch über »Verstörung« oder Provokation.

3.4.2 Vorgehensweisen und Techniken

Von den genannten Haltungen und Grundprinzipien ausgehend, sind für das Vorgehen in Therapie und Beratung die folgenden *Vorgehensweisen* einschlägig:

1. Kontext- und Auftragsklärung: Am Anfang geht es immer um eine Klärung des Überweisungskontextes, des Anliegens der Klienten sowie ihres Auftrags an die Therapie. Die Klärung der oft widersprüchlichen Interessen der Klientinnen und/oder anderer Auftraggeber hilft den Einstieg in unfruchtbare oder unnötige Prozesse zu vermeiden. Nützliche Fragen zur Auftrags- und Erwartungsklärung betreffen die Punkte: Wer will was, von wem, ab wann? Oder: Warum gerade jetzt, wozu, mit wem oder gegen wen? Oder auch umgekehrt: Wer will nichts, was nicht, von wem nicht, wann noch nicht, wozu nicht? Ferner gilt es auch zu klären:

– Wer ist die überweisende Person oder Institution? Was sind deren Motivationen und Erwartungen?
– Welche gleichzeitigen Kontakte zu anderen Helferinnen gibt es?
– Welche Vorerfahrungen der Klienten mit Helfern oder Therapeutinnen gibt es?
– Was soll in dieser Beratung/Therapie geschehen, was auf keinen Fall? Welche Erwartungen haben die Klienten und relevante Bezugspersonen?

Während der Überweisungskontext nach dem Erstgespräch nicht mehr geklärt zu werden braucht, müssen die Fragen zu den Zielen und Erwartungen auch in den Folgesitzungen immer wieder aufgegriffen werden (Fragebeispiele zur Auftrags- und Kontextklärung s. Punkt 3.7.2).

2. Hypothesengeleitetes Vorgehen (Hypothetisieren und Zirkularität): Oft werden bereits in Verbindung mit der telefonischen Anmeldung (via Anmeldebogen oder telefonischer Nachfrage), also noch vor dem Erstgespräch *Vorinformationen* gesammelt und davon ausgehend Hypothesen über den Zuweisungskontext gebildet (»Wer hat den Klienten diese Therapie/Beratung empfohlen?«) sowie vorläufige *Genogramme* erstellt, die sehr hilfreich sein können für die Bildung von Hypothesen. Bei den Hypothesenbildungen im Verlaufe der Therapie/Beratung, dem Hypothetisieren, geht es niemals darum, ob eine Hypothese »richtig« ist, sondern nur darum, ob eine Hypothese passend und vor allem nützlich ist. Ihre Nützlichkeit bemisst sich zum einen an ihrer *Ordnungsfunktion* (Informationen auswählen, bündeln) und zum anderen an ihrer *Anregungsfunktion* (durch Hypothesen neue Sichtweisen anbieten). Eine passende und nützliche Hypothese ist ferner immer eine solche, die die Handlungen der verschiedenen Akteure in wertschätzender Weise zu verbinden vermag (vgl. Schweitzer u. Weber, 1997). Dabei spielt der Aspekt der *Zirkularität* eine Rolle. Statt linearer Ursache-Wirkungs-Zusammenhänge werden zirkuläre Kreislaufprozesse beschrieben.
  Systemische Hypothesen sollen:
– Wechselwirkungen betonen und die Wahrnehmung auf interaktionelle Zusammenhänge richten,
– das Problem sinnstiftend in einen Kontext einbetten,
– dem Problemverhalten eine (vornehmlich positive) Funktion zuschreiben.

Hypothesen sind dann besonderes wirksam, wenn sie sich von denen der Klienten deutlich unterscheiden, aber von ihnen als hinreichend plausibel angenommen werden können; ferner, wenn sie nicht pathologisierend sind (nicht defizitorientiert), sondern (ressourcenorientiert) Entscheidungsmöglichkeiten beinhalten (z. B. »Hans verzichtet auf ein größeres Maß an Selbstständigkeit, um damit die liebevolle Beziehung zu seinem Vater aufrechtzuerhalten und zu versuchen, seine verstorbene Mutter zu ersetzen«; vgl., Schweitzer u. Weber, 1997).

3. Intervenieren durch Fragen – Fragetechniken: Mit systemischem Fragen werden nicht nur Informationen gewonnen, sondern es wird auch neue Information generiert. Fragen gelten als die wichtigsten Erzeuger von Informationen, die ins Klientensystem gegeben werden. Wenn man als Therapeut beispielsweise die von einer Familie vorgebrachten Symptome eines Kindes als Beziehungsphänomene oder als interaktionelle Probleme beschreiben möchte (statt die Sichtweise der Familie, es handele sich um das individuelle Problem dieses Kindes, zu übernehmen), dann geschieht dies in Form einer Frage (z. B.: »Hat das Kind dieses auffällige Verhalten schon gezeigt, als die Großmutter noch mit im Haus lebte oder erst, nachdem sie im Streit fortgezogen ist?«). Systemisches Fragen ist die Hauptform systemischer Intervention. Insbesondere wenn mehrere Personen zusammen in Therapie/Beratung sind, etwa eine Familie, potenziert sich die Wirkung systemischen Fragens. Harmlos wirkende Fragen können oft festgefahrene Weltbilder infrage stellen, insbesondere wenn sie (laut Schweitzer u. Weber, 1997)
– Tätigkeiten statt Zustände,
– Entscheidungen statt Schicksale,
– Vorübergehendes statt Unendliches betonen (z. B.: »Wann hat Ihrer Meinung nach Ihr Sohn begonnen, auf seine Lebensfreude und eine eigenständige Lebensgestaltung zu verzichten?«).

Kennzeichen nützlicher Fragen ist, dass durch sie neue Unterschiedsbildungen bei den Klienten angestoßen werden. Dies soll insbesondere durch das *zirkuläre Fragen* erreicht werden. Gefragt wird nicht nach Dingen oder Zuständen, sondern nach (interaktionellen) Mustern oder nach (kommunikativen) Prozessen. Auf diese Weise werden Symptome entdinglicht und in Verhaltensweisen »verflüssigt«. Die problematischen Verhaltensweisen werden in Beziehungskontexte gestellt und/oder relativiert.
Beispiele für zirkuläres Fragen in der systemischen Therapie (s. Schweitzer u. Weber, 1997; Pfeifer-Schaupp, 1995, S. 177–181):
– Erklärungsfragen (z. B. »Wie erklären Sie sich, dass Ihre Frau gerade im vorigen Jahr begonnen hat, zu trinken?«);
– Fragen, die Eigenschaften zu Verhalten verflüssigen (z. B.: »Wie verhält sich Ihre Mutter, was tut sie, wenn Sie sie für depressiv halten?« – »Welche Verhaltensweisen muss der Vater zeigen, um als ›Weichei‹ angesehen zu werden?«);
– Fragen, die Verhalten in einen spezifischen Kontext stellen (räumlich, zeitlich, beziehungsmäßig);

– Fragen, die gegenseitiges Sich-Bedingen nahe legen (z. B.: »Was tut die Mutter, wenn der Vater sich bedrückt zeigt . . . und wie reagiert er dann darauf?«);
– Fragen, die eine Außenperspektive ermöglichen (z. B.: »Was vermuten Sie, denkt Ihr Mann, wenn . . .?«);
– Fragen, die aus Opfern Mitverantwortliche werden lassen (z. B.: »Wie könnten Sie es anstellen, sich nicht erst wieder im Herbst, sondern schon in drei Wochen wegen Psychose in die Klinik einweisen zu lassen?«);
– Vorher-Nachher-Beziehungsfragen (z. B.: »Hatten sich deine Eltern vor oder nach dem Schulstreik deiner Schwester mehr miteinander gestritten?«);
– Rangfragen (z. B.: »Wer freut sich über den Einzug der Schwiegermutter am meisten, wer am wenigsten?« oder: Reihenfolge, wer in der Familie am liebsten zu Hause bleibt);
– Skalenfragen oder Prozentfragen (z. B.: »Wenn Sie Ihre augenblickliche Einschätzung, ›psychisch krank‹ zu sein, auf einer Skala von 0 bis 10 einstufen müssten, welche Zahl würden Sie angeben?« oder: »Was glauben Sie: Wie viel Prozent des Herzens Ihrer Frau möchte sich derzeit von Ihnen trennen und wie viel Prozent möchte bei Ihnen bleiben?«);
– Übereinstimmungsfragen (Wer stimmt mit wessen Sichtweise überein oder nicht überein, z. B.: »Sehen Sie das als Sohn auch so wie Ihr Onkel, dass Ihr Vater derzeit eine innigere Beziehung zu seiner Tochter als zu seiner Frau hat?«);
– Fragen mit Zeitimplikationen (z. B.: »Wann hat die Problemsituation begonnen; wie lange wird sie noch dauern?« oder: »Wann werden Sie Ihr Ziel erreicht haben, in 6 Tagen, Wochen, Monaten?«);
– Verschlimmerungsfragen (z. B.: »Was müssten Sie tun, um die Beziehung zu Ihrer Frau in den nächsten Tagen zu verschlechtern?«);
– Status-quo-Fragen (z. B.: »Was ist gut an der Situation, wie sie gerade ist? Was soll sich auf keinen Fall ändern?«);
– hypothetische Fragen beginnen mit »Angenommen, dass . . .« oder »Was wäre, wenn . . .«; es handelt sich um »Gedankenexperimente« zum Anregen von Probedenken und Probehandeln, um den Möglichkeitssinn zu nutzen und Optionen durchzuspielen;
– die Wunderfrage (»Wie sähe es aus, wenn das Problem über Nacht plötzlich weg wäre?«; s. unter Punkt 3.3.2 zum lösungsorientierten Ansatz);
– triadische Beziehungsfragen (z. B.: »Wie sehen Sie, Frau X, die Beziehungen Ihres Mannes zu Ihrer Tochter?«).

Das (ursprünglich von den Mailändern erfundene) *triadische Fragen* gilt als die Kernform des zirkulären Fragens. Wie schon ausgeführt, wird hierbei wird jeder gebeten, die Beziehung zwischen zwei anderen (anwesenden) Personen seiner Bezugsgruppe im Hinblick auf eine bestimmte Frage darzustellen. Durch diese Art des Fragens werden alle Beteiligten sehr intensiv in das Gespräch involviert und es wird viel Information geschaffen.

Beispiel: Wenn eine Mutter berichtet, dass es morgens beim Waschen und Anziehen ihres kleinen Kindes immer so ein Gezeter gibt, und man fragt sie: »Was machen Sie dann, was läuft da bei Ihnen ab?«, dann ist das nicht zirkulär, sondern direktes Fragen. Wenn man sie aber fragt: »Was denken Sie, was da bei Ihrem Mann abläuft, wenn er beobachtet, dass es morgens mit dem Töchterchen immer so ein Gezeter gibt?«, dann ist das bereits zirkulär. Und ein weiterer Schritt (»triadisches Fragen«) wäre es, den Sohn, der ebenfalls die Situation und die Beziehung seiner Eltern beobachtet, zu fragen: »Was denkst du, Christoph, was da bei deinem Vater abläuft, wenn er morgens sieht, wie deine Mutter mit dem Schwesterchen so eine Gezeter hat?«

Mit allen Fragen sollen letztendlich Ideen für alternative Wirklichkeitskonstruktionen und für neue Möglichkeitssichten sowie für die Handhabbarkeit des Problems »gestreut« werden. So gesehen haben die Fragen einen suggestiven Gehalt und eben darin liegt ihr Interventionscharakter. Ähnlich wie in therapeutischen Kontexten können die gleichen Frageformen ebenfalls in der (psycho-)sozialen Arbeit eingesetzt werden (s. z. B. Pfeifer-Schaupp, 1995; 1997; s. a. Punkt 3.5).

4. Kommentierungen und Kommentare: Bei der Art, wie systemische Berater die Problembeschreibungen der Klienten kommentieren, handelt es sich um sprachliche Angebote, die Wirklichkeit auf eine bestimmte Weise wahrzunehmen, gegebenenfalls neu zu konstruieren. Hierzu gehören die folgenden Methoden:
– Bei der Umdeutung, dem *Reframing*, handelt es sich um die vielleicht wichtigste systemische Intervention überhaupt. Mit der Umdeutung wird einem Geschehen dadurch ein anderer Sinn gegeben, dass man es in einen anderen Bedeutungsrahmen stellt. (Beispielsweise könnten die aggressiven Anfälle eines Kindes, unter denen bislang alle litten, umgedeutet werden als lieb gemeinter Lösungsversuch des Kindes, damit sich die Eltern nicht miteinander streiten oder um deren Ehe zu retten). Der Rahmen (engl. »frame«) meint also den sozialen Sinn, der bestimmt, wie eine Äußerung oder Verhaltensweise zu verstehen ist. Im Kontext von Beratung geht es darum, dem Rahmen (mithin dem sozialen Sinn), in dem das Klientensystem ein Ereignis wahrnimmt, einen alternativen Rahmen gegenüberzustellen (mithin einen neuen Sinn anzubieten). Diesem Reframing liegen die Prämissen des systemischen Modells zugrunde:
  → Jedes Verhalten macht Sinn, wenn man den Kontext kennt.
  → Es gibt keine vom Kontext losgelösten Eigenschaften einer Person.
  → Jedes Verhalten hat eine sinnvolle Bedeutung für die Kohärenz des Gesamtsystems.
  → Es gibt nur Fähigkeiten, Probleme ergeben sich manchmal daraus, dass Kontext und Fähigkeiten nicht zueinander passen.
  Häufig kann eine Umdeutung auch durch (zirkuläres) Fragen eingeführt werden. Da die wichtigste Funktion eines Reframing die Verstörung der bisherigen Sicht der Dinge ist, sollte ein therapeutisches Reframing einen prägnanten Unterschied

zu der bisherigen Wirklichkeitssicht herstellen (Beispiele zum Reframing s. Tabelle 16).

– Bei den *wertschätzenden Konnotationen* (positiven Bewertungen) geht es darum, *alle* Verhaltensweisen in der Familie im Prinzip positiv zu bewerten oder – wenn dies unglaubwürdig erschiene – zumindest wertschätzend zu kommentieren. Unter dem systemischen Gesichtspunkt zirkulär miteinander vernetzter Interaktionskreisläufe wird es möglich, jede Verhaltensweise als konstruktiven Beitrag zur Erhaltung der Einheit der Familie anzusehen und in diesem Sinne auch wertschätzend zu konnotieren. Positive Bewertungen stehen auch immer am Anfang von Abschlusskommentaren; zum Beispiel wird das Engagement einer Familie oder ihre emotionale Verbundenheit untereinander oder ihr Interesse am Weiterkommen anerkannt und positiv hervorgehoben.

– Eine spezielle Technik der »Kommentierung« oder des Gebens einer Rückmeldung ist das *Splitting*. Sie wird in Abschlusskommentaren eingesetzt, wenn in Klientensystemen Spaltungen deutlich werden (bzw. Dilemmata, Ambivalenz, Unentschiedenheit, Konflikte, sich widersprechende Sichtweisen). Das Therapeutenteam sollte sich hier nicht dazu verführen lassen, sich auf die *eine* Seite der Ambivalenz, des Konflikts oder des Dilemmas zu stellen, sondern stattdessen die Rolle des »Anwalts der Ambivalenz« übernehmen. Hierfür eignet sich das Splitting: Die eine Therapeutin (oder das Team hinter der Scheibe) vertritt die eine Seite des Dilemmas, der andere Therapeut die andere Seite. Sie bekunden somit explizit Uneinigkeit in ihren Sichtweisen und zeigen zugleich, dass man trotzdem gut miteinander auskommen und sich gegenseitig respektieren kann. Diese Technik ermöglicht es, die Fallen des »Entweder-oder« zu umgehen. Notfalls kann auch ein einzelner Berater ein Splitting vornehmen, indem er Zwei-Seelen-in-der-Brust-Statements abgibt und so die zwei Seiten betont: »Ein Teil von mir sagt so und so, weil . . . Ein anderer Teil von mir sagt das und das, weil . . .« (Beispiele zum Splitting s. Tabelle 16).

– Sofern *Schlussinterventionen* oder *Abschlusskommentare* gemacht werden, geschieht dies zum Abschluss einer Therapiesitzung nach einer Gesprächspause von 10–15 Minuten (während der sich die Therapeutinnen miteinander oder mit dem Team besprechen). Sie beginnen in der Regel mit einer positiven Konnotation. Im Weiteren können Handlungsvorschläge zum Experimentieren gemacht, kurzzeitige Symptomverschreibungen vorgenommen, Rituale oder »So-tun-als-ob-Aufgaben« verschrieben oder Beobachtungsaufgaben gegeben werden. Manchmal wird ein therapeutisches Splitting eingeführt. Unter Umständen wird vor vorschnellen Veränderungen gewarnt, auf die Seite der Nichtveränderung gegangen und eventuell eine Verschreibung von »Rückfällen« vorgenommen.

5. *Verschreibungen*: Therapeutische Verschreibungen werden vorgenommen, um zu versuchen, Interaktionskreisläufe oder Muster zu unterbrechen oder zu verstören.
– Bei der *Verschreibung des problematischen Musters* handelt es sich um eine Art

Tabelle 16: Beispiele zum Reframing und zum Splitting (vgl. von Schlippe u. Schweitzer, 1996)

Beispiele zum Reframing

Beispiel 1:
»Meine Tochter magert immer mehr ab!« → »War das vor oder nach Ihrer Trennung von Ihrem Mann, dass sie sich entschieden hat, nichts mehr zu essen?« (Das Nicht-Essen wird hierdurch zu einer aktiven Entscheidung erklärt, die auf das innerfamiliäre Beziehungsgeschehen bezogen ist. Prämisse: Jedes Verhalten macht Sinn, wenn man den Kontext kennt.)

Beispiel 2:
Der ständige Streit zwischen Ehepartnern wird so kommentiert: »Ich finde es beeindruckend zu sehen, wie engagiert und lebendig Sie beide darum ringen, die optimale Distanz zwischen sich zu finden!« (Prämisse: Es gibt nur Fähigkeiten.)

Beispiel 3:
Statt die Magersucht als Krankheit zu etikettieren, betont der Therapeut die Bereitschaft des Kindes, sich in einem Alter, in dem andere Jugendliche vorrangig am Kontakt mit Gleichaltrigen interessiert sind, für den Familienzusammenhalt zu opfern, indem es das gesamte Konfliktpotenzial der Familie auf sich konzentriert.

Beispiel 4:
Wenn die Vernetzung des Problems in der Gesamtfamilie deutlich geworden ist, kann sich die Therapeutin anerkennend an den Indexklienten wenden und ihm übermitteln, dass er es war, der die Aufgabe des »roten Warnlichts« für die Familie übernommen hat, so dass jetzt alle gemeinsam nach neuen Wegen suchen können, damit es allen besser geht. (Dieser Frame ist ein völlig anderer als einer, der ein Problem vor allem als Belastung beschreibt.)

Beispiele zum Splitting

Beispiel 1:
Ein Klient fragt zum Ende einer Paartherapie die beiden Therapeuten: »Da wir nun unser Paarproblem so gut gelöst haben, meinen Sie denn, dass ich kommenden Herbst trotzdem wieder wegen Depressionen in die Klinik muss?« – Die Therapeuten machen eine Pause und vereinbaren ein Splitting. Dann sagt der eine: »Ja, weil ... ich glaube, das ginge sonst zu schnell, es wäre zu früh, das Problem vollkommen zu verabschieden.« Und der andere sagt: »Nein, weil ... das Paarproblem, das den Hintergrund der Depressionen darstellte, haben Sie ja gelöst.«

Beispiel 2:
Ein Paar ist unentschieden, ob es sich trennen oder zusammen bleiben will. Der Therapeut bespricht sich mit seinem Team hinter der Scheibe und sagt dann: »Wir konnten uns nicht einigen. Einige Kollegen meinten, dass es für Sie vielleicht doch keine Alternative zur Trennung gibt, da der Groll aufeinander so groß sei. Die anderen meinten, dass gerade der Groll Zeichen Ihrer großen Zuneigung zueinander sei, die Sie nur zur Zeit nicht anders äußern könnten und dass Sie zusammenbleiben sollten.«

Kombination von Verhaltensverschreibung und Umdeutung. Aus scheinbar unkontrollierbaren Handlungen sollen planbare Handlungen gemacht werden (z. B.: »Wenn Sie sich das nächste Mal streiten – und Sie sind sich einig, dass Sie sich streiten – dann gehen Sie ins Badezimmer, ziehen sich nackt aus und dann streiten Sie weiter!«).

– Bei den *So-tun-als-ob-Verschreibungen* wird verschrieben, ein Symptom absichtlich vorzutäuschen, um die Reaktion der anderen Beteiligten (z. B. der Familienangehörigen) zu erfahren (z. B.: »Hans soll bis zur nächsten Sitzung mindestens einmal, gerade wenn er sich völlig gesund fühlt, sagen, er würde Stimmen aus dem Kühlschrank hören«). Bei solchen Verschreibungen sollten die anderen Familienmitglieder anwesend sein, da sie *bei ihnen* eine Wirkung erzielen sollen. (In dem Beispiel müssten sie in Zweifel kommen, ob Hans, wenn er sagt, er höre Stimmen aus dem Kühlschrank, gerade akut psychotisch ist oder – im Gegenteil – besonders gesund.)

– Bei der Verschreibung von *Ritualen* handelt es sich um formalisierte Verhaltensaufgaben, die möglichst passend auf die Situation einer Familie abgestimmt werden sollten. Dadurch können Unterbrechungen von festgefahrenen Mustern angestoßen werden (imposante Beispiele hierfür finden sich bei Selvini Palazzoli et al., 1981 aber auch bei Simon u. Rech-Simon, 1999).

– Verschreibung von *Rückfällen*: Wenn man im Gespräch mit der Familie eher auf die Seite der Veränderung gegangen ist, bietet es sich an, im Abschlusskommentar eher auf die Seite der Nichtveränderung zu gehen und mit plausibler Begründung vor Veränderung zu warnen, zur Verlangsamung des Veränderungsprozesses zu raten oder einen »Rückfall« in das alte Muster zu verschreiben.

6. Aufgaben: In systemischer Therapie oder Beratung werden gelegentlich auch Aufgaben aufgegeben. Dabei handelt es sich entweder um Beobachtungsaufgaben (z. B. wird einem Ehepaar aufgetragen, vor ihrem Streitbeginn zuerst ein Tonband aufzustellen und dann erst wie gewohnt zu streiten) oder um Verhaltensaufgaben (beispielsweise wird die Aufgabe erteilt, dass jedes Familienmitglied bis zur nächsten Sitzung einmal ein überraschend anderes Verhalten zeigen sollte als gewohnt). Redundante Interaktionsmuster sollen dadurch gestört werden.

7. Reflecting Team und »metaphorische Techniken«: Das Reflektierende Team wurde (unter Punkt 3.3.2) bereits beschrieben. Wichtig ist, dass sich die Teammitglieder nicht abwertend über die Familie äußern.

Die metaphorischen Techniken beinhalten die Arbeit mit Geschichten oder nichtsprachliche Interventionen. Dazu gehören:

– Die *Arbeit mit der Familienskulptur*: In Familienskulpturen lässt man verschiedene Mitglieder der Familie ihre Bilder der Familienbeziehungen aufbauen, beispielsweise Ist-Zustände oder Wunschsituationen und die von ihnen wahrgenommen Konstellationen vor und nach einer Symptommanifestierung.

– Die *Externalisierung des Problems*: Dieses Konzept wurde bereits besprochen (unter Punkt 3.3.2). Durch die Externalisierung sollen das Problem oder Symptom und die persönliche Identität eines Klienten auseinander gehalten werden. Dies kann zur Entlastung der Familienbeziehungen und zum Erzählen einer weniger problembeherrschten (Familien-)Geschichte führen.
– *Humor, Metaphern, analoge Geschichten, Witze*: Geschichten, seien sie aus Märchen oder von Hollywoodfilmen abgeleitet, können – im positiven wie negativen Sinne – wie selbsterfüllende Prophezeiungen wirken. Durch das Erzählen solcher Geschichten lassen sich alternative Zukunfts- oder Lösungsideen streuen. Ähnlich können Metaphern eingesetzt werden. Mit Humor hingegen sollte man in der Therapie nur arbeiten, »wenn man welchen hat und ihn stilsicher anzuwenden weiß« (Simon u. Rech-Simon, 1999, S. 284).

Zu guter Letzt sei hinsichtlich des therapeutischen Settings noch erwähnt, dass sich der Teilnehmerkreis auf diejenigen beschränkt, die zur Auflösung des Problemsystems beitragen können und wollen. Es muss also keinesfalls die gesamte Familie erscheinen, wenn eines der Familienmitglieder symptomatische Verhaltensweisen zeigt. Die *Sitzungszahl* beläuft sich auf bis zu zehn Sitzungen mit vierwöchigen Abständen dazwischen. In Krisenzeiten werden dichtere Zeitabstände, bei wenig motivierten Klientensystemen längere Zeitabstände vorgeschlagen. *Systemische Einzeltherapie* ist laut Schweitzer und Weber (1997) zwar nicht so spannend und anregend, eventuell auch nicht so schnell vergleichbar effektiv, aber auch gut möglich.

Systemisches Arbeiten wird oft bewusst gerade nicht als »Therapie« bezeichnet, sondern eher als therapeutisches *Gespräch*, als *Beratung* oder *Konsultation*. So gesehen sind der Anwendbarkeit auch in Feldern der Sozialarbeit/Sozialpädagogik keine Hürden gesetzt.

3.5 »Systemische Sozialarbeit« – Ein Exkurs

Zum Thema »systemische Sozialarbeit« sind nicht wenige Bücher im deutschsprachigen Raum erschienen, zum Beispiel, um nur einige zu nennen: Conen, 2003; Hollstein-Brinkmann, 1993; Hosemann und Geiling, 2005; Kleve, 2000, Kleve, Haye, Hampe-Grosser und Müller, 2006; Lüssi, 1991/2001; Pfeifer-Schaupp, 1995, 2002; Ritscher, 2002, 2005, 2006, 2007; Simmen, Buss, Hassler und Immoss, 2003. In allen Darstellungen steht außer Frage, dass sich die systemisch-therapeutische Perspektive sinnvoll und gewinnbringend auf das Arbeitsfeld der Sozialarbeit/Sozialpädagogik übertragen lässt, auch wenn in diesem Feld nicht Psychotherapie angeboten und auch nicht ausschließlich beraterisch gearbeitet wird. Nicht nur in der Beratungspraxis im engeren Sinne (z. B. Sucht-, Ehe-, Erziehungs- und Familienberatung), sondern auch in verschiedenen anderen Feldern der Sozialen Arbeit (z. B.

der Sozial-/Gemeindepsychiatrie, der Kinder- und Jugendhilfe, der Heimerziehung) kann man seine Arbeit gut nach den Grundprinzipien systemischen Denkens und Handelns ausrichten.

Im vorliegenden Abschnitt sollen hierzu einige Positionierungen verdeutlicht, einige Differenzierungen vorgetragen, einige Einschränkungen aufgezeigt, einige Eckpunkte herausgestellt, ein paar Fragen aufgeworfen und ein paar Kritikpunkte genannt werden. Übergeordnetes Thema dieses Buches ist ja die psychosoziale Arbeit mit Psychiatrieerfahrenen, aber natürlich bestehen hier wechselseitige Bezüge mit der Sozialen Arbeit im Allgemeinen, egal ob diese nun innerhalb oder jenseits des Arbeitsfelds der Sozialen Psychiatrie praktiziert wird.

3.5.1 Plädoyers für eine systemische Position in der Sozialen Arbeit

Die vertretenen Ansätze für eine systemische Soziale Arbeit offenbaren eine zwar anregende Vielfalt, aber auch eine etwas verwirrende Heterogenität, insbesondere hinsichtlich ihrer theoretischen Bezugnahmen auf den jeweils verwendeten *Systembegriff*. Diese reichen von dem eher landläufigen Verständnis eines Systems als einer Anzahl miteinander vernetzter Personen oder als einer sich um eine bestimmte Aufgabe oder Tätigkeit herum organisierenden Gruppe bis hin zu dezidiert systemtheoretisch konstruktivistischen Positionen. Will man sich heutzutage in dem weit gespannten Feld der Sozialen Arbeit dezidiert systemisch positionieren, ist das *moderne* (bis *postmoderne*) systemtheoretisch-konstruktivistische Systemverständnis passender als das Zurückgehen auf alte Systemkonzepte. Nicht zuletzt wurde die Entwicklung zu einem konstruktivistischen Standpunkt so auch von den systemischen Therapien, an welche die systemische Sozialarbeit andockt, vorgezeichnet. Die durch die Orientierung an den modernen Systemtheorien (insbesondere am Gedanken der Autopoiesis sowie des Konstruktivismus) für die systemisch-therapeutische Praxis erzielten Vorteile (s. die Punkte 3.2 und 3.3) sollten in gleicher Weise auch für die systemische Soziale Arbeit nutzbar gemacht werden.

In diesem Sinne plädiert zum Beispiel Heiko Kleve (1997) dafür, Soziale Arbeit grundsätzlich in Form einer konstruktivistischen Praxis umzusetzen und sie künftig als solche zu realisieren. Es gälte, von den bisherigen, unbrauchbar gewordenen Orientierungen Abschied zu nehmen. Dazu gehöre die Ansicht, Klientinnen der Sozialen Arbeit seien von der gesellschaftlichen Norm abweichende Personen, deren »soziales Anderssein« durch professionelle »Normalisierungsarbeit einzuebnen« wäre (S. 218). Diese Normalisierungspraxis beschwöre (via »labeling«) Probleme geradezu herauf und mit der ebenfalls gängigen »fürsorglichen Belagerung« (die Problemkarrieren schaffe) würden sie überdies noch verstärkt, statt dass durch Soziale Arbeit zu deren Auflösung beigetragen würde (S. 218).

Aus konstruktivistischer Sicht sind die Klienten demgegenüber eher gleichberechtigt neben die Helferinnen zu stellen. Bevor ein Hilfeprozess eingeleitet wird, muss eine gemeinsame Problemdefinition erarbeitet (konstruiert) werden. Im Bereich der Jugendhilfe geschieht dies beispielsweise in Hilfeplangesprächen. Die problembelasteten Klientinnen sind »als reflexive Systeme anzuerkennen (Beobachter treffen Beobachter) und Probleme müssten [...] bis ins kleinste Detail konkretisiert und kontextualisiert werden«, um einen »kommunikativen Minimalkonsens auszuhandeln« (S. 224), soll heißen: damit man weiß, wovon man spricht. Schließlich soll das, »was die Klienten selbst wollen und nicht das, was die Helfer/innen wollen«, zum »ausschlaggebenden Punkt jedes Hilfeprozesses« werden. Zu guter Letzt sind es auch »die Klienten Sozialer Arbeit, die (selber) bestimmen, wie sie auf die Interventionen der Sozialarbeiter/innen reagieren« (S. 224; zur Praxis von »Falleinschätzung und Hilfeplanung in der Sozialen Arbeit«, s. a. Kleve et al., 2006).

Insbesondere die aus der systemisch-konstruktivistischen Perspektive für die Praxis Sozialer Arbeit zu folgernde Notwendigkeit, die *Beziehungen* zwischen den professionellen Helfern und ihren Klientinnen – anders als in der herkömmlichen Berufspraxis üblich – *neu zu gestalten*, wurde immer wieder von den Verfechtern dieser Sichtweise hervorgehoben. »Hilfe« kann den Klientinnen nicht gegen ihren Willen oder über ihre Köpfe hinweg aufgedrückt werden und ebenso wenig wie irgendwelche andere Menschen können Klienten der Sozialen Arbeit zu einem »besseren Leben« gezwungen oder – gut gemeint – wie »Objekte« beeinflusst oder manipuliert werden. In diesem Verständnis werden auch von Spindler (1993) einige Folgerungen genannt, die sich aus der systemtheoretischen Position für die Praxis Sozialer Arbeit ergeben:

– Wichtig ist eine flexible und je individuelle Anpassung der Handlungskonzepte an den jeweiligen »Fall« und die jeweilige Situation.
– Klienten sind zu fragen, wann und auch wie (ggf. von wem) professionelle Hilfe aus ihrer Sicht einzusetzen hat, anstatt dass über sie bestimmt oder für sie entschieden wird.
– Unter den Kriterien von »Offenheit, Transparenz und Klarheit« sollten womöglich in professionellen Teams keine handlungsentscheidenden Gespräche über Klientinnen ohne deren Beteiligung geführt werden.
– Ein Dissens im Hinblick auf unterschiedliche subjektive Überzeugungen muss nicht unbedingt in einen Konsens überführt werden. Allerdings stehen dann die »Profis« gegebenenfalls vor der Entscheidung, ob sie Machtmittel einsetzen wollen oder nicht – beispielsweise, wenn es um Fremdunterbringung eines Kindes geht, die von den Betroffenen nicht akzeptiert wird. Auf den »richtigen« oder »wahren« Weg kann sich eine Sozialarbeiterin hierbei nicht berufen, vielmehr muss sie sich darüber im Klaren sein, dass sie nach ihrer *subjektiven Überzeugung* handelt und ihre Entscheidung zu verantworten hat, mag sie nun »Machtmittel« einsetzen oder auf Handlungsalternativen der Klientinnen eingehen und nach Kompromissen suchen.
– In dem Maße wie die formalisierte Macht- und Autoritätsstellung des Sozialarbeiters relativiert wird, rückt die persönliche Verantwortung für das *eigene Han-*

deln (gleichwohl nicht für das Handeln der Klientinnen) stärker in den Blick. Dies erfordert, die eigenen Entscheidungskriterien zu reflektieren, sie zu diskutieren und auch hinterfragen zu lassen.

- Anders als in traditionellen Ansätzen sind »Klienten- und Helferrollen« gemeinsam zu definieren und gegebenenfalls im Verlaufe der Zusammenarbeit zu modifizieren. Zur laufenden Weiterentwicklung der Zusammenarbeit sollte ein Teil des Arbeitsprozesses der »Metakommunikation« vorbehalten sein (vgl. S. 113 f.).

3.5.2 Soziale Arbeit und ihr Verhältnis zur Therapie

Die beiden Richtungen von Sozialarbeit einerseits und Sozialpädagogik andererseits werden heute unter dem Begriff »Soziale Arbeit« zusammengefasst. Diese umfasst sowohl »direkt personenbezogene Dienstleitungen«, wie Beratung, Begleitung, Unterstützung, Betreuung und Pflege hilfebedürftiger Personen als auch »indirekt personenbezogene Dienstleistungen« (z. B. Veränderungen sozialer Lebensbedingungen oder Einflussnahme auf gesellschaftliche Verhältnisse; vgl. Rauschenbach u. Züchner, 2002, S. 842). Man könnte diese Zweiteilung auch so benennen, dass Soziale Arbeit, soweit sie sich in der Interaktion auf *psychosoziale Kontexte* der Klienten bezieht (zwischenmenschliche Verhältnisse, Kommunikationsformen, Beziehungsmuster, Lebensgestaltung), *Beziehungsarbeit* im weitesten Sinne darstellt, und soweit sie sich vorderhand auf definierte *soziale Bedingungen* bezieht (Wohnverhältnisse, Arbeitsverhältnisse bzw. Arbeitslosigkeit, materielle/finanzielle Bedingungen, soziale Integrations- versus Isolationsbedingungen, Randgruppensituationen), als *sozialstrukturelle Arbeit* bezeichnet werden könnte. Darüber hinaus ist Soziale Arbeit vor allem *Vermittlungsarbeit* (Vermittlung zwischen Personen, Gruppen, Instanzen, Institutionen) und nicht zuletzt ist sie zu einem Großteil auch *Verwaltungsarbeit* (Anträge stellen etc.).

Wenn man die systemische Perspektive in diesem Aufgabenspektrum zur Geltung kommen lassen möchte, so wird sie vor allem bei der Beziehungsarbeit wie auch bei der Vermittlungsarbeit von Vorteil sein.

Wie aber lässt sich nun die vornehmlich als Beziehungsarbeit verstandene Soziale Arbeit im Vergleich zur Therapie beschreiben? Dass Soziale Arbeit nicht Therapie ist, Sozialarbeiter andere Aufgaben haben als Therapeutinnen und die Anwendung systemischer Konzepte keine »Therapeutisierung Sozialer Arbeit« bedeuten soll (vgl. Pfeifer-Schaupp, 1997), dürfte allseits geteilt werden. Unterschiede zwischen Therapie und Sozialer Arbeit betreffen vor allem:

- die Auftragslage,
- das Setting,
- das Klientel (höher gestellt oder eher unterprivilegiert),
- die Freiwilligkeit oder Nichtfreiwilligkeit der Klienten,
- die Unterscheidung von Heilen und Helfen,

– die »Freiheit« der Therapie im Unterschied zum Doppelmandat der Sozialen Arbeit.

Die *Auftragslage* in der Sozialen Arbeit wird als diffus beschrieben. Verschiedene Auftraggeber haben unterschiedliche Anliegen oder Erwartungen, die sich zwischen Hilfe, Kontrolle und Therapie bewegen können und die Klienten selbst geben oft unklare, widersprüchliche oder keine Aufträge oder haben selber keine Anliegen. Der Auftragsklärung (wie auch der Kontextklärung, ob es sich um Hilfe oder Fürsorge handeln soll) kommt somit in der Sozialen Arbeit ein herausragender Stellenwert zu. Aus systemischer Sicht gilt es, die Ziele und Erwartungen aller Auftraggeber, auch der nicht anwesenden (das Amt, das Gericht) zu eruieren und klar zu definieren. Da sich die Absprache der Ziele mit den Klienten oft als schwierig erweist, empfiehlt es sich, nach dem lösungsorientierten Ansatz (s. unter Punkt 3.3.2, S. 235 ff.) möglichst präzise Zielbestimmungen vorzunehmen und sich darüber hinaus über den jeweiligen »Beziehungstyp« des Klient-Therapeut-Verhältnisses Klarheit zu verschaffen. Über diesen Weg kann deutlich werden, dass die Klienten durchaus eigene Anliegen haben, die aber mit den offiziellen Anliegen (des Amts oder einer anderen dritten Instanz) nicht übereinstimmen. So könnte es sich beispielsweise herausstellen, dass den Klientinnen daran gelegen ist, sich den bevormundenden Maßnahmen eines Amts oder dergleichen zu entledigen (vgl. Kim Berg, 1992; Conen, 1999). Auch das wäre ein Ansatzpunkt für das Aushandeln von Zielen der Beratung oder Hilfe mit den Klienten selbst.

Soziale Arbeit findet häufiger vor Ort im Lebensumfeld der Klientinnen statt und kann sich eher selten eines therapeutischen *Setting*s (Beratungsraum, ggf. mit Einwegspiegel) bedienen. Wie Insoo Kim Berg (1992) am Beispiel der Gestaltung von Hausbesuchen zeigte, muss dies aber keine nachteiligen Einflüsse auf den Beratungsprozess haben.

Während die Therapieklientinnen eher der Mittelschicht zugeordnet werden, verbunden mit der Idee, dass sich hier »freie« Bürger aus eigenem Antrieb um ihr Wohlbefinden kümmern, wird das *Klientel* der Sozialen Arbeit als insgesamt »sozial schwächer« eingestuft (vgl. Hargens, Richter u. Zettler, 2000). Zugleich bestehen im Sozialbereich kaum Möglichkeiten, Klienten abzuweisen, während dies im psychotherapeutischen Bereich unter Hinweis auf fehlende Therapieplätze durchaus möglich ist. Hargens meint, mit seinem Konzept der »Kundigkeit« hier einen Ausgleich schaffen zu können. Demnach wären – vor dem Hintergrund eines Modells der Gleichberechtigung aller am Interaktionsprozess Beteiligten im Hinblick auf ihre jeweiligen Wirklichkeitskonstruktionen – alle »Kunden«, also auch die Klientinnen der Sozialen Arbeit, grundsätzlich als »kundig« (kompetent) anzuerkennen (s. a. 1993). Unter diesem Gesichtspunkt habe man sich im »sozialen Unternehmen Therapie/Beratung« vor allem die Frage zu stellen: »Inwieweit ordnen wir unser Klientel so ein, dass ihre Kundigkeit erhalten bleibt?« (vgl. Hargens et al., 2000, S. 10). Bei der Wahrnehmung des unterschiedlichen sozialen Status der »Kunden« wie auch der unterschiedlichen Hilfeverpflichtung der Helferinnen würde es sich von diesem Standpunkt her womöglich um »Konstrukte« handeln, die dem Erhalt der »Kundigkeit« aller nicht förderlich sein könnten?[30]

Freiwilligkeit seitens der Klientinnen (selber etwas wollen) gilt allgemein als Voraussetzung für einen gelingenden therapeutischen Prozess. Wie sieht es hiermit in der Sozialen Arbeit aus, wenn Beratung in Anspruch genommen werden *muss*, um beispielsweise einer Bewährungsauflage zu genügen, die drohende Fremdunterbringung eines Kindes abzuwenden oder dergleichen? Insoo Kim Berg hat es mit ihrem lösungsorientierten Vorgehen vorgemacht, dass sich Unfreiwilligkeit umwandeln lässt, wenn in einem kooperativen Prozess mit den Klientinnen eine sehr genaue Zielklärung vorgenommen wird, in der es darum geht, was *deren* Ziele sind, statt sich an eigenen Helfer-Zielvorstellungen oder denen von Dritten zu orientieren. In diesem Sinne stellt auch Conen (1999) fest, dass Freiwilligkeit »relativ« ist, da es immer auf die jeweiligen Bezugspunkte ankomme. Daneben wird der Aspekt der Freiwilligkeit üblicherweise auch mit der Frage der *Motivation* verknüpft und unterstellt, dass es den Klienten der Sozialen Arbeit – zum Leidwesen der Helfersysteme – daran oft mangele. Dem entgegnen Hargens et al. (2000) mit einem Zitat aus Duncan et al. (1998, S. 24): »Den unmotivierten Klienten gibt es nicht. Die Klienten mögen zwar, wie wir nur allzu oft erlebt haben, unsere Motive nicht teilen, aber mit Sicherheit haben sie ihre eigenen, und zwar sehr starke« (S. 11). Für die Praxis ergibt sich aus dieser Sicht die Aufforderung, sich an den Zielen der Klientinnen auszurichten und bei unzureichender Motivation den Prozess der Zielklärung erneut aufzugreifen, etwa nach dem Motto: »Was könnten Sie tun, um uns wieder loszuwerden?«

Die frühere, vom medizinischen Denken gespeiste Idee von Therapie als *Heilung* ist dem systemisch-konstruktivistischen Selbstverständnis fremd, da hier Probleme/Störungen im kommunikativen, interaktiv-sprachlichen Bereich angesiedelt werden. Damit verbunden ist eine neue Bescheidenheit dessen, was Fachleute, seien sie Psychotherapeuten oder Sozialarbeiterinnen, tun können: Sie können »helfen, Probleme zu lösen«, »unterstützen«, »beisteuern« (vgl. Hargens et al., 2000, S. 12). Unterschiede zwischen Therapie und Sozialer Arbeit wären hiernach »lediglich« im Hinblick auf die verschiedenen (Pflicht-)Aufgaben und Handlungsvorschriften respektive Spielräume zu konstatieren (vgl. S. 12).

Schließlich kommt man aber nicht umhin, das *Doppelmandat der Sozialen Arbeit*, einerseits zu helfen, andererseits im gesetzlichen Auftrag zu kontrollieren, als einen markanten Unterschied zur Therapie zu benennen. Im »Freiraum Therapie« kann man sich nur auf das Helfen konzentrieren und das gegebenenfalls als notwendig

---

30 Ob man sich aus diesem Problemfeld des unterschiedlichen sozialen Status auf diese Weise, also in systemisch-konstruktivistischer Manier unter Negierung der Relevanz der »realen« sozioökonomischen Unterschiede, herausschleichen kann, schient mir allerdings fragwürdig (siehe dazu die Kritikpunkte unter Punkt 3.5.5).

erachtete Kontrollieren an andere Instanzen abgeben, darf sich – so gesehen – ganz auf die helfenden Beziehungen beschränken. Demgegenüber werden in der Sozialen Arbeit durch gesetzliche Aufträge, hoheitliche Aufgaben oder andere Kontrollfunktionen, die nicht selten unter Zwang und Anwendung von Gewalt gegen den Willen der Betroffenen durchgesetzt werden (müssen), die helfenden Funktionen unterbrochen oder abgeschnitten. Für Sozialarbeiterinnen oder Sozialpädagogen ist es daher von außerordentlicher Wichtigkeit, sich in jedem Fall darüber Klarheit zu verschaffen, ob sie gerade als Agenten sozialer Kontrolle oder als Helfer tätig sind. Hilfe und Kontrolle schließen sich aus; soziale Kontrolle muss als solche auch gegenüber den Klientinnen benannt und darf ihnen nicht als Hilfe verkauft werden. Auch kann eine Haltung der Neutralität nur in helfenden Beziehungen veranschlagt werden. Sobald es um (soziale) Kontrolle geht, ist das Neutralitätsprinzip aufgehoben und der Sozialarbeiter wird gemäß seiner *subjektiven Überzeugung* handeln, Partei ergreifen und gegebenenfalls entsprechende Maßnahmen (z. B. zum Schutze von Schwächeren) einleiten.

Sieht sich eine Sozialarbeiterin aufgrund ihres Auftrags aufgerufen, im Sinne einer sozialen Kontrolle zu intervenieren (beispielsweise, wenn sie gewalttätige Umgangsformen in einer Familie wahrnimmt), könnte sie – je nach Einzelfall – zunächst versuchen zu klären, wer rechtlich für die Problemlösung verantwortlich ist; wer bisher dafür die Verantwortung übernommen hat; mit welcher Instanz zusammengearbeitet werden muss; wo das Problem hingehört, zwischen wem es besteht und ob dort die Verantwortung für dessen Lösung übernommen werden kann und schließlich, ob sie selber die Rolle des Kontrolleurs übernehmen und damit ihre Helferrolle verlassen müsste (vgl. Pfeifer-Schaupp, 1995, S. 197 nach Rotthaus).

Zusammenfassend wären als Eckpunkte der Divergenz von Sozialarbeit und Therapie für die Soziale Arbeit insbesondere zu erwähnen:
1. der besondere Stellenwert der Klärung der Auftragslage bei mehreren verschiedenen Auftraggebern sowie
2. die Klärung der eigenen Rolle als Helfer oder Fürsorger, als Berater/Therapeut oder sozialer Kontrolleur.

3.5.3 Zur Unterscheidung von Hilfe und Fürsorge, Beratung und Therapie

Hilfe oder Fürsorge
Als Orientierungsleitfaden – damit man als professioneller Helfer im Feld Sozialer Arbeit oder im Bereich psychosozialer Versorgung jeweils weiß, um was es geht, was man da tut – dürften die von Kurt Ludewig (1998; s. a. 2002, 2005) vorgeschlagenen Differenzierungen nützlich sein. Die übergeordnete zentrale Unterscheidung stellt demnach die von Hilfe und Fürsorge dar (s. a. Punkt 1.4.2). Die Kategorie »Hilfe«

setzt voraus, das es ein Hilfeersuchen gibt, das heißt (professionelles) Helfen ist eine »Reaktion auf eine Bitte um Hilfe« (S. 7). Kennzeichnend hierfür ist, dass der Hilfesuchende zugleich Auftraggeber und Empfänger der Hilfeleistung ist. Anders ist es bei der Kategorie »Fürsorge«. Diese erfolgt nach Maßgabe der Anordnung durch einen Dritten (etwa eine soziale Instanz). Das heißt der Fürsorgeempfänger ist nicht zugleich der Auftraggeber der fürsorgenden Dienstleistung, gegebenenfalls lehnt er sie sogar ab. Unter Umständen wird ihm die Fürsorge gegen seinen Willen aufgezwungen zu seinem Wohle oder zum Schutze anderer. Die *Kontrolle*, die immer eine (unter Umständen gewaltsame) Einschränkung der Selbstbestimmung des Betroffenen bedeutet (z. B. Zwangseinweisung), wird somit von dem Autor unter die Kategorie der (bevormundenden) *Fürsorge* subsumiert. Andere Aspekte der Fürsorge könnten als (gesundheitliche) »Aufklärung«, als »Vorsorge« sowie als »Vormundschaft« (nach dem Betreuungsgesetz) beschrieben werden. Auch die im Feld der Gemeindepsychiatrie übliche psychosoziale Betreuung könnte in diese Rubrik gehören.

Von *Hilfe* kann nur dann gesprochen werden, wenn es – anders als bei der Fürsorge – eine persönliche Absprache oder gar einen Kontrakt zwischen einer Hilfesuchenden und einem professionellen Helfer gibt. Dies trifft sowohl für Therapie als auch für Beratung und darüber hinaus auch für »Anleitung« und »Begleitung« zu, wenn entsprechende Anliegen von Ratsuchenden vorgebracht wurden.

Die Beachtung der *Leitunterscheidung* zwischen Hilfe und Fürsorge erleichtert im komplexen Feld der Sozialen Arbeit eine *Kontextklärung,* wann es sich unter Berücksichtigung der Anliegen der Klientinnen um was für eine Art des Helfens (Beratung, Anleitung, Therapie, Begleitung) handelt oder wann es unter Berücksichtigung der Erwartungen Dritter um was für eine Art des Fürsorgens (z. B. Versorgung, Aufklärung, Betreuung, Vormundschaft bis hin zur Kontrolle) geht. Dabei muss meines Erachtens nicht ausgeschlossen werden, dass innerhalb des Fürsorgekontextes auch helfende Beziehungen entstehen können, – beispielsweise wenn sich die Bewohnerinnen eines psychosozialen Wohnheims mit eigenem Hilfeersuchen an die Wohnheimbetreuer, gegebenenfalls an ihre jeweilige Bezugsbetreuerin wenden. Umgekehrt können ursprünglich als helfende Kontakte gemäß einem Anliegen einer Klientin begonnene Beziehungen (z. B. Krisenberatung) im Notfall (z. B. Suizidversuch) durch Einschalten einer »dritten Instanz« oder nach Maßgabe eines an sich selbst gestellten Auftrags seitens des Helfers in einen Fürsorgekontext überführt werden (via Klinikeinweisung).

In jedem Fall wird es für die Professionellen hilfreich und eventuell unabdingbar sein, jeweils abzuklären, ob sie sich gerade in helfenden oder in Fürsorgebeziehungen mit ihren Klienten befinden. Das heißt auch, sich immer wieder zu vergegenwärtigen, in wessen Auftrag gerade gearbeitet wird. Kontrolle, die per definitionem gegen den Willen der Klientinnen zu deren Wohle oder im Interesse der Öffentlichkeit eingesetzt wird, erfolgt nie im Auftrag der Betroffenen, ist also eindeutig dem Fürsorgekontext zuzuordnen und darf – wie schon erwähnt – nicht als Helfen ausgegeben werden. Ludewigs Unterscheidung von Hilfe und Fürsorge als nicht zu verwechselnde Beziehungsformen sorgt meines Erachtens für Klarheit und hilft den Professionellen (seien es Psychologen oder Sozialarbeiterinnen), sich nicht in Sackgassen zu verirren.

Beratung oder Therapie
Während die Durchführung von Therapie nicht zum professionellen Selbstverständnis von Sozialarbeitern oder Sozialpädagoginnen gehört, gilt speziell Beratung als die *Kerntätigkeit* Sozialer Arbeit, auch wenn sie nur einen kleinen Anteil der im Gesamtspektrum der Sozialarbeit/Sozialpädagogik anfallenden Tätigkeiten ausmacht. Aus systemischer Warte versucht Ludewig (1998), einen Unterschied zwischen Therapie und Beratung einzuführen. Demnach ginge es in der Therapie darum, »Störendes und Leidvolles zu verringern« und »Hilfe zur möglichst raschen Beendigung eines Leidens zu erhalten« (S. 7), während es in der Beratung eher auf eine Erweiterung von Fähigkeiten oder Nutzung bestehender Möglichkeiten ankäme, mithin darauf, »die vorhandenen Strukturen der Klienten zu fördern und zu aktivieren« (S. 7). Der Akzent wird also darauf gelegt, ob eine leidvolle Situation (z. B. phobische Angst) verringert werden soll (= Therapie) oder ob eine Fähigkeit (z. B. Kinder zu erziehen, ein Suchtproblem in den Griff zu kriegen) erweitert werden soll (= Beratung).

Jedoch wirkt diese Differenzierung von *Therapie als Verringerung* (z. B. Wunsch nach weniger Leiden) und *Beratung als Erweiterung* (z. B. Wunsch nach mehr Kompetenz; s. Ludewig, 2002, S. 171) nicht unbedingt stichhaltig. Zwar mögen zu Anfang eines Hilfeprozesses entsprechende Anliegen von den Klientinnen definiert worden sein, im Verlaufe der helfenden Gespräche könnten jedoch entsprechende Umdefinitionen erfolgen; etwa in der Form, dass der anfängliche Wunsch, zum Beispiel phobische Ängste zu verringern, umgewandelt wird in das Ziel, die eigene Kompetenz im Umgang mit Ängsten zu erweitern oder – umgekehrt – dass das anfängliche Ziel, zum Beispiel die eigenen Fähigkeiten in der Erziehung der Kinder zu erweitern, umgewandelt wird in den Wunsch, das Leiden an der Selbsteinschätzung, eine versagende oder schlechte Mutter zu sein, zu verringern. Hier scheinen einmal Therapie- in Beratungsprozesse und das andere Mal Beratungs- in Therapieprozesse überzugehen. Man hat es mit fließenden Übergängen zu tun.

Die gängige Differenzierung von Therapie und Beratung war durch die psychoanalytische Sichtweise beeinflusst, der gemäß die *Psychotherapie* mehr auf die Umstrukturierung der Persönlichkeit abziele und durch aufdeckende und deutende Verfahrensweisen gekennzeichnet sei, wohingegen die *Beratung* den Klientinnen eher Hilfen bieten soll, vorhandene Kräfte zur Lösung aktueller Probleme zu mobilisieren und dabei stärker auf die seelische Gesundheit zentriert sei und eher unterstützende statt aufdeckende Methoden anwende. Insoweit nun die systemischen Therapeuten keine Umstrukturierung von Persönlichkeiten anstreben, sondern an Problemlösungen interessiert sind und sich hierbei – statt auf Defizite zu fokussieren – an den Ressourcen der Klientensysteme orientieren, die es zu erwecken und zu nutzen gilt, erübrigt sich hier eine strenge Unterscheidung von Beratung und Therapie. Die aus psychoanalytischer Sicht gegebene *Kennzeichnung von Beratung* deckt sich fast unmittelbar mit dem Selbstverständnis systemischer Therapie. Krankheitszuschreibungen (entlang einer Leitdifferenz krank-gesund) und »aufde-ckende« Rückblicke in die Vergangenheit werden in diesem Hilfeprozess als wenig hilfreich erachtet. Entsprechend erfordert die systemische Orientierung keine spezielle Umwandlung eines exklusiven, nur den Psychotherapeuten vorbehaltenen Therapieverfahrens in eine auch den professionellen Helferinnen der Sozialen Arbeit offen stehende Beratungsarbeit. Die ursprünglich in systemischen Therapien entwickelten Konzepte (Prinzipien, Haltungen, Frageformen, Methoden) können somit großteils fast nahtlos in die Beratungstätigkeit einfließen, sei es in die speziellen Form einer »lösungsorientierten Beratung«, sei es – eher allgemein – in eine »systemisch inspirierte« psychosoziale Beratungspraxis.

Andererseits wird man konzedieren müssen, dass das Angebot von Therapie respektive Beratung traditionsgemäß an *unterschiedliche Handlungsfelder* gebunden ist. Therapie bleibt in der Regel niedergelassenen Psychotherapeuten oder Ärzten in privaten therapeutischen Einrichtungen vorbehalten oder ist in öffentlichen Einrichtungen als Spezialangebot ausgewiesen. Demgegenüber wird Beratung standardmäßig in allgemeinen Institutionen oder von Diensten der psychosozialen Versorgung angeboten. Man denke etwa an Erziehungs-, Ehe-, Suchtberatungsstellen oder im Feld der Gemeindepsychiatrie an Handlungsfelder wie Sozialpsychiatrische Dienste oder Begegnungsstätten und Kommunikationszentren, in denen explizit Beratung vorgehalten wird, selten aber Therapie. Dies hängt mit rechtlichen Grundlagen und unterschiedlichen Finanzierungsmodalitäten zusammen. Zum anderen spielt aber auch eine Rolle, dass je nach Handlungsfeld (d. h. z. B. je nach dem institutionellen Kontext) unterschiedliche Probleme »anstehen« oder wahrgenommen werden und entsprechend unterschiedliches Wissen und Können für deren Bearbeitung zur Verfügung steht. Korrespondierend mit den Handlungsfeldern und ihren typischen Problemstellungen und Aufträgen wird dann etwa eine Klientin, wenn sie ihre Depressionen beheben möchte, sich eher an eine psychotherapeutische Praxis wenden, aber wenn sie mit Erziehungsschwierigkeiten klarkommen möchte, wird sie eher zu einer Erziehungsberatungsstelle geschickt werden. Der Unterschied besteht dann weniger darin, ob der jeweils eingeleitete Hilfeprozess eher »therapeutisch« oder eher »beraterisch« ausgerichtet ist, sondern er liegt im Kontext (Problemfeld, Handlungsfeld). Mögen also im interaktiven Hilfeprozess (»Fall-Feld«) immer auch Therapie- in Beratungsprozesse und Beratungs- in Therapieprozesse übergehen, so gilt es dennoch, die *Kontextunterschiede*, mithin die je nach Handlungsfeld verfügbaren Kompetenzen im Umgang mit spezifischen Problemstellungen (gemäß Klientenanliegen), zu berücksichtigen. Beratung und Therapie wären hiernach durchaus mit Blick auf die professionellen Kontexte zu differenzieren (in dem umfangreichen Buch zur Beratung von John McLeod, 2004, ist diese Differenzierung leider nicht angemessen berücksichtigt).

Speziell im Hinblick auf das Arbeitsfeld der Sozialarbeit/Sozialpädagogik müssen die hier gemachten Ausführungen zur Frage der Unterscheidung von Beratung und Therapie noch einmal um den Hinweis ergänzt werden, dass sich die Praxis Sozialer Arbeit (und der berufliche Alltag der Sozialarbeiter oder Sozialpädagoginnen) nur selten auf *Beratung im engeren Sinne* begrenzt und deshalb die systemischen Grundprinzipien in diesem Feld sehr viel breiter in fruchtbarer Weise zur Geltung gebracht werden können (vgl. Herwig-Lempp, 2007; s. u. a. Hosemann u. Geiling, 2005).

Und andere Hilfeformen . . .
Neben Therapie und Beratung nennt Ludewig (1998; 2002; 2005) auch noch anderen Hilfeformen, nämlich *Begleitung* (= Beistand, Stützung) und *Anleitung* (= z. B. Vorschläge machen), die nach meinem Verständnis nicht systemisch ausgerichtet sein können und dies auch nicht sollen.

Laut Ludewig unterstreichen sowohl Therapie wie Beratung die *Divergenz* der Strukturen von Helfer und Klient unter – mehr oder weniger distanzierter – Berücksichtigung der Eigenwilligkeit der Klientinnen in ihrer Art der Lösungsfindung, während bei den beiden anderen Hilfeformen eher eine Angleichung aneinander im Sinne einer *»Konvergenz* der Strukturen« versucht würde. Der Unterschied zwischen diesen zwei Seiten von Hilfeformen (Divergenz versus Konvergenz der Strukturen) lässt sich meines Erachtens vor allem daran festmachen, ob überhaupt ein Problem gelöst werden soll (Beratung/Therapie) oder ob es vordergründig um etwas anderes als um Lösungsfindung, etwa um »Verstehensbegleitung«, gehen soll (Begleitung/Anleitung).

Die vorgeschlagene Differenzierung der Hilfeformen in Beratung/Therapie auf der einen Seite und Anleitung/Begleitung auf der anderen Seite verweist mithin darauf, dass in der psychosozialen Versorgung auch noch andere als systemische Haltungen und Methoden gefragt sind und dass systemisches Vorgehen als Hilfeform auch seine Grenzen hat. Sehr wohl wird die systemische Perspektive einschlägig sein, wenn die Klienten zu selbstorganisierten Lösungen angestoßen werden sollen (und wollen). Wenn es aber nicht um *Lösungen* geht, sondern beispielsweise eine Begleitung angestrebt wird, dürfte sich das eher Abstand wahrende Handwerkszeug systemischer Therapie und Beratung als ungeeignet erweisen. In diesem Fall wären eher nicht-systemische Kommunikations- und Begegnungsformen als hilfreich einzuschätzen (s. Kap. 2, vor allem Punkt 2.2.1).

Dies trifft insbesondere für eine *Verstehensbegleitung* im Sinne der subjektorientierten Sozialpsychiatrie zu, die ja in diesem Buch ergänzend neben die systemische Perspektive gestellt wird, da es in der psychosozialen Arbeit mit Psychiatrieerfahrenen wohl manchmal, aber keinesfalls immer um Lösungsfindungen geht (s. zusammenfassend Kap. 4). Sofern hier ein »Konvergieren der Strukturen« (von Helferin und Klient) eine Rolle spielen sollte, dürfte dies aber keinesfalls die grundsätzliche Eigenheit der unterschiedlichen Strukturen nivellieren oder gar die einzigartige Autonomie und Besonderheit aller Beteiligten negieren, sondern wäre als »einander näher kommen« zu verstehen (bis dahingehend, sich an-einander zu entwickeln!) und könnte so in Formen – gleichwohl professioneller – mitmenschlicher Nähe und Empathie ihren Ausdruck finden. Dies wäre eine Voraussetzung dafür, Klientinnen (beispielsweise Psychoseerfahrene) in ihrem Prozess des »Sich-selbst-Verstehens« zu begleiten oder sie darin gegebenenfalls – auf ihren Wunsch hin – auch »anzuleiten« und sich in dieser Weise als Entwicklungshelferin zu beteiligen.

3.5.4 Eckpunkte der systemischen Perspektive für die sozialpädagogische Fallarbeit

Nach den bisherigen Darlegungen zur systemischen Sozialarbeit, die auch die Komplexität dieses Arbeitsfeldes im Vergleich zur Therapie thematisierten, werden im Folgenden – zusammenfassend – einige Eckpunkte (oder »Essentials«) systemischen Arbeitens noch einmal herausgehoben und dem gängigem Vorgehen in der Sozialarbeit/Sozialpädagogik entgegengestellt. Unter Vernachlässigung der breit gefächerten Aufgabenkontexte der Sozialen Arbeit erfolgt hier eine Beschränkung auf die »Fallarbeit«, wobei es sich bei einem »Fall« selbstverständlich nicht um einen einzelnen Klienten handeln muss. Die Zusammenstellung berücksichtigt explizit (schon genannte) *systemisch-therapeutische Prinzipien*, von denen erwiesen ist, dass sie sich fruchtbar auf die (nicht i. e. S. therapeutische) Arbeit im Feld der Sozialarbeit/Sozialpädagogik übertragen lassen. Es wird hypostasiert, dass ein Vorgehen nach diesen Prinzipien gegenüber herkömmlicher sozialpädagogischer Praxis, die oft in Sackgassen hinein führt, von Vorteil ist.

Einige für die Soziale Arbeit nützliche systemisch-therapeutische Prinzipien in Entgegenstellung zur gängigen Praxis:

– Klärung der Auftragslage und des -kontextes statt vorschnelle Auftragsarbeit;
– Lösungsorientierung statt Problemorientierung (Suchen nach »Ausnahmen« vom Problem statt »Problemhypnose«);
– Ressourcen evozieren statt Defizite betonen;
– Hypothesen aufstellen (Hypothetisieren) statt Wahrheiten deuten;
– Fragen statt instrumentelles Intervenieren (zirkuläres Fragen als suchend-orientierendes statt richtungsweisendes Vorgehen);
– Anregen und »Verstören« statt Trainieren oder Erziehen (oder: Potenziale provozieren und anstoßen statt beibringen);
– Ambivalenzen stehen lassen, gegebenenfalls verstärken oder paradox aufgreifen statt sie abzumildern oder nur die erwünschte Seite zu akzentuieren;
– Neutralität gegenüber Veränderung wahren statt Veränderungsdruck ausüben;
– »Helfen durch Nicht-Helfen« statt »fürsorgliche Belagerung« (oder: Verantwortung für die eigene Lebensgestaltung zurückgeben statt Hilfeplan aufdrücken);
– Kooperieren mit Klienten statt Compliance einfordern;

– respektvolle Wertungsabstinenz (aufmerksames Interesse) statt (moralisierende) Bewertungen des Klientenverhaltens.

Der letztgenannte Aspekt der »respektvollen Abstinenz« im Hinblick auf eigene Bewertungen der von Klientinnen gezeigten Verhaltensmuster und Wirklichkeitssichten aus Helfersicht soll eine Entsprechung zu dem systemisch-therapeutischen Neutralitätskriterium (gegenüber Ideen und Beziehungen) und zur geforderten Neugierhaltung darstellen und diese begrifflich ersetzen. Das Kriterium der Neutralität wurde aus den eigenen Reihen der Systemiker als zu distanziert (»desinteressiert, unnahbar und kühl« wirkend) eingestuft und ist überdies meines Erachtens kaum machbar. Mit jeder Wahrnehmung und Reflektion von Klientenäußerungen (die auf der Verhaltens- und Beziehungsebene, sprachlich und/oder emotional gezeigt werden) sind zwangsläufig subjektive Stellungnahmen (Bewertungen, auch Berührungen) des jeweiligen Helfers verknüpft, die mit dessen eigenen sozioemotionalen Lebens- und Beziehungserfahrungen (Kränkungen, Sanktionen, Bewältigungsfähigkeiten, Umgangsregeln, normativen Standards) zusammenhängen. Diese lassen sich kaum gänzlich wegneutralisieren. Vielmehr geht es darum, dass man sie – wenn man die Funktion als Beraterin innehat – bewusst zurücknimmt, um im Sinne des Anstoßens von Problemlösungen im Klientensystem und im Sinne des Anregens von Lösungsfindungen im Problemsystem wirksam werden zu können. Bekanntermaßen wird man nur in einer Interaktion, in der die Selbstorganisation, mithin die Autonomie, die Eigenheit, die Eigenwilligkeit der Klienten(systeme) respektiert wird, hilfreich Akzente setzen können. Dies macht es erforderlich, die eigenen Bewertungen oder Urteile zurückzunehmen und wertende Stellungnahmen zu unterlassen, also in diesem Sinne »abstinent« zu sein und sich den Lösungsversuchen der Klienten zu öffnen – gegebenenfalls auch nach dem Motto: »Probleme sind Lösungen« (Mücke, 2001).

Ob der einst von Cecchin vorgeschlagene Begriff der »Neugier« hierfür geeigneter, im Sinne von »weniger distanzierend«, ist als der der »Neutralität«, darf in Frage gestellt werden. Immerhin wird mit der neugierigen Haltung, die überdies »respektvoll« sein soll, ein Interesse an dem einzigartigen Funktionieren des Problemsystems, den Erklärungen der Klientinnen dazu und ihren Beziehungskonstellationen signalisiert. Anstelle von Neugier sollte vielleicht besser von *aufmerksamem Interesse* gesprochen werden. Das ist ja auch das, was gemeint ist: Aufmerksames Interesse für die Problemerklärungen, Lösungsideen, Weltsichten, Werthaltungen und Beziehungskonstellationen der Klienten(systeme) und dafür, was es ist, das sie von Veränderungen abhält. Und ein solches Interesse seitens der Helfer hat eine Abstinenz im Hinblick auf ihre eigenen Bewertungen des (Beziehungs-)Verhaltens der Klienten zur Voraussetzung.

Mit diesen Ausführungen soll hier keine Begriffsklauberei betrieben werden; vielmehr ist intendiert, diese systemisch-therapeutische Haltung in ihrer Wichtigkeit gerade auch für die psychosoziale oder sozialpädagogische Praxis herauszuheben und in der Übertragung auf dieses Arbeitsfeld zu präzisieren. In der gängigen Praxis sind nämlich Bewertungen des Klientenverhaltens (auch Etikettierungen der Klienten) an der Tagesordnung. Sie beginnen bereits beim Erstkontakt (oft schon vorher übers Hörensagen) und stellen dabei Weichen für den weiteren Hilfs- oder Beratungsprozess, in dem dann auch permanent weiter mit Bewertungen »gearbeitet« wird. Nicht selten sind solche Bewertungen seitens der Helferinnen moralisch untermauert oder werden moralisch legitimiert. Man mag sich darüber empören, dass eine Mutter immer auf der Couch vor dem Fernseher liegt und dabei vergisst, ihre Kleinkinder zu versorgen. Die Empörung mag von persönlichen Einstellungen zu vernachlässigenden Müttern und entsprechenden kulturellen Vorgaben gespeist sein. Förderlich für den Hilfeprozess sind diesbezügliche wertende Stellungnahmen jedoch nicht. Es wird nicht möglich sein, auf Ressourcen im System zu schauen (z. B. vorhandene Fähigkeiten zur Kindererziehung), wenn man sich den Blick durch Negativwertungen verstellt und seien sie auch noch so moralisch wertvoll.

Aber nicht nur im Gleis solcher Alltagssichten, was sich gehört oder (moralisch) verwerflich ist, sondern auch vor dem Hintergrund theoretischer Modelle, die eher defizitorientiert die Lebenswege der Klientinnen nachzeichnen und den Helferinnen die Rolle »tertiärer Sozialisationsagenten« zuerkennen (soll heißen: in wohlmeinendem Sinne erzieherisch auf erwachsene Menschen einzuwirken), sind Bewertungen (meist negative) der Klienten, ihrer Ansichten und ihres Verhaltens gang und gäbe. Von respektvoller Wertungsabstinenz und aufmerksamem Interesse (»Neutralität« und »Neugier«) kann in der gängigen Praxis keine Rede sein.

Der Aspekt der Wertungsabstinenz wird hier deshalb so hervorgestrichen, weil mit der jeweiligen *Grundhaltung* die Weichen in der (sozialpädagogischen) Fallarbeit gestellt werden. Ähnliches gilt für den Aspekt der *Kooperation*, die als Bereitschaft zur Zusammenarbeit mit dem Klienten(system) von Seiten des Beraters eingebracht werden soll, statt – wie sonst üblich – das Kooperieren mit dem Helfer(system) einseitig von den Klientinnen einzufordern. Bei allen anderen Punkten handelt es sich eher (mehr oder weniger) um Verfahrensfragen, die – sofern man den Hilfeprozess nach systemischen statt nach den gängigen Kriterien gestalten möchte – leichter angeeignet und umgesetzt werden können als die Grundhaltungen.

Bezugnehmend auf die genannten Prinzipien lässt sich für die *gängige Praxis* (etwa der sozialpädagogischen Familienhilfe) allgemein feststellen, dass von Seiten der Helfersysteme eher auf Probleme fokussiert wird statt auf Lösungen, Defizite betont und scheinbare Wahrheiten gedeutet werden; ein richtungsweisendes Vorgehen praktiziert und pädagogisierend einzuwirken versucht sowie Veränderungsdruck ausgeübt und ein Hilfeplan übergestülpt wird. Ferner wird meist, statt selber zu kooperieren, Kooperation (bzw. Compliance) von den Klienten eingefordert und das Klientenverhalten laufend negativ bewertet (s. a. die Beispielhinweise). Und nicht zuletzt wird (z. B. von Familienhelfern) oft vorschnelle Auftragsarbeit (z. B. für das Jugendamt) geleistet und eine Zielklärung mit den Klientinnen versäumt, um gegebenenfalls von ihnen selbst einen Auftrag zu erhalten.

Da das Hauptthema dieses Buches die psychosoziale Arbeit im Psychiatriebereich (mit Psychoseerfahrenen) ist, wird hier auf eine Dokumentation von *gängiger* (mithin nichtsystemischer) *Praxis*, wie sie in anderen Arbeitsfeldern der Sozialarbeit zu beobachten ist, verzichtet. Gleichwohl kann über entsprechende Falldarstellungen (von Praxisfällen) die alternative Denkrichtung und der Nutzen der systemischen Perspektive für die praktische Arbeit sehr gut veranschaulicht werden.

Hingewiesen sei beispielsweise auf eine (exzellent ausgearbeitete) Fallbeschreibung von sozialpädagogischer Familienhilfe (Beispielfall »Familie Schulz«, dokumentiert in dem Buch von Allert, Biebackdiel, Oberele u. Seyfrath, 1994; S. 56 ff.), die man – aus systemischem Blickwinkel kritisch quergelesen – unter die Überschrift stellen müsste: »Wie man eine Familienhilfe in den Sand setzen kann«. Dabei werden in diesem Beispielfall (über die gängige Praxis an sich schon weit hinausgehend) im Rahmen eines Ansatzes des »rekonstruktiven Fallverstehens« sorgfältige »Fallrekonstruktionen« der Herkunftsfamilien und Kindheit der beiden Eheleute vorgenommen und deren Lebenswege und Problemlagen vor Beginn der Familienhilfe nachvollzogen. Dies erfolgt aber aus einem defizitorientierten Blickwinkel mit bewertenden Unterstellungen und »expertengemäßen« Deutungen der hintergründigen Problematiken von Herrn und Frau Schulz. Man fand, dass beide aufgrund »ihrer pubertären Rückbindungen an die Herkunftsfamilien« unfähig zur Übernahme von Elternrollen seien (S. 72). Deshalb sollte das Ziel der Familienhilfe (gemäß Aufgabenstellung vom Jugendamt) eine Korrektur der »biographischen Fehlentwicklungen und persönlichen Defizite« speziell der Mutter sein, die ihrerseits hingegen nur eine Entlastung bei der Erziehung der Kinder gewünscht hätte. Gemäß der Aufgabenstellung »Änderung der Frau Schulz« versuchte die Familienhelferin Druck auf Frau Schulz auszuüben, und als das nicht reichte, noch mehr Druck – »der Abbruch der Familienhilfe war die logische Folge« (S. 80).

Unter dem Titel: »Wie durch Hilfe und Betreuung alles noch schlimmer werden kann« wird ein anderes Fallbeispiel gängiger (nichtsystemischer) Praxis von mir (Haselmann, 2007, S. 192 ff.) aus der Arbeit einer Betreuungsbehörde geschildert. In diesem Fall wird seitens der Fachkräfte schnell ein »Böser« ausgemacht (der 63-jährige Sohn nämlich, der seine 83-jährige pflegebedürftige Mutter nicht adäquat versorge) und auf diesen in abschätziger Weise belehrend einzuwirken versucht. Dies führte zu Eskalationen und endete mit einer (von der Betreuungsbehörde veranlassten) gewaltsamen Intervention und einer Separierung der Mutter vom Sohn. Dabei hat man weder die wechselseitig als »gut« und »eng« beschriebene Beziehung zwischen Mutter und Sohn (und deren Bindung aneinander) noch den fast aufopferungsvollen Fürsorgewillen des Sohnes bedacht. Man hat keine Fragen gestellt, um die abstrus wirkenden Verhaltensweisen des Sohnes zu erkunden (nach dem Motto »Jedes Verhalten macht Sinn, wenn man den Kontext kennt«). Es wurde nicht versucht, eine Kooperation (mit dem Sohn) aufzubauen, geschweige denn an den vorhandenen Ressourcen anzuknüpfen und von da her Lösungsoptionen zu eröffnen; aber man hat daran mitgewirkt, einen weiteren »Betreuungsfall« zu schaffen.

3.5.5 Über Schwierigkeiten und Grenzen systemisch inspirierter Sozialarbeit

Schwierigkeiten systemischen Arbeitens

Bis hierher herrschte der Tenor vor, systemisch-therapeutische Prinzipien könnten fast problemlos auf die Soziale Arbeit übertragen werden, jedenfalls soweit es in direkten Klientenkontakten um helfende Beziehungen oder Dienstleistungen geht. Es soll aber auch die Seite der Schwierigkeiten, denen sich »systemisch inspirierte« Sozialarbeiterinnen *in der Praxis* ausgesetzt sehen, nicht unterschlagen werden. Zum einen wird zum Beispiel von dem »Druck« gesprochen, den man angesichts der Vielzahl oft heterogener Aufgaben und Aufträge in der Sozialen Arbeit spürt; von einem »drückenderen Spannungsfeld als im therapeutischen Setting« (Richter in Hargens et al., 2000, S. 15) ist die Rede – insbesondere, wenn man sich als kooperative Mittlerin zwischen den verschiedenen Wirklichkeitswelten und Veränderungsvorstellungen der unterschiedlichen Auftraggeber sowie der Klientinnen (als den Adressaten der Hilfestellung) versteht und zugleich Entscheidungen von einem abverlangt werden. Zum anderen sind die »Möglichkeitsräume« Sozialer Arbeit von Seiten der jeweiligen Institution her nicht immer geeignet, systemtheoretisch orientiert zu arbeiten. Schwabe (2000) konstatiert aber, dass ein Großteil der »Probleme, die man sich als systemischer Sozialarbeiter einhandelt«, aus »ungenügend reflektierten Übertragungen von Haltungen und Strategien« vom therapeutischen Setting auf den Kontext Sozialer Arbeit resultiert (S. 43). Dabei dürfte meines Erachtens auch eine Rolle spielen, inwieweit *nur einzelne Techniken* systemischen Vorgehens (ohne Berücksichtigung von deren Rahmung) in der Arbeit mit einzelnen Klientensystemen eingesetzt werden und dabei der Gesamtkontext der übrigen am Problem Beteiligten (andere Helfer, Institutionen, Familienangehörige) vernachlässigt wird. Letzteres lässt sich an dem folgenden Beispiel (s. Schwabe, 2000, S. 43 und S. 55) veranschaulichen:

> Eine Familienhelferin hatte eine 15-jährige Jugendliche im Rahmen von »intensiver sozialpädagogischer Einzelbetreuung« (nach § 35 KJHG) zu betreuen. Die Jugendliche, die schon seit längerem den Schulbesuch verweigerte, war nach einem Streit mit ihren Eltern (inklusive elterlichen Schlägen) wegen ihres Schuleschwänzens von zu Hause ausgezogen. Ohne Absprache mit den Eltern oder der Schule beschließt die Betreuerin im Einzelgespräch mit der 15-Jährigen, ihr das Schuleschwänzen offiziell zu gestatten, es ihr zu »verschreiben« (»da sie es wohl zur Zeit noch brauche, aber auch fähig sei, es so zu steuern, dass sie nicht von der Schule fliege«). Wohlmöglich wollte die Familienhelferin mit dieser »Intervention« nicht ebenfalls Druck machen (nach dem Muster »mehr desselben«) und/oder sie ließ sich von der (hier falsch verstandenen) Idee der Wirksamkeit einer »Symptomverschreibung« leiten. Auf alle Fälle hat sie dabei aber grundlegende systemische Prinzipien, insbesondere das der Einbeziehung aller am Problemsystem Beteiligten (hier insbesondere der Eltern und der Schule), nicht beachtet. Die Konsequenz dieses Vorgehens war, dass das Mädchen von der Schule flog und die Eltern eine Beschwerde beim Jugendamt einlegten.

Schwabe schlägt vor, die verschiedenen *Zugangs-, Aufgaben- und Auftragskontexte*
im Bereich Sozialer Arbeit weiter zu differenzieren, damit sich den Sozialarbeiterinnen bessere Handlungsoptionen auch im Hinblick auf systemisches Vorgehen eröffnen. Grundsätzlich müsse es »auch unter fremdarrangierten Zugangsbedingun-
gen [...] primäres Ziel« sein, »einen Auftrag mit den Klienten zu entwickeln, den
diese als einen eigenen und sinnvollen ansehen können« (S. 47). Wie das geht, konnte von Insoo Kim Berg (s. unter Punkt 3.3.2, S. 235 ff.) und anderen gezeigt werden.
Schwabe stellt aber fest, dass es »nicht immer möglich [ist], Klienten zu eigenen
Aufträgen anzuregen« (S. 47) und beschreibt hierzu ein Beispiel über die Interven-
tionsversuche eines Jugendamts, das tätig werden musste, da bei den beiden Jungen
einer Familie (4 und 7 Jahre alt) sowohl im Kindergarten als auch in der Schule
Misshandlungsspuren aufgefallen waren.

Entlang einer Differenzierung verschiedener Aufgabenkontexte (z. B. »Klärung
von Lebenslagen«, »Sicherung materieller Versorgung«, »Alltagsstrukturierung«,
»Unterstützung beim Erwerb von Kompetenzen«, »Beratung und Therapie«, »Krisenintervention«, »Kontrolle und Begrenzung selbst- oder fremdgefährdender Verhaltensweisen«, »Kooperation mit anderen Institutionen«, »Unterstützung rand-
ständiger Bevölkerungsgruppen«, S. 49 f.) führt der Autor aus, dass insbesondere in
»vermischten Aufgabenkontexten« für die Sozialarbeiterin regelmäßig Dilemmata
auftreten oder Konflikte im Arbeitsalltag an der Tagesordnung sind. Ein Beispiel für
einen relativ »unvermischten« Aufgabenkontext wäre eine Erziehungsberatungsstelle. Demgegenüber sind zum Beispiel in einer Heimeinrichtung (Heimerziehung) mehrere zum Teil konfligierende Aufgaben (Versorgung, Beratung, Anleitung, Kontrolle von Verhaltensweisen) in einem mit den Zöglingen geteilten Alltag
parallel zu bewerkstelligen und Ansprüche mehrerer Personen auszubalancieren.
Um sich hier nicht zu verzetteln, wäre es meines Erachtens hilfreich, auf die vorgeschlagene Differenzierung von Hilfe und Fürsorge zurückzugreifen (Punkt 3.5.3).

Generell scheint aber speziell die Auftragsklärung in der Praxis nicht immer allzu
leicht vonstatten zu gehen. Wie (von Schwabe) eindrücklich am Beispiel einer –
Randale machenden und Schule schwänzenden – Jugendclique veranschaulicht,
von der sich Schule, Eltern, Nachbarn, andere Bürger und der Kommunalbeamte
genervt fühlen, gibt es zwar viele, die daran interessiert sind, dass da »was passiert«
(Interessierte), aber zunächst keine klar identifizierbaren Auftraggeber. Darüber hinaus muss man sich Einiges einfallen lassen, über welche Kontaktangebote die Cli-
que selbst zum Auftraggeber werden kann. »Anders als in therapeutischen Settings
muss [...] das geeignete Forum, in dem Verhandlungen über Aufträge und Lösungsideen stattfinden, häufig erst geschaffen werden« (S. 54). Auch kann der Sozialarbeiter – nach Ansicht Schwabes – bei manchen Problemlagen dem therapeutischen Neutralitätsgebot nur schwer gerecht werden, beispielsweise wenn es um
Probleme der »Integration oder weiteren Eskalation in ›seinem‹ Stadtteil« geht
(S. 54).

Kritikpunkte und Grenzen des systemischen Ansatzes in der Sozialen Arbeit
Nachdem die Vorteile hervorgehoben wurden, die eine systemische Perspektive für
das Feld der Sozialarbeit/Sozialpädagogik mit sich bringt, sind nun einige kritische
Fragen aufzuwerfen. Diese Infragestellung geschieht hier ausgehend von dem historisch gewachsenen Selbstverständnis Sozialer Arbeit. Also: Welche *Bedenken*
könnten einem – vom sozialarbeiterischen Arbeitsansatz her – beispielsweise zu den
folgenden Grundhaltungen und Arbeitsprinzipien der systemischen Perspektive
einfallen:
- Allparteilichkeit – Neutralität – Neugier,
- das Zurückgeben der Verantwortung an das System,
- das Anstoßen von schnellen Lösungen via Verstörung? (bzw. das Provozieren von
  Veränderungen),
- die Konstruktion von zirkulär gleich beteiligten Akteuren, zwischen denen keine
  Machtgefälle zu bestehen scheint?

In der folgenden Aufstellung werden die genannten systemischen Positionen mit
gegenläufigen sozialarbeiterischen Haltungen und Prinzipien konfrontiert, die diesem Arbeitsfeld – zumindest historisch – ein eigenes Profil gaben und die – zumindest manchmal – für die Bewältigung spezifischer Aufgaben geeigneter sein könnten. Es geht hier um einige Elemente der systemischen Perspektive, die für die Praxis
der Sozialen Arbeit kritisch zu diskutieren oder in Frage zu stellen sind:
- Allparteilichkeit, Neutralität, Neugier *oder* anwaltschaftliches Engagement?
- das Zurückgeben der Verantwortung an das System *oder* konkrete soziale Unterstützung?
- das Anstoßen von schnellen Lösungen (via Verstörung) *oder* mitfühlendes Sinnverstehen und Rekonstruieren von Problemlagen in sozial-kulturellen Kontexten?
- die Konstruktion von zirkulär beteiligten Akteuren, zwischen denen kein Machtgefälle zu bestehen scheint *oder* Aufdeckung von Hierarchien, Machtunterschieden und Herrschaftsverhältnissen?

Während die linksseitig aufgeführten Prinzipien also einige Aspekte des Selbstver-
ständnisses systemischer Therapie kennzeichnen, drücken die dagegen gestellten
Oder-Positionen Einiges vom Selbstverständnis Sozialer Arbeit aus. Dieses beschränkt sich vom Ansatz her nicht auf sozialpädagogische Fallarbeit, sondern
nimmt zugleich gesellschaftliche Missstände, sozial-kulturelle Unterschiede, ungleiche Ressourcenzuteilung, soziale Ungerechtigkeiten, Machtverhältnisse, Diskrimi-
nierungen und unterschiedliche Möglichkeitsräume der Menschen je nach ihrer sozialen Herkunft in den Blick. Man stellt sich – keinesfalls neutral – auf die Seite der
sozial Schwachen, die gegebenenfalls konkrete Unterstützung benötigen, in ihrer
(materiell oder sozial-kulturell bedingten) Notlage (mitfühlend) verstanden werden
und/oder auch mal an gesellschaftlichem Einfluss gewinnen möchten.

Davon ausgehend können die Grenzen der systemischen Perspektive für die Soziale Arbeit unter drei Gesichtspunkten beschrieben werden:

Zum Beispiel mitfühlendes Verstehen: Wie schon erwähnt (Punkt 3.3.1) sollen laut Schweitzer und Weber (1997) zwar auch die Gefühle und die affektive Kommunikation Beachtung finden, aber die Hauptzielrichtung der systemischen Therapie/Beratung ist es, Veränderungen im Bereich der kognitiven Wirklichkeitskonstruktionen und des Verhaltens der Klienten anzuregen. Daher ist die von Thea Bauriedl in einem Interview geäußerte Kritik nicht von der Hand zu weisen, dass systemische Therapie/Beratung sich nicht am Erleben von Menschen orientiere und Bezogenheit gewissermaßen »abgewehrt« werde (anders als bei Bauriedls eigenem Ansatz der »Beziehungsanalyse«; s. z. B. 1980). Meines Erachtens kommt vor allem – mitunter durch die stringente Lösungsorientierung – die *mitmenschliche Begegnungsebene* zur kurz; man mag es auch *Begleitung, Beistand, Nähe* nennen, die Menschen in seelischen oder sozialen Notlagen brauchen könnten, um von dieser Grundlage her die Kraft für eigene Lösungswege zu finden. Neben systemisch inspirierter Anregung zur Lösungsfindung sind in der Sozialen Arbeit nämlich auch subjektorientierte Verstehensbegleitung beziehungsweise mitfühlendes Sinnverstehen und das Rekonstruieren von Problemlagen in sozial-kulturellen Kontexten gefragt. Dies gilt ganz besonders auch für die psychiatrisch-psychosoziale Praxis in der Begegnung mit Psychoseerfahrenen (Weiteres zu diesem Kritikpunkt s. Punkt 3.8).

Unter dem genannten Gesichtspunkt ist auch die Entwicklungslinie innerhalb des systemtherapeutischen Feldes aufschlussreich. Von den klassischen familientherapeutischen Modellen der eher strategischen und technologisch interventionistischen Arbeit mit den ganzen Familien hatte man sich abgewandt und den neuen systemisch-konstruktivistischen Ansätze (nach Kybernetik zweiter Ordnung) zugewandt. Inzwischen besteht ein Trend, sich auch von diesen abzuwenden und sich den narrativen, wieder eher »verstehenden« Ansätzen und somit (wieder mehr) der Arbeit mit Einzelnen zuzuwenden. Dieser Verlauf könnte auch die Versuche des Ausgleichs von immer wieder aufgetauchten Mangelerlebnissen wiedergeben, die in den Therapeut-Klient-Beziehungen erfahren wurden. Es zeichnet sich hier ab, dass es vom Instrumentalistischen weg doch wieder mehr zum Begegnen hin geht (Letzteres dann realisiert in der Form des Dialogs und des gemeinsamen Geschichtenerzählens; s. Punkt 3.6).

Zum Beispiel Vermittlung zwischen Individuum und Gesellschaft: Mit Blick auf materielle, soziale, kulturelle Ressourcen (statt auf die »Selbsthilfefähigkeiten«, auf die sich die systemische Therapie mit ihrer »Ressourcenorientierung« bezieht) bleiben systemische Ansätze eher randständig oder sind nutzlos, wenn es in der Sozialen Arbeit – unter dem Aspekt der Vermittlung zwischen individuellen Möglichkeiten und gesellschaftlichen Gegebenheiten – um fördernde Rahmenbedingungen für psychosoziale Entwicklung und ressourcenorientierte Entwicklungsförderung gehen soll. Dies trifft an sich generell zu, wenn »indirekt personenbezogene Dienstleistungen« Sozialer Arbeit gefordert sind (s. Punkt 3.5.2). Aber auch im Hinblick auf die direkt klientenbezogene Arbeit könnte sich unter dem Vermittlungsaspekt (Individuum – Gesellschaft) in der Sozialen Arbeit ein Konflikt zwischen anwaltschaftlichem Engagement für die Schwachen und der systemisch geforderten Allparteilichkeit beziehungsweise Neutralität einstellen. Gewiss ist es nur je nach Fall und Situation entscheidbar, welcher Haltung man dann den Vorzug gibt.[31] Aber insoweit die Vermittlung zwischen Individuum und Gesellschaft als eine Aufgabe der Sozialen Arbeit definiert ist, müsste man in jedem Fall die sozialen Kontexte (die gesellschaftlichen Verhältnisse) sehr genau in Augenschein nehmen. Insbesondere bei spezifischen Problemlagen von sozial Schwächeren (bzw. Unterprivilegierten) dürfte dies von Relevanz sein. Die systemische Perspektive hat entsprechende Machtunterschiede nicht explizit im Blick.

Zum Beispiel soziale, materielle Notlagen oder Ungerechtigkeit: Mit dem zuvor Gesagten einhergehend sind systemische Ansätze eher randständig für die Soziale Arbeit, wenn es um den Ausgleich von sozialer Ungerechtigkeit oder ungleicher materieller und sozial-kultureller Ressourcen-Zuteilung geht, um Hilfe bei materiellen Nöten oder auch um Empowerment (auf sozialer und struktureller Ebene!) und das Organisieren sozialer Unterstützung (social support). Diese Konzepte haben ihre Wurzeln in Bürgerrechtsbewegungen, der Selbsthilfebewegung und der Gemeindepsychologie (»community psychology«) und können nicht der systemischen Perspektive zugeschlagen werden.

Unter Umständen kann die konstruktivistische Perspektive sogar eher zu einer Verschleierung der Hilfemöglichkeiten statt zu einer Problemlösung beitragen; etwa wenn das Problem von Menschen in einem benachteiligten Stadtviertel – um hier ein Beispiel von Pfeifer-Schaupp (1995, S. 131) aufzugreifen – als deren problematische Konstruktion angesehen wird, die sich im Erzählen von Problemgeschichten zeigt und man ihnen dann (deshalb) eine Neukonstruktion oder das Erzählen anderer, schönerer Geschichten nahe legen wollte. (Das Beispiel hat einen »narrativen Einschlag«, könnte aber auch für die systemisch-konstruktivistische Position einschlägig sein, wenn man statt auf die »Geschichten« auf die Wirklichkeitssichten abhebt.)

Dass die Soziale Arbeit »immer schon« systemisch orientiert gewesen wäre, wie Pfeifer-Schaupp (1995, S. 150 f., verweisend auf Hollstein-Brinkmann, 1993) behauptet,

---

31 Aus den Reihen der Systemiker selbst wurde die allparteiliche Neutralitätshaltung, angesichts beispielsweise von Missbrauch, Gewalt und Machtunterschieden, von feministisch und an sozialer Gerechtigkeit orientierten Therapeutinnen vielfach kritisiert (z. B. Goodrich 1994; Walters et al., 1995). Dass dennoch in der therapeutischen Arbeit mit Familien, zum Beispiel bei sexuellem Missbrauch, die Neutralität nicht aufgegeben werden sollte, kann meiner Ansicht nach ebenfalls sinnvoll begründet werden (s. z. B. Ebbecke-Nohlen 2000).

ist dann schwer nachvollziehbar, wenn der Systembegriff auf die Theoriengebäude der neuen Systemtheorien und des radikalen Konstruktivismus bezogen wird. Damit wird man den gesellschaftskritischen Ansätzen, den sozial-kulturellen und sozial-ökologischen Konzepten der Sozialen Arbeit nicht gerecht (s. a. Staub-Bernasconi, 1995) und trägt gleichzeitig zu einer unangemessenen Überhöhung der Systemtheorie bei, womit man auch dieser nicht gerecht wird. Wenn man nicht einer inflationären Verwendung des Begriffs »systemisch« Vorschub leisten möchte, sondern auf die so genannte »moderne« Systemtheorie als Theorie selbstreferenzieller Systeme Bezug nimmt, dann ist der systemische Ansatz ja nicht gleichzusetzen mit einem Netzwerkkonzept oder einem (gemeindepsychologischen) Ansatz, der einfach den Kontext oder das Umfeld oder die Umwelten von Individuen einbezieht.

In einem systemtheoretischen und konstruktivistischen Sinne war die Soziale Arbeit eben gerade *nicht* »systemisch«. Vielmehr war es ihr im Wesenskern um soziale Gerechtigkeit und die Veränderung (zumindest Verbesserung) von entmündigenden und entwürdigenden Lebensbedingungen, um Hilfe zur Selbsthilfe für möglichst »normale« Lebensgestaltung und auch um ganz konkrete Hilfe für Arme, Ausgegrenzte, Unterdrückte gegangen. Solche Aufgabenbereiche haben sich kulturhistorisch aus einer Geschichte gesellschaftlicher Formung und einer darauf antwortenden Geschichte der Sozialarbeit/Sozialpädagogik konstituiert. An ihnen orientierte sich sozialarbeiterisches Handeln. Diese Linie lässt sich nur schwer mit einer systemisch-konstruktivistischen Perspektive in Einklang bringen; vielmehr scheinen hier grundsätzlich unterschiedliche Welt- und Menschenbilder zugrunde zu liegen.

Der Ausgangspunkt der klassischen Sozialarbeit war ein wertender, meist verbunden mit einer Kritik an inhumanen Lebensbedingungen und der Konstatierung von Macht- und Herrschaftsverhältnissen, von Unterdrückung, Ausbeutung und Armut. Demgegenüber versucht die systemisch-konstruktivistische Perspektive eine explizit nicht wertende Position zu beziehen und bleibt damit kritiklos gegenüber den materiellen und strukturellen Aspekten von gesellschaftlichen Verhältnissen bis hin zur radikal-konstruktivistischen Zuspitzung, dass es (strukturelle) Macht- und Gewaltverhältnisse ja nicht »wirklich« gibt, sondern erzeugt werden: lediglich als entsprechende Wirklichkeitskonstruktionen in unseren Gehirnen?

Abschließend könnte zum Thema »systemische Sozialarbeit« die These aufgestellt werden, dass systemische Ansätze genau da und nur da fruchtbringend in der Sozialen Arbeit sind, wo es einerseits nicht allein um Beistand oder Begleitung, sondern dezidiert um *Lösungen auf der Beziehungsebene*, im Interaktions- und Kommunikationssystem, geht und andererseits die Problemlage nicht gerade mit gesellschaftlich-strukturellen oder sozioökonomischen Rahmenbedingungen eng verwoben ist. Gemäß Pfeifer-Schaupp (1997) sind systemische Konzepte zwar notwendig, aber nicht hinreichend für die Methodenentwicklung Sozialer Arbeit und bedürfen der Ergänzung durch andere theoretische und methodische Zugänge. Seiner Meinung nach müssten allerdings Fragen von Macht und Gerechtigkeit auch unter systemisch-konstruktivistischem Blickwinkel nicht ausgeblendet werden. Ob das stringent geht, darf jedoch in Frage gestellt werden.

3.6 Sprachphilosophie und Postmoderne – Die narrativen Ansätze

Narrative Ansätze sind derzeit in. Workshops oder Bücher, die den Begriff »narrativ« im Titel führen, haben großen Zulauf oder gute Verkaufschancen, auch wenn man bei genauerem Hinsehen manchmal etwas ratlos bleibt, was einem da vermittelt werden soll. Da sich der narrative Begriff zur Zeit gut vermarkten lässt, werden diesem Begriff in großer Heterogenität eine Vielzahl von Vorgehensweisen subsumiert, die sich in Therapie und Beratung irgendwie auf Geschichten und auf das Erzählen von Geschichten stützen. Positiv ausgedrückt, hat man es in diesem Feld im Zeichen der Postmoderne mit einer beeindruckenden Vielfalt zu tun. Auf der anderen Seite herrscht aufgrund der Beliebigkeit der Definitionen und theoretischen Bezugnahmen ein gewisses Maß an Verwirrung vor. Um Erzählungen geht es schließlich immer und Geschichten gibt es überall; jedoch sind ausufernde Begriffsverwendungen letztendlich wenig hilfreich.

Was sind »Geschichten«, was »Erzählungen«? McLeod (2004, S. 199) definiert eine Geschichte als einen »strukturierten Bericht [. . .], der einen Anfang, eine Mitte und ein Ende hat« sowie »eine gewisse dramatische Qualität«. Eine Geschichte »vermittelt Spannung und Gefühle sowie Informationen über den Erzähler« und enthält meistens auch eine Wertung, die quasi die Moral von der Geschichte ausmacht. Demgegenüber ist mit Erzählung der allgemeine Prozess gemeint, durch den etwas mitgeteilt wird. Eine Erzählung kann also (z. B. in einer Therapiesitzung) mehrere einzelne Geschichten beinhalten und die Kommentare und Erklärungen noch dazu.

Erzählungen im Allgemeinen und das Geschichtenerzählen im Besonderen sind zweifellos die bevorzugten Wege, über die Menschen miteinander kommunizieren und ihren sozialen Erfahrungen einen Sinn geben. Von daher dürfte eine akzentuierte Beachtung der Narrationen für die Sozialwissenschaften und die Psychologie, für Beratung und Therapie von Belang sein; nicht zuletzt könnte sie dazu verhelfen, instrumentalistische Positionen zu überwinden.

3.6.1 Anknüpfungspunkte und Bezugsgrößen der narrativen Denkrichtung

Die narrative Perspektive beschränkt sich weder auf den Bereich von Beratung und Therapie, noch auf systemisch orientierte Zugänge. Sogar in der wissenschaftlichen

Psychologie ist – angestoßen durch die Arbeiten von Jerome Bruner (s. z. B. 1997) – von einer »narrativen Wende« die Rede. Auch in der psychoanalytischen Therapie, in der man sich seit jeher für die Erzählungen der Klientinnen interessierte, sind narrative Ansätze derzeit en vogue. Dabei geht es beispielsweise darum, in den Klientengeschichten wiederkehrende Konfliktmuster zu entdecken (sog. »Kernkonfliktbeziehungsthemen«), um Einsicht zu fördern und/oder Klientinnen zu befähigen, ihre Lebensgeschichte auf eine befriedigendere Art zu erzählen. Gemäß McLeod (2004) zielen die Psychoanalytiker allerdings weniger auf eine eigenständige narrative Therapie ab, »sondern versuchen vielmehr, in einer narrativ beeinflussten Art und Weise psychodynamische Therapie zu praktizieren« (S. 203).

Neben solchen psychodynamischen narrativen Ansätzen unterscheidet der Autor noch kognitiv orientierte respektive konstruktivistische narrative Ansätze (wie das lösungsorientierte Modell von Steve de Shazer) von der narrativen Therapie im engeren Sinne, welche – bezugnehmend auf die Position des *sozialen Konstruktionismus* (nach Gergen) – explizit die *Konversation* oder den sprachlichen Austausch ins Zentrum stellt.

Im »eigentlichen« narrativen Ansatz liegt der Akzent auf den sprachlichen Konstruktionen und den entsprechenden – sozial-kulturell über Sprache vermittelten – Bedeutungsmustern. Demgegenüber werden die interaktiven Verhaltensmuster, die verhaltensbezogenen Interaktions- und Beziehungsmuster nicht oder weniger in den Blick genommen. Gemäß der narrativen Denkrichtung werden im Miteinander der Menschen, das heißt in »sozialen Systemen« (sei es eine Familie oder ein therapeutisches System), alle Realitäten über Geschichten aufgebaut; »Wirklichkeit besteht aus nichts anderem als Geschichten: *darüber* sprechen Menschen miteinander« (von Schlippe u. Schweitzer, 1996, S. 40). Dabei werden die Geschichten »nicht allein erfunden«, sondern entstehen in einem gemeinsamen Prozess (z. B. im Nahraum Familie) und um erzählt werden zu können, benötigen sie erzählende und zuhörende Menschen. Für Familien wird hierbei auch von spezifischen »narrativen Traditionen« gesprochen, die – vor dem Hintergrund eines gemeinsamen Systems von Begriffen und Überzeugungen – bestimmen, welche Wirklichkeit aufgebaut wird und auch, welche anderen Aspekte von Wirklichkeit nicht gesehen werden (vgl. von Schlippe u. Schweitzer, 1996; nach Boeckhorst, 1993). In einer familiären Erzähltradition stehende Geschichten erzählt man natürlich auch sich selbst, baut sich seine eigene Geschichte von dieser Sozialerfahrung her auf (z. B. mit der Essenz: »keiner liebt mich«, »immer bin ich der Außenseiter«).

Für die therapeutische Arbeit nach der narrativen Perspektive ist deshalb die Frage von Interesse, welche Geschichten das Leben der Klientin oder einer Familie beherrschen, von welcher Art die Geschichten sind, die jemand sich und anderen über sich selbst erzählt und welche Ereignisse dabei in den Blick genommen oder ausgelassen werden. In therapeutischer Konversation wird dann versucht, auch andere, gegebenenfalls einmalige Ereignisse (sog. »Ausnahmen«) zu erfragen und als bedeutsam in den Blickpunkt zu rücken. Von solchen Ausnahmen her könnten *alter-*

native Geschichten gebildet werden, die eher Kraft und Zuversicht vermitteln. Mit der »Dekonstruktion« von alten »Geschichtensystemen«, die im Falle von Problemen meistens defizitbetont sind, und dem Aufbau von – Fähigkeiten betonenden – alternativen Geschichten ist angestrebt, alte problembelastete Erzähltraditionen verlassen und neue, kraftgebende entwickeln zu können. Parallel damit, dass die neuen »positiven« Erzählweisen beherrschend werden, wird damit gerechnet, dass sich auch die Probleme auflösen und Symptome verschwinden (s. exemplarisch den Ansatz von Michael White und David Epston).

Theoretische und philosophische Bezüge
Im Hinblick auf den *konstruktivistischen Aspekt* der systemischen Perspektive lassen sich generell zwei Denkansätze unterscheiden:
a) Orientiert am *radikalen Konstruktivismus* (nach von Glasersfeld) und damit die individuellen Kognitionen akzentuierend, wird gefragt, inwieweit sich die jeweiligen Wirklichkeitskonstruktionen als nützlich für die Lebensgestaltung der Beteiligten erweisen (zum Beispiel kann gefragt werden, wieweit die Wirklichkeitssichten eines Paares zu wohliger Harmonie oder zu lebhaftem Streit beitragen).
b) Orientiert am *sozialen Konstruktionismus* (nach Gergen) und damit die sozialen Verständigungsprozesse akzentuierend, wird das gemeinsame Aushandeln von Realitätssichten in so genannten »Multilogen« betont. Therapeutisch wird dies zum Beispiel als »relativ absichtsloses Anbieten von Meinungen und Sichtweisen« umgesetzt (vgl. Schweitzer u. Weber, 1997).

Im Unterschied zum radikalen Konstruktivismus, der für die systemisch-konstruktivistische Perspektive einschlägig ist (s. Punkte 3.1 und 3.2.3), wird beim sozialen Konstruktionismus beachtet, dass Konstruktionen nicht in isoliert individueller Weise, sondern immer eingebunden in herrschende gesellschaftliche Diskursformen und entsprechende »Konstruktionsangebote«, gemeinsam geschaffen werden. Dies geht mit einem Therapiestil einher, der die Konversation als *Austausch von Sichtweisen* betont.
   Der *soziale Konstruktionismus* stellt nun die zentrale erkenntnistheoretische Grundlage der narrativen Therapieansätze »im engeren Sinne« dar. Diese Position nach Kenneth J. Gergen lässt sich also folgendermaßen kennzeichnen:
– In Abgrenzung von jedweder individualistischen Sichtweise wird die *Bezogenheit* der Menschen untereinander akzentuiert; gesellschaftliche und historische *Kontexte* werden beachtet und das, was als »Wirklichkeit« angesehen wird, gilt als gemeinsame Konstruktion in Prozessen menschlicher Kommunikation. Dabei spielt die *Sprache* sowohl als »Produkt« als auch als »Produzent« menschlicher Wirklichkeit die entscheidende Rolle.
– Die Auffassung, dass in der *Konversation*, im *Dialog* oder im »Multilog« gemeinsam Bedeutung geschaffen – mithin Wirklichkeit hergestellt wird – legt für die narrative Therapie nahe, über die Konversationsebene zu versuchen, gegebenen-

falls festgefahrene Wirklichkeitssichten im gemeinsamen Miteinander (etwa einer Familie) durch gemeinsames Entwickeln neuer Bedeutungsgebungen oder (Er)Finden neuer Geschichten (im therapeutischen System) aufzulösen. Es gälte laut Gergen, in einen »gemeinsamen Tanz der Bedeutungsgebungen« zu treten, in dem *Perspektivenvielfalt* durchaus gefragt ist.

Gergen (2002) selbst grenzt seine Position dezidiert von der des radikalen Konstruktivismus ab. Er plädiert für die Überwindung der individualistischen Subjektkategorie zugunsten des Verständnisses eines grundsätzlich in Beziehungen eingebunden *Selbst* (S. 147 ff.), das niemals unabhängig vom Sozialen existiere (s. a. Gergen, 1996). Fokussierend auf den Dialog wird dabei das Selbst immerfort als »relationales Sein« definiert (Gergen, 2002, S. 169). Der Dialog wird nicht als ein bloßer Austausch von Sichtweisen beschrieben, sondern darüber hinausgehend – mit Blick auf das hilfreiche Gespräch – als »transformatives«, das heißt umwandelndes, veränderndes »Medium«, somit als »ein Weg, der von entfremdeter Koexistenz zu einem vielversprechenden Zusammenleben hinführt« (S. 186). Ferner wird »Therapie als soziale Konstruktion« angesehen (S. 210), indem die Klientinnen dazu angeregt werden, sich mit ihrer Art, sich selbst zu konstruieren zu befassen und dazu eingeladen werden, sich für eine bestimmte (andere?) Form der Konstruktion zu entscheiden.

Von den verschiedenen Formen konstruktionistischer Therapie gilt Gergens Sympathie der Richtung der »Vielstimmigkeit« (wie beim Reflektierenden Team nach Tom Anderson). Bei narrativen Therapieansätzen hingegen, die darauf abzielen, die Geschichten ihrer Klienten »umzuschreiben«, gibt er zu bedenken, dass dies auch eine »subtile Abwertung« der Klientengeschichten (mithin ihrer Weltentwürfe) beinhalten könnte.

Der soziale Konstruktionismus wird explizit als »postmoderne« Theorie aufgefasst. Darüber hinaus rekurrieren die Vertreter narrativer Therapieansätze auch auf andere postmoderne Philosophien, wie zum Beispiel Foucault und Derrida. Die Postmoderne zeichnet sich durch die Ablehnung großer, Wahrheit beanspruchender Universaltheorien oder entsprechender »Metaerzählungen« aus und durch einen »grundsätzlichen Pluralismus von Sprachen, Modellen, Verfahrensweisen«, der mit »einer grundsätzlich fragenden, neugierigen Haltung auch sich selbst gegenüber« einhergehen soll (von Schlippe u. Schweitzer, 1996, S. 82). Übertragen auf den Beratungskontext hieße dies zum Beispiel, Komplexität anzubieten durch das Erzählen weiterer, zusätzlicher Geschichten, »aus denen sich die Ratsuchenden neuen Sinn konstituieren können« (S. 82).

Foucault interessierte sich dafür, »welche gesellschaftlichen Machtstrukturen sich hinter der Sprache und unserer Sprachverwendung verbergen« (S. 83) und Derrida, ein Schüler Foucaults, ging es darum, »Zweifel an den herrschenden Diskursen zu wecken« (S. 84) und diese durch »Dekonstruktion« aufzubrechen. »Dekonstruktion erlaubt, darüber nachzudenken, welche Geschichte sich hinter der dominierenden Erzählung ver-

birgt: wo liegt alternatives Wissen, welche Gesichtspunkte wurden ausgelassen?«
(S. 86). Gesucht wird dabei nach scheinbar nebensächlichen Details, die, wenn sie aufgegriffen werden, einer Geschichte eine andere Wendung geben können (S. 85 f.). In
analoger Weise versucht zum Beispiel der narrative Therapeut Michael White, herrschende, problembelastete Familiengeschichten zu »dekonstruieren«.

Zur Bedeutung der Sprache

Im Zuge der postmodernen Perspektive rückt die Sprache in den Mittelpunkt des
Interesses. Sie erscheint hier nicht mehr nur als »Kommunikationsmittel«, sondern
als »Wahrnehmungsorgan«, da Erkenntnisse (über die Welt) nur vermittels der
Sprache möglich seien oder nur dadurch, dass wir uns in die »Welt der Beschreibungen« begeben. Entsprechend würden Menschen sich selbst und anderen erzählen, »wie die Welt ist«, mit solchen wiederholten »Geschichten« Wirklichkeiten
schaffen und auch selber »zu den Geschichten werden, die sie erzählen« (vgl. von
Schlippe u. Schweitzer, 1996, S. 94 f.). In der narrativen Denkrichtung stehen folg-
lich »sprachliche Systeme, in denen Mitglieder durch ihre Konversationen Bedeutungen erzeugen und so eine gemeinsame Darstellung der Wirklichkeit schaffen«
(S. 95) im Zentrum der Betrachtung. Dabei wird von der Prämisse ausgegangen,
dass »menschliches Leben in einer Welt der Bedeutungen« stattfände, »in Konversation, im Gespräch, im Erzählen« (S. 95).

Die ausschließliche Konzentration auf die Sprache bringt allerdings auch eine
Einschränkung mit sich. Kennzeichen der Sprache ist ihr sozialer und kultureller,
mithin allgemeiner Charakter. Unstrittig ist sicherlich, dass unsere individuellen Erfahrungen über unsere gemeinsame Sprache ihre Bedeutungsgebungen erhalten
und entsprechende Bedeutungen im miteinander Sprechen und Erzählen erzeugt
und verhandelt werden. Jedoch handelt es sich hierbei um die *allgemeinen Bedeutungen*, die mit anderen geteilt werden. Eine Differenzierung zwischen diesen allgemeinen Bedeutungen und dem *persönlichen Sinn*, der in (vorsprachlichen) körpernahen, praktisch-sinnlichen Beziehungserfahrungen gründet, wird hierbei seitens
der narrativen Perspektive nicht getroffen. Mit Blick auf das Thema »Subjektivität«
ist darauf hinzuweisen, dass mit der Beschränkung auf die Sprachebene die persönliche Sinndimension individueller Erfahrungen, mithin die gelebte soziale sinnliche
Praxis, die – körpernah – sehr tief mit subjektivem emotionalen Erleben gekoppelt
ist, in narrativen Ansätzen außen vor bleibt.

3.6.2 Erörterung verschiedener narrativ-therapeutischer Modelle

Im folgenden werden einige Ansätze, die sich der narrativen Strömung zurechnen
und im Umkreis systemischer Therapie Bedeutung gewannen, betrachtet und reflektiert. Dazu gehören die bereits erwähnten Modelle von Steve de Shazer, White
und Epston sowie Tom Andersen (Punkt 3.3.2). Zwar passt der lösungsorientierte

Ansatz nur mit Einschränkung(!) zur narrativen Richtung, aber da Steve de Shazer selbst darauf Wert legt, dieser Strömung zuzugehören, wird er hier mit einbezogen. Darüber hinaus findet noch das narrativ-therapeutische Vorgehen nach Goolishian und Anderson Erwähnung.

Diese verschiedenen narrativen Verfahren werden hier kurz (noch einmal) vorgestellt und entlang der folgenden Fragestellungen diskutiert:

1. Inwieweit stellen sie eine Erweiterung oder Erneuerung bereits gängiger (nicht-systemischer) psychotherapeutischer Praxis dar? Welche Ähnlichkeiten bestehen zu welchen bekannten, jedoch »nicht-narrativen« Therapiemethoden?
2. Welche Art von Problemverständnis liegt den einzelnen Ansätzen zugrunde? Von welchen Veränderungs- oder Lösungsideen lassen sie sich leiten?
3. Wie sieht es mit der Übertragbarkeit auf die – nicht im engeren Sinne therapeutische – psychosoziale Praxis (z. B. im Bereich der Sozialpsychiatrie) aus?

Lösungsgespräche statt Problemgespräche (Steve de Shazer)
Wenngleich sich Steve de Shazer ebenfalls auf postmoderne Philosophien bezieht und sogar unter Rekurs auf die Sprachphilosophie (Wittgenstein und Ockham) die Bedeutung der Sprache und des Gesprächs betont (vgl. 1994, 1996), kann die von ihm begründete lösungsorientierte Kurztherapie (s. unter Punkt 3.3.2, S. 235) nicht der narrativen Therapie »im engeren Sinne« zugerechnet werden, da sie vom erkenntnistheoretischen Ansatz her weniger sozial-konstruktionistisch als vielmehr kognitiv-konstruktivistisch begründet ist (vgl. McLeod, 2004). Unter dem Aspekt von Sprache und Narrationen werden hier die Klientinnen ermutigt, statt der bisherigen problemorientierten Geschichten nunmehr ausschließlich lösungsorientierte Geschichten (bzw. solche mit positivem Ausgang) zu erzählen und darin verstärkt, diese zum Erreichen ihrer Ziele zu nutzen (vgl. de Shazer, 2002). Die berühmte Wunderfrage (s. unter Punkt 3.3.2, S. 241 in Tabelle 15) gilt dabei als »lösungsorientiertes Sprachspiel«, durch das die Klientinnen ihr Wunder »erfinden«, es selbst schaffen oder »es innerhalb der Sprache erschaffen« können (de Shazer, 1994, S. 74).

Ad 1.: Gemäß McLeod kann der lösungsorientierte Ansatz »in mancher Hinsicht [...] an eine Form des Behaviorismus erinnern, bei dem der Klient für ›positives‹ Verhalten bestärkt wird, während ›negatives‹ Verhalten ignoriert und damit getilgt wird« (S. 204). Hiernach bestünde im Hinblick auf das technische Vorgehen eine Ähnlichkeit zur *Verhaltenstherapie* (nach dem Verstärkeransatz), allerdings mit dem Unterschied, dass statt auf das Verhalten auf das Darüber-Sprechen und Erzählen fokussiert wird. Zugleich dürften Kognitionen (bzw. kognitive Schemata) in erwünschtem Sinne beeinflusst werden: »Das energische und unnachgiebige Verfolgen von Lösungswegen seitens des Therapeuten führt bei den Klienten zu einer Art kognitiver Krise, nämlich der Erkenntnis, dass ihre Problemgeschichten nicht länger haltbar sind« (McLeod, 2004, S. 204).

Abgesehen vom Wechsel von der Verhaltens- auf die Sprachebene sind als Neuerung und Erweiterung gegenüber gängiger (kognitiver) Verhaltenstherapie aber auf jeden Fall die Grundhaltungen des lösungsorientierten Modells (Kundenorientierung, Lösungs- und Ressourcenorientierung) sowie die Konzipierung des Klient-Therapeut-Verhältnisses anzusehen. Klientinnen wie Therapeutinnen gelten hier als Experten.

Ad 2.: Gegenüber der Frage nach der Entstehung oder Konstruktion von Problemen verhält man sich abstinent; in diesem Sinne gibt es kein »Problemverständnis«. Im Zentrum steht allein das Suchen oder (Er-)Finden von Lösungen.

Ad 3.: Wie schon unter Punkt 3.3.2 ausgeführt, kann die Übertragbarkeit dieses Ansatzes auf die nicht-therapeutische psychosoziale Praxis (übrigens auch im Bereich der Gemeindepsychiatrie, vgl. dazu Punkt 3.7) als sehr gut eingestuft werden. Alles in allem ist dabei allerdings der narrative Aspekt weniger ausschlaggebend. Vielmehr sind die Grundhaltungen von Belang, die generell für die systemisch-konstruktivistische Therapie Gültigkeit haben, aber im Vorgehen nach dem lösungsorientierten Modell eine besondere Akzentuierung erfahren. Überhaupt mutet die Rede von diesem Modell als einem narrativen Ansatz als eher randständig an, de Shazers Bezüge auf Sprachphilosophie und Postmoderne wirken bemüht und scheinen fast überflüssig. Schließlich besteht ja kein Zweifel daran, dass Wirkungen in Beratung und Therapie über die Sprache und das Gespräch erzielt werden.

Therapie als Dekonstruktion (Michael White und David Epston)
Das Externalisierungskonzept, das bereits beschrieben wurde (unter Punkt 3.3.2, S. 242), ist nur ein einzelnes Element innerhalb der therapeutischen Arbeit von Michael White (Australien) und David Epston (Neuseeland), die beide nach einem – sozial-konstruktionistisch begründeten – narrativen Therapieansatz »im engeren Sinne« vorgehen. Gemäß einer Zusammenstellung von McLeod (2004, S. 208) lässt sich diese Therapie durch die folgenden Ideen und Konzepte charakterisieren: Die Therapeuten bemühen sich um eine »Dekonstruktion« solcher dominanten Erzählungen aus dem Wirkungskreis der Kultur und der Familie der Klienten, durch die Probleme geschaffen oder gar »ein Leben in Armut und Benachteiligung konstruiert« (S. 208) werden. Klienten werden darin unterstützt, jene »einmaligen Ereignisfolgen« oder »Ausnahmen« zu erinnern, in denen ihre herrschende Problemgeschichte (z. B. mit der Essenz: »ich bin nichts wert«, »werde immer ausgebeutet«, »bleibe ein Verlierer«) nicht Oberhand gewann und jene besonderen Vorkommnisse und »prickelnden Momente« aufzuspüren, in denen sie den »Klauen der dominanten Erzählung« entkommen sind. Angestrebt ist dann, den Klienten bei einer »Neufassung« ihrer Geschichten behilflich zu sein, in denen zum Beispiel Mut, Kraft und Fähigkeit eine Rolle spielen. Neben Gespräch und Dialog werden hierfür auch schriftliche Dokumente (Briefe, Zertifikate) eingesetzt, weil diese den Klientinnen

eine dauerhafte und »autorisierende« Version der neuen, alternativen Geschichte zur Verfügung stellen. Überdies – und das ist nicht unwichtig – wird die Verbreitung der neuen Geschichte in der Gemeinschaft gefördert (und gefordert), das heißt, der Klient sollte sich für seine neu formulierte Geschichte ein »unterstützendes Publikum« (z. B. Familienangehörige, Freunde) verschaffen. Schließlich wird die Klientin nach Abschluss der Therapie gebeten, in der Funktion als »Beraterin« ihr (neues) Wissen dem Therapeuten mitzuteilen, damit er es künftigen Klienten übermitteln kann.

Der zuletzt genannte Aspekt verweist auf die Gestaltung eines gleichrangigen Verhältnisses zwischen Therapeutin und Klient (Klientinnen werden als »Experten« angesehen) sowie auf eine Neugierhaltung seitens des Therapeuten, die auch die Neugier der Klientinnen gegenüber ihren eigenen Konstruktionen (alten Wissenspraktiken und alternativen Darstellungen) anstacheln soll (vgl. White, 1994).

Leitende Fragen an die Klienten lauten zum Beispiel: »Welchen Geschichten erlaubst du, dein Leben zu regieren?« »Wann hast du dich das letzte Mal erfolgreich geweigert, der Geschichte zu glauben, dass du immer der Verlierer bist?« »Wie hast du das gemacht, diese Geschichte zurückzuweisen?« »Wer von all den Menschen, die dich als Kind gekannt haben, wäre am wenigsten erstaunt darüber, dass du das geschafft hast?« (vgl. von Schlippe u. Schweitzer, 1996, S. 41).

Fallbeispiele aus der Therapie:

1. Elisabeth, eine alleinerziehende Mutter zweier Töchter (12- und 15-jährig), fühlte sich in ihrer Mutterrolle als Versagerin. Fragen, wie sie in diese Sichtweise »eingeführt« worden war, welche Erfahrungen sie dazu gebracht hatten, sich in dieser Weise zu sehen, verhalfen ihr dazu, sich (ihre Identität) von dieser Geschichte abzukoppeln und Lebensbereiche ausfindig zu machen, in denen sie sich dieser Selbstabwertung verweigert hatte. Die neue Geschichte drehte sich darum, was sie an sich selbst als Mutter schätzte. Diese alternative Geschichte über ihre liebenswerten Seiten beschloss sie dann auch ihren Kindern mitzuteilen (s. White, 1994).

2. Bruce, der vor acht Jahren als schizophren diagnostiziert worden war, hatte sich im Laufe der Zeit völlig in sein Zimmer zurückgezogen, auch seit fünf Jahren kein Telefonat mehr entgegengenommen, geschweige denn selbst telefoniert. Als er dann doch im Zusammenhang mit der Familientherapie einen Anruf tätigte (»Ausnahme«), hat das keiner in der Familie als etwas Außergewöhnliches wahrgenommen, auch Bruce selber nicht. Allerdings wurde dies vom Therapeuten (M. White) als außergewöhnliche Neuigkeit bemerkt und hervorgehoben, so dass man in der Familie neugierig anfing, die Bedeutung dieses Erfolgs zu ergründen und in der Folgezeit weitere Ereignisse (Fähigkeiten) wahrnahm, die alle in Erstaunen versetzten (s. White u. Epston, 1994, 78 ff.).

3. Rose, die ihren Job verloren hatte, da sie dort immer zu weinen anfing, wenn sie bei einer Arbeit unterbrochen wurde, befand, sie »habe einfach keine innere Basis« und erzählte ihrem Therapeuten (D. Epston) vom körperlichen Missbrauch durch ihren Vater. Nach der ersten Sitzung schrieb Epston ihr einen Brief, in dem er ihre Geschichte

nacherzählte, aber zugleich in eine Geschichte umwandelte, die von Mut, Überleben und Hoffnung erzählt. Der Brief verhalf ihr, sich viel besser zu fühlen und den Inhalt dieses Briefes hat sie dann auch mit all ihren Geschwistern besprochen. Zum Abschluss wurde sie von ihrem Therapeuten eingeladen, ihm einmal als »Beraterin« zwecks Wissensvermittlung an andere Klienten zur Seite zu stehen (s. McLeod, 2004, S. 209 f.).

Ad 1.: Diese narrative Therapie hat einige Ähnlichkeit mit der *Kognitiven Therapie* nach Aaron T. Beck sowie mit dem »rational-emotiv« genannten kognitiven Therapieansatz von Albert Ellis. Dort geht es zwar nicht um Dialoge und festgefahrene, einschränkende Geschichten, die man sich erzählt, aber um ungute »innere Sätze«, um »beliefs« (Glaubenssätze) oder feste Ansichten über sich selbst und die Welt (z. B.: »immer ist eine andere besser«), die man (ursächlich) für Probleme verantwortlich macht. Dabei wird durchaus auch ein Einfluss kultureller Prämissen (z. B. wie sich eine Frau zu verhalten hat) konstatiert. Die ungünstigen inneren Sätze oder »beliefs« werden zwar zum Teil (speziell von Ellis) krass und abschätzig als »irrational«, »unlogisch« bis »unsinnig« bezeichnet und die Methode des Gegenargumentierens wirkt auch nicht besonders feinfühlig, aber in ihren Zielen ähneln sich narrative und kognitive Therapie durchaus: Die »unguten« Geschichten oder inneren Sätze der Klientinnen sollen abgebaut und durch günstigere, »rationale« ersetzt werden.

Mag nun der Akzent auf der sprachlichen Ebene und den Geschichten liegen oder auf der kognitiven Ebene und den Glaubenssätzen, in beiden Fällen werden keine Verbindungen hergestellt zu den körpernahen, sinnlichen (Beziehungs-)Erfahrungen in sozialer Praxis. So bestand (und besteht) bei den kognitiven Therapieansätzen die Schwierigkeit, dass die Klienten die »Irrationalität« ihrer Glaubenssätze auf kognitiver Ebene zwar sehr wohl einsehen mögen, aber dennoch an ihnen festhalten (möchten), – weil sie ihnen nah sind, emotional verankert und als zu ihnen (zu ihrer Identität) gehörend erlebt werden. Wohlmöglich vermag aber die narrative Therapie mit der Externalisierung des Problems oder Symptoms diese Schwierigkeit zu umschiffen?

Ebenfalls in beiden Therapieansätzen gleichermaßen bleibt der Sinn von Symptomen oder problematischen Verhaltensweisen unbeachtet – weder der persönliche Sinn (bezogen auf lebensgeschichtliche Beziehungserfahrungen des Subjekts) noch der systemische (funktionale) Sinn im je aktuellen Netzwerk findet Berücksichtigung. Angestrebt ist einzig die Beseitigung der als störend eingestuften Phänomene, was therapeutisch auch als fragwürdig angesehen werden kann (s. a. Punkt 3.3.2).

Eine wesentliche Erneuerung stellt aber auf alle Fälle die kooperative Gestaltung des Therapeut-Klient-Verhältnisses in der narrativen Therapie dar, verglichen mit der noch hierarchischen Konstellation in den kognitiven Therapieverfahren. Damit einhergehend kommen auch eher partnerschaftliche Methoden zum Einsatz (Dekonstruktion, Suche nach Ausnahmen), die keinen belehrenden Unterton haben.

Ad 2.: Probleme (Stichpunkt »Problemverständnis«) werden an der herrschenden, gegebenenfalls einschränkenden Erzähltradition (etwa einer Familie) und den daraus sich entwickelnden Geschichten festgemacht. Fragen zur Problementstehung in sozialer Praxis werden kaum gestellt. Macht- und Herrschaftsverhältnisse werden nur auf der Ebene der Sprache thematisiert (»Machtpraktiken« nach Foucault), nicht aber auf der Ebene konkreter Interaktion und entsprechender praktisch-sinnlicher Beziehungserfahrungen (z. B. Gewalt). Die Veränderungs- und Lösungsideen kreisen dementsprechend allein um die Neufassung problematischer oder das Kreieren alternativer Geschichten.

Ad 3.: Von McLeod (2004, S. 208) wird statt von Therapie auch von »Beratung aus einer sozial-konstruktivistischen Perspektive« gesprochen, anwendbar in der Arbeit mit Familien, mit Paaren, mit Einzelnen und in Gruppen. Sicherlich ist Beratung aus einer narrativen Perspektive ebenso wie Therapie machbar; das macht gar keinen Unterschied. Für die Übertragbarkeit der narrativen Dekonstruktions-Therapie auf die psychosoziale Praxis gibt es meines Wissens jedoch keine praktischen Erkenntnisse.

Reflektierende Positionen und multiple Dialoge (Tom Andersen, Jaakko Seikkula)
Nach Gergens (2002) Einschätzung wird die sozial-konstruktionistische Position am ehesten im Ansatz des Reflektierenden Teams nach Tom Andersen und vergleichbaren Vorgehensweisen realisiert. Denn über sprachlichen Austausch und kooperative Konversation, insbesondere über das Sprechen über Gespräche (»Dialoge über Dialoge über Dialoge«; vgl. Andersen, 1996b; s. a. Andersen 2002) und das Mitteilen verschiedener Sichtweisen und Reflexionen, vollzieht man miteinander einen »Tanz der Bedeutungen« und kreiert dabei neue Bedeutungsgebungen, welche die Probleme in einem anderen Licht erscheinen lassen, bis dahin gehend, dass sie – in neue Sprache gefasst – aufgelöst werden. In multiplen und »offenen« Dialogen ist »Vielstimmigkeit« (bzw. Stimmen- und Perspektivenvielfalt) gefragt, so dass Worte für schwierige Erfahrungen, für das bislang nicht Sprechbare bereitgestellt und neue Wirklichkeiten geschaffen werden können (vgl. Seikkula, 1995, 1996, 2002, 2003, 2004).

Voraussetzung für ein entsprechendes therapeutisches Setting ist, dass zumindest die traditionelle Therapeut-Klient-Dyade der Einzeltherapie aufgebrochen wird und auf Klientenseite wie auf Therapeutenseite womöglich mehrere Beteiligte zu Worte kommen. Das kann schon in der Paartherapie, bei einem Paar und einem Therapeuten, der sich mit reflektierenden Positionen einbringt, zur Geltung kommen, wirkt aber vermutlich effektiver durch die Erhöhung der Perspektivenvielfalt bei mehreren Beteiligten. So wird beispielsweise angesichts akuter (psychotischer) Krisen in den »Therapieversammlungen« nach dem von Yrjö Alanen in Finnland entwickelten Modell der »bedürfnisangepassten Behandlung« (Genaueres dazu s. Punkt 3.7 und Kap. 4) auf der Klientenseite das gesamte Netzwerk versammelt (Familie, Freunde und andere zentrale Bezugspersonen) und auf der Therapeutenseite sind mindestens zwei bis drei Personen als Krisenteam und gegebenenfalls weitere reflektierende Beobachter zugegen.

Da das Reflektierende Team schon recht ausführlich beschrieben wurde (unter Punkt 3.3.2, S. 244), seien hier nur einige Erläuterungen zu dem – von diesem Ansatz des »reflecting team« her entwickelten – »Offenen Dialog« nach Seikkula genannt.

Beim *Offenen Dialog* im Rahmen der Therapieversammlungen (den Behandlungstreffen, die im Falle von akuten psychiatrischen Krisen täglich stattfinden), geht es in erster Linie um die Förderung des Dialogs und erst sekundär um die Frage der als notwendig angesehenen Veränderungen. Ansetzend an der Sprache der Familie werden die aktuellen Probleme und Fragen wie auch sämtliche Entscheidungen, die die Bewältigung der Krise betreffen, in Anwesenheit aller Beteiligter erörtert und reflektiert. Jeder Anwesende »spricht mit seiner eigenen Stimme«. Das gilt – wie für alle Beteiligten – auch für den Psychosebetroffenen, dessen gegebenenfalls wahnhafte Wirklichkeitsdeutungen als »eine Stimme im Chor der übrigen Stimmen« gehört werden. Nachdem die Mitglieder des therapeutischen Teams allen zugehört und nachgefragt haben, tauschen sie sich untereinander in einer reflektierenden Diskussion, im Beisein der Familie oder des gesamten Netzwerks, über das Gehörte aus (s. Seikkula, Alakare u. Aaltonen, 2003, S. 92 f.).

Da Probleme als soziale Konstruktionen aufgefasst werden, zielt der dialogische Prozess darauf ab, »gemeinsam eine neue Erzählung unter Einschluss aller Teilnehmer zu erarbeiten« (S. 97). Von festgefahrenen Monologen weg kommend, können der Betroffene und die Angehörigen seines Netzwerks »eine neue Sprache für ihre Probleme erfinden« (S. 95) und in dem eröffneten »nicht-pathologisierenden Diskurs« eine neue Verständigung zwischen sich schaffen. Als ganz besonders ausschlaggebend scheint mir, dass durch die mehrstimmigen (»polyphonen«) Dialoge innerhalb des sozialen Netzwerks in Verbindung mit den reflektierenden Positionen des therapeutischen Teams »Erfahrungen berührt werden, die bisher noch nicht ausgesprochen wurden« (S. 95). Worte werden gefunden für bislang nicht Ausgesprochenes; was bislang nicht sprechbar war, kann nun in Anwesenheit aller Beteiligter zur Sprache kommen.

Ad 1.: Auf den ersten Blick scheint dieser Ansatz keinem gängigen nicht-systemischen Therapieverfahren zu ähneln. Wenn man aber davon ausgeht, dass sich die Wirkung des offenen und reflektierenden Dialogisierens nicht auf die Sprachebene beschränkt, sondern (als ein »Ansatz zur Aktivierung sozialer Netze«; Seikkula, 2004) in die soziale Praxis eines Netzwerks hineinreicht, könnte man eine Parallele zum Ansatz der *therapeutischen Gruppenanalyse* nach Foulkes sehen.[32]

32 Diese Therapieform ist auch nicht gerade gängig oder allzu bekannt. Sie wird aber international praktiziert und wurde in Deutschland insbesondere vom »Institut für Therapeutische und Angewandte Gruppenanalyse« in Münster weiterentwickelt.

Dort wird zwar nicht mit dem natürlichen Netzwerk, sondern – gruppenthera-
peutisch – mit einer Gruppe von Klientinnen gearbeitet und es wird nicht auf die
sprachlichen Konstruktionen allein fokussiert, sondern auf die Kommunikation innerhalb der *Matrix der Beziehungen*. Aber über die Förderung der horizontalen Vernetzung der Gruppenmitglieder und ihres Austausches untereinander (sowie ihres
offenen Reflektierens über sich und über einander) wird ebenfalls bewirkt, dass bislang nicht Ausgesprochenes oder nicht Sprechbares, Erfahrungen, für die noch keine Worte gefunden waren, zur Sprache und zu Gehör gebracht werden.

Eine Parallele zwischen diesen beiden Therapieformen lässt sich auch in einer ihrer
theoretischen Bezugnahmen ausmachen, denn beide rekurrieren – wenn auch mit
etwas unterschiedlicher Akzentuierung – unter anderem auf Wygotski (s. z. B. Mies,
1987 und Seikkula, 2003). Demnach wird die Psyche als soziales Phänomen thematisiert, da die im sozialen Miteinander geschaffene Sprache zum einen (zuerst) – inter-
psychisch – dem sozialen Austausch und der Verständigung mit anderen dient und
(dann) aber auch – intrapsychisch – das Mittel der Selbstverständigung darstellt, mithin der Gestaltung des Innerpsychischen dient.
    Gemäß Seikkula hätten allerdings (allein) die Bedeutungen, die im Hier und Jetzt
des äußeren Dialogs geschaffen werden, unmittelbar Bedeutung für den inneren Dialog. Aus Sicht der therapeutischen Gruppenanalyse wird ebenfalls dezidiert die »soziale Natur des Psychischen« betont und davon ausgegangen, dass sich das Selbst sozial
konstituiert, jedoch geschähe dies laut deren Konzipierung nicht allein als sprachliche
Konstruktion, sondern (vor allem) über die soziale und sinnliche Praxis einer Gemeinschaft.

Gegenüber einer Gruppentherapie (nach dem Foulkes'schen oder einem anderen
Ansatz), bei der sich einige Einzelklienten quasi künstlich zu einer Gruppe formie-
ren, liegt die Brisanz und Wirksamkeit des reflektierenden oder dialogischen Ansatz
vor allem darin, dass hier das *natürliche Netzwerk* (Klient, Familie und andere Beteiligte) zugegen ist. Darin insbesondere dürfte die Erneuerung und Erweiterung
dieses Ansatzes liegen.

Ad 2.: In puncto »Problemverständnis« steht nur der Aspekt der gemeinsamen
sprachlichen Problemkonstruktion im Vordergrund; für deren (praktisch-sinnliche) erfahrungsgemäße Verankerungen interessiert man sich weniger, wenn zwar
diese nicht geleugnet werden. Es wird hervorgehoben, dass psychische Probleme
(auch Psychosen) nicht an sich, quasi kontextunabhängig, existieren. Als Kontext
wird dann aber vor allem die Sprache in den Blick genommen als »das zentrale
Agens« der Konstituierung psychologischer Realitäten.
    Lösungsideen kreisen nicht um das Ziel, eine Geschichte umzuschreiben oder
bestimmte Veränderungen einzuleiten; vielmehr geht es darum, den »Dialog an
sich« zu erzeugen. Mit Veränderung wird gerechnet, wenn das Herstellen und Aufrechterhalten des Dialogs, das Finden einer neuen Sprache gelingt.

Ad 3.: Entgegen anderslautender Bedenken (s. unter Punkt 3.3.2, S. 246 f.) hat sich die Übertragbarkeit dieser reflektierenden und dialogisierenden Vorgehensweisen auf die psychosoziale Praxis gerade auch bei (akuten) Psychosen und im Psychiatriebereich als hervorragend erwiesen. Dies wird noch ausführlich zum Thema gemacht werden (Punkt 3.7 und Kap. 4).

Therapie als Konversation (Harold Goolishian und Harlene Anderson)
Der Begriff des »problemdeterminierten Systems«, der – wie bereits erläutert (Punkt 3.3.1) – in die systemisch-konstruktivistische Therapie zentral Eingang gefunden hat, wurde von Harold Goolishian entwickelt. Er beinhaltet die Idee, dass es ein »organisierendes Prinzip« gibt, »um das herum sich das jeweilige Kommunikationssystem aufbaut« (von Schlippe u. Schweitzer, 1996, S. 99). Sofern es sich bei diesem »organisierenden Prinzip« um ein Problem handelt, das womöglich beseitigt werden soll, wird von einem »problembezogenen System« oder von einem »Problemsystem« gesprochen. Dabei nimmt man nicht von vornherein bestimmte Personen oder Personengruppen (etwa eine Familie) in den Blick, sondern die Kommunikationen und Problembeschreibungen. Zum »Problemsystem« gehören alle, die an der Problemdefinition beteiligt sind – und sie gehören nur so lange dazu, wie sie daran beteiligt sind. Statt auf Menschen in Systemen liegt der Akzent auf menschlichen Systemen als *sprachliche Systeme* (Harlene Anderson, 2004).[33]

Probleme hätten demnach etwas mit sprachlicher Organisation zu tun; bei einer anderen sprachlichen Organisation bestünden sie vielleicht nicht oder sähen jedenfalls völlig anders aus (vgl. von Schlippe u. Schweitzer, S. 101). Es gehe deshalb auch nicht darum, dass Probleme »gelöst« werden, sondern dass sie »sich auflösen« (vgl. Anderson, 2002). Wenn von Problemen die Rede ist, müsse man sich vorstellen, dass diese »aus sozialen Erzählungen und Selbst-Definitionen oder Selbst-Geschichten« (Anderson, 2002, S. 109) hervorgehen, welche zur Zeit wenig wirksam zur Bewältigung der gestellten Aufgaben, wenig »befreiend«, sondern eher hinderlich sind. Da aber durch Sprache und Dialog Bedeutung erzeugt wird, entstünden allein schon durch das Gespräch neue Beschreibungen, das heißt, Veränderung ergebe sich durch das »Erzählen und Neu-Erzählen vertrauter Geschichten« (S. 109).

Theoretisch wird auf die neuere Hermeneutik, den sozialen Konstruktionismus und die Sprachphilosophie rekurriert. Das »Selbst« wird als intersubjektives Phänomen angesehen, das sich über Sprache im gemeinsamen Erzählen fortlaufend konstruiert und rekonstruiert (vgl. S. 108).

---

33 Harlene Anderson hat in den USA (Galveston/Texas) mit »Harry« Goolishian zusammen gearbeitet und seit dessen Tod (1991) die gemeinsame Arbeit fortgeführt. Sie sollte nicht verwechselt werden mit Tom Andersen aus Norwegen und dessen »reflecting team«. Zwar handelt es sich in beiden Fällen um narrative Ansätze, aber die Unterschiede sollten nicht der Namensähnlichkeit zum Opfer fallen. Während Tom Andersen das »Sprechen über« (den Meta-Dialog) akzentuiert, geht es bei Harlene Anderson um das »Sprechen mit«, also den direkten Dialog (vgl. Deissler, 2002).

Vor diesem theoretischen Hintergrund entwickelten Anderson und Goolishian einen »kollaborativen« Therapieansatz, in dem die Klientinnen als Experten für sich selbst anerkannt werden, während sich die Therapeutinnen als Experten für den Prozess ansehen dürfen. Therapie wird als »Kooperation sprachlicher Systeme« (Anderson, 2002) beschrieben, als »Ansatz kooperierender sprachlicher Systeme« bezeichnet (S. 99) oder schlichter gesagt: Es geht um Konversation und um Gespräch. Vorausgesetzt werden hierfür »Respekt«, »Vertrauen«, »Offenheit«, »Zugänglichkeit« und »gute Manieren« (Anderson, 2004). Davon ausgehend zeichnet sich eine »dialogische Konversation« dadurch aus, dass man sich wechselseitig als Konversationspartner anerkennt, »wirklich« aufeinander eingeht und ein gemeinsames Suchen, Fragen, Reflektieren anstellt.

Als Grundhaltung wird von den Therapeutinnen »grenzenlose Neugier« und eine Attitüde des Nicht-Wissens gefordert, von der her es gilt, die Sprache, Worte, Redewendungen und Bedeutungsgebungen eines Klienten kennen zu lernen und »verstehen« zu versuchen. Man soll aber nicht voreilig »verstehen«, sondern sich mit der Erzählung des Klienten »bewegen«. Man soll in seine Geschichten »eintauchen« und sie nicht bewerten oder etikettieren, beispielsweise als »nachvollziehbar« oder »wahnhaft«. Es geht auch nicht darum, die Geschichten der Klientinnen umzuformulieren, sondern »nur« um aktives, respektvolles Zuhören und Antworten und gemeinsames Reflektieren inklusive der Mitteilung der eigenen inneren Gedanken.

Diese Arbeitsweise wird häufig mit einzelnen Klienten umgesetzt; die Prinzipien wären aber auch bei Paaren, Familien, Arbeitsteams oder Pflegepersonal gleichermaßen anwendbar.

Ad 1.: Trotz der verschiedenen theoretischen Hintergründe sticht die Ähnlichkeit dieses narrativen Ansatzes mit der *klientenzentrierten Gesprächstherapie* (nach Rogers) ins Auge. Zwar wird im einen Fall auf sprachliche Bedeutungen, im anderen Fall auf »emotionale Erlebnisinhalte« fokussiert, aber die Sprache der Klientengeschichten spiegelt natürlich deren Erlebnisinhalte wider und umgekehrt erhalten emotionale Erlebnisse durch Sprache ihre Bedeutung, werden in Geschichten gefasst und über Sprache vermittelt. Jenseits der unterschiedlichen Begriffssysteme hat man es praktisch fast mit dem gleichen Verfahren zu tun. Das zeigt sich auch hinsichtlich der Beziehungsgestaltung in den Geboten von Empathie oder Anteilnahme, Echtheit oder Offenheit, Wertschätzung oder Respekt sowie aktives Zuhören und Antworten oder Widerspiegeln (Reflektieren) der Klienten-Äußerungen.

Ob der narrativ-dialogische Konversationsansatz in der Arbeit mit Einzelnen über die Gesprächstherapie hinausgeht, also – praktisch – eine Erweiterung darstellt, lässt sich schwer sagen. Als Neuerung könnte man die *explizite Betonung des Expertenstatus* der Klientinnen und einer Haltung des Nicht-Wissens seitens der Therapeutinnen nennen.

Sofern die dialogische Konversation allerdings über ein einzeltherapeutischen Setting hinausgeht und mit mehreren Beteiligten praktiziert wird (beispielsweise auf einer psychiatrischen Station mit Ärzten, Schwestern, Familienangehörigen und Betroffenen), hat man es mit einer erheblichen Erweiterung ihrer Reichweite zu tun, die zu fruchtbaren Ergebnissen in Richtung des Findens von Lösungswegen führen kann (vgl. Keller, 2002). In diesem Fall bestehen hinwieder Ähnlichkeiten zu dem von der sozialpsychiatrischen Perspektive her entwickelten »Trialog« (s. Kap. 1 und 2).

Ad 2.: Das Problemverständnis solcher Ansätze, die auf der Linie des Konversations-modells von Goolishian und Anderson liegen, wurde bereits beschrieben. Passend zu der Position, die Entstehung von Problemen als Aspekt der sprachlichen Organisation um ein Phänomen herum anzusehen, besteht die Veränderungsidee darin, durch neues Gespräch neue Bedeutungen zu entwickeln, so dass sich die Probleme auflösen. »Die Chance für Veränderung liegt in der Fähigkeit von Menschen, einander in Sprache zu begegnen und in Sprache ständig neue Themen und neue Geschichten zu entwickeln« (Anderson, 2002, S. 111).

Man wird zustimmen müssen, dass die sprachliche Konstruktion ein nicht unwesentlicher Aspekt der Produktion von Problemen (oder Symptomen) ist, aber einschränkend hinzufügen, dass dies doch nur *ein* Aspekt in der Entstehungsgeschichte symptomatischer Verhaltensweisen oder leidvoller Erlebensmuster sein dürfte.

Ad 3.: Die Übertragung dieses narrativen Ansatzes auf die psychosoziale Praxis wird ähnlich möglich sein, wie dies auch bei der Gesprächstherapie oder klientenzentrierten Gesprächsführung der Fall ist. Letztere ist dort (auch im Bereich der Gemeindepsychiatrie) gang und gäbe (gängige Praxis).

Das Potenzial der systemischen Perspektive, wie sie bereits aufgefächert wurde, wäre hiermit allerdings nicht mehr gegeben, vielleicht gar verspielt? Verschiedentlich wird ja auch die Frage gestellt, ob und inwieweit solche narrativen Verfahren überhaupt noch den systemisch-therapeutischen Ansätzen zuzurechnen sind.

Der Linie der Konversationstherapie nach Goolishian und Anderson lassen sich auch andere narrative Ansätze zuordnen, die vordergründig die linguistische Auflösung von Problemen allein im Gespräch betonen. So ist zum Beispiel Deissler (2002) der Überzeugung, dass sich psychiatrische Probleme in »psychiatrischen Sprachspielen« abspielen und dass deren »AufLösung« in Sprache möglich sei. Hierzu gälte es, in einem – nach kooperativen Gesichtspunkten moderierten – Gespräch, in dem sich die beteiligten Personen (Ärzte, Familienmitglieder, Betroffene) wechselseitig engagiert verhalten (»engage each other«) und miteinander »VerHandeln«, gewissermaßen nicht-psychiatrische (mithin nicht diagnostizierende) Sprachspiele in Gang zu setzen. In solchen gemeinsamen Gesprächen könnten sich – seiner Meinung nach – nicht nur psychiatrische Zwangskontexte auflösen, sondern auch die Probleme selbst, da diese ja als »in Sprache hervorgebracht« und als »Produkte eines

Gesprächs« anzusehen seien. Wenn man allerdings an die »Probleme« denkt, mit denen man es in der psychiatrisch-psychosozialen Praxis oft zu tun hat, mag diese Position vielleicht etwas märchenhaft anmuten?

Als Vertreter der narrativen Richtung zeigt sich Deissler als scharfer Kritiker der »systemischen Moderne« und unterstellt – meines Erachtens zu Unrecht – auch der systemisch-konstruktivistischen Praxis, die nach dem Denkmodell der Kybernetik zweiter Ordnung vorgeht (s. Punkt 3.2), dass sie – fast wie der klassische Psychiater – die Klienten als »Objekte behandle« und in »objektivierenden Sprachspielen« die Probleme »verdingliche«. Man muss seine Kritik an den Systemikern aber nicht teilen, um anzuerkennen, dass zum Beispiel Deisslers »kooperative Gesprächsmoderation« (s. Deissler u. Keller, 2002) sicher gut helfen kann, aus typischen »Gesprächssackgassen« der Psychiatrie herauszuführen. Allerdings dürften sich bestimmte Formen der *sozialpsychiatrischen trialogischen* Gesprächsrunden hierfür als ähnlich hilfreich erweisen. Der Trialog am Runden Tisch zwischen Psychiatrieerfahrenen und Fachkräften (Profis) und Angehörigen hat sich aber – ganz ohne Bezugnahme weder auf Systemtheorie noch auf Sprachphilosophie und Postmoderne – aus der sozialpsychiatrischen Praxis selbst heraus entwickelt und stellt dort einen wichtigen, noch weiter ausbaufähigen Entwicklungsschritt für die kooperative Arbeit im Psychiatriebereich dar (vgl. Punkte 1.2 und 2.2.2).

3.6.3 Ein vorläufiges Fazit zur narrativen Richtung

Für die psychosoziale Arbeit mit Menschen mit psychotischen Problemen wird man sich von den aufgeführten narrativen Ansätzen vor allem mit dem *Offenen Dialog* (verbunden mit reflektierenden Positionen) sowie mit dem *lösungsorientierten Modell* weiter beschäftigen müssen. Der letztgenannte Ansatz dürfte allerdings nicht speziell unter narrativen Gesichtspunkten von Interesse sein und selbst auch bei dem Verfahren des Offenen Dialogs (in Verbindung mit reflecting team) muss man vermuten, dass die Wirkungen – die Sprachebene überschreitend – in die soziale Praxis des jeweiligen Netzwerks hineinreichen. Beide Modelle (s. a. Punkt 3.3.2) lassen sich jedenfalls entweder relativ problemlos in die systemisch-konstruktivistische Therapie integrieren (de Shazer) oder können der systemischen Perspektive zumindest zugerechnet werden (Andersen; Seikkula).

Die anderen narrativen Ansätze, die *Dekonstruktions- und die Konversationstherapien*, beeindrucken durch aufwändige Begrifflichkeit, scheinen sich in ihrem praktischen Vorgehen aber nicht allzu sehr von altbekannten, nicht-systemischen Therapieverfahren und gängiger therapeutischer Praxis oder von neueren von der Sozialpsychiatrie entwickelten trialogischen Gesprächsformen zu unterscheiden.

Man könnte die Vermutung aufstellen, dass die Entwicklung zu den narrativen Ansätzen im systemischen Feld von gewissen *Mangelerlebnissen* gespeist worden war, welche in systemtheoretisch orientierter Beratung und Therapie erfahren wurden (s. a. die Kritikpunkte am systemischen Ansatz unter Punkt 3.5.5, S. 275, sowie 3.8). Zu denken wäre hier in erster Linie an das Erleben mangelnder menschlicher Nähe, Bezogenheit, Begegnung, Empathie, Wärme, an das Fehlen von Verstehensbemühungen in systemisch-konstruktivistischer Therapie, durch das quasi ein Rückfall in althergebrachte therapeutische Vorgehensweisen vorbereitet wurde. Hier setzen die narrativen Ansätze an (jedenfalls einige von ihnen): Unter Verwendung neuer Begriffssysteme werden alte therapeutische Traditionen aufgegriffen und neu (»postmodern«) aufbereitet. Damit trägt man zur Kompensation des genannten Mangels, der in systemisch-konstruktivistisch arbeitenden Praxen erfahren wurde, bei und setzt sich an den Endpunkt einer Entwicklung (zurück?). Allerdings verzichtet man dabei auch auf das Potenzial systemischer Therapie oder Beratung, quasi leichtfüßig selbstorganisierte Veränderungen anzustoßen und eben ganz anders vorzugehen als in altbekannten Therapieformen.

Aus systemisch-konstruktivistischer Sicht wird bei denjenigen narrativen Ansätzen, welche Beratung und Therapie auf Konversation reduzieren, die »Gefahr von Beliebigkeit und (nachfolgender) Inkompetenz« gesehen (von Schlippe u. Schweitzer, 1996, S. 82). In der Debatte zwischen »Konversierern« und »Interventionisten« verwendet Fritz B. Simon, der sich als »Interventionist« versteht, da man als Therapeut nicht nicht intervenieren könne (s. in Simon u. Rech-Simon, 1999) das Bild vom Driften (Sich-Treibenlassen) und Navigieren (Steuern) beim Segeln und überträgt es auf den therapeutischen Prozess mit den Klienten (als den Passagieren auf dem Boot, auf dem sich alle zusammen befinden). Das Führen eines Segelbootes wie auch das Führen eines therapeutischen Interviews brächte zwar nicht selten ein Driften mit sich, das auch zugelassen werden kann. Jedoch sollte man als Steuermann/Therapeut – im Interesse der Passagiere/Klientinnen – auch in der Lage sein, nach allen Regeln der Segel- beziehungsweise Therapiekunst navigieren zu können. Ansonsten bestünde die Gefahr, sich allen »Unbilden des Wetters und der Strömungen« auszusetzen (S. 214) und es wäre nicht gewiss, ob man jemals am Ziel ankomme oder sich ihm jedenfalls nähere. Narrative Ansätze, die das bloße Konversieren befürworten, wären demnach mit einem steuerlosen Schiff vergleichbar (es gibt keinen »Steuermann«), das auf dem Meer treibt (ohne dass irgendjemand wüsste, wohin es geht) und nur per Zufall irgendwo an Land käme – oder auch nicht.

Dem »bloßen Konversieren« in Gruppen mit verschiedenen Beteiligten (nicht nur mit den betroffenen Familien, sondern auch mit anderen Fachkräften und sonstigen Netzwerkangehörigen) dürfte meines Erachtens dennoch ein besonderer Stellenwert eingeräumt werden. Allerdings findet man dort, wo die narrative Perspektive des dialogischen Konversierens in Gruppen beispielsweise auf die (stationäre) Psychiatrie übertragen wird (z. B. Deissler u. Keller, 2002), schlicht eine Vielzahl der schon lange bekannten Prinzipien für gute Gesprächsführung wieder, zusätzlich Elemente des sozialpsychiatrischen Trialogs und vielleicht teilweise Aspekte des Reflektierenden Teams. Abgesehen vom letztgenannten Konzept benötigen diese Gesprächsformen aber eigentlich weder eine sprachphilosophische noch eine postmoderne Begründung. Sowieso lässt sich darüber streiten, inwieweit sie überhaupt »systemisch« sind und der systemischen Perspektive zugeordnet werden wollen. Hauptsache wäre, dass sie hilfreich sein könnten für das Finden von Wegen aus Sackgassen heraus; selbst wenn man nicht so recht weiß, wo man an Land kommt.

3.7 »Systemische Psychiatrie«

Da sich die systemische Therapie – anders als andere Therapieformen – von Anfang an der Beschäftigung mit so genannten »schweren« psychischen Störungen (soll heißen den als »Psychosen«, »schizophrenieformen Störungen«, »Borderline« oder »Magersucht« diagnostizierten Problemen) gewidmet hat, liegt es nahe, ihre Prinzipien und Arbeitsweisen auch in der psychiatrisch-psychosozialen Praxis umzusetzen. Die systemisch-therapeutischen Haltungen und Konzepte wären in diesem Kapitel nicht so ausführlich beschrieben worden, wenn sie sich nicht – fast alle(!) – auch in der psychosozialen Arbeit in psychiatrischen Arbeitsfeldern (vom Krankenhaus bis zur Begegnungsstätte) anwenden ließen. Einige Themen und Aspekte systemischen Denkens und Handelns sollen in diesem Abschnitt speziell für die psychiatrisch-psychosoziale Arbeit noch einmal verdeutlicht werden.

Zur Strukturierung der Darstellung wird auf die »Felder-Schemata« rekurriert (s. Abbildung 1 unter Punkt 1.1. sowie Abbildung 2 unter Punkt 2.2). Darauf bezogen wird zunächst der ideelle Kontext der systemischen Sichtweise umrissen, welcher die psychosoziale Arbeit im psychiatrischen Arbeitsfeld determiniert. Dann werden für die einzelnen »Felder« jeweils Beispiele für Denk- und Vorgehensweisen nach dem systemischen Ansatz skizziert, beginnend mit dem »Fall-Feld« (z. B. Erkundungen und systemische Gesprächsführung in der konkreten Fallarbeit) und weitergehend über Arbeitsmethoden in speziellen »Problemfeldern« (z. B. angesichts Chronizität, akuter Psychose, suizidaler Krise) bis hin zu systemischen Blickweisen auf einige Handlungsfelder.

3.7.1 Der ideelle Kontext psychiatrisch-psychosozialer Arbeit aus systemischer Warte

Im Hinblick auf die *strukturellen Kontexte* (Versorgungsstrukturen) lassen sich im Arbeitsfeld Soziale Psychiatrie prinzipiell keine Unterschiede in Abhängigkeit von der jeweiligen Perspektive ausmachen. Anders sieht es bei den »Versorgungskulturen« aus: Der *ideelle Kontext* der Systemikerinnen variiert natürlich von dem der Sozialpsychiater! Zur Akzentuierung dieser Unterschiede sollen von den in diesem Kapitel ausgebreiteten Ideen der systemischen Denkrichtung hier zunächst drei für den Psychiatriebereich einschlägige Themen aufgegriffen werden:

1. die radikale Ablehnung eines »Behindertenmodells«,
2. die Neutralitätsforderung inklusive der sozialen Kontrollthematik sowie
3. die Hinterfragung von Chronizität.

1. Ablehnung eines »Behindertenmodells«: Unter »Behindertenmodell« versteht Elisabeth Stindl-Nemec (2001) die Auffassung, dass Psychoseerfahrene oder Menschen, die Psychiatrieaufenthalte hinter sich haben, auf Dauer (professionelle) Unterstützung benötigen würden, da sie – auf sich alleine gestellt (und sei es auch im Kreis ihrer Familien) – im Leben nicht mehr zurechtkämen. Gemeint ist hier mit diesem Begriff also nicht die für den Bereich der beruflichen Rehabilitation einschlägige Differenzierung zwischen »psychisch krank« versus »psychisch behindert« (und die damit verbundene Frage, ob etwa für die Wiedereingliederung ins Arbeitsleben ein Behindertenausweis beantragt werden sollte), sondern eine bestimmte Sichtweise auf die psychische Erkrankung und die Psychiatrisierung, die auch für die Sozialpsychiatrie(!) kennzeichnend ist. In Abgrenzung zum medizinischen Krankheitsmodell hatte sich nämlich die Sozialpsychiatrie darauf festgelegt, dass es im Falle von Psychosen oder anderen psychiatrischen Beeinträchtigungen nicht (wie bei den somatischen Erkrankungen) um Heilung zu gehen habe, sondern um Unterstützung und Integration (statt Ausgrenzung) und um Begegnung und Kommunikation (statt Behandlung). Gemäß dieser Position könnten Psychiatriebetroffene »allenfalls lernen, mit der Krankheit zu leben« (S. 18), seien aber – vielleicht ein Leben lang – auf Begleitung oder Betreuung durch psychosoziale Fachkräfte (i. d. R. Psychologinnen und Sozialarbeiter im Bereich gemeindepsychiatrischer Hilfen) angewiesen.

So war man in der Gemeindepsychiatrie beispielsweise der Auffassung, dass die psychosoziale Betreuerin für den psychisch Kranken eine notwendige Krücke für dessen eigene Lebensgestaltung sei, ähnlich wie der Krückstock für den Blinden.

Zwar wurde und wird mit den Zielen der Vermeidung von (weiteren) Klinikaufenthalten und der Ermöglichung einer eigenständige(re)n Lebensführung mit den Klientinnen sozialpsychiatrisch nach dem Prinzip der Hilfe zur Selbsthilfe gearbeitet, jedoch sind die Ergebnisse dieser Bemühungen eher ernüchternd: Das so genannte »Drehtürpsychiatrie-Phänomen« konnte kaum eingedämmt werden und die meisten Betroffenen blieben im psychiatrisch-psychosozialen Versorgungsnetz hängen (s. a. Punkt 2.4).

Aus systemischer Sicht wird dieses »Behindertenmodell« radikal abgelehnt. Etwas überpointiert werden von Stindl-Nemec (2001, S. 66 f.) die verschiedenen Vorstellungen und Helferverhaltensweisen »aus Sicht des Behindertenmodells« versus »aus Sicht des systemischen Denkansatzes« zusammenfassend gegenübergestellt. Diese Zusammenstellung wird in Tabelle 17 in etwas variierter Form wiedergegeben.

Tabelle 17: »Behindertenmodell« versus systemischer Denkansatz (vgl. Stindl-Nemec, 2001)

»Behindertenmodell«	Systemischer Denkansatz
Vorstellungen der Helferinnen über ihre Klienten: → sind beeinträchtigt, gekränkt, schutzbedürftig, unselbständig, fühlen sich ausgeliefert, lassen mit sich machen …	Vorstellungen der Helferinnen über ihre Klienten: → sind mitverantwortlich für ihr (symptomatisches) Verhalten, nehmen Einfluss, vertreten eine eigene Position …
Helferverhaltensweisen: – die Helferinnen handeln als Akteure im Interesse ihrer Klienten, gegebenenfalls versuchen sie die Hilfesuchenden zu Entscheidungen zu drängen oder nehmen sie ihnen ab; – den Klienten wird »warm« und »verständnisvoll« (ggf. fürsorglich) begegnet, Schutz und Unterstützung wird gewährt, Nähe zugelassen; – die Klienten werden von der Verantwortung für ihr Verhalten »freigesprochen«, gegebenenfalls wird die Verantwortung vom Helfer selbst »geschultert«.	Helferverhaltensweisen: – die Sichtweisen der Klientinnen werden erfragt, auch »was sie tun könnten«; Entscheidungen werden mit allen Beteiligten ausgehandelt; – den Klienten wird etwas zugemutet, sie werden »eingeladen«, Verantwortung zu übernehmen; gelingt dies nicht, wird besprochen, wer für sie die Entscheidungen treffen soll; – die Helfer übernehmen keine Verantwortung für das Verhalten der Klienten, sondern geben diese an sie zurück.
Konsequenzen: – langwierige Betreuungen, Begleitungen, Beratungen; – wenig Veränderung; – bedeutsame Begegnungserfahrungen, aber auch »Schweregefühle«, gegebenenfalls Burnout bei den Helfern.	Konsequenzen: – eher kurze Betreuungen, Begleitungen, Beratungen; – Anstöße zu Veränderungen oder Lösungen; – eher »coole Leichtigkeit« (ggf. mehr Spaß) in der Zusammenarbeit, geringere Burnout-Gefahr.

2. *Die Neutralitätsforderung und das Thema sozialer Kontrolle:* Dreh- und Angelpunkt ist die Neutralitätsforderung der systemischen Perspektive (s. Punkt 3.4). Im »Behindertenmodell« findet sich eine Verletzung sowohl der *Konstruktneutralität* (von den Helfern werden bestimmte Wirklichkeitssichten bevorzugt) als auch der *Beziehungsneutralität* (Beziehungen zu bestimmten Personen wird der Vorzug gegeben) als auch der *Veränderungsneutralität* (einseitig wird entweder auf Veränderung gedrängt oder Nichtveränderung festgeschrieben). Demgegenüber orientiert sich der systemische Ansatz an der Wahrung dieser drei Neutralitätsaspekte, soll heißen:

– Die unterschiedlichen Sichtweisen aller Beteiligten werden erfragt und anerkannt.
– Es werden nicht bestimmte Beziehungen bevorzugt, sondern alle Beteiligten gleichermaßen einbezogen.

– Im Hinblick auf Veränderung oder Nichtveränderung werden die respektiven
  Ziele und Risiken immer wieder neu besprochen und die Entscheidung für den
  einen oder anderen Weg wird den Klienten überlassen.

Im Zusammenhang mit der systemischen Neutralitätsforderung wird zugleich ein
strenges Auseinanderhalten von *Hilfe und Beratung* auf der einen Seite und *sozialer
Kontrolle oder Fürsorge* auf der anderen Seite verlangt (s. a. Punkt 3.5.3). Wenn die
Helferin (z. B. angesichts Gewalttätigkeit, Misshandlung, Suizidalität) glaubt, Verantwortung für die Entscheidungen und das Verhalten der Klienten übernehmen
und direkt eingreifen zu müssen, verliert sie ihre Neutralität und begibt sich in die
Rolle des sozialen Kontrolleurs. Dies muss sie sich und dem Klienten klar machen.
Eine Zwangseinweisung beispielsweise geschieht ganz offensichtlich gegen den Wil-
len des Betroffenen und darf auch nicht als »in seinem Interesse liegend« als Akt der
Hilfe verbrämt, sondern muss als Akt sozialer Kontrolle (z. B. im Interesse der öffentlichen Ordnung) offengelegt werden.

Eine Vermischung von Beratung und Kontrolle liegt aber auch schon vor, wenn
man zum Beispiel sagt: »Es ist für Sie das Beste, wenn Sie freiwillig in der Klinik
bleiben« (s. Simon u. Weber, 2004, S. 45). Solche in der psychiatrischen Praxis fast
alltäglich vorkommenden Vermischungen von Beraten und Kontrollieren werden
aus systemischer Sicht nicht toleriert! Ähnlich stringent hat man aus dieser Warte
auch zu differenzieren, ob es um beratend-begleitende psychosoziale Hilfe oder um
»Hilfe im Sinne praktischer Fürsorge und tätiger Nächstenliebe« geht (S. 45).

3. Die Hinterfragung von Chronizität: Das Thema »Chronizität« nimmt in der (ge-
meinde-)psychiatrischen Praxis einen breiten Raum ein. Auf der einen Seite hat
man mit den »chronisch psychisch Kranken« die größten Schwierigkeiten, mithin
die geringsten Erfolge. Auf der anderen Seite benötigt man die immer wiederkehrenden oder immer dableibenden Klienten zum Überleben der eigenen beruflichen
Existenz (bzw. der Existenz der Einrichtung). Das konventionelle Chronizitätsver-
ständnis ist sowohl *defizit- wie individuumsorientiert* und beinhaltet in Konkordanz
mit dem »Behindertenmodell« die folgenden Beschreibungsmerkmale:
– »Nicht-Heilung« (irreparabel),
– »Langfristigkeit« (mit möglicher Verschlechterung),
– »Eingeschränktheit« (mit Minderung der Lebensqualität) und
– »Angewiesensein« auf Behandlung, Fachpersonal und Unterstützung (vgl. Hege-
  mann u. Heck, 1995, S. 116 f.).

In einem systemisch-lösungsorientierten Verständnis wird Chronizität demgegenüber nicht an Individuen festgemacht, sondern als *Merkmal von Beziehungen* angesehen in dem Sinne, dass Entwicklungsprozesse, Verhaltens- und Kommunikationsformen in sich wiederholenden Beziehungsmustern beharrend reproduziert werden
(vgl. S. 118). Anstelle einer Festschreibung von Defiziten werden von dieser Sichtwei-

se her *Lösungsoptionen* eröffnet. Die Überwindung des Chronisch-Krankseins scheint durch einen »lösungsorientierten Umgang mit Chronizität« (S. 119) möglich.

Ferner stellt aus systemischem Blickwinkel Chronizität im psychiatrischen Bereich eine »Gemeinschaftsleistung« dar, an der die Klienten selbst, die Angehörigen und die professionellen Helferinnen mitwirken und zu der darüber hinaus die »psychiatrische Patientensubkultur« und die sozialrechtlichen Bestimmungen zusätzliche Beiträge leisten (vgl. Stindl-Nemec, 2001). Chronische Verläufe im Gefolge akuter Psychosen sind demnach als Ergebnis von *Chronifizierungsprozessen* (im Umgang mit dem Thema »psychische Erkrankung«) unter Beteiligung mehrerer Personen und Institutionen anzusehen. »Chronifizierungsphänomene verweisen auf den Umgang mit Vergangenheit, Gegenwart und vor allem Zukunft, bei Patienten und deren Angehörigen, vor allem aber in psychiatrischen Versorgungsnetzen und in sozialrechtlichen Bestimmungen« meint Schweitzer (in Schweitzer u. Schumacher, 1995, S. 246).

– Bei den unmittelbar Betroffenen wäre hierbei entscheidend, sich zum Beispiel »als Opfer einer miesen Vergangenheit zu betrachten« und die »Idee von Zukunft, vor allem einer möglicherweise alternativen Zukunft, auszublenden« (S. 247) oder die Zukunft als ein leeres, schwarzes Loch oder als unendliche Problemzukunft zu beschreiben.

– Die Angehörigen tendieren dazu, sich um die psychiatrische Diagnose (z. B. »Schizophrenie«) als etwas Feststehendes und Unveränderliches herumzugruppieren und Unterschiede im symptomatischen Verhalten des »Kranken« (z. B. wann er sich mehr, wann weniger, wann gar nicht »psychotisch« zeigt) gar nicht wahrzunehmen. Gegenüber anderen ärgerlichen Verhaltensweisen (z. B. den ganzen Tag im Bett rumliegen, sich das Essen bringen lassen) reagieren sie meist mit Nachsicht, Duldung und Versorgungshaltung (vgl. Stindl-Nemec, 2001, mit einem Beispiel dazu, S. 27).

Für die »Chronifizierung psychotischer Karrieren« sind laut Schweitzer (S. 247) aber weniger die Betroffenen und deren Familienangehörige ausschlaggebend als noch viel mehr die anderen Beteiligten und Bedingungen:

– Chronische psychische Krankheit stellt vielfach eine Voraussetzung dar, um bestimmte Maßnahmen (z. B. Betreutes Wohnen), soziale Absicherungen (z. B. Frührente), rehabilitative Wiedereingliederungshilfen oder andere Sozialleistungen in Anspruch nehmen zu können. Der Betroffene kann es sich unter diesen Umständen womöglich gar nicht leisten, sich von seinem Chronisch-psychisch-Kranksein zu verabschieden.

– Mangelnde Kooperation und Vernetzung im gemeindepsychiatrischen Bereich und Konkurrenz zwischen verschiedenen Helfern, welche meist über die gemeinsamen Klientinnen ausgetragen wird, könnten letztere in »Loyalitätskonflikte« stürzen und dazu beitragen, dass sie wieder psychiatrisch auffälliges Verhalten zeigen (vgl. Stindl-Nemec, 2001, S. 35).

– Die Art des Austausches zwischen dem Fachpersonal im Psychiatriebereich ist oft dergestalt, dass die Menschen auf ihre chronischen Patientenrollen reduziert und lediglich als mehr oder weniger »schwere Fälle« verhandelt werden.
Zugleich sind die psychiatrischen Betreuungs- und Rehabilitationsangebote verschiedentlich derart dicht gestaltet, dass die Klienten in immer umfassendere Betreuung geraten und kaum noch mit Lebensbereichen jenseits der »Psychiatriegemeinde« in Berührung kommen.

– Längerfristige Kontakte, zum Beispiel mit Bezugstherapeuten oder anderen Fachkräften, gewinnen für chronifizierte Patientinnen oft große Bedeutung als wichtige persönliche Beziehungen. Um diese zu erhalten, wird für sie das Konservieren ihrer Probleme oder das Festhalten am Chronisch-Kranksein sinnvoll. Sie wissen, dass die psychiatrischen Fachleute ihre Betreuungsbeziehungen entsprechend legitimieren müssen.

– Schließlich trägt auch die Patientensubkultur zur Aufrechterhaltung des Chronikerstatus bei. Untereinander klagen sie über ihr Los, erzählen von ihren Erfahrungen mit der letzten stationären Behandlung, über Medikamentennebenwirkungen und bilden so eine Gemeinschaft (z. B. der »schlecht Behandelten«, der »Angeschissenen«), der man sich gleichwohl zugehörig fühlt und die man ungern verlassen möchte.

Über die drei genannten Positionierungen hinausgehend lassen sich weitere Prämissen, Konzepte und Haltungen, die den ideellen Kontext systemischer Praxis im psychiatrischen Arbeitsfeld bilden, zu *Kennzeichen einer systemischen Psychiatrie* zusammenfassen. Das sind unter anderem die folgenden (vgl. Schweitzer u. Schumacher, 1995, S. 16 ff.):

– Psychiatrische Diagnosen werden weder als »wahr« noch als »nicht wahr« angesehen, sondern als »Botschaften«, die in Kommunikationen ausgetauscht werden. Statt für den Wahrheitsgehalt einer Diagnose interessiert man sich deshalb für deren Nützlichkeit in den jeweiligen Beziehungskontexten und stellt entsprechende Fragen. Eine wichtige Frage dabei ist auch, inwieweit die jeweilige Diagnose hilfreich oder eher hinderlich ist, um mit den angegebenen Problemen fertig zu werden.

– Das sozialpsychiatrische Vulnerabilitätsmodell (genetisch und/oder frühkindlich erworbene Verletzlichkeit) wird aus systemischer Sicht abgelehnt, da damit die Idee einer »unendlichen Psychosegefährdung« vom Jugend- bis ins Greisenalter verbunden sei, die mit einer »unendlichen Sozialpsychiatrie« einhergehe. Systemiker setzen andere Akzente. Da es in systemtheoretischer Perspektive nicht möglich ist, dass sich lebende Systeme nicht verändern, fragen sie, wie ein System es schafft, anscheinend einen Entwicklungsstillstand (um das »chronische« Problem herum) zu produzieren. Zugleich wird aber auch von der Überzeugung ausgegangen, dass die Klienten über die *Ressourcen zur Problemlösung* verfügen, auch wenn sie sie derzeit aus guten Gründen nicht nutzen. Entsprechend werden Ideen der Einflussnahme auf die »Erkrankung« und von selbstgewählter Veränderung gestreut.

– Speziell bei schizophrenen Mustern sehen sich die Mitarbeiterinnen im Psychiatriebereich nicht selten mit *uneindeutigen Kommunikationen* konfrontiert, die sie rätseln lassen, ob die Klienten nun das Eine oder das Andere meinen, ob sie Dieses oder Jenes wollen. In Reaktion darauf sind die psychosozialen Helfer geneigt, die Kommunikation in Kategorien eines Entweder-oder eindeutiger zu gestalten. Jedoch führt erfahrungsgemäß »der Versuch, hier Ordnung durch Klärung schaffen zu wollen, oft zu noch stärkerem kommunikativem Chaos« (S. 21). Aus systemischer Sicht ist deshalb das *Akzeptieren* (ggf. Verstärken) *der Ambivalenz* eine entscheidende Haltung.

– In der psychiatrisch-psychosozialen Praxis beschränkt sich systemisches Arbeiten nicht auf Beratung und/oder Therapie, welche ja auch einen Veränderungswunsch seitens des Klienten voraussetzen würde, der häufig gar nicht gegeben ist. Aber gerade aus dem breiten Aufgabenspektrum, das neben unterstützenden auch fordernde Funktionen sowie einschränkende Maßnahmen enthält, kann sich aus systemischer Sicht die Chance für *entchronifizierendes systemisches Arbeiten* ergeben: »Das Aufstellen und Vertreten von Anforderungen ist eine ideale Möglichkeit, produktive Krisen auszulösen. In stabil chronifizierten Zuständen ist dies oft die Voraussetzung, einen Problemdruck zu erzeugen, der dann systemische Beratung erforderlich und lohnend macht« (Schweitzer u. Schumacher, 1995, S. 23).

– Schließlich könnten/sollten psychiatrische Dienstleistungen nicht (mehr) nach Art und Schwere der diagnostizierten »Erkrankung« und einer entsprechenden Bedarfsfeststellung durch die Professionellen angeboten werden, sondern – im Sinne einer *Kundenorientierung* – gemäß den Wünschen der Klientinnen dem von ihnen selbst formulierten Bedarf entsprechend.

3.7.2 Systemische Erkundungen und Frageformen im »Fall-Feld«

Für dieses Feld der direkten Interaktion zwischen psychosozialer Betreuerin und einem (oder mehreren Klienten) wurden die aus der Sicht einer subjektorientierten Sozialpsychiatrie einschlägigen Vorgehensweisen (Begegnungsansatz u. a. m.) im zweiten Kapitel ausführlich beschrieben (Punkt 2.2.1). Hier nun – von der systemischen Warte her – geht es in diesem »Feld« um *systemische Gesprächsführung* und *Fragetechnik*.

Bei jedem ersten Kontakt wird eine *Auftragsklärung* vonnöten (s. a. Punkte 3.4 und 3.5), welcher gerade in der psychiatrisch-psychosozialen Arbeit ein besonderer Stellenwert eingeräumt werden muss. In den weiteren Kontakten ist diese Abklärung immer dann zu erneuern, wenn sich eine Veränderung der Auftragslage oder eine Verschiebung des Arbeitskontextes ergibt, zum Beispiel dadurch, dass neue Problembeteiligte hinzukommen oder bisherige Helfer wegbleiben. Bei mehreren Beteiligten (z. B. Eltern kommen mit ihrem verhaltensauffälligen Sohn in die psychiatrische Beratungsstelle; andere Helfer begleiten ihre Klienten dorthin) können die Anliegen der Einzelnen, die potenziell alle als »Auftraggeber« fungieren mögen, sehr heterogen bis widersprüchlich sein. Zu fragen wäre auch, ob die jeweilige Einrichtung den Aufträgen überhaupt entgegenkommen kann und – wenn nicht – was zu besprechen wäre, damit es für alle Beteiligten andernorts gut weitergeht (vgl. Stindl-Nemec, 2001, S. 78).

Wenn Dritte sich die Helfertätigkeit für einen Klienten wünschen, er selber aber nicht, kämen die folgenden Fragen an den Klienten in Betracht (S. 79):

– »Was könnten Sie tun, dass die anderen (Angehörige, Arbeitsamt, Bewährungshilfe) Sie nicht mehr drängen, Beratung in Anspruch zu nehmen? Wie kann ich Ihnen dabei helfen?«
– »Wie könnten Sie die anderen davon überzeugen, dass Sie unser Angebot nicht brauchen?«
– »Wie müssten Sie sich verhalten, damit Ihnen Ihr Arzt (Bewährungshelfer, Chef) besonders massiv Druck macht, unser Angebot anzunehmen?«

Grundsätzlich wird die Erkundung des Kontextes, in dem man sich als Berater oder Betreuerin mit dem oder den Klienten befindet, als notwendig erachtet. Die Fragen zur Kontexterkundung können entlang einiger Eckpunkte gestellt werden; diese sind – zusammen mit Fragebeispielen – in Tabelle 18 zusammengefasst (nach Simon u. Weber, 2004, S. 12 ff.).

Tabelle 18: Systemische Fragen zur Erkundung des Kontextes

Bezogen auf die Institution, in der man arbeitet:
Zum Beispiel: »Wie sind Sie auf die Idee gekommen, sich gerade an diese Beratungsstelle zu wenden?« »Was erwartet Ihre Mutter, was in einem Sozialpsychiatrischen Dienst getan wird?« »Was müsste ich tun, damit Ihr Hausarzt zu dem Schluss kommt, dass Sie hier an der falschen Adresse sind?«
Bezogen auf den Überweisungskontext oder die Übermittlung:
Zum Beispiel: »Was glauben Sie: Was denkt der überweisende Klinikpsychiater, was die Mitarbeiter dieser Beratungsstelle für Sie tun sollten?« »Denkt er, dass Sie hier vor allem betreut werden müssen oder denkt er, dass Sie hier Ihre Selbsthilfemöglichkeiten besser erkennen können?« »Wer von Ihren Angehörigen stimmt mit seiner Sicht am meisten überein, wer am wenigsten?« »Für wie wahrscheinlich hält es der Überweisende, dass Sie hier bei uns Veränderungsschritte machen?«
Bezogen auf gleichzeitige Kontakte zu anderen Helfern und Einrichtungen:
Zum Beispiel: »Wer (welcher andere Helfer) hat noch ein Interesse am Ausgang unseres heutigen Gesprächs?« »Angenommen, Ihre Probleme würden über Nacht verschwinden, welcher Helfer würde dies zuerst merken?« »Welcher Helfer würde Sie am meisten vermissen?« »Wenn wir den Kollegen X (von der Reha-Werkstatt) auf uns ärgerlich machen wollten, was müssten wir Ihnen dann raten?«

Bezogen auf Vorerfahrungen der Klienten (wie auch der psychosozialen Helfer):

Zum Beispiel: »Was haben Sie schon alles versucht? Was hat am besten geholfen?« »Wie hat der Kollege Y versucht, Ihnen zu helfen?« »Wie erklären Sie sich, dass die bisherigen Versuche nicht zu dem gewünschten Erfolg geführt haben?« »Wenn Sie von Ihren bisherigen Erfahrungen ausgehen, wie müssten wir hier unser Angebot gestalten, dass es Ihnen bestimmt nichts bringt?«

Bezogen auf die Zeitdimension:

Zum Beispiel: »Wie kommt es, dass Sie sich entschlossen haben, gerade jetzt uns aufzusuchen, wo doch die Probleme schon seit Jahren bestehen?« »Wie lange müssten Sie, Ihrer Meinung nach, unser Betreuungsangebot annehmen, bis Sie wieder allein zurechtkommen?«

Bezogen auf die Bedeutung des Begriffs Beratung oder Hilfe:

Zum Beispiel: »Was glaubt Ihr Arzt (Bewährungshelfer, Meister von der Reha-Werkstatt), was hier in der Beratung geschehen soll?« »Wie viel Prozent Besserung verspricht sich Ihre Mutter von Medikamenten und wie viel von begleitenden Gesprächen? Was sieht sie als hilfreich für Sie an?«

Bezogen auf die Anliegen, Aufgaben und Ziele:

Zum Beispiel: »Wie viel Prozent zur Lösung des Problems hätten Ihrer Meinung nach Sie selbst, Ihre Mutter, Ihr Vater, Ihr Arzt ... zu erbringen?« »Wenn unser Gesprächs-/Betreuungsangebot im Sinne Ihrer Anliegen und Ziele optimal verliefe, was wäre dann anders als jetzt? Wer würde was anders machen? Welche Folgen hätte das für die Beziehungen innerhalb Ihrer Familie/Ihrer therapeutischen Wohngruppe?«

Bezogen auf persönliche Merkmale der Beraterin:

Zum Beispiel: »Wie ist das für Sie als 50-Jährigen, dass ich als Ihre Bezugstherapeutin im Alter Ihrer Tochter bin? Wie ist das für Ihre Frau, Ihre Tochter?« »Wie ist das für die Männer (in der Familie, in der Wohngruppe), nur mit weiblichen Helferinnen zu tun zu haben?«

Im psychiatrischen Bereich kommt im »Fall-Feld« auch den Themen Krankheitsverständnis und Medikamente besondere Bedeutung zu.

Fragen zum Krankheitsverständnis: »Psychische Krankheit« wird üblicherweise (von Psychiatern, Angehörigen und den Patientinnen selbst) als ein Etwas angesehen, das den Betroffenen »aus heiterem Himmel« oder »heimtückisch aus dem Hinterhalt« überfällt, als ein starkes böses Etwas, das »über Einen kommt« oder »hereinbricht«. Oft wird die Psychose eines Familienmitglieds auch als »Erbstück« seit Generationen angesehen. Entsprechende Krankheitsmythen sind gewiss wenig hilfreich, wenn man auf den Prozess Einfluss nehmen möchte. Vor allem werden hier die Verhaltensweisen des Psychoseerfahrenen »aus dem Sinnzusammenhang des situativen und interaktionellen Kontextes gelöst, als Symptome ›objektiviert‹ und verdinglicht« (Simon u. Weber, 2004, S. 74). Verdinglichte Krankheitskonzepte sind wenig geeignet, Lösungsoptionen zu eröffnen. Aus systemischer Sicht wird »Krankheit« stattdessen beschrieben als Kombination von Verhaltensweisen, die in bestimmten Kontexten Sinn machen oder machten. Im Gespräch geht es deshalb darum, den »Krankheitsbrocken« in Verhaltensweisen zu »verflüssigen« oder zu »erweichen«. Dies geschieht zum Beispiel mit den folgenden Fragen (nach Stindl-Nemec, 2001, S. 69; Simon u. Weber, 2004, S. 75 ff.).

– Welche Verhaltensweisen gehören zur Krankheit, welche nicht?
  Zum Beispiel zur Mutter: »Was tut Ihr Sohn, wenn Sie meinen, dass er sich psychotisch verhält? Was macht er anders, wenn Sie ihn für gesund halten?« Zum Klienten: »Welches Verhalten müssen Sie zeigen, damit Ihnen Ihr Psychiater die Diagnose ›Schizophrenie‹ gibt?«
– Inwieweit sieht der Klient seine Verhaltensweisen als beeinflussbar an? (in welchem Umfang, zu wie viel Prozent?)
  Zum Beispiel: »Wann war es das letzte Mal, dass Sie sich nach dem Aufstehen wohl und lebendig gefühlt haben? Was haben Sie an diesem Tag anders gemacht?« Oder auch: »Wie könnten Sie Ihren Einfluss auf bestimmte Verhaltensweisen verringern, wenn Sie dies wollten? Was könnte Ihr Vater dazu tun?«
– In welchen Situationen verhält sich der Klient so, als sei er krank? (Kontextualisierung)
  Zum Beispiel: »Würden Sie die Stimmen aus dem Kühlschrank auch hören, wenn Sie nicht mit der Mutter, sondern allein mit dem Vater in der Küche wären?« »Wann hat wer begonnen, dieses Verhalten als krank anzusehen?«
– Gibt es Situationen, in denen der Klient sich so verhält, als sei er nicht oder weniger krank? (Ausnahmen)
  Zum Beispiel: »Wie erklären Sie sich diese Ausnahmen?« »Wie würde es sich auf Ihre Beziehungen mit Ihren Eltern auswirken, wenn Sie dieses nichtkranke Verhalten häufiger zeigen würden?«
– Die Krankheit als Familienmitglied (Externalisierung)
  Zum Beispiel: »Werden Sie das nächste Mal mit oder ohne Krankheit herkommen? Was wird die Krankheit dazu sagen, wenn Sie sie zu Hause lassen?« »Wenn Sie Abstand von Ihrem Vater gewinnen wollen, ist es dann günstiger, wenn Sie sich mit der Manie oder wenn Sie sich mit der Depression einlassen?« »Haben Sie ein engeres Verhältnis zu Ihren Stimmen oder zu Ihrem Mann?«

Fragen zur medikamentösen Behandlung: Im Hinblick auf die medikamentöse Behandlung der Klientinnen sollte die psychosoziale Beraterin nach Ansicht von Stindl-Nemec (2001) ebenfalls eine neutrale Haltung einnehmen. Gleichwohl aber muss das Thema aufgegriffen werden in einer Weise, dass sich den Klienten Optionen eröffnen, zu eigenen Entscheidungen im Umgang mit den Medikamenten zu gelangen, zum Beispiel sie (unregelmäßig) einzunehmen oder nicht oder vom Arzt eine Verringerung der Dosis zu erbitten. Es soll dabei auch nicht ausgespart werden, dass der Klient von anderen womöglich Zwang und Kontrolle erfährt, wenn er keine

Compliance oder sozial nicht akzeptiertes Verhalten zeigt. Zu diesem Themenkomplex schlägt die Autorin (S. 71 ff.) zum Beispiel die folgenden Fragen vor:

– »Was denken Sie, weshalb der Arzt Ihnen das Medikament verordnet hat?« »Woran würde er merken, dass Sie das Medikament nicht mehr brauchen?« »Wie müssten Sie sich verhalten, dass der Arzt die Dosis erhöht?«
– »Gesetzt den Fall, Sie haben vergessen die Medikamente einzunehmen, woran würde Ihre Mutter erkennen, dass Sie sie nicht eingenommen haben?« »Woran würde Ihr behandelnder Arzt dies erkennen?«
– »Wenn Sie Ihre Medikamente heimlich absetzten, wäre das eher eine Botschaft an Ihre Mutter, sich mehr um Sie zu kümmern oder eher ein Zeichen, dass Sie Ihr Leben mehr in die eigenen Hände nehmen wollen?«

Fragerichtungen gemäß den Kennzeichen einer systemischen Psychiatrie: Grundsätzlich können alle schon unter Punkt 3.4 genannten systemischen Fragen im Prozess der psychosozialen Beratung oder Begleitung zum Einsatz kommen, auch Umdeutungen der Psychose als anzuerkennender Lösungsversuch und Verschreibungen von »Experimenten« nach dem Muster »Mehr davon«. In der psychiatrisch-psychosozialen Praxis hat man es zwar weniger häufig als in der Therapie mit ganzen Familien zu tun (die Familienmitglieder wollen oft nichts [mehr] mit den Helfern zu tun haben), aber in einem jeweils abgesteckten Verhandlungsrahmen können prinzipiell vergleichbare Fragen zu den Wirklichkeits- und Möglichkeitskonstruktionen gestellt werden, wie in der systemischen Therapie.

In einer ressourcenorientierten Gesprächsführung, die den Möglichkeitssinn für eine Zukunft mit weniger oder gar keinem psychotischen Verhalten entfachen soll, bleibt es aber grundsätzlich die Entscheidung der Klientin, ob sie »ihre Psychose« als eine Art Lebenslösung behalten oder alternative Lösungen für ihre Beziehungsgestaltung ausprobieren möchte. Diese Entscheidung muss von der Klientin nicht geäußert, sie kann auch (z. B. durch verstärkte Symptome) gezeigt werden. Jede Antwort ist vom psychosozialen Helfer anzuerkennen.

Gemäß den Kennzeichen einer systemischen Psychiatrie sind insbesondere die folgenden Fragerichtungen einschlägig (vgl. Schweitzer u. Schumacher, S. 16 ff.):

– Gefragt wird nicht nach dem *Warum* (d. h. nach den Entstehungsbedingungen) einer psychischen Erkrankung, sondern nach dem *Wozu*, das heißt nach ihrer Bedeutung in einem sozialen System. Von vorrangigem Interesse ist, wie die psychotische Symptomatik aufrechterhalten wird (»Was wird getan, dass sie bestehen bleibt?«), weniger, wie sie zum Verschwinden gebracht werden kann (vgl. S. 18).
– Mit den Fragen zielt man zunächst darauf ab, was die Klienten und ihre Bezugspersonen tun können, um *das Problem zu behalten*, gegebenenfalls zu verschlimmern oder gar zu verewigen, etwa in der Form: »Was könnten Sie tun, um aufkeimende Hoffnung auf Besserung klein zu halten?« »Wie könnten Sie verdeutlichen, dass Sie noch viel kränker sind, als die anderen glauben?« (vgl. S. 20).

Dazu im Wechsel wird aber auch danach gefragt, wie ein *Leben ohne die Psychose* (z. B. nach einem Wunder oder nach einer stereotaktischen Operation, durch die die Psychose herausgeschnitten werden könne) aussehen würde; wie die »Beziehung« zur eigenen Psychose ausgedünnt oder auch intensiviert werden könnte; was man tun könnte, um Klinikaufenthalte auch mal ausfallen oder gehäuft auftreten zu lassen.[34]

– Das parallele Nebeneinander *gegensätzlicher Strebungen* nicht nur der Klienten, sondern auch der Angehörigen sowie der psychiatrischen Dienste wird nicht hinwegdefiniert oder hinwegentschieden, sondern aufgegriffen und für Lösungsideen im Sinne eines »Sowohl-als-auch« im zeitlichen Nacheinander genutzt.

– Bei der Klärung der *Ziele und Erwartungen* der Klienten und ihrer Bezugspersonen ist zu beachten, dass die Befragten keinesfalls immer (und schon gar nicht gleich) sagen, was sie denken, oder oft das sagen, was sie denken, dass die anderen von ihnen hören wollen (vgl. S. 23). Besser als direktes Befragen ist deshalb das zirkuläre Befragen des einen über den anderen.

3.7.3 Systemische Arbeitsweisen bei speziellen Problemstellungen

Als einschlägige »Problemfelder« der psychiatrisch-psychosozialen Praxis werden hier betrachtet: »chronische« Psychose, akute Psychose sowie suizidale Krise und Krisenintervention.

Chronische Psychose und Chronizitätsprobleme
Während zuvor (Punkt 3.7.1) die allgemeinen systemischen Ideen zum Chronizitätsthema angeführt wurden, geht es hier nun um Fragen des *praktischen Umgangs* mit Chronizität.

Das systemische Vorgehen kann als Wegbereiter für die Eröffnung von Wegen aus psychiatrischen Chronifizierungsprozessen und chronischen Patientenkarrieren angesehen werden. Während man nicht nur in der Klinikpsychiatrie, sondern auch in der Gemeindepsychiatrie, welche nach sozialpsychiatrischen Konzepten (s. Kap. 2) arbeitet, mit Chronizitätsphänomenen zu kämpfen hat (z. B. »Drehtürpsychiatrie«, »Leben in der Psychiatriegemeinde«), die für viele chronifizierte Klienten wenig Option für ein Leben jenseits jeder Psychiatrie eröffnet, bietet systemische Beratung die Chance, sich für einen Ausstieg zu entscheiden (oder bewusst dage-

---

34 Gunthard Weber schildert in einer Tonkassette das Beispiel, dass er einem Klienten, der erzählt, dass er immer im Herbst wegen manischer Psychose in die Klinik eingewiesen werde, die Frage stellt, wie er es anstellen könnte, sich jetzt schon im Juni statt erst im Oktober in die Klinik einweisen zu lassen, was er dafür tun könne. Und der Klient kann ziemlich genau sagen, wie das geht.

gen). In eine entsprechende *systemisch inspirierte* psychosoziale Praxis fließen die
genannten Kennzeichen einer systemischen Psychiatrie ein.

- Zum systemischen Umgang mit Chronizität

Für die Eruierung und Infragestellung von *Chronifizierungsstrategien* gilt es »zu erkunden, wie das Klientensystem seine Gegenwart, manchmal seine Vergangenheit
und vor allem seine Zukunft konstruiert und was getan wird, um das Problem langfristig aufrechtzuerhalten. Dabei lohnt es sich, die Rolle des professionellen Helfer-
systems darauf zu untersuchen, inwieweit dieses eher einen Abschied oder eher die
Treue zur Psychose unterstützt« (Schweitzer u. Schumacher, 1995, S. 248). Hierbei
sind gemäß Schweitzer (2002) die folgenden Schritte von Belang:
- herausarbeiten, was (und wie) alle aktiv zur Chronifizierung beitragen;
- dieses als in gewisser Hinsicht sinnvolles Verhalten konnotieren;
- zugleich Ausstiegsmöglichkeiten zur Sprache bringen und gedanklich durchspielen;
- die Ambivalenz zwischen Pro und Contra zuspitzen, so dass neue Entscheidungen möglich werden (vgl. S. 229).

Im Ergebnis mag herauskommen, dass sowohl die Klienten wie auch die Mitarbeiterinnen einer Einrichtung lieber alles beim Alten lassen wollen, da beide Seiten von
der Chronifizierung profitieren. Aber immerhin handelt es sich dann um eine *Entscheidung* (die prinzipiell auch anders getroffen werden könnte) statt um ein
Schicksal.

Grundsätzlich kommen für einen systemischen Umgang mit Chronizität die gleichen Vorgehensweisen in Betracht wie sie generell für die systemisch-konstruktivistische Praxis typisch sind. Laut Hegemann und Heck (1995) scheinen sich dabei im
stationären Bereich lösungsorientierte Modelle besonders bewährt zu haben. Die
Schritte für systemisches lösungsorientiertes Arbeiten auf der Station (vgl. S. 121 ff.)
sind in Tabelle 19 zusammengefasst.

Analoge Schritte wie für die Arbeit mit den Klinikpatienten werden von Hegemann und Heck auch für einen *lösungsorientierten Umgang mit Angehörigen* vorgeschlagen: Fragen nach ihren Erwartungen, Kontextualisierung und Nutzung ihrer
Ressourcen sowie Erfinden von Zukünften ohne psychiatrische Probleme (vgl.
S. 125 ff.). Bei häufig hospitalisierten Langzeitpatienten ist es allerdings nicht immer
einfach, mit deren Angehörigen überhaupt noch in Kontakt zu kommen. Hierfür
eignen sich aber »Angehörigentage« als eher formlose Treffen zum gegenseitigen
Kennen lernen, weiterhin so genannte »Angehörigenvisiten«, in denen sich die Kli-
nikmitarbeiter gezielt mit der Situation und den Bedürfnissen der Angehörigen beschäftigen. Bei Einzelgesprächen für Angehörige könnten die Patientinnen dann als
die »primären Verhandlungspartner« mit hinzu eingeladen werden (vgl. S. 125) und
Fragen, die *Zukunftsentwürfe* betreffen (auch: »Wer hätte am meisten Angst vor einer Veränderung?«), wären zu stellen.

Tabelle 19: Systemisch-lösungsorientiertes Arbeiten im stationären Bereich (und bei Chronizität)

Fragen nach den aktuellen Erwartungen

Klären der Erwartungen von Patienten, Angehörigen, Klinikmitarbeitern; Abstimmen der realisierbaren Aufträge in Kooperation aller.

Symptomatisches Verhalten in einen Kontext stellen

Beispielsweise das Wiederauftreten von Verfolgungsideen und Ängsten in ihrem interaktionellen Sinnzusammenhang besprechen und als sinnvolle Versuche der Beziehungsgestaltung zu definieren; entsprechende »reframes« oder Neudefinitionen könnten alternative, nichtsymptomatische Problemlösungen sichtbar machen und gegebenenfalls dazu ermutigen, sie einmal auszuprobieren.

Das Weiterlaufen problemerhaltender Beziehungsmuster verstören

Fragen, welches Verhalten zur Krankheit gehört und welches nicht, sowie Prozentfragen nach dem eigenen Einfluss auf die Verhaltensweisen könnten die Idee verstören, der »chronischen« psychischen Krankheit ausgeliefert zu sein; Eröffnung der Möglichkeit, »nicht mehr mitzuspielen«; gegebenenfalls Externalisierung.

Ressourcen nutzbar machen

Fragen, was problematisch ist, und Fragen nach den Ausnahmen vom Problem; gegebenenfalls »Wunderfragen« sowie Skalenfragen im Hinblick auf das Erreichen von guten Lösungen – »Wie viel Prozent sind schon geschafft worden?«

Erfinden von Zukünften

Leben mit etwas weniger Psychiatrie, aber auch Möglichkeiten einer erneuten Verschlechterung oder eines »Rückfalls« sind zu bedenken; gegebenenfalls fragen, wie Notbremse gezogen werden kann bei zu viel Veränderung; eventuell Perspektivlosigkeit planen und gestalten.

Um im Weiteren auch jenseits der Klinik den Nimbus von der Unendlichkeit einer Psychose zu unterhöhlen (und keiner unendlichen Gemeindepsychiatrie Vorschub zu leisten), wird in systemischer Praxis eine *zeitliche Begrenzung* aller Angebote vorgeschlagen. Dies vermittelt die Botschaft, dass problembelastete und krisenhafte Zeiten auch ein Ende haben und Lösungen gefunden werden können. So plädiert zum Beispiel Stindl-Nemec (2001) im Kontext ihrer psychosozialen Kontakt- und Beratungsstelle für eine zeitlich begrenzte Beratung mit Ratsuchenden (zunächst nur fünf Gesprächstermine, danach bei Bedarf noch weitere fünf, mit Intervallen von circa drei Wochen zwischen den einzelnen Sitzungen; vgl. S. 83) sowie für zeitlich begrenzte Gruppenangebote (auch z. B. für Angehörige) und für zeitlich begrenzte Begleitung in den Bereichen Wohnen und Arbeit.

• Über Anfänger, Fortgeschrittene und die Frage des Ausstiegs aus der Karriere
In seinem Artikel in Greve und Keller (2002) führt Schweitzer eine Differenzierung zwischen »Einsteigern« (mit einmaligem Klinikaufenthalt), »jungen Fortgeschrittenen« (mit 2 bis 5 Jahren Psychiatrieerfahrung) und »Profipatienten« (mit 10 bis 30

Jahren Krankengeschichte) ein. Während es bei den Anfängern darum gehen könnte, noch Alternativen zum »Einstieg« in psychiatrische Chronifizierungsprozesse zu entwickeln, wären bei den Langzeitklienten Möglichkeiten eines »Ausstiegs« zu erkunden (vgl. S. 227).

Bei »Einsteigern« ist meistens die Familie noch beteiligt, die psychotischen Symptome sind noch fremdartig und beunruhigend, der Betroffene und die Familienangehörigen möchten über die Krise sprechen und die Voraussetzungen für eine Beratung oder Familientherapie unter Verwendung des üblichen systemischen Methodenrepertoires sind günstig. Je fortgeschrittener die Patientenkarriere jedoch ist, desto weniger sind Familienmitglieder noch involviert. Psychotisches Verhalten löst kaum noch eine Krisenstimmung aus, welche Veränderungsimpulse erwecken könnte und Bedürfnisse, darüber zu reden, bestehen oftmals auch kaum noch. In diesen Fällen schlägt Schweitzer (2002) in Anlehnung an Ciompi (1977) die »Technik der provozierten Krise« vor, beispielsweise indem die passiven Versorgungswünsche eines Wohnheimbewohners bewusst frustriert werden, so dass er unter produktiven Druck gerät, ein eigenständigeres Leben zu probieren (oder jedenfalls darüber zu reden). Neben dieser Methode des »Dagegengehens« wird auch die Methode des akzeptierenden »Mitgehens« mit absonderlichen oder nervtötenden Verhaltensweisen von Klienten in Form ihrer Steigerung oder Intensivierung empfohlen. So könnten etwa extreme Versorgungswünsche einer Klientin so nachhaltig erfüllt werden (nach der Art »Noch mehr davon«), dass sie nichts mehr davon wissen möchte (vgl. S. 236 f.). Solche »Techniken« (Erläuterungen dazu s. Punkt 3.7.4) stellen anscheinend eine Voraussetzung dafür dar, dass man mit Langzeitklienten über Möglichkeiten (Pro und Kontra) ihres »Ausstiegs« überhaupt in systemischer Manier ins Gespräch kommen kann.

- Relativierungen

Nun vermag systemisches Arbeiten zwar möglicherweise Wege aus Chronikerkarrieren hin zu einem »Leben mit weniger Psychiatrie« zu eröffnen, aber Schweitzer und Schumacher (1995, S. 298 ff.) verweisen zu Recht darauf, dass man sich die Frage stellen muss, ob und von wem dies überhaupt erwünscht ist. Für »Veteranen« des Systems mit langer Sozialisation innerhalb der Psychiatriegemeinde, die sich über Jahre hinweg damit arrangiert haben, »von Beruf Psychotiker« zu sein und in diesem Rahmen ihr finanzielles und gesellschaftliches Auskommen gefunden haben, dürften die Alternativen im psychiatriefreien Lebensalltag nicht gerade vielversprechend sein. Nicht nur hätten sie um ihre ökonomische Existenz zu kämpfen, auch könnte das Sich-Einbinden in eine neue nicht-psychiatrische Gemeinschaft, das Dazugehören, nicht leicht zu bewerkstelligen sein. Als »Gesunder« zu gelten, macht nicht unbedingt glücklich.

Unter diesen Gesichtspunkten ist meines Erachtens nicht anzuraten, mit allen »Chronikern« systemisch zu arbeiten und Schritte zur Auflösung von Chronizität anzuregen zu versuchen. Beziehungsweise das systemische Fragen sollte nur dazu genutzt werden, eine eher *theoretische Option* aufzuzeigen, gegen die sich der Lang-

zeitklient praktisch ohnehin schon entschieden hat und gegen die er sich nun noch
einmal bewusst entscheiden kann. Ansonsten bietet es sich eher an, den »Profipatienten«, die sich oftmals ein Profil innerhalb ihrer Psychiatriegemeinde erarbeitet
haben und dort etwas zu sagen haben, mit dem sozialpsychiatrischen Begegnungsansatz (s. unter Punkt 2.2.1, S. 120 ff.) entgegenzukommen und mit ihnen über das
zu sprechen, worüber sie vielleicht am liebsten sprechen: über ihre Psychose und
psychotischen Erfahrungen, deren Sinn und Bedeutung, über ihr Leiden, ihre Besonderheit und ihre Großartigkeit . . . und über ihre Vergangenheit! Allerdings dürften einige – eher langzeitverwahrte und zurückgezogene – »Veteranen«, die das Reden nicht mehr gewohnt sind, an der Besonderheit ihrer Psychose und an
irgendwelchen sinnhaften Zusammenhängen und Auslösekontexten ihres psychotischen Verhaltens kaum noch Interesse haben. Für sie käme es dann eher darauf
an, wie sie es sich unter den Bedingungen ihres Patientenstatus möglichst gut gehen
lassen können. Deshalb empfiehlt Schweitzer (2002, S. 238 f.), sich von ihnen einfach *Geschichten über ihre Vergangenheit* erzählen zu lassen, über frühere Freunde,
Tätigkeiten, alte Wünsche, an die man eventuell anknüpfen könnte. Hierfür scheint
mir jedoch ebenfalls der Begegnungsansatz (oder ein narratives Vorgehen à la Anderson u. Goolishian) geeigneter als die systemisch-konstruktivistische Position.

Daneben wird – in anderen Fällen von Langzeitpsychiatrisierung – das systemische Potenzial, zur Auflösung von Chronizität beizutragen, selbstverständlich dringend benötigt.

Hilfemöglichkeiten bei akuter Psychose
Zuerst in Finnland ist von Yrjö Alanen (unter Mitarbeit von Ville u. Klaus Lehtinen,
Aaltonen, Seikkula und anderen) das »integrierte Modell der Behandlung schizophrener und verwandter Psychosen« entwickelt worden. Später wurde auch in Schweden
ein ähnliches Modell der »bedürfnisangepassten Behandlung psychotisch erster-
krankter Patienten« von Johann Cullberg (und anderen) umgesetzt (s. Aderhold, Alanen, Hess u. Hohn, 2003). Im Zentrum der Behandlung stehen die »Therapieversammlungen« als gemeinsame Treffen eines Mitarbeiter-(Krisen-)Teams mit einem
(akut) Psychosebetroffenen, seinen Familienangehörigen und anderen wichtigen Personen des Beziehungsnetzwerks. Dieses skandinavische Modell scheint mir ähnlich
bahnbrechend zu sein, wie einstmals die von Loren Mosher in Kalifornien gegründete
und von Luc Ciompi in der Schweiz aufgegriffene Soteria (s. Punkt 2.2.2) als damals
sozialpsychiatrische Alternative zur üblichen Krankenhausbehandlung bei akuter
Psychose. Besser gesagt: Diese Modelle sollten bahnbrechend sein, womöglich international und flächendeckend, was allerdings schon im Falle der Soteria jedenfalls in
Deutschland leider kaum oder nur ansatzweise gelungen ist.

Der Ansatz der bedürfnisangepassten Behandlung (englisch: »need-adapted
treatment«) nach Alanen (Finnland) oder Cullberg (Schweden) ist nicht ausschließlich systemisch orientiert, sondern explizit »integrativ« ausgelegt, das heißt es fließen auch psychodynamische und individualpsychologische Denk- und Vorgehens-

weisen mit ein und im Anschluss an die »initialen Behandlungstreffen« mit allen relevanten Beteiligten stehen den Psychoseerfahrenen neben Angeboten einer systemischen Familientherapie auch psychoanalytische Einzeltherapie, Milieu- und Soziotherapie oder andere gemeindepsychiatrische Unterstützungs- und Versorgungsangebote offen. Dennoch liegt die *Essenz* dieser Behandlungsform (mithin deren zentrale therapeutische Intervention) in einem *systemischen Herangehen*, das schon in den anfänglichen (»akuten«) Behandlungs- oder Krisentreffen praktiziert und dann weitergeführt wird in den – den gesamten Prozess begleitenden – Therapieversammlungen, welche immer einberufen werden, wenn Entscheidungen über Veränderungsschritte oder weitere therapeutische oder psychosoziale Hilfsangebote anstehen (s. a. Aderhold u. Greve, 2004).

Besonders erwähnenswert ist auch, dass nach dem finnischen Modell eine antipsychotische Medikation (die Vergabe von Neuroleptika) in der ersten Woche ganz vermieden werden soll. Erst später können, falls erforderlich, Neuroleptika in geringer Dosis gegeben werden. Ob jedoch ein Einsatz von Neuroleptika ratsam ist, sollte zuvor in mindestens drei Therapieversammlungen diskutiert werden. Bezugnehmend auf die Ergebnisse einiger Studien in West-Lappland spricht Seikkula (2002) sich sogar dafür aus, dass über eine Medikation erst entschieden werden soll, wenn nach fünf bis sechs Wochen »aktiver familienorientierter Behandlung« festgestellt werden kann, ob durch die Behandlungstreffen Veränderungen in Gang gekommen sind oder nicht (vgl. S. 148). Die Prognose erwies sich als günstiger, wenn auf frühzeitigen Einsatz von Neuroleptika verzichtet wurde (s. Seikkula, Alakare u. Aaltonen, 2003).

Dem heutigen Standard in Finnland waren einige andere Entwicklungsphasen vorausgegangen: Ab 1980 der Aufbau eines »familienzentrierten Systems«, dem gemäß therapeutische Teams mit Krankenhauspatienten und ihren Familien familientherapeutisch arbeiteten; ab 1984 die Etablierung von Therapieversammlungen oder »Treatment Meetings« im Krankenhaus, wenn eine Krankenhauseinweisung anstand; ab 1987 die Bildung fallspezifischer Krisenteams bei Überweisung von Patienten ins Krankenhaus; ab 1990 der Aufbau mobiler Psychoseteams bei allen psychiatrischen Ambulanzen, so dass die meisten psychiatrischen Krisensituationen in der häuslichen Umgebung der Patienten beigelegt werden konnten. Dafür hatten – jedenfalls in West-Lappland – zwischen 1989 und 1998 alle Psychiatriemitarbeiter aus den ambulanten und stationären Einrichtungen entsprechende Fortbildungsmaßnahmen (3-jährige psychotherapeutische, insbesondere familientherapeutische Ausbildung) genossen (vgl. Seikkula, 2002, Seikkula et al., 2003).

- Offene Dialoge bei akuten Psychosen

Da der »Need-adapted Treatment Approach« im Schlusskapitel (Kap. 4) unter dem Aspekt der Integration von systemischen und subjektorientierten Vorgehensweisen noch einmal aufgegriffen wird, beschränkt sich die Darstellung in diesem Abschnitt auf die kreative Fortentwicklung dieses Ansatzes durch Jaakko Seikkula. Wie bereits ausgeführt (unter Punkt 3.6.2, S. 287 ff.), wird nach Seikkula in den Therapieversammlungen ein *systemisch-narratives Vorgehen* mit Betonung des dialogischen Prinzips unter Einbezug reflektierender Positionen (nach Tom Andersen) umgesetzt, das sich gerade bei akuten psychotischen Krisen als besonders hilfreich erweist. Vorausgesetzt wird dabei, dass die Mitarbeiterinnen des Krisenteams jegliche Veränderungserwartungen an die Klientenfamilie oder andere Beteiligte hintanstellen.

Bei akuten Psychosen (die generell als Krisen definiert werden!) wird – unabhängig von der jeweiligen Diagnose – das Standardverfahren der akuten Krisenhilfe in die Wege geleitet: Geht eine Meldung über eine entsprechende Krisensituation an irgendeine psychiatrische Einrichtung, wird ein Krisenteam (Psychoseteam) aus zwei bis drei Personen gebildet, das die Verantwortung für die gesamte Behandlungssequenz übernimmt. Je nachdem, ob sich die Klientin bereits im Krankenhaus befindet (z. B. auf gesetzlicher Grundlage eingewiesen), eine Krankenhausbehandlung bevorsteht oder eine solche nicht in Betracht kommt, wird das Krisenteam aus ambulantem und stationärem Personal (z. B. ein Klinikpsychiater, eine Psychologin von der psychiatrischen Ambulanz und eine Sozialarbeiterin von der psychosozialen Beratungsstelle) oder nur aus Mitarbeiterinnen verschiedener ambulant-psychiatrischer Einrichtungen zusammengestellt. Dem mobilen Team obliegt dann die Einladung aller relevanter Beteiligter, egal ob die Therapieversammlungen – vorzugsweise – bei dem Klienten zu Hause oder – nötigenfalls – im Krankenhaus stattfinden. Wenn ein Klient selbst um stationäre Behandlung ersucht, erfolgt das erste »Behandlungstreffen« vor deren Beginn, im Falle einer Zwangseinweisung am Tag nach der Krankenhausaufnahme.

In den »Treatment Meetings« nehmen die Klientinnen (mitsamt aller anderen Beteiligten) an der Erkundung des Problems und an der weiteren Behandlungsplanung teil. Nach dem Ansatz des »Offenen Dialogs« (s. unter Punkt 3.6.2, S. 287 ff.) geht es nicht darum, die innerpsychische Situation der Betroffenen oder die Besonderheit des Familiensystems zu erfragen, sondern unter allen Beteiligten »einen Dialog zu initiieren, um neue Wörter und eine neue gemeinsame Sprache für die noch nicht in Worte gefassten psychotischen Erfahrungen zu finden« (Seikkula, 2002, S. 141). Durch diese Verfahrensweise sollen – im Sinne einer Ermutigung, das Leben in die eigenen Hände zu nehmen – die psychischen und sozialen Ressourcen der Klienten mobilisiert werden.

Die geltenden Behandlungsprinzipien (vgl. Seikkula, 2002; Seikkula et al., 2003) sind in Tabelle 20 zusammengestellt.

Tabelle 20: Behandlungsprinzipien bei akuten Psychosen – Offener Dialog im Rahmen der bedürfnisangepassten Behandlung

---

Soforthilfe

Innerhalb von 24 Stunden nach der Krisenmeldung durch einen Klienten oder eine andere betroffene Person oder Institution wird das erste Behandlungstreffen arrangiert, an dem der Klient auch in hochakutem psychotischem Zustand teilnimmt. Zusätzlich wird ein Krisendienst »rund um die Uhr« bereitgestellt. Ziel der Soforthilfe ist es, eine Hospitalisierung möglichst zu vermeiden.

Einbeziehung des sozialen Umfeldes – Orientierung im sozialen Netzwerk

Neben der Klientin und ihren Familienangehörigen sowie anderen wichtigen Bezugspersonen ihres sozialen Umfeldes (Nachbarn, Freundinnen, Arbeitskollegen, betreuende Sozialarbeiter, behandelnde Ärzte) werden auch Vertreter staatlicher Behörden (Arbeitsamt, Krankenversicherung o. Ä.) eingeladen. Ziel ist die Mobilisierung von Unterstützung für die Klientin und die Familie.

Flexibilität und Mobilität

Die Behandlung wird den spezifischen Erfordernissen des jeweiligen Falles angepasst. Mit Zustimmung der Familie werden die Therapieversammlungen in der häuslichen Umgebung abgehalten.

Verantwortlichkeit

Krisennotrufe werden sofort übernommen und nicht weitervermittelt. Der zuerst kontaktierte Mitarbeiter ist für die Organisation der ersten Therapieversammlung zuständig, in deren Verlauf über die Art der weiteren Behandlung entschieden wird. Das gebildete Team übernimmt dafür dann gemeinsam Verantwortung.

Kontinuität der psychologischen Betreuung

Für die gesamte Dauer der Behandlung, sowohl in stationären wie in ambulanten Behandlungsphasen, bleibt das Team zuständig und verantwortlich. Auch die Angehörigen oder andere Personen des sozialen Netzwerks werden während der gesamten Behandlungszeit (die zur Bewältigung einer akuten psychotischen Krise 2 bis 3 Jahre dauern kann) in die Therapieversammlungen weiter mit einbezogen, auch wenn ansonsten andere Therapiemethoden gewählt wurden.

Toleranz gegenüber Ungewissheit – Ertragen von Unsicherheiten und offenen Fragen

Um ein Sicherheitsgefühl und Vertrauen in den gemeinsamen Bewältigungsprozess aufbauen zu helfen, müssen in den ersten 10 bis 12 Tagen tägliche Versammlungen stattfinden. Danach erfolgen weitere gemäß Absprache mit dem Netzwerk. Zwar wird in jedem Treffen besprochen, ob und wann das nächste stattfinden soll, aber zur Vermeidung vorschneller Entscheidungen wird keine detaillierte Behandlungsvereinbarung geschlossen, denn es gibt keine Gewissheiten.

Dialogcharakter der Behandlung – »Dialogismus«

Der Schwerpunkt liegt auf der Förderung des Dialogs und erst an zweiter Stelle auf der Förderung von Veränderungen, die beim Klienten oder seiner Familie angezeigt wären. Primär gilt es, einen Dialog in Gang zu setzen und aufrecht zu erhalten. Über den Dialog könnten sich die Betroffenen in der Auseinandersetzung mit ihren Problemen neue Handlungsmöglichkeiten erschließen und ein neuartiges gegenseitiges Verständnis entwickeln. Der Ansatzpunkt ist die Sprache der Familie, das heißt wie die Familienmitglieder ihre Probleme in ihrer eigenen Sprache formulieren. An diese sprachlichen Formulierungen hat sich das Psychoseteam anzupassen. Dabei werden psychotische Halluzinationen oder Wahnideen als »eine Stimme unter anderen« akzeptiert und (anfangs) nicht in Frage gestellt.

Unter dem Gesichtspunkt des *Offenen Dialogs* als dem »koordinierenden Faktor der klinischen Praxis« benennt Seikkula (2002) drei Funktionen der Therapieversammlungen:

– Zum einen wird durch das Sammeln von Informationen (z. B. über das Zusammenleben der Familie) Raum für gemeinsame Erfahrung geschaffen und erlebensnah in Worte übersetzt.
– Zum Zweiten werden dadurch, dass die Teammitglieder ihre Beobachtungen (z. B. über die Beziehungen zwischen den Familienmitgliedern) untereinander austauschen, verschiedene, vielleicht auch einander widersprechende Sichtweisen eingeführt.
– Zum Dritten wird durch die Reflexion der Gefühle, die das jeweils präsentierte Problem bei den Teammitgliedern hervorruft, ein besseres Verständnis des Problems und seines Kontextes ermöglicht.

Alles wird offen diskutiert. Themen werden für den Dialog nicht vorgeplant und auch die Form des Dialogs nicht. Im Wesentlichen hat das Team die Aufgabe, die Grundlage für ein neues Verständnis zwischen den Teilnehmern zu schaffen. Hierzu nutzt es vor allem den *reflektierenden Austausch* zwischen den Teammitgliedern. Allerdings wird hierfür nicht eigens ein Reflektierendes Team gebildet, sondern zwischen dem Sprechen mit den Beteiligten (Formulierung von Fragen und Kommentaren) und dem Sprechen über sie (reflektierende Diskussion) gewechselt. Gegebenenfalls wird von der Familie (bzw. vom Netzwerk) für die Reflexionsphase des Teams explizit die Erlaubnis eingeholt: »Wir würden diesen Punkt gern mal unter uns diskutieren; es wäre schön, wenn Sie alle uns zuhören und hinterher Ihre Meinung dazu sagen« (vgl. Seikkula et al., 2003, S. 95). Während des reflektierenden Austausches zwischen den Teammitgliedern entsteht für die zuhörenden Familien- oder Netzwerkmitglieder die Möglichkeit, in ihrem eigenen *inneren Dialog* die problematische Situation auf neuartige Weise zu sehen.

Mithilfe der reflektierenden Diskussionen vollzieht sich im Übrigen auch die Behandlungsplanung, zum Beispiel ob Hospitalisierung oder Medikamente oder Einzeltherapie oder Beschäftigungstherapie angezeigt sind, in einem *transparenten Prozess*.

• Praxisbeispiele
Untersuchungen ergaben, dass diese dialogische Behandlungsform erfolgreich ist (bis zu 80 % zeigten nach 2 bis 5 Jahren keine psychotischen Symptome mehr) und Hospitalisierungen vermeiden hilft (s. Seikkula, 2002; 2004; Seikkula et al., 2003; Seikkula u. Olson, 2006). Die entsprechenden Zahlen sollen hier jedoch nicht wiedergegeben, sondern stattdessen einige Praxisbeispiele mit sehr günstigem bis weniger günstigem Ausgang beschrieben werden.

Mit dem Ziel des Offenen Dialogs, eine neue Sprache für die Erfahrungen der Klienten, für die noch keine Worte existieren, zu finden (s. a. unter Punkt 3.6.2,

S. 287 ff.), ist die Auffassung verbunden, dass der »Grund« für psychotisches Verhalten im Rahmen der je aktuellen Interaktion verstanden werden kann: Antwortet die Klientin mit einer psychotischen Äußerung (d. h. z. B. kryptisch, unzusammenhängend, unverständlich) ist das Gespräch über das betreffende Thema für sie im Augenblick noch zu gefährlich (vgl. Seikkula, 2002, S. 155). Hierfür kann dann im reflektierenden Austausch der Teammitarbeiter untereinander eine neue Sprache entwickelt werden, »welche die Welt für den Patienten und sein soziales Netzwerk sicherer macht« (S. 156).

> In einem gelungenen Beispielfall (s. Seikkula, 2002, S. 156–161) wird von einem jungen Mann, namens »Pekka« berichtet, der wegen »paranoider« Ideen (er sei Opfer einer Intrige und mehrere Männer seien hinter ihm her) von seinem Hausarzt an die Klinik überwiesen worden war. Es wurde eine erste Therapieversammlung einberufen, in der der erstkontaktierte Klinikarzt, ferner ein Psychologe von der Klinik und Pfleger das Team bildeten und auf der Klientenseite Pekka und seine Frau Maija beteiligt waren. Während die anfänglichen Antworten und Bemerkungen Pekkas noch psychotischen Charakter hatten, entwickelte sich im gemeinsamen Erzählen über das Geschehene von Maija und Pekka ein »Raum für gemeinsames Erleben«, an dem auch das Team teilhaben konnte. So kam es schließlich zur Beschreibung eines Vorfalls, der acht Jahre zurücklag: Pekka hatte seinen vormaligen Arbeitgeber, einen guten Bekannten, angerufen, um sich von ihm noch nachträglich das Urlaubsgeld zu erbitten, das ihm zugestanden hätte, aber nicht ausgezahlt worden war. Dann stand Weihnachten bevor, Pekka war in großen finanziellen Nöten und er hätte das Geld gebraucht, um seiner Frau und den Kindern Weihnachtsgeschenke kaufen zu können. In dem Telefonat war aber von Erpressung die Rede gewesen, der Arbeitgeber schien das Geld nicht rausrücken zu wollen und bei Pekka brannte dann etwas durch, »die Elektrizität hat geflackert«, »ein schreckliches Durcheinander« . . . Im Gefolge dieser für Pekka extremen Situation hatte er paranoide Gedanken gehabt.
>
> Das Team ließ sich von Pekka und Maija immer mehr Details über das Geschehene berichten, bis bei Pekka auch Emotionen auftauchten, die vielleicht denen ähnelten, die im Zusammenhang mit den ersten Wahnideen standen. Dann wurde eine Reflexionsphase eingeschaltet, in der sich vor allem der Klinikarzt und der Klinikpsychologe in Anwesenheit der anderen miteinander austauschten. Sie sprachen davon, dass Pekka vielleicht ein Mensch ist, der sich mehr um die Angelegenheiten anderer als um seine eigenen kümmert; dass er sich wohl Sorgen gemacht hatte, wie der einstige Arbeitgeber seine Forderung nach dem Urlaubsgeld aufnehmen würde; dass er womöglich zu den Menschen gehört, denen es schwer fällt, ihre Rechte einzufordern; dass das vielleicht von Not und Angst gespeist ist, wenn Pekka so radikal und genau das Geschehene zu erklären versucht . . .
>
> Nach weiterem Gesprächsverlauf kam man zum Ende der Sitzung noch einmal auf die ursprünglich auslösenden Vorfälle zurück. Die Teammitglieder fragten, ob Pekka glaube, dass diese Ereignisse zufällig geschehen oder absichtlich geplant worden seien. Und Pekka antwortete, dass man denken sollte, dass sie zufällig passiert sind und darauf vertrauen, dass sie Zufälle waren. Nach diesem ersten Behandlungstreffen äußerte Pekka keine psychotischen Gedanken mehr und diese Veränderung war von Dauer! »Die

psychotische Erfahrung war in Worte gefasst worden, sodass nach diesem Gespräch keine psychotischen Symptome mehr notwendig waren«, meint Seikkula (2002, S. 161).

Allerdings konstatiert Seikkula (1995) auch, dass es zwar vielfach möglich ist, eine sicherere Konversation zustande zu bringen und in einen »ko-evolutionären Prozess« einzusteigen, aber »in einigen Fällen [. . .] überhaupt nichts erreicht wird, was hilfreich wäre« (S. 186). Hierzu sollen zwei Beispielfälle einander gegenübergestellt werden (nach Seikkula, 1996).

Der eine Fall handelt von Olavi (18), der sich von einer Rettungsorganisation bedroht und gejagt gefühlt hat. Er kam zusammen mit seinem Vater und seinem Bruder zum ersten Gespräch. Da der Vater das Problem mit seiner ersten Äußerung als ein gemeinsames definierte (»wir brauchen Hilfe«), gelang es dem Behandlungsteam leicht, von Anfang an unter allen einen Dialog in Gang zu setzen; monologisierendes Reden kam so gut wie nicht vor. Da überdies die Familie – zu weiteren Treffen sind weitere Familienmitglieder mit hinzu gekommen – stark zusammenhielt, Gefühle der Zusammengehörigkeit zeigte sowie überdies in der Lage war, Gefühle und auch unterschiedliche Meinungen offen auszudrücken, konnte der Dialog gut aufrechterhalten und weiterentwickelt werden, ohne dass allzu viele reflektierende Diskussionen innerhalb das Teams notwendig gewesen wären. Nach vier Monaten konnten die Gespräche erfolgreich abgeschlossen werden; nach 1 ½ Jahren wurde seitens der Familie der Kontakt mit den Profis eingestellt und Olavi galt als »geheilt«.

Im anderen Fall wird von Sakari (21) erzählt, der starke Ängste aufgrund von krassen, Gewalt implizierenden Verfolgungsideen kundtat. Zum ersten Behandlungstreffen kam er allein in die Krankenhausambulanz. Als er auf die Frage, was seinen Vater beunruhige, psychotisch antwortete (»ich hatte Angst, habe mich gestritten mit dieser Art von Typen . . . im Juli fickten sie das Arschloch und taten all diese Dinge«), versäumte es das Team, untereinander eine Reflexionsphase zu dem Thema einzuschieben. Zwar gaben die Teammitglieder Sakaris psychotischer Geschichte viel Raum, aber sie vermochten keinen Dialog herzustellen (kein gemeinsames Verstehen zu erreichen), sondern blieben in den Gesprächen mit Sakari und seiner Familie – später nahmen noch Mutter und Vater an den Treffen teil – eher monologisch. In weiteren Therapiegesprächen kamen die familiären Probleme zum Vorschein (Zerwürfnis der Eltern, verdeckte Konflikte, Alkoholprobleme des Vaters etc.), aber das Team vermochte die gegenseitigen Beziehungen und zuwiderlaufenden Gefühle nicht zu thematisieren. Nach einem halben Jahr Behandlungszeit hatte sich der Prozess so festgefahren, dass Sakaris Einweisung in die Klinik die einzige Alternative zu sein schien. In einem dann noch einmal einberufenen Behandlungstreffen kam es zu einem reflektierenden Gespräch unter den Teammitgliedern zu der Frage, wo Sakari nach dem Klinikaufenthalt hingehen könne: zur Mutter oder zum Vater (der die Familie inzwischen verlassen hatte) oder in seine eigene Wohnung (oder am besten in der Klinik bleiben, meinte schließlich die Mutter). Jedoch »war die Interaktion innerhalb der Familie so schwierig, dass die Diskussion, obwohl sie dialogisch war, keine dauerhaften Lösungen für das Problem liefern konnte« (Seikkula, 1996, S. 12). In der Klinik hat man zwar viel mit Sakari über seine Ängste gesprochen, indes beruhigte ihn das nicht, seine paranoiden Geschichten waren noch wilder und er war auch tätlich gegen einen Stationsarzt geworden. Die dann begonnene neuroleptische Medikation hatte auch keinen schnellen Einfluss auf seine Ängste. Veränderungen ergaben sich jedoch dadurch, dass Vater und Mutter wieder zusammenzogen, in ein größeres Haus. Zwei Jahre nach Beginn der Therapie lebte Sakari bei ihnen (und seiner Schwester) zu Hause. Die Familiengespräche mussten fortgesetzt werden.

Den eher weniger günstigen Verlauf im Falle von Sakari erklärt Seikkula damit, dass hier das Gespräch – auch seitens des Teams – lange Zeit monologisch blieb und ein offener Dialog darüber, wer wann mit wem über welche Themen sprechen kann, schwierig war, da die Familienmitglieder so wenig aufeinander bezogen waren. Dass sich die Familie so »kalt« untereinander gab und die Beteiligten, selbst wenn sie über schreckliche Angstzustände redeten, keine Beklemmungsgefühle zeigten, schien im Laufe des Prozesses erst verständlicher zu werden, als die Konfliktsituation der Eltern offenbar wurde.

In »Fällen zerrütteter Familien, die nicht viel gegenseitiges Zugehörigkeitsgefühl haben«, sei eine reflektierende Diskussion des Teams erschwert, meinte Seikkula (1996, S. 10). Das erkläre auch die »unkoordinierte Arbeitsweise des Teams« im Falle Sakaris, denn »mit einer gespaltenen Familie« sei es »oft unmöglich, eine lebendige reflektierende Diskussion durchzuführen« (S. 13). Da somit dann – im Beispielfall Sakari – das Familiensystem die Handlungen des Teams bestimmte, stagnierte der Prozess (vgl. S. 16).

Meines Erachtens stellt sich hier die Frage, ob man in solchen Fällen nicht besser nach einem provokanteren *systemisch-konstruktivistischen* Verfahren statt rein narrativ-dialogisch vorgeht. Mit den üblichen Methoden der positiven Konnotation, des zirkulären Befragens oder des Reframing ergäben sich dann eventuell bessere Möglichkeiten, das symptomatische Verhalten in seinem interaktionellen und kommunikativen Sinnkontext aufscheinen zu lassen, hierzu alternative Möglichkeitssichten zu erörtern und zu Entscheidungen anzustoßen.

Von Interesse ist in diesem Zusammenhang, dass Jaakko Seikkula für den Therapieprozess eine ähnliche Metapher verwendet wie Fritz Simon mit seinem Bild vom Driften und Navigieren beim Segeln (s. Punkt 3.6.3), – allerdings mit genau gegensätzlicher Implikation! Seikkula (1996) vergleicht psychotische Klienten und ihre Familien mit Menschen, die in einen Fluss gefallen sind und zu ertrinken drohen. Während im »konventionellen« Therapiestil die Rettungsaktionen dann vom Ufer aus in Angriff genommen würden, spränge nach seinem dialogischen Ansatz das Therapieteam selbst ebenfalls in den Fluss, in dem Vertrauen darauf, »dass wir [...] uns an der Oberfläche halten können, indem wir in ständigem Dialog miteinander stehen und dass wir einen geeigneten Platz finden, um ans Ufer zu gelangen« (S. 16). Für Simon bestünde hierbei allerdings die Gefahr, sich den »Unbilden der Strömungen« auszusetzen und womöglich nicht ans Ufer zu gelangen.

Man kann davon ausgehen, dass beide Therapiestile fruchtbringend sind, aber das sanftere *dialogische Vorgehen* vielleicht eher bei bezogenen und emotional präsenten Familien auf fruchtbaren Boden fällt und das coolere *systemisch-konstrukti-vistische Verfahren* bei konfliktträchtigeren (und Gefühle zurückhaltenden Fami-lien) eher angezeigt sein könnte.

• Exkurs: Bezüge des narrativ-dialogischen Ansatzes zur systemische Therapie
Der Ansatz des Offenen Dialogs nach Seikkula wurde hier einfach der systemischen Perspektive zugeordnet und als ein *im Prinzip systemischer Ansatz* der Hilfe bei aku-ten psychotischen Krisen ausgegeben. Es stellt sich jedoch die Frage, ob dies gerecht-fertigt ist. Inwieweit ist der narrativ-dialogische Ansatz überhaupt systemisch? Dass der Offene Dialog durchaus in der Tradition des systemisch-therapeutischen Ansat-zes steht, sich aber auch von diesem weg entwickelt hat, wird in einem Artikel von Seikkula und Olson (2006) noch einmal verdeutlicht. Auf den einst von Bateson (1985) in den Blick gerückten Aspekt der Bedeutung der *Kommunikation* bei Psy-chosen wird in diesem Ansatz zwar ebenfalls zurückgegriffen, jedoch wird hier der Bezug auf die Kommunikation gänzlich anders hergestellt, als dies beispielsweise bei dem ursprünglichen Mailänder Team (s. Punkt 3.2.2) der Fall war. Beim Offenen Dialog mit dem Netzwerk realisiert man eine kommunikative Praxis der *Begegnung von Angesicht zu Angesicht* und orientiert sich dabei an drei Prinzipien, nämlich »To-leranz von Ungewissheit«, »Dialogismus« und »Polyphonie im sozialen Netzwerk«, welche die Prinzipien des ursprünglichen Mailänder Teams, nämlich »Hypotheti-sieren«, »Zirkularität« und »Neutralität« einerseits spiegeln und andererseits trans-formieren (s. S. 184).

Die »Toleranz von Ungewissheit« stellt gemäß Seikkula und Olson quasi das Ge-genstück des systemischen Hypothetisierens dar. Durch häufige Sitzungen und die Qualität des Dialogs (Sicherheit herstellen durch Zuhören und Antworten auf eines jeden Stimme und Standpunkt) könne Ungewissheit (z. B. hinsichtlich der Frage: »Was sollen wir tun?«) toleriert und auch mit den der Krisensituation innewohnen-den Ambivalenzen umgehen gelernt werden. »Hypothesen werden vermieden, weil sie Menschen zum Verstummen bringen und die Möglichkeit eines natürlichen Wegs zur Entschärfung der Krise stören« (S. 188, zit. nach Andersen).

Zur Verringerung der Isolation des Psychosebetroffenen und seiner Entfremdung von den gemeinsamen kommunikativen Praktiken wird ein Dialog aufgebaut, bei dem es nicht um zirkuläres Befragen, sondern nach dem Konzept des »Dialogis-mus« primär – als das Wichtigste – um Zuhören und darauf Antworten geht. Der Sinn, die Bedeutung der psychotischen Episode werde demnach im *sprachlichen Austausch* erzeugt (vgl. S. 189). Zugleich wird mit dem Prinzip der Vielstimmigkeit (»Polyphonie«) allen Stimmen Raum gegeben und einfach Wert darauf gelegt, eine Vielzahl von Ausdrucksweisen hervorzurufen. Meines Erachtens wird auch auf die-se Weise – ähnlich wie beim systemisch-konstruktivistischen Ansatz – *neue Infor-mation* im System generiert, jedoch ist keinesfalls intendiert, »nützlichere Wirklich-keitssichten« zu streuen und deshalb verwahrt man sich auch davor, entsprechende (zirkuläre) Fragen zu stellen.

Anstelle eines distanzierten und objektivierenden Blicks auf die Familie, der bei denjenigen systemischen Modellen, welche die Spielmetapher benutzen, gegeben sei, und anstelle der damit einhergehenden Neutralitätsforderung (damit man sich nicht in die Spiele der Familie hineinziehen lasse) setzt man im Offenen Dialog auf *Partnerschaft* aller miteinander. Ferner wird der Kommunikation der am meisten »gestressten« Person die größte Aufmerksamkeit gewidmet, das heißt deren »Worte und Bedeutungen [werden] zum Fokus des Dialogs« (S. 189). Schließlich wird die Therapie als ein »gemeinsam geschaffener Prozess konzipiert« (S. 187), dessen Wirkung »aus dem Effekt des Dialogs in einem sozialen Netzwerk [entsteht], in dem neue Worte und Geschichten zum bisher üblichen Diskurs hinzukommen« (S. 190).

Es scheint somit, als habe sich der narrativ-dialogische Ansatz der Netzwerkarbeit zwar immer mit Bezug auf die wichtigsten Prinzipien der systemischen Therapie, aber in allen Fällen auch in Differenz zu ihnen entwickelt.

Suizidale Krisen und Krisenintervention
Die Umsetzung einer bedürfnisangepassten Behandlung, wie soeben beschrieben, hätte eine grundsätzliche Umorganisation des psychiatrischen Behandlungssystems zur Voraussetzung, welche zur Zeit in Deutschland nicht abzusehen ist (s. a. Kap. 4). Dennoch gibt es in der derzeitigen psychosozialen Praxis – zwar in beschränkterem Rahmen, aber immerhin – auch hierzulande Möglichkeiten systemischer Krisenintervention angesichts von Krisensituationen sowie spezielle systemisch arbeitende Krisenzentren.[35] Großenteils liegt das Augenmerk dabei allerdings weniger auf akut psychotischen Krisen als vielmehr auf suizidalen Krisen, mit denen man in der psychiatrisch-psychosozialen Praxis aber auch nicht selten konfrontiert ist. Da einschlägige Konzepte zum Thema »Krise und Krisenintervention« bereits im zweiten Kapitel behandelt worden sind (Punkt 2.2.2), beschränkt sich die Darstellung in diesem Abschnitt auf einige charakteristische Aspekte systemischen Vorgehens.

In systemisch-konstruktivistischer Manier umfasst eine Krisenberatung oder Krisenbegleitung nach Boxbücher und Egidi (1996, S. 23 f.) neben der üblichen Kontext- und Auftragsklärung (d. h. hier unter anderem auch: auslösendes Moment und akuter Anlass der Krise; Problemsystem; Gefahreneinschätzung) die folgenden Schritte:
– Rekontextualisierung und Umdeutung der Krise,
– Ressourceneruierung (auch: hilfreiche Personen und deren Erreichbarkeit, bisher erlebte Krisen und deren Bewältigung),
– Gestaltung des Lösungsraums und
– Abschluss der Krisenbegleitung (Neubewertung der Krise und Vorausschau auf künftige Krisenbewältigung).

---

35 Zum Beispiel schon seit Anfang der 1980ger Jahre in Dortmund-Hörde mit einer ambulanten Beratungsstelle und einer Station mit fünf Betten im Allgemeinkrankenhaus (vgl. Deppe, 1996).

Hinsichtlich der Dynamik suizidalen Verhaltens könnte sich die systemische Beratungsarbeit gemäß Lauterbach (1996) an zwei sich ergänzenden Modellen orientieren:

1. Beschreibung der Muster und Wirklichkeitskonstruktionen im (aktuellen) Kontext selbsttötenden Verhaltens sowie
2. Beschreibung familiensystemischer Zusammenhänge, betreffend die in einer Familie manchmal über mehrere Generationen gültigen Überlieferungen zur Frage von Leben und Tod, die möglicherweise einer Selbsttötung einen Sinn zuweisen könnten.

Mit Bezug auf das erste Modell empfiehlt es sich, mit Strategien, welche die »Eskalationskreisläufe unterbrechen«, die »Ressourcen des Systems mobilisieren« und »eine Fokussierung auf die Lebenskräfte fördern«, auf einer »deutlich lösungsorientierten Ebene zu arbeiten« (S. 46 f.). Wenn dies schlecht gelingt, wäre unter Beachtung des zweiten Modells anzunehmen, dass »von der Familie eine auf Tod hinzielende Dynamik gestaltet wird, die dieser ersten Ebene von Lösungsversuchen nicht zugänglich ist« (S. 47). Es geht dann um – oft transgenerationale – Themen wie Schuld, Sühne, Ausgleich oder Opfer. Gemeinsames Hypothesenbilden darüber, ob und wie das für die Familie Sinn machen könnte, dass die Klientin gerade zu diesem Zeitpunkt an Selbsttötung denkt, sowie eine gemeinsame Suche nach Lösungswegen (aus der Dynamik heraus) könnten hier hilfreich sein.

Richtschnur für die Krisenberatung wird selbstverständlich die Fokussierung auf das Leben (statt auf den Tod) sein, auf die Kraft, sich nicht umzubringen, auf die Kräfte in der Familie oder des Klienten, die bislang (auch in vergangenen Krisensituationen) das Leben erhalten und gesichert haben. Ziel der Krisenbegleitung ist es, einen erweiterten Horizont von Handlungsmöglichkeiten aufzuzeigen. Ziel ist jedoch nicht die direkte Verhinderung von Selbsttötung (!), vielmehr geht es um »das Öffnen oder Offenhalten von Entscheidungsmöglichkeiten« (S. 50). Wird ein Suizid direkt zu verhindern (oder auszureden) versucht, kann das für den Suizidanten lebensgefährlich sein (vgl. Lauterbach, 1996). Unter diesen Gesichtspunkten wird von der Krisenberaterin aus systemischer Warte eine Haltung *engagierter Neutralität* gefordert unter Achtung der Entscheidungen der Klienten, wie immer sie ausfallen mögen.

»Meine Erfahrung ist die, dass je deutlicher mir in der therapeutischen Situation klar war, dass ich auch die Selbsttötung eines Klienten achten könnte als Teil meines Respekts vor seiner Autonomie, um so eher waren die Ambivalenzen zwischen Leben und Tod auszuloten, um so eher entwickelten Patienten und ihre Familien Lösungswege«, schreibt Matthias Lauterbach (1996, S. 53).

Auch wenn es um die Ambivalenz zwischen Leben und Tod geht, die das zentrale Thema der suizidalen Krisenbegleitung darstellt, hat der systemische Krisenbegleiter die Position eines *Anwalts der Ambivalenz* einzunehmen: Was spricht für das Weiterleben, was spricht für das Sterben? Zweifellos handelt es sich hierbei um eine Gratwanderung, da die Überakzentuierung sowohl der einen wie auch der anderen

Seite für den weiteren Lösungsprozess nachteilig sein könnte. Im Weiteren ist aus dem systemisch-therapeutischen Methodenrepertoire auch das *zirkuläre Fragen* in der Krisenberatung nützlich, da es »einen öffnenden Effekt« hat und – unter der Voraussetzung, dass man an die Werte des Systems anknüpft – zur »Öffnung der Geschichten« beiträgt (vgl. S. 59). Die Erschließung von Ressourcen, die Erzeugung neuer Wirklichkeitssichten, welche neue Aspekte in den Entscheidungsprozess zwischen Leben und Tod einführen sowie die *Induzierung lebendiger Zukunftsbilder* (S. 56) schließen sich an.

Diese Prinzipien der systemischen Krisenintervention sind selbstverständlich gleichermaßen gültig, wenn *Psychoseerfahrene* suizidales Verhalten zeigen oder sich entsprechend krisenerschüttert äußern. In der psychiatrisch-psychosozialen Praxis wird allerdings auf die Äußerung von Selbsttötungsabsichten durch Klienten oft allzu schnell mit Akten sozialer Kontrolle (z. B. Zwangseinweisung aufgrund von Selbstgefährdung) reagiert. Manchmal und weniger vorschnell mag dies – auch aus systemischer Sicht – durchaus unumgänglich sein. Dann aber muss dem hierfür Verantwortlichen (z. B. der Mitarbeiterin des Betreuten Wohnens, die diesen Schritt einleitet) bewusst sein, dass hiermit der Bereich von Begleitung und Beratung verlassen wird und dies muss auch dem Betroffenen als markanter Einschnitt entsprechend verdeutlicht werden (s. a. Punkt 3.5). Andernfalls bestünden kaum gute Chancen, im Nachhinein noch einmal auf einer vertrauensvollen Beratungsebene miteinander ins Gespräch zu kommen, um die Krisenerfahrung »aufzuarbeiten« (s. a. Deppe, 1996). Bevor man eine Zwangseinweisung einleitet, sollten zuvor grundsätzlich die Möglichkeiten der suizidalen Krisenbegleitung ausgelotet werden, gegebenenfalls über die Einbeziehung entsprechender Krisendienste. Denn »die aktiv intervenierende Suizidverhütung greift zu kurz und ist nur im Rahmen sozialer Kontrolle als lebensrettender Zwischenschritt erlaubt«, stellt Lauterbach fest (S. 50). Und für den Klienten ergibt sich die Gefahr, dass »das suizidale Interaktionsmuster unverändert abrufbar« bleibt, wenn »zuviel Verantwortung für das Überleben an die Außenstehenden delegiert« wird (S. 51; s. ähnlich Deppe, 1996, S. 191 f.).

3.7.4 Systemischer Blick auf gemeindepsychiatrische Handlungsfelder

Es versteht sich fast von selbst, dass das systemische Vorgehen den jeweiligen Handlungsfeldern im Psychiatriebereich, sei es eine Klinikstation, sei es ein Wohnheim, seien es ambulante oder komplementäre gemeindepsychiatrische Dienste oder Einrichtungen, angepasst werden muss. Im Folgenden sollen hierzu einige Aspekte systemischer Blick- und Vorgehensweisen nur für zwei Handlungsfelder beschrieben werden: für Sozialpsychiatrische Dienste und für den Bereich der Arbeitsrehabilitation.[36]

---

36 Systemische Blicke auf das Vorgehen in anderen Handlungsfeldern wären nachzulesen: Für *psychiatrische Wohnheime* siehe z. B. Schweitzer et al. (in Schweitzer u. Schumacher,

Systemisch inspirierte Arbeit in Sozialpsychiatrischen Diensten

Das Handlungsfeld Sozialpsychiatrischer Dienste (SpDienste) war bereits im zweiten Kapitel (Punkt 2.2.3) betrachtet worden; dort wurden aber die *behördlichen* SpDienste in den Blick genommen. Es war festgestellt worden, dass speziell bei den erforderlichen Kriseninterventionen, die zum hoheitlich-eingreifenden Aufgabenbereich eines behördlichen SpDienstes gehören, ein systemisches Vorgehen angebracht wäre. Hier nun gilt es, einige systemische Arbeitsweisen für das Arbeitsfeld der *nicht-behördlichen* SpDienste vorzustellen. Da sich diese Dienste eher auf den helfend-beratenden Bereich beschränken können und ihnen keine hoheitsrechtlichen Aufgaben, wie die Einleitung von Zwangseinweisungen, zufallen, stellt sich die Frage, inwieweit hier ein systemisches Vorgehen überhaupt vonnöten ist.

Bezug genommen wird auf Berichte über ein Praxisforschungsprojekt mit dem Sozialpsychiatrischen Dienst in Stuttgart-Freiberg (Armbruster, 1998; Schweitzer, Armbruster, Menzler-Fröhlich, Rein u. Bürgy, 1995).

Die nicht-behördlichen SpDienste hätten den Auftrag, »die Dauer und die Häufigkeit stationärer Hospitalisierungen zu reduzieren«, bei »chronifizierten Lebens- und Beziehungskonflikten Veränderungen anzuregen« sowie »KlientInnen langfristig von (sozial)-psychiatrischen Hilfsangeboten unabhängig zu machen« (in Schweitzer u. Schumacher, 1995, S. 156). Eine besondere Problemgruppe (ggf. »Sorgenkinder« eines SpDienstes) stellen hierbei die »Neuen Chroniker« dar, die sich dadurch auszeichnen, dass sie ihren Alltag (Wohnen, Arbeiten, Freizeit) vorwiegend im gemeindepsychiatrischen Versorgungsbereich verbringen und wenig Kontakt mit Menschen außerhalb dieses Bereichs haben, ferner, dass sie dauerhaft neuroleptische Medikamente einnehmen und immer mal wieder (»häufig intermittierend«) psychiatrische Klinikaufenthalte in Anspruch nehmen (vgl. S. 157). Aus der genannten Auftragslage und den wahrgenommenen Problemstellungen ergibt sich, dass in diesem Handlungsfeld die schon genannten systemischen Umgangsweisen mit Chronizitätsproblemen zum Zuge kommen.

Systemisch inspirierte psychiatrisch-psychosoziale Praxis sollte diesen Klientinnen zumindest dazu verhelfen, mehr Autonomie gegenüber dem professionellen Versorgungssystem zu gewinnen sowie Ideen in Richtung einer Entpathologisierung zu erzeugen. Dies kann erreicht werden, beispielsweise durch

1. das probeweise Durchspielen alternativer Ideen über ihre Vergangenheit und Zukunft,

2. Möglichkeiten der Konstruktion eines »normalen« statt eines pathologischen Selbstbildes, aber auch

3. Wertschätzung des Psychiatriepatienten-Status als sinnvolle Entscheidung in der

---

1995); für *Kontakt- und Beratungsstellen* bzw. *Begegnungsstätten* siehe z. B. Stindl-Nemec (2001); für das *Krankenhaus* bzw. eine *Klinikstation* siehe z. B. Keller sowie Deissler und Keller (in Greve u. Keller, 2002); für den Aspekt von *Vernetzung und Kooperation* im gemeindepsychiatrischen Verbund siehe z. B. Greve (in Greve u. Keller, 2002).

Ambivalenz zwischen »gesund« und »krank« (vgl. Schweitzer u. Schumacher, 1995, S. 161).

Zum systemischen Handwerkszeug gehören in diesem Handlungsfeld auch die Methoden des »Mitgehens« und des »Dagegengehens«, die bereits genannt wurden (s. Punkt 3.7.3).

Das *Dagegengehen* hat meines Erachtens keinen klar erkennbaren systemischen Impetus. Es ist damit gemeint, dass bei belästigendem oder schädigendem Verhalten von Klienten auf die Einhaltung sozialer Normen und angemessener Umgangsformen gedrungen und ihnen entsprechende Selbstverantwortung zugemutet wird. Das entspricht durchaus der auch sonst üblichen, also der nicht-systemischen, sozialpsychiatrischen Arbeitsweise.

Das *Mitgehen* mit pathologisierten Ideen und Verhaltensweisen oder mit Krankheits- und Leidensbekundungen von Klientinnen hat demgegenüber mehr systemischen Pfiff. Es geht darum, exotische, skurrile, verrückte Verhaltensmuster (im einen Fall, s. 1.) oder zermürbende Klagemuster (im anderen Fall, s. 2.) nicht passiv-resignativ hinzunehmen, sondern aktiv zu bejahen, anzuerkennen, vielleicht zu verstärken und sie mit dem jeweiligen Klienten weiterzuentwickeln, gegebenenfalls zu steigern. Den professionellen Helfern wird nahegelegt, das scheinbar verrückte, mitunter nervtötende Verhalten quasi »psychiatriefrei aufblühen« zu lassen (S. 164), statt es einzudämmen zu versuchen. Hierfür seien zwei Fallbeispiele genannt (s. in Schweitzer u. Schumacher, 1995):

> Für den einen Fall sei das Beispiel des Herrn V. (48) genannt, der in einer ambulant betreuten Wohngemeinschaft nachts mit Gott über seine Aphorismen diskutierte, über die er ein Buch zu schreiben gedachte. Zwar kamen dabei keine leserlichen Produkte heraus, aber Herr V. war aufgrund seiner nächtlichen aufreibenden Arbeiten tagsüber grundsätzlich völlig erschlagen und für nichts zu gebrauchen. Anstelle der erfolglosen Bemühungen, ihn von seinen nächtlichen Schreibversuchen abzubringen, fruchtete die Strategie des »Mitgehens«: Er wurde explizit in seinem Buchprojekt unterstützt, erfuhr hierfür Anerkennung, Bewunderung und Beratung für die geplante Veröffentlichung. Tatsächlich kam dann eine Leseprobe, sogar eine Veröffentlichung, dabei heraus und Herr V. konnte mit seinem großen Werk etwas lockerer umgehen und in der Folgezeit mehr schlafen und tagsüber für anderes Zeit haben (vgl. S. 165).

> Für den anderen Fall ist das Beispiel der Frau I. (49) einschlägig, die davon überzeugt ist, schwer krank zu sein und bald sterben zu müssen, da mit ihrem Blut etwas nicht stimme. Das Schlimmste sei, dass niemand ihr glaube, wie krank und schwach sie sei. Bemühungen, sie aus ihrem Kreislauf von Klagen und Leidensbekundungen herauszuführen, gelangen kaum. Das »Mitgehen«, die ausdrückliche Anerkennung der Tragik ihres Schicksals und der Unabänderlichkeit ihres Leidens sowie die Vermittlung, dass man ihr glaubt, wie krank sie ist, führten nach einigen Monaten zu einer deutlichen Stabilisierung und einer Verminderung des Klageredens.

Des Weiteren gehört zur systemischen Handwerksliste der Arbeit in einem solchen

Dienst die so genannte *Zukunftsberatung,* die jedenfalls breiteren Raum als das Sprechen über die Vergangenheit einnehmen sollte (vgl. S. 174 f.). Ein Aspekt davon ist, mit einer neugierig interessierten Haltung, die »Chronikerzukunft« als Option mit dem Klienten durchzuspielen und – mehr noch – die Möglichkeit einer solchen »Laufbahn« (Chronikerkarriere) bewusst zu planen. Dadurch wird sie zu einem Weg, für oder gegen den man sich mit größeren Freiheitsgraden entscheiden kann. Auch das *»Bremsen schneller, angstbesetzter Veränderungen«* (S. 178), das zum Bestandteil des üblichen systemischen Repertoires gehört, ist in diesem Handlungsfeld angesagt (s. a. Tabelle 19, S. 308). Statt zum Vorwärtsgehen in Richtung Gesundheit anzutreiben, gelte es, Entscheidungsfindungen nicht zu forcieren, sondern die Möglichkeit, sich in ambivalenten Situationen einfach nicht zu entscheiden, aufzuwerten.

Im Hinblick auf die Betreuungsdichte wird vorgeschlagen, dass die Mitarbeiter ihre *Beziehungsangebote* von der Präsentation der psychischen Erkrankung seitens der Klientinnen (bzw. ihres Leidens oder der Schwere der Symptomatik) abkoppeln. Das heißt zum Beispiel, Betreuungskontakte nicht in symptomfreien Zeiten seltener und in symptomreichen Zeiten häufiger werden zu lassen; aber neben Betreuung oder Beratung womöglich extra Kontaktangebote zum »Klön-Schnack« zu machen, damit auch den puren Kontaktbedürfnissen der Klienten entgegengekommen werden kann. *Familienberatungen* in systemischer Manier kamen – laut Bericht – eher selten zum Zuge. Das liegt daran, dass Familienangehörige entweder nicht verfügbar sind oder nicht mitmachen.

Arbeitsrehabilitation in systemischer Perspektive
Der Bereich der beruflichen Rehabilitation liegt an der Schnittstelle zwischen Psychiatrie und Arbeitswelt. Anders gesagt handelt es sich um eine Übergangszone in einem Grenzgebiet, in dem sich sowohl die Reha-Mitarbeiterinnen als auch die Rehabilitanden bewegen und die unterschiedlichen Aufgaben, Aufträge, Erwartungen und Anforderungen, die aus den zwei verschiedenen Welten stammen, balancieren müssen. Angestrebt ist, dass die Rehabilitandinnen »Grenzüberschreitungen« von der psychiatrischen Welt in die Arbeitswelt erproben, während ihnen zugleich die Option offen bleibt, bei psychischen Krisen in die psychiatrisch-psychosoziale Betreuungswelt zurückzukehren. Der »kleine Grenzverkehr« ist dadurch gekennzeichnet, dass die Klienten die eine Welt (Psychiatrie) noch nicht ganz verlassen und die andere (Arbeitswelt) noch nicht ganz erreicht haben. Nicht nur gelten auf beiden Seiten verschiedene Maßstäbe der Verhaltenseinschätzung, auch herrschen unterschiedliche Sprachen (psychosozial-therapeutisch versus betriebsbezogen untherapeutisch) und Zeitvorstellungen (lange Weile versus Leistungszeit) vor, wie auch Unterschiede in der Orientierung an der Vergangenheit respektive an der Zukunft (vgl. Lauterbach, 1995).

In dieser Zwischenwelt der beruflichen Rehabilitation kommt es oft schon beim Eintritt in den Arbeitsbereich zu einem »krisenhaft zugespitzten Auspendeln von Ambivalenzen« (S. 220), da mit den eingeleiteten Schritten auf der »Arbeitsachse«

der Verlust der bisher geschützten Situation droht. Mehr noch spitzt sich dieser *Ambivalenzkonflikt* für die Rehabilitanden nach meiner Erfahrung dann zu, wenn sich mit erfolgreichem Fortgang der Rehabilitation eine Perspektive in Richtung allgemeiner Arbeitsmarkt abzeichnet. Diese Aussicht bedeutet, sich um den Preis des Aufgebens der bisherigen – Sicherheit gebenden – Arrangements in die ungeschützte Welt der Erwerbstätigkeit begeben zu sollen. Verbunden sind damit oftmals Ängste, Verantwortung für das weitere Leben übernehmen zu müssen. Durch die Produktion einer Krise kann diese Entwicklung – früher oder später – gestoppt oder zumindest aufgeschoben werden.

> Im Gefolge guter rehabilitativer Ergebnisse in der Druckerei einer Trainingswerkstätte für »psychisch Kranke« hatte Herr M. (24) die Möglichkeit genutzt, dort auch eine Druckerlehre zu machen. Diese verfolgte er mit Ehrgeiz und Tüchtigkeit. Der erfolgreiche Abschluss der Lehre war für ihn indes ein Fiasko. »Es ist eine Welt zusammengebrochen«, sagte er unmittelbar nach der letzten bestandenen Prüfung. Bewerbungen um Stellen auf dem allgemeinen Arbeitsmarkt kamen für ihn nicht in Frage und er wollte sich hierbei auch nicht unterstützen lassen. Vorübergehend konnte er in der Reha-Werkstatt weiterarbeiten, zeigte sich dort nun aber unfähig, mit den einfachsten Maschinen umzugehen, und produzierte nur noch Ausschuss, so dass ihm der Betriebsleiter Arbeitsverbot erteilen musste. Die Alternative zum allgemeinen Arbeitsmarkt bestand in einem Platz in einer Behindertenwerkstatt, in der vornehmlich geistig Behinderte beschäftigt waren, die Herrn M. »zuwider« waren.

Angesichts solcher akuter Konflikte mit der Verantwortungsübernahme empfiehlt es sich, in der psychosozialen Arbeit mit den Klientinnen nach systemisch-konstruktivistischer Manier die Ambivalenzen zu verdeutlichen und zu bestärken, um Entscheidungsoptionen zu schaffen und Entscheidungen anzustoßen (bis hin zur Entscheidung, sich nicht zu entscheiden). Statt auf der Seite der Anforderungen den Druck zu erhöhen (in Richtung Vorangehen), ist es dabei oft nützlicher, die Vorteile des Scheiterns zu akzentuieren (in Richtung Zurückgehen). Überdies gälte es, die Pole zwischen dem »Nicht können« und dem »Nicht wollen« auszuloten (vgl. Lauterbach, 1995).

Daneben sind aber auch die *familiensystemischen Zusammenhänge* zu beachten, die oftmals den Kontext einer Krise (ausgelöst z. B. durch Veränderungen des Arbeitsstatus eines Klienten) bilden. Hierzu wird von Christiane Haerlin (1987) ein eindrückliches Beispiel geschildert:

> Es geht um Herrn Keller (27), der kurz vor seinem Eintritt in das berufliche Trainingszentrum einen sich über anderthalb Jahre erstreckenden Klinikaufenthalt hinter sich hatte und in den Jahren davor bis zu acht Krankenhausaufenthalte aufgrund »schwerer« psychotischer Symptome mit Wahn- und Größenideen. Die erste »psychotische Erkrankung« hatte sich im Alter von 17 Jahren gezeigt und vermutlich im Zusammenhang mit dem Sterben der Großmutter, die mit im Haus der Familie gelebt und diese unterstützt hatte, gestanden. Die zweite psychotische Krise war im Gefolge des Todes des »väterlich wirkenden« Bäckermeisters, bei dem Herr Keller nach Abschluss seiner Bäckerlehre zwei Jahre gearbeitet hatte, eingetreten. Da die Bäckerei dann aufgelöst

worden war, hatte Herr Keller damals auch seine Stelle verloren. In der Folgezeit wechselten sich kurzfristige Arbeitstätigkeiten in Brotfabriken oder Bäckereien, aus denen er entlassen wurde oder die er selbst kündigte, mit längeren Klinikaufenthalten ab. Während der ganzen Zeit war er bei seinen Eltern zuhause wohnen geblieben (wenn er nicht gerade in der Klinik war).

In der beruflichen Trainingsmaßnahme (Arbeitsbereich: Küche, Kantine, Hauswirtschaft) widmete sich Herr Keller in den ersten zwei Monaten durchaus eifrig und offensichtlich auch ganz gern den Reinigungstätigkeiten (Tische säubern im Speisesaal, Geschirr abspülen etc.), wenn auch sein Arbeitsverhalten zwischen »aktiven Tagen«, an denen er konzentriert arbeitete und »zerfahrenen Tagen« schwankte. Auf diese Schwankungen angesprochen, äußerte er, dass er – wenn er abwesend wirke – sehr häufig an seine Mutter dachte und Sehnsucht nach ihr habe und/oder sich an die Kritik seines Vaters erinnere, dass er zu rechter Arbeit nicht tauge. Um diese Gedanken loszuwerden, helfe es ihm aber, sich auf die Reinigungsarbeiten zu stürzen.

In der wöchentlich tagenden Backgruppe zeigte sich Herr Keller demgegenüber zunächst sehr zurückhaltend und hatte Scheu, seine berufsfachlichen Kompetenzen dort einzubringen. Das änderte sich im Laufe der Zeit aber erheblich. Er übernahm schließlich die Planung und Durchführung der Backrezepte, leitete diesbezüglich auch andere an und übernahm den Verkauf der Kuchen im Kiosk. Mit weiteren Fortschritten im Verlaufe weiterer Monate kam es schließlich zu einem Einschnitt: Wegen Planungsfehlern musste manches Backwerk weggeworfen werden (vor den Backtagen ließ Herr Keller sich nun plötzlich telefonisch von seiner Mutter Anweisungen für Rezepte durchgeben), auch beim Kuchenverkauf erhöhte sich die Fehlerquote und manchmal tauchte er erst mittags bei der Arbeit auf. Zudem äußerte er »wahnhafte Vorstellungen über seine Zukunftsperspektiven«.

Gespräche mit ihm und seiner Familie erbrachten folgende Zusammenhänge: Für die Bäckerlehre (die er ja einst mit Unterbrechung erfolgreich zum Abschluss gebracht hatte) hatte er sich auf Wunsch der Mutter entschieden; die Ausübung dieses Berufs blieb für ihn jedoch ambivalent besetzt. Die Mutter (aus »bodenständiger Handwerkertradition« stammend) hatte in ihren Sohn die Hoffnung gesetzt, als Bäckermeister erfolgreich zu sein und einen eigenen Betrieb aufzubauen (und wünscht sich dies im Grunde immer noch von ihm). Der Vater hat Zeit seines Lebens als Hilfsarbeiter auf dem Bau gearbeitet. Er war/ist skeptisch hinsichtlich der Arbeitstauglichkeit seines Sohnes und fordert, dass der erst mal richtig arbeiten lernen soll, bevor er »höhere Ziele des Bäckerhandwerks« im Kopf hat.

Der Sohn nun, Herr Keller, scheint sich in einem Loyalitätskonflikt zu befinden: Wenn er den Berufswünschen seiner Mutter nachkäme, hätte er Schuldgefühle, damit seinen Vater beruflich zu überflügeln und ihn zu demütigen. Mit der Psychose fand er eine Lösung, den Berufswünschen seiner Mutter zumindest im Wahn entgegen zu kommen (in allen seinen psychotischen Episoden hatte er Wahnideen, die sich um die Übernahme großer Geschäfte kreisten) und sich zugleich als »psychisch Kranker« vom Status her dem Vater unterzuordnen. In der Reha-Maßnahme konnte er seinem Vater beweisen, dass er sich nicht »zu fein« fühlt, einfache Reinigungstätigkeiten auszuführen und dass er zupacken kann. Qualifizierte Backtätigkeiten zu übernehmen, war ihm anfangs nicht genehm. In dem Maße aber, wie er auf diese Schiene kam und sich mehr und mehr Erfolge im Backhandwerk abzeichneten, spitzte sich der Konflikt wieder zu. Seine Fantasien kreisten um den Meisterbrief und den Aufbau eines eigenen Geschäfts; das Arbeitstraining hielt er für vergeudete Zeit.

Die Hoffnungen der Mutter hatten durch die Fortschritte ihres Sohnes während der Reha-Maßnahme zwar neuen Auftrieb erhalten, aber zugleich befürchtete sie auch, im Falle seines »großen« Erfolgs den innigen Kontakt mit ihm zu verlieren, ihn dann nicht mehr umsorgen und trösten zu können und selber einsam zu sein. Und der Vater antizipierte die Schande, nun doch beruflich überflügelt zu werden. Mit den »Ausrastern« des Sohnes konnten diese Befürchtungen wieder nivelliert werden: Der Vater sah sich darin bestätigt, dass der Sohn in puncto Arbeit »unzuverlässig und faul« sei und die Mutter konnte sich ihrem Sohn als dem »ihr nächststehenden Menschen« wieder fürsorglich und tröstend widmen.

Es liegt nahe, dass hier weitere Gespräche mit der Familie – womöglich in systemischer Manier – angeraten sind.

Die Autorin, von der das Fallbeispiel stammt (Chistiane Haerlin), plädierte ihrerseits mit dieser Falldarstellung gar nicht explizit für ein systemisches Vorgehen (das war zum damaligen Zeitpunkt – 1987 – auch noch nicht so verbreitet), sondern es ging ihr um die Beachtung der Differenzierung von einerseits »instrumentellen« und andererseits »sozioemotionalen« Aspekten des Arbeitsverhaltens. Zu den letzteren sind auch die familiendynamischen Zusammenhänge zu rechnen, die sie hier in den Blick nahm. Meines Erachtens lässt sich unter diesem Blickwinkel anhand dieses Beispielfalls sehr gut die Stimmigkeit der Realisierung eines systemischen Ansatzes im Bereich der Arbeitsrehabilitation aufzeigen.

3.7.5 Beispiele und systemische Wegweiser für die alltägliche psychosoziale Praxis

Nicht immer kann das konkrete Praxisfeld (das »Handlungsfeld«) durchgängig nach systemischen Kriterien oder nach den zuvor dargestellten Prinzipien einer »systemischen Psychiatrie« gestaltet werden. Dominierend ist häufig das herkömmliche psychosoziale (oder sozialpsychiatrische) Vorgehen. Dennoch gibt es Möglichkeiten, die Denk- und Vorgehensweisen der systemisch-therapeutischen Perspektive (s. a. die Punkte 3.2 bis 3.4) in die alltägliche psychosoziale Arbeit im Psychiatriebereich einzubinden. Dies soll hier – als eine Art Zusammenfassung – anhand von zwei Fallbeispielen illustriert werden. Das erste betrifft einen »Fall« aus der Praxis eines Psychosozialen Dienstes zur begleitenden Hilfe im Arbeitsleben (der inzwischen »Integrationsfachdienst« genannt wird). Als die herkömmliche Betreuung durch den Sozialarbeiter in den Sand zu laufen drohte, wurden hier familientherapeutische Sitzungen dazwischen geschoben, in denen sowohl die älteren Konzepte (nach dem strukturorientierten Ansatz) Eingang fanden als auch eine systemisch-konstruktivistische Vorgehensweise (nach dem Heidelberger Modell) umgesetzt wurde.

Daran anschließend, und teilweise auf das Fallbeispiel Bezug nehmend, werden (noch einmal) einige *Wegweiser* aufgestellt (nach Simon, 1991), die den Weg zu systemischem Denken und Handeln weisen. Sie markieren einen Unterschied zu gängiger Praxis und sollten als Orientierungsleitfäden für systemisch inspiriertes Arbeiten im Alltag psychiatrisch-psychosozialer Praxis Beachtung finden.

Das zweite Beispiel beschreibt eine systemische Supervision, in der durch konsequentes Nachfragen in systemisch-lösungsorientierter Manier die Verwicklungen einer Wohnheimbetreuerin mit ihrer Klientin und deren Bezugspartnern zu ihrer Zufriedenheit aufgeklärt und gelöst werden konnten.

Fallbeispiel Wilfried

Das Fallbeispiel stammt aus dem Tätigkeitsfeld eines Psychosozialen Dienstes, eines berufsbegleitenden Fachdienstes, dessen Aufgabe unter anderem in der begleitenden Hilfe im Arbeitsleben für psychisch kranke und behinderte Menschen besteht. Dabei geht es um Beratung und Betreuung von psychiatrisch auffällig gewordenen Menschen, die Probleme an ihrem Arbeitsplatz oder bei der Wiederaufnahme von Arbeit haben. In den Teams arbeiten Sozialarbeiter, Pädagogen und Psychologinnen weitgehend gleichberechtigt nebeneinander. Die Psychologin und Therapeutin, Frau S., von der in dem Fallbeispiel die Rede ist, war ich selbst.

Ein Sozialarbeiterkollege (Herr K.) nimmt den Anruf einer aufgeregten Mutter entgegen, die sich große Sorgen um ihren Sohn Wilfried macht. Er habe vor über zwei Jahren seine Lehre abgebrochen und hätte seither auch keine andere Arbeit angenommen und hänge nur zuhause rum. Sie habe von dem Psychosozialen Dienst gehört und erwarte nun dringend Hilfe für ihren »Jungen«. Nebenbei bemerkt sie, dass er sich seit seinem 14. Lebensjahr in psychiatrischer Behandlung befinde, aber das dürfe keiner wissen. Er ist jetzt fast 20 Jahre alt.

Der Sozialarbeiter vereinbart mit der Mutter am Telefon den Termin für ein Erstgespräch mit Wilfried. (Auf die Idee, den Sohn ans Telefon zu bitten, um mit ihm selber den Termin auszumachen, ist er nicht gekommen.)

Zum Erstgesprächstermin wird Sohn Wilfried von seinen Eltern zum Psychosozialen Dienst gefahren. Sie warten dann eine Stunde draußen auf der Straße, während Kollege K. das Erstgespräch mit Wilfried führt.

Wilfried verhält sich im Erstgespräch etwas fahrig und unkonzentriert, ist aber nicht akut psychotisch und wirkt auch nicht besonders krank. Er erzählt, dass sich die Lehre für ihn, eine Druckerlehre, sein Vater ausgedacht hatte. Der hätte auch für ihn die Ausbildungsstätte gesucht und er selber sei damit auch voll einverstanden gewesen. Allerdings habe man ihn dann in der zweiten Hälfte der Ausbildung dort so viel »rumgeschubst« und auch in der Schule sei er nicht mehr mitgekommen und dann sei er immer krank gewesen und seine Eltern hätten auch gemeint, dass das eine Überforderung für ihn sei und da habe er die Lehre abgebrochen. Danach habe er erst mal nicht arbeiten können, weil er viel krank war und inzwischen würde er schon arbeiten wollen – irgendetwas –, weil er sonst nur den ganzen Tag zuhause rumhänge, aber es wäre keine Arbeit zu finden. Von seiner psychischen »Krankheit« sagt er, sie sei das erste Mal mit 13 oder 14 aufgetreten, als er mit seiner Familie zusammen im Urlaub war und alle hätten zuerst gedacht, es handele sich um einen Sonnenstich wegen der Hitze. Er habe aber einen Arzt, der auch ein enger Freund der Familie sei, und der würde ihn schon noch eines Tages wieder ganz gesund machen.

Sozialarbeiter K. übernahm Sohn Wilfried im Weiteren als »Betreuungsfall« und bemühte sich, dem Anliegen gerecht zu werden, möglichst eine passende Arbeit für ihn zu finden und ihm beim Wiedereinstieg ins Arbeitsleben behilflich zu sein.

Was er zunächst nicht wissen konnte, war, dass auch der Vater eifrig um eine Arbeitsstelle für seinen Sohn bemüht war. Und als er dies wusste, wurde ihm doch nicht gleich bewusst, dass sie sich beide diesbezüglich in eine regelrechte Konkurrenz begeben hatten, wer am ehesten die passendste Arbeit für den Jungen findet.

Nach mehreren weiteren Gesprächen mit Wilfried, die flankiert waren von häufigen sorgenvollen Telefonanrufen der Mutter, fand Kollege K. schließlich eine befristete Arbeitsstelle für Wilfried (als Hilfskraft in einem Zeitungsverlag). Es war alles abgesprochen und schien auch eine passende Stelle zu sein, jedoch verhinderte der Vater, dass der Sohn dort die Arbeit aufnahm. Es sei »nichts Rechtes« für ihn, eine Unterforderung, er könne da nichts lernen.

Damit fing der ganze Prozess von vorne an. Der Vater suchte nach Arbeit für seinen Sohn, die Mutter beklagte sich, dass es ihrem Sohn und deshalb auch ihr selbst so schlecht gehe, weil keine passende Arbeit zu finden sei und auch der Sozialarbeiter bemühte sich weiter, etwas Passendes zu finden. Immer wenn etwas in Aussicht war, stimmte der Sohn durchaus freudig zu, aber wenn es mit der Arbeitsaufnahme konkret werden sollte, klappte es doch nie.

Sehr verärgert über das »Hineinpfuschen« der Eltern herrschte Sozialarbeiter K. diese schließlich an, dass die Regelung des Arbeitsproblems allein seine Aufgabe sei und sie sich gefälligst raushalten sollten. Als daraufhin der Abbruch der Betreuungsbeziehung auch zu Wilfried drohte, wandte sich Herr K. hilfesuchend an die Psychologin seines Teams (Frau S.), die entschied, es mal mit familientherapeutischen Sitzungen zu versuchen.

Da die Eltern ja von Anfang an schon beteiligt waren, war es naheliegend, dass sie auch zu gemeinsamen Familientherapie-Sitzungen kommen würden. Außerdem kam auch noch die 15-jährige Tochter mit. Kollege K. war als Cotherapeut dabei.

Im Folgenden werden einige Abläufe aus der ersten Sitzung sowie aus der vorletzten Sitzung geschildert.

Erste Sitzung: In einem größeren Raum waren zwei Tischrunden vorbereitet: eine mit großem Tisch und eine mit kleinem. Nach der Begrüßung an der Tür stellte Frau S. (als Therapeutin) die Familie vor die Wahl, dort Platz zu nehmen, wo sie lieber sitzen wollten. Sie wählten den kleinen Tisch, wollten also enger beieinander sitzen. Allerdings rückte der Vater etwas ab.

Nach Klärung des Überweisungskontextes (»Selbstmelder«), der Erwartungen der Familie an die Sitzungen und ihres Auftrags (»wie es mit dem Sohn weitergehen soll – welche Beschäftigung für ihn passend wäre«) war eine der Anfangsfragen an die Familie, welche persönlichen Ideen jedes einzelne Familienmitglied hätte, um das Problem zu lösen. Wirkungsvoll dabei ist, auf die Problemlösung zu fokussieren und nicht auf das Problem. Ferner ist zu betonen, dass die Sichtweise von jedem wichtig ist, dass subjektive Sichtweisen weder wahr noch falsch sein können und keiner wegen seiner Sichtweisen beschuldigt wird.

Im Hinblick auf das inhaltliche Problem der Arbeitsaufnahme durch den Sohn wurde zum Teil eine zirkuläre Befragung durchgeführt; zum Beispiel wurde die Tochter gefragt, wer in der Familie am glücklichsten wäre, wenn ihr Bruder eine Arbeitsstelle hätte und wer ihn dann am meisten vermissen würde, wenn er tagsüber nicht mehr zuhause wäre.

Neben der Besprechung der Beschäftigungsfrage wurde das Augenmerk auch auf die Beziehungen und Kommunikationsweisen innerhalb dieser Familie und mit den Therapeuten gerichtet. Auffällig war in der ersten Sitzung, dass Wilfried immer erst seine Mutter anguckte, bevor er sagen konnte, was er selber dachte oder fühlte. Auch sonst wechselten die beiden ständig liebevolle Blicke, flirteten beinahe miteinander, während der Vater abseits saß. So drängte sich den Therapeuten die Hypothese auf, dass eine Koalition zwischen Mutter und Sohn (gegen den Vater) bestehen könnte. [Diese Wahrnehmung einer Koalition beschwört zugleich das Konzept eines so genannten »perversen Dreiecks« – nach Haley – herauf, wie es unter dem strukturorientierten familientherapeutischen Ansatz beschrieben wurde.]

Um diese hypothetisierte Koalition zu lockern, ohne die Beteiligten zu brüskieren, wurde nach gemeinsamen Interessen von Vater und Sohn gefragt. Da solche angegeben werden konnten (Fahrrad fahren, auf den Fußballplatz gehen), gab die Therapeutin später dem Vater den Auftrag mit nach Hause, sich als den Experten für die Erziehung seines Sohnes anzusehen und in diesem Sinne gemeinsame Unternehmungen mit ihm zu machen.

Da sich überdies das Verbindende und der Kontakt zwischen den Eheleuten nur noch auf die gemeinsame Sorge um das gemeinsame Sorgenkind zu beschränken schien, wurde mit weiteren (»konstruktiven«) Fragen (auch noch in den folgenden Sitzungen) versucht, etwas Gemeinsames zu finden, das die Ehepartner (wieder) aufeinander bezog, unabhängig von ihrer Elternschaft.

Vorletzte Sitzung: Die Familie wählte in dieser Sitzung die Tischgruppe mit dem größeren Tisch. Alle Beteiligten saßen in relativ großem Abstand zueinander um den Tisch herum. Die »Koalition« zwischen Wilfried und seiner Mutter schien sich aufgelöst zu haben und der Vater stand nicht mehr abseits. Die Tochter war in dieser Sitzung nicht dabei.

Es ging in dieser Sitzung auf der Beziehungsebene dezidiert um die – bei Wilfried nun schon Jahre andauernde – Übergangsphase von der Kindheit zum Erwachsenenalter, um das Problem der Ablösung vom Elternhaus, um Unabhängigkeitskämpfe und das Problem der Verantwortungsübernahme, die mit dem Erwachsensein notgedrungen verbunden ist. Deutlich wurde, dass es mit der Ablösung weder vorwärts noch zurück ging. Alle schienen sie zu wollen und gleichzeitig nicht zu wollen. Es handelte sich offensichtlich um einen Ambivalenzkonflikt, der weder nach der einen Seite noch nach der anderen Seite hin lösbar schien. [Eine Konfliktlage, die vielfach genauso oder ähnlich auch schon in anderen Fällen von systemischen Therapeuten beschrieben worden war. Es wundert nicht, dass im Weiteren sowohl die Interpretation aus therapeutischer

Sicht wie auch das weitere Vorgehen nach dem gleichen oder einem ähnlichen Muster verlief, wie verschiedentlich in anderen Fällen bereits dargelegt.]

Da die »Krankheit« hierbei eine Rolle spielt, fragte die Therapeutin die Eltern, wie Wilfried sich verhält, wenn er akut psychotisch ist und wie sie dieses Verhalten einschätzen würden, wenn er nicht krank wäre. Als »frech«, sagte die Mutter, »als ausgesprochen rotzfrech und unverschämt«. Damit wird die Bedeutung der Krankheit in der Familie offengelegt: Als Kranker »kann er nichts dafür«, ist schuldlos, muss umsorgt werden. Als Nichtkranker wäre er für sein »freches« Verhalten schuldfähig und müsste bestraft werden.

Im Weiteren beschwerte sich Wilfried, dass die Mutter ihn zu sehr bemuttere und ihm damit seine Unabhängigkeit beschneide. Die Mutter sagte aber, dass sie ja nur wolle, dass ihr Sohn selbstständig werde. Wilfried meinte, er habe immer gemacht, was Mutter wollte. Auf die Nachfrage der Therapeutin, ob er sich so entschieden habe, immer das zu wollen, was Mutter will, negierte er eine eigene Entscheidungsfähigkeit und meinte, das sei ihm so aufgedrückt worden.

Das hört sich (in den Ohren einer systemischen Therapeutin) so an, dass sich Wilfried hier als passives Opfer der Einengung und Überfürsorglichkeit seiner Mutter verstehen möchte und dabei die persönlichen Vorteile, die er daraus zieht, verleugnet: dass er nämlich versorgt wird und sich um nichts zu kümmern braucht und keine Verantwortung zu übernehmen hat sowie – wenn man es überspitzt – dass er nicht einmal eigene Ideen, Interessen und Wünsche zu entwickeln braucht (so muss er auch keine Gewissensbisse gegenüber der Mutter haben). Unter diesem Blickwinkel wäre die Psychose der Versuch, auf der Grenze zwischen Kindsein (und damit nicht zur Verantwortung gezogen zu werden) und Erwachsensein (und damit eigenverantwortlich sein) zu balancieren, um so sowohl die Vorteile vom Kindstatus zu behalten, als auch die Vorzüge des Erwachsenenstatus zu erhalten.

Die Sitzung lief schließlich auf das typische Grundparadox hinaus, dass die Mutter zu ihrem Sohn sinngemäß sagte: »Ich möchte, dass du autonom bist, das heißt, dass du nicht tust, was ich möchte.« Dabei handelt es sich um eine doppelbindende (paradoxe) Kommunikation, auf die man eigentlich nicht reagieren kann. Man hat es mit einer Beziehungsfalle zu tun; im Konkreten handelt es sich um eine »Autonomiefalle«.

Aus dieser Situation heraus wagte die Therapeutin eine paradoxale Verschreibung. Sie sagte zu den Eltern: »Behandeln Sie Ihren Sohn um zehn Jahre jünger, als er tatsächlich ist. Behandeln Sie ihn konsequent vier Wochen lang wie ein zehnjähriges Kind.« Durch diese »Verschreibung« an die Eltern sollte der Ambivalenzkonflikt in der Familie zugespitzt und dadurch überhaupt erst lebbar werden. Für Wilfried bedeutete dies, entweder zu kriegen, was er möglicherweise brauchte (nämlich als kleines Kind behandelt zu werden) oder in eine offene Auseinandersetzung mit seinen Eltern zu treten und sich zu wehren.

Dieser Versuch, die Autonomieentwicklung auf diese Weise »anzustoßen«, ist von der Idee getragen, dass man keinen überreden (oder zwingen) kann, autonom zu werden. Autonomie oder Selbstständigkeit muss sich jeder selber erarbeiten (oder erkämpfen), sonst ist es keine.

Wenige Tage nach dieser Sitzung zieht Wilfried aus eigenem Entschluss aus der elterlichen Wohnung aus, zunächst zu einem Freund. Im Weiteren bespricht er mit dem

Sozialarbeiterkollegen K., ob er seine damals abgebrochene Ausbildung wieder aufneh-
men oder lieber erst eine Arbeitsstelle annehmen möchte, und begibt sich so auch in
diesem Feld auf den Weg, eigene Entscheidungen zu treffen.

Man darf annehmen, dass Wilfried einstmals – familiensystemisch gesehen – die Ausbildung kurz vor dem Abschluss abbrechen »musste« und auch später keine Arbeit
annehmen »konnte«, weil dies ein deutlich markierter Schritt ins Erwachsenenleben
hinein bedeutet hätte, der damals noch nicht zugelassen werden konnte. Zu diesem
Schritt fühlte er sich aber jetzt bereit.

In diesem Beispielfall konnte der Sozialarbeiter also erst nach den familientherapeutischen Sitzungen in seiner üblichen Manier mit dem Klienten arbeiten.

Mit Blick auf das *methodische Vorgehen* hätte man anstelle der – etwas gewagten –
paradoxalen Verschreibung auch anders vorgehen können:

– Eine weniger provokante Methode, die ähnliche Wirkung haben könnte, wäre die
   »Technik der geraden und ungeraden Tage«. Diese beinhaltet etwa die Verschreibung an die Eltern, ihren Sohn an den geraden Tagen wie ein Kind zu behandeln,
   aber an den ungeraden Tagen wie einen richtigen Erwachsenen.
– Um eher kooperativ und auf Augenhöhe mit der Familie statt expertokratisch und von
   oben herab vorzugehen, hätte man nach dem Ansatz des »reflecting team« ein reflektierendes Gespräch vor der Familie praktizieren können. Die Therapeutin und
   der Sozialarbeiterkollege, hätten sich – in Anwesenheit der Familie – untereinander
   über ihre Wahrnehmungen des in der Familie bestehenden Problems austauschen
   können. So hätte die Therapeutin vielleicht sagen können, dass sie vermute, dass
   Wilfried es schwer habe, sich für eine der beiden Rollen von Kindsein oder Erwachsensein zu entscheiden, da zwar der Erwachsenen-Status in diesem Alter allgemein
   angestrebt wird, aber die Vorteile des Kind-Status ja auch nicht von der Hand zu
   weisen sind. Dass man das ja auch von sich selbst kenne, manchmal versorgt werden zu wollen, sich um nichts kümmern und keine Verantwortung übernehmen
   zu brauchen. Der Kollege hätte – aus seiner Sicht – dem zustimmen oder widersprechen und sagen können, dass er der Meinung sei, dass Wilfried sehr genau
   wisse, was er wolle, aber noch nicht sicher sein könne, ob das auch von seinen Eltern
   so gewollt wäre; dass er vielleicht die Befürchtung habe, sie im Stich zu lassen, wenn
   er seines Wegs ginge etc. Daraufhin hätten die Familienmitglieder die Möglichkeit
   gehabt, zu dem Gehörten Stellung zu beziehen und ihre Ansichten dazu zu sagen.
   Womöglich hätte dieses Vorgehen gemäß dem Reflektierenden Team eine ähnliche
   Wirkung gehabt, wie der Schlusskommentar mit der Verschreibung, die am Ende
   der besagten Sitzung gegeben worden war. Die eher offene Konversation wäre überdies – anders als das bei der Technik der Fall war – seitens der Beraterinnen weniger
   mit der Intention verbunden gewesen, eine Veränderung anzustoßen.

Systemische Wegweiser für die alltägliche psychosoziale Arbeit im Psychiatriebereich
Vor dem Hintergrund des Fallbeispiels werden im Folgenden – als eine Art Zusammenfassung – einige Denk- und Handlungshinweise aus systemischer Sicht zusam-

mengestellt (nach Simon, 1991), welche als *Orientierungsleitfäden* für die alltägliche psychosozialen Praxis im Psychiatriebereich fungieren können. Fast alle Denkprinzipien wurden in diesem Kapitel bereits schon einmal genannt, sollen hier aber in ihrer wegweisenden Funktion – jenseits des Wegs gängiger Praxis – noch einmal in Erinnerung gerufen werden.

1. Das Verständnis von psychischer Krankheit oder von »Verrücktheit«: Die Entwicklung von »Verrücktheit« gilt letzten Endes als nichts anderes als eine besondere Konstruktion von Wirklichkeit durch Herstellen von Bedeutungen (Wirklichkeitskonstruktionen sind Bedeutungszuschreibungen). Insoweit es sich allerdings um eine von der Norm abweichende Konstruktion von Wirklichkeit handelt, wird sie allgemein als nicht normal eingeschätzt (nach dem Motto: »Normalität ist der Wahn, den die Mehrheit teilt«). »Verrückt« kann als eine angemessene Bezeichnung zur Beschreibung psychotischer Erscheinungen angesehen werden, wenn man sich vorstellt, dass auch Tische und Stühle ver-rückt sein können. Psychoseerfahrene zeigen ver-rückte (von der Norm abweichende) Verhaltens-, Denk-, Gefühlsmuster.

Zum Beispiel wird im verrückten Denken entweder zuwenig oder zuviel Bedeutung in die Symbole hineingepackt: Einer bleibt mitten auf der Straße stehen, weil die Ampel von Grün auf Rot übergegangen ist (er nimmt die Symbole zu konkretistisch); ein Anderer betrachtet Jesus und Sexualität als identisch, weil beides »eingehüllt« sei: Jesus von einem Heiligenschein und eine Frau von den begehrenden Blicken der Männer (er nimmt die Symbole zu weit und vage). Oder sie halten sich gedanklich in völlig verschiedenen Kontexten auf, während der aktuelle Handlungskontext noch einmal ein anderer ist – wie bei folgendem Witz: Zwei Irre spielen »Mensch-ärgere-dich-nicht«; sagt der eine »Schach« und erhält vom anderen die Antwort »beim Halma gibt es keinen Elfmeter« (Beispiele aus Simon, 1991).

In Familien oder anderen sozialen Systemen, die einem schizophrenen Muster folgen, scheint jeder darum zu kämpfen, was denn eigentlich wirklich wahr ist, oder in Form eines Machtkampfes: wer derjenige ist, der bestimmt, was wirklich und wahr ist.

2. Zur Schuldfrage und Frage der Verantwortung: Wer ist schuld, wer hat die Krankheit verursacht und zu verantworten?: In systemischer Sichtweise wird der »Verrückte« oder »Kranke« nicht als Opfer schlechter Behandlung durch die Eltern, die Familie oder durch Andere betrachtet, sondern als Mitwirkender in einem »Spiel« (wie z. B. dem elterlichen Streit), da er selber an den Beziehungen des sozialen Systems mitwirkt (und das auch schon als Kind!). Insoweit es im systemischen Ansatz kein Täter-Opfer-Schema gibt, kann es auch keine Schuldzuweisungen (z. B. an die schlechten Eltern oder an die überfürsorgliche Mutter) geben. Schuldzuweisungen sind grundsätzlich unangebracht und für »identifizierte Klienten« oder Psychoseerfahrene ist es generell wenig hilfreich, als Opfer falscher oder schlechter Behandlung angesehen zu werden.

In diesem Zusammenhang wird aus systemischer Sicht (nach Simon, 1991) auch die soziale »verstehende« Psychiatrie kritisiert, wo Beraterinnen oder Betreuer sich abmühen, die besseren Eltern zu sein, das heißt die »schlechten« Eltern der psychisch Kranken durch »gute« Ersatzeltern ersetzen zu wollen. Solche Bemühungen sozialpsychiatrischer Verstehensansätze seien meistens zum Scheitern verurteilt, – zumindest dann, möchte ich hinzufügen, wenn es um Veränderung gehen soll.

3. Erzieherische Bemühungen und typische Betreuungsfehler: Aus systemischem Blickwinkel findet man in der üblichen psychiatrisch-psychosozialen Praxis eine Vielzahl von gut gemeinten »Fehlern« vor; beispielsweise, wenn seitens der psychosozialen Betreuer – also von außen her – versucht wird, Folgendes erzwingen zu wollen:
– eine Ablösung des »psychisch kranken Kindes« vom Elternhaus,
– eine Nichteinmischung der Angehörigen in die Beratung (wie in unserem Fallbeispiel),
– klare Beziehungsdefinitionen des Klienten.

So kommt es nicht selten vor, dass Klientinnen von ihren Angehörigen oder anderen »schädigenden« Personen getrennt oder Besuchsverbote in Kliniken erlassen werden. Dies geschieht in dem Bestreben, sie vor nachteiligen oder »krankmachenden« Einflüssen zu schützen. Aber dieses Vorgehen ist als wenig hilfreich für das Erarbeiten von Problemlösungen einzuschätzen und trägt auch kaum zu einer Entkrampfung scheinbar verfahrener Konstellationen bei.

Abbildung 5 (aus Simon u. Weber, 2004, S. 125)

Ganz besonders typisch ist, dass Sozialpädagogen oder Sozialarbeiterinnen, die eine mangelnde Selbstständigkeit bei ihren Klienten bemerken, diese – mehr oder weniger drängend – dazu zu bewegen versuchen, in eine eigene Wohnung zu ziehen (bzw. von der elterlichen Wohnung weg in eine therapeutische Wohngemeinschaft), da dieser Schritt als äußeres Zeichen von Selbstständigkeit gewertet wird. Wie man bei dem Fallbeispiel gesehen hat, müsste es aber stattdessen darum gehen, Anstöße zu geben, damit Autonomie vom Betroffenen selbst erarbeitet werden kann. Selbstständigkeit kann nicht von außen induziert, Autonomie nicht erzwungen oder anerzogen werden (vgl. Abbildung 5).

In diesem Zusammenhang ist auch die für die psychiatrisch-psychosoziale Praxis oft charakteristische erzieherische Haltung infrage zu stellen, die von der (theoretischen) Idee her gespeist ist, psychosoziale Betreuerinnen hätten als »tertiäre Sozialisationsagenten« zu fungieren. So schleicht sich das Erziehenwollen auch erwachsener Menschen (die »Nacherziehung«) als unhinterfragte Selbstverständlichkeit in den Umgang mit Klienten ein. In systemischer Manier ist demgegenüber das Vermeiden eines erzieherischen Duktus angesagt, um eigene (»eigenlogische«) Entwicklungen der Klienten(systeme) nicht zu blockieren.

4. Zur Rolle des psychosozialen Beraters/Betreuers – Haltungen und Handlungsweisen: Aus systemischer Sicht ist man als Berater oder Betreuerin immer *Teil des Systems.* Auch trifft dies für jedes Einzelgespräch mit einem Klienten (in jeder Dyade) zu. Bekanntermaßen ist es nicht unabhängig von meinem eigenen Verhalten (und meinen Äußerungen), wie sich ein Klient während meiner Beratung verhält. Was er von sich gibt, zeigt er gerade so eben mir und wird er einer anderen Person wahrscheinlich nicht genau so zeigen.

Im systemischen Ansatz war früher »Überparteilichkeit« gefordert; heute ist *Neutralität* die entscheidende Haltung. Demnach soll die Helferin nicht (auch nicht im Einzelgespräch) gegen die »das Kind zum Opfer machenden« Eltern oder gegen den »seine Frau schlecht behandelnden« Ehemann oder gegen den »verständnislosen anderen Therapeuten« Stellung beziehen. Stattdessen gilt es, Allianzen und Koalitionen (wie im Fallbeispiel) zu bedenken und dabei nicht mitmachen, sich nicht hineinverwickeln zu lassen.

Bei Ambivalenzkonflikten sollte sich die Beraterin zum *Anwalt der Ambivalenz* machen, statt sie abzumildern zu versuchen. Das heißt, es gilt immer die Vorteile der jeweils anderen Seite der Ambivalenz anzupreisen und absichtlich zwischen beiden Seiten hin und her zu pendeln, um Konflikte zuzuspitzen und damit bewusst und lebbar zu machen (wie im Fallbeispiel: durch das Bemuttertwerden und die Einengung in der Familie hat man auch Vorteile).

Grundsätzlich wird dem psychosozialen Berater/der Bezugstherapeutin vorgeschlagen, alles auf die *Verhaltensebene* zu bringen, also zum Beispiel nachzufragen »Was heißt Druck machen?«, »Was ist bemuttern?« In welchen Verhaltensweisen und konkreten Sätzen drückt sich das aus? Es geht darum, sich beschreiben zu lassen, was die anderen und der Klient selbst auf der Verhaltensebene konkret tun und sagen.

Außerdem wird empfohlen, nicht so viel verstehen zu wollen. Es ist davon auszugehen, dass man das Innerseelische des Anderen ohnehin nicht verstehen kann. Besser als voreiliges Verstehen ist, sich lieber etwas dümmer zu stellen und zu fragen – das kann und muss auch bei strikt systemischem Vorgehen keinesfalls immer zirkuläres Fragen sein.

Schließlich ist noch wichtig, das »Ich kann nicht« der Klientinnen (z. B.: »Ich kann nicht ›Nein‹ sagen«) so aufzugreifen, dass sie es in ein »Ich will nicht« umformulieren können. Beim Nichtkönnen kann man nämlich nichts machen, aber das Nichtwollen beinhaltet, dass es sich um eine Entscheidung handelt. Um dies zu akzentuieren, kann die Beraterin ihre alternative Sichtweise des Könnens und Wollens anbieten.

5. Die Beachtung der Institution, in der man arbeitet: Zu guter Letzt legt der systemische Ansatz nahe, auch die Einrichtung selbst, in der man arbeitet, mit allen Beteiligten als System zu begreifen, zum Beispiel die Tagesklinik, die psychosoziale Kontaktstelle, die Behindertenwerkstätte, und zu fragen: Wie interagieren und kommunizieren wir da alle miteinander, welche Muster zeichnen sich ab, welche Konflikte werden wie ausgetragen? Das ist meist besonders schwierig, da man da selbst mittendrin steckt, aber es kann sich lohnen (vgl. Pfeifer-Schaupp, 1995, Kap. 7).

Beispiel einer Supervision
Dieses Supervisionsbeispiel wird nun ohne weitere Erläuterung vorgestellt. Es erklärt sich von selbst.

> Im Zentrum steht die Sozialarbeiterin Frau BE, die als Betreuerin in einem Wohnheim für psychisch Kranke arbeitet. Sie sieht sich in ihren Betreuungsbemühungen um die Klientin Frau KA, einer jungen, etwa gleichaltrigen Frau, völlig blockiert und gescheitert, da verschiedene andere Personen, insbesondere der Freund und der Bruder der Klientin, auf die Bezugsbetreute Einfluss in einer Weise nähmen, die für deren Entwicklung nachteilig sei und ihre eigenen durch die Betreuung erzielten Erfolge wieder zunichte mache. Frau BE fühlt sich außerstande, mit den beiden – nach ihrer Ansicht schädigend auf ihre Klientin einwirkenden – Männern konstruktiv zusammenzuarbeiten. Sie sieht deshalb keinen Weg mehr, Frau KA weiter zu betreuen und möchte die Betreuung genervt hinschmeißen. Mit dieser Thematik bringt Frau BE sich in die Supervision ein.
>
> Zunächst sei ihre eigene Darstellung der aktuellen Situation sowie der Vorgeschichte geschildert: »Den 40-jährigen Freund meiner derzeitigen Bezugsbetreuten, Frau KA, hatte ich früher auch schon mal bezugsbetreut. Es handelt sich um einen ständig produktiv-paranoiden Psychotiker mit einem starken Abbau kognitiver Fähigkeiten. Er zeigt(e) keinerlei Compliance, lehnt(e) jegliche Betreuung ab. Meine Bezugsbetreute Frau KA, eine 28-jährige Emigrantin aus Kasachstan, lebt seit 2 ½ Jahren in Deutschland. Sie spricht kein Deutsch, versteht kaum Deutsch und merkt(e) es also auch nicht,

wenn sich ihr Freund paranoid äußert(e). Nach sechs Monaten Beziehung zwischen den beiden dekompensierte der Mann und musste – da er verbal und körperlich aggressiv wurde – über den Sozialpsychiatrischen Dienst mit Polizei zwangseingewiesen werden. Sein psychischer Zustand verbesserte sich während des Klinikaufenthaltes allerdings nicht sichtbar. Danach wollte er das Wohnheim mal wieder – nunmehr etwa zum 10. Mal – verlassen, um in eine eigene Wohnung zu ziehen. Dies hatte das zuständige Gesundheitsamt jedoch bereits vor Längerem in einem Gutachten abgelehnt.

Meine Klientin, Frau KA, ist weiterhin total auf ihn fixiert und möchte auf jeden Fall dahin gehen, wo er hin will, und mit ihm ziehen, wo immer er hinziehen will und mögen seine Pläne auch noch so unrealistisch sein, zum Beispiel nach Amerika auswandern.

Da er sie aber wie eine bessere Putzfrau behandelt und sie ausnutzt, kann ich das innerlich überhaupt nicht zulassen. Ich sehe ihre weitere Entwicklung dadurch blockiert, dass sie an diesem Mann festhält, der ihr nicht gut tut. Als er eingewiesen worden war, war sie sehr unglücklich, weinte nur und konnte überhaupt nicht begreifen, was da abging und was mit ihrem Partner los war.

Ihr Bruder ist nun die dritte Person in der Runde, die zu einer Verschärfung der Problemsituation beiträgt. Trotz meiner ablehnenden Aussage vor der Richterin gegen seine ›Bestellung‹ ist dieser ältere Bruder nun seit kurzem als gesetzlicher Betreuer in allen Belangen eingesetzt worden. Da er mit meiner Klientin wie mit einem unmündigen Kind umgeht und alles für sie entscheidet, stellt das eine Katastrophe für mich, meine eigenen Betreuungsbemühungen und die weitere Entwicklung von Frau KA dar. Es ist für mich die absolute Härte, mit diesem Mann zusammenarbeiten zu müssen und konstruktiv geht das schon gar nicht. Er macht alle Erfolge zunichte, die ich durch die Betreuung erreicht und die Frau KA selber für sich geschafft hatte. Vor dem Hintergrund ihrer Familiengeschichte und eines schiefen Familiensystems, dem beide angehören, hält er seine Schwester bewusst – ich sag mal – ›klein‹, wie ein Kind.«

Frau BE konnte in der Supervision ihr Problem nicht klar benennen, sie fühlte nur, dass sie so nicht weiter betreuen konnte und kein Konzept hatte, wie es weitergehen könnte. Ganz offensichtlich hatte sie in dem geschilderten Fall die Haltung der Neutralität verlassen und sich mit ihrer Bezugsbetreuten identifiziert. Dabei schien sie in dem Bemühen, ihrer Klientin die besten Entwicklungsbedingungen zu ermöglichen, ihren eigenen Kampf um ihre eigene Entwicklung gegen die Einflüsse des eigenen Bruders und Freundes – quasi stellvertretend – zu wiederholen.

Wie in der systemischen Therapie ist auch in der systemischen Supervision die Hauptmethode das Fragen. Der Supervisor erreichte durch Fragen, dass Frau BE ihr Betreuungsproblem in handhabbare Schritte zerkleinern und zu einer Entscheidung kommen konnte, worüber sie als Erstes nachdenken möchte, welchen Schritt sie als nächsten angehen will und welcher für sie der wichtigste ist.

Durch die Fragen in der Supervision wurde ihr auch schnell klar, dass ihr Problem mit der aktuellen Betreuung viel mit ihrer eigenen Geschichte zu tun hatte. In der empathisch nachvollzogenen Gefühls- und Gedankenwelt ihrer Klientin hatte sie die eigene gesehen, hineingesehen oder wiederentdeckt, die gleichen Unsicherheiten und Ängste, die sie selbst einstmals hatte. Dies zu begreifen, aber auch einen Unterschied machen zu können zwischen ihrem eigenen Leben und dem ihrer Klientin, half ihr zu entscheiden, in welcher Weise sie ihrer Betreuten Unterstützung geben könnte und was als Nächstes wichtig war zu tun.

Die supervisorische Befragung nach systemischer Manier beinhaltet oftmals neben der Frage nach dem jeweils nächsten Schritt, der zu tun ist, auch die Frage, wie man sich verhalten muss, um sich nach dem Prinzip »mehr desselben« noch mehr in emotionale Verstrickung hineinzugeben oder die Angelegenheit noch vertrackter zu machen. Wenn es Ziel ist, der Klientin zu einem selbstbestimmten Leben zu verhelfen, wie kann man das tun? Und was müsste man tun, um ihre Fähigkeiten zur Selbstbestimmung infrage zu stellen oder gar zu negieren?

Frau BE erkannte durch die Supervision, dass für ihre Klientin die Beziehung zu dem Freund von höchster Wichtigkeit ist, dass man ihr diesen Mann nicht »um ihrer selbst willen« ausreden kann, dass das entschlossene Festhalten von Frau KA an ihrem Freund nicht nur zu akzeptieren, sondern – mehr noch – als Aspekt einer selbstbestimmten Lebensführung zu respektieren ist.

Durch die Fragen des Supervisors konnte Frau BE auch eine andere Sichtweise im Hinblick auf den Bruder in seiner Funktion als gesetzlicher Betreuer von Frau KA erarbeiten. Was ist gut von dem, was er für seine Schwester macht? Wodurch erfährt sie durch ihn Hilfe und Unterstützung? Die Idee, dass die Betreute durch ihren Bruder als gesetzlichen Betreuer auch Vorteile hat und Positives erfährt, konnte in der Supervision erfolgreich gestreut werden, so dass sie von Frau BE angenommen werden konnte. Die nächsten umsetzbaren Schritte im weiteren Kontakt mit dem Bruder wurden ebenfalls von Frau BE abgefragt.

Frau BE resümiert: »Ich habe mich entschieden, Frau KA nicht ›aufzugeben‹, die Betreuungsbeziehung nicht hinzuschmeißen. Ich wusste jetzt, wie es weitergehen kann, wie ich Frau KA unterstützen kann. Es ist ein gutes Gefühl, meine eigene ›Verstrickung‹ aufgeklärt und ein Konzept zu haben, das meiner Betreuten zugute kommt. Ich habe eingesehen, dass ich ihre Entscheidung für ihren Freund akzeptieren muss, da ihr diese Beziehung überaus wichtig ist und niemand das wird ändern können. Auch zu dem Bruder habe ich ein neues Verhältnis aufbauen können. Seither läuft bis jetzt alles hervorragend mit allen beteiligten Personen und ich bin mit mir selbst zufrieden.«

3.8 Kritische Würdigung der systemischen Perspektive – Wertschätzung, einige Bedenken und offene Fragen

Die Wertschätzung der systemischen Perspektive in ihrer Umsetzung speziell als systemisch-konstruktivistischer (ggf. systemisch-narrativer) Ansatz in der psychosozialen Arbeit gerade auch mit Psychoseerfahrenen ist bereits durch die Ausführlichkeit der Darstellung dieser Denk- und Vorgehensweise in diesem Kapitel hinlänglich dokumentiert. Sie vermag Wege aus Sackgassen aufzuzeigen hinsichtlich des Fürsorgethemas, das in der psychosozialen Praxis häufig mit Dilemmata zwischen Hilfe und Kontrolle (Hilfe auf der einen Seite und Fürsorge bis hin zur sozialen Kontrolle auf der anderen Seite) verbunden ist und auch in der »verstehenden« subjektorientierten Sozialpsychiatrie in der Regel eher diffus im Sinne einer »Autonomie gewährenden Fürsorge« zu handhaben versucht wird (s. Punkte 1.4.2 und 2.4). Sie bietet klare Kriterien für lösungs- und ressourcenorientiertes sowie die Selbstverantwortung der Klienten stärkendes und deren Selbstbefähigung förderndes Vorgehen und für kooperatives Arbeiten, das von Respekt vor den Klientinnen und deren autonomer Lebenspraxis getragen ist. Überdies bietet der systemische Arbeitsansatz umfangreiches *Handwerkszeug* (Blickweisen, Methoden, Fragetechniken etc.) für die Realisierung und Umsetzung der entsprechenden Prinzipien und Haltungen, beispielsweise auch für die sinnstiftende Kontextualisierung von Problemverhalten. Die systemische Perspektive vermag Wege zum Umgang mit Chronizität und zur Verhinderung oder Auflösung von Chronifizierung im Psychiatriebereich zu nennen, und sogar – jedenfalls in ihrer narrativ-dialogischen Variante – ein Modell der Hilfe bei akuten psychotischen Krisen vorzuschlagen, das auf »Gespräch statt Medikamente« setzt. Weiterhin gewährt die systemtheoretische Orientierung (z. B. am Autopoiese-Gedanken) das Aufgeben »gut gemeinter«, aber im Endeffekt doch bevormundender oder belehrender Versuche des Einflussnehmens auf das Verhalten der Klienten, auf welche diese in der Regel entweder mit Reaktanz oder mit Unterwerfung antworten, aber nicht zu selbstbestimmten Entscheidungen kommen (s. a. Punkt 2.4 zum »Ziehen und Zerren« in der sozialpsychiatrischen Praxis). Die systemische Perspektive fordert dazu auf, die Expertenmacht als *Profi* zurückzunehmen und die Klienten selbst als Experten ihrer eigenen Lebens- und Lösungsgestaltungen anzusehen. Und schließlich vermag das eher sachliche Vorgehen nach dem systemisch-konstruktivistischen Ansatz auch die in der (psychiatrisch-)psychosozialen Praxis tätigen Mitarbeiterinnen besser vor Burnout zu schützen (Stichpunkt: Zurückgeben der Verantwortung an das System) als andere Vorgehensweisen, die eine starke Mitbetroffenheit involvieren (s. Punkt 2.4 und Kap. 4).

Neben all dem Genannten liegt aber das entscheidende Potenzial speziell des systemisch-konstruktivistischen Ansatzes in dem Vermögen (mit geeignetem Handwerkszeug), bei den Klientinnen oder in Problemsystemen selbstorganisierte *Veränderungen* anzustoßen und zu Entscheidungen für oder gegen eine Veränderung, mithin zu – gegebenenfalls schnellen – Lösungsfindungen anzuregen. Dabei ist zu beachten, dass das Anstoßen von Veränderungen aber nur unter der Voraussetzung gelingen dürfte, dass dem systemischen Neutralitätsgebot gegenüber einer Veränderung im Klientensystem entsprochen wird, das heißt nur dann, wenn der Helfer eine neutrale Haltung gegenüber einer Veränderung oder Nicht-Veränderung bei den Klienten einnimmt. Dies beinhaltet, den Klientinnen immer *beide Optionen* (für oder gegen eine Veränderung) offen zu halten, also auch die Vorteile einer Nicht-Veränderung zu betonen oder, wenn zu sehr auf die Seite der Veränderung gegangen wird, vor vorschnellen Veränderungen zu warnen. Das Wirkprinzip des Anstoßens von Veränderungen besteht somit gerade darin, die Klienten oder Problemsysteme nicht zu Veränderungen zu drängen!

Wenn man von dieser Hauptpotenz des systemischen (konstruktivistischen) Ansatzes ausgeht, ist systemisches Arbeiten (in der psychosozialen Praxis) also vor allem dann gefragt, wenn *Änderungen* anstehen, *Lösungen* gefunden oder *Entscheidungen* getroffen werden müssen. In solchen Fällen, mithin bei festgefahrenen (Ambivalenz-) Konflikten, krisenhaften (familiären) Situationen oder anderweitig verfahrenen Konfliktkonstellationen oder Problemkonstruktionen (wie auch zur Überwindung von Psychiatrisierung und Chronizität) sowie überhaupt bei allen Veränderungsschritten und Wechseln, ist dann ein Vorgehen nach dem systemischen Modell oft auch notwendig im Sinne einer *Wendung der Not*, um sich aus problemerzeugenden Interaktionskreisläufen und Wirklichkeitssichten herauszubewegen.

Auch wenn man als professioneller Helfer, beispielsweise als Sozialarbeiter, feststellt, dass man sich bei der (subjektorientierten) psychosozialen Begleitung bestimmter Klientinnen im Kreise dreht, sich festgefahren hat oder in eine Sackgasse geraten ist, bietet es sich an, einen Punkt zu machen und nach dem systemischen Modell noch einmal neu und anders anzufangen.

Der Großteil der Arbeit mit Psychoseerfahrenen findet aber jenseits solcher Marksteine statt, im ganz gewöhnlichen psychosozialen Alltag. Hier begegnet man sich und es wird sowohl über alltägliche Probleme, Ängste und Sorgen und über das Leben überhaupt gesprochen (wie erlebt man die Beziehung mit den Eltern, wie kommt man mit dem Geld klar, wie findet man eine Partnerin ...) als auch über problematische Themen und Lebenserfahrungen, die als mit dem Symptomverhalten in Verbindung stehend angesehen werden. Auch für diese Begegnungsebene und eine entsprechende Beziehungsarbeit, in welcher es in der Arbeit mit Psychoseerfahrenen neben dem Alltäglichen und der Problemaufarbeitung immer auch um psychotische Inhalte und Symptome gehen wird, ist es notwendig, sich an professionellen Konzepten zu orientieren, statt die Beziehungsgestaltung dem persönlichen Duktus eines Mitarbeiters zu überlassen oder nur auf Nettigkeit und Gutmensch-Sein zu setzen. Hierfür sind aber *subjektorientierte Ansätze* einschlägig, an denen sich die Sozialpsychiatrie orientiert (s. Kap. 2), während die systemische Perspektive für die Begegnungsebene und die Beziehungsarbeit nicht viel zu bieten hat.

Davon ausgehend sollen – hier speziell bezogen auf die psychosoziale Arbeit mit Psychoseerfahrenen – im Folgenden Schwachstellen und Lücken der systemischen Denk- und Vorgehensweise benannt werden.[37]

37 Die hier genannten Kritikpunkte zielen vor allem auf den systemisch-konstruktivistischen Ansatz, betreffen jedoch die narrativen Ansätze nicht im gleichen Maße. Gar nicht von der Kritik betroffen wäre das anders geartete systemorientierte Vorgehen nach dem »Meiler Modell« (nach Hildenbrand u. Welter-Enderlin), das unter Punkt 3.2.4 kurz vorgestellt wurde.

3.8.1 Schwachstellen und Lücken

Mangelnde Subjektorientierung: Das schon in der Theorie (Systemtheorie) fehlende Subjekt macht sich in der praktischen Arbeit als mangelnde Subjektorientierung bemerkbar, welche von den Betroffenen als durchaus unbefriedigend empfunden werden kann. Zwar orientiert man sich respektvoll an den Klienten und deren konkreten Anliegen, aber deren Subjektivität bleibt außen vor. Denn für das, was »in« den einzelnen Personen (speziell den Klienten) vorgeht, mithin für die Themen, um die sich deren Denken und Erleben – oft verzweifelt – kreist, interessiert man sich aus systemischer (konstruktivistischer) Warte wenig bis gar nicht. Somit wird die *Dimension der Subjektivität* mit den emotional bedeutsamen Inhalten, welche bei (aktuellen) psychischen Problemen oft kränkende oder einschränkende oder gewaltsame Beziehungserfahrungen und/oder ein Scheitern zentraler Lebensmotive widerspiegeln, eher umschifft. Dies geht in der praktischen Arbeit einher mit einer Vernachlässigung des *persönlichen Sinns* auch der Symptome, das heißt, es wird nicht erkundet, in welcher Weise diese von der Person selbst als Konfliktlösungsversuche angesehen werden könnten. Zwar wird in der systemischen Arbeit (nach konstruktivistischer Manier) der *funktionale Sinn* symptomatischen Verhaltens, mithin dessen Sinn für die Selbstorganisation eines sozialen Systems, hypothetisiert und (vornehmlich über den Weg des Fragens oder via Kommentierungen) den Klienten offengelegt, aber dessen persönlicher Sinn für die innerpsychische Selbstorganisation eines Subjekts bleibt unbeachtet. Dementsprechend finden mit den (einzelnen) Klientinnen keine subjektorientierten *Sinnklärungen* statt, die einen Zusammenhang zwischen ihren existenziell wichtigen Beziehungsmustern und ihren Symptombildungen angesichts konflikt- oder krisenhafter Lebenssituationen aufzeigen könnten.

Solche »Sinnklärungen« sind aber Bestandteil des sozialpsychiatrischen Begegnungsansatzes. Man möge sich an das Beispiel von Köttgen (1992) erinnern über die junge Frau, die selber den Sinn ihrer Psychose als eine Konfliktlösung zwischen dem Motiv, »brav« zu bleiben und dem Wunsch, »verkommen« zu leben, herausgearbeitet hat (s. unter Punkt 2.2.1, S. 128).

Auch den Inhalten des psychotischen Erlebens der Klienten (etwa, was die Stimmen sagen oder welcher Art die Wahnideen sind) wird im systemischen Arbeiten keine Beachtung geschenkt, da man sich dem Innerpsychischen des Subjekts gegenüber abstinent verhält. Jedoch drückt sich ja gerade in den Psychoseinhalten vielfach das zentrale Konfliktthema aus, an dem die Betroffenen »kranken«. Aus subjektorientierter Sicht stellen deshalb diese Inhalte in Verbindung mit der Erkundung der gegebenenfalls dominierend herausgebildeten Motive der Lebenstätigkeit (betreffend z. B. die eigene Besonderheit, Auserwähltheit oder Unabhängigkeit oder Reinheit, Bescheidenheit; s. Beispiele bei Schäfer, 2002), an deren Realisierung die eigene Identität festgemacht wird, einen wichtigen Ansatzpunkt für die Begleitung der Klienten dar.

Demgegenüber geht es im systemischen Ansatz (konstruktivistischer Provenienz) nicht um inhaltliche Bedeutungsklärungen für das Subjekt, weder im Hinblick auf das Problemthema und die Wahnbilder, noch im Hinblick auf andere Lebensthemen, sondern lediglich um nützlichere Wirklichkeitskonstruktionen und Lösungen.

Fehlende Verstehensbegleitung: In dem Maße, wie im systemischen Arbeiten keine den persönlichen Sinn (der Symptome) betreffende Sinnklärungen vorgenommen werden, kann den Klientinnen auch keine Verstehensbegleitung angeboten werden. Das heißt, es gibt hiernach keinen Ansatz, die Betroffenen in ihrem Prozess des Sich-selbst-Verstehens im Kontext ihrer Lebens- und emotional bedeutsamen Beziehungserfahrungen zu unterstützen. Menschen, die aus dem Tritt geraten sind oder sich aus der Bahn geworfen fühlen, suchen aber in aller Regel nach »Erklärungen« für ihr Leid und hierfür wird auch gern professionelle Unterstützung in Anspruch genommen. Diese soll nun keinesfalls in expertendominierter Manier scheinbar wahre, richtige oder gar objektive Erklärungen anbieten, sondern – ganz im Gegenteil – den Klienten dazu verhelfen, ihr *eigenes Verstehen* zu entwickeln und sie darin begleiten, zu verstehen und sich selbst zu verstehen, mithin die eigenen Denk-, Verhaltens- und Erlebensmuster sinnvoll in die eigene Lebensgeschichte einzubinden. Gleiches gilt für die ver-rückten Denk-/Verhaltens-/Erlebensweisen, also für die so genannten Symptome. Seien es im Falle von Psychosen zum Beispiel Verfolgungs-, Größen-, Vernichtungs-, Auserwähltheits-, Nichtigkeitsideen und/oder -ängste, Identitätsdiffusionen und kommunikative Verweigerungen, seien es im Falle anderer Störungen (etwa Phobien) entsprechend andere symptomatische Denk- und Verhaltensweisen (z. B. Todesängste und Vermeidungsstrategien): Sie wollen in ihrem Bezug zu den vorangegangenen Wirklichkeitserfahrungen von den Betroffenen verstanden werden. Von Psychoseerfahrenen wird die Erkundung des persönlichen Sinns einer Psychose mit Blick auf biografische Zusammenhänge explizit eingefordert und nach ihrer Auffassung kann eine Psychose auch nur dann verarbeitet werden, wenn – mit oder ohne professionelle Hilfe – eine Aufarbeitung der jeweiligen Wahninhalte stattfindet (s. das Positionspapier der Landesarbeitsgemeinschaft Psychiatrieerfahrener in Niedersachsen: »Was wir wollen – was wir brauchen«; in: Soziale Psychiatrie 1/2001, S. 29–33; s. a. Voelzke, zit. von Keupp, 2007).

Wie im zweiten Kapitel dargestellt, wurde von Andreas Knuf (2000) – von einer Empowerment-Strategie ausgehend – ein Stufenmodell einer »selbstbefähigenden Psychotherapie der Psychosen« erarbeitet, auf dessen »oberster Stufe« die Sinnfindung und das Verstehen des Psychoseerlebens und der psychotischen Inhalte angesiedelt ist (unter Punkt 2.3.1, S. 145). Während die subjektorientierte Sozialpsychiatrie also Verstehenszugänge zu Psychoseinhalten aufzeigen kann (s. Punkt 2.3.1), fällt bei einem Vorgehen nach dem systemischen Modell eine entsprechende Verstehensbegleitung mit Bezug auf die je bedeutsamen persönlichen Konfliktthemen flach. Zwar wird speziell im Falle der »Fluchtfunktion« der Psychose (s. Punkt 2.3) das systemische Vorgehen, das zur tätigen, aktiven Entscheidungsfindung beizutragen vermag, oft ertragreicher (nützlicher) sein, als das bloße Erarbeiten eines entsprechenden Sinnverstehens. Aber mindestens nach Abklingen der akuten Symptome ist eine Begleitung zur Aufarbeitung der Psychoseinhalte und -erlebnisse von vielen Betroffenen (jedenfalls von Erst- und Neuerkrankten) in hohem Maße erwünscht. Langzeitpatienten – die »Veteranen« des Versorgungssystems – werden damit vielleicht nicht mehr sehr viel anfangen können, aber jedenfalls geneigt sein, sich in *haltenden Begegnungen* einzurichten.

Mangelnde Begegnung (Abwehr von Bezogenheit): Wie dies bereits unter Punkt 3.5.5 (S. 275) ausgeführt wurde, kommt im systemischen Ansatz (mindestens in seiner konstruktivistischen Variante) die mitmenschliche Begegnungsebene zu kurz. Der eher sachlich-lösungsorientiert distanzierte Arbeitsstil der Systemiker, der primär auf die Wirklichkeitskonstruktionen und Interaktionskreisläufe der Klientinnen fokussiert, lässt Bezogenheit und Orientierung am Erleben der Menschen vermissen. Demgegenüber ist seitens der subjektorientierten Sozialpsychiatrie von Dörner und Plog eigens ein Begegnungsansatz für alle im Psychiatriebereich tätigen Mitarbeiter entwickelt worden (s. Punkt 2.2.1 und weitere). Auch die Verstehensbemühungen scheinen demnach nur im Rahmen einer »echten« und zugleich »Halt gebenden« Begegnung zu fruchten. So wird beispielsweise von Jutta Schäfer (2002) nach der Erörterung verschiedener Verstehenskonzepte oder »Aspekte des Verstehensprozesses« betont, dass vor allem die Entwicklung einer »haltenden Kultur« im Umgang mit Psychoseerfahrenen vonnöten sei. Um »das Fremde« – gemeint ist die Krankheit – »weder zu bekämpfen noch zu idealisieren«, sei das Halten gegebenenfalls noch wichtiger als das Verstehen (S. 120, zit. nach Plog, 1997). Im systemischen Ansatz wird zwar in formaler Hinsicht dezidiert eine Subjekt-zu-Subjekt-Beziehung umgesetzt, aber bei vorrangiger Beachtung der kognitiven und der Verhaltensebene eine eher unterkühlte Kontaktform mit geringer emotionaler Nähe zu den Klienten gepflegt, die kein Halten beinhaltet. Stattdessen soll ja das Selbsthilfepotenzial der Klienten aktiviert und ihre Selbstverantwortlichkeit gestärkt werden.

Die eher sachliche Haltung der Systemiker, die weniger um den Kontakt mit den beteiligten Personen als vielmehr um die Sache des Findens von Lösungen bemüht ist, geht generell mit einer geringen Intensität in der Begegnung einher, die sowohl von den Helfern selbst wie auch von den Klientinnen als mangelhaft oder unbefriedigend erlebt werden kann. Zwar findet man speziell bei den narrativen Ansätzen eine wärmere Kooperationsform vor, aber die durch ihre Effektivität beeindruckende systemisch-konstruktivistische Arbeitsweise ist recht »cool«. Unter diesen Gesichtspunkten erstaunt es vielleicht nicht, dass es zwar zahlreiche Selbstberichte (Selbstdarstellungen, autobiografische Romane) von Betroffenen gibt, die sozialpsychiatrische Begegnung (inklusive Verstehensbegleitung) erfahren haben, aber dergleichen Berichte kaum vorliegen von Psychoseerfahrenen, die systemische Therapie oder Beratung erhalten haben. Hier mag man mutmaßen, dass Letztere, nachdem sie ihre psychotischen Symptome überwunden haben, sich mit diesen Erfahrungen, mithin mit dem betreffenden Lebensabschnitt oder dieser vergangenen Episode, auch gar nicht mehr befassen wollen.

Die offene Frage der primären Problementstehung: Gemäß dem Störungskonzept der systemischen Therapie (s. Punkt 3.3.1) beginnt die Schaffung eines Problems damit, dass irgendjemand eine Verhaltensweise als Problem oder Störung definiert und sich im Weiteren unglückliche Kommunikationen daran anschließen, die das Problem zementieren. So werde ein Problem oder eine psychische Störung (auch unter Mitwirkung der Helfersysteme) gemeinschaftlich konstruiert. Zwar wird auch (z. B. von Ludewig, 2002) konzediert, dass es vorgängig *subjektive emotionale Lebensprobleme* geben dürfte, jedoch bleiben diese im systemischen Ansatz außerhalb des Blickfeldes.

Zweifellos lässt sich mit zahlreichen Beispielen aus der Praxis belegen, dass der Konstruktionsprozess von (auch schweren) psychischen Störungen entlang des systemischen Störungskonzepts beschrieben werden kann. Beispielsweise findet man in der Kinder- und Jugendpsychiatrie oft Heranwachsende, die dort aufgrund »ungehöriger« Verhaltensweisen, die dann als Krankheitssymptome umgedeutet wurden, untergebracht sind.

Auf der anderen Seite aber weiß man (speziell) von Psychoseerfahrenen, dass sie oft schon lange bevor sie eine für andere erkennbare Symptomatik zeigten, mit sich und ihren Erlebensweisen (in tiefster Einsamkeit) gerungen, manchmal auch schon (lange) in gespaltenen Welten gelebt haben, die vor den anderen strikt verborgen wurden, bis es zum Zusammenbruch kam (Beispiele s. bei Rufer; s. a. den Roman von Hannah Green). Das (familiäre) kommunikative Milieu ist bei solchen Verläufen oft dergestalt, dass Probleme nicht wahrgenommen werden (dürfen) und aus der Kommunikation ausgesperrt werden. Oft gibt es keine Sprache für beispielsweise demütigende Erfahrungen. Der offene Ausbruch der Psychose stellt dann für die Betroffenen oft eher eine Befreiung dar. Hier scheint demnach ein *umgekehrtes Kommunikationsproblem* vorzuliegen als das, welches aus systemischer Warte in den Blick genommen wird: Probleme werden hier nicht voreilig konstruiert, sondern man will sie nicht wahrhaben. Und statt als »problemdeterminiertes System« organisieren sich die Familienmitglieder eher als *No-Problem-System.*

Ähnlich wie einst der »Labeling Approach« (s. Punkt 1.2) ist somit das systemische Störungskonzept recht eingegrenzt und vermag über die »primäre Abweichung« nichts zu sagen.

Vernachlässigung der Vergangenheit und von Kindheitserfahrungen: Das Augenmerk der systemischen Perspektive liegt auf der Gegenwart und – mehr noch – auf der Zukunft. Damit die Klienten Wege aus Sackgassen finden können und um zu einer Dekonstruktion von Problemkonstruktionen anzuregen, werden alternative Wirklichkeitskonstruktionen und vor allem neue Möglichkeitssichten »gestreut«, die einen produktiven Unterschied zu den bisherigen (oft eher rückwärtsgewandten)

Sichtweisen eines Problemsystems einführen und so zu Entscheidungsfindungen und neuen Zukunftsentwürfen verhelfen sollen. Der – meist problembelastete – Blick in die Vergangenheit mit einer Erkundung der früheren (speziell in der Kindheit) als kränkend oder grausam erlebten Beziehungserfahrungen wird hier als wenig förderlich erachtet. Diese Gegenwarts- und Zukunftsorientierung geht mit der *Machbarkeit von Veränderung* einher; denn es werden den Klientinnen Möglichkeiten eröffnet, Wirklichkeit neu zu konstruieren, neue Kommunikationen zu (er)leben und Eigeninitiative zur Einflussnahme auf problematische Konstellationen zu entfalten. Was hierbei aber verloren geht, ist die Bedeutung, die Vergangenheit und Kindheitsmuster, frühere Lebenserfahrungen (auch z. B. einschränkende oder gewaltsame Beziehungserfahrungen) und deren subjektive Aufarbeitung für die Menschen haben.

Da – wie schon ausgeführt – die Dimension der Subjektivität als Entwicklung persönlicher Motive und Sinnbezüge aus systemischer Sicht kaum eine Rolle spielt, wird auch dem Nachvollzug entsprechender Bedeutungsgehalte, die aus vergangenen sozioemotionalen Lebenserfahrungen herrühren, in der systemischen Praxis kein Raum gegeben. Wenn aber Klienten daran gelegen ist, zu verstehen, wie sie zu bestimmten wahnhaften Konstruktionen (auch in deren inhaltlicher Bedeutsamkeit) kommen oder gekommen sind, werden sie wohl auf frühere Lebens- und Beziehungserfahrungen (insbesondere in der Kindheit, in der Familie, im Elternhaus) zurückblicken und auch die entsprechend herausgebildeten emotional bedeutsamen Muster (Lebensmotive) in den Blick nehmen müssen.

Die *Verstehensseite* erfordert somit in der Regel einen *Vergangenheitsbezug*. Jedoch ist dies auch ein zweischneidiges Schwert, denn solcherart Verstehen bringt meist nicht viel für die *Veränderungsseite*. Auf dieser Seite, an der die systemische Perspektive ansetzt, ginge es eher darum, dass die Klienten sich entscheiden, ob sie ihre bisherigen – ihnen nahe liegenden und emotional bedeutsam verankerten – Wirklichkeitskonstruktionen aufrechterhalten oder sie durch alternative – weniger leidvolle – ersetzen möchten. Und hierfür (für die Veränderungsseite) ist ein Nachdenken über die Vergangenheit nicht unbedingt förderlich.

Exkurs zum Vergangenheits-Gegenwarts-Thema beim narrativ-dialogischen Ansatz: Man könnte meinen, dass die narrativen Ansätze eher auf die Verstehensseite gehen, somit Vergangenes (wieder) stärker akzentuieren, und damit von der Veränderungsseite (wieder) eher abrücken. Dem ist aber nicht so. Hierzu soll beispielhaft die Position von Seikkula und seiner Arbeitsgruppe zur Frage der Vergangenheitsorientierung beleuchtet werden. Seinem Ansatz des »Offenen Dialogs«, der im Rahmen der »bedürfnisangepassten Behandlung« Hilfe bei akuten psychotischen Krisen anzubieten vermag (Punkt 3.7.3), kommt meines Erachtens ein herausragender Stellenwert unter den narrativen Ansätzen zu.

Seikkula betont, dass der Akzent auf dem gegenwärtigen Dialog oder der *gegenwärtigen Interaktion* liegt, psychotische Äußerungen allein im Hier und Jetzt der Gespräche ihren »Grund« hätten und sich eine Analyse früherer Erfahrungen erübrige.

Zwar kann man feststellen, dass sich die Gespräche (wie aus den unter Punkt 3.7.3 geschilderten Beispielen hervorgeht) natürlich auch um jene früheren Erfahrungen drehen, die als Auslöser für psychotisches Verhalten angesehen werden. Somit wird auch in die Vergangenheit zurückgeblickt, auf jene emotional bedeutsamen (erschreckenden, extremen) Ereignisse oder Beziehungsmuster, die der Symptombildung vorausgingen (und vor deren Hintergrund die Symptome persönlichen Sinn machen). Aber es wird davon ausgegangen, das die *Bedeutungen* jener vergangenen Erfahrungen im Hier und Jetzt geschaffen werden. Angestrebt ist, eine neue Sprache für diese Erfahrungen im jeweils aktuellen Gespräch zu finden; dabei werden psychotische Äußerungen als Botschaften aufgegriffen, dass über dieses oder jenes Thema (noch) nicht gesprochen werden kann. Dazu sagt Seikkula (1995, S. 183): »Der ›Grund‹ für psychotisches Verhalten taucht in der aktuellen Konversation auf, wenn das zur Diskussion gestellte Thema zu gefährlich für den Patienten ist. Seine psychotische Geschichte ist eine von vielen Geschichten, die sich aus der aktuellen Situation ergeben [...]«

In diesem Ansatz liegt die Betonung also grundsätzlich auf dem Hier und Jetzt. Gemäß Seikkula (1995, S. 188) werden die Bedeutungen der Erlebnisse des Klienten und seiner Angehörigen allein in der jeweils *aktuellen Konversation* erzeugt. Und sofern diese Bedeutungen dann neue Sichtweisen der Realität eröffnen, könnten sie eine konstruktive Ausrichtung für die Psyche gewinnen. Zwar beschreiben meines Erachtens die Geschichten der Klientinnen über Vergangenes auch *praktisch-sinnliche Erfahrungen* aus der Vergangenheit, die damals nicht hatten in Worte gefasst werden können. Die Bedeutung vergangener Ereignisse »als solche« wird von Seikkula aber grundsätzlich negiert.

Andere Kritikpunkte: Weitere Kritikpunkte am systemisch-konstruktivistischen Ansatz sind bereits unter Punkt 3.5.5 genannt worden. Diese betrafen unter anderem das strikte Gebot der Neutralität im Sinne von *Allparteilichkeit*, statt in bestimmten Konstellationen auch Partei für die Schwächeren oder Schwächsten eines sozialen Netzwerks ergreifen zu dürfen; ferner die *mangelnde Empathie* für die Leidensbekundungen der Klientinnen und schließlich auch die *fehlende Thematisierung* sozial-kultureller, gesellschaftlicher Ungerechtigkeiten oder materieller Einschränkungen (z. B. unter Macht- und Herrschaftsbedingungen) als Hintergrund von psychischen Problem- und Konfliktlagen.

Kritische Stichpunkte zu den narrativen Ansätzen: Die narrativen Ansätze bleiben von den genannten Kritikpunkten nicht ganz verschont. Das Konzept der »problemdeterminierten Systeme« (s. Punkt 3.3.1), an dem sich die Systemiker orientieren, stammt ja ursprünglich von Vertretern der narrativen Richtung. Somit bleiben Fragen, welche die *primäre Entstehung* von subjektiven Problemen betreffen, ungeklärt und biografische Bezüge zu *praktisch-sinnlichen* Erfahrungen der *Vergangenheit* werden kaum hergestellt. Ferner wird man sich auch der *Dimension der Subjektivität* nicht annähern können, wenn man nur auf *allgemeine*, kulturelle *Bedeutungen* der *Sprache* abhebt, dabei aber den persönlichen Sinn, der auf emotionalen, sinnlichen Lebenserfahrungen gründet, außer Betracht lässt. Auf der Linie des sozialen Konstruktionismus, der für die narrative Denkrichtung einschlägig ist (s. Punkt 3.6.1), soll es auch auf keinen Fall darum gehen, »in die Privatsphäre der Subjektivität anderer einzudringen« (Gergen, 2002, S. 185). Verstehen und Verständnis ist hier ausschließlich als »eine relationale Errungenschaft« definiert (S. 185). Indem man sich so einen hermeneutischen Zugang zum Subjekt verschließt, wird auch Verstehensbegleitung zum Sich-selbst-Verstehen der Klienten kaum geboten.

Aber jedenfalls kommt dem *Zuhören* bei den narrativen Ansätzen ein wichtiger Stellenwert zu. Und das Zuhören kann man als die Klammer ansehen, welche die narrativen Ansätze (sozial-konstruktionistischer Ausrichtung) mit den subjektorientierten Ansätzen der Sozialpsychiatrie verbindet. Da gibt es ein Buch über Ursula Plog, der (Mit-)Begründerin des sozialpsychiatrischen Begegnungsansatzes, mit dem schönen und treffenden Titel: »Von einer die auszog, die Psychiatrie das Zuhören zu lehren« (Leschinsky, 2003). Tatsächlich wurde mit dem Begegnungsansatz (s. unter Punkt 2.2.1, S. 120 ff.) das Zuhören in die Psychiatrie eingeführt. Aber anders als bei den narrativen Ansätzen fokussiert man hier mehr auf das praktisch-sinnliche *Erleben* bestimmter Lebenskonstellationen als auf deren sprachliche Konstruktion und (gemeinschaftliche) Bedeutungsgebung. Die Geschichten, die Klientinnen erzählen, sind aber in jedem Fall wichtig!

Somit kann nun dieses lange Kapitel mit einigen Überlegungen zur »Machbarkeit« systemischen Arbeitens in der (psychiatrisch-)psychosozialen Praxis abgeschlossen werden.

3.8.2 Zur Machbarkeit systemischen Arbeitens in der derzeitigen Praxislandschaft

Auf der einen Seite geben sich heute viele (psychiatrisch-psychosoziale) Einrichtungen beziehungsweise »Dienstleistungscenter« ein systemisches Profil, um im Wettbewerb um »Kunden« in Konkurrenz mit anderen Einrichtungen bessere »Marktchancen« zu haben. Sofern es sich dabei nicht um Etikettenschwindel handelt, sondern dort wirklich systemisch gearbeitet wird, ist das ja nicht schlecht (s. a. Haselmann, 2007).

Auf der anderen Seite dürfte es in der gängigen Praxislandschaft für einzelne systemisch orientierte Mitarbeiterinnen schwierig sein, sich mit ihrem systemischen Vorgehen zu behaupten. Zwar gilt es, Spielräume ausfindig zu machen und zu nutzen; aber in ideellen Milieus, die systemischem Gedankengut gegenüber prinzipiell nicht aufgeschlossen sind, könnten einzelne Mitarbeiter in ihrem Bemühen darin auch scheitern.

> Hier könnte noch einmal das Fallbeispiel (Herr M.) aus dem Bereich der Arbeitsrehabilitation (s. Punkt 3.7.4) aufgegriffen werden: Wenn der Betriebsleiter, der Meister und der Arbeitsanleiter erwarten, dass die Psychologin den Rehabilitanden »überreden«

soll, den Schritt auf den Arbeitsmarkt in Angriff zu nehmen und ihm seine diesbezüglichen Ängste »auszureden«, wird es dieser schwer fallen, in einem gemeinsamen Gespräch, in dem alle Druck in die eine Richtung machen, ihrerseits die Seite des Scheiterns zu akzentuieren und die Blockade oder das Zurückgehen des Klienten für alle nachvollziehbar positiv zu konnotieren. Selbstverständlich kann sie das machen, steht aber dann auch in der Gefahr, nicht ganz ernst genommen oder in ihrer Kompetenz angezweifelt zu werden. Schließlich ist ja Herr M. just zu dem Zweck zu der Psychologin geschickt worden, dass diese ihm »seine Ängste nimmt« und ihm – nach dem Muster »mehr desselben«, aber »psychosozial geschickter« – den Schritt in den allgemeinen Arbeitsmarkt schmackhaft macht. Die Psychologin hätte zwar die Möglichkeit, diesen Auftrag mit dieser Intention abzulehnen. Aber das würde auch kaum akzeptiert, denn schließlich sind nach Ansicht der anderen Mitglieder der Institution die psychosozialen Fachkräfte ja eben dazu da, solche Aufträge zu übernehmen und in dem genannten Sinne auszuführen. Gewiss geht es dabei weniger um den besten Weg für den Klienten, sondern darum, dass die Mitarbeiter des Werkstattbereichs einen sichtbaren Beweis für den Erfolg ihrer Rehabilitationsbemühungen sehen möchten. Das ist ja durchaus verständlich und legitim. Eine schwierige Situation für systemisch inspirierte psychosoziale Fachkräfte ergibt sich aus solchen Konstellationen aber dennoch; insbesondere dann, wenn die Sicherheit ihrer eigenen Arbeitsplätze von der Werkstättenleitung abhängig ist.

Mit der Unterstützung einer Supervision für systemisches Arbeiten und entsprechender Rückgratstärkung kann man selbstverständlich auch mit solchen Konstellationen souverän umgehen lernen. Aber es muss auch darauf hingewiesen werden, dass es unter ungünstigen Bedingungen nicht immer machbar ist, systemisch zu arbeiten und einzelnen Mitarbeitern auch nicht immer zugemutet werden kann.

4 Psychosoziale Arbeit in der Sozialen Psychiatrie: Subjektorientiert oder systemisch vorgehen?

Ohne auf Details einzugehen, stellt dieses Schlusskapitel eine Art resümierende Zusammenfassung insbesondere des zweiten und dritten Kapitels dieses Buches dar, greift einige dort aufgeworfene Fragen noch einmal auf und differenziert im Groben die beiden für die psychiatrisch-psychosoziale Arbeit einschlägigen Perspektiven, nämlich die systemische einerseits und die der subjektorientierten Sozialpsychiatrie andererseits. Damit wird zugleich ein Orientierungsrahmen für die praktische Arbeit abgesteckt, indem diese beiden Paradigmen mit den Möglichkeiten, die deren unterschiedliche Arbeitsansätze bieten, zusammengeführt werden. Vorab sei erwähnt, dass sich die Differenzierung der beiden Arbeitsansätze nicht allein darauf reduzieren lässt, dass im einen Fall (subjektorientiert) eben mit einzelnen Subjekten gearbeitet wird und im anderen Fall (systemisch) eben mit mehreren Beteiligten, also mit Systemen. Zwar trifft dies vom Prinzip her zu, aber es kann auch nach einem subjektorientierten Ansatz mit Netzwerken und nach dem systemtheoretisch begründeten systemischen Ansatz[38] mit Einzelnen gearbeitet werden. Da die jeweiligen Denk- und Vorgehensweisen beider Ansätze auf unterschiedliche Theoriesysteme rekurrieren, liegen die zentralen Unterschiede in unterschiedlichen Blickweisen auf die Bildung und Aufrechterhaltung von (klinisch relevanten) Problemen und deren (therapeutische) Veränderung und gehen mit entsprechend unterschiedlichen Arbeitsweisen und Schwerpunktsetzungen im psychosozialen Hilfeprozess einher.

4.1 Drei Paradigmen in der psychiatrisch-psychosozialen Praxis

Neben den beiden Perspektiven, die mit ihren jeweils relevanten Arbeitsansätzen in diesem Buch als zentrale Sicht- und Vorgehensweisen einer modernen psycho-

---

38 Sofern nicht anders vermerkt, ist hier immer, wenn vom systemischen Ansatz die Rede ist, die systemtheoretisch begründete und konstruktivistisch orientierte Variante der (therapeutischen) Arbeit mit Klienten(systemen) gemeint, die in diesem Buch im Zentrum der Betrachtung stand (s. Punkte 3.1 bis 3.4). Sie orientiert sich an der neuen Epistemologie, die als »Kybernetik zweiter Ordnung« bezeichnet wurde und integriert lösungsorientiertes Vorgehen und reflektierende Dialoge in ihre Beratungspraxis.

sozialen Arbeit im Zentrum der Betrachtung standen (in Kap. 2 der subjektorientierte, in Kap. 3 der systemische Ansatz), lässt sich in der realen Praxis im Psychiatriebereich vielfach eine Arbeitsweise ausmachen, welche de facto weder der subjektorientierten Sozialpsychiatrie noch einem systemischen Ansatz entspricht, sondern sich stattdessen eher an einem *Fürsorgemodell* ausrichtet (vgl. Kap. 1). In der Praxis sind demnach *drei Paradigmen* vorzufinden, welche die psychosoziale Arbeit – explizit oder implizit – determinieren und nach denen man im Arbeitsfeld Psychiatrie vorgehen kann. Diese drei Paradigmen sollen im Folgenden – durchaus plakativ und auch bewusst etwas überspitzt formuliert – anhand eines Übungsfalls einander gegenübergestellt werden. Die Frage zum Übungsfall lautet, wie man als begleitende Sozialarbeiterin in diesem Fall vorgehen würde.

Der Fall: Einem jungen Mann (ca. 30 Jahre) wird vom Arbeitsamt nahegelegt, sich einen Schwerbehinderten-Ausweis (SchwB-Ausweis) ausstellen zu lassen, da nur dadurch Chancen bestünden, jemals einen Arbeitsplatz zu erhalten. Das Versorgungsamt stellte bei ihm einen Behinderungsgrad von 80 % fest, davon zu circa 50 % aufgrund seelischer Behinderung und zu circa 30 % aufgrund körperlicher Einschränkungen. Egal, wie hoch der Grad der Behinderung, der SchwB-Ausweis sei für ihn auf jeden Fall von Vorteil, da er ihm Möglichkeiten auf dem Arbeitsmarkt eröffne, sagen ihm die Mitarbeiter vom Arbeitsamt.

Der Betroffene schreckt aber davor zurück und macht sich Sorgen. Da der junge Mann auch (teilweise) unter Betreuung (nach dem Betreuungsgesetz) steht (Betreuerin ist seine Mutter), hat er Bedenken, dass der SchwB-Ausweis (der ihm ja eine seelisch-körperliche Behinderung von 80 % quittiert) als Grundlage oder Argument herangezogen werden könnte, um ihm letztlich auch noch seine Geschäftsfähigkeit zu entziehen, während er bislang nicht als geschäftsunfähig gilt und quasi auch nicht »entmündigt« ist. Deshalb schreckt er also davor zurück, den SchwB-Ausweis zu akzeptieren. Er wirkt verzweifelt und zieht sich zurück.

Vorgehen nach dem Fürsorgemodell: Der Betroffene soll den Ausweis annehmen. Das ist für ihn das Beste. Er hat nur Vorteile davon, keine Nachteile. Der SchwB-Ausweis und das Betreuungsgesetz sind zwei paar Schuhe, haben nichts miteinander zu tun. Das wissen wir als Experten. Wir wissen, was gut für den Klienten ist. Er muss auf uns hören. Notfalls muss man ihn zu seinem Glück zwingen.

Merkmale:
→ Bevormundend fürsorglich; Selbstbestimmung der Klienten wird nicht gefördert, eher missachtet oder übergangen.
→ Kontrollierende Fürsorge.
→ Fürsorge auf dem Hintergrund eines medizinischen Krankheitsverständnisses. Psychisch Behinderte werden als grundsätzlich defizitäre (zu bedauernde) Wesen betrachtet, deren Autonomie nicht ernsthaft zu beachten ist, da sie (bemitleidenswert) eingeschränkt sind und in der Regel nicht Bescheid wissen, wo es langzugehen hat und was für sie am besten ist.

Vorgehen nach der subjektorientierten sozialpsychiatrischen Arbeitsweise: Die subjektiven Bedenken des Betroffenen werden ernst genommen (selbst wenn es rechtlich nicht möglich ist, einem Behinderten allein wegen eines hohen SchwB-Grades die Geschäftsfähigkeit nach dem Betreuungsgesetz zu entziehen und ihn quasi unter Vollbetreuung zu stellen).

Man bietet dem Klienten an, ihn in seinem Entscheidungsprozess für oder gegen den SchwB-Ausweis zu begleiten, damit er zu einer für ihn passenden Entscheidung kommt. Man fragt ihn, was er tun könnte, um seine Bedenken auszuräumen. Wen könnte er fragen; welche Information von wem würde ihm die Sicherheit geben, dass ihm wegen des SchwB-Ausweises nicht die Geschäftsfähigkeit entzogen wird? Wie könnte er mit seiner Mutter über dieses Thema reden? etc. Zugleich wird ihm aber auch die eigene (professionelle) Position übermittelt, dass es für ihn bestimmt von Vorteil sei, den SchwB-Ausweis zu akzeptieren.

Letztlich wird ihm zwar deutlich gemacht, dass es seine Entscheidung sei, den SchwB-Ausweis anzunehmen oder nicht; ferner, dass er auch in der Lage sei, dies für sich zu entscheiden und dass man seine Entscheidung respektieren wolle. Implizit wird aber versucht, ihm dabei zu helfen, seine Bedenken auszuräumen und schließlich doch womöglich die für ihn günstigere Entscheidung für den Ausweis zu treffen.

Merkmale:
→ Achtung und Förderung der Selbstbestimmung der Betroffenen. Begleitung in Entscheidungsprozessen. Beachtung der Fähigkeiten der Klienten, ihr Leben selbst in die Hand zu nehmen; gegebenenfalls Empowerment. Eher Ressourcen- als Defizitorientierung.
→ Autonomie gewährende Fürsorge.
→ Hintergrund ist nicht ein medizinisches, sondern ein (bio)psychosoziales Krankheitsverständnis und Anerkennung von psychisch Kranken/Behinderten als vollwertige Subjekte, deren Autonomie zu respektieren ist und denen man auf einer Ebene von Subjekt zu Subjekt zu begegnen hat.

Vorgehen nach dem systemischen Ansatz: Einbeziehung womöglich aller Beteiligter in den Klärungsprozess (also etwa vor allem – neben dem Klienten – seine Mutter, gegebenenfalls seinen Bezugstherapeuten und auch die Arbeitsamtmitarbeiterin). Reihum wird gefragt (z. T. nach der zirkulären Fragetechnik), wer zum Beispiel die Idee mit dem SchwB-Ausweis als Erstes hatte, wer welches Interesse daran hat, wer sich etwas davon verspricht etc.

Der Klient wird z. B. gefragt (Skalenfrage), zu wie viel Prozent es der Wunsch seiner Mutter ist, zu wie viel Prozent der Wunsch der Arbeitsamtmitarbeiterin, zu wie viel Prozent sein eigener. (Grundsätzlich kann auch mit Einzelnen systemisch gearbeitet werden.)

Nach Informierung über die rechtliche Lage würden Fragen an den Klienten auch im Hinblick auf seine Bedenken bezüglich einer Entmündigung gestellt werden, zum Beispiel: »Was – denkt er – glaubt sein Bezugstherapeut, welche Gründe seine Mutter haben könnte, an seiner Geschäftsfähigkeit zu zweifeln?« Oder: »Was müsste er tun, um in den Augen seiner Mutter als ›geschäftsunfähig‹ zu erscheinen?«

Merkmale:
→ Autonomie und Selbstorganisation von Klienten(systemen) wird vorausgesetzt.

Vom grundsätzlichen Vorhandensein von Fähigkeiten, Probleme zu lösen und Entscheidungen zu treffen, wird ausgegangen. Verdeckte Selbstbestimmungs- und Selbsthilfefähigkeiten werden anzuregen versucht (ressourcenorientiert). Im Hinblick auf Entscheidungen, die der Klient zu treffen hat, bleibt man als Beraterin neutral (d. h. man favorisiert auch nicht implizit die eine oder andere Alternative).

→ Keine Fürsorge, sondern Initiierung von Selbstsorge (i. S. v. »für sich selbst sorgen«); Versuch, Selbstständigkeit anzustoßen. Zurückgeben der Verantwortung für die eigene Lebensgestaltung an das System, gegebenenfalls Provokation von autonomen Entscheidungen.

→ Hintergrund ist kein »Krankheitsmodell«, sondern eine Auflösung des Denkens in Krankheitsbegriffen, da Krankheitskategorien und daraus abgeleitete Zuschreibungen für die Lösung von Problemen in der Regel nicht hilfreich sind.

Der Fokus liegt auf den Verhaltensweisen, Interaktionen und Kommunikationen eines Systems und den Sichtweisen und Beschreibungen der Beteiligten über die als störend, behindernd oder leidvoll eingeschätzte Situation. Ziel ist es, ohnehin autonom funktionierende »problemdeterminierte Systeme« so anzustoßen, dass sie womöglich zu »glücklicheren« Kommunikationen, »nützlicheren« Wirklichkeitskonstruktionen und eigenen Problemlösungen gelangen.

Ein eigenes *psychosoziales Profil*, das mit einer *therapeutischen Haltung* und entsprechenden Beziehungsgestaltung assoziiert ist und sich von dem eher klassischen psychiatrischen Versorgungsdenken abgrenzt, käme im Prinzip nur den beiden Paradigmen zu, die explizit von einer bloßen Fürsorgeorientierung Abstand nehmen. Dies trifft grundsätzlich für die Denk- und Arbeitsweisen sowohl der subjektorientierten Sozialpsychiatrie wie auch der systemischen Perspektive zu, die beide *nicht bevormundende Vorgehensweisen* präjudizieren. Davon ausgehend war in diesem Buch die Frage nach den unterschiedlichen Implikationen beider Perspektiven für die praktische Arbeit gestellt worden. Man muss konzedieren, dass im Rahmen subjektorientierter »Beziehungsarbeit« in der Realität sozialpsychiatrischer Praxis die Überwindung der »fürsorglichen Belagerung« verschiedentlich nur schwer gelingt. Auf der systemischen Schiene hingegen wird nicht fürsorglich belagert, aber dafür auch wenig(er) emotionale Bezogenheit hergestellt.

4.2 Subjektorientierte Sozialpsychiatrie oder systemischer Ansatz – Eine zusammenfassende Gegenüberstellung

Eine *Gemeinsamkeit* der beiden Perspektiven stellt die Ablehnung des medizinischen Behandlungsmodells bei psychischen Störungen, eine Infragestellung der Nützlichkeit des entsprechenden Krankheitsmodells für Beratung, Therapie und psychosoziale Arbeit dar sowie das Bestreben, (vorschnelle) Psychiatrisierung zu vermeiden.

Als Beispiel für Psychiatrisierung sei folgender Fall genannt (nach Deppe, 1996, S. 179 f.): Ein Mädchen hatte im Alter von 14 Jahren einen schweren Suizidversuch unternommen, nachdem ihr Wellensittich gestorben war. Da sie diese Tat damit erklärte, dass der Wellensittich das einzige Lebewesen gewesen war, mit dem sie sich richtig unterhalten konnte, wurde sie als psychotisch diagnostiziert und wegen akuter Selbstgefährdung zwangseingewiesen. Als sie daraufhin in der Klinik kein Wort mehr sprach, wurde zusätzlich ein depressiver Stupor angenommen; so erfuhr das Mädchen eine Behandlung mit Antidepressiva und Neuroleptika. Zugunsten von psychiatrischen Kategorisierungen war die an sich naheliegende Frage, worüber sich das Mädchen so gut mit ihrem Wellensittich habe unterhalten können, zunächst von niemandem gestellt worden. Auf diese Weise hatte man auch nicht in Erfahrung bringen können, dass der Wellensittich für sie das einzige Lebewesen gewesen war, mit dem sie über die sexuellen Belästigungen ihres Vaters hatte sprechen können.

In einem anderen Beispiel (S. 204 ff.) wird von einer älteren Frau berichtet, die nach dem Tod ihres Mannes, mit dem sie fast vierzig Ehejahre eng verbunden war und den sie die letzten drei Jahre aufopferungsvoll gepflegt hatte, tiefe Verlassenheitsgefühle empfand, zu denen sich auch Schuldgefühle (ihren Mann nicht gut genug gepflegt zu haben) und Zukunftsängste gesellten. Im Gefolge der Verschreibung von Tranquilizern zur Bekämpfung dieser »Symptome« verselbstständigten sich diese immer mehr und es kam über Jahre zu mehrfachen Einweisungen in psychiatrische Kliniken wegen »endogener Depression«. Nach acht verzweifelten Jahren nahm die Frau eine Überdosis Psychopharmaka in suizidaler Absicht ein. Erst danach erfuhr sie ein Krisengespräch.

In den geschilderten Beispielfällen hätten die Psychiatrisierungen von Anfang an schlicht durch Gespräche verhindert werden können und sie konnten schließlich auch dadurch beendet werden. Eine passende psychosoziale Begleitung zur Verhinderung oder Beendigung von Psychiatrisierung ist durch ein Vorgehen nach dem systemischen Ansatz möglich und genauso gut (oder vielleicht sogar noch authentischer) wäre dies mit dem Begegnungsansatz der subjektorientierten Sozialpsychiatrie (Dörner u. Plog und Mosher u. Burti), eventuell unter Rückgriff auf einschlägige Konzepte der Gemeindepsychiatrie (wie z. B. Empowerment und Partizipation), oder bei einem Vorgehen entlang den Grundregeln sozialpsychiatrischen Handelns (Ciompi) und angemessener subjektorientierter Krisenintervention machbar. Mit Blick auf die Beendigung oder – vorab schon – auf die Vermeidung von (vorzeitiger) Psychiatrisierung lassen sich nicht unbedingt große Unterschiede zwischen den beiden Perspektiven, ihren Anliegen und Ansatzpunkten der psychosozialen Hilfe ausmachen.

Das Ziel allerdings, Chronizität zu verhindern, konnte von Seiten der (subjektorientierten) Sozial-/Gemeindepsychiatrie speziell in der Arbeit mit Psychoseerfahrenen nicht so gut umgesetzt werden. Stattdessen läuft man hier Gefahr, bei aller wohlmeinenden Beziehungsarbeit, zur Chronifizierung mit beizutragen (s. Punkt 2.4). Demgegenüber vermag man von der systemischen Perspektive her Chronifizierungsstrategien zu eruieren und in einer Form des »systemischen Umgangs mit Chronizität« Wege aus Chronikerkarrieren zu eröffnen (s. unter Punkt 3.7.3, S. 306 ff.).

Neben dem Chronizitätsproblem waren (unter Punkt 2.4.1, S. 187 ff.) weitere *Schwachstellen der subjektorientierten Sozialpsychiatrie* genannt worden, zum Beispiel, dass aufgrund wenig griffiger Handlungskonzepte und unklarer Kriterien für die Bewertung von guter Praxis die psychosozialen Fachkräfte oft dazu tendieren, allein die Beziehungsebene zu akzentuieren und sich selbst in intensiven Kontakten mit ihren Klienten vor allem als Gutmenschen anzubieten (statt den Erfolg des eigenen Handelns zu überprüfen). Ferner war festgestellt worden, dass die soziale Kontrollfunktion der Psychiatrie in der sozialpsychiatrischen Arbeit oft wenig reflektiert und vielfach sogar verleugnet wird. Weiterhin war auf das unzureichende Handwerkszeug für den Umgang mit Konfliktsituationen, bei Ambivalenzen oder angesichts widersprüchlicher Auftragslagen hingewiesen worden. Auch die ungenügende Differenzierung zwischen Hilfe und Fürsorge war angeprangert worden, da eine Vermengung von Hilfe und Fürsorge in die Fallstricke führt, entweder zu helfen, wo um Hilfe gar nicht nachgefragt wurde oder (fürsorglich gemeintes) Kontrollieren als Helfen umzudeuten. Dies kann in der sozialpsychiatrischen Arbeit mit unerquicklichen Interaktionsformen des »Ziehens und Zerrens« einhergehen oder auch dazu führen, dass man sich – mehr oder weniger hilflos – miteinander im Kreise dreht. Eine solche Arbeitsweise scheint dann wenig geeignet, die Klienten zu eigenständigen Veränderungen oder Lösungsfindungen anzuregen oder, sofern dies doch gelingt, handelt es sich um einen mühsamen und schleppenden Prozess. Zwar wurden mit der Empowerment-Perspektive und dem Trialog neue Wege beschritten, die Selbstbestimmung und die Selbsthilfefähigkeiten der Psychiatrieerfahrenen und ihrer Angehörigen zu achten und zu fördern, aber insoweit die Psychiatriereform verschiedentlich eher als Reform der *Versorgung* umgesetzt wurde, findet man in der Praxis oftmals eine »fürsorgliche Belagerung« vor, welche die Selbsthilfekräfte der Klienten nicht gerade stärkt (s. a. Keupp, 2007). Bei einer subjektorientierten sozialpsychiatrischen Arbeitsweise, welche mit hoher Anspruchshaltung, helfen und Gutes tun zu wollen, verbunden ist, kann des Weiteren auch die Gefahr des Ausbrennens (Burnout) der psychosozialen Fachkräfte als hoch eingeschätzt werden.

In allen diesen Punkten wäre einem Vorgehen nach dem systemischen Ansatz der Vorzug zu geben, erstens, um nicht in die genannten Fallen zu tappen und zweitens, um wirksam zu sein im Hinblick auf die Initiierung von Veränderung und die Verhinderung oder gar Auflösung von Chronizität.

Auf der anderen Seite waren *Lücken und Mängel des systemischen Ansatzes* vor allem auf der Beziehungsebene (in der Arbeit mit Einzelnen) ausgemacht worden (s. Punkt 3.8.1). Für die Begegnung im psychosozialen Alltag und die damit einhergehende Beziehungsarbeit hat der systemische Ansatz mit seinem Handwerkszeug nicht viel zu bieten. Überdies erschwert die mangelnde Subjektorientierung der systemisch-konstruktivistischen Perspektive Annäherungen an die emotional bedeutsamen Themen, die mit der Subjektivität der Klientinnen verwoben sind und vernachlässigt die Auseinandersetzung mit den Inhalten, die auf den *persönlichen Sinn* der gezeigten Lebens- und Verhaltensweisen (mithin der Symptome) hinweisen könnten. So kann keine Verstehensbegleitung angeboten werden, die den Klienten helfen könnte, den persönlichen Sinn ihrer Psychose (oder anderer Symptome) nachzuvollziehen und auf dieser Grundlage zu verarbeiten. Zugleich geht der sachlich-lösungsorientierte systemische Arbeitsstil mit geringer Kontaktintensität und Bezogenheit einher, mit geringer Orientierung am Erleben der Klientinnen oder mangelnder Empathie für deren Leidensbekundungen. Nicht zuletzt wurde auch moniert, dass der im systemischen Ansatz vernachlässigte Vergangenheitsbezug (zugunsten der dort bevorzugten Gegenwarts- und Zukunftsorientierung) keine Aufarbeitung der Bedeutungen, die Kindheitsmuster und vergangene Lebenserfahrungen für den Klienten haben, nahe legt. Für die Verstehensseite (um sich selbst zu verstehen) ist aber in der Regel ein Blick in die Vergangenheit und auf Kindheitserfahrungen, auf frühere wie aktuelle Beziehungsmuster angesagt.

In allen hier genannten Punkten, insbesondere wenn es um Begegnung und Beziehungsarbeit geht statt um Problemlösung, wäre ein Vorgehen nach einem subjektorientierten Arbeitsansatz vorzuziehen.

4.2.1 Verstehensbegleitung und Beziehungsarbeit versus Anstöße zur Lösungsfindung und Veränderung

Zum systemischen Ansatz

Das Potenzial, leichtfüßig die Klientinnen zur Findung von Lösungen anzuregen oder zu selbstorganisierten Veränderungen anzustoßen, könnte als das Markenzeichen systemischer Therapie und Beratung bezeichnet werden. Die Veränderungswirksamkeit kennzeichnet den systemischen Arbeitsansatz in der psychosozialen Arbeit. Gleichzeitig gelingt dies aber nur dadurch, dass nicht auf Veränderung gedrängt, sondern im Gegenteil auch die Seite der Nicht-Veränderung akzentuiert wird. Grundvoraussetzung ist die Einhaltung des systemischen Neutralitätsgebots gegenüber Veränderung oder Nicht-Veränderung, mithin eine neutrale Haltung der Therapeuten oder Helferinnen gegenüber der Aufrechterhaltung oder dem Aufgeben der symptomatischen oder als störend eingeschätzten Verhaltensweisen seitens der Klienten. Durch das Streuen von alternativen Wirklichkeitssichten und die Verstörung (Perturbation) von eingefahrenen Mustern, durch Ressourcenorientierung (mit Blick auf die Selbsthilfekräfte) und geeignete dialogische Milieugestaltung werden die Klientinnen zu eigenen, gegebenenfalls neuen Entscheidungen angeregt. Die Selbstorganisation und Eigendynamik der Problemsysteme wird dabei bedacht. Gerade bei psychotischen Verhaltensweisen ist durchaus auch provokantes Verstören angesagt, zum Beispiel, um blockierte Autonomie zu provozieren. Oberstes Gebot ist Respekt gegenüber den Personen, aber von Mitgefühl lässt man sich dabei nicht unbedingt leiten.

Liegt der Akzent auf der Lösungsorientierung, so wird der Besprechung der Probleme und der Problemkonstitution wenig Raum eingeräumt. Damit zusammenhängend liegt der Fokus auf der Gegenwart und – mehr noch – auf der Zukunft (auf dem Entwerfen einer zukünftigen Lebensgestaltung), aber es wird kaum auf problemkonstituierende Erfahrungen oder problematische Beziehungsmuster der lebensgeschichtlichen Vergangenheit fokussiert. Wege, die aus Problemen herausführen, können besser mithilfe positiv aufbauender Bilder für die Zukunft, gefunden (oder erfunden) werden als via Problemvertiefung mit Blick auf vergangene Erlebnisse. Davon abgesehen nimmt das systemisch-konstruktivistische Modell (auch jenseits einer stringenten Lösungsorientierung) Störungen generell erst ab dem Zeitpunkt in den Blick, ab dem irgendjemand bestimmte Verhaltensweisen als störend oder veränderungsbedürftig definiert (s. Punkt 3.3.1). Betrachtet werden hier vornehmlich die kommunikativen Konstruktionen, durch die Störungen geschaffen werden. Dabei bleiben aber die vorgängigen emotionalen Lebensprobleme Einzelner, solange sie von niemandem als störend definiert worden sind, außerhalb des Blickfeldes. Alles in allem gilt ein Nachsinnen über die (problembelastete) Vergangenheit für den Aspekt der Veränderung, auf den die systemische Perspektive zielt, als nicht gerade förderlich.

Das systemische Denken lässt sich als ein Denken in Mustern, Relationen und Formen kennzeichnen. Das entsprechende Vorgehen in Therapie und Beratung bezieht seine Veränderungswirksamkeit aus der Verstörung von interaktiven und kommunikativen *Formen*, mithin der Unterbrechung von Problemkreisläufen, durch Anregung zu neuen (kognitiven) Konstruktionen, veränderten Beziehungsdefinitionen und geeigneteren Kommunikationen. Dabei wird allerdings von den bedeutungsvollen *Inhalten*, die von den (einzelnen) Klienten mitgeteilt werden, weitgehend abstrahiert. Die Wirklichkeitssichten der an einem Problemsystem beteiligten Menschen werden weniger in ihrem inhaltlichen Aussagewert als bedeutungsvolle Mitteilungen konkreter Subjekte aufgegriffen, sondern eher unter dem *funktionalen Aspekt* der Stabilisierung oder Destabilisierung bestimmter Verhaltens- und Kommunikationsmuster des (Problem-)Systems.[39] Mit einem verstehenden Ansatz (etwa der verstehenden Psychiatrie) hat man aus systemisch-konstruktivistischer Warte nicht viel im Sinn, da Versuche, zu verstehen, eher tiefer in die Probleme hinein- statt aus ihnen herausführen.

---

39 Die Abstinenz von den Inhalten und der Subjektivität wurde von einigen systemischen Praktikerinnen auch als Manko erlebt (z. B. Lynn Hoffman, 1994; 1996). Im Gefolge waren die späteren *narrativen Ansätze* der »Postmoderne«, die sich mehr oder weniger kritisch mit der »systemischen Moderne« auseinander setzten oder sich ganz von ihr abgrenzten (s. dazu Punkt 3.6), bestrebt, die Vernachlässigung der Inhalte wieder wettzumachen und die bislang vernachlässigten Themen der persönlichen Intentionen bzw. des Subjektiven neu aufzugreifen. In diesem Zusammenhang erfolgte auch eine neue »Hinwendung zu den eher am Verstehen orientierten Wissenschaften . . .« (Fischer u. Schweitzer, 1994, S. 82). Überdies wurde von Vertretern der narrativen Richtung (z. B. Deissler, 2002) das systemische »Be-Handeln« abgelehnt zugunsten eines »Aushandelns« von Bedeutungen.

Das gesamte Arrangement systemisch-therapeutischen Vorgehens ist somit auf die Frage der *Veränderung* und der *Lösungsfindung* ausgerichtet. Die Veränderungswirksamkeit erhöht sich, wenn die systemische Beratung mit mehreren Beteiligten (eines Problemsystems) durchgeführt wird statt nur mit einem einzelnen Klienten.

Zum subjektorientiert-sozialpsychiatrischen Ansatz
Die Ansätze, die sich der Perspektive der subjektorientierten Sozialpsychiatrie zuordnen lassen, konzentrieren sich (in der Arbeit mit Einzelnen) explizit an den im Gespräch geäußerten Inhalten. Oft setzt man sich unter Vernachlässigung der kommunikativen Formen mit den Mitteilungen und subjektiven Beschreibungen der Klientinnen über ihre Erfahrungen, ihre Gefühle, ihr Erleben, ihre Beziehungen und ihre Symptome vor allem auf *inhaltlicher Ebene* auseinander. Somit zielt der subjektorientierte Ansatz (der Sozialpsychiatrie) auf die Verstehensseite. In der mitmenschlichen Begegnung (im Zusammen-Sein) und im Gespräch (Zusammen-Sprechen) wird unter anderem *Verstehensbegleitung* angeboten. Damit gemeint sind Angebote seitens der Mitarbeiterinnen, die Klienten darin zu unterstützen, sich selbst, ihre Gefühlswelt, ihr problematisches oder symptomatisches Verhalten mit Bezug auf ihre soziale Situation, ihre Beziehungserfahrungen, ihre Bedürfnisse und ihre alltägliche Lebenswelt (etc.) besser zu verstehen und zu reflektieren.

Manchmal wird auch, sofern dies von den Klientinnen gewünscht ist, *Sinnklärungsarbeit* geleistet. Dabei geht es darum, den *persönlichen* Sinn[40] der Psychose (oder von anderen Symptomen) mit Blick auf die Biografie, relevante Lebenserfahrungen oder lebensgeschichtlich bedeutsame Beziehungsmuster aufzuspüren. Von Bedeutung sind hierbei auch die Inhalte beispielsweise eines Wahns oder einer fixen Überzeugung (etwa von der CIA verfolgt zu werden oder im Auftrage Jesu zu handeln), da sie auf bestimmte Lebensmotive und Beziehungskonstellationen verweisen könnten. Nicht immer erfolgen solche Sinnklärungen (oder Sinnkonstruktionen) in therapeutisch ausgerichteten Gesprächen; oftmals ergeben sie sich in anderen Kontexten des gegenseitigen Austausches, zum Beispiel in Psychoseeminaren. Von vielen Psychiatrieerfahrenen wird Verstehensbegleitung und Sinnklärungsarbeit jedenfalls explizit eingefordert.

Insoweit die subjektorientierte Sozialpsychiatrie eher auf die Verstehensseite zielt, kommt aber die *Veränderungsseite* etwas zu kurz. Zwar ist angestrebt, den Klienten neue Bewertungsmöglichkeiten zu eröffnen, ihnen neue Begegnungs- und Beziehungserfahrungen zu vermitteln, sie zur Nutzung und Erweiterung ihrer Hand-

---

40 Im systemisch-konstruktivistischen Ansatz wird selbstverständlich auch zentral auf den Sinn fokussiert, auf den Sinn von symptomatischen Verhaltensweisen etwa. Gemeint ist damit aber ein funktionaler Sinn in relationalen Bezügen; es geht um den Sinn mit Blick auf das Funktionieren des Systems. Nicht beachtet wird demgegenüber der persönliche Sinn, der die Subjektivität betrifft und die emotionale Bedeutsamkeit widerspiegelt, die bestimmte Lebensereignisse oder Beziehungserfahrungen für das Subjekt bezogen auf eigene Motive etc. haben.

lungsspielräume sowie zum Entwurf realistischer Zukunftserwartungen anzuregen, ihnen Verantwortung zu übertragen, ihre Ressourcen und Selbsthilfepotenziale zu schätzen und zu aktivieren und/oder – im Sinne einer Empowerment-Strategie – ihre Selbstbefähigung zu fördern (etc.), aber diese Bemühungen erweisen sich oft als langatmig oder schwergängig. Speziell für die Förderung der Autonomieentwicklung der Klientinnen (und ihrer Wahrnehmung eigener Verantwortung für das weitere Leben) ist der sozialpsychiatrisch übliche Weg der kleinen Schritte (oder das Päppeln) oft wenig effizient. Der Handlungsansatz der subjektorientierten Sozialpsychiatrie besteht im Wesentlichen in der *Beziehungsarbeit*. Diese jedoch kann nicht immer eindeutig konturiert werden. Auch für die Einbeziehung des relevanten Umfeldes und die Beteiligung der wichtigsten Bezugspersonen am Behandlungsprozess gibt es wenig klare Konzepte. Alles in allem fehlt griffiges Handwerkszeug zum Anstoß von Veränderungen.

Wenn wichtige Entscheidungen zu treffen sind oder akut Probleme anstehen, die es zu lösen gilt, könnten die Versuche, verständnisvoll und empathisch auf die Subjektivität, die Konflikt- und Bedürfnislage der Hilfesuchenden einzugehen, in der Praxis dazu führen, dass man über lange Strecken eher bedeutungsschwer um das Problem kreist, statt Wege einer Lösung zu finden. Hier hätten sich die Mitarbeiterinnen die Frage zu stellen: »Wie komme ich bloß aus den problemvertiefenden Kreisläufen und/oder aus den gegebenenfalls chronifizierenden Betreuungsverläufen mit den (psychisch erkranken) Klienten heraus?« Wenn akut Lösungen zu entwickeln sind, sind Annäherungen an die Subjektivität des Klienten mit Fragen, wie es zu dem Problem kam, bestenfalls von sekundärem Interesse. Stattdessen wäre hier zuvörderst ein systemisch-lösungsorientiertes Vorgehen angesagt.

Das »Bahnhofsbeispiel«

Um deutlich zu machen, worin sich subjektorientierten und systemischen Vorgehen unterscheiden, soll der Systemiker Fritz B. Simon zu Wort kommen, der in einem Verlagsprospekt vom Carl-Auer-Verlag (Herbst 2006) eine neue Buchreihe folgendermaßen eingeführt hat:

> »Ob es einem Menschen gut oder schlecht geht, hängt zu einem guten Teil von Faktoren ab, die nicht in seiner Macht liegen. Was er aber beeinflussen kann, ist seine Sichtweise, sind seine Haltung und Methode, mit denen er auf Herausforderungen und Probleme reagiert [. . .] Wer sich beispielsweise in einer fremden Stadt auf dem Weg zum Bahnhof verlaufen hat, kann beginnen zu analysieren, wie dies geschehen konnte. Am Ende eines solchen Prozesses weiß er im optimalen Fall, wie er dahin gelangt ist, wo er jetzt ist. Aber er ist damit dem Bahnhof noch keinen Schritt näher gekommen.
>
> Lösungsorientierte Methoden richten im Gegensatz dazu ihre Aufmerksamkeit auf die Zukunft und den Weg zum Ziel. Sie versuchen herauszufinden, wo und wie man beispielsweise am schnellsten zum Bahnhof kommt, welche früheren oder fremden Erfahrungen sich bei der Suche nutzen lassen, wen man fragen kann, wo es lang geht, u.s.w.«

Dieses Bahnhofsbeispiel eignet sich meines Erachtens gut zur Differenzierung subjektorientierten und systemischen Vorgehens in der psychosozialen Arbeit. Wenn Entscheidungen anstehen, Ziele erreicht werden wollen, Lösungen gefunden werden müssen, wird den jeweiligen Klienten mit einem systemisch-lösungsorientierten Ansatz besser geholfen sein als mit einem subjektorientierten Ansatz. Wenn den Klientinnen aber eher daran gelegen ist, zu verstehen, wie sie dahin gelangt sind, wo sie jetzt gerade stehen, wodurch sie sich vom direkten Weg (z. B. zum Bahnhof) ablenken ließen und welchem aus früheren Zeiten bekannten Muster sie dabei folgten, dann werden sie sich ein subjektorientiertes Vorgehen seitens der Professionellen wünschen. Eine Voraussetzung, dass solcherart Verstehensbegleitung als fruchtbar angesehen wird, wäre allerdings, dass das Erreichen des Bahnhofs aktuell nicht dringlich ist oder dass es nichts ausmacht, wenn man den nächsten Zug verpasst, weil es gewissermaßen um Wichtigeres geht, nämlich zum Beispiel darum, »mit sich selbst eins zu werden« und sich in den Verwirrungen und Irrungen des Verlaufens begleitet zu fühlen.

4.2.2 Verschiedene Ansichten zum systemischen respektive subjektorientierten Vorgehen

Zur Selbstanwendung
Wenn es darum geht, verschiedene Therapieverfahren (oder psychosoziale Hilfeformen) einzuschätzen, ist auch das Selbstanwendungskriterium von Belang. Es stellt sich die Frage, welche Art von Therapie/Beratung (oder Hilfe) man sich selber im Fall des Falles am liebsten angedeihen lassen würde. Bezogen auf die beiden Arbeitsweisen wären hierzu die folgenden Antworten naheliegend:
– Bei kommunikativen Blockaden innerhalb der Familie oder des sozialen Netzwerks, wenn ich aus problematischen Kreisläufen nicht herauskomme und Lösungen von Problemen dringend anstehen oder wichtige Entscheidungen zu treffen sind, würde ich auf jeden Fall eine systemische Therapie/Beratung vorziehen.
– Zur Aufarbeitung der Hintergrunds meiner persönlichen Probleme/Symptome würde ich mir einen Begleiter wünschen, der subjektorientiert vorgeht und auch bereit ist, mich darin zu unterstützen, die persönliche Bedeutung meiner Symptome – unter Berücksichtigung meiner bisherigen Lebensgeschichte – zu ergründen oder eine solche Bedeutung zu erfinden. Auch möchte ich gern einfach nur reden und erzählen. Bei meinen »Geschichten« über für mich bedeutsame vergangene Erfahrungen möchte ich aber auch – über die semantische Ebene hinausgehend – das mit diesen Erfahrungen für mich verbundene praktisch-sinnliche Erleben berücksichtigt wissen.

Mitarbeitersichten
Im Vergleich zu der (subjektorientierten) sozialpsychiatrischen Arbeitsweise könnten von Mitarbeiterinnen in psychiatrisch-psychosozialen Arbeitsfeldern als Vor-

und Nachteile einer systemischen Arbeitsweise unter anderem die folgenden Punkte genannt werden.

Zu den Vorteilen des systemischen Ansatzes zählen:
- gute Erfahrungen mit effektivem Arbeiten;
- Zurückgeben der Verantwortung an die Klienten oder das (Problem-)System, statt alle Verantwortung (für das Verhalten der anderen) selber zu schultern;
- geringes Burnout (aufgrund klarer Bewertungskriterien für das eigene Handeln, systemischer Auftragsklärung und das »Abgeben der Sorge« an die Problembeteiligten unter Achtung von deren Selbsthilfefähigkeiten und Lösungskompetenzen);
- relativ wenige Kontakte mit den Klientinnen;
- sich als Helferin nicht verstricken oder krallen lassen (aufgrund der Distanz);
- Aufweichen des Krankheitsmythos zugunsten der Konstruktion der Handhabbarkeit von Psychose und Nutzung statt Bekämpfung der psychiatrischen Symptome;
- spielerischer Umgang mit Krankheitsdefinitionen oder psychiatrischen Diagnosen als kommunikative Botschaften, deren Nützlichkeit erfragt werden kann;
- Lösungsorientierung und Unterlaufen der Schwerekonstruktion und Verzeitlichung von Chronizität (durch Fragen, wie es geschafft wird, das Problem über lange Zeit aufrechtzuerhalten);
- Ambivalenzen (etwa in puncto Selbständigkeit) nicht wegzunehmen versuchen, sondern stehen lassen, akzeptieren, eventuell zuspitzen und zur Konstruktion neuer Lösungsideen nutzen oder paradox aufgreifen;
- Autonomie nicht üben, sondern anstoßen oder zu provozieren versuchen (Entscheidung für oder gegen Selbstständigkeit herbeiführen);
- das Versorgungssystem, andere Helfer und sich selbst als Helferin mit in die Definition des Problemsystems einbeziehen.

Zu den Nachteilen des systemischen Ansatzes gehören:
- geringe emotionale Nähe, gegebenenfalls unterkühlte Kontaktform;
- für die alltägliche Beziehungsarbeit eher ungeeignet;
- geringe Kontakthäufigkeit (was aber auch ein Vorteil sein kann);
- geringe Intensität in der Begegnung; eher strategische Haltung, insoweit es mehr um die Sache der Problemlösung als um die beteiligten Personen geht;
- mangelndes Gefühl des Verstehens der Subjektivität der Psychoseerfahrenen seitens der Profis und eines entsprechenden Verstandenwerdens seitens des Klienten;
- an der Biografie der Klienten (besonderen Entwicklungserfahrungen, kritischen Lebensereignissen) wird außer bei den narrativen Ansätzen in Form des Geschichtenerzählens wenig Interesse gezeigt;
- den Klienten wird nichts an die Hand gegeben, wie sie sich selber verstehen könnten – man lässt sie mit ihren Bemühungen, ihre besondere Situation und ihre

eigenen Symptome zu verstehen und zu erklären, allein, bietet ihnen nicht den Austausch darüber an;
- der Zusammenhang zwischen beispielsweise Wahnvorstellungen (in ihren Inhalten) oder anderen Inhalten von Psychoseerfahrung und bedeutsamen kritischen Lebenserfahrungen bleibt eher im Dunkeln;
- das Herstellen von ganzheitlichen Zusammenhängen zwischen den sozialen und zwischenmenschlichen Lebensbezügen und den darauf bezogenen seelisch-geistigen Konstruktionen des Subjekts interessiert eher wenig.

Diese Auflistung ist selbstverständlich nicht umfassend, aber sie deutet an, dass die als Nachteile der systemischen Arbeitsweise eingeschätzten Aspekte andererseits gerade als die Vorzüge eines subjektorientierten sozialpsychiatrischen Vorgehens (z. B. nach dem Begegnungsansatz) angesehen werden können.

Umgekehrt könnten die Nachteile des subjektorientierten Ansatzes der Sozialpsychiatrie (zuviel Nähe, Gefahr der Verstrickung, zu intensive Bindung, auf Dauer angelegte Begleitungen, manchmal fürsorglich-kontrollierendes oder pädagogisierendes, edukatives Vorgehen, das Ziehen und Zerren beim Weg der kleinen Schritte, der Kampf mit dem Widerstand der Klientinnen, die Gefahr der Gewöhnung aneinander und von Chronifizierung etc.) durch ein Vorgehen nach dem systemischen Ansatz von vornherein vermieden werden.

Klientensichten
Aus der Sicht der Psychose- oder Psychiatrieerfahrenen, die die verschiedenen Arbeitsweisen als Klientinnen kennengelernt haben, dürften sich die folgenden Beschreibungen eruieren lassen.

Beim *Begegnungsansatz* (im Sinne der subjektorientierten Sozialpsychiatrie) menschelt es sehr. Zwar wird über längere Zeit gewöhnlich eine psychische Stabilisierung erreicht (also man fühlt sich durch die psychosoziale Hilfe und Begleitung durchaus gestärkt), aber zumeist bleibt es dennoch eher bei den gleichen Kreisläufen und alles in allem wird kaum eine fundamentale Veränderung eingeleitet. Zwar wird manchmal kontrollierend auf einen eingewirkt, was vor allem dann einen äußerst unangenehmen Beigeschmack hat, wenn man zugleich zu hören bekommt, das sei zum eigenen Besten; aber soweit der Kontrollaspekt nicht im Vordergrund steht, fühlt man sich sehr angenommen und auch geborgen. Man kann sich fallen lassen, mit dem Gefühl, auch wieder aufgefangen zu werden. Man kann sich aussprechen, auch lamentieren und sich ausheulen. Man fängt an, ein Verständnis zu entwickeln für die eigenen Lebenszusammenhänge und Beziehungsmuster und die kritischen Stolpersteine und die eigenen Deutungsmuster und Bewältigungsformen. Man kann lernen, das Fremde (Symptom) anzunehmen und als eigene Besonderheit zu integrieren statt es – wie bisher – abzuspalten. Aber die Betreuerin braucht man wohl auf Dauer, quasi als so eine Art Krücke im Leben. Wenn die Psychose weg wäre, müsste die Betreuungsbeziehung aufgegeben werden und das will man eigentlich nicht. Und dann müsste man auch alles allein in die Hand nehmen, das wäre ziemlich anstrengend.

Beim *systemischen Vorgehen* geht es etwas cool zu. Die ohnehin seltenen Kontakte vermitteln zwar Anerkennung und Respekt, aber wenig emotionale Wärme. Die Kontakte sind angenehm und unangenehm zugleich. Es wird immer sehr viel durcheinandergewirbelt, ist oft ziemlich verwirrend, teilweise aber auch sehr lustig. Meist wird etwas anderes gesagt oder gefragt als das, was man gerade erwartet hätte. Irgendetwas verändert sich in meinen Beziehungen und es verschieben sich auch die Bedeutsamkeiten, vieles erhält ein anderes Gewicht. Man fühlt sich sehr ernst genommen als Mensch, der wisse, was er will und selber darüber entscheiden könne, wie er sein Leben leben wolle. Manchmal würde man sich gern mehr mitteilen, sich aussprechen, um Verständnis werben, etwas wehklagen und getröstet werden, so ein emotionales Mitschwingen spüren wollen. Man weiß nicht, wenn man sich fallen lassen würde, ob man dann aufgefangen werden würde oder sich dann auch wieder selber am eigenen Schopf aus dem Sumpf ziehen müsste. Es passiert etwas, aber geborgen fühlt man sich nicht. Besser man kommt da raus aus diesem Versorgungs-netz und steht auf eigenen Beinen, so bald wie möglich.

4.2.3 Kann man mal sachlich lösungsorientiert, mal empathisch beziehungsorientiert vorgehen?

Aus den bisherigen Ausführungen geht hervor, dass die Beziehungsformen, die Kli-ent-Helfer-Muster recht unterschiedlichen Charakter haben, je nachdem ob im Sin-ne der (subjektorientierten) Sozialpsychiatrie oder nach dem systemischen Ansatz gearbeitet wird. Für die Praxis stellt sich hier die Frage, ob ein- und dieselbe Person (etwa eine Bezugstherapeutin im Betreuten Wohnen) je nach Anliegen und Pro-blemstellungen, mit ein- und demselben Klienten das eine Mal – zum Beispiel in der alltäglichen psychosozialen Begleitung – subjektorientiert im Sinne einer Bezie-hungsarbeit vorgehen kann, ein anderes Mal jedoch systemisch beratend. Eine erste Voraussetzung wäre selbstverständlich, dass Kompetenzen zur Umsetzung beider Arbeitsansätze bei dem Mitarbeiter grundsätzlich vorhanden sind. Aber wie würden jeweilige Wechsel der Beziehungsformen, die ein subjektorientiertes respektive ein systemisches Vorgehen mit sich bringen, von den Klientinnen aufgenommen wer-den? Und wie wäre die abwechselnde Realisierung beider Vorgehensweisen mit den-selben Klienten für die Helfer machbar sowie aus deren Sicht miteinander verein-bar? Verfängt man sich nicht in Widersprüche oder macht sich unglaubwürdig, wenn man sich einmal verständnisvoll, mitfühlend und unterstützend, das andere Mal eher respektvoll distanziert und vor allem neutral (bestenfalls »neugierig«) gibt?

Mit Blick auf die Arbeit in Sozialpsychiatrischen Diensten wurde eine solche Fra-ge auch von Schweitzer, Armbruster, Menzler-Fröhlich, Rein und Bürgy aufgegriffen (in Schweitzer u. Schumacher, 1995, S. 182 f.). Von den Autoren wird darauf hingewiesen, dass der Mailänder Systemtherapeut Cecchin es durchaus für machbar hielt, dass ein- und derselbe Mitarbeiter gegenüber den gleichen Klientinnen abwechselnd »verschiedene Hüte« aufsetzt, wenn dies nacheinander erfolgt und entsprechende Zeitabstände dazwischen eingehalten werden. Die genannten Autoren selbst bevorzugen demgegenüber eher eine Verteilung der »Hüte« an jeweils verschiedene Personen, das heißt, sie geben einer Aufteilung der verschiedenen Vorgehensweisen – mal parteiisch unterstützend und verständnisvoll begleitend, mal neutral beratend und zwischen verschiedenen Konfliktbeteiligten vermittelnd oder auch Lösungen provozierend – auf verschiedene Mitarbeiterinnen eines Teams den Vorzug. Ein Mitarbeiter, der in seiner alltäglichen Begleitung nach dem subjektorientierten Ansatz sich mit einer Klientin mit immer den gleichen Problemthemen im Kreise zu drehen beginnt oder angesichts eines aktuellen Konflikts an die Grenzen seiner Hilfemöglichkeiten stößt, könnte sich dann mitsamt seiner Klientin und eventuell anderer Konfliktbeteiligter für eine Beratung oder Konsultation an eine Kollegin wenden, die ihrerseits nach dem systemischen Ansatz vorgeht und somit eine neutrale Haltung unter Berücksichtigung der verschiedenen Positionen der Konfliktpartner einnimmt. Sie könnte dann Anregungen zur Unterbrechung der Kreisläufe (bzw. der »Spiele«) oder zur Lösung der anstehenden Probleme geben.

Unerquickliche Betreuungskreisläufe stehen häufig im Zusammenhang mit den (oft stark ausgeprägten) *Versorgungswünschen* von (psychiatrisierten) Klienten, denen gegenüber sich verständnisvoll (nach dem subjektorientierten Ansatz) vorgehende Helferinnen oft schlecht abgrenzen können. Auch das Lamentieren der Klienten oder deren Festhalten an der Schwere ihrer Problematik (oder vergangener Lebenserfahrungen) lässt sich kaum befriedigend eingrenzen, wenn nach einem verstehenden Ansatz vorgegangen wird. Da von der Perspektive der subjektorientierten Sozialpsychiatrie nur wenig klare Handlungsrichtlinien zur Verfügung gestellt werden, wie man sich aus solchen Kreisläufen herausbewegen kann (s. a. Punkt 3.7.1), geraten die Mitarbeiter leicht in die Falle, die Klientinnen eines Besseren belehren zu wollen oder sie zu zwingen, drängen, manipulieren zu versuchen. Damit aber geraten sie noch tiefer in versorgende Kreisläufe hinein. Wege aus der Verstrickung heraus lassen sich dann oftmals nur über ein systemisches Vorgehen, welches u. a. die Selbstverantwortung der Klienten zu erwecken vermag, erreichen.

Ebenso ist in akuten Konfliktfällen, an denen mehrere Betroffene beteiligt sind und konkrete Entscheidungen anstehen, ein systemisches Vorgehen ratsam. Als Beispiel hierfür sei folgender Fall genannt: Die »Vermüllung« der Wohnung eines Klienten wird von dem betreuenden psychosozialen Begleiter (dem Bezugstherapeuten) zwar nicht gern gesehen, aber akzeptiert, da er die – emotional Halt gebende – Bedeutung und den »tieferen« Sinn, den die Anhäufung speziellen Mülls für den Klienten hat, verstehend nachvollziehen kann. Wenn nun aber die Situation eintritt, dass die Nachbarn sich über die Zustände in der Wohnung des Klienten beschweren und der Vermieter mit Kündigung droht, wäre angesichts dieser Konfliktsituation ein systemisch beratendes Vorgehen mit Einbeziehung aller Beteiligten und unter Einhaltung des Neutralitätsgebots empfehlenswert.

In der psychosozialen Arbeit im Psychiatriebereich ist also öfter mal ein Wechsel zwischen subjektorientiertem und systemischem Vorgehen durchaus angesagt. Dabei kann es entweder darum gehen, dass (wie in den Beispielfällen) eine Ergänzung der subjektorientierten Beziehungsarbeit durch eine dazwischen geschaltete systemische Beratung vonnöten wird. Oder umgekehrt könnte es erforderlich sein, eine systemisch begonnene Beratung durch einen subjektorientierten (Verstehens-)Ansatz zu erweitern. Dieser Fall wäre beispielsweise gegeben, wenn nach einer (kurzen) systemischen Krisenintervention (ggf. mit mehreren Beteiligten) von einem Betroffenen im Nachhinein eine Aufarbeitung der Krisenthematik aus subjektiver Sicht gewünscht wird, um wieder »eins mit sich« zu werden.

Sofern sich das innerhalb eines Mitarbeiterteams ermöglichen lässt, wäre es natürlich nicht schlecht, wenn der systemische Part und der subjektorientierte Part jeweils von verschiedenen Mitarbeiterinnen übernommen werden könnte, so dass nicht der einzelne Mitarbeiter entsprechende Wechsel der Beziehungsformen vornehmen muss. Wenn in einem solchen Team überdies (idealer Weise) bei allen Mitarbeitern die entsprechenden Kompetenzen für die Realisierung des einen und des anderen Vorgehens grundsätzlich vorlägen, wären keine festen Funktionsaufteilungen erforderlich. So könnten ungute Differenzierungen zwischen den Mitarbeitern – hier die coolen Systemiker, da die warmherzigen Beziehungsarbeiterinnen – vermieden werden.

In der Praxis wird es solche Teams aber nicht überall (wahrscheinlich eher selten) geben. Dann kann durchaus auch von einer Person, die beide Vorgehensweisen beherrscht, je nach Problemstellung und Anliegen, einmal subjektorientiert und verstehend begleitend, das andere Mal systemisch und neutral beratend mit derselben Klientin gearbeitet werden. Wichtig wäre hierbei aber, den Wechsel der Arbeitsweise dem Klienten gegenüber, grundsätzlich und jedes Mal, klar zu markieren. Wenn man sich also beispielsweise als Bezugstherapeutin in unerquicklichen Betreuungskreisläufen mit einem Klienten verfangen sieht, wäre ein klare Zäsur zu setzen. Die vorübergehende Unterbrechung der bisherigen Begleitung und Begegnungsform zugunsten einer systemischen Beratung über einen festgesetzten Zeitraum (ab dann und dann, mit so und so vielen Sitzungen) muss explizit mit der Klientin vereinbart werden. Sofern man andererseits beispielsweise anlässlich einer Krise oder akuten Problemsituation mit einem systemischen Ansatz begonnen hatte, danach und darüber hinaus aber eine verstehende Aufarbeitung der Problemgeschichte aus subjektiver Sicht erwünscht ist oder eine weitergehende Begleitung oder Betreuung vonnöten erscheint, müssen auch hier für den Wechsel der Beziehungsform klare Marker gesetzt werden.

Eine Mischung oder Vermischung der Beziehungsangebote und Arbeitshaltungen (mal distanziert neutral, mal parteiisch unterstützend) wird wenig effizient sein. Vielmehr dürften sich die Vorteile der einen respektive der anderen Arbeitshaltung dabei gegenseitig aufheben. Daraus könnten Verwirrungen für Klienten wie Helfer resultieren und/oder man könnte sich in eine widersprüchliche Interaktions- und Kommunikationsform verfangen.

Eine ganz andere Sache ist es, wenn im Rahmen eines subjektorientierten Begegnungsansatzes gelegentlich auch systemisch inspirierte Fragen eingestreut werden, die geeignet sein könnten, die Klienten zu »verstören«. Dies ist natürlich machbar und durchaus zu befürworten. Beispiel einer solchen Frage wäre: »Angenommen, man könnte durch eine Operation am Gehirn Ihre Psychose herausoperieren, was würden Sie dann nach erfolgreicher OP tun; wie würden Sie Ihr Leben ohne die Psychose gestalten?« Sofern die systemische Fragelinie nicht konsequent verfolgt wird, muss man sich von solchen gelegentlichen Einsprengseln nicht unbedingt große Wirkungen erhoffen (die Klienten finden solche Fragen dann oft komisch oder kommen sich veralbert vor), aber sie dürften doch einige Denkanstöße geben!

Übrigens kann umgekehrt – wie dies von Stindl-Nemec (2001) für das Handlungsfeld einer psychosozialen Kontakt- und Beratungsstelle gezeigt wird – durchaus auch (reguläre) Beziehungsarbeit nach dem systemischen Ansatz praktiziert werden; diese erfordert also nicht zwangsläufig die Realisierung des (gängigen) Begegnungsansatzes oder ein Herangehen gemäß der Perspektive der subjektorientierten Sozialpsychiatrie. Einige Einschränkungen hinsichtlich Verstehensbegleitung oder Sinnklärungsarbeit hätte man dann allerdings in Kauf zu nehmen.

4.3 Ein idealtypisches Modell der Verbindung systemischen und subjektorientierten Vorgehens

Im Folgenden werden einige Vorschläge unterbreitet, wann im psychiatrisch-psychosozialen Hilfeprozess, bei welchen Problemstellungen und Anliegen jeweils die eine respektive die andere Arbeitsweise – quasi idealtypisch – zum Einsatz kommen sollte (s. a. Punkt 2.4). Zuvor aber muss darauf hingewiesen werden, dass ein im Prinzip schon ideales Modell der Gesundheitsversorgung und psychosozialen Hilfe bei psychischen, speziell psychotischen Problemen in den skandinavischen Ländern, insbesondere in Finnland und Schweden, bereits umgesetzt wird. Beim Ansatz der »bedürfnisangepassten Behandlung« (»need-adapted treatment«; s. a. Punkt 3.7.3) kommen sowohl systemische Arbeitsprinzipien wie auch Ansätze der subjektorientierten Sozialpsychiatrie zur Geltung.

4.3.1 Need-adapted Treatment – Das skandinavische Modell der bedürfnisangepassten Behandlung

Der Need-adapted Treatment Approach als eine »bedürfnisangepasste« Behandlungsform von Menschen mit (vor allem schizophrenen) Psychosen erfährt inzwischen in Finnland eine schon fast flächendeckende Umsetzung und wird ähnlich auch in Schweden praktiziert. Der Entwicklungsprozess hin zu diesem Behandlungsmodell begann im Jahre 1968 mit einem von Alanen (unter Mitwirkung von Lehtinen, Aaltonen und anderen) geleiteten Schizophrenie-Projekt in Turku (Finnland). Statt sich – wie in Deutschland – auf ein Versorgungsdenken mit menschlichem Antlitz (Begleitung, Begegnung) zu beschränken, lag der Fokus der Bemühungen von Anfang an auf der weitgehenden *Verhinderung von Chronifizierung*, die durch effektive psychosoziale Interventionen (vor allem bei Ersterkrankungen) erreicht werden sollte. Damit einhergehend wurde grundsätzlich eine *psychotherapeutische Grundhaltung* akzentuiert. Nachdem man mit einzeltherapeutischen Verfahren nach dem psychodynamischen Modell nicht die gewünschten Erfolge erzielt hatte, erfolgte (von 1980 bis 1984) eine »systemische Revolution« (s. Lehtinen, 2001; Aderhold u. Greve, 2004). Hierbei orientierte man sich zunächst an der systemischen Familientherapie nach dem ursprünglichen Mailänder Modell (s. dazu Punkt 3.2.2). Von da an wurden zu Behandlungsbeginn grundsätzlich Treffen mit den Patienten und ihren Familien, gegebenenfalls auch mit anderen wichtigen Bezugspersonen, arrangiert. Es konnten so Verbindungen zwischen dem symptomatischen Verhalten und Besonderheiten der familiären Kommunikation hergestellt werden und oftmals führten Kriseninterventionen mit den Familien zum Verschwinden der psychotischen Symptome.

Im Zuge der allgemeinen Ausrichtung am systemischen Denken hatte man jedoch, wie man später feststellte, beinahe das Individuum vergessen (vgl. Lehtinen, 2001, S. 24). Um diesen Mangel auszugleichen, wurden dann zusätzlich – nach einem psychodynamischen Verständnis arbeitende – (subjektorientierte) Therapieangebote in das Behandlungsprogramm integriert. Zugleich wurde das systemische Vorgehen in den »Therapiemeetings« dahingehend geändert, dass man begann, eher dialogische Formen des Austausches (im Sinne der narrativ-systemischen Richtung) zu bevorzugen, statt auf strategische Interventionstechniken zu setzen (eine spezielle Variante stellt der »Offene Dialog« nach Seikkula dar; s. unter Punkt 3.7.3, S. 311 ff.). Damit einhergehend fungierten die Mitarbeiterinnen des jeweiligen »Psychoseteams« dann weniger als Therapeuten, sondern eher als Berater oder Coachs.

Die aktuelle Behandlungsform des skandinavischen Modells der bedürfnisangepassten Behandlung (s. Aderhold, Alanen, Hess u. Hohn, 2003) führt nun also beide Perspektiven, die systemische und die subjektorientierte, zusammen. Insofern die Therapieversammlungen den Kernbestandteil des Behandlungsprogramms bilden, ist der Arbeitsansatz im *Kernelement systemisch* (wenn hier auch nicht im engeren Sinne systemisch-konstruktivistisch) ausgerichtet. Aber Positionen, die das Individuum stärker in den Blick nehmen, zum Beispiel psychoanalytische, psychodynamische oder auch psychoedukative Ansätze werden ebenfalls einbezogen.

In den Therapiemeetings als dem Ausgangsort der Behandlung geschieht Folgendes:

– Erstens wird ein offener Austausch über die vorliegenden Probleme oder Konflikte unter Berücksichtigung der Sichtweisen aller Beteiligter (selbstverständlich auch des Psychosebetroffenen selbst) in Gang gebracht und Ideen zur Krisenlösung werden besprochen.

– Zweitens erfolgt in diesen Behandlungstreffen auch die Therapie- und Hilfeplanung unter Mitwirkung aller Beteiligten und Entscheidungen über das weitere Vorgehen werden hier getroffen, beispielsweise ob doch eine Krankenhausaufnahme erforderlich scheint oder welche anderen Wege es gibt; ob überhaupt oder ab wann mit einer neuroleptischen Medikation begonnen werden sollte; ob eine systemische Familientherapie angeraten scheint oder eher eine Individualtherapie; welche anderen Therapie- und Unterstützungsangebote in Frage kommen, welche gemeindepsychiatrischen Einrichtungen besucht, welche rehabilitativen Maßnahmen ergriffen werden könnten.

Inzwischen beschränkt sich der Ansatz nicht mehr auf die Behandlung bei Ersterkrankungen. Wenn eine (akute psychotische) Krise gemeldet wird, egal ob es sich um eine erste oder um die dritte Krise handelt, wird seitens der Fachkräfte ein Krisenteam zusammengestellt, das dafür zu sorgen hat, dass möglichst innerhalb von 24 Stunden ein erstes initiales Behandlungstreffen (wo möglich bei dem Klienten zuhause) zustande kommt. Außer den Familienangehörigen und Freunden sollen an diesen Treffen auch behandelnde Ärzte oder betreuende Sozialarbeiter etc. teilnehmen. In den ersten zehn bis zwölf Tagen finden zur *Krisenlösung* tägliche Therapietreffen statt, im weiteren Verlauf finden diese nach Absprache mit der Familie turnusmäßig statt und grundsätzlich immer dann, wenn Veränderungen und Entscheidungen anstehen. Eine Medikation soll in der ersten Woche ganz vermieden werden. Durch die anfänglichen Therapieversammlungen wird oft schon erreicht, dass die psychotischen Symptome aufgegeben werden. Wenn dies nicht der Fall ist, aber die Therapietreffen erfolgreich fortgesetzt werden, erübrigt sich meist ein Krankenhausaufenthalt und es können weitere therapeutische Wege beschritten werden. Das (meist multiprofessionell zusammengesetzte) Psychoseteam gewährleistet Betreuungskontinuität über die volle Dauer der therapeutischen Behandlung, egal ob diese zwischenzeitlich ambulant, teilstationär oder vorübergehend auch in stationärem Rahmen erfolgt.

Voraussetzung für die Umsetzung dieses Modells ist, dass *alle* im psychiatrischen Hilfesystem tätigen Mitarbeiter geeignete Psychotherapieausbildungen absolviert haben und auch die entsprechenden therapeutischen Fähigkeiten für die Durchführung der Therapieversammlungen besitzen. Das Modell beinhaltet eine berufsgruppenübergreifende Teamarbeit und Kooperation, die keiner Berufsgruppe (auch nicht den Ärzten) eine besondere Vorrangstellung einräumt, und geht mit einer (Um-)Organisation des gesamten psychiatrischen Hilfesystems gemäß den Behandlungsrichtlinien des bedürfnisangepassten Ansatzes einher.

Die Reaktionen einiger bekannter (sozialpsychiatrisch ausgerichteten) deutschen Experten auf das skandinavische Modell reichen von »gefällt mir ganz gut« bis »finde ich faszinierend« (s. in Aderhold, Alanen, Hess u. Hohn, 2003, S. 233 ff.). Allerdings wird auch von Beschämung gesprochen, dass man hierzulande nicht so ein Modell erfunden hat (wo doch immerhin der Trialog eine »deutsche Erfindung« ist). Im Hinblick auf die Frage der Übertragung auf die BRD werden einige in Deutschland (mindestens in einigen Regionen) bereits umgesetzte Konzepte genannt, die Elemente des skandinavischen Modells darstellen oder Ähnlichkeiten mit diesem Ansatz aufweisen würden; so wird auf das Home-Treatment verwiesen, auf die Erweiterung der Angebote von Institutsambulanzen, auf Krisendienste (die dann aber noch mehr mit Gehstruktur arbeiten müssten) und auf den personenzentrierten Ansatz, der gemäß seiner ursprünglichen Version ja ebenfalls – ressourcenorientiert – an den Bedürfnissen und der Lebenswelt der Klienten anzusetzen habe, somit »bedürfnisangepasst« sei und die Betroffenen in den Hilfeplanprozess mit einbeziehen sollte.

Auf der anderen Seite wird die starre berufsgruppenspezifische Funktionsaufteilung in Deutschland als Hindernis genannt (oder könnte man die niedergelassenen Psychiater einfach bitten, bei so einem Modell mitzumachen?). Und dann sind da noch die sozialrechtlichen Bestimmungen und die darauf aufbauenden Rahmenverträge und Finanzierungsrichtlinien, die Beschränkungen auferlegen.

Im Endeffekt scheint es fraglich, ob man mit einzelnen Elementen oder Versatzstücken des skandinavischen Modells einen ähnlichen Behandlungsansatz auch in Deutschland etablieren kann, sofern man die Arbeitsweise nicht grundlegend überdenkt. Ausschlaggebend war in Finnland ja die Umorganisation des psychiatrischen Hilfesystems und die berufsgruppenübergreifende psychotherapeutische Ausrichtung und Qualifizierung aller psychiatrisch Tätiger. Der Fokus hätte demnach weniger darauf zu liegen, dass in der BRD bestimmte (zusätzliche?) Angebote vorgehalten werden müssten oder dass man eben bei (psychotischen) Krisen die Familienangehörigen mehr in die Arbeit mit einbeziehen müsse oder dergleichen, sondern darauf, wie es gemacht wird. Das betrifft die Frage, nach welchem therapeutischen Arbeitsansatz und mit welchem Handwerkszeug man in der psychosozialen Praxis vorgeht; soll heißen: Wie wird beim Home-Treatment gearbeitet? Wie wird der personenzentrierte Ansatz umgesetzt? Wie wird Krisenhilfe angeboten?

Nicht zuletzt darf der im Kern systemische Charakter des finnischen Behandlungsansatzes nicht verleugnet werden!

4.3.2 Stationen systemischen und/oder subjektorientierten Hilfebedarfs – Ein idealtypisches Modell

Voraussetzung für die Umsetzung der beiden in diesem Buch besprochenen Ansätze gemäß der systemischen und der subjektorientierten Perspektive ist die Realisierung einer *therapeutischen Haltung* und einer entsprechenden therapeutisch ausgerichteten Arbeitsweise auch und gerade in der psychiatrisch-psychosozialen Arbeit (mit Psychoseerfahrenen). Eine therapeutische Orientierung wäre im Prinzip von allen im Psychiatriebereich Tätigen zu fordern. Anders aber als in Finnland, wo die Entwicklung einer adäquaten therapeutischen Herangehensweise im Umgang mit psychotischen (bzw. psychiatrisch auffälligen) Problemen den Ausgangspunkt der (teils flächendeckenden) Reformierung der psychiatrischen Hilfesysteme darstellte, hatte sich die Psychiatriereform in Deutschland eher auf den Auf- und Ausbau einer besseren *Versorgung* konzentriert (s. a. Keupp, 2007). Dadurch rückte auch der ursprünglich therapeutisch ausgerichtete Charakter des Begegnungsansatzes (z. B. nach Dörner u. Plog) oder des psychiatrisch-psychosozialen Behandlungsansatzes (z. B. nach Ciompi) verschiedentlich etwas in den Hintergrund. Auch die neuen Beziehungs- und Unterstützungsformen, die auf Partizipation und Empowerment, Trialog und Selbsthilfe setzen, scheinen vor allem als wichtige Alternative eines ansonsten mehr auf Versorgung ausgerichteten Hilfesystems zu beeindrucken.

Dazu kommt das Problem, dass die »progressiven« Hilfeformen der subjektorientierten Sozialpsychiatrie, wie Partizipation und Empowerment, zwar klare Aussagen im Hinblick auf die zu fordernden *Haltungen* machen (Zurücknahme der Expertenmacht, Beteiligung der Betroffenen an der Hilfeplanung, Achtung und Förderung der Autonomie der Klientinnen, Unterstützung von deren Selbsthilfe, Selbstbestimmung und Selbstbefähigung etc.), aber nicht unbedingt klare *Handlungskonzepte* oder griffiges Handwerkszeug für das Vorgehen in der Praxis bieten (vgl. Kap. 2). Damit die Helferinnen mitsamt ihren Klienten weniger Gefahr laufen, in die Versorgungsfalle zu geraten und darin hängen zu bleiben, wäre deshalb die zusätzliche Umsetzung eines Vorgehens nach dem systemischen Ansatz im Psychiatriebereich unbedingt vonnöten. Gegebenenfalls könnte sogar – von der Basis der psychosozialen Arbeit her – die Dominanz der Versorgungspraxis durch systemisches Arbeiten einfach therapeutisch unterlaufen wird.

Daneben sollte aber auch den Anliegen der Klienten, versorgt, betreut, unterstützt, begleitet zu werden (auch Verstehensbegleitung zu erhalten), denen die subjektorientierte Sozialpsychiatrie entgegen zu kommen bemüht ist, nach wie vor entsprochen werden.

Wie könnte nun – idealtypisch – eine Verbindung systemischen und subjektorientierten Arbeitens im psychiatrisch-psychosozialen Hilfesystem aussehen? Im Grunde haben Mosher und Burti (1992) in ihrem gemeindepsychiatrischen Arbeitsmodell bereits eine gelungene Integration beider Ansätze aufgezeigt. Anders als beim finnischen Modell steht hier zwar dominierend die subjektorientierte Perspektive (inklusive Empowerment-Strategie) im Vordergrund, aber speziell mit dem Konzept der *mobilen Krisendienste* war der Weg beschritten worden, den später die Finnen gegangen sind und zu ihrem Kernelement gemacht haben. Gemäß der Konzeption von Mosher und Burti wird nach Eingang einer Krisenmeldung von mobilen Krisenteams rund um die Uhr Krisenintervention oder Krisenhilfe vor Ort (z. B. in der häuslichen Umgebung) unter Anwesenheit aller relevanten Bezugspersonen durchgeführt. Dabei bedient man sich einer *systemischen Gesprächsführung* (zirkuläres Fragen etc.) und systemischer Kommentierungen (positive Konnotation, Reframing etc.) und zwar – wie auch im finnischen Modell – mit dem Fokus weniger auf dem Intervenieren als vielmehr auf der gemeinsamen Erarbeitung einer Krisenlösung (s. unter Punkt 2.2.1 sowie unter Punkt 2.2.2, S. 157 f.).

Von solchen Konzeptionen und Erfahrungen ausgehend, werden nun – stichpunktartig zusammengefasst – die Ansatzstellen für systemisches respektive subjektorientiertes Vorgehen je nach Problemstellung und Anliegen und deren Verbindung (die idealtypische Integration beider Arbeitsansätze) im psychiatrisch-psychosozialen Hilfesystem aufgezeigt.

1. Erstkontakt – erste Kontaktaufnahme: Generell sollte immer am Anfang, vor Beginn jeder Aufnahme einer therapeutischen oder Betreuungsbeziehung und in jedem Erstgespräch (sei es mit einem einzelnen Klienten oder mit mehreren Beteiligten) eine *Auftrags- und Kontextklärung* vorgenommen werden, wie sie für systemisch-therapeutisches Arbeiten kennzeichnend ist. Nur daraus lässt sich ein konkreter Arbeitsauftrag ermitteln. Geeigneter als das direkte Befragen ist hierbei die *systemische (zirkuläre) Interviewtechnik.* Dabei hat man auf die Institution zu schauen, in der man selber arbeitet, und auf den Überweisungskontext. Man hat nach den gleichzeitigen Kontakten der Klientinnen zu anderen Helfern und Einrichtungen und ihren Vorerfahrungen mit psychosozialen Hilfeangeboten zu fragen und man hat die aktuellen Anliegen der Klienten (und der anderen Problembeteiligten) zu erkunden (s. Punkt 3.7.2). Insbesondere bei mehreren Auftraggebern (z. B. die Klientin, deren Ex-Ehemann, der Hausarzt) sowie zur Klärung der Frage, inwiefern es sich um Hilfe oder Fürsorge, um Beratung/Therapie oder Betreuung handeln soll, ist eine systemische Auftrags-, Erwartungs- und Zielklärung unerlässlich. Erst im Anschluss daran lässt sich ermitteln und vereinbaren, ob (und mit wem) im Weiteren systemisch oder subjektorientiert vorgegangen wird.

2. Akute (psychotische) Krisen: Zur Vermeidung oder Verhinderung von Chronifizierung sollte bei akuten psychotischen Krisen (egal ob erstmalig oder wiederholt) grundsätzlich zunächst eine *systemisch orientierte Krisenhilfe* zwecks Problemklärung und zur *Krisenlösung* versucht werden, entweder unter Beteiligung der relevanten Bezugspersonen (z. B. Familienangehörige, WG-Mitglieder) oder – wenn das nicht geht – mit dem Betroffenen allein. Diese Aufgabe könnte beispielsweise von den Krisendiensten oder den Sozialpsychiatrischen Diensten übernommen werden, die mobile Krisenteams vor Ort schicken würden.

Wenn eine erste Krisenlösung gelingt und im Anschluss an die akute Krisenhilfe von der Betroffenen noch eine Halt gebende Begleitung und/oder (in Einzelgesprächen) eine *Aufarbeitung der Krisenerfahrung* mit Blick auf ihre Lebensgeschichte benötigt oder gewünscht wird, käme ein Vorgehen nach dem *subjektorientierten Ansatz* zur Geltung. Im Nachvollzug der subjektiven Krisenerfahrung könnten zunächst Krisenanlass, emotionale Betroffenheit, Bewältigungsstrategien und Lösungswege noch einmal besprochen werden (s. a. 2.2.2). Von einem psychosozialen Betreuer oder einer Bezugstherapeutin könnte ein (subjektorientierter) Begegnungsansatz realisiert und im Hinblick auf die Psychoseerfahrung *Verstehensbegleitung*, gegebenenfalls Sinnklärungsarbeit, angeboten werden. Auf der Basis einer entsprechenden professionellen (therapeutischen) Beziehungsgestaltung kann dann auch im Sinne der Förderung der Selbstentwicklung des Klienten – je nach Anliegen und Bedarf – weitere Unterstützung gegeben werden (s. 2.2.1). Dies hätte womöglich unter Einbeziehung des *salutogenetischen Konzepts* und einer *Empowerment-Strategie* zu erfolgen (s. Punkt 2.1.3). Die psychosoziale Begleitung könnte – vom Prinzip her – grundsätzlich als (therapeutische) Einzelbegleitung im gewöhnlichen Alltag erfolgen; nötigenfalls erfolgt sie im Rahmen einer (gemeindpsychiatrischen) Einrichtung. Sofern es sich bei der vorausgegangenen psychotischen Krise nicht um die erste, sondern um eine wiederholte (die dritte, die fünfte) handelt, sollten auf jeden Fall im Zuge von *krisenpräventiven Gesprächen* auch die dem Klienten nun schon bekannten *Früherkennungszeichen* einbezogen werden (s. unter Punkt 2.2.2, S. 161 f.).

Falls im Zuge der akuten (systemischen) Krisenhilfe ein (Krisen-)Gespräch nicht möglich ist oder die Situation zu eskalieren droht und/oder wenn vorgängig für den Betroffenen eine *Beruhigung* und ein *Schutzraum* vonnöten erscheint und von diesem gewünscht wird (bzw. wenn von ihm die Psychose durchlebt werden möchte), käme eine *Soteria* (sofern in der Umgebung vorhanden) oder eine Krisenwohnung in Betracht. Eine Krisenaufarbeitung nach dem subjektorientierten Ansatz, gegebenenfalls auch unter Einbeziehung der Bezugspersonen, wäre hier bereits Bestandteil der Soteria-Behandlung (s. Punkt 2.2.2). Im Anschluss an die Soteria wäre dann aber unter Umständen eine systemische (Familien-)Therapie geboten, um anstehende Veränderungen anzustoßen oder Konfliktlösungen zu erarbeiten.

Sofern sich bei der Krisenhilfe ergibt, dass akute Selbst- oder Fremdgefährdung vorliegt, ist eine Entscheidung zu treffen, ob *Hilfe* angeboten werden kann *oder Kontrolle* (z. B. eine Zwangseinweisung) in Betracht kommt. Gemäß den *systemischen Arbeitsprinzipien* ist diese Entscheidung dem Klienten (und dessen Angehörigen) klar zu übermitteln; auf keinen Fall darf eine Kontrollmaßnahme als therapeutische Hilfe ausgegeben werden.

3. Erste (psychiatrische) Auffälligkeiten: Bei ersten psychiatrisch relevant erscheinenden Auffälligkeiten, die beispielsweise einem Sozialpsychiatrischen Dienst (oder einem Früherkennungs- und Therapiezentrum) gemeldet werden, ist im Prinzip ähnlich vorzugehen wie bereits beschrieben. Auch wenn es sich nicht um eine akute Krise handelt, hätte an erster Stelle eine Erkundung der (familiären) Konfliktsituation oder der beschriebenen Problemlage zu stehen, die am besten nach dem *systemischen Arbeitsansatz* mit Fokus auf die Erarbeitung von Lösungen und die *Dekonstruktion von Problemen* erfolgt. Bei ersten psychotischen Auffälligkeiten von jungen Menschen, die noch in ihren Familien leben, dürfte sich den Professionellen auch oftmals die Frage stellen: »Wie können wir einen Anstoß geben, damit die Familie zu einer Lösung ihres Ablösungskonflikts gelangt?« Von einem subjektorientierten Ansatz ausgehend lässt sich dies weniger gut angehen, vielmehr ist hierfür systemisches Denken und systemisch-therapeutisches Vorgehen angezeigt; gegebenenfalls wäre eine systemische Familientherapie/-beratung die Methode der Wahl.

Eine Übermittlung an psychiatrische Institutionen sollte weitestgehend vermieden werden, aber im Anschluss an die systemische Intervention könnte eine Verstehensbegleitung nach dem subjektorientierten Ansatz der Sozialpsychiatrie wünschenswert sein.

4. Langzeitpsychiatrieerfahrene: Bei schon »fortgeschrittenen« oder bereits Langzeitpsychiatrieerfahrenen (Mosher u. Burti sprechen auch von den »Veteranen« der psychiatrischen Versorgung) können grundsätzlich nach dem *systemischen Ansatz* fruchtbare Versuche unternommen werden, chronifizierende Verläufe zu unterbrechen, zur *Auflösung von Chronizität* anzustoßen und Wege aus Chronikerkarrieren zu eröffnen (s. unter Punkt 3.7.3, S. 306 ff.). Auch im stationären Bereich eignet sich systemisch-lösungsorientiertes Arbeiten im Umgang mit Chronizität. Dabei geht es nicht darum, die Klientinnen aus der Chronizität herauszuholen zu versuchen, sondern darum, die krankheitserhaltenden Kreisläufe und Konstruktionen soweit zu verstören, dass sie erkennen, dass sie eine andere Option (der Lebensgestaltung) haben (oder hätten). Speziell bei Langzeitpatienten wird das Wesentliche darin bestehen, sie zu einer eigenen *Entscheidung* für oder gegen das Chronischkranksein anzuregen. Oftmals werden sie sich mit guten Gründen dafür entscheiden, »Psychotiker« zu bleiben.

Grundsätzlich ist dann (oder ansonsten) bei schon erfahrenen Klienten innerhalb der Psychiatriegemeinde in der alltäglichen Arbeit ein *subjektorientiertes Vorgehen* nach dem Begegnungsansatz (unter Berücksichtigung der Leitlinien und Grundregeln sozialpsychiatrischen Handelns; s. Punkt 2.2.1) angebracht und erwünscht. Wenn aber akut Probleme zu lösen sind oder – erneut – eine Entscheidung hinsichtlich des Ausstiegs aus der Chronikerkarriere ansteht, ist wieder eine systemisch-lösungsorientierte Fragetechnik angezeigt.

5. Gemeindepsychiatrischer Alltag: Bei den Dienstleistungsangeboten der Gemeindepsychiatrie und in den verschiedenen Einrichtungen (Betreutes Wohnen, Kontakt-/Beratungsstellen, Tages-, Begegnungsstätten, Rehabilitationszentren, Übergangseinrichtungen u. a. m.) wird die *Beziehungsarbeit* nach dem *subjektorientierten Ansatz* im Vordergrund der alltäglichen psychosozialen Arbeit stehen. Neben der (therapeutischen) Einzelfallhilfe oder Einzelbetreuung und über diese hinausgehend, spielen hier auch (gesprächsorientierte oder tätigkeitsorientierte) Gruppenangebote eine große Rolle (*Gruppenarbeit*). Vor allem geht es auch darum, den Psychiatrieerfahrenen *Begegnungsräume* sowie Handlungs- und *Kompetenzräume* zur Verfügung zu stellen und generell einen Rahmen für Gemeinschaft, Kontaktgestaltung und Zusammenarbeit zu bieten.

6. Arbeit mit Angehörigen und Angehörigengruppen: Es entspricht einem sozialpsychiatrischen Prinzip, das »relevante soziale Umfeld« der Klienten, mithin die Angehörigen, in die Arbeit mit einzubeziehen (s. Punkt 2.1.1). Dies kann natürlich auch gut auf der Linie des subjektorientierten Ansatzes erfolgen (s. z. B. Ciompi unter Punkt 2.2.1, Tabelle 9, S. 141). Für die systemische Arbeitsweise ist es sowieso eher kennzeichnend, wann immer das geht, mit allen am Problemsystem Beteiligten gemeinsam zu arbeiten.

Auf der anderen Seite haben für die Angehörigen selbst die *Angehörigengruppen* eine große Bedeutung. Mit Blick auf die professionell angeleiteten Angehörigengruppen stellt sich die Frage, ob es günstiger wäre, hier ebenfalls systemische Arbeitsprinzipien (mit bestimmten Reglements für das Gruppengespräch) einzuführen, statt – wie üblich – subjektorientiert vorzugehen (s. unter Punkt 2.2.2, S. 174 f.). Damit könnte die Gefahr eingegrenzt werden, dass die Gespräche in der Gruppe vornehmlich um die psychisch erkrankten Familienmitglieder kreisen. Allerdings kann es auch nach dem üblichen (subjektorientierten) Vorgehen, in dem die Aussprache- und Mitteilungswünsche der Angehörigen nicht unterbunden werden, durchaus gelingen, dass die Angehörigen »zu sich selbst kommen« und sich in der Haltung der Nichthilfe und Abgrenzung gegenüber ihrem psychiatriebetroffenen Familienmitglied (gegenseitig) stärken.

7. Kommunikative Kultur und Selbsthilfe: Generell sollte das gesamte psychiatrische Feld, gerade auch jenseits konkreter psychosozialer oder therapeutischer Hilfe, durch den *Trialog* gekennzeichnet sein, der sich im Zusammenhang mit der Perspektive der *subjektorientierten Sozialpsychiatrie* aus der Psychiatrieerfahrenenbewegung herausentwickelt hat (s. Punkt 1.3). Auch Gestaltungen und Veränderungen des psychiatrischen Hilfesystems wären zwischen Vertreterinnen der Psychiatrieerfahrenen sowie der Angehörigen und Professionellen im Trialog zu verhandeln.

Daneben sollten allerorten *Psychoseminare* angeboten und *Selbsthilfegruppen* (für Betroffene wie für Angehörige) unterstützt und gemeinschaftliche Aktivitätsbeziehungsweise soziale Begegnungs- und Beteiligungsräume geboten werden.

Anschließend sollen noch einige Stichpunkte zum *Burnout-Thema* Erwähnung finden. Anzeichen von Ausgebranntsein ähneln den Verhaltensmustern oder »Symptomen«, die man sonst bei seinen Klientinnen wahrnimmt: Man fühlt sich hilflos, abhängig, entmutigt, antriebslos. Parallel zur Burnout-Erfahrung wird man das Interesse an der Arbeit mit den Klienten verlieren und diese mehr denn je als hoffnungslose, chronische Fälle, als unkooperativ, uneinsichtig und unbehandelbar ansehen. Sofern man keinen Weg findet, sich aus den Bedingungen und Interaktionskreisläufen der Belastung und Anspannung herauszubewegen, kann es leicht dazu kommen, sich in (psycho-)somatische Erkrankungen oder eine depressive Symptomatik hineinzubewegen.

Nach der herkömmlichen Sicht wird die Burnout-Gefahr als groß eingeschätzt, wenn man mit Menschen arbeitet, die als »schwierig« gelten (was allgemein von Psychiatrieklienten angenommen wird), da diese Arbeit mit Hilflosigkeitserfahrungen und Frustrationen verbunden sei (man kann nicht helfen, wie man möchte).

Mosher und Burti (1992) fordern demgegenüber eine »vollständigere Erklärung«. Sie sind der Ansicht, dass »das Ausgebranntsein in der von einer Einrichtung geschaffenen Entscheidungs- und Beziehungsstruktur wurzelt« (S. 257). Hierbei spiele eine Rolle, inwieweit die Mitarbeiterinnen »Ermächtigung« erfahren, ihnen Verantwortlichkeit und Entscheidungsfähigkeit zuerkannt wird, sie Wertschätzung als Teammitglieder erfahren und Anerkennung für ihre Leistungen finden. Diese Aspekte betreffen zwischenmenschliche Aspekte der *Arbeitsorganisation* und sind unbedingt zu bedenken.

Insoweit Burnout aber (auch) mit einer Selbstabwertung verbunden ist, wenn sichtbare und anerkannte Erfolge in der Arbeit mit den Klienten nicht erzielt werden können, muss zusätzlich ein Akzent auf die *Arbeitshaltung und Arbeitsweise* selbst gelegt werden. Im zweiten Kapitel (Punkt 2.4) war das Untersuchungsergebnis geschildert worden, dass Mitarbeiterinnen, die mit ihren Klienten nach einem subjektorientierten sozialpsychiatrischen Ansatz arbeiteten, sich selbst als mehr ausgebrannt einschätzten als Mitarbeiter, die nach dem Fürsorgemodell arbeiteten (und keine Skrupel hatten, ihre Klienten zu bevormunden). Als Problem des subjektorientierten Arbeitsstils mit einer Ausrichtung an einer »Autonomie gewährenden« statt »kontrollierenden« Fürsorge war die sozial-emotionale Überforderungssituation genannt worden, die sich aus der Widersprüchlichkeit der Aufgabe ergeben dürfte, gleichzeitig helfen, aber auch ein bisschen (Autonomie »gewährend«) kontrollieren zu wollen. Einbruchstellen für Burnout sind beim subjektorientierten Ansatz auch unscharfe Kriterien zur Bewertung des Erfolgs der eigenen Arbeit bis hin zu Unklarheiten, inwiefern man als Betreuerin für das Verhalten von intensiv betreuten Klienten auch selber (mit-)verantwortlich sei.

In allen diesen Hinsichten ist demgegenüber der systemische Arbeitsstil klar konturiert:
- Verantwortung für das Verhalten anderer wird generell nicht übernommen, schon gar nicht für das symptomatische Verhalten der Klienten;
- man hat klare Bewertungskriterien für die Güte der eigenen Arbeit und gute Aussichten, sie als erfolgreich zu bewerten;
- zwischen Helfen und Kontrollieren wird im Zuge einer Kontextklärung immer klar unterschieden;
- Autonomie wird nicht »gewährt«, sondern vorausgesetzt oder angestoßen;
- Bevormundung gibt es nicht und anstelle von Für-Sorge wird die »Sorge« an die Klienten zurückgegeben oder »abgegeben« (s. a. Punkt 1.4.2).

Unter diesen Gesichtspunkten könnte man ein Vorgehen nach dem systemischen Ansatz als gute *Burnout-Prävention* auffassen. Ansonsten wird man ausgiebig »Selbstsorge« betreiben müssen (s. unter Punkt 2.1.3) – dies zuallererst für sich selbst, damit es einem gut geht, und dann erst mit Blick auf die Arbeit mit den Klientinnen. »Wenn den Bedürfnissen von Klienten begegnet werden soll, müssen die Mitarbeiter immer das Gefühl haben, es sei ein Reservoir von Energie vorhanden, aus dem sie schöpfen können«, schreiben Mosher und Burti (1992, S. 259).

Nachbemerkung

Während des Schreibens in der Auseinandersetzung mit den zentralen Aussagen der einen (systemischen) oder der anderen (subjektorientierten) Perspektive, erschien mir jeweils die Perspektive, mit der ich mich gerade beschäftigte, besonders überzeugend (bedeutsam, bereichernd, nützlich, naheliegend, relevant), während die jeweils andere Perspektive aus diesem Blickwinkel eher fragwürdig erschien (eher unwichtig oder unnötig, reduktionistisch, unpassend, überzogen oder zu kompliziert).

Dieser Haltungswechsel erinnerte mich an die aus der Wahrnehmungspsychologie bekannten Kippfiguren, von denen hier die von der Vase und den zwei Gesichtern abgebildet wird (s. Abbildung 6). Wie man von der Gestaltpsychologie weiß, ist hierbei die Figur-Grund-Unterscheidung einschlägig. Worauf jeweils fokussiert wird, tritt in den Vordergrund und wird somit bedeutsam, während der Hintergrund blass bleibt und irrelevant erscheint. Da aber Figur und Hintergrund je nach Fokussierung ständig wechseln, ist hiermit keine Wertung der einen oder anderen Sicht verbunden, vielmehr benötigen sie sich wechselseitig.

Man wird mutmaßen, dass es eher die Vase ist, die die systemische Perspektive repräsentiert, insofern eine Veränderung der Form der Vase auch die Gesichter und deren Ausdruck verändert, und dass es die beiden Gesichter sind, die die subjektorientierte Perspektive repräsentieren, insofern sie sich innerhalb der begrenzenden und ermöglichenden Form der Vase in Bezug zueinander ausdrücken und somit eine Begegnung symbolisieren.

Abbildung 6: Vase und zwei Gesichter – Figur-Grund-Gestalt

Dank

Für fachliche Anregungen, Nachfragen, Rückmeldungen, Einwände, für Fallbeispiele und Praxisberichte habe ich vielen zu danken; unter allen hervorheben möchte ich Bettina Börsch und Dr. Ingeborg Schürmann.

Jenseits des Fachlichen geht mein innigster Dank an Jörg – für seine konkrete Unterstützung, seine fortwährende Anteilnahme und sein Dabeisein in jedweder Hinsicht.

Literatur

Aderhold, V. (1998). Alternativen zum Krankenhaus. In T. Bock, H. Weigand (Hrsg.), Handwerks-buch Psychiatrie (S. 646–660). Bonn: Psychiatrie-Verlag.

Aderhold, V., Alanen, Y., Hess, G., Hohn, P. (Hrsg.) (2003). Psychotherapie der Psychosen. Integrative Behandlungsansätze aus Skandinavien. Gießen: Psychosozial-Verlag.

Aderhold, V., Greve, N. (2004). Was ist »Need-adapted Treatment«? Soziale Psychiatrie – Rundbrief der DGSP, 28 (1), 4–8.

Aebi, E., Ciompi, L., Hansen, H. (1993). Soteria im Gespräch. Über eine alternative Schizophreniebehandlung. Bonn: Psychiatrie-Verlag.

Aebi, E. (1993). Vom weichen Zimmer hinaus ins Leben. Von der Schwierigkeit, für jemanden hilfreich zu sein. In E. Aebi, L. Ciompi, H. Hansen (Hrsg.), Soteria im Gespräch. Über eine alternative Schizophreniebehandlung (S. 128–139). Bonn: Psychiatrie-Verlag.

AG SPAK M 32 (1978). Reader zur Psychiatrie und Antipsychiatrie. Band 1. Berlin: Sozialpolitischer Verlag.

Allert, T., Bieback-Diel, L., Oberele, H., Seyfrath, E. (1994). Familie, Milieu und sozialpädagogische Intervention. Münster: Votum-Verlag.

Amering, M., Schmolke, M. (2007). Recovery. Das Ende der Unheilbarkeit. Bonn: Psychiatrie-Verlag.

Andersen, T. (1996a). Von der Behandlung zum Gespräch. In T. Keller, N. Greve (Hrsg.), Systemische Praxis in der Psychiatrie (S. 119–131). Bonn: Psychiatrie-Verlag.

Andersen, T. (Hrsg.) (1996b). Das Reflektierende Team. – Dialoge über Dialoge über Dialoge. Dortmund: Verlag modernes lernen.

Andersen, T. (2002). Eine Zusammenarbeit, die einige Psychotherapie nennen. In N. Greve, T. Keller (Hrsg.), Systemische Praxis in der Psychiatrie (S. 123–140). Heidelberg: Carl-Auer.

Anderson, H. (2002). Therapie als Konversation sprachlicher Systeme. In N. Greve, T. Keller (Hrsg.), Systemische Praxis in der Psychiatrie (S. 98–122). Heidelberg: Carl-Auer.

Anderson, H. (2004). An ever-evolving postmodern collaborative approach. Vortrag auf dem V. Europäischen Kongress für Familientherapie und Systemische Praxis (29.09.–2.10.2004) in Berlin.

Andresen, B., Stark, F.-M., Gross, J. (Hrsg.) (1992). Mensch Psychiatrie Umwelt. Bonn: Psychiatrie-Verlag.

Angermeyer, M. C., Holzinger, A., Matschinger, H. (1999). Lebensqualität bedeutet für mich ... Ergebnisse einer Umfrage bei schizophrenen Patienten. Psychiatrische Praxis, 26, 56–60.

Angermeyer, M. C., Klusmann, D. (Hrsg.) (1989). Soziales Netzwerk – ein neues Konzept für die Psychiatrie. Berlin: Springer-Verlag.

Angermeyer, M. C., Zaumseil, M. (1997). Verrückte Entwürfe. Kulturelle und individuelle Verarbeitung psychischen Krankseins. Bonn: Psychiatrie-Verlag.

Antonovsky, A. (1997). Salutogenese. Zur Entmystifizierung der Gesundheit. Tübingen: dgvt-Verlag).

Armbruster, J. (1998). Praxisreflexion und Selbstevaluation in der Sozialpsychiatrie. Systemische Beiträge zur Methodenentwicklung. Freiburg i. Br.: Lambertus.

Armbruster, J., Schulte-Kemna, G., Widmaier-Berthold, C. (Hrsg.) (2006). Kommunale Steuerung und Vernetzung im Gemeindepsychiatrischen Verbund. Bonn: Psychiatrie-Verlag.

Armbruster, J., Schulte-Kemna, G., Kluza, R. (2006). Personenzentrierte Organisation psychiatrischer Hilfen als Herausforderung für die Träger. In J. Armbruster, G. Schulte-Kemna, C. Widmaier-Berthold (Hrsg.), Kommunale Steuerung und Vernetzung im Gemeindepsychiatrischen Verbund (S. 77–86). Bonn: Psychiatrie-Verlag.

Bateson, G. (1985). Ökologie des Geistes. Frankfurt a. M.: Suhrkamp.

Bateson, G., Jackson, D. D., Laing, R. D., Lidz, T., Wynne, L. C., u. a. (1969). Schizophrenie und Familie. Frankfurt a. M.: Suhrkamp.

Bauriedl, T. (1980). Beziehungsanalyse. Frankfurt a. M.: Suhrkamp.

Behrendt, B. (2001). Meine persönlichen Warnsignale. Ein Therapieprogramm zur Vorbeugung von Rückfällen bei schizophrener und schizoaffektiver Erkrankung. Tübingen: dgvt-Verlag.

Beins, W. (1995). Sozialarbeit im Zentrum des Sozialpsychiatrischen Verbunds. In U. Blanke (Hrsg.), Der Weg entsteht beim Gehen (S. 49–72). Bonn: Psychiatrie-Verlag.

Bergold, J., Filsinger, D., Mruck, K. (1996). Schlussbericht des Public-Health Forschungsprojektes A2: Probleme der Organisation psychosozialer Dienste, ihre Auswirkungen auf die Nutzer und Reformpotenziale durch Vernetzung in den Bezirken Mitte, Prenzlauer Berg und Wedding. Manuskript. Berlin.

Bergold, J., Filsinger D. (1998). Die Vernetzung psychosozialer Dienste und ihre Konsequenzen für Professionelle und Nutzer. Ein Vergleich zwischen den Gesundheitssystemen in BRD und DDR. In B. Röhrle, G. Sommer, F. Nestmann (Hrsg.), Netzwerkintervention (S. 223–258). Tübingen: dgvt-Verlag.

Blanke, U. (Hrsg.) (1995). Der Weg entsteht beim Gehen. Sozialarbeit in der Psychiatrie. Bonn: Psychiatrie-Verlag.

Blasius, D. (2001). Deutsche Erinnerung – Wegstrecken der Psychiatriegeschichte. In M. Wollschläger (Hrsg.), Sozialpsychiatrie. Entwicklungen, Kontroversen, Perspektiven (S. 29–41). Tübingen: dgvt-Verlag.

BMJFFG (Hrsg.) (1988). Empfehlungen der Expertenkommission der Bundesregierung zur Reform der Versorgung im psychiatrischen und psychotherapeutischen/psychosomatischen Bereich (auf der Grundlage des Modellprogramms Psychiatrie der Bundesregierung). Bonn.

BMJFFG (Hrsg.) (1991). Expertenkommission im Auftrag des Bundesministeriums für Gesundheit: Zur Lage der Psychiatrie in der ehemaligen DDR – Bestandsaufnahmen und Empfehlungen. Bonn.

Bock, T. (1998). Überlebensstrategie stützen. Zehn Thesen zur Psychosentherapie. Soziale Psychiatrie – Rundbrief der DGSP, 22 (2), 23–25.

Bock, T. (2001). Weichen stellen! Ersterkrankungen und Sozialpsychiatrie. Soziale Psychiatrie – Rundbrief der DGSP, 25 (1), 34–35.

Bock, T. (2003). Umgang mit psychotischen Patienten (Basiswissen). Bonn: Psychiatrie-Verlag.

Bock, T., Buck, D., Esterer, I. (1997). »Es ist normal, verschieden zu sein.« Psychose-Seminare – Hilfen zum Dialog (Psychosoziale Arbeitshilfen 10). Bonn: Psychiatrie-Verlag.

Bock, T., Buck, D., Esterer, I. (2007). Stimmenreich. Mitteilungen über den Wahnsinn (Neu-erscheinung). Bonn: Psychiatrie-Verlag.

Bock, T., Deranders, J. E., Esterer, I. (1992). Stimmenreich. Mitteilungen über den Wahnsinn. Bonn: Psychiatrie-Verlag.

Bock, T., Deranders, J. E., Esterer, I. (1994). Im Strom der Ideen. Stimmenreiche Mitteilungen über den Wahnsinn. Bonn: Psychiatrie-Verlag.

Bock, T., Weigand, H. (Hrsg.) (1998). Hand-werks-buch Psychiatrie (4. vollst. überarb. Aufl.). Bonn: Psychiatrie-Verlag.

Böker, W. (1993). Interventionsstrategien bei psychotischen Krisen. In U. Schnyder, J.-D. Sauvant (Hrsg.), Krisenintervention in der Psychiatrie (S. 111–119). Bern u. a.: Huber.

Boscolo, L., Betrando, P. (1997). Systemische Einzeltherapie. Heidelberg: Carl-Auer (2. Aufl.: 2000).

Boscolo, L., Cecchin, G., Hoffman, L., Penn, P. (1992). Familientherapie – Systemtherapie. Das Mailänder Modell (3. Aufl.). Dortmund: Verlag modernes lernen.

Bosshard, M., Ebert, U., Lazarus, H. (1999). Sozialarbeit und Sozialpädagogik in der Psychiatrie: Lehrbuch. Bonn: Psychiatrie-Verlag.

Boxbücher, M., Egidi, K. (1996). Von der Krisenintervention zur Krisenbegleitung – Eine systemisch-konstruktivistische Perspektive. In K. Egidi, M. Boxbücher (Hrsg.), Systemische Krisenintervention (S. 11–43). Tübingen: dgvt-Verlag.

Bräunling, S. (2002). Weglaufhaus »Villa Stöckle« – eine Alternative. In H.-L. Siemen, (Hrsg.), GeWOHNtes Leben. Psychiatrie in der Gemeinde. Neumünster: Paranus Verlag.

Bremer, F., Hansen, H., Blume, J. (Hrsg.) (2001). Wie geht's uns denn heute! Sozialpsychiatrie zwischen alten Idealen und neuen Herausforderungen. Neumünster. Paranus Verlag.

Brenner, H. D. (1995). Sozialpsychiatrie versus Klinikpsychiatrie? Eine verfehlte Kontroverse. In A. Finzen, U. Hoffmann-Richter, U. (Hrsg.), Was ist Sozialpsychiatrie? (S. 183–201). Bonn: Psychiatrie-Verlag.

Bruner, J. (1997). Sinn, Kultur und Ich-Identität. Zur Kulturpsychologie des Sinns. Heidelberg: Carl-Auer.

Buck, D. (1992). Niemand wagt, über sein Psychose-Erleben zu sprechen. Die Suche nach dem Sinn im Wahnsinn muss Teil der Therapie werden. Psychosoziale Umschau, (4), 10–12.

Buck, D. (1998). Selbst-Verständnis von Psychosen und Depressionen. In T. Bock, H. Weigand (Hrsg.), Hand-werks-buch Psychiatrie (S. 13–29). Bonn: Psychiatrie-Verlag.

Burow-Sperber, M. (2002). »Soziale Arbeit mit psychisch kranken Menschen: Begegnungs-formen und Krisenintervention«. Neubrandenburg: Unveröffentlichtes Skript zum Lehr-auftrag an der Fachhochschule Neubrandenburg im WS 2002/2003.

Ciompi, L. (1982). Affektlogik. Über die Struktur der Psyche und ihre Entwicklung. Ein Bei-trag zur Schizophrenieforschung. Stuttgart: Klett-Cotta.

Ciompi, L. (1985). Was haben wir gelernt? Einige praktische und theoretische Schlussfolge-rungen. In L. Ciompi (Hrsg.), Sozialpsychiatrische Lernfälle (S. 105–123). Bonn: Psychi-atrie-Verlag.

Ciompi, L. (1993). Krisentheorie heute. Eine Übersicht. In U. Schnyder, J.-D. Sauvant (Hrsg.), Krisenintervention in der Psychiatrie (S. 13–25). Bern u. a.: Huber.

Ciompi, L. (1995). Sozialpsychiatrie heute – Was ist das? In A. Finzen, U. Hoffmann-Richter (Hrsg.), Was ist Sozialpsychiatrie? (S. 203–218). Bonn: Psychiatrie-Verlag.

Ciompi, L. (1997). Die emotionalen Grundlagen des Denkens. Entwurf einer fraktalen Affektlogik. Göttingen: Vandenhoeck & Ruprecht.

Ciompi, L. (2001). Welche Zukunft hat die Sozialpsychiatrie? Hoffnungen, Befürchtungen und Leitbilder. In M. Wollschläger (Hrsg.), Sozialpsychiatrie. Entwicklungen, Kontroversen, Perspektiven (S. 755–767). Tübingen: dgvt-Verlag.

Clausen, J., Dresler, K.-D., Eichenbrenner, I. (1996). Soziale Arbeit im Arbeitsfeld Psychiatrie. Freiburg i. Br.: Lambertus.

Conen, M.-L. (1999). »Unfreiwilligkeit« – ein Lösungsverhalten. Zwangskontexte und systemische Therapie und Beratung. Familiendynamik, 24 (3), 282–297.

Conen, M.-L. (2003). Wo keine Hoffnung ist, muss man sie erfinden. Heidelberg: Carl-Auer.

Deger-Erlenmaier, H., Heim, S., Sellner, B. (Hrsg.) (1997). Die Angehörigengruppe (Psychosoziale Arbeitshilfen 12). Bonn: Psychiatrie-Verlag.

Deger-Erlenmaier, H. (2001). 25 Jahre Psychiatrie-Reform – 15 Jahre Bundesverband der Angehörigen psychisch Kranker. (K)ein Grund zum Feiern? – Eine Polemik. In F. Bremer, H. Hansen, J. Blume (Hrsg.), Wie geht's uns denn heute! Sozialpsychiatrie zwischen alten Idealen und neuen Herausforderungen (S. 178–189). Neumünster: Paranus Verlag.

Deissler, K. G. (1996). Psychiatrische Sprachspiele – Von Objekten-in-BeHandlungen zu Personen-in-VerHandlungen. In T. Keller, N. Greve (Hrsg.), Systemische Praxis in der Psychiatrie (S. 63–80). Bonn: Psychiatrie-Verlag.

Deissler, K. G. (2002). Psychiatrische Sprachspiele – Von Objekten-in-BeHandlungen zu Personen-in-VerHandlungen. In N. Greve, T. Keller (Hrsg.), Systemische Praxis in der Psychiatrie (S. 80–97). Heidelberg: Carl-Auer.

Deissler, K. G., Keller, T. (2002). »Die Klinik als Fortsetzung von verlorener Familie«. In N. Greve, T. Keller (Hrsg.), Systemische Praxis in der Psychiatrie (S. 203–223). Heidelberg: Carl-Auer.

Demand, J. (1998). Subjekt und Objekt. Anmerkungen zur psychiatrischen Sprache. In T. Bock, H. Weigand (Hrsg.), Hand-werks-buch Psychiatrie (S. 42–47). Bonn: Psychiatrie-Verlag.

Deppe, R. (1996). Stationäre Aufnahme als systemische Krisenintervention. In K. Egidi, M. Boxbücher (Hrsg.), Systemische Krisenintervention (S. 171–211). Tübingen: dgvt-Verlag.

Deutscher Bundestag (1975). Bericht über die Lage der Psychiatrie in der Bundesrepublik Deutschland – Zur psychiatrischen und psychotherapeutisch/psychosomatischen Versorgung der Bevölkerung. Drucksache 7/4200 und 7/4201. Bonn: Deutscher Bundestag.

Deutscher Verein für öffentliche und private Fürsorge (Hrsg.) (2002). Fachlexikon der sozialen Arbeit (5. Aufl.). Stuttgart u. Köln: Kohlhammer.

Dietz, A., Hildebrandt, B., Pörksen, N., Voelzke, W. (1995). Die Behandlungsvereinbarung – Neue Wege zur Vertrauensbildung zwischen Psychiatrie-Erfahrenen und Professionellen. Soziale Psychiatrie – Rundbrief der DGSP, 19 (3), 22–24.

Dörner, K. (1995). Was ist Sozialpsychiatrie? In A. Finzen, U. Hoffmann-Richter (Hrsg.), Was ist Sozialpsychiatrie? (S. 83–90). Bonn: Psychiatrie-Verlag.

Dörner, K., Egetmeyer, A., Koenning, K. (1997) (Hrsg.), Freispruch der Familie. (Ratschlag, 2. Aufl. der Neuausgabe von 1995). Bonn: Psychiatrie-Verlag (Erstausgabe 1982).

Dörner, K., Köchert, R., von Laer, G., Scherer, K. (1979). Gemeindepsychiatrie. Stuttgart: Kohlhammer.

Dörner, K., Plog, U. (1996). Irren ist menschlich. Bonn: Psychiatrie-Verlag (überarb. Neuausgabe der 1. Ausgabe von 1978 sowie der 2. Neuausgabe 1984).

Dörner, K., Plog, U., Teller, C. (2002). Irren ist menschlich (Neuerscheinung). Bonn: Psychiatrie-Verlag.

Dörr, M. (2005). Soziale Arbeit in der Psychiatrie. München: Reinhardt UTB.

Duncan, B. L., Hubble, M. A., Miller, S. D. (1998). »Aussichtslose Fälle«. Die wirksame Behandlung von Psychotherapie-Veteranen. Stuttgart: Klett-Cotta.

Ebbecke-Nohlen, A. (2000). Sexuelle Gewalt, gender und systemische Konzepte – Grenzverletzung und Grenzrekonstruktion. In I. Rücker-Embden-Jonasch, A. Ebbecke-Nohlen (Hrsg.), Balanceakte. Familientherapie und Geschlechterrollen (S. 248–278). Heidelberg: Carl-Auer.

Egidi, K., Boxbücher, M. (Hrsg.) (1996). Systemische Krisenintervention. Tübingen: dgvt-Verlag.

Eichenbrenner, I., Gagel, D. E., Lehmkuhl, D. (2007). »Wie geht es eigentlich den Sozialpsychiatrischen Diensten in . . . Berlin?« Sozialpsychiatrische Informationen, 36 (3), 56–59.

Falloon, I. R. (1991). Das Familienmanagement der Schizophrenie. In A. Retzer (Hrsg.), Die Behandlung psychotischen Verhaltens. Psychoedukative versus systemische Ansätze (S. 17–41). Heidelberg: Carl-Auer.

Ficker, F. (2000). Die Rodewischer Thesen und ihr Stellenwert in der DDR-Psychiatrie-Geschichte. Symptom – Leipziger Beiträge zur Psychiatrie und Verrücktheit, 5, 24–34.

Finzen, A. (1993). Perspektiven der Sozialpsychiatrie. Sozialpsychiatrische Informationen, 23 (4), 2–5.

Finzen, A. (2000). Psychose und Stigma. Stigmabewältigung – zum Umgang mit Vorurteilen und Schuldzuweisung. Bonn: Psychiatrie-Verlag.

Finzen, A., Schädle-Deininger, H. (1979). »Unter elenden menschenunwürdigen Umständen«. Die Psychiatrie-Enquete. Wunstorf u. Rehburg-Loccum: Psychiatrie-Verlag.

Finzen, A., Hoffmann-Richter, U. (Hrsg.) (1995). Was ist Sozialpsychiatrie? Bonn: Psychiatrie-Verlag.

Fischer, H. R., Schweitzer, J. (1994). Zur Rezeption von Philosophie durch systemische Praktiker. Eine kritische Anmerkung. In J. Schweitzer, A. Retzer, H. R. Fischer (Hrsg.), Systemische Praxis und Postmoderne (S. 78–86). Frankfurt a. M.: Suhrkamp.

Foerster, H. von (1993). KybernEthik. Berlin: Merve.

Forschungsprojekt Lebenswelten (2006). Zu Hause sein im Fragen. Ein ungewöhnlicher Forschungsbericht. Neumünster: Paranus Verlag.

Fricke, R. (2001). Für eine humane Psychiatrie! – Mitbestimmung und Qualitätssicherung durch Selbsthilfegruppen der Psychiatrie-Erfahrenen und der Angehörigen psychisch Kranker. In M. Wollschläger (Hrsg.), Sozialpsychiatrie. Entwicklungen, Kontroversen, Perspektiven (S. 613–616). Tübingen: dgvt-Verlag.

Gabel, W., Möller, H.-J., Rössler, W. (Hrsg.) (2005). Stigma – Diskriminierung – Bewältigung. Der Umgang mit sozialer Ausgrenzung psychisch Kranker. Stuttgart: Kohlhammer.

Gergen, K. J. (1996). Das übersättigte Selbst. Identitätsprobleme im heutigen Leben. Heidelberg: Carl-Auer.

Gergen, K. J. (2002). Konstruierte Wirklichkeiten. Eine Hinführung zum sozialen Konstruktionismus. Stuttgart: Kohlhammer.

Glasersfeld, E. von (1994). Einführung in den radikalen Konstruktivismus. In P. Watzlawik (Hrsg.), Die erfundene Wirklichkeit (S. 16–38). München: Piper.

Gleiss, I. (1980). Psychische Störungen und Lebenspraxis. Weinheim u. Basel: Beltz.

Goffman, E. (1961). Asylums. Essays on the social situation of mental patients and other inmates (Deutsche Ausgabe: Asyle. Frankfurt a. M.: Suhrkamp).

Goodrich, T. J. (Hrsg.) (1994). Frauen und Macht. Frankfurt a. M.: Campus.

Grawe, K. (1998). Psychologische Therapie. Göttingen: Hogrefe.

Green, H. (1978). Ich hab dir nie einen Rosengarten versprochen. Reinbek: Rowohlt TB.

Greitemeyer, D. (2003). Paargeschichten. Die narrative Perspektive – Ein Lernbuch für Paare. Tübingen: dgvt-Verlag.

Greve, N. (2002). Sechs Vorschläge für professionelle HelferInnen in psychiatrischen Diensten und Einrichtungen. In N. Greve, T. Keller (Hrsg.), Systemische Praxis in der Psychiatrie (S. 278–295). Heidelberg: Carl-Auer.

Greve, N., Keller, T. (Hrsg.) (2002). Systemische Praxis in der Psychiatrie. Heidelberg: Carl-Auer.

Greve, U. (1997). Sozialpsychiatrische Dienste in Mecklenburg-Vorpommern – ein Baustein der Psychiatriereform in Ostdeutschland? Neubrandenburg: Diplomarbeit, Fachhochschule Neubrandenburg, FB Soziale Arbeit und Gesundheit, Studiengang Soziale Arbeit.

Gromann, P. (2001). Integrierte Behandlungs- und Reha-Planung. Ein Handbuch zur Umsetzung des IBRP (Psychosoziale Arbeitshilfen 17). Bonn: Psychiatrie-Verlag.

Gussone, B., Schiepek, G. (2000). Die »Sorge um sich«. Burnout-Prävention und Lebenskunst in helfenden Berufen. Tübingen: dgvt-Verlag.

Haerlin, C. (1987). Wie erarbeite ich mit dem Kranken eine realistische Perspektive in bezug auf seine Arbeitsfähigkeit? In H. Kunze, K. Lehmann (Hrsg.), Praxis und Probleme der Arbeitstherapie. 2. Merxhausener Symposium (S. 81–95). Bonn: Psychiatrie-Verlag.

Hahlweg, K., Müller, U., Feinstein, E., Dose, M., Wiedemann, G., Hank, G. (1991). Praxis der psychoedukativen Familienbetreuung. In A. Retzer (Hrsg.), Die Behandlung psychotischen Verhaltens. Psychoedukative versus systemische Ansätze (S. 172–202). Heidelberg: Carl-Auer.

Haley, J. (1979). Direktive Familientherapie. Strategien für die Lösung von Problemen (2. Aufl.). München: Verlag J. Pfeiffer.

Hargens, J. (1993). KundIn, KundigE, KundschafterIn. Gedanken zur Grundlegung eines helfenden Zugangs. Zeitschrift für systemische Therapie, 11 (1), 14–20.

Hargens, J., Richter, A., Zettler, H. (2000). Sozialarbeit, Psychotherapie, systemisches Arbeiten . . . Kontext. Zeitschrift für Familientherapie, 31 (1), 5–17.

Hargens, J. (2003). Bitte nicht helfen! Es ist auch so schon schwer genug. (K)ein Selbsthilfebuch. Heidelberg: Carl-Auer.

Haselbeck, H. (1995). Wieviel Theorie braucht die Sozialpsychiatrie? In A. Finzen, U. Hoffmann-Richter (Hrsg.), Was ist Sozialpsychiatrie? (S. 165–174). Bonn: Psychiatrie-Verlag.

Haselmann, S. (1984). Gesellschaftliche Beziehungsformen und psychosoziale Kränkungen. Frankfurt a. M.: Campus.

Haselmann, S. (1999). Beziehungsmuster und Krankheitsbilder bei Frauen. Journal für Psychologie. Theorie – Forschung – Praxis, 7 (3), 55–76.

Haselmann, S. (2000). Wie sich eine systemisch-therapeutische Perspektive mit gemeindepsychologischen Grundhaltungen und sozialpsychiatrischen Arbeitsweisen verbinden lässt. Rundbrief Gemeindepsychologie, 6 (2), 10–23.

Haselmann, S. (2005). Rezension von: »Krisor, Matthias. Aufgehoben in der Gemeinde. Entwicklung und Verankerung einer offenen Psychiatrie« (Bonn: Psychiatrie-Verlag). Zugriff unter http://www.socialnet.de/rezensionen im September 2005 (siehe auch: http://www.socialnet.de/rezensionen/rezensenten/html).

Haselmann, S. (2007). Systemische Beratung und der systemische Ansatz in der sozialen Arbeit. In B. Michel-Schwartze (Hrsg.), Methodenbuch Soziale Arbeit. Basiswissen für die Praxis (S. 153–206). Wiesbaden: VS Verlag für Sozialwissenschaften.

Hattebier, E. (1999). Reifeprüfung. Eine Familie lebt mit psychischer Erkrankung (Edition Balance). Bonn: Psychiatrie-Verlag.

Hegemann, T., Heck, J. (1995). Ressourcenorientiertes Arbeiten mit psychisch Kranken und ihren Familien. In U. Blanke (Hrsg.), Der Weg entsteht beim Gehen. Sozialarbeit in der Psychiatrie (S. 115–129). Bonn: Psychiatrie-Verlag.

Heise, H. (1994). Rückblick – Ausblick: Die Idee der Sozialpsychiatrie und deren Strukturen. In H. Hoffmann, H. Heise, E. Aebi (Hrsg.), Sozialpsychiatrische Lernfälle 2 (S. 9–23). Bonn: Psychiatrie-Verlag.

Heitmann, V. (1997). Modernisierung der Schizophrenie in Ostberlin? Formen der Krise und Neuorientierung bei Helfern in einem Ostberliner Stadtbezirk. In M. Zaumseil, K. Leferink (Hrsg.), Schizophrenie in der Moderne – Modernisierung der Schizophrenie (S. 280–316). Bonn: Psychiatrie-Verlag.

Hellinger, B. (1994). Ordnungen der Liebe. Ein Kursbuch. Heidelberg: Carl-Auer.

Hemkendreis, B. (2001). Systeming. Was hat die Steuerung komplexer, vernetzter Systeme mit psychiatrischer Pflege zu tun? In M. Wollschläger (Hrsg.), Sozialpsychiatrie. Entwicklungen, Kontroversen, Perspektiven (S. 371–391). Tübingen: dgvt-Verlag.

Hermer, M. (2001). Psychotherapie in der Sozialpsychiatrie. In M. Wollschläger (Hrsg.), Sozialpsychiatrie. Entwicklungen, Kontroversen, Perspektiven (S. 327–362). Tübingen: dgvt-Verlag.

Herwig-Lempp, J. (2007). Ressourcen im Umfeld: Die VIP-Karte. In B. Michel-Schwartze (Hrsg.), Methodenbuch Soziale Arbeit. Basiswissen für die Praxis (S. 207–226). Wiesbaden: VS Verlag für Sozialwissenschaften.

Hildenbrand, B., Welter-Enderlin, R. (1997). Systemische Therapie als Begegnung (2. Aufl.). Stuttgart: Klett-Cotta.

Hoffman, L. (1994). Für eine reflexive Kultur der Familientherapie. In J. Schweitzer, A. Retzer, H. R. Fischer (Hrsg.), Systemische Praxis und Postmoderne (S. 16–38). Frankfurt a. M.: Suhrkamp.

Hoffman, L. (1996). Therapeutische Konversationen. Von Macht und Einflussnahme zur Zusammenarbeit in der Therapie – Die Entwicklung systemischer Praxis. Dortmund: Verlag modernes lernen.

Hoffmann-Richter, U. (1995). Sozialpsychiatrie – Spezialdisziplin oder Sichtweise? In A. Finzen, U. Hoffmann-Richter (Hrsg.), Was ist Sozialpsychiatrie? (S. 11–27) Bonn: Psychiatrie-Verlag.

Hohl, J. (1982). Angehörige psychiatrischer Patienten. In H. Keupp, D. Rerrich (Hrsg.), Psychosoziale Praxis (S. 168–176). München u. a.: Urban & Schwarzenberg.

Hollstein-Brinkmann, H. (1993). Soziale Arbeit und Systemtheorien. Freiburg i. Br.: Lambertus.

Hosemann, W., Geiling, W. (2005). Einführung in die systemische Soziale Arbeit. Freiburg i. Br.: Lambertus.

Hubble, M. A., Duncan, B. L., Miller, S. D. (2001). So wirkt Psychotherapie. Empirische Ergebnisse und praktische Folgerungen. Dortmund: Verlag modernes lernen.

Hurtz, R. (2004). Das Haus im Park oder: Soteria in der Anstalt. Soziale Psychiatrie – Rundbrief der DGSP, 28 (1), 25–28.

Jervis, G. (1978). Kritisches Handbuch der Psychiatrie. Frankfurt a. M.: Syndikat.

Jiko, I. (2001). Thesen zur Psychosen-Psychotherapie. In M. Wollschläger (Hrsg.), Sozialpsychiatrie. Entwicklungen, Kontroversen, Perspektiven (S. 363–365). Tübingen: dgvt-Verlag.

Jones, E. (1995). Systemische Familientherapie. Entwicklungen der Mailänder systemischen Therapien – Ein Lehrbuch. Dortmund: Verlag modernes lernen.

Jones, M. (1976). Prinzipien der therapeutischen Gemeinschaft. Bern.

Kauder, V. (1997). Personenzentrierte Hilfen in der psychiatrischen Versorgung (Psychosoziale Arbeitshilfen 11). Bonn: Psychiatrie-Verlag.

Keller, T., Greve, N. (Hrsg.) (1996). Systemische Praxis in der Psychiatrie. Bonn: Psychiatrie-Verlag.

Keller, T. (2002). Systemisches Handeln im Alltag des psychiatrischen Krankenhauses. In N. Greve, T. Keller (Hrsg.), Systemische Praxis in der Psychiatrie (S. 260–277). Heidelberg: Carl-Auer.

Kersting, F.-W. (2001). »1968« als psychiatriegeschichtliche Zäsur. In M. Wollschläger (Hrsg.), Sozialpsychiatrie. Entwicklungen, Kontroversen, Perspektiven (S. 43-59). Tübingen: dgvt-Verlag.

Keupp, H. (Hrsg.) (1972). Der Krankheitsmythos in der Psychopathologie. München u. a.: Urban & Schwarzenberg.

Keupp, H. (Hrsg.) (1979). Normalität und Abweichung. München u. a.: Urban & Schwarzenberg.

Keupp, H. (2007). Mut zum aufrechten Gang. Was bieten Beteiligung und Empowerment für Psychiatrie und Selbsthilfe? Soziale Psychiatrie – Rundbrief der DGSP, 31 (3), 4–9.

Keupp, H., Rerrich, D. (Hrsg.) (1982). Psychosoziale Praxis. Ein Handbuch in Schlüsselbegriffen. München u. a.: Urban & Schwarzenberg.

Kim Berg, I. (1992). Familien-Zusammenhalt(en). Ein kurz-therapeutisches und lösungsorientiertes Arbeitsbuch. Dortmund: Verlag modernes lernen.

Kim Berg, I., Miller, S. (1995). Kurzzeittherapie bei Alkoholproblemen. Ein lösungsorientierter Ansatz. Heidelberg: Carl-Auer.

Klafki, H. (2001). Mauer im Kopf. In M. Wollschläger (Hrsg.), Sozialpsychiatrie. Entwicklungen, Kontroversen, Perspektiven (S. 599–603). Tübingen: dgvt-Verlag.

Klee, E. (1993). Irrsinn Ost – Irrsinn West. Psychiatrie in Deutschland. Frankfurt a. M.: S. Fischer.

Kleve, H. (1997). Soziale Arbeit als konstruktivistische Praxis. Anregungen für ein postmodernes Verständnis von Sozialarbeit. Soziale Arbeit, 7, 218–225.

Kleve, H. (2000). Die Sozialarbeit ohne Eigenschaften. Fragmente einer postmodernen Professions- und Wissenschaftstheorie Sozialer Arbeit. Freiburg i. Br.: Lambertus.

Kleve, H., Haye, B., Hampe-Grosser, A., Müller, M. (2006): Systemisches Case-Management. Heidelberg: Carl-Auer.

Knoll, A. (2000). Sozialarbeit in der Psychiatrie. Opladen.

Knuf, A. (2000a). Selbstbefähigende Psychotherapie bei Psychosen. In A. Knuf, U. Seibert (Hrsg.), Selbstbefähigung fördern. Empowerment und psychiatrische Arbeit (S. 57–84). Bonn: Psychiatrie-Verlag.

Knuf, A. (2000b). Steine aus dem Weg räumen! Empowerment und Gesundheitsförderung in der Psychiatrie. In A. Knuf, U. Seibert (Hrsg.), Selbstbefähigung fördern. Empowerment und psychiatrische Arbeit (S. 32–44). Bonn: Psychiatrie-Verlag.

Knuf, A. (2006). Empowerment in der psychiatrischen Arbeit (Basiswissen). Bonn: Psychiatrie-Verlag.

Knuf, A., Osterfeld, M., Seibert, U. (Hrsg.) (2007). Selbstbefähigung fördern. Empowerment und psychiatrische Arbeit (aktual. Neuaufl.). Bonn: Psychiatrie-Verlag.

Knuf, A., Seibert, U. (Hrsg.) (2000). Selbstbefähigung fördern. Empowerment und psychiatrische Arbeit. Bonn: Psychiatrie-Verlag.

Köttgen, C. (1992). Schizophrenie – ein Kampf zwischen Überanpassung und Widerstand. In B. Andresen, F.-M. Stark, J. Gross (Hrsg.), Mensch Psychiatrie Umwelt (S. 161–173).Bonn: Psychiatrie-Verlag.

Krause-Girth, C., Oppenheimer, C. (Hrsg.) (2004). Lebensqualität und Beziehungen. Bonn: Psychiatrie-Verlag.

Krisor, M. (2005). Aufgehoben in der Gemeinde. Entwicklung und Verankerung einer offenen Psychiatrie. Bonn: Psychiatrie-Verlag.

Kroll, B., Machleidt, W., Debus, S., Stigler, M. (2001). Soteria zwischen Euphorie und Ernüchterung. In F. Bremer, H. Hansen, J. Blume (Hrsg.), Wie geht's uns denn heute! Sozialpsychiatrie zwischen alten Idealen und neuen Herausforderungen (S. 115–125). Neumünster: Paranus Verlag.

Kunz, S., Scheuermann, U., Schürmann, I. (2004). Krisenintervention. Ein fallorientiertes Arbeitsbuch für Praxis und Weiterbildung. Weinheim u. München: Juventa.

Kypta, G. (2006). Burnout erkennen, überwinden, vermeiden. Heidelberg: Carl-Auer.

Laing, R. D. (1976). Das geteilte Selbst. Reinbek: Rowohlt TB.

Lauterbach, M. (1995). Die Firma – Zur Konstruktion von Rehabilitation. In J. Schweitzer, B. Schumacher. Die unendliche und endliche Psychiatrie (S. 202–228). Heidelberg: Carl-Auer.

Lauterbach, M. (1996). Systemische Aspekte von selbsttötendem Verhalten. In K. Egidi, M. Boxbücher (Hrsg.), Systemische Krisenintervention (S. 45–70). Tübingen: dgvt-Verlag.

Legewie, H., Plog, U., Rakete, G. (1984). Die psychosoziale Kontaktstelle. Projekt: »Treffpunkt Waldstraße« im Stadtteil Berlin-Moabit. Berlin: Abschlußbericht, TU Berlin.

Lehtinen, K. (2001). Sozialpsychiatrie in Finnland. Das finnische Modell der Bedarfsorientierung. Soziale Psychiatrie – Rundbrief der DGSP, 25 (1), 23–25.

Lenz, A. (2002). Empowerment und Ressourcenaktivierung – Perspektiven für die psychosoziale Praxis. In A. Lenz, W. Stark (Hrsg.), Empowerment. Neue Perspektiven für psychosoziale Praxis und Organisation (S. 13–53). Tübingen: dgvt-Verlag.

Lenz, A., Stark, W. (Hrsg.) (2002). Empowerment. Neue Perspektiven für psychosoziale Praxis und Organisation. Tübingen: dgvt-Verlag.

Leschinsky, A. (Hrsg.) (2003). Ursula Plog. Von einer, die auszog, die Psychiatrie das Zuhören zu lehren. Vorträge und Essays. Bonn: Psychiatrie-Verlag.

Ludewig, K. (1998). »Renaissance der Fürsorge – Sozialarbeit im Spannungsfeld zwischen Hilfe und Fürsorge«. Homepage Kurt Ludewig: www.kurtludewig.de, Rubrik »Texte«.

Ludewig, K. (2002). Leitmotive systemischer Therapie. Stuttgart: Klett-Cotta.

Ludewig, K. (2005). Einführung in die theoretischen Grundlagen der systemischen Therapie. Heidelberg: Carl-Auer.

Lüssi, P. (1991). Systemische Sozialarbeit. Praktisches Lehrbuch der Sozialberatung. Bern u. a.: Verlag Paul Haupt (5. Aufl.: 2001).

Lütjen, R. (2007). Psychosen verstehen. Modelle der Subjektorientierung und ihre Bedeutung für die Praxis. Bonn: Psychiatrie-Verlag.

Luger, H. (1989). KommRum. Der andere Alltag mit Verrückten. Bonn: Psychiatrie-Verlag.

Luger, H. (1998). Innovative Projekte – Reiz und Risiko. In T. Bock, H. Weigand (Hrsg.), Hand-werks-buch Psychiatrie (S. 661–678). Bonn: Psychiatrie-Verlag.

Luhmann, N. (1984). Soziale Systeme. Grundriß einer allgemeinen Theorie. Frankfurt a. M.: Suhrkamp.

Mahler, M. S., Pine, F., Bergmann, A. (1980). Die psychische Geburt des Menschen. Symbiose und Individuation. Frankfurt a. M.: Fischer TB.

Mattejat, F., Lisofsky, B. (Hrsg.) (2001). ... nicht von schlechten Eltern. Kinder psychisch Kranker. Bonn: Psychiatrie-Verlag. (5. Aufl.: 2005)

Maturana, H. R. (1985). Erkennen: Die Organisation und Verkörperung von Wirklichkeit. Braunschweig: Vieweg.

Maturana, H. R., Varela, F. J. (1987). Der Baum der Erkenntnis (2. Aufl.). München: Scherz.

McLeod, J. (2004). Counselling – eine Einführung in Beratung. Tübingen: dgvt-Verlag.

Mertens, R. (Hrsg.) (2000). Systemtheorie Sozialer Arbeit. Neue Ansätze und veränderte Perspektiven. Opladen: Leske + Budrich.

Meusgeier, M. (2004). Kinder schizophren erkrankter Mütter. In C. Krause-Girth, C. Oppenheimer (Hrsg.), Lebensqualität und Beziehungen (S. 144–176). Bonn: Psychiatrie-Verlag.

Michel-Schwartze, B. (2000). Qualitäts- durch Qualifikationsverzicht: Professionalitätsdefizite in der Sozialen Arbeit in Mecklenburg-Vorpommern. Kinder- und Jugendhilfe, 3 (2), 14–20.

Michel-Schwartze, B. (Hrsg.) (2007). Methodenbuch Soziale Arbeit. Basiswissen für die Praxis. Wiesbaden: VS Verlag für Sozialwissenschaften.

Mies, T. (1987). Rezension über Lew Wygotski: »Ausgewählte Schriften, Band 1, Arbeiten zu theoretischen und methodologischen Problemen der Psychologie«. Münsteraner Arbeitshefte zur Gruppenanalyse, 1 (Gruppenanalyse und Tätigkeitstheorie), 41–49.

Mies, T., Trappe, M. (1989). Theoretische Probleme und Perspektiven der Gruppenanalyse. In H. Brandes, H. Forst, T. Mies, M. Trappe (Hrsg.), Gruppenanalyse und Tätigkeitstheorie. Münster: Lit Verlag

Moldzio, A. (2002). Das Menschenbild der systemischen Therapie. Heidelberg: Carl-Auer.

Mosher, L. R., Burti, L. (1992). Psychiatrie in der Gemeinde. Bonn: Psychiatrie-Verlag.

Mosher, L. R., Hendrix, V., Fort, D. C. (1994). Dabeisein. Das Manual zur Praxis in der Soteria (Psychosoziale Arbeitshilfen 7). Bonn: Psychiatrie-Verlag.

Mücke, K. (2001). Probleme sind Lösungen. Systemische Beratung und Psychotherapie – ein pragmatischer Ansatz. Lehr- und Lernbuch. Potsdam: Mücke, ÖkoSysteme Verlag.

Obert, K. (2001). Alltags- und lebensweltorientierte Ansätze sozialpsychiatrischen Handelns. Bonn: Psychiatrie-Verlag.

Papp, P. (1995). Geschlechtsunterschiede bei Depressionen. Systhema, 10 (3), 57–67.

Pfeifer-Schaupp, H.-U. (1995). Jenseits der Familientherapie. Systemische Konzepte in der Sozialen Arbeit. Freiburg i. Br.: Lambertus.

Pfeifer-Schaupp, H.-U. (1997). Lösungen (er)finden. Systemisch-konstruktivistische Methoden und Konzepte in der Sozialen Arbeit. Sozialmagazin, 22 (5), 20–25.

Pfeifer-Schaupp, H.-U. (2002) (Hrsg.), Systemische Praxis. Modelle – Konzepte – Perspektiven. Freiburg i. Br.: Lambertus.

Pries, H. (1992). Konflikt zwischen Hilfe und Kontrolle – Erfahrungen aus einem Sozialpsychiatrischen Dienst. In B. Andresen, F.-M. Stark, J. Gross (Hrsg.), Mensch Psychiatrie Umwelt (S. 307–324). Bonn: Psychiatrie-Verlag.

Quindel, R. (2004). Zwischen Empowerment und sozialer Kontrolle. Das Selbstverständnis der Professionellen in der Sozialpsychiatrie. Bonn: Psychiatrie-Verlag.

Rädel, M. (2002). Integrationsfirmen – Chancen für psychisch behinderte Menschen auf dem allgemeinen Arbeitsmarkt. Neubrandenburg: Diplomarbeit, Fachhochschule Neubrandenburg, FB Soziale Arbeit und Gesundheit, Studiengang Soziale Arbeit.

Raisch, M. (1998). Netzwerkmoderation in der Sozialpsychiatrie. Interventionen im Spannungsfeld zwischen Familie und Betreuungsnetzwerk. In B. Röhrle, G. Sommer, F. Nestmann (Hrsg.), Netzwerkintervention (S. 153–168). Tübingen: dgvt-Verlag.

Rauschenbach, T., Züchner, I. (2002). Sozialarbeit/Sozialpädagogik. In Deutscher Verein für öffentliche und private Fürsorge (Hrsg.), Fachlexikon der sozialen Arbeit (S. 842–846). Stuttgart u. Köln: Kohlhammer.

Retzer, A. (Hrsg.) (1991). Die Behandlung psychotischen Verhaltens. Psychoedukative versus systemische Ansätze. Heidelberg: Carl-Auer.

Retzer, A. (1996). Familie und Psychose (2. Aufl.). Stuttgart: Gustav Fischer Verlag.

Ritscher, W. (2002). Systemische Modelle für die Soziale Arbeit. Heidelberg: Carl-Auer.

Ritscher, W. (2005). Systemische Kinder- und Jugendhilfe. Anregungen für die Praxis. Heidelberg: Carl-Auer.

Ritscher, W. (2006). Einführung in die systemische Arbeit mit Familien. Heidelberg: Carl-Auer.

Ritscher, W. (2007). Soziale Arbeit: systemisch. Göttingen: Vandenhoeck & Ruprecht.

Röhrle, B., Sommer, G., Nestmann, F. (Hrsg.) (1998). Netzwerkintervention. Tübingen: dgvt-Verlag.

Rücker-Embden-Jonasch, I., Ebbecke-Nohlen, A. (Hrsg.) (2000). Balanceakte. Familientherapie und Geschlechterrollen (2. Aufl.). Heidelberg: Carl-Auer.

Rufer, M. (1991). Wer ist irr? Bern: Zytglogge Verlag.

Salewski, J. (2006). Kinder psychisch kranker Eltern – Eine Untersuchung sozial-psychiatrischer Versorgungsstrukturen und sozialpädagogischen Handlungsbedarfs am Beispiel der Hansestadt Stralsund. Neubrandenburg: Diplomarbeit an der Hochschule Neubrandenburg, FB Soziale Arbeit, Bildung und Erziehung; Studiengang Soziale Arbeit.

Satir, V. (1982). Selbstwert und Kommunikation. Familientherapie für Berater und zur Selbsthilfe (5. Aufl.). München: Verlag J. Pfeiffer.

Schäfer, J. (2002). Annäherung an das Fremde. Eine qualitative Studie zur Verstehbarkeit schizophren Erkrankter. Berlin: Dissertation, Freie Universität Berlin, FB Erziehungswissenschaft und Psychologie.

Schernus, R., Bremer, F. (2007). Tyrannei des Gelingens. Plädoyer gegen marktkonformes Einheitsdenken in sozialen Arbeitsfeldern. Neumünster: Paranus Verlag.

Schirmer S., Müller K., Späte H. F. (1976). Brandenburger Thesen zur Therapeutischen Gemeinschaft. Psychiat. Neurol. med. Psychol., 28 (1), S. 21–25.

Schlippe, A. von (1984). Familientherapie im Überblick. Paderborn: Junfermann Verlag.

Schlippe, A. von, Schweitzer, J. (1996). Lehrbuch der systemischen Therapie und Beratung. Göttingen: Vandenhoeck & Ruprecht.

Schmid, S. (1977). Freiheit heilt. Berlin: Verlag Klaus Wagenbach.

Schnyder, U., Sauvant, J.-D. (Hrsg.) (1993). Krisenintervention in der Psychiatrie. Bern u. a.: Huber.

Schöch, V. (2001). Sozialpsychiatrie heute und DDR-Psychiatrie im Vergleich. Erfahrungen aus der Versorgungsregion Demmin. Neubrandenburg: Diplomarbeit, Fachhochschule Neubrandenburg, FB Soziale Arbeit und Gesundheit, Studiengang Soziale Arbeit.

Schürmann, I. (1997). Beziehungsformen zwischen Langzeitnutzern und Professionellen im Kontext der Moderne. In M. Zaumseil, K. Leferink (Hrsg.), Schizophrenie in der Moderne – Modernisierung der Schizophrenie (S. 239–279). Bonn: Psychiatrie-Verlag.

Schwabe, M. (2000). Achtung »Kontext«! – Über einige Schwierigkeiten als systemisch inspirierter Sozialarbeiter in der eigenen Praxis zurecht zu kommen. Kontext. Zeitschrift für Familientherapie, 31 (1), 42–57.

Schweitzer, J. (1995). Kundenorientierung als systemische Dienstleistungsphilosophie. Familiendynamik, 20 (3), 292–313.

Schweitzer, J. (2002). Wege aus psychiatrischen Chronifizierungsprozessen. In N. Greve, T. Keller (Hrsg.), Systemische Praxis in der Psychiatrie (S. 226- 240). Heidelberg: Carl-Auer.

Schweitzer, J., Armbruster, J., Menzler-Fröhlich, K.-H., Rein, G., Bürgy, R (1995). Der ambulante Umgang mit »Pathologie« und »Chronizität« im Sozialpsychiatrischen Dienst mit betreutem Wohnangebot. In J. Schweitzer, B. Schumacher (Hrsg.), Die unendliche und endliche Psychiatrie (S. 156–200). Heidelberg: Carl-Auer.

Schweitzer, J., Retzer, A., Fischer, H. R. (Hrsg.) (1994). Systemische Praxis und Postmoderne (2. Aufl.). Frankfurt a. M.: Suhrkamp.

Schweitzer, J., Schlippe, A. von (2006). Lehrbuch der systemischen Therapie und Beratung II. Das störungsspezifische Wissen. Göttingen: Vandenhoeck & Ruprecht.

Schweitzer, J., Schumacher, B. (1995). Die unendliche und endliche Psychiatrie. Heidelberg: Carl-Auer.

Schweitzer, J., Weber, G. (1997). »Bother me!« Theory, Practice and critical evaluation of systemic therapy. Psychotherapeut, 42 (4), 197–210.

Seibert, U. (2000a). Zwang und Empowerment – Alternative Wege in der Krise. In A. Knuf, U. Seibert (Hrsg.), Selbstbefähigung fördern. Empowerment und psychiatrische Arbeit (S. 138–171). Bonn: Psychiatrie-Verlag.

Seibert, U. (2000b). Konflikte ernst nehmen: Empowerment und Mediation im sozialen Umfeld. In A. Knuf, U. Seibert (Hrsg.), Selbstbefähigung fördern. Empowerment und psychiatrische Arbeit (S. 138–171). Bonn: Psychiatrie-Verlag.

Seikkula, J. (1995). Psychose – Eine Stimme über den Gegenwärtigen Dialog. Zeitschrift für Systemische Therapie, 13 (3), 183–192.

Seikkula, J. (1996). Psychotisches Verhalten als eine Geschichte der gegenwärtigen Interaktion. Zeitschrift für Systemische Therapie, 14 (1), 4–17.

Seikkula, J. (2002). Offener Dialog mobilisiert selbst bei schwierigen Psychiatriepatienten die verborgenen Ressourcen. In N. Greve, T. Keller (Hrsg.), Systemische Praxis in der Psychiatrie (S. 141–162). Heidelberg: Carl-Auer.

Seikkula, J. (2003). Wenn der Dialog zur Behandlung wird – Grundlagen des Gesprächs und Optimierung der Therapieversammlung. In V. Aderhold, Y. Alanen, G. Hess, P. Hohn (Hrsg.), Psychotherapie der Psychosen. Integrative Behandlungsansätze aus Skandinavien (S. 197–210.). Gießen: Psychosozial-Verlag.

Seikkula, J. (2004). »Offener Dialog in der Behandlung von Psychosen: Der Bedarf an Hospitalisierung und Medikamenten kann verringert werden« und »Offener Dialog – Ein Ansatz zur Aktivierung sozialer Netze im Rahmen tiefer Krisen«. Vorträge auf dem V. Europäischen Kongress für Familientherapie und Systemische Praxis (29.09.–2.10.2004) in Berlin.

Seikkula, J., Alakare, B., Aaltonen, J. (2003). Offener Dialog in der Psychosebehandlung – Prinzipien und Forschungsergebnisse des West-Lapplandprojekts. In V. Aderhold, Y. Alanen, G. Hess, P. Hohn (Hrsg.), Psychotherapie der Psychosen. Integrative Behandlungsansätze aus Skandinavien (S. 89–102). Gießen: Psychosozial-Verlag.

Seikkula, J., Olson, M. E. (2006). Der Ansatz des Offenen Dialogs bei akuter Psychose: Seine »Poetik« und »Mikropolitik«. Zeitschrift für systemische Therapie und Beratung, 24 (3), 183–196.

Selvini Palazzoli, M., Boscolo, L., Cecchin, G., Prata, G. (1981). Paradoxon und Gegenparadoxon. Ein neues Therapiemodell für die Familie mit schizophrener Störung (3. Aufl.). Stuttgart: Klett-Cotta.

Selvini Palazzoli, M. (1991). Auf der Suche nach familiären Beziehungsmustern bei der Schizophrenie im Jugendalter. In A. Retzer (Hrsg.), Die Behandlung psychotischen Verhaltens (S. 42–52). Heidelberg: Carl-Auer.

Selvini Palazzoli, M., Cirillo, S., Selvini, M., Sorrentino, A. M. (1992). Die psychotischen Spiele in der Familie. Stuttgart: Klett-Cotta.

Shazer, S. de (1994). Aus der Sprache gibt es kein Entrinnen. In J. Schweitzer, A. Retzer, H. R. Fischer (Hrsg.), Systemische Praxis und Postmoderne (S. 64–77). Frankfurt a. M.: Suhrkamp.

Shazer, S. de (1996). »Worte waren ursprünglich Zauber«. Lösungsorientierte Therapie in Theorie und Praxis. Dortmund: Verlag modernes lernen.

Shazer, S. de (2002). Erfolgsgeschichten konstruieren. In N. Greve, T. Keller (Hrsg.), Systemische Praxis in der Psychiatrie (S. 180–202). Heidelberg: Carl-Auer Verlag.

Simmen, R., Buss, G., Hassler, A., Immoos, S. (2003). Systemorientierte Sozialpädagogik. Bern u. a.: Verlag Paul Haupt.

Simon, F. B. (1988/1993). Unterschiede, die Unterschiede machen. Klinische Epistemologie: Grundlagen einer systemischen Psychiatrie und Psychosomatik (2. überarb. Aufl.). Frankfurt a. M.: Suhrkamp.

Simon, F. B. (1991). Meine Psychose, mein Fahrrad und ich. Zur Selbstorganisation der Verrücktheit (2. Aufl.). Heidelberg: Carl-Auer.

Simon, F. B. (1993). »Auftrag und Aufgabe systemischer Familientherapeuten/innen in einer sich wandelnden Gesellschaft«. Vortrag auf Tonkassette (»autobahn-universität«). Heidelberg: Carl-Auer.

Simon, F. B. (1992/1995). Über die Nützlichkeit der sozialpsychiatrischen Theoriearmut. Sozialpsychiatrische Informationen, 22 (4), 2–8. Nachdruck In A. Finzen, U. Hoffmann-Richter (Hrsg.) (1995), Was ist Sozialpsychiatrie? (S. 129–143). Bonn: Psychiatrie-Verlag.

Simon, F. B. (1995). Die andere Seite der Gesundheit. Ansätze einer systemischen Krankheits- und Therapietheorie. Heidelberg: Carl-Auer.

Simon, F. B. (2006). Einführung in Systemtheorie und Konstruktivismus. Heidelberg: Carl-Auer.

Simon, F. B., Clement, U., Stierlin, H. (1999). Die Sprache der Familientherapie (5. überarb. Neuaufl.). Stuttgart: Klett-Cotta.

Simon, F. B., Rech-Simon, C. (1999). Zirkuläres Fragen. Systemische Therapie in Fallbeispielen: Ein Lernbuch. Heidelberg: Carl-Auer (6. Aufl.: 2004).

Simon, F. B., Stierlin, H. (1993). Die Sprache der Familientherapie. Ein Vokabular (3. Aufl.). Stuttgart: Klett-Cotta.

Simon, F. B., Weber, G. (2004). Vom Navigieren beim Driften. »Post aus der Werkstatt« der systemischen Therapie. Heidelberg: Carl-Auer.

Spindler, M. (1993). Konstruktivismus in Beratung, Therapie und Sozialarbeit. Zeitschriftfür systemische Therapie, 11 (2), 110–114.

Stark, W. (1996). Empowerment. Neue Handlungskompetenzen in der psychosozialen Praxis. Freiburg i. Br.: Lambertus.

Stark, W. (2002). Gemeinsam Kräfte entdecken – Empowerment als kompetenz-orientierter Ansatz einer zukünftigen psychosozialen Arbeit. In A. Lenz, W. Stark (Hrsg.), Empowerment. Neue Perspektiven für psychosoziale Praxis und Organisation (S. 55–76). Tübingen: dgvt-Verlag.

Staub-Bernasconi, S. (1995). Systemtheorie, soziale Probleme und Soziale Arbeit: lokal, national, international oder: Vom Ende der Bescheidenheit. Bern u. a.: Verlag Paul Haupt.

Staub-Bernasconi, S. (2000). Machtblindheit und Machtvollkommenheit Luhmannscher Theorie. In R. Mertens (Hrsg.), Systemtheorie Sozialer Arbeit. Neue Ansätze und veränderte Perspektiven (S. 225–242). Opladen: Leske + Budrich.

Steinhart, I. (2006). Gemeinsam wachsen – Erfahrungen bei der Übernahme kommunaler Verantwortung in Mecklenburg-Vorpommern. In J. Armbruster, G. Schulte-Kemna, C. Widmaier-Berthold (Hrsg.), KommunaleSteuerung und Vernetzung im Gemeindepsychiatrischen Verbund (S. 240–252). Bonn: Psychiatrie-Verlag.

Stierlin, H. (1980). Von der Psychoanalyse zur Familientherapie (2. Aufl.). Stuttgart: Klett-Cotta.

Stierlin, H. (1994). Ich und die anderen. Psychotherapie in einer sich wandelnden Gesellschaft. Stuttgart: Klett-Cotta.

Stindl-Nemec, E. (2001). Wieder dabei. Systemische Sozialarbeit in der gemeindenahen Psychiatrie. Heidelberg: Carl-Auer.

Stolz, P. (2006). »Wer nicht heilen kann, soll nicht verwunden«. Soziale Psychiatrie – Rundbrief der DGSP, 30 (1), 42–46.

Straus, F., Höfer, R. (1998). Die Netzwerkperspektive in der Praxis. In B. Röhrle, G. Sommer, F. Nestmann (Hrsg.), Netzwerkintervention (S. 77–95). Tübingen: dgvt-Verlag.

Thom, A., Wulff, E. (Hrsg.) (1990). Psychiatrie im Wandel. Bonn: Psychiatrie-Verlag.

Toebe, I., Zeihe, J. (1996). Identitätsarrangements und Lebensstrategien von Psychose-Erfahrenen – Interviews in einer sozialpsychiatrischen Einrichtung. Neubrandenburg: Diplomarbeit, Fachhochschule Neubrandenburg, FB Soziale Arbeit und Gesundheit, Studiengang Soziale Arbeit.

Tomm, K. (1996). Die Fragen des Beobachters. Schritte zu einer Kybernetik zweiter Ordnung in der systemischen Therapie (2. Aufl.). Heidelberg: Carl-Auer.

Trotha von, T. (2001). Fünf Jahre Weglaufhaus Berlin. Soziale Psychiatrie – Rundbrief der DGSP, 25 (3), 40–42.

Uhle, M. (1990). Zur Betreuung chronisch psychisch Kranker in der DDR – Erkenntnisse, Ansprüche, Realitäten und Perspektiven. In A. Thom, E. Wulff (Hrsg.), Psychiatrie im Wandel (S. 237–254). Bonn: Psychiatrie-Verlag.

Voelzke, W. (1998). Selbstorganisation und gemeinsame Selbsthilfe. In T. Bock, H. Weigand (Hrsg.), Hand-werks-buch Psychiatrie (S. 259–279). Bonn: Psychiatrie-Verlag

Voelzke, W. (2001). Die Psychiatrie auf dem Weg vom Objekt zum Subjekt. In M. Wollschläger

(Hrsg.), Sozialpsychiatrie. Entwicklungen, Kontroversen, Perspektiven (S. 533–549). Tübingen: dgvt-Verlag.

Walters, M., Carter, B., Papp, P., Silverstein, O. (1995). Unsichtbare Schlingen (3. Aufl.). Stuttgart: Klett-Cotta.

Watzlawik, P. (Hrsg.) (1994). Die erfundene Wirklichkeit. Beiträge zum Konstruktivismus (8. Aufl.). München: Piper.

Weber, G. (Hrsg.) (1993). Zweierlei Glück. Die systemische Psychotherapie Bert Hellingers. Heidelberg: Carl-Auer.

Weber, G., Retzer, A. (1991). Praxis der systemischen Therapie psychotischen Verhaltens. In A. Retzer (Hrsg.), Die Behandlung psychotischen Verhaltens. Psychoedukative versus systemische Ansätze (S. 214–257). Heidelberg: Carl-Auer.

Weber, G., Schmidt, G., Simon, F. B. (2005). Aufstellungsarbeit revisited . . . nach Hellinger? Heidelberg: Carl-Auer.

Weise, K. (1993). Perspektiven einer sozialen Psychiatrie – Erfahrungen aus der Sicht der ostdeutschen Psychiatriereform. Sozialpsychiatrische Informationen, 23 (4), 18–21.

Weise, K. (1998). 35 Jahre Rodewischer Thesen. Erinnerung und Ausblick. Soziale Psychiatrie – Rundbrief der DGSP, 22 (3), 32–34.

Welter-Enderlin, R. (2006). Wie aus Familiengeschichten Zukunft entsteht. Heidelberg: Carl-Auer.

Welter-Enderlin, R., Hildenbrand, B. (Hrsg.) (1998). Gefühle und Systeme. Die emotionale Rahmung beraterischer und therapeutischer Prozesse. Heidelberg: Carl-Auer.

White, M. (1994). Therapie als Dekonstruktion. In J. Schweitzer, A. Retzer, H. R. Fischer (Hrsg.), Systemische Praxis und Postmoderne (S. 39–63). Frankfurt a. M.: Suhrkamp.

White, M., Epston, D. (1994). Die Zähmung der Monster. Literarische Mittel zu therapeutischen Zwecken (2. Aufl.). Heidelberg: Carl-Auer.

Wienberg, G., Institut für Kommunale Psychiatrie (Hrsg.) (1991). Die neue Psychiatrie-Personalverordnung – Chance für die Gemeindepsychiatrie (Psychosoziale Arbeitshilfen 5). Bonn: Psychiatrie-Verlag.

Wienberg, G. (Hrsg.) (1995). Schizophrenie zum Thema machen. Psychoedukative Gruppenarbeit mit schizophren und schizoaffektiv erkrankten Menschen. Bonn: Psychiatrie-Verlag.

Wienberg, G., Sibum, B. (2003). Psychoedukative Therapie schizophren Erkrankter – Einordnung und Überblick. In G. Wienberg (Hrsg.), Schizophrenie zum Thema machen (3. Aufl.). Bonn: Psychiatrie-Verlag.

Wollschläger, M. (Hrsg.) (2001). Sozialpsychiatrie. Entwicklungen, Kontroversen, Perspektiven. Tübingen: dgvt-Verlag.

Wolter-Henseler, D. (1995). Von der Nutzlosigkeit polemischer Begriffsschlamperei oder in memoriam Sozialpsychiatrie. In A. Finzen, U. Hoffmann-Richter (Hrsg.), Was ist Sozialpsychiatrie? (S. 145–163). Bonn: Psychiatrie-Verlag.

Wulff, E. (1995). Wahnsinnslogik. Bonn: Psychiatrie-Verlag.

Wulff, E. (2001). Psychiatrie an der Wende zum dritten Jahrhundert. In M. Wollschläger (Hrsg.), Sozialpsychiatrie. Entwicklungen, Kontroversen, Perspektiven (S. 751–753). Tübingen: dgvt-Verlag.

Wydler, H., Kolip, P., Abel, T. (2002). Salutogenese und Kohärenzgefühl (2. Aufl.). Weinheim u. München: Juventa Verlag.

Zaumseil, M. (1995). Möglichkeiten sozialkonstruktivistischer Forschung am Beispiel eines

gemeindepsychologischen Forschungsprojekts. In B. Röhrle, G. Sommer (Hrsg.), Gemeindepsychologie – Bestandsaufnahmen und Perspektiven (S. 83–110). Tübingen: dgvt-
Verlag.

Zaumseil, M. (1997). Psychose-Seminare – ein Puzzle theoretischer Bausteine. In T. Bock, D.
Buck, I. Esterer (Hrsg.), »Es ist normal, verschieden zu sein.« Psychose-Seminare – Hilfen
zum Dialog (S. 64–71). Bonn: Psychiatrie-Verlag.

Zaumseil, M., Leferink, K. (Hrsg.) (1997). Schizophrenie in der Moderne – Modernisierung
der Schizophrenie. Bonn: Psychiatrie-Verlag.

Stichwortverzeichnis